中国社会科学院中国边疆研究所
學術戍邊
1983-2023
Institute of Chinese Borderland Studies, CASS

纪念中国边疆研究所成立 40 周年

# 中国边疆学的继承与发展

中国社会科学院中国边疆研究所　编

方志出版社
Publishing House of Local Records

图书在版编目（CIP）数据

中国边疆学的继承与发展 / 中国社会科学院中国边疆研究所编. —北京 : 方志出版社, 2022.12
ISBN 978-7-5144-5666-0

Ⅰ. ①中… Ⅱ. ①中… Ⅲ. ①疆界—研究—中国
Ⅳ. ①K928.1

中国版本图书馆 CIP 数据核字(2022)第 258213 号

责任编辑：徐宏
责任校对：刘玉霞
责任印制：梅中英
出 版 者：方志出版社
地　　址：北京市朝阳区潘家园东里 9 号（国家方志馆 4 层）
邮　　编：100021
网　　址：http://www.zgfzcb.cn
发　　行：方志出版社图书营销中心（010-67110500）
印　　刷：北京中科印刷有限公司
开　　本：787 毫米×1092 毫米　1/16
印　　张：39.5
字　　数：558 千字
版　　次：2022 年 12 月第 1 版
印　　次：2022 年 12 月第 1 次印刷
定　　价：318.00 元

# 《中国边疆学的继承与发展》
# 编　委　会

# 目　录



## 中国边疆学学科建设　//21

## 中国疆域构筑理论探讨 //237

## 新时代边疆与边疆治理 //497

# 踔厉奋发　勇毅前行

## ——写在中国边疆研究所成立40周年之际

刘晖春[①]

中国社会科学院中国边疆研究所成立于1983年，是由中国社科院原院长胡乔木同志提议，中央领导李先念同志亲自批准成立的，原名“中国边疆史地研究中心”，2014年经中央编办批准，更名为中国边疆研究所（以下简称边疆所）。

今年是边疆所建所40周年。40年来边疆所几代学人砥砺前行，始终坚持以服务党和国家边疆工作大局为己任，牢记初心使命，取得了令学界瞩目的学术成就，以翁独健、吕一燃、马大正、厉声、李国强、邢广程等为代表的著名学者，团结带领边疆所，披荆斩棘，不断拓宽研究视野，为发展中国边疆学做出了卓越贡献。

党的十八大以来，习近平总书记高度重视边疆问题，提出“治国必治边，治边先稳藏”，坚持“陆海统筹”、“加快建设海洋强国”等重要论述，为新时代中国边疆治理指明了方向。习近平总书记高度关注边疆地区发展稳定，考察足迹遍布边疆各省区，先后10余次到边疆地区调研、指导工作，

① 刘晖春，中国社会科学院中国边疆研究所党委书记。

组织召开涉边疆问题工作会议，围绕边疆安全与发展问题做出重要指示。习近平总书记有关边疆治理的系列重要论述，为我们开展边疆问题研究提供了根本遵循。

在中国社会科学院党组的领导下，边疆所坚决贯彻习近平新时代“治边思想”，坚持问题导向，紧紧抓住中国边疆稳定与发展重大理论和现实问题，研究制定“一二三”发展战略，即一个中心——中国边疆学，二支队伍——基础理论研究、应用对策研究，三个重点方向——新疆、海疆、西藏，加快推进中国边疆学建设，全面推动基础理论研究与应用对策研究融合发展的新格局。在中央有关部门的支持下，边疆所发起组织并参与“东北边疆历史与现状系列研究工程”、“北部边疆历史与现状综合研究项目”、“新疆历史与现状综合研究项目”、“西南边疆历史与现状综合研究项目”等国家社科基金重大特别委托项目，产生了一系列科研成果。先后出版了6套丛书、丛刊，即“中国边疆通史丛书”、“中国边疆史地研究丛书”、“中国边疆史地文库”、“中国边疆史地研究资料丛书”、“中国边疆史地资料丛刊”、“边疆史地丛书”，成为国内学界边疆研究的重要标志。

在党中央及院党组的亲切关怀下，借助中国历史研究院成立的东风，边疆所在软硬件条件、人员编制数量、学科布局等方面都有了显著改善。在学科建设上，边疆所紧紧围绕习近平总书记“5·17”重要讲话精神，根据国际国内形势变化，积极回应边疆研究重大理论问题和现实问题，积极构建更具中国特色的中国边疆学“三大体系”。通过落实院“登峰战略”优势学科和重点学科建设项目，组织和引导国内学界就中国边疆学概论等基础理论展开深入研究。积极探索学科新的增长点，以边疆、边界和周边国际环境为主要研究对象，重点关注中国疆域的历史变迁，近代以来边界的演变形成，当代边疆地区治理，边疆地区与周边国际区域的交流合作等。结合院所“十四五”规划，以“习近平总书记边疆论述的理论贡献与实践成就”“中国边疆治理体系与治理能力现代化研究”“中国与周边国家关系研究”“沿边沿海对外开放史”“中国边疆地区社会调研”等重大选题为重点，围绕边疆历史与现实问题发表一批高质量学术文章，出版了一系列具有前沿性、开创性、奠基性的学术著作。

40 年来边疆所在科学研究事业上取得了丰硕成果，完成国家社科基金重大项目 8 项、国家社科基金其他项目 26 项、各类院级项目 12 项，中央及有关部委委托交办课题 140 余项。推出了一批具有重要学术影响力的中国边疆学奠基之作，如《中国近代边界史》（吕一燃主编）、《中国古代疆域史》（林荣贵主编）、《中国边疆经略史》（马大正主编）、《二十世纪的中国边疆研究》（马大正等著）、《对外关系、和谐边疆与中国战略定位研究》（邢广程、李国强主编）、《丝绸之路经济带建设与中国边疆稳定和发展研究》（邢广程主编）、《“治国必治边、治边先稳藏”重要战略思想研究》（邢广程主编）、《清代国家统一史》（邢广程、李大龙主编）等学术著作。在智库建设方面成绩斐然，较好地统筹国内边疆研究力量，近年来不断提升应用对策研究的整体水平，在服务党和国家大局上，持续取得新的突破，一些重要应用对策研究成果荣获院优秀信息对策奖特等奖或一等奖。这些成绩的取得有赖于边疆所党委的政治引领和科研人员的辛勤付出，也得益于全国边疆学研究同人的大力支持。

在边疆所成立 40 周年之际，我们编辑出版这部文集，所选论文均为边疆所人员已发表的具有代表性的重要成果，以此体现边疆所在中国边疆学“三大体系”建设方面所取得的成绩。该文集包含了中国边疆学学科构建的探讨、中国疆域形成发展的理论探索、新时代的边疆与边疆治理等内容。

新时代边疆所要旗帜鲜明地做到“两个维护”，坚持以习近平新时代中国特色社会主义思想为指导，认真贯彻落实好二十大精神，以服务党和国家工作大局、维护边疆安全稳定、促进边疆繁荣发展为科研目标，全面贯彻落实习近平总书记“5·17”重要讲话精神和致我院三次贺信精神，引导全所同志心系天下、心系苍生、心系国家安危，在新的赶考路上继续交出优异答卷，在构建中国特色、中国风格、中国气派的中国边疆学道路上久久为功，行稳致远。

# 欣慰的回顾①
## ——纪念中国边疆史地研究中心建立 30 周年

吕一燃②

今年是中国社会科学院中国边疆史地研究中心（以下简称“中心”）成立 30 周年。我从 1983 年中心成立时就参与中心的工作，1994 年 8 月退休，共在中心工作 11 个年头。我的这篇纪念性文字，主要是回顾这一期间中心的一些事情。

## 一、中国边疆史地研究中心建立的缘起和艰难的起步

从 1949 年中华人民共和国成立，至 20 世纪 80 年代初，我国在边疆史地学方面，已经取得了很大的成绩。中国科学院的地理研究所，中国社会科学院的历史、近代史、民族等研究所，边疆各省、区社会科学院的历史研究所、民族研究所，以及一些高等院校的历史系和其他研究单位，都有从事边疆史地研究的人员，并出版了一些具有较高学术水平的著作。可以说，在此期间，

① 本文原载于邢广程主编：《中国边疆学（第一辑）》，社会科学文献出版社 2013 年版。

② 吕一燃，中国社会科学院中国边疆史地研究中心原主任、研究员。

我国在边疆史地学研究方面，无论就其广度还是深度而言，都已超过了历史上任何一个时期。但是毋庸讳言，我们在边疆沿革史特别是中国近代边界变迁史研究方面，却无多大进展，甚至停滞不前。这种情况，极不适应现实社会、政治、经济、文化、外交等方面发展的需要。

中国是由各民族在漫长的历史岁月中共同缔造的。中国疆域有个复杂的发展过程，随着历代王朝的兴衰更替，中国国境范围多有变迁。因此，历史上的中国边疆也不是固定不变的。边疆地区的历史发展、民族构成、文化习俗等方面，都有自己的一些特点。中国幅员辽阔，既有陆疆，也有海疆，有漫长的边界线，有十多个邻国。在古代，中国与邻国既有友好往来，也有兵戎相见。那时，中国与大多数邻国都没有签订边界条约，但却都有历史形成的习惯界线。在近代，由于帝国主义对中国的侵略，并把中国的许多邻国变成其殖民地，不时挑起领土争端，蚕食鲸吞中国领土，有的是强迫腐败的中国政府签订割让土地的不平等条约，有的则是赤裸裸的强占，致使遗留下若干历史悬案。在边界线已经划定的地段，以及中国海疆的一些岛屿，也存在着一些争议问题。所以，中国古代边疆沿革史和中国近代边界史亟待研究的问题是很多的。既然如此，为什么会出现中国古代边疆沿革史和中国近代边界史研究停滞不前的现象呢？依我之见，有以下几个原因：其一，边疆沿革史和边界史关系到国家领土主权和对外关系，也关系到国内一些比较敏感的民族问题，研究者怕担负政治责任。其二，1957 年，有的学者撰写文章，不同意苏联历史学家潘克拉托娃认为俄国没有通过中俄《瑷珲条约》和《北京条约》侵占中国领土的观点。指出沙皇俄国通过逼迫清政府签订这两个不平等条约，割占了中国黑龙江以北、乌苏里江以东的大片领土，潘克拉托娃的说法不符合历史事实。这本来是学术上的争论，但在“反右”中，却被一些人认为是“反苏”的政治问题，因而受到猛烈的批判，并被错误地打成“右派分子”。这种不顾事实、颠倒黑白的批判和定罪，致使历史研究者对边界问题望而却步。其三，查阅有关档案资料关卡重重，为研究带来诸多不便。其四，发表研究成果十分困难，报章杂志和出版社多采取多一事不如少一事的态度，把这类论著拒之门外，能够面世者寥寥无几，这就大大地挫伤了研究者的积极性。由于以上这些原因，多少年来，边界研究一直被学术界视为禁区，问津者甚少，造成了我们对这一学术领域内的许多问题缺乏研究，人才日见凋零，后继乏人。这种情况引起了有识之士的忧虑。

1982 年，乘着改革开放的春风，主管意识形态领域的领导同志有鉴于上述情况不适应我国政治、文化发展和对外关系的需要，因而提出了加强中外关系史和中国边疆沿革史研究的建议。他指出：近代中外关系史和我国边疆沿革史研究，“非集中专门人力进行经常工作不为功”，“过去我们都是临时抱佛脚，事后就撒手，致使资料无法积累（各国有关新资料日增），人才日见凋零，这比世界各重要国家落后太远，几乎同清末民国时期差不多”。因此，他“建议中央指定现有部门成立专门机构，进行长期研究，并下决心出一批书，这样才能培养新的专业人才，才能使我遇到有关问题时便于应付，不怕因此引起争论”。这一建议被中央领导同志采纳。

为贯彻上述建议和指示，中国社会科学院于 1983 年 3 月 19 日做出决定：在本院建立“中国边疆史地研究中心”，以加强中国边疆沿革史的研究。中心由翁独健、邓锐龄、陈可畏、吕一燃四同志组成领导小组，翁独健同志为主任，邓锐龄同志为副主任。由民族研究所抽七人，历史研究所和近代史研究所各抽三人先开展工作，另由人事局拨给几个编制。中心办公地点设在民族研究所。科研成果和资料由院出版社出版，不另拨给出版基金。边疆中心的任务是：（1）以马克思主义理论为指导，在工作中坚持实事求是的原则；（2）搜集边疆沿革文献史料，逐步形成一个权威性善本资料中心，争取在二十年内建设成一个在亚洲有重要影响的中国边疆沿革历史文献资料馆；（3）整理、翻译、编辑有关边疆沿革史的史料和有价值的学术论著，出版资料性的《边疆史地丛刊》；（4）组织中心的研究人员并与全国协作开展边疆史地、民族、边界形成等方面的研究；（5）创办《边疆史地》或《边疆史地研究报告》等刊物，发表有关研究成果；（6）有计划地培养边疆史地人才；（7）向有关部门及时提供所需的资料。

中国社会科学院中国边疆史地研究中心的建立，是我国开展边疆史地研究的一个新的起点。为了推动国内边疆史地学的研究，中心成立不久，就在湖南长沙召开了一次全国性的边疆史地研究座谈会，出席座谈会的都是国内从事边疆史地研究的知名学者。讨论主题是如何进一步开展边疆史地学的研究。在这次座谈会上，学者们谈论了全国边疆史地研究的状况、存在的困难，并要求中国边疆史地研究中心加强与国内各有关研究机构和学者的合作，积极发挥组织和推动全国边疆史地研究的作用。这次会议，反映出学者对边疆史地学的发展和对中国边疆史地研究中心的期望。这对我们来说，既是鼓励，也是鞭策。此外，中国边疆史地研究中心还积极支持并参与发起在西安、长春、大连等处召开的中国边疆史地暨中俄关系史学术讨论会，目的也是唤起人们对中国边疆史地学研究的关注，以促进该学科的发展。

当然，在中国边疆史地研究中心成立后的数年中，它的工作重点还是放在内部的基本建设方面。这主要是：（1）图书资料的建设。除了在经费允许的条件下采购了一批新旧图书外，最值得重视的是从有关部门要来了一批极其珍贵的内部出版的地图。这些地图都是非卖品，它们成为中国边疆史地研究中心馆藏图书资料的一大特色。（2）研究队伍的建设。除了从民族、历史、近代史三个研究所抽出的人员外，还先后从其他单位调进两位研究人员，来加强中心的研究力量。（3）确定选题。边疆沿革史需要研究的课题很多，首先确定了《中国边疆沿革史》《中国近代边界形成史》《历代边政研究》《中朝关系史》《渤海国史》《高句丽史》《延边朝鲜族自治州史志》《东部西伯利亚问题》《唐努乌梁海问题》《清代蒙古史》《近代蒙古史》《伊犁史》《和阗史》《喀什噶尔史》《帕米尔问题》《拉达克史》《沿喜马拉雅山脉诸族研究》《中尼、中不关系史》《清代西藏史》《中印边界问题研究》《西藏边疆地域考古》《云南史》《西南边疆地区考古》《台湾史》《边疆跨境民族研究》等 30 多个研究题目，并拟逐步组织全国有关学者进行编写。（4）科研成果和资料的出版。内部出版了《清实录·邻国朝鲜篇》《明实录·邻国朝鲜篇》《钓鱼列岛历史资料》，以及有关中印、中缅边界问题的论文等。

以上是 1983 年 3 月至 1987 年 3 月中国边疆史地研究中心的主要工作概况，也是中心发展过程中摸索前进的阶段，它为中心此后如何进一步开展工作提供了一些有益的经验。

## 二、中国边疆史地研究中心的调整

经过四年的实践，说明建立中国边疆史地研究中心是正确的，它在促进这门学科的发展中起了一定的作用，但在建制上也存在一些亟待改进的问题。主要是：（1）专职人员太少，不适应加强边疆史地研究的要求。那时中心除了两位专职研究人员外，其他都是民族所、历史所、近代史所的兼职人员。这些兼职人员在本所都有工作，几乎没有多少时间能够顾及中心的任务。

（2）要促进全国边疆史地学的研究，要调动全国边疆史地研究者的积极性，就必须创办边疆史地研究的学术期刊和编辑边疆史地研究丛书，为研究者发表和出版科研成果提供方便。但从当时中国边疆史地研究中心的人力和财力看，都不具备这样的条件。

鉴于以上情况，中国社会科学院于1987年3月11日做出了关于调整中国边疆史地研究中心工作的三点决定：（1）中国边疆史地研究中心作为院领导下的一个开放性研究中心。该中心由民族所迁至近代史所，其行政工作由近代史所管理，业务工作直接对院负责。（2）任命吕一燃为中国边疆史地研究中心主任，马大正为副主任。由吕一燃、马大正、余绳武、刘存宽、杜荣坤、邓锐龄、陈可畏七位同志组成中国边疆史地研究中心学术委员会，负责边疆中心的学术咨询和研究人员高级学术职称的评审工作。（3）该中心的经费单独编制预算，由院拨付，委托近代史所管理，专款专用。

此外，中国社会科学院科研局还建议：（1）中国边疆史地研究中心组织自己的研究人员并采取委托、聘用兼职研究人员等形式，组织国内研究力量进行中国边疆史地的专题研究，着重研究近300年来我国边界形成的历史。（2）研究中心的人员编制定为12人。这些建议获得中国社会科学院院务会议的批准。

这次调整非常重要，一是明确了中心是直属院部的学术研究实体，加大了中心学术、人事、财务等方面的权限，把它提高到了与研究所相似的地位，使它能够独立自主地放手开展工作。二是进一步明确了中心的方针任务。可以这样说，调整后的中心更符合中央领导同志关于成立专门机构、集中专门人力、加强我国边疆沿革史研究的指示精神。

调整后的中国边疆史地研究中心确定以中国古代边疆沿革史、中国近代边界变迁史和20世纪中国边疆研究史为研究重点。由于中心是一个开放性的学术研究机构，所以除了自身的内部建设外，还要担负协调和推动全国边疆史地研究的任务。中心设有研究部、期刊编辑部、图书室和办公室，开始时有8位工作人员，以后逐渐增加到17人。他们是：中心主任吕一燃，副主任马大正；研究部林荣贵（主任），刘为，刘逖，李国强，阿拉腾奥其尔，房建昌；编辑部邢玉林（主编），牛平汉，毕奥南，范秀传；图书室闫芳，寇俊敏；办公室张书田（主任），徐京丽等。此外，还聘用了数名编外工作人员。人员少，要办的事情多，一身兼数职，这是中心的一大特点。令人欣慰的是，当时诸同人都有一股坚毅的创业精神，为了把中心办好，大家出谋献策，自愿加班加点，甚至是超负荷工作。这种敬业精神，着实令人感动。从此，中国边疆史地研究中心走上了发展过程中的第二阶段。

## 三、破除“禁区”，多方寻求合作

为了贯彻开放性研究机构的方针，中国边疆史地研究中心除了安排本单位人员的工作、确定他们的研究课题外，还竭力调动全国边疆史地研究者的积极性。为此，中心领导除了与北京有关研究机构联系外，还分头奔赴西北、东北、西南、东南等地区，与当地有关研究机构和专家学者进行广泛接触，或开座谈会，或登门拜访，了解当地的研究情况，介绍中国边疆史地研究中心的方针任务，同他们一起磋商、确定研究项目，并把其研究成果纳入中心的出版计划之中。这对于消除研究者的思想顾虑，调动国内研究人员的积极性，培养一支专业的研究队伍，促进边疆史地研究，都有一定的作用。但要破除人们的禁区观念，还必须有更大的动作。

1988年10月，在中国社会科学院领导的支持下，中国边疆史地研究中心与中国人民大学清史所在北京联合召开了中华人民共和国成立以来的第一次“中国边疆史地学术讨论会”。由戴逸、吕一燃、马汝珩、马大正组成会议领导小组。出席讨论会的有来自全国各省、自治区、直辖市的一百多位边疆史地研究者。全国人民代表大会常务委员会副委员长、历史学教授周谷城和中国社会科学院副院长李慎之出席开幕式，并作了重要讲话。吕一燃《发扬优良传统，开创边疆史地研究新局面》的主题发言，强调加强中国历代疆域史和中国近代边界史研究的重要性和必要性，同时针对当时对于边界问题研究限制过严而被学术界视为禁区的现象，提出改革一些不适应这门科学发展的规章制度，呼吁进一步放宽研究人员查阅和利用边界档案资料的限制；放宽对疆域和边界问题研究成果发表的限制；对于国外一些歪曲中国疆域史和边界变迁史的观点，要允许中国学者做出反应。并再次申明，学术研究的成果反映的只是学者个人的意见，不代表政府的观点和政策。与会者围绕着中国边疆史地研究的状况与展望、中国近代边界问题、中国历代边疆政策等问题进行了热烈讨论，对今后如何进一步开展中国边疆史地研究提出不少宝贵意见。

国内新闻媒体对这次会议也给予了充分的关注。中央电视台、新华社、光明日报社、民族画报社都派记者进行现场采访。中央电视台播放了大会的新闻录像，新华社播发了题为“破除学术禁区，首次中国边疆史地学术讨论会在京召开”的新闻稿。《人民日报》以“中国边疆史地不再是学术禁区——建国后第一次学术讨论会在京开幕”为题，发表了新华社的电讯。《光明日报》也报道了这次会议的消息。

这次会议的成功召开，国内传媒的广泛宣传报道，在全国学术界引起强烈反响。此后，从事边疆史地研究的人不断增多，不少人主动与中心联系，要求把自己的研究成果纳入中心主编的丛书之中。这次会议对打破学术禁区，促进中国边疆史地研究的发展，起了不可低估的作用。

## 四、国家社会科学基金边疆史地学评审小组的建立

国家社会科学基金办公室为扶持中国边疆史地学科的发展，从 1987 年起，在中国边疆史地研究中心设立国家社会科学基金边疆史地学评审小组，评审有关边疆史地学的申请课题。评审小组以中国边疆史地研究中心学术委员会组成人员为主体，邀请若干位学者参加。评审小组根据研究课题的学术价值和现实意义、研究计划的可行性、课题申请人完成该课题的条件和能力等方面，进行认真、公平的评议。1987—1990 年共评出“清代的边疆政策”“中亚浩罕国与清代新疆”“英俄侵略西藏史”“英国侵略新疆史与中印西藏边界问题研究”“中朝界务史”“钓鱼岛岛屿归属研究——兼质奥原敏雄教授”“中国西北屯田实边史”“新疆经济开发史”“叶尔羌汗国史”“清代政区沿革图集”“中国历代西北开发思想与政策”“中国西部边疆发展史”“20 世纪中国边疆研究史”“察哈台汗国史”“7 ～ 10 世纪青藏高原与外部交通”“突厥语诸部在天山地区的活动及其伊斯兰化的发展（8 ～ 12 世纪）”等 16 项课题立项。从 1991 年起国家社会科学基金边疆史地学的评审工作划归中国历史学评审小组办理，邀请中心领导同志参加。此后又有“唐努乌梁海史”“中国古代疆域史”“清代中俄恰克图贸易”等许多课题立项。这些研究课题大多已经保质保量如期完成，有的已收入中心编辑出版的丛书中，有的则采取其他方式协助其解决出版问题。

## 五、循序渐进，创办多种期刊

为了调动全国边疆史地研究者的积极性，解决研究成果发表难的问题，中心先后创办了学术研究专栏和多种学术期刊。

1987 年 9 月，在《西北史地》杂志编辑部的支持下，我们在《西北史地》杂志开辟了一个“中国边疆史地研究”专栏，为研究者提供一个发表研究成果的园地。每期 4 万字，可发表四五篇文章。开辟这个学术专栏，是中心在尚未创办自己的学术刊物之前的一种应急措施。该专栏得到国内学者的重视和支持，从创办至 1990 年，共出 10 期，发表边疆学理论、中国近代边界史、中国古代疆域史、中国边疆民族史等方面的文章 44 篇，约 45 万字。这些文章大多是作者多年研究的结晶，有较高的学术水平，这使被冷落多时的边疆史地学研究重新焕发了生机。

1987 年 9 月，中心创办《中国边疆史地研究报告》。这是一个以刊登边界研究文章为主的内部刊物。创办这个刊物的主要目的是鼓励学者们研究很少有人愿意研究的边界问题，积累边界研究成果和资料。我们在《编者的话》中指出：“研究中国疆域的发展变化，研究边疆地区的沿革和边界问题，总结经验教训，这不仅是本学科发展的需要，同时对于维护国家领土主权，解决边界争端，处理中国和邻国的关系，开展国际文化交流，进行爱国主义教育，加强国内各民族团结，都有十分重要的意义。”“疆域史和边界史的研究，涉及国家领土主权，学术界一向把它视为禁区。一般刊物因怕承担政治责任，多望而却步，致使疆域和边界研究鲜人问津。为了改变这种状况，促进疆域史和边界问题的研究，我们创办了《中国边疆史地研究报告》这个学术性的内部刊物，为研究者提供了一个发表研究成果的园地。希望能得到广大史学工作者的积极支持，共同来把这个刊物办好。”我们的愿望，实际上也是许多研究者的愿望，因此这个刊物得到广大学者的支持。该刊每辑约 16 万字，从创办到 1994 年停刊，共出 11 辑，发表文章和资料 113 篇，近 180 万字，其中研究边界问题的文章 77 篇，有关边界资料 17 篇。这些文章探讨的问题广泛，既有研究陆疆的，也有研究海疆的；既有研究历史上边界形成的，也有研究当代领土争端的，举凡中朝、中俄、中蒙、中印、中尼、中不、中锡、中缅、中越等边界问题，以及香港、台湾、南海诸岛、钓鱼列岛等海上岛屿，无一不在研究探讨之列。其中不少文章不仅具有较高的学术水平，而且还有重要的实用参考价值。

创办这么一个以登载边界研究文章为主的刊物，在短短的数年间，发表了这么多关于领土与边界问题的文章，这在我国历史上尚属首次。这个刊物的运作也符合建立中国边疆史地研究中心着重研究中国边界沿革史的初衷。但令人惋惜的是，这个刊物 1994 年停办了。如果能继续办下去，定能取得更好的成绩。

1988 年 6 月，中心创办《中国边疆史地研究导报》(以下简称《导报》)。《导报》是一个小型的双月刊，每期 7 万字。创办《导报》的目的有二：一是开辟一条信息通道，沟通《导报》与读者、作者之间的联系；二是摸索经验，为创办大型综合性的学术刊物做准备。《导报》开辟“学者论坛”“探索与交流”“边疆考察”“史实考证”“研究综述”“研究动态”“图书评论”“学者介绍”“研究机构介绍”“群言堂”等栏目。《导报》篇幅虽小，但却办得有声有色，活泼有生气，因而深受读者欢迎。《导报》于 1990 年 12 月告别读者，共出了 16 期。

1991年7月，中心创办《中国边疆史地研究》季刊，每期20万字。这是一个集理论性、综合性和信息性于一体的学术刊物，也是全国唯一专门发表中国边疆地区历史、地理、社会、文化、外交等方面研究成果和学术动态的刊物。这个刊物肩负着推动全国边疆史地研究的重任，它是中心诸刊物中最重要的刊物。为了办好这个刊物，该刊编辑部工作人员夜以继日地努力工作，想方设法开辟稿源，提高刊物质量，登载不少有深度的佳作，终于使它成为全国颇有影响的学术期刊之一。当时国内许多学术性期刊编辑部的工作人员，一般都在10人以上，而《中国边疆史地研究》编辑部却只有4位编辑。这么精干的队伍，也赢得了中国社会科学院有关部门的赞赏。现在这个刊物正以矫健的步伐向前迈进，我祝愿它越办越好。

## 六、编辑出版多套丛书

为了解决科研成果和资料出版难的问题，我们在创办多种期刊的同时，又编辑出版了多套丛书。

一是中国社会科学出版社出版的“中国边疆史地研究丛书”。这套丛书已出版了《中国古代边疆政策研究》《清代边疆政策研究》《中国边疆管理机构沿革史》《中亚浩罕国与清代新疆》等10种。

二是黑龙江教育出版社出版的“边疆史地丛书”。这套丛书已出版《马克思恩格斯论国家领土与边界》《中国北部边疆史研究》《外贝加尔地区和黑龙江流域各族与中原的关系史》《南海诸岛：地理、历史、主权》《叶尔羌汗国史纲》《两汉时期的边政与边吏》《安西与北庭——唐代西陲边政研究》《二十世纪的中国边疆研究》《中国古代海疆史纲》《东北亚国际关系史》《中国西北边疆史研究》等 27 种。

三是社会科学文献出版社出版的“中国边疆史地文库”。这套丛书已出版《南海诸岛史地研究》《中越边界历史资料选编》《中国边防史》《俄国护路军与东北边疆政局》4 种。

四是全国图书馆文献缩微复制中心出版的“中国边疆史地资料丛刊”，共出版《清代新疆稀见史料汇辑》《新疆乡土志》《清末蒙古史地资料荟萃》《达赖喇嘛三世、四世传》《光绪朝黑龙江将军奏稿》等 10 种。

此外，我们还出版了《清代政区沿革综表》《明代政区沿革综表》《清代边疆史地论著索引》《西域史地论文资料索引》《海南及南海诸岛史地论著资料目录索引》《中俄关系史译名辞典》等工具书。

上述各书，无论是利用资料之丰富，还是显示出来的学术水平，都超过了前人的同类著作。其中有些课题是前人未曾深入研究过的，有些则是直接针对当代的领土争端而潜心研究的力作。这些书的作者和编者，除了中心的研究人员外，还有北京、吉林、黑龙江、内蒙古、河北、河南、新疆、陕西、甘肃、云南、广西、广东、福建、江苏、安徽等省、自治区、直辖市的高等院校、科研机构和军事部门的专家学者。这么多的作者，编写出这么多的著作和资料，说明中国边疆史地研究已经告别了鲜人问津的冷落局面，开始形成一个新的研究高潮，呈现初步的繁荣。

在这里，我要感谢中国社会科学院原副院长丁伟志、中国社会科学出版社原社长余顺尧、社会科学文献出版社原社长沈恒炎、中国社会科学院近代史研究所研究员薛衔天、黑龙江教育出版社原社长张文达和原副社长王晓明、黑龙江社会科学院研究员郝建恒、全国图书馆文献缩微复制中心主任李竞等先生，如果没有他们的大力支持，这些丛书的顺利出版是不可能的。他们对边疆史地学发展的关怀和对中心工作的帮助，我们将永志不忘。

## 七、为政府有关部门提供研究报告和资料

边疆史地学是学术性和政治性都很强的学科，是以其研究成果的科学性及学术性来为国家、民族和社会服务的。中心发表的文章、出版的书籍，有的一时难以看出它的社会效益，有的则因其紧密结合现实问题而为社会所急需。此外，中心还在为当前社会政治服务方面做了几件事：（1）由于邻国侵占我国的南沙群岛，挑起领土争端，我们接受政府有关部门的委托，组织国内研究南沙群岛问题的知名学者，对南沙群岛的历史和地理、邻国侵占南沙群岛的经过及其论点，进行了深入研究，整理出系统的资料，撰写出实事求是的研究报告，提供给有关部门参考。（2）在我国和邻国为解决历史上遗留下来的边界问题时，我们也曾多次向有关部门提供历史资料和研究报告。（3）我国是一个多民族国家，许多少数民族分布在边疆地区，为了边疆地区的社会发展，我们参加了国家民族事务委员会组织的边疆地区民族调查，并参加撰写调研报告，为边疆地区的民族团结和社会发展做出了贡献。

## 八、1992 年举办“20 世纪西域考察与研究国际学术讨论会”

这是中国社会科学院中国边疆史地研究中心和瑞典国家民族博物馆等单位联合主办的国际学术会议。出席会议的有中国学者，有来自瑞典、美国、英国、日本和新西兰的外国学者。会议的宗旨是回顾和评价 20 世纪以来西域考察与研究的历史，总结 1927—1935 年中瑞西北科学考察团的工作经验和成

果，交流西域研究的新观点，确定西域研究目标，寻求中外学者进一步合作的方法和途径。会后把中外学者提供的论文结集出版，名为《西域考察与研究》。对于中外学者到新疆进行历史考察活动的意义，马大正先生在《“20世纪西域考察与研究”考察记述》一文中说：“通过考察，考察者目睹了新疆古代文化遗址的多姿多彩”，“将进一步激发他们深入研究西域历史文化的积极性，从而极大地推动我国西域考察与研究的深入”，“通过考察生活的日日夜夜，为中外学者交流提供了极好的机会，增进了彼此了解，建立了友谊”。

## 九、一个充满活力的新型科研机构的确立

中国边疆史地研究中心与中国社会科学院的一般研究所不同，是一个人数很少但面向全国的开放性研究机构。建立这种类型的研究机构，本来就是探索科研机构改革而进行的一种尝试。经过多年实践证明，中心不失为一种新型的行之有效的科学研究机构。中心的工作成绩，一向得到学术界的肯定和好评。

作为学术研究单位，边疆中心与别的研究所一样，主要的任务是出学术研究人才和出优秀科研成果。在培养年轻研究人员方面，边疆中心主要是根据本单位工作的需要和年轻同志各自的基础，帮助他们确定研究方向，为他们创造必要的研究条件，但最主要的还是要靠他们自己的刻苦钻研和坚持不懈的探索，在研究工作中发挥自己的创造性。应该说，边疆中心在培养人才方面，基本上是成功的。昔日的研究实习员、助理研究员，而今都已成为高级研究人员和学术带头人，有的还成为国内某一学术领域的知名之士。在出成果方面，成绩也颇为可观。经过边疆中心全体人员的努力，在七八年时间

里，完成了数百篇论文、20多部专著。这些论文和专著，有些是前人没有研究过的，有些是在前人研究的基础上前进一步，有些是直接为现实服务的，总之，都有一定的新意和学术水平，不是人云亦云之作。其中十多部著作曾先后获得中国社会科学院优秀科研成果奖、黑龙江省优秀图书一等奖、北方十五省市优秀图书奖、中华优秀出版物图书奖和中国出版政府奖图书奖等奖项。

中国边疆史地研究中心经过30年的努力奋斗，已展现出一个新型、开放的科学研究机构的活力。值此中心建立30周年之际，我祝愿中心越办越好，为国家、为社会做出更多的贡献。

# 中国边疆学学科建设

# 中国边疆学构筑再思考①

## ——“三大体系”建设之我见

马大正②

“中国边疆学正在构筑的过程中”，这是2020年11月我接受《中央社会主义学院学报》编辑部采访时说的一句话③。于我个人，中国边疆学构筑从提出到思考的不断深化，是一个渐进、持续的进程。在这个颇显漫长的过程中，我深感有四个节点不容忽视：“一是，对中国边疆研究千年积累、百年探索的继承，以及30年创新实践，是中国边疆学构筑的准备；二是，对中国疆域理论的不断探究，是中国边疆学构筑的学科基础；三是，对中国古今边疆治理理论与实践的全方位、多层面研究，是中国边疆学构筑的有效切入口；四是，当代鲜活的现实生活的迫切要求，是推动中国边疆学构筑的重要推动力”④。

对上述四个节点的探研，学界同人著文立说，宏论频出。2020年以来，

---

① 本文原发表于《中国边疆史地研究》2021年第3期。

② 马大正，中国社会科学院中国边疆史地研究中心原主任、研究员，国家清史编纂委员会副主任。

③ 杨东访谈整理：《中国边疆研究的回顾与前瞻——马大正先生访谈录》，《中央社会主义学院学报》2021年第1期。

④ 马大正：《中国边疆学四题》，邹建达、许建英主编：《中国边疆学构筑文集》，社会科学文献出版社2019年版，第4页。

我又先后拜读了邢广程、孙宏年和李大龙三位有关中国边疆学“三大体系”建设的宏文，推动了愚钝的我对中国边疆学构筑的再思考。邢广程所长《加快构建中国边疆学》[①] 和孙宏年副所长《加快构建中国边疆学“三大体系”》[②] 两文起点高、视野宽，明确提出中国边疆学学科体系、学术体系、话语体系建设应成为中国边疆学理论研究重中之重的议题，将中国边疆学理论研究提升到一个新高度，可视为对边疆研究者振臂一呼的号召书；李大龙主编致力于中国疆域理论研究，厚积薄发，成果喜人，所撰之《试论中国边疆学“三大体系”建设》[③] 贴近实际、言之有物，读后发人深省之处颇多。本文诸题即是我阅后的思考片段，可算是我们之间的一次纸上对话。

## 一、中国边疆学可以成为一门独立的学科

一门独立学科得以形成，按学术研究规律必须具备下述四个条件：一是，有专门研究对象；二是，有相对固定的研究队伍；三是，有厚重的研究积累和影响；[④] 四是，有现实生活紧迫的需求。

以此为标准，观察中国边疆研究演进历程，真如李大龙所指出：中国边疆学则是以中国边疆的整体作为研究对象，从理论上说是通过学界有志于此

---

① 邢广程：《加快构建中国边疆学》，《中国社会科学报》2020 年 8 月 24 日第 3 版。

② 孙宏年：《加快构建中国边疆学“三大体系”》，《中国社会科学报》2021 年 2 月 1 日第 2 ～ 3 版。

③ 李大龙：《试论中国边疆学“三大体系”建设》，《中国边疆史地研究》2020 年第 2 期。

④ 此处所列之一至三条件，系李大龙《试论中国边疆学“三大体系”建设》文中所概括，本文赞同并引述李大龙文中观点多多，不一一注明，特予说明。

的学者们的努力能够形成其他学科不具备的特点，并通过融合其他有关学科的理论与方法形成独特的学科特征。基于此，中国边疆学可以成为，也应该成为一门独立的学科。

中国边疆理论的不断探究，是中国边疆学构筑的学科基础，长期以来我们将统一多民族中国疆域形成和发展及其规律、多元一体中华民族形成和壮大及其轨迹、中国古代治边思想与实践的总结，以及近代以来边界、边境相关理论的研究作为研究的重点展开全方位、多层面研究，现在看来还远远不够。

新时代向边疆研究学人提出了新要求，如习近平总书记《在哲学社会科学工作座谈会上的讲话》中指出："要按照立足中国、借鉴国外，挖掘历史、把握当代，关怀人类、面向未来的思路，着力构建中国特色哲学社会科学，在指导思想、学科体系、学术体系、话语体系等方面充分体现中国特色、中国风格、中国气派"①。我们应在着力提高政治判断力、政治领悟力和政治执行力的高度上，审视中国边疆学构筑中的理论研究的新命题，亦即加快构建具有中国特色、中国风格、中国气派的中国边疆学学科体系、学术体系、话语体系，并将"三大体系"建设视为中国边疆学理论建设中的首议之题。

## 二、关于中国边疆学的学科体系

### （一）中国边疆学学科体系初解

学科体系于我而言是一个十分深奥的问题。借用一位学者的见解："所谓

① 习近平：《在哲学社会科学工作座谈会上的讲话》，《人民日报》2016 年 5 月 19 日。

'学科'，指的是科学或知识研究的特定领域或分支。而'学科体系'即是指由科学研究的若干基本领域或分支以特定方式联系而成的具有特定结构和功能的学科整体。""它的基本特征是：第一，用分析的方法将作为一个整体的世界逐层切割为一些不同的领域，以此作为科学或知识研究的不同对象；第二，将这些逐层切割出来的不同领域视为一个按抽象程度从低到高逐层上升的归纳—演绎体系。体系的顶端是抽象程度最高的学科领域，即以探讨适用于各领域的普遍或第一原理为要务的哲学，底端则是来自不同领域的经验陈述。整个学科体系由此呈现出一种金字塔状或树状的形式。""学科体系是一种知识体系。"极具中国特色的中国边疆，其时空可用"上下五千年，东西南北中"来形容，中国边疆又是国人两大历史遗产——统一多民族中国和多元一体中华民族共生的平台。依我理解，中国边疆学即是"指由科学研究的若干基本领域或分支以特定方式联系而成的具有特定结构和功能的学科整体"。①

中国边疆学既是一门探究中国疆域形成与发展规律、考察统一多民族中国历史发展轨迹的综合性学科，又是一门总结中国边疆治理理论与实践经验、探求当代中国边疆可持续发展与长治久安现实与未来的极具中国特色的战略性学科。尤其是中国边疆治理理论与实践研究是中国边疆学研究的重中之重，只有将中国边疆作为统一多民族国家的有机组成部分，作为一个完整的研究客体，我们才能更好地认识中国的边疆，研究中国的边疆，才能更好认识中国边疆面临的一系列历史上的难点问题和现实热点问题，并作出科学的回答，而所有这一切只有在中国边疆学学科建立后，才可望得到合理的开展。

---

① 谢立中：《探究"三大体系"概念的本质意涵》，《中国社会科学报》2020年12月24日第1版。

中国边疆学具备战略性、综合性、实践性、现实性、预测性五个学科特点。

（二）中国边疆学学科体系的定位

中国边疆学是研究极具中国特色的中国边疆的一门综合性交叉学科，是社会科学的一个分支，应定位于社会科学学科分类的一级学科，为此我强烈建议将中国边疆学归入国务院学位委员会、教育部新设置的“交叉学科”门类，与“国家安全学”等一同作为我国第 14 个学科门类——“交叉学科”下设的一级学科。

是否符合国家重大战略需求，这是前提；已有知识体系和结构的储备情况，是否能支撑国家重大战略的可持续发展，是基础。这是学科能否上升成为一级学科的标准。① 平心而论，依据上述标准中的前提和基础，中国边疆学研究现状都是达标的。而“社会发展中出现的亟须解决的综合性现实问题，是推动交叉学科合作的根本力量”②。一旦学科定位成为现实，将大大激发中国边疆学学科特点的无限能量，为当代中国边疆稳定、民族团结、社会和谐，为社会主义中国的可持续发展和长治久安做出应有的贡献。

## 三、关于中国边疆学的学术体系

如果说学科体系是关系到学科定位的问题，那么学术体系则是事关一个学科内部体系结构、理论和方法等建构问题。所谓“学术”，“指的是接受过

① 参见杨飒、晋浩天：《我国新设置“交叉学科”门类》，《光明日报》2021 年 1 月 15 日第 1 版。

② 吴楠：《交叉学科前景广阔》，《中国社会科学报》2020 年 8 月 31 日第 1 版。

专门训练的人按特定规范进行的系统性研究活动”。而“学术体系”则是“指由学术活动的若干基本要素或环节以特定方式联系而成的具有特定结构和功能的学术研究活动的整体”。任何学术体系都包括三个方面：其一，学术活动的基本要素或环节；其二，这些基本要素或环节之间的联系方式，既包括横向联系，也包括纵向联系；其三，由这些基本要素通过特定方式联系而成的学术活动整体及其内部各要素所具有的功能。“学术体系是一种活动体系。”①

李大龙对中国边疆学学术体系做了如此表述：“我倾向于主张中国边疆学学术体系由一体、两足、八分支构成，即中国边疆学是一级学科，其下有中国边疆历史（历史）学、中国边疆应用（现状）学两足支撑，研究的具体展开则是进一步划分的中国边疆学理论研究、中国东北边疆研究、中国北部边疆研究、中国西北（新疆）边疆研究、中国西藏研究、中国西南边疆研究、中国海疆研究、中国海洋研究等八个分支体系。”

上述见解为我们提供了可进一步思考的蓝本，个人愚见有三：

一是关于“一体”。考虑到中国边疆学应定位为社会科学学科分类的一级学科，并归入“交叉学科”门类，中国边疆学应有自己独立的学科体系，对其他学科的理论和方法应采取兼容并蓄、为我所用的方针，其中当然包括历史学的理论和方法。

在此，我想特别谈谈自己有关中国边疆学与历史学关系认识的变化。中国边疆学与历史学的关系，我不止一次做过表述。最近一次表述是：“中国边疆学是一门研究中国边疆历史与现状的专门学科，历史学的理论与历史学的

① 谢立中：《探究“三大体系”概念的本质意涵》，《中国社会科学报》2020年12月24日第1版。

研究方法是中国边疆学赖以生存的基础，但由于中国边疆这一特定研究对象的多维性、复杂性，仅仅历史学科的理论和方法已不能完全适应新形势下边疆问题研究的全部，诸学科间互通、交融和集约成为必要，中国边疆学需要集纳多学科理论和方法，为构筑中国边疆学提供有益经验。"[①] 这一见解已得到学界多数同人的认同，但我经思考再三，似可做三处补正：

其一，对"历史学的理论与历史学的研究方法是中国边疆学赖以生存的基础"的表述，在"赖以生存的基础"之后加上"之一"，似更符合中国边疆学实际。

其二，强调中国边疆学要依托历史学没有错，但切记，不要将"依托"变成"依附"，若如此，中国边疆学岂非成了历史学的附庸，丧失了独立性，这对一门学科的发展将造成致命的制约。

其三，将边疆史列入一级学科历史学下二级学科专门史里，无疑是符合实际的，但中国边疆学决不是边疆史研究的简单发展，而应是边疆史研究的凤凰涅槃。

二是关于"两足"。将"两足"表述为中国边疆历史（历史）学和中国边疆应用（现状）学，"中国边疆历史学"当然没有问题，但"中国边疆应用（现状）学"的命名，加之，将中国边疆学一体之下按基础研究与应用研究作为支撑"一体"之下的"两足"，似尚有进一步推敲余地。基础研究与应用研究实是指研究方法的分类，从中国边疆研究实际看，很难将基础研究与应用研究截然分开，而应是互补、互促的关系。

---

① 杨东采访整理：《中国边疆研究的回顾与前瞻——马大正先生访谈录》，《中央社会主义学院学报》2021 年第 1 期。

三是关于“八分支”。这一划分基本符合中国边疆学学术体系实际。中国边疆这一特定的研究对象其特点就是多样性和差异性。从地域层面看，中国边疆实际上涉及了三个层面，即边疆地区本身、与边疆地区相连接的边内中原地区和边外相邻诸国。从东北、北部、西北、西藏、西南、海疆六大中国边疆地区看，不仅地理条件、民族民风、文化习俗、历史发展均各有特点，凡边疆研究者都深知，边疆研究难，首先是资料的相异，更不用言及相邻周边诸国的地缘政治研究了。从中国边疆所涉之研究课题看，更可说是天文地理、社会百态、历史现状……无所不包，即以边疆治理命题研究，从历史到当代，政治、军事、经济、社会、文化缺一不可。所以，中国边疆研究专才难得，出一通才更是不易，因此，需集众人之力，形成合力，集体攻关，始成大业，而其中中国边疆学理论研究当起到核心引领的作用。基于研究对象中国边疆的实际，设置研究的学术体系的“八分支”是一种探索，可在研究实践中臻于完备。

有关中国边疆学学术体系，我曾在学科设置的命题下做过阐释。2019 年我在拙著《当代中国边疆研究（1949—2019）》中对中国边疆学学科的二级学科设置分列了七项：中国边疆历史学、中国边疆政治学、中国边疆经济学、中国边疆人口学、中国边疆文化学、中国边疆地理学、中国边疆民族问题研究。[①] 坦率说，个人对中国边疆学学术体系内涵的思考尚处在动态的变化中，此次受李大龙“一体、两足、八分支”见解的启发，据我对中国边疆研究对象特点的认识，试提出中国边疆学学术体系“一体三领域”的设想。

---

① 参见马大正：《当代中国边疆研究（1949—2019）》，中国社会科学出版社 2019 年版，第 766 页。

“一体”，即是中国边疆学。“三领域”，即是中国边疆理论研究、中国边疆历史研究、中国边疆治理研究。

中国边疆理论研究可包括：中国边疆学“三大体系”建设、中国疆域理论、中国和世界各国边界理论等。

中国边疆历史研究可包括边疆考古、边疆历史、边疆地理、边疆文化、边疆民族、边疆文献等。

中国边疆治理研究以当代边疆治理为主，内容除中国边疆治理古今思想与实践研究外，可依研究地域区分，亦可依研究门类区分。按地域分为中国东北边疆、中国北部边疆、中国新疆—河西走廊、中国西藏、中国西南边疆、中国海疆六大块；而依研究门类分，则可分为政治、经济、军事、文化、地缘政治、生态环境六大类。

## 四、关于中国边疆学话语体系

“话语体系”指的是由言语实践的若干要素以特定方式联系而成的具有特定结构和功能的言语活动整体，话语体系是一种言说体系。而话语体系因其话语者相异又可区分为：学术话语与官方话语、中国话语与西方话语、现代科学话语与传统话语。我们就是要在现代中国话语体系的引导下，通过现代中国的学术体系，去创造现代中国的学科体系。[①]

李大龙在“关于中国边疆学话语体系的建设”一题中，对当前中国边疆

① 参见谢立中：《探究“三大体系”概念的本质意涵》，《中国社会科学报》2020年12月24日第1版。

研究遇到的问题和挑战的分析，特别对中国边疆学话语体系建设六个方面核心内容的阐论，所言极是，我只是想在如下两个方面做点强调和补充。

一是，中国边疆的界定。中国边疆的界定是中国边疆学学科体系建设的出发点和归宿点，也是中国边疆学构筑的出发点和归宿点。如李大龙所言，就当今中国边疆研究而言，将有国界存在的黑龙江、吉林、辽宁、内蒙古、甘肃、新疆、西藏、云南、广西等九省区及海疆的全部视为中国边疆涵盖范围，是有历史学背景的多数学者的共识。然而，近些年来随着政治学及其他学科背景的学者积极参与中国边疆研究，在中国边疆的界定上又有高边疆、利益边疆、战略边疆等提法，更有“建构论”“实在论”的认识。由此，在中国边疆学命名上，也提出了“边疆学”“一般边疆学”的新理念。“百花齐放，百家争鸣”，虽然有助于中国边疆研究的繁荣，但却引发了关于中国边疆内涵的讨论。在何为中国边疆这一基本问题上，出现了不同版本的话语解读，让建构、完善中国边疆学话语体系更凸显任重道远。我仍力主还是抓住中国边疆这一特定研究对象来构筑中国边疆学！

二是，在中国边疆学话语体系建设中一定要重视“两大历史遗产”的研究，这是坚守国人历史文化认知的底线。对中国历史文化的认知是重大原则问题，是国人文化认同、国家认同的重要基础之一。对此，我国历史上许多有识之士有过精辟阐论。清代龚自珍曾言：“欲知大道，必先为史。灭人之国，必先去其史。”①

我们曾多次论及，我们的先辈为今人留下了两项举世瞩目、无与伦比的

① （清）龚自珍：《定庵续集》卷2《古史钩沉二》，《龚定庵全集》，上海鸿文书局1902年印。

历史遗产：幅员辽阔的统一多民族国家和人口众多、多元一体的中华民族。这是中国不同于世界上任何一个国家的特殊国情，也是每一个中国人历史文化认知的核心内容。这些都是大道理、大前提。有了这样的历史文化认知，大道理就能够管住小道理，大前提就能够管住小前提。我们要通过长期、扎实的研究，努力使这些大道理、大前提深入人心，成为中华民族每一成员的共识。

两大历史遗产是中国与中华民族生生不息的强大原动力，是物质与精神的有机结合、互补互促，并成为每一个中国人的宝贵精神财富。中国边疆是两大历史遗产的交会平台，两大历史遗产研究应成为中国边疆学话语体系一项重要内容。今天，我们更应该在中华民族共同体理论框架下开展对两大历史遗产宏观与微观相结合的研究，并将历史成果普及于国民教育之中。

由此，结合李大龙所提，我认为中国边疆学话语体系建设核心内容至少可包括6个方面：（1）中国边疆界定的话语体系；（2）“两大历史遗产”在国人历史认知建设中战略地位话语体系；（3）统一多民族中国形成与发展中“统一”与“多民族”的话语体系；（4）亚洲传统“天下秩序”形成与发展过程的解构，或者可称为古今中国与周边关系话语体系；（5）中国传统治边思想及其实践话语体系；（6）海疆与海洋话语体系。

## 五、边疆学人的历史担当

中国边疆学“三大体系”建设当前亟须应对诸多问题，李大龙提出了五大应对的问题：一是中国边疆学学科定位亟待明确；二是中国边疆学学术体系亟待整合；三是中国边疆学基础理论研究亟待加强；四是中国边疆学研究队伍亟待整合壮大；五是中国边疆学基本知识的普及亟待加强。

我甚赞同，对上述五个问题深化探究，当是边疆学人的职责所在、历史担当。

“不忘初心，方得始终”，在中国边疆学构筑的讨论中，在中国边疆学“三大体系”建设的探研中，我们毋忘提出这一命题的初衷，更不能迷失这一命题的方向。因此，“始终清晰认识中国边疆学的理论起点、逻辑起点和实践起点，这是我们把握‘初心’的根基；始终准确定位中国边疆学的学科目标、学科任务、学科宗旨，这是我们‘牢记使命’的关键；始终牢牢把握中国边疆学的时代背景、时代要求、时代方向，这是我们‘继往开来’的前提”①。

在面对历史担当的重任，我想补叙两点。

（一）最重要的是，中国边疆学构筑、中国边疆学“三大体系”建设、中国边疆学研究的全面展开，一定要防止边疆概念泛化倾向，千万不要忘了中国两字，不要脱离中国的实际，不要偏离了中国边疆学是研究极具中国特色的中国边疆的一门极具中国特色的“交叉学科”。为此，我愿重申两个担忧：

“第一，我们提倡的是中国边疆学，现在有一些专家，把‘中国’两个字去掉了，或是先说边疆学，再加一个一般边疆学，再来一个中国边疆学。这里就有一个大问题了。我觉得中国边疆学这样一个边疆，在全世界除了俄罗斯有，其他都没有。小国有边疆吗？它们只有边境地区，没有边疆。边界是每个国家都有的，挨着边界的边境也有，但边疆则是有自己发展特点的地方，除了俄罗斯有边疆，包括美国都没有。美国的所谓边疆，特纳的边疆学讲的

---

① 李国强：《夯实构建中国边疆学的基础》，《云南师范大学学报（哲学社会科学版）》2020 年第 1 期。

是开发西部，跟我们的边疆概念完全不一样。如果是边疆学，就要研究世界的边疆，世界很多国家没有边疆，不是给自己弄乱了吗？这是第一个担忧。”

“第二，现在有些年轻学者，外语好，用西方的边界理论来套中国的边疆，越套越乱。中国的边疆是中国特色的，它不是民族国家成立以后现代意义的边界。如果用现代意义的边界来看历史上的边疆，越说越糊涂。中国是东方国家，我们古代是有边无界的，那时的中国人脑子里没有那么清晰的边境线，这是中国特点。”①

（二）有关中国边疆学研究队伍亟待整合壮大问题，我也有些许认识可陈述。

其一，研究队伍的组成，应包括机构和人才，机构是指以研究中国边疆为己任的实体研究机构和非实体研究机构；而人才则应包括研究学人和研究工作的管理者。从当下实际看，相当多的资深研究者大都属业务、行政“双肩挑”者，这样的研究者现状，大大利于中国边疆学研究按学术规律的轨道有序推进。

其二，在中国边疆学研究的队伍建设上应着力培养既长于基础研究，又善于应用研究的复合型人才，因为中国边疆这一研究对象本身的特点就很难明确区分基础研究与应用研究的内涵，加之如果缺少了基础研究的长期积累，应用研究只能就事论事，难以取得带战略性和预测性的高质量的研究成果。我们提出依托历史、直面现实、着眼未来，其本意也即在于此。因此，那种机械地将中国边疆研究人才分为基础研究与应用研究两支队伍的认识是值得

① 杨东采访整理：《中国边疆研究的回顾与前瞻——马大正先生访谈录》，《中央社会主义学院学报》2021 年第 1 期。

商讨的。

其三，如何实现“团结凝聚”中国边疆学研究队伍的任务，这是今天中国边疆研究面临的挑战，也是中国边疆研究所再创辉煌的难得机遇。如何实现“团结凝聚”中国边疆学研究队伍呢？近年一则“药方”，就是成立全国性的“中国边疆学会”，以整合全国涉边疆研究力量。对此，民国时期全国性的边疆学会的兴起对中国边疆研究的重要推动作用，被作为成功的“案例”。据知，有关部门为此已做了大量的前期筹划和准备工作。

对此，我想抒二言：

言之一，改革开放以来，随着“科学春天”的降临人间，在研究发展大潮推进下，各色学术性学会、协会、研究会如雨后春笋出现在神州大地，但随着时间的推移，大多数学会，能坚持一年或几年开一次会、出一本论文集就很不错了，相反人浮于事、管理松散、资金短缺成了工作中明显的短板，加之不少学会陷入“衙门化”泥沼，顾问、名誉会长、会长论资排辈，常务理事、理事甚至逾百，学术性下降，官僚化上升，学人们看在眼里，心知肚明，要革除如此积疾非不能也，但也难矣！

言之二，说到民国时期（主要指 20 世纪 20 ～ 30 年代）有关边疆学会的兴起对中国边疆研究事业推动的实践，这方面研究成果颇多，我在拙著《当代中国边疆研究（1949—2019）》第二章论及“第二次中国边疆研究高潮”（第 59 ～ 79 页）一题中已有阐论。孙喆、王江的《边疆、民族、国家》（中国人民大学出版社 2013 年版），孙喆《江山多娇：抗战时期的边政与边疆研究》（岳麓书社 2015 年版），汪洪亮《民国时期的边政与边政学（1931—1948）》（人民出版社 2014 年版），汪洪亮《抗战建国与边疆学术：华西坝教会五大学的边疆研究》（中华书局 2020 年版），王振刚《民国学人西南边疆问题研究》（人民出版社 2013 年版）等，也多有宏论可供参阅。

其实即以当时成绩斐然的禹贡学会言，学会本身只是一个平台，关键还是利用这个平台的实际掌门人——顾颉刚先生的智慧与能力。顾颉刚先生能抓住推动一门学科发展的两大关键，即提出符合学科发展的远景规划，以及为实现这一规划的切实可行的近期计划；制定实现学科建设远景规划和近期计划的行之有效的学术组织工作方法。今天，人们在回顾禹贡学会前辈的业绩时，有三点令人深思：

一是爱国之心与创业之情是推动禹贡学会同人艰苦创业共同前行的原动力。

二是同事之间、同人之间的“同声相应、同气相求”，是促进禹贡学会同人默契配合、上下求索的催化剂。

三是禹贡学会学术组织工作的有声有色、成绩斐然，是与顾颉刚先生的努力分不开的。我们知道，一位著名的史学大师，并不一定是一位优秀的史学工作组织者。而顾颉刚先生则是一身而二任，他兼具了优秀学术组织者不可缺少的品德：他学识渊博，心有全局，能将远景规划融于切实可行的实践之中；他广交同人，切磋学识，随时吸取有益营养，日新又新地开发新的学术园地；他平易近人，心胸宽广，热心提携青年，不断扩大研究队伍。正是在顾颉刚先生的指导下，禹贡学会造就了生机勃勃的学者群体，并在 20 世纪 20 年代至 30 年代中国边疆史地研究学术团体中脱颖而出，在中国边疆研究第二次研究高潮中，极有光彩地将中国边疆史地研究推进到一个新的阶段。[①] 显然，关键不在于学会本身，在于有没有能利用学会平台的大师。

---

① 参见马大正：《禹贡学会及其学术组织工作》，《中国边疆史地研究》1992 年第 1 期。

如今民国时期已远去，现在再回忆和审视30多年来从中国边疆史地研究中心到中国边疆研究所的学术实践，以及它成为中国边疆研究第三次研究高潮推动力之一的历程，这些回忆和启迪应该成为一代学人的精神财富。

习近平总书记《在哲学社会科学工作座谈会上的讲话》中指出："我们不仅要让世界知道'舌尖上的中国'，还要让世界知道'学术中的中国''理论中的中国''哲学社会科学中的中国'，让世界知道'发展中的中国''开放中的中国''为人类文明作贡献的中国'。"①

作为中国边疆学人群体中的一员，在读了李大龙的宏文之后，将对于中国边疆学"三大体系"建设的思考片段写出来，是对自己多年有关中国边疆学构筑思考的延续和深化，寄望有更多同人抒发宏论，参与讨论。

还是一句老话：

我最大的心愿是：祝愿中国边疆学早日成为中国学科之林中的一员！祝愿中国边疆研究所兴旺发达！

---

① 习近平：《在哲学社会科学工作座谈会上的讲话》，《人民日报》2016年5月19日。

# 改革开放 30 年来中国边疆史地研究学科的繁荣与发展[①]

## ——兼述中国边疆史地研究的第三次研究高潮

厉　声[②]

### 一、中国边疆史地研究学科的特点与学科优势

无论是历史上还是今天，幅员辽阔的边疆在中国不同历史时期的国家领土与政治、国家经略与治理中都占有举足轻重的地位，边疆地区研究由此成为中国传统历史地理研究的重要内容之一。近代以来，在边疆政局的动荡之中，中国边疆史地研究曾有过两次经世致用的研究兴盛时期。第一次是在鸦片战争前后，清朝边疆地区积贫积弱与西方列强对于中国边疆的蚕食和侵略激起了抵御外侮、巩固边疆的社会舆情，一批爱国志士仁人以自己掌握的学识，投入对中国边疆、海疆及相关问题的研究，形成中国边疆史地研究的第一次高潮。第二次是在 20 世纪 30 ~ 40 年代，日寇侵占中国东北边疆进而大举侵华，中华民族处在生死存亡的危急关头，一批学界志士又以高昂的爱国激情，展开边疆史地研究，掀起了以边疆、边政、边防、边事、边情及边疆

① 本文原发表于《中国边疆史地研究》2008 年第 4 期。

② 厉声，中国社会科学院中国边疆史地研究中心原主任、研究员。

民族等为主要研究对象的又一次研究高潮。

中国边疆史地研究学科何以成为一门显学，为什么在近200年间能够一再形成研究热潮？这在很大程度上是由该学科的特点与学科优势决定的。

1. 中国边疆史地研究学科所涵盖的历代疆域研究、近现代边界形成后的领土主权研究都是不同时期国家的根本利益所在。历史上封建王朝的领土封疆被历代封建统治者视为祖宗传承的基业、国家的根本，版图严整，寸土必守。诚如18世纪末乾隆皇帝给英王的敕谕所称："天朝尺土，俱归版籍，界址森然。即岛屿沙洲，亦必画界分疆，各有专属。"[①] 近现代以来，国家的统一与领土主权完整更是国家根本利益所在。所以，无论是历史上国家富裕强盛、治理井然，边疆处于稳定发展之时，或国家积贫积弱、遭受侵略，边疆处于危亡之际，还是今天中国崛起、屹立于世界民族之林，又处于和谐发展之中，中国边疆史地研究学科都一再凸显在历史与现实国家根本利益上的重要政治意义。

2. 先秦以来，自中国的历史疆域形成到近现代中国边界的确立，经历了数千年的历史，今天的边疆地区（指有边界线的省区）占到国土面积的60%以上，如此漫长的历史和如此广袤的区域，在时间与空间上为中国边疆史地研究学科提供了十分宽泛的领域。

3. 中国边疆史地研究学科本身具有丰富的内涵与外延和深厚的发展潜力。从学科的研究内容上讲，其一是历史上封建王朝都十分注重边疆经营和治理，并形成一套传承沿袭、不断丰富完善的边疆治理理论与模式：分封体制、属国制度、朝贡体制、羁縻政策、因俗而治，等等；其二是不同历史时期国势的消长、内部的统一与割据所引发的疆域的伸缩变迁，边疆经营和治理模式的变化，

① 转引自萧一山：《清代通史》中卷，中华书局1985年版，第819页。

边疆社会经济的发展或衰退，等等；其三是中国边疆多民族共存并处、相互融合，多元文化兼容并蓄、相互交融的历史和现实，充分展现和印证了中华民族多元一体和统一多民族国家发展的历程，并由此在边疆地区形成丰厚的多民族、多元文化的历史遗产；其四是今天的边疆是历史的选择与继承，中国边疆和历史疆域特定的发展历程在很大程度上构成了今天中国边疆的状况及与周边国家的关系历史，同时又在当前构建和谐边疆、和谐周边关系的国策中，构成了特有的内容。凡此种种，都在理论与实证研究中不断丰富和充实着中国边疆史地研究学科，不断完善和扩大着中国边疆史地研究学科的内涵与外延，并充分展示着这门学科自身所具有的学科优势和深厚的发展潜力。

4. 中国边疆史地研究学科具有跨学科的多学科交叉性质。中国边疆史地研究是以边疆这一特定区域为研究对象的综合性学科，学科的内涵与外延决定了中国边疆史地研究是一门多学科交叉的边缘学科，其中涉及政治学、法学、经济学、历史学、社会学、语言学等诸多大的学科门类以及相关学科分支，由此吸引着诸多学科门类的学者与志士仁人从边疆角度投身于维护国家利益的需要之中；与此相应，诸多大的学科门类及相关学科分支也在中国边疆研究学科中体现着自身经世致用的价值与现实意义。

新中国建立后，国家的统一、民族的团结、边疆社会经济的发展依然是史学研究的重要内容。改革开放后，边疆史地研究率先成为我国历史学学科研究复兴与繁荣序幕中的重要一幕，1979 年至 1984 年有关中国历史疆域的学术讨论成为当时历史学学科研究步入繁荣的标志之一。中国边疆史地研究学科真正在学科规划下步入再一次的繁荣，是随着第一个全国性的专门研究机构中国边疆史地研究中心的建立而开始的。在当时边疆与边界问题研究的迫切需要下，中国社会科学院于 20 世纪 80 年代初即着手酝酿建立专门的学术研究机构，鉴于中华人民共和国成立以来特别是“文化大革命”期间边疆与边界研究中存在的实际状况，当时（1982年）负责全国社会科学研究工作的胡乔木同志指出：中国边疆史地研究，非集中专门人力，进行长久工作不为功。在党和国家有关部门的关注下，1983年，中国社会科学院成立了中国边疆史地研究中心（以下简称“边疆中心”）。

边疆中心的建立使我国边疆研究第一次有了全国性的专门研究机构，通过这一机构可以集中研究力量，研究制定宏观的学科发展规划，立项重大的研究项目，协调较为优秀的研究力量从事科研攻关。边疆中心成立之初，通过对学科研究状况的反复论证，认识到：中国历代疆域史、中国近代边界沿革史是需要集中人力、花大气力进行研究的学科薄弱环节；从我国统一多民族国家的形成与发展的前提出发，急需加强中国历代边疆政策、中国历代边疆开发、中国古代传统治边思想、中国历代边疆管辖与制度研究等系列综合研究；同时，对中国边疆史地研究的学术研究史进行认真梳理与总结，在了解和熟悉前人研究成果的基础上，进一步深化和拓展本学科的研究领域。基于上述论证和分析，边疆中心提出了多项具有全局性的系列、综合研究项目，主要有中国历代疆域史、中国近代边界沿革史、中国历代边疆治理研究、中国边疆研究史等。自此，我国边疆史地研究在宏观规划的指导下，在改革开放30年来持续不断的发展与繁荣中，形成又一次学术研究高潮。

## 二、改革开放以来中国边疆史地研究学科取得一系列重大成果

改革开放30年来，以马克思主义为指导，中国边疆史地研究在各个领域都取得一系列重大成果。这些主要的研究领域和成果可以归结为以下十多个

方面：

1. 从马克思主义经典作家的著作中寻找理论源泉，更好地运用马克思主义唯物史观指导中国边疆史地研究。马克思主义经典作家在各个时期的著作中都有不少内容涉及领土、边疆和边界等问题，这是中国边疆史地研究最为重要的理论源泉之一。比如马克思、恩格斯在多种论著中论及国家领土、边界等问题，反映了马克思主义经典作家在19世纪的一些重要观点、理论，这些观点、理论博大精深，又在列宁的著作中得到继承、发扬。但是，这些论述分散于马克思、恩格斯的大量著作中，大多数文章从篇名又看不出同领土、边界有什么关系，有的文章洋洋数万言，其中与此问题有关的只有一二段，阅读非常不便。对此，我国边疆史地研究者给予高度重视，并努力从中探寻理论的“宝藏”，为边疆史地学科建设提供更为丰富的理论指导。这一工作已经取得阶段性的成果，吕一燃编《马克思恩格斯论国家领土与边界》（黑龙江教育出版社1992年版）就是其中的代表。该书从马克思、恩格斯的著作中选出了论及国家领土、边界的论著36篇，有的全文著录，有的摘其有关部分，按写作时间顺序排列，还附录了《马克思恩格斯全集》中文版的有关注释，以便读者阅读。这些论著的编选、出版适应了我国学术界学习和研究马克思主义关于国家领土与边界理论的需要，为中国边疆研究提供了重要的理论指导，对于中国边疆史地研究的发展和学科建设无疑具有重要意义。这正如吕先生在该书“编者说明”中指出的：“在马克思、恩格斯的著作中，有不少关于国家领土和边界的精辟论述，其中有研究国家领土的形成和边界的产生的，有批判地主资产阶级形形色色疆界理论的，有抨击西方资本主义国家兼并和侵占别国领土的，有评论当时或历史上发生的边界事件的，还有阐述应该如何正确地对待国家领土和边界问题的。马克思、恩格斯的这些论述，是马克思主义思想宝库中的重要组成部分，对我们研究国家领土、边界问题不仅有其借鉴意义，还有重要的指导意义。”

2. 中国古代疆域研究取得丰硕成果。中国历代疆域史是改革开放30年来中国边疆史地研究的重要领域，边疆中心成立后就组织国内的专家学者进行重点攻关，经过多年的努力，取得丰硕的成果。林荣贵主编的《中国古代疆域史》（黑龙江教育出版社2007年版）就是其中最有代表性的重要成果之一。“中国古代疆域史”是国家第八个五年计划社会科学研究的重点课题，由中国边疆史地研究中心负责主持，林荣贵研究员担任该项成果的主编。“十年磨一剑”，历经多次研讨、修改，这部长达161万字的《中国古代疆域史》得以在2007年问世。

《中国古代疆域史》史料翔实、内容宏赡，是一部全面、系统反映古代中国统一多民族国家疆域形成和发展历史的学术著作。整个内容包括正文、导论和插图三部分。正文分为上、中、下三卷。上卷为统一多民族国家初步形成和发展时期的中国疆域，论述了从远古至秦汉统一的中国疆域发展历程，包括远古时期中国先民的活动地区、先秦多民族国家形成和发展时期的中国疆域等内容。中卷为统一多民族国家进一步形成和发展时期的中国疆域，论述从三国到隋唐再次统一的中国疆域变迁，包括三国、两晋、南北朝分立时期的中国疆域，隋唐统一多民族国家再建和发展时期的中国疆域等内容。下卷为统一多民族国家全面形成和发展时期的中国疆域，论述了从五代十国至元明清大一统时期中国疆域的发展历程，包括五代十国、宋辽金分立时期的疆域，元、明、清统一多民族国家的再建和发展时期的疆域等内容。每一卷又依内容分立编、章、节，按照各个历史时期，对疆域格局、政区建置、辖区设治与军事戍防、边疆经略等相互联系的四个层面展开论述。在整个疆域与管辖、经营的表述上，提出了自己的认识标准：既重视统一和大一统时期，也不忽视分立时期；既重视统一王朝或具有相当影响力的王朝，也不忽视其他民族政权和民族地区；既重视中原，也不忽视外围及边远地区；既重视陆疆，也不忽视海疆。在历代疆域形成和发展的因果关系的探索上，既要看到政治军事方面的作用，也要看到经济、文化、民族关系、宗藩关系、邦交关系、地理环境等因素的作用。在内容取向上要求全面、系统、准确地反映统一多民族国家疆域形成和发展的整个历史过程。

《中国古代疆域史》还提出一系列具有创新意义的观点，对有关概念的准确运用提出新的认识，认为古代中国疆域整个历史进程的实质主要在于“发展”而不是“扩展”；古代中国疆域从结构格局上看，是由多层次（即统一王朝或一般王朝的直接辖区和特别辖区）、多类型（即统一王朝辖区、民族政权辖区和民族地区，分立时期为各朝邦辖区、民族政权辖区和民族地区）向大一统辖区一体化发展；从时间上看，统一是历史发展的导向和主流，分立意味着统一局面的瓦解，但又从另一个方面酝酿着新的统一，复后归于大一统；从空间上看，统一的范围越来越扩大；从程度上看，统一的力度越来越强化。

3. 中国边疆地区通史的编纂。由边疆中心负责主持，马大正担任总主编，组织国内边疆研究各领域的专家学者共同完成“中国边疆通史”丛书，由中州古籍出版社出版，包括《中国边疆经略史》（2000 年版）、《东北通史》（2003 年版）、《北疆通史》（2002 年版）、《西域通史》（2003 年版）、《西藏通史》（2003 年版）、《西南通史》（2003 年版）和《中国海疆通史》（2003 年版）。这一丛书较为全面地反映了我国学术界在边疆通史研究方面的最新成果，受到国内外学术界的重视。与此同时，中国边疆区域通史研究也取得重要成果，已经出版的有《内蒙古通史》（内蒙古大学出版社 2007 年版），即将出版的有《黑龙江通史》《吉林通史》《辽宁通史》等,《西藏通史》和《新疆通史》的编修工作也正在进行。此外,中国边疆区域通史简本也有多种,仅新疆方面的就有《中国新疆:历史与现状》(新疆人民出版社2006年版)、《新疆史鉴》(新疆人民出版社2006年版)、《新疆史纲》(新疆人民出版社2004年版)等,其中《中国新疆:历史与现状》是以汉、维吾尔、哈萨克、英、俄、法、德、日、阿拉伯、土耳其10种文字出版,面向国内和世界各国发行。

4. 边界问题是中国边疆史地研究的传统重要领域,也是边疆中心成立后组织国内专家共同攻关的重大选题。通过30年的共同努力,国内学术界在吸收、继承已有成果的基础上,发表了一批较高质量的论文、专著,把中国与邻国的陆地边界以及香港、澳门、台湾、南海诸岛、钓鱼岛等的研究都推向新的水平。仅就专著而言,既有吕一燃研究员主编的《中国近代边界史》(四川人民出版社2007年版)等综合性的研究成果,又有一些专门研究中国与某一邻国边界的专题研究成果,如中缅边界方面有朱昭华著《中缅边界问题研究》(黑龙江教育出版社2007年版)等。其中,《中国近代边界史》是边疆中心基础研究的又一代表作,该书集中了国内边界研究的众多专家,以64万多字的篇幅,不仅对近代以来中国与朝鲜、俄国、印度、尼泊尔、缅甸、老挝、越南等邻国的陆地边界进行了系统研究,而且对中国与葡萄牙关于澳门地区、与英国关于香港地区的领土主权交涉以及台湾、南海诸岛、钓鱼岛等问题做了较为深入的论述,从而把中国近代以来界务问题的研究推向一个新的高度,也较为集中地展示了改革开放以来我国学术界在边界研究中的新成果。

5. 中国海疆及港澳台研究。海疆是中国边疆的重要组成部分,但由于中国历史上"重陆轻海"思想的长期影响,我国海疆研究在相当长的时期内未受到应有的重视，从整体上看，与陆疆研究相比仍然十分单薄，与我国数千年海疆开发、管理的历史和拥有广大海洋国土的状况相比更是极不相称。

改革开放30年来，由于国内学术界的共同努力，许多成果先后问世，不仅在海疆历史的综合研究和南海问题、钓鱼岛问题、台港澳地区以及海防、海军等问题的专题研究中取得丰硕成果，而且在用国际法、海洋法等维护中国海洋权益，探讨我国与邻国的海域划界问题方面也发表了一些重要成果：

一是在海疆历史的综合研究方面，国内学术界不仅发表了《论中国海洋史上的两次发展机遇与丧失的原因》（庄国土著，《南洋问题研究》2006年第1期）等学术论文，而且出版了《中国海疆历史与现状研究》（吕一燃主编，黑龙江教育出版社1995年版）、《中国海疆通史》（张炜、方堃主编，中州古籍出版社2003年版）等专题著作。

二是南海问题、钓鱼岛专题研究取得丰硕成果。在南海问题研究上，既出版了《南海诸岛史地研究》（韩振华著，社会科学文献出版社1996年版）、《中国南海疆域研究》（李金明著，福建人民出版社1999年版）、《南中国海研究：历史与现状》（李国强著，黑龙江教育出版社2003年版）等在国内外都很有影响的著作，又编辑出版了《南海诸岛：地理・历史・主权》（吕一燃主编，黑龙江教育出版社1992年版）等论文集，还发表了《南海“断续线”的法律地位》（贾宇著，《中国边疆史地研究》2005年第2期）等学术论文。在钓鱼岛问题上，不仅出版《甲午战前钓鱼列屿归属考——兼质日本奥原敏雄诸教授》（吴天颖著，社会科学文献出版社1998年版）、《日本国窃土源流——钓鱼列屿主权辨》（鞠德源著，首都师范大学出版社2001年版）等著作，而且发表了《明治时期日本官书对“尖阁列岛”地位的认识》（张植荣、张启雄著，《中国边疆史地研究》2008年第1期）等学术论文。

三是台湾、香港、澳门地区的专题研究也有相当多的研究成果。在这些成果中，既发表了数量众多的学术论文，整理出版了一些史料集，又出版一批涉及台港澳及其沿海地区历史和现状等问题的专著。仅就著作而言，台湾研究方面有《台湾通史辨误》（邓孔昭编著，江西人民出版社1990年版）、《台陆关系通史》（周文顺著，中州古籍出版社1991年版）、《荷据时代台湾史》（杨彦杰著，江西人民出版社1992年版）、《台湾海疆史研究》（陈在正著，厦门大学出版社2001年版）等。香港、澳门研究的专著有《粤港澳近代关系史》（邓开颂、陆晓敏著，广东人民出版社1996年版）、《澳门史纲要》（黄鸿钊著，福建人民出版社1991年版）、《澳门历史（自远古—1840年）》（黄启臣著，广东人民出版社1991年版）、《明清士大夫与澳门》（汤开建著，澳门基金会1998年版）等。

四是海防、海军及相关问题的研究成果丰硕。其中，不仅有《论所谓海防与塞防之争》（杨策著，《近代史研究》1987年第4期）等论文发表，而且整理出版了一批档案文献，出版了《清代前期海防：思想与制度》（王宏斌著，社会科学文献出版社2002年版）、《清代台湾的海防》（许毓良著，社会科学文献出版社2003年版）、《晚清海军兴衰史》（戚其章著，人民出版社1998年版）等著作。此外，一些硕士、博士学位论文先后完成，如《李鸿章海防思想研究》（葛丽君，东北师范大学1993年硕士学位论文）等。

五是运用国际法、海洋法等维护中国海洋权益，探讨我国与邻国的海域划界问题也有一些成果问世。其中，代表性的著作有《中国与邻国海洋划界争端问题》（张良福著，海洋出版社2006年版）等，论文如《海洋法公约与南海领土争议》（李金明著，《南洋问题研究》2005年第2期）、《中日东海划界问题的国际法分析》（高俊国著，《海洋开发与管理》2006年第2期）、《从国际法角度看中日东海划界争端——兼论日本主张的无理性》（高健军著，《环球法律评论》2006年第6期）。

6. 中国历代边疆治理的思想、政策与制度研究。该领域相关研究长期以来就受到学术界关注，改革开放以来的30年间更备受我国学术界重视，不断推出新的成果，其中代表性的著作如马大正主编的《中国古代边疆政策研究》（中国社会科学出版社1990年版）和马汝珩、马大正主编的《清代的边疆政策》（中国社会科学出版社1990年版）。《中国古代边疆政策研究》对古代中国边疆治理的实践和思想进行了总结，《清代的边疆政策》则重点论述了清代边疆治理的思想、政策和制度，在一定程度上反映了改革开放以来我国学术界在这一研究领域的新认识、新成果。另有李大龙著《两汉时期的边政与边吏》（黑龙江教育出版社1996年版）、王东平著《清代回疆法律制度研究》（黑龙江教育出版社2003年版）、张永江著《清代藩部研究——以政治变迁为中心》（黑龙江教育出版社2001年版）、张云著《元朝中央政府治藏制度研究》（黑龙江教育出版社2004年版）、李方著《唐西州行政体制考论》（黑龙江教育出版社2002年版）、李大龙著《都护制度研究》（黑龙江教育出版社2003年版）等一批各具特色的对历史上边疆制度进行研究的成果。

7. 中国边疆开发研究不断深入。历史时期边疆地区的开发是中国边疆历史研究的重要领域，30年来我国学术界把这一研究不断推向深入，在古代中国的边疆开发、边疆开发与近代化等研究方面取得众多成果。以边疆开发与近代化为例，近年就有两部很有分量的专著出版。一部是马大正、李大龙主编的《20世纪中国西部开发史》（黑龙江教育出版社2005年版）。该书分内蒙古、宁夏、陕甘青、新疆、西藏、川渝、云贵、广西不同地区，分别概述了西部地区20世纪的开发历程，认为由于种种原因，西部开发历史中最重要的还是新中国成立以后进行的开发活动，并列举了大量数据，分阶段描绘了20世纪下半叶西部各地区的开发情况。另一部是戴逸、张世明主编的《中国西部开发与近代化》（广东教育出版社2006年版）。该书系国家哲学社会科学研究基金“九五”重点项目的成果，以西部开发为切入点，较为全面地探讨了边疆地区的近代化问题。该书由13个部分组成，把宏观的理论思考与微观的地区性论述结合起来，分为导论和西藏、四川、重庆、广西、贵州、云南、新疆、甘肃、陕西、宁夏、内蒙古、青海等12个地区的专题介绍。在导论篇中，集中论述了清末民国以来中国“西部”的概念，探讨了中国西部地区开发过程中的农业、林业、交通、教育、科技及其近代化的一系列理论问题，并在近代西部开发与民族国家的形成、西部开发中的移民社会、近代西部开发对生态环境变迁的影响及教训等方面提出了独到见解。

8. 中国边疆区域社会民族发展研究成果丰硕。历史上和今天的边疆地区大多是少数民族聚居地，所以有关中国边疆区域社会民族发展研究既是中国民族史研究的重要内容之一，又与中国边疆史地研究关系密切。30年来，我国学术界在边疆民族发展研究方面取得一系列的成果，发表一批有较大影响的论文、著作。仅就著作而言，以中国边疆某一地区民族发展为研究对象的重要成果，如胡绍华著《中国南方民族发展史》（民族出版社2004年版）、尤中著《中国西南民族地区沿革史（先秦至汉晋时期）》（民族出版社2005年版）、孟广耀著《北部边疆民族史研究》（黑龙江教育出版社2002年版）、杨茂盛著《中国北疆古代民族政权形成研究》（黑龙江教育出版社2004年版）、林干著《中国古代北方民族通论》（内蒙古人民出版社2007年版）等。此外，崔明德著《中国古代和亲史》（人民出版社2005年版）以59万字的篇幅，在全面搜集、考释各种资料和吸收前人成果的基础上，探讨起源于先秦政治婚姻的边疆民族与中原王朝的各类和亲、联姻及其对边疆地区经济、文化、社会的影响，是中国边疆区域社会民族发展史研究的一部重要著作。

9. 疆域理论研究取得新突破。改革开放以来，中国边疆史地学科呈现出良好的发展势头，历史研究与应用研究领域的创新成果不断涌现，但与此不相适应的是，中国疆域理论研究的相对滞后制约了学科研究向纵深发展。20世纪80年代初期，以史学界为主关于中国历史疆域的学术探讨与争论拉开了关于疆域理论研究的序幕。近年以来，边疆中心率先组织科研力量，围绕中国历史疆域的构筑与中国历史疆域的法律地位这一主旨，集中开展了疆域理论研究，不仅举办了多期“中国疆域理论研究论坛”，而且举办了以疆域理论为主题的“第三届中国边疆史地学术研讨会”，从而在中国边疆史地学界掀起了疆域理论研究的热潮。同期，国内学术界发表了一批有较大影响的疆域理论研究成果，内容涉及对中国古代疆域构筑、形成规律以及近代中国疆域的最终确定的探讨，对古代对边疆以及周边地区的观念认识的总结，对边疆相关制度方面的探讨，对疆域归属问题的探讨等。

中国历史疆域的形成、变化及其规律问题长期以来就是国内学术界研究的难点和重点，学者们或结合政治学中的国家学说，或运用“长时段”、“文明板块”的理论、方法，提出了自成一说的观点、认识。既有学者对某一时期的疆域结构、形成及其特点的论述，如厉声《先秦国家形态与疆域四土刍见——以殷商国家叙述为主》(《中国边疆史地研究》2006年第3期)；又有许多学者对中国历代的疆域形成、演变及其规律的宏观探讨，如于逢春《论中国疆域最终奠定的时空坐标》(《中国边疆史地研究》2006年第1期)、《构筑中国疆域的文明板块类型及其统合模式序说》(《中国边疆史地研究》2006年第3期)，毕奥南《历史语境中的王朝中国疆域概念辨析——以天下、四海、中国、疆域、版图为例》(《中国边疆史地研究》2006年第2期),杨建新《“中国”一词和中国疆域形成再探讨》(《中国边疆史地研究》2006年第2期),李方《试论唐朝的“中国”与“天下”》(《中国边疆史地研究》2007年第2期),李大龙《“中国”与“天下”的重合:古代中国疆域形成的历史轨迹》(《中国边疆史地研究》2007年第3期)等。

对于历代中国的疆域形成、变迁,学术界对于先秦国家形态与疆域问题颇多关注,其中有学者认为古代中国国家的形成和发展有一个历史过程,虽然先秦时期的夏、商、周三朝已具备了形成国家的基本要素,但在由王畿与四土两大部分构成的先秦国家形态中,只有处于中心地带之王畿与周围四土概念,并没有国家疆域意义上的“边疆”概念。有的学者引入文明板块概念,分析中国疆域的构成、形态、变化及其特点,认为中国历史疆域最终奠定的时间坐标为1820年;伴随着“嘉庆志”与“嘉庆图”的登场,标志着清帝国已具备近代意义上的民族国家基本要素——领土、主权与国民(臣民)意识。

中国古代疆域的相关概念是学者们讨论的重要议题,对于一些长期使用的概念,学者们提出了新的认识,还就相关问题进行了学术争鸣。其中,对于天下、四海、中国、疆域、版图是边疆理论的五个基本概念,有学者认为大致形成于先秦时期,在历史演进过程的各阶段疆域不仅在指称对象上不同,而且说话主体与被陈述或描述对象的关系也存在很大差异,因此,应将疆域概念与具体历史语境相结合进行系统考察。有的学者以“中国”国家概念的演进为切入点,考察了古代中国疆域形成的特点。还有学者对于唐人的“中国”、“天下”、“国家”观进行分析,认为唐代“中国”一词为天地之中之国之义,同义词有“中夏”、“华夏”、“中华”等,“中国”不代表唐朝实际统治的领域,仅代表唐朝统治的核心地区;并不具有近代民族国家的概念,它只是唐朝统一多民族国家的一个重要组成部分。

10. 中国边疆地区对外关系研究取得众多新成果。边疆地区的对外关系是中国边疆地区研究中值得重视的领域，不仅涉及各时期边境、边界变化等问题，而且与历史时期边疆地区政局变动和经济文化发展及中国对外交流有着密切的关系，因此一直受到我国学术界的重视。改革开放30年来，这一领域的研究成果众多，总体上看呈现以下特点：

一是中国边疆各个地区的对外关系研究都取得一定进展。东北边疆方面，主要有黄定天《东北亚国际关系史》(黑龙江教育出版社1999年版)、刘为《清代中朝使者往来研究》(黑龙江教育出版社2002年版)等。西北边疆方面，主要有厉声《哈萨克斯坦及其与中国新疆的关系(15世纪—20世纪中期)》(黑龙江教育出版社2004年版)、许建英《近代英国与中国新疆(1840—1911)》(黑龙江教育出版社2004年版)等。西南边疆方面，主要有高鸿志《英国与中国边疆危机(1637—1912)》(黑龙江教育出版社1998年版)，吕昭义《英属印度与中国西南边疆(1774—1911年)》(中国社会科学出版社1996年版)、《英帝国与中国西南边疆(1911—1947)》(中国藏学出版社2001年版)，张永攀《英帝国与中国西藏(1937—1947)》(中国社会科学出版社2007年版)等。东南边疆方面，主要有孙宏年《清代中越宗藩关系研究》(黑龙江教育出版社2006年版)等。这些著作在相关研究领域都有不同程度的创新。

二是边疆探察史研究取得新成果，不仅翻译了一批外国来华探险者的著作，如日本人日野强《伊犁纪行》(华立译，黑龙江教育出版社2006年版)等，而且出版了马达汉、橘瑞超、斯文·赫定等国外探险者的传记。此外，我国学者还与国外学者合作，开展专门的研究，对马达汉新疆考察的相关研究就是其中的重要突破点。边疆中心与芬兰学术界合作，2006年举办了马达汉新疆考察国际研讨会，与会的中、芬两国学者既有研究新疆的历史学者，还有研究俄罗斯、藏学、蒙古学、环境学、地缘政治等多领域的学者，会议发表的论文涉及多个领域和主题，使这一研究达到更高水平。

11. 边疆社会调查取得一系列的成果。开展边疆民族地区的社会调查，通过深入、科学的调查为边疆史地研究奠定基础，为党和政府的科学决策提供咨询，是我国边疆史地研究的优良传统。改革开放以来，我国学术界在20世纪50年代边疆民族调查的基础上，中国藏学研究中心、中国社会科学院中国边疆史地研究中心、中国社会科学院民族学与人类学研究所、北京大学、中央民族大学及各边疆省区社会科学院、各边疆省区大学等学术部门从不同角度、针对不同边疆地区开展多项历史与现状调查，成果卓著。边疆中心成立以来，一直关注并致力于边疆地区调研工作，并通过课题立项和与边疆地区科研机构联合建立工作站等机制形成行之有效的调研网络。仅仅在2002—2006年间，由边疆中心学者主持的边疆社会调研项目就达14项，先后有近百人次参与边疆调研活动，如边疆中心主持的“当代中国边疆典型百村社会民族调研”，以新疆为侧重点，在新疆、西藏、内蒙古、宁夏、广西5个少数民族自治区和云南、吉林两省的自治州同时开展，经过两年的调查工作，目前已经取得了诸多的初期成果。

12. 档案文献研究。档案文献是中国边疆史地研究的基础，30年来备受学术界重视，已经整理出版一批专题的档案、文献，其中综合性的史料汇编有《中国边疆史志集成》（全国图书馆文献缩微复制中心影印本），西藏研究方面有《元以来西藏地方与中央政府关系档案史料汇编》（中国藏学研究中心等编，中国藏学出版社1994年版）、《清代藏事奏牍》（吴丰培编，中国藏学出版社1994年版）等，南海诸岛方面的档案文献汇编有《我国南海诸岛史料汇编》（韩振华主编，东方出版社 1988 年版）、《越南关于西南沙群岛主权归属问题文件汇编》（戴可来、童力合编，河南人民出版社 1991 年版）等，近代海军方面整理出版了《清末海军史料》（张侠等编，海洋出版社 1982 年版）、《中华民国海军史料》（杨志本主编，海洋出版社 1987 年版）、《台湾海防档》（台湾银行经济研究室编辑 1997 年版）。

不仅如此，近年在档案、文献整理方面又有新的重大进展，又有一批边疆档案已经整理出版或正在整理之中：一是《清代边疆满文档案目录》（广西师范大学出版社 1999 年版），共 12 册，800 万字，收录 12 万余件满文边疆档案的编目；二是《清代东北边疆档案选辑》（广西师范大学出版社 2007 年版），151 册；三是《珲春副都统衙门档》（广西师范大学 2006 年版），238 册；四是《满文边疆档案・新疆部分》6 万件和《新疆档案选辑》6 万件，已接近成书的尾声。这些档案在边疆研究中具有重大的史料价值。比如，《珲春副都统衙门档》由边疆中心、中国第一历史档案馆、吉林省延边朝鲜族自治州档案馆共同整理、编辑，收录了中国第一历史档案馆和吉林省延边朝鲜族自治州档案馆所藏的珲春协领和副都统衙门的档案，始于 1737 年，止于 1911 年，以满、汉两种文字书写，但以汉文档案居多。其中绝大部分是簿册类档案，少部分是折件类档案。这批资料的出版，对加深东北边疆史的研究具有重要价值，同时也是研究东北地方史、东北民族史、八旗制度史和中外关系史不可多得的第一手资料。

## 三、“东北工程”、“新疆项目”与“西南边疆项目”

2002 年 2 月，“东北边疆历史与现状系列研究工程”（简称“东北工程”）

立项。从2002年到2006年五年间，“东北工程”先后设立子课题项目：研究类73项，档案文献类8项，翻译类课题18项（主要是翻译有关东北边疆的俄、朝、日文著作，计20余部），资料信息库建设2项。“东北工程”投入了相当的资金和精力，对东北三省与国外的相关历史研究资料信息做了汇总，分别建立了对国内外学者开放的数据库。为了让广大国民和一定层次的相关人员都能够了解东北边疆的历史和现状，正在组织编写普及读物。

“东北工程”为期5年，于2006年年底到期，2007年进入结项阶段。其学术成果对东北边疆研究的推动作用与影响是巨大的。

一是学术成果方面。首先是完成了一批较高水平的研究类著作；其次是整理并出版一批珍贵的档案资料及文献，翻译并出版一批国外相关的译著；再次是出版一批普及读物；最后，建立一定规模的资料信息库。

二是人才培养。通过这个研究项目的完成，100多位承担项目的中青年科研人员脱颖而出，解决了东北边疆历史研究后继乏人的问题，避免了重现东北边疆的历史在中国，但东北研究在国外的尴尬局面。很多学者通过“东北工程”子课题研究站到学术前沿，或得到学术同行的认可，或成为博士生导师。

三是设立专门研究机构与重点学科。为了完成“东北工程”的研究课题，辽宁大学、辽宁省社会科学院、东北师范大学、吉林省社会科学院、延边大学、长春师范学院、黑龙江大学等东北三省的大学及科研院所，成立了专门的研究机构，或设立了重点研究课题。

四是东北边疆历史与东北民族关系史研究得到显著加强，由此形成相关学科体系；同时，对东北边疆现状稳定与发展的研究，形成系列课题，为党和国家的相关决策提供重要参考意见。

“新疆历史与现状综合研究项目”（简称“新疆项目”）是继“东北工程”之后又一项国家社科基金特别项目。2004年立项，为期5年。至2007年年底，已完成四批立项约60项子课题。目前，课题研究进展顺利，已进入成果出版期。

2008年8月，又一项国家社科基金特别项目“西南边疆历史与现状综合研究项目”（简称“西南边疆项目”）立项开题，总项目可分为4个大部分：

一是研究类。其中包括以边疆历史研究为主的基础研究、以边疆稳定与发展现状研究为主的应用研究两大类项目。

二是社会与民族现状调查。在西藏、云南、广西三省区选择有典型意义的基层调查点（乡镇或村寨）做5年跟踪调研。

三是档案、图籍、文献整理与翻译。其中清代部分作为重点，包括：清代满文西南边疆档案、清代三省区档案选辑、民国时期西南边疆档案选辑、历史地图收集与整理研究、重要历史文献、民族文字史籍整理与翻译、重要外文史籍、文献资料翻译、本课题重要成果外文翻译。

四是综合类。包括历史图片收集整理、普及读物、专题影视资料片等。

## 四、学科建设有待解决的问题及发展方向

综上所述，改革开放30年来，中国边疆史地研究学科取得令人瞩目的成绩，在许多研究领域都有不同程度的创新与突破，产生一批在国内外都有较大影响的学术成果。同时，我们还需要清醒地看到，中国边疆史地研究目前仍存在着诸多值得关注的问题，主要是：

1. 一些领域的研究仍然十分薄弱，档案文献的整理和数据库的建设仍然

相对滞后。

2. 边疆史地学科建设仍待完善，边疆理论研究尚未形成完整的体系。

3. 国内主要学术力量围绕重大项目合力攻关的同时，仍缺乏长期有效的合作、交流机制。

4. 学术研究中存在着选题重复、信息交流不畅、资料数据难以共享、学术资源利用率低等突出问题。

5. 一些理论问题的研究亟待拓展与深入，例如统一多民族国家理论、多元一体中华民族理论、疆域体制理论、边疆羁縻治理理论，等等。

这些问题中既有长期存在、历史遗留的，又有在当前学术科研体制下新产生的，需要逐步解决。只有解决好这些问题，我国边疆史地研究的学术力量才能有效协调、顺畅交流，在各院校、科研机构之间形成优势互补、资源共享、分工合作、共同攻关的良好局面，共同推动中国边疆史地研究进一步深入开展。

# 开启中国边疆学学科建设新征程[①]

李国强[②]

党的十九大是在全面建成小康社会决胜阶段、中国特色社会主义进入新时代的关键时期召开的一次十分重要的大会。党的十九大报告明确提出“加快构建中国特色哲学社会科学”[③]，这是指导我们不断深化中国边疆理论研究、不断开创中国边疆学学科建设新局面的政治宣言和行动纲领。

目前中国边疆学学科建设问题引起学术界同人广泛关注和积极参与，令人欣喜的是，近几年关于中国边疆学的互动交流、学术讨论十分热烈，中国边疆学学科建设方面的研究成果超过以往任何一个时期。在取得显著成绩的同时，也应该看到，关于中国边疆学性质、体系、结构、功能的研究还不深；关于中国边疆学理论、方法、手段、工具的研究还不透；在很多问题上存在较大或较多分歧，看法还不尽一致；中国边疆学学科的深层次问题亟待深化。尽管认识上的差异性，是学科建设中必然经历的过程，但深刻反映出中国边疆学具有突出的特殊性和学科建构的复杂性。本文拟围绕中国边疆学学科构

---

① 本文原发表于《中国边疆史地研究》2018 年第 1 期。

② 李国强，中国社会科学院中国边疆研究所原党委书记、研究员。

③ 习近平：《决胜全面建成小康社会　夺取新时代中国特色社会主义伟大胜利——在中国共产党第十九次全国代表大会上的报告》，人民出版社 2017 年版，第 41 页。

建的若干问题提出浅见，求教于学术界同人。

## 一、边疆研究学术规律及中国边疆学学科逻辑

在我国有着优良学术传统的边疆研究经历了漫长发展历程，在历代学人持续努力下，边疆研究的理论深度和广度、学术内涵与外延，不断延伸和拓展。随着边疆理论研究的持续深入，以边疆史地为主体的传统的中国边疆研究，正在步入学术转型、学科建设的重要时期。构建“中国边疆学”已经从“呼声”转化为学科创新的具体实践，成为学术界的共同目标和任务，围绕这一议题，不少专家学者展开了深度思考，发表了一批成果，形成了若干不同意见。无论是“边疆研究学术共同体”的提出，还是边疆政治学、边疆经济学、边疆民族学、边疆安全学等理论体系建构的尝试，都助推了“中国边疆学”学科内涵的探索，促使边疆研究在更多领域、更宽层面、更广视野中得到深化。

学术界关于中国边疆学学科建设的各种观点，可谓异彩纷呈，但是在众说纷纭中，中国边疆学学科建设似乎走到一个何去何从的关键节点。当学术界同人勇立于中国边疆学学科构建的潮头之时，恐怕更需要冷静而科学地回答什么是中国边疆学、为什么要构建中国边疆学、究竟要构建一个什么样的中国边疆学等一系列基础性、紧要性问题。

习近平总书记在党的十九大报告中指出：“不忘初心，方得始终。”[①] 在讨

① 习近平：《决胜全面建成小康社会　夺取新时代中国特色社会主义伟大胜利——在中国共产党第十九次全国代表大会上的报告》，人民出版社 2017 年版，第 1 页。

论中国边疆学学科建设问题时，首先要清晰地认识中国边疆学的理论起点、逻辑起点和实践起点，这是我们把握“初心”的根基；其次要科学地认识中国边疆学的学科目标、学科任务、学科宗旨，这是我们“牢记使命”的关键；再次要准确地认识中国边疆学的时代背景、时代要求、时代方向，这是我们“继往开来”的前提。

习近平总书记在哲学社会科学工作座谈会上指出：“当代中国正经历着我国历史上最为广泛而深刻的社会变革，也正在进行着人类历史上最为宏大而独特的实践创新。这种前无古人的伟大实践，必将给理论创造、学术繁荣提供强大动力和广阔空间。这是一个需要理论而且一定能够产生理论的时代，这是一个需要思想而且一定能够产生思想的时代。”① 刘云山同志指出：“新时代提出新课题，新课题催生新理论，新理论引领新实践。”② 历经千年的边疆研究，正处在一个新时代，处在催生中国边疆学的新时代。

无论哪一个学科门类，在其建设发展中有一条贯穿始终的主线，即遵循学术发展客观规律并与社会发展要求相适应，这不仅是所有承载学术功能的科研机构的立足之本，而且是学术得以繁衍和繁荣的必由之路。构建中国边疆学同样如此，无论有什么样的路径选择，最基本的关键要素是要抓住三个方面：一是理清中国边疆学学术缘起，把握中国边疆学学术规律；二是廓清中国边疆学学术性质，明确中国边疆学理论方向；三是厘清中国边疆学研究范畴，创建中国边疆学“三个体系”（学科体系、学术体系、话语体系）。这三个要素是建构中国边疆学学科大厦的理论基础，是中国边疆学学科建设的

① 习近平：《在哲学社会科学工作座谈会上的讲话》，《人民日报》2016 年 5 月 19 日。

② 刘云山：《深入学习贯彻习近平新时代中国特色社会主义思想》，《党的十九大报告辅导读本》，人民出版社 2017 年 10 月第 1 版，第 5 页。

理论起点，而要科学、准确地把握边疆研究学术规律、理论方向和完整体系，并非易事，它有赖于学术界的科学探索和准确把握。

中国边疆学的缘起大致有三个源头：一是边疆研究悠久的历史，二是边疆研究的时代发展，三是当代边疆治理的现实挑战。

1. 边疆研究的学术传承。边疆历史研究的千年传承和积淀，特别是20世纪以来边疆研究所取得的众多学术成就，为边疆史地研究向更具复合性特征的中国边疆学的发展奠定了基础、创造了条件。

当我们审视中国边疆研究学术史时，不难发现，从古至今的历代学者对边疆的关注、记述、研究和思考与其他领域相比，从未有过弱化的倾向。从《尚书》、《管子》、《尔雅》到《史记》、《汉书》、《清史稿》，凡中国历代纪传体通史与断代史、编年体史书，起居注及实录、典志体史书，地理书和方志以及会要类、辑录类、目录提要类、笔记杂记类等古代历史文献，不仅为我们还原边疆历史、追溯中国疆域形成发展的轨迹提供了极为丰富的史料，同时积淀了十分丰富的学术思想，从而使边疆研究成为中国史学领域不可或缺的重要组成部分。

自近代以来，中国边疆研究出现的三次学术高潮，被很多学者总结归纳和阐释。事实上，尽管三次边疆研究高潮在不同时间点发生，但从学术史角度观察，它们之间显然不是孤立存在的，而是呈现前后关联、代际传承的鲜明特点。透过三次边疆研究的勃兴，我们注意到它们之间至少有三个共性：一是三次边疆研究高潮的学术起点都来自于对边疆历史的反思；二是三次边疆研究高潮的目标都源自于现实的需要；三是三次边疆研究高潮都加速了边疆研究理论内涵的拓展、研究结构的再造、学科体系的转型。它们之间的差异性则体现在：鸦片战争之后至清末的边疆研究，集中在对西北边疆历史“点”上的探察；20世纪 30 ~ 40 年代的边疆研究，集中于对我国边疆历史“面”上的整体关注；兴起于 20 世纪 80 年代，至今仍然热度不减的边疆研究，则趋向边疆历史与现实的多面向、综合性考察。无论是共性还是差异点，从本质上而言，反映出边疆研究的学术取向和学术发展脉络，反映出三次边疆研究高潮之间内在的逻辑关系，以及既自成一体，又前后接续传承的学术范式。

边疆研究学术史清楚地表明，无论哪个时代的边疆研究，几乎都发轫于边疆历史，肇始于边疆历史，边疆历史研究是不同时期边疆研究的出发点和着力点，它丰富了新时代构建中国边疆学的学术渊源，汇聚成新时代构建中国边疆学的思想源泉，奠定了新时代构建中国边疆学的理论基石，因而成为构建中国边疆学必须遵循的基本学术规律。如果背离了这一学术规律，我们构建的中国边疆学就失去了根基、失去了源头、失去了传承，就很难成为科学意义上的中国边疆学了。

2. 边疆理论研究的时代要求。边疆研究虽历经上千年学术传承，但在当代并没有成为一门学科，这的确是令人十分费解的问题。当我们沿着边疆研究发展路径展开进一步考察时，找到了这一问题的两方面“症结”：

其一，边疆研究的主体历来是边疆历史研究，边疆历史研究一向与中国历史研究浑然一体，蕴含其中，它是中国历史研究的组成部分，无论是通史类研究，还是断代史研究，人们或多或少都会触及边疆历史，不少历史学家都对边疆历史进行过专题研究，出版或发表了很多有关边疆历史的重要学术成果，甚至形成边疆研究的学派。

在漫长的学术发展中，边疆历史研究或者说边疆研究始终不是一门单独的学科，也不是一个独立存在的学术领域，它一直从属于中国历史学，也没有脱离过中国历史学的学术范畴，以致于学术界有历史学家或者先秦史专家、明清史专家等，而没有边疆史专家或者边疆问题专家的名号。因此，在国务院学位委员会 1983 年 3 月公布《高等学校和科研机构授予博士和硕士学位的学科专业目录（试行草案）》、1990 年 10 月公布《授予博士、硕士学位和培养研究生的学科、专业目录》、1997 年公布《授予博士、硕士学位和培养研究生的学科、专业目录》和 2011 年公布《学位授予和人才培养学科目录》中，"边疆历史研究"自然而然地被归于中国历史学这个大学科之下。

实际上，边疆历史研究是"无名无位"的，即使在三级学科——"专门史"之中，也没有"边疆史"的列名，作为一个研究领域或者研究方向，只能归到"专门史"的"其他类"之内。几乎作为边疆研究代名词的边疆历史研究尚且如此，其他涉及边疆问题的学术研究基本上以"碎片化"的状态，淹没于各个学科体系之中。

其二，从边疆研究的学术进程上看，长期以来边疆历史研究的理论和方法，与中国历史研究如出一辙，因此，把边疆历史研究从中国历史学学科中分离出来既没有可能，也没有必要。直到 20 世纪 90 年代初期，作为一门发展中的交叉学科和边缘学科，边疆历史研究开始渐趋"自我觉醒"，研究中的难点问题层出不穷，以往研究中被忽视或研究不够深入的大量新理论命题，成为边疆历史研究中不可回避的课题。这些课题为边疆历史研究者的科研实践、理论创新提供了大舞台，促使边疆历史研究向更高层次的综合性学科方向发展，以历史研究为主体而展开边疆研究的传统定式逐渐被打破。

囿于一成不变的学术范式、止步于支离破碎的学术研究，终将成为理论创新的羁绊。仅仅依托单一学科的理论、方法和手段，已不足以全面诠释中国边疆所面临的诸多重大、前沿理论问题和现实问题，整合多种学术资源，凝聚多元学术力量，将历史学、民族学、考古学、宗教学、法学、社会学、国际关系学等多学科的理论和方法互相结合，以更加多样化的视角审视我国边疆的历史和现状，探索自古至今边疆治理的成败得失，促使边疆研究呈现历史研究与其他学科有机交融、相互交叉、彼此渗透的特点。

无论是传统的边疆历史研究，还是彰显时代要求的边疆现实问题研究，都不是孤立存在的，只有把两者有机相融，互为表里，展开贯通性、系统性、整体性研究，才能打通边疆历史与边疆现实之间的理论沟壑，才能使边疆理论研究更加具有体系性和完整性。

边疆研究的自身属性，决定了其发展方向，而边疆理论升华的内生性需求，边疆学科发展的时代性要求，成为边疆历史研究向复合型、多要素学科体系发展的驱动力，因此，由边疆历史研究向中国边疆学的学术转型成为必然。

3. 边疆治理的现实挑战。党的十九大报告指出："必须坚持和完善中国特色社会主义制度，不断推进国家治理体系和治理能力现代化。"[①] 党的十九大把"实现国家治理体系和治理能力现代化"，纳入我国建成社会主义现代化强国的重要指标之一，既是新时代的实践要求，也是未来的发展目标，同时给理论研究指明了发展方向。实现边疆治理体系和治理能力现代化，对于边疆地区尤为关键，意义十分重大。

改革开放 40 年，是我国边疆地区经济社会发生翻天覆地变化的 40 年，边疆地区良性的政治氛围、融洽的民族关系、跨越式的经济腾飞，为我国改革开放 40 年的成就增光添彩。当然，在取得辉煌成就的同时，边疆地区深层

① 习近平：《决胜全面建成小康社会　夺取新时代中国特色社会主义伟大胜利——在中国共产党第十九次全国代表大会上的报告》，人民出版社 2017 年版，第 21 页。

次社会矛盾、内生性结构问题、外部环境负面影响等一系列问题日益显现，新疆暴恐事件接连不断，西藏社会稳定形势起伏不定，南海权益之争暗流涌动，钓鱼岛主权争议持续发酵，边疆经济结构转型举步维艰，边疆地区扶贫攻坚工作难度巨大。这一系列问题事关国家领土完整、国家安全和发展利益，对边疆长治久安和稳定发展构成巨大现实挑战。

没有边疆的发展，就没有全国的发展；没有边疆的稳定，就没有全国的稳定。面对边疆地区出现的新情况、新问题，党和国家审时度势，高瞻远瞩，科学筹划，周密施策，从“治国先治边”的重大论断，到建设“海洋强国”战略目标的确立；从维护边疆长治久安的周密部署，到新型“海洋观”在海洋维权中的务实落地，充分展示了以习近平同志为核心的党中央治理边疆的新思想、新理念、新战略。

为边疆治理体系和治理能力现代化建设提供强大理论支撑，是中国边疆学构建的现实推动力。当边疆历史研究的理论属性悄然变化时，边疆研究的任务属性也在发生深刻变化，植根于边疆历史沃土，直面边疆治理体系和治理能力现代化的客观要求，基于历史和现实两个维度，更加全面和系统地回应边疆历史研究中的重大难点问题、边疆现实中的重大热点问题，不仅是当代边疆研究的时代担当、历史使命，而且构成中国边疆学新型学科体系的合理内核。

边疆治理体系和治理能力现代化建设无疑是中国边疆学研究的核心内容之一，无论是边疆历史研究，还是边疆学研究，其最显著的功能就是服务于边疆经济社会的现实需求。以边疆治理体系和治理能力现代化为理论起点的学术站位，不仅贯通了中国边疆学理论解析的时空主线，而且使中国边疆学学科建设方向更加清晰可见。

通过对边疆历史和边疆现实多层次、宽领域的学术考察、理论研究，力求以务实、有效、管用的理论成果，服务于党和国家的决策，服务于边疆各族人民日益增长的美好生活需要，为实现边疆治理体系和治理能力现代化建设提供智力支持，这是中国边疆学构建的现实导向，是中国边疆学发展的必然归宿。

边疆地区经济社会发展的快速推进，以及来自陆地边疆和海洋边疆更加复杂的严峻挑战，边疆研究承载了比以往任何时期更加多元的学术功能和更加多重的理论价值。中国边疆学学科建设之所以受到学术界的关注、热议，正因为它是边疆研究学术功能和理论价值的集中体现和重要载体。边疆治理体系和治理能力现代化建设的伟大实践，开启了构筑中国边疆学学科的新征程。

## 二、中国边疆学的定义及学科目标、学术结构

关于中国边疆学学科建设，学术界提出了一些思路，比如边疆政治学、边疆经济学、边疆安全学，等等，这些命题不仅给我们提供了不同专业视角下边疆学的学科架构，而且不同程度上助推了中国边疆学学科建设的步伐。但是，中国边疆学并不是一个包罗万象的学科，也不是边疆＋某个学科的简单公式。中国边疆学既然是一个学科，就一定有它的学术定义，有它的学术边界，而边疆政治学、边疆经济学、边疆安全学等都很难称得上是真正意义上的“中国边疆学”。

其一，一个学科可能源于某一个知识领域，但即使这个知识领域已经是一个成熟的学科，也不能替代一个全新建构的独立知识体系。“一级学科是具有

共同理论基础或研究领域相对一致的学科集合。”[①] 如果中国边疆学仅仅停留在其他学科派生的层次，那么就称不上是一个学科，也就无须构建了。

其二，一个学科必须具有相对独立、自成体系的理论、知识基础和研究方法，反映着不同科学领域的本质差异和原始属性。构建中国边疆学，必须立足于其自身具有的整体性和独立性，立足于科学归纳提炼总结其独特的理论和方法。需要明确的是，中国边疆始终是中国边疆理论研究的唯一核心，是中国边疆学学科建设和发展的唯一核心，一切研究都要围绕这个核心展开。中国边疆学需要也必须借鉴和运用其他学科的理论和方法，但不是一个依附于其他学科的研究领域，就如同边疆研究包含了边疆民族问题，但不是纯粹的民族学研究；包含了边疆宗教问题，但不是纯粹的宗教学研究；包含了边疆政治问题，但不是纯粹的政治学研究，等等。这其中有一个来源于专业性学科分野的、鲜明的学术边界。从单一专业领域的站位所定义的边疆学，充其量是“中国边疆学”学科门类之下的分支或下一级学科类别，而不是“中国边疆学”的主体。

1. 关于中国边疆学的界定。定义“中国边疆学”，是建构中国边疆学最基本也是最重要的环节之一。依据科学性、实用性、简明性、兼容性、扩延性、唯一性六个原则，从边疆研究对象、研究特征、研究方法、学科的派生来源、研究目的目标等五个方面加以细致梳理、客观归纳、科学总结，才能更好地辨析中国边疆学与其他科学领域的本质差异，探究中国边疆学的原始属性。

何谓“中国边疆学”？简单说，中国边疆学是哲学社会科学中一门以中国

---

① 参见国务院学位委员会、教育部颁布的《学位授予和人才培养学科目录设置与管理办法》（学位〔2009〕10号）第三章“一级学科的设置与调整”第七条。

边疆为研究对象的独立知识体系。其所包含的第一个要素即为“中国边疆”：“中国边疆学”把中国陆地边疆和海洋边疆作为整体进行全面考察，研究边疆起源、演进的规律以及国家治理边疆的全过程。其所包含的第二个要素即为“独立知识体系”：边疆研究的理论（或知识）基础，决定了中国边疆学所具有的独立性，它包含了中国边疆从无疆无界，到有疆无界，到有疆有界发生、发展的全部历史。在空间格局上，以陆地边疆和海洋边疆为主体，涵盖我国所有边疆地区；在时间脉络上，遵循历史发展轨迹，覆盖中国边疆由古至今的全时段；在研究内容上，通过对边疆历史和边疆现实多层次、宽领域的学术考察，诠释国家历史疆域与国家领土的形成与演进、边疆治理与边疆发展的嬗变与精髓。

2. 关于中国边疆学的学科目标。显而易见，中国边疆学有其特定的研究客体，有其特定的学术结构，有其特定的理论范式。既然是特定的，其研究对象不是内地，也不是国外，尽管我们不能忽视从古至今边疆与内地、边疆与周边的互动和关联，但是中国边疆学面对的是包括陆地边疆和海洋边疆在内的所有边疆问题。

中国边疆学学科目标，是优化中国边疆学学术体系的基本依托，是衡量中国边疆学学科功能的价值指标，是判断中国边疆学与其他学科有所不同的重要因素。明确了中国边疆学的学科目标，也就抓住了中国边疆学学科建设的核心要义和理论方向。

由中国边疆学的原始属性来观察，其学科目标包括三个方面：一是探寻我国边疆形成、发展、演变的客观规律，从而为更好地阐释中国统一多民族国家的必然性、合理性和合法性提供理论基石；二是探寻我国边疆治理的历史脉络，在思想、制度、手段、方式等多个层面追溯历史根源、阐释时代表征、破解现实难题，从而为我国边疆治理体系和治理能力现代化建设提供理论支持；三是探寻我国边疆开发经营的历史轨迹、当代进程、未来方向，从而为边疆长治久安和可持续发展、为实现边疆人民的福祉愿景提供理论支撑。

3. 关于中国边疆学的学术结构。现代理论研究的学术分类大体上有三个类型，即基础研究、应用研究和对策研究。通过对边疆史地到边疆学学术发展历程的回顾，可以清晰地看到，中国边疆学学术研究始终是在基础、应用和对策三个方面展开的。因此，对中国边疆学的学术结构有一个基本判断，即中国边疆学是基础研究、应用研究和对策研究的集合体，其中边疆基础研究和边疆应用研究是中国边疆学的两个核心、两大主脉，尽管对策研究是中国边疆学的结构分支，但却是中国边疆学的重要功能性体现，同样不可或缺。

就边疆基础研究而言，其学术领域包括历代疆域史、历代边疆治理、边疆区域史或专题史等方面，可以统称为中国边疆史。其中以历代边疆治理所涉及的内容最为多样，包括历代治边政策、历代治边思想、历代治边制度、历代边疆开发，等等。就边疆应用研究而言，其学术领域包括边疆政治、边疆经济、边疆外交、边疆军事、边疆民族、边疆宗教、边疆文化、边疆法制，等等，可以统称为当代中国边疆治理。而将上述两类学术成果转化为党和国家决策的政策建议、学术咨询，即为边疆对策研究。

边疆基础研究和边疆应用研究，在理论和实践上具有同等重要的地位和同等重要的作用。但是，没有边疆基础研究，边疆应用研究就会成为无本之木、无源之水。“历史是最好的教科书”，以中国边疆史为主体的边疆基础研究是客观阐明边疆问题的一把钥匙，是科学回应边疆现实挑战的前提，是维护边疆稳定、实现边疆治理体系和治理能力现代化的理论基础。因此，边疆基础研究始终是中国边疆学学科体系建设的重中之重，尤其需要重视。直面边疆的新形势、新问题、新挑战，着力解决边疆重大现实问题，历来就是边疆研究的出发点和使命所在，因此，以边疆治理为主体的边疆应用研究，始终是中国边疆学的理论重心，在中国边疆学学科体系中发挥着导向性作用。

中国边疆研究学术体系和学科体系的培育是一脉相承的，几乎所有关于中国边疆的历史研究，无一不是从对现实的关注而引发的。当研究者的视野放诸边疆演进的历史长河时，力图从中找到破解边疆现实问题的答案。在历史学科中，基础研究与应用研究结合得最为紧密的就是中国边疆学。可以说，边疆基础研究对于夯实边疆应用研究的理论根基、对于厚实边疆应用研究的理论基石，有着不可替代的作用。而边疆应用研究则以更加多样性、多要素的理论体系、知识结构、研究方法审视边疆、探究边疆，使中国边疆学在内涵上不断丰富、在外延上不断拓展。

边疆基础研究和边疆应用研究并不是断然割裂的两座主峰，在具体化的、实证性的研究过程中，二者往往既各自独立又相互依托。事实上，在当今中国边疆学构筑的进程中，边疆基础研究和边疆应用研究彼此交融、相辅相成的特点日益明显，而实现边疆基础研究与应用研究互寓其中的完整的学术体系，在中国边疆学学科建设和发展中尤为重要。

## 三、中国边疆学学科建设的展望

中国边疆学既是一门具有优良学术传统的学科，也是一门渐趋兴盛的新兴学科。之所以说它有优良传统，是因为在我国两千多年历史进程中，诸多学人持续观察和研究不同历史时期边疆社会的发展和演进，在不断探索中国边疆发展规律的同时，形成“为天地立心、为生民立命、为往圣继绝学、为万世开太平”，“先天下之忧而忧，后天下之乐而乐”，“经世致用”等学术品格。前人对真理求真务实、不懈追求的精神以及历经千锤百炼后所积淀的经验、方法和手段，厚植了我们继往开来的沃土，培育了我们开拓创新的基础。

之所以说中国边疆学是新兴学科，是因为作为一个学科发展目标，这一命题从20世纪90年代提出至今不过10余年的时间。在10多年的时间中，边疆研究理论日新月异地深化，助推着中国边疆学学科目标日渐清晰；边疆形势深刻变化的现实挑战，呼唤着中国边疆学学科体系早日成形。在学者们的辛勤耕耘和孜孜以求中，中国边疆学学科建设迎来大发展和大繁荣的时期，中国边疆学成为当代哲学社会科学中富有朝气、充满活力的新兴学科。

目前，有关边疆问题研究的学术机构大量涌现，越来越多的研究者投身到边疆研究中来，边疆研究的巨大发展潜力和广阔延伸空间日益显现。围绕中国边疆学学科建设问题，学术界的讨论方兴未艾，越来越多的讨论促使边疆研究不断进步、持续兴旺。

尽管中国边疆学已经具备了独立“学科”的若干特征，但是中国边疆学的学科构建并未完成。究其原因，恐怕在于我们对中国边疆学“共同理论基础或研究领域相对一致的学科集合”的认识还不透彻，在中国边疆学研究对象、理论体系、知识基础、研究方法以及与其他学科的区分等问题上，尚未取得一致的意见，这是正常的学术现象。学无止境，思亦无止境，关于中国边疆学学科的讨论势必还将继续，思想碰撞势必还将延续，中国边疆学学科建设必将在学术交流、思想互动中得到升华。

党的十九大报告指出：“为什么人的问题，是检验一个政党、一个政权性质的试金石。带领人民创造美好生活，是我们党始终不渝的奋斗目标。必须始终把人民利益摆在至高无上的地位。”[①] 当前中国边疆研究正处在良性上升、蓬勃发展的最好时期，边疆地区各族人民的火热实践，为边疆研究提供了广阔空间，为边疆研究者施展才华提供了难得机遇。构建中国边疆学，是理论创新的必然，是时代发展的必然。

我们必须把辩证唯物主义和历史唯物主义与中国边疆研究的学术实践相结合，使之真正融会贯通于中国边疆学学科建设之中；必须站在边疆各族人民的立场上，使中国边疆学学科建设更加贴近边疆各族人民、更好地服务边疆各族人民；必须牢牢把握新时代中国特色社会主义的基本特征，遵循中国边疆学学术发展的基本规律，致力于打造具有中国特色、中国风格、中国气派的边疆学学科体系、学术体系、话语体系；必须按照习总书记在哲学社会科学工作座谈会上提出的“立足中国、借鉴国外，挖掘历史、把握当代，关怀人类、面向未来”[②] 的方针，在中国边疆学知识创新、理论创新、方法创新上下功夫，在融通国内外边疆研究的各种资源上下功夫，使中国边疆学在继承中发展、在发展中创新、在创新中繁荣。唯有此，中国边疆学这棵大树才能结出丰硕的果实。

---

① 习近平：《决胜全面建成小康社会　夺取新时代中国特色社会主义伟大胜利——在中国共产党第十九次全国代表大会上的报告》，人民出版社 2017 年版，第 44~45 页。

② 习近平：《在哲学社会科学工作座谈会上的讲话》，《人民日报》2016 年 5 月 19 日。

# 关于中国边疆学研究的几个问题①

邢广程②

从当今世界格局看，中国的快速发展和崛起已经成为全世界最大的政治变量和经济变量，国际社会都在研究中国崛起给世界及自身带来的巨大影响，一些国家已经制定出针对中国崛起的战略和政策，比如美国的“亚太再平衡”战略就有针对中国崛起的战略意图。与此同时，随着中国的崛起，中国周边国际环境也出现了新情况、新因素和新问题。一些不愿意看到中国崛起的国家旨在中国边疆问题上做些文章，企图干扰中国发展进程。还要看到，中国30多年的改革开放促使中国边疆形态也出现了很多变化，中国边疆问题研究所需要关注的领域和范围大大拓宽，需要进行深入研究和解答的问题越来越多。这就需要我们着眼于中国边疆所面临的新情况、新因素和新问题，构筑新的边疆研究学科体系，以中国边疆学为基本框架来全面、深入、客观地分析与判断中国边疆安全、稳定和发展问题，维护中国的国家利益，促进中国周边国际环境的根本改善。

① 本文原发表于《中国边疆史地研究》2013年第4期。本文吸收了中国边疆史地研究中心几个有关战略发展思路文本的一些思想，得到李国强、孙宏年、许建英等科研人员的支持，他们对本文均有所贡献。

② 邢广程，中国社会科学院学部委员，中国边疆研究所所长、研究员。

## 一、我国边疆地区的新形势与边疆研究的新要求

当前，我国边疆地区与周边形势出现新变化，党和国家对边疆研究提出新要求。

我国是世界上邻国最多、陆地边界最长的国家之一，边疆地区包括陆疆和海疆，近年来随着国内外形势的变化，我国边疆地区及周边环境也出现新变化，边疆地区的安全、稳定和发展面临多元复杂的威胁和挑战。

一是，我国是当今世界上唯一未能完成国家统一的大国，“完成祖国统一”是党和国家三大历史任务之一，是实现“中国梦”的重要组成部分。当前，“台独”分裂活动仍然是两岸关系和平发展、祖国统一的最大威胁，国家领土主权完整仍受到严重威胁，反对“台独”分裂图谋的任务依然很重。

二是，海疆维权形势尤其严峻，边疆安全问题极其突出。我国同日本、菲律宾、越南等国的海洋权益争端日益加剧，而美国等域外国家利用“南海航行自由”、领土争端等问题挑拨中国与邻国的关系。2012 年黄岩岛和钓鱼岛问题牵扯了我国很多外交资源和精力。

三是，西藏依然存在不稳定因素。2008 年“3·14”事件以后，十四世达赖喇嘛和“藏独”分子在境外活动更加猖獗，加紧向境内渗透。

四是，新疆维稳和反分裂斗争形势非常严峻。2009 年“7·5”事件以来新疆不断发生暴力事件，“东突”势力的恐怖活动呈加剧态势，新疆地区的不稳定因素持续存在。

五是，我国边疆地区存在两个世界级的热点地区：朝鲜半岛形势高度不稳定，对我国东北边疆安全产生影响；阿富汗形势出现新变化，塔利班势力大有卷土重来之势，可能对我新疆产生影响。

六是，历史时期中国与邻国的关系与现实问题紧密联系，不时发酵，对我国边疆地区的对外关系产生负面影响。有的邻国借历史问题影射现实，把历史问题现实化、学术问题政治化，对我国边疆地区的稳定与发展产生不利影响。

七是，中印边界问题依然存在，不时升温，今年出现了“中印士兵帐篷对峙”事件。

八是，西方大国防范、遏制中国的战略意图明显，特别是美国“亚太再平衡”战略阻碍了我国构建“和谐周边”战略的实施，南海问题发酵和缅甸政局突变都有美国策动的影子。

面对我国边疆地区及周边国际环境所出现的新情况和新变化，党和政府从国家长治久安的战略高度进行了一系列部署。党的十八大报告明确提出，当前我国面临的生存安全问题和发展安全问题、传统安全威胁和非传统安全威胁相互交织，我们要“完善国家安全战略和工作机制，高度警惕和坚决防范敌对势力的分裂、渗透、颠覆活动，确保国家安全”。[①] 仔细研读党的十八大报告，其中涉及我国边疆安全、稳定和发展问题的论述就有十几处。习近平总书记多次强调要增强忧患意识，他在十八届中共中央政治局第三次集体学习时强调：“中国人民怕的就是动荡，求的就是稳定，盼的就是天下太平”[②]。所以维持我国边疆安全、稳定和发展恰恰是非常重要的任务。党和国家从维护国家安全和领土主权完整、促进边疆长治久安和跨越式发展的战略高度，

---

① 《中国共产党第十八次全国代表大会文件汇编》，人民出版社2012年版，第35页。

② 张树军主编：《十八大以来全面深化改革纪事（2012—2017）》，河北人民出版社2017年版，第38页。

对中国边疆研究提出了新要求，要求我们要有大局意识和忧患意识，深化边疆研究，构建中国边疆研究的学科体系，在基础研究与应用研究方面都推出高质量的学术成果，为中央和地方政府的决策提供智力支持，把中国边疆史地研究中心（以下简称“边疆中心”）建设成为我国边疆安全、稳定和发展的重要智库。

## 二、建设中国边疆学：中国边疆研究视野的拓展

近年来，面对中国边疆地区与周边形势的新变化，对照党和国家对边疆研究提出的新要求，我国边疆问题研究面临诸多挑战。

边疆史地学科不能完全覆盖新形势下的边疆问题研究。比如边疆中心成立之初，学科建设定位以边界、历史疆域等基础研究为主；后来逐渐转变为边疆历史与现状、基础与应用并重；目前边疆安全、稳定和发展等方面的研究任务明显加重，对疆域理论研究也提出新要求。因此，现有的中国边疆史地学科已不适应现实需求，需要着力加强边疆理论研究，着力深化应用研究，构建完善的中国边疆学研究体系已势在必行。

为解决边疆史地学科不适应党和国家需要、中国边疆发展的问题，我国学术界已提出创建“中国边疆学”的思路，边疆中心应在构建创新体系进程中牢牢占领“中国边疆学”学术制高点，在国际上增强我国在边疆学领域的话语权，捍卫国家利益，在边疆研究方面发挥国家级现代智库的重要作用。

王伟光院长在2013年中国社会科学院工作会议上指出：“按照巩固、调整、发展的原则，加强传统学科建设，扶持新兴学科、交叉学科，优化学科布局。”中国边疆学属于新兴学科和交叉学科，其学术潜力巨大。作为特殊的

地域空间，中国边疆研究的性质和特性决定了必须开展多种学科相结合的综合性研究。我们将运用历史学、地理学、政治学、社会学、经济学、法学、国际关系学、军事学等多种学科，对我国边疆历史、边疆地理、边疆政治、边疆经济、边疆民族和宗教、边疆资源和生态、边疆与周边国际环境等方面进行综合性研究，在此基础上创建“中国边疆学”，进一步推进边疆研究学科建设的创新，提升边疆中心在引领学科建设和发展中的地位。

第一，打通古今学科，即对我国边疆历史变迁和现实问题进行统合研究，形成我国边疆历史与现实问题研究的时间纵深感；第二，打通中外学科，即对我国边疆问题与周边国家之间的关系进行统合研究，知己知彼，形成边疆问题的空间感，比如南海问题和钓鱼岛问题迫切需要这样的统合研究；第三，打通自然科学和社会科学学科，即对我国边疆问题从安全稳定发展到生态保护、资源地理以及边疆地区遥感和测绘领域进行统合研究，未来还要加强对“高边疆”的研究，形成具有学术立体感的中国边疆问题研究体系。

“中国边疆学”不仅仅是对中国边疆史地研究的“扩容”，而是一门因学科多重交叉而生成的新兴学科，创建“中国边疆学”已成为学科建设创新、深化边疆研究的迫切需要。因此，边疆中心应该站在中国边疆学学科建设的学术前沿，就像20年前引领中国边疆史地学科那样继续引领学术潮流。

创建“中国边疆档案数据中心”。王伟光院长在2013年中国社会科学院工作会议报告中指出：“运用信息技术等先进手段，改进科研办法，加强文献资料整理和研究，筑牢研究工作的基础。”文献资料的整理和研究是中国边疆研究最重要的基础性工作。边疆中心将致力于从国内相关机构和英、美、法、日、俄、蒙古等国搜集、整理、研究中国边疆研究的相关档案，系统建立南海、钓鱼岛、新疆、东北边疆、北部边疆、西藏研究等专题档案库，从现在起经过数年的努力，建成我国最权威的“中国边疆档案数据中心”，为深化边疆研究夯实基础。

坚持基础学科和应用研究并重的原则，继续拓展中国边疆史地学科的优势，加强对近现代中国边疆治理，近代边疆社会变迁等领域的研究，同时加强对我国边疆问题的前瞻性、战略性的研究，为党和国家的决策提供理论支撑。

加强对我国边疆地区社情、舆情和民情的调研，适时启动“21世纪初期中国边境县经济社会发展调查”项目，从而建成并进一步完善我国边疆地区的数据信息系统。

创新人才培养机制，落实“人才强院”战略。根据未来我国面临的国际环境和国家战略需求，根据我国沿边省区的实际需求和中国边疆研究自身学术研究规律的要求，为创建“中国边疆学”，今后中国边疆问题研究要着力培养历史学、国际法、社会学、经济学、国际关系、现代地理信息等方面的人才，为“中国边疆学”创建提供人才保障，创新人才培养的制度，努力建设一个国内领先、国际知名的边疆研究团队。

## 三、将“建设海洋强国”作为中国边疆研究新的学术增长点

党的十八大首次提出“建设海洋强国”的战略目标。这是党中央对我国疆域尤其是海疆治理的最新目标表述，具有极其重要的战略意义。“建设海洋强国”也给中国边疆研究提出非常重要的学术任务，即为什么我国要成为海洋强国？如何将我国建设成为海洋强国？通过什么样的途径建设海洋强国？我国建设海洋强国与周边国际环境是一种什么样的关系？国际社会对我国建设海洋强国的目标持何态度？所有这些问题都需要从事边疆问题研究的学者

加以思考和回答。海洋强国是指在开发海洋、利用海洋、保护海洋、管控海洋方面拥有强大综合实力的国家。①

建设海洋强国需要解决以下若干问题：

一是，提高海洋资源开发能力。实事求是地说，我国具备一定的海洋资源开发能力，但我国的海洋资源利用方式总体上还处于比较低级的水平。如果从近岸海域开发和远海海域拓展方面来看，我国海洋资源的开发则更集中于近岸海域开发，甚至某些近岸海域呈过度开发状态，出现不可持续的现象。所以，从总体上提高海洋资源开发能力，应该成为建设海洋强国的重要步骤之一。我们要注重海洋资源的三个“提高”，即提高海洋资源的开发水平，提高海洋资源的利用效率，提高海洋资源对国民经济发展的贡献率。在提高海洋资源开发能力方面，首先应转变海洋资源利用方式。我们应研究海洋资源由粗放利用向精深加工转变的一般规律，集中精力挖掘海洋宝库，尤其是远海和深海宝库，注重运用现代最新科学技术来实现对海洋资源的深度加工。我国海洋资源的可持续利用问题解决得并不好，因而特别需要关注这个问题。

二是，发展海洋经济。海洋经济是与海洋有关的各类产业及相关经济活动总和。2010 年，我国海洋产业增加值占国内生产总值的比重接近 10%，涉海就业人员超过 3300 万人；海水产品产量 2798 万吨，比 2002 年增加 26%；沿海港口 150 多个，年货物吞吐量 56.45 亿吨，比 2002 年增加 228%，其中吞吐量位居世界前十位的港口有 8 个；海洋油气年产量超过 5000 万吨油当量，占全国油气年产量的近 20%；滨海旅游业增加值约占海洋产业增加值的 22%，

① 参见《国家海洋局局长：十八大报告首提“海洋强国”具有重要现实和战略意义》，新华网（http：//news.xinhuanetcom/politics/2012-11/10/c_113656731.htm），访问时间 2013 年 10 月 18 日。

发展迅速，已经成为海洋经济的重要支柱产业[①]。当然，海洋经济发展还存在很多问题，最主要的是，缺乏国家宏观协调、规划和管理。我国海洋经济居世界沿海国家中等水平，还有很大的提升空间。研究我国海洋经济发展问题意义重大，这是实现我国海洋强国战略目标的重要组成部分。

三是，保护海洋生态环境。这方面需要研究的问题特别多，比如如何制订保护海洋生态环境的法律法规，如何健全海域管理机制和体系，如何提高海域监管能力。应该看到我国海洋生态服务功能在逐步退化，我国近岸部分海域污染比较严重，滨海湿地退化趋势非常明显，近岸部分海域赤潮、绿潮等海洋生态灾害时有发生。更令人痛心的是，我国近岸海域溢油、化学危险品泄漏等重大海洋污染事故不时出现，这些人为污染所造成的后果非常严重。所以，保护海洋生态环境是建设海洋强国的重要环节之一。

四是，加强对海洋的管理，合理配置海洋空间资源。改革开放以后，我国一些地区出现了盲目围填海现象，有些海岸和近岸海域资源利用过于粗放、局部海域生态环境因过度开发而受到严重破坏。这是加强我国海洋管理的急迫问题。从我国海陆疆统筹协调的原则出发，关注陆地空间与海洋空间的关联性，关注海洋系统的特殊性，关注综合协调陆地与海洋的开发利用和环境保护。国家海洋局公布全国海洋功能区划[②]，这是我国海洋空间开发、控制和综合管理的整体性、基础性、约束性文件，是编制地方各级海洋功能区划及各级各类涉海政策、规划，开展海域管理、海洋环境保护等海洋管理工作的

① 参见《国家海洋局公布全国海洋功能区划》，中国新闻网（http：//www.chinanews.com/gn/2012/04-25/3846144.shtml），访问时间 2013 年 10 月 18 日。

② 参见《国家海洋局公布全国海洋功能区划》，中国新闻网（http：//www.chinanews.com/gn/2012/04-25/3846144.shtml），访问时间 2013 年 10 月 18 日。

重要依据。

五是，要对我国陆疆、海疆施行统筹管理和规划。党的十八大提出“优化国土空间开发格局”，在这里所谓“国土空间”也泛指我国的海疆。首先要统筹我国陆海资源配置和科学的经济布局，因为从历史上看，我国现时期有条件、有能力和明确战略意识来从容对我国陆疆和海疆、陆海资源进行综合性战略统筹。这是我国综合国力发展的必然结果。除陆海资源统筹之外，我们还要研究我国海洋近岸开发与远海拓展的统筹问题，因为我国经济发展的一个非常重要的特征是外向型经济，而外向型经济的重要特点是高度依赖海洋资源和海洋空间，海洋通道是我国商品和能源运输的最主要的战略通道，与此同时，我国海洋近岸开发的储备资源已显不足，远海开发已经成为我国经济发展的重要方向之一。

六是，增强全民族的海洋意识。长期以来，我国就存在海洋意识淡薄的问题，重陆轻海问题，对海洋的战略价值缺乏充分的估计和了解。随着我国的发展，全民的海洋意识有所增强，我国已经提出了“五海”观念，即规划用海、集约用海、生态用海、科技用海和依法用海。其中依法用海非常关键，应以法律为准绳管理海洋。中国边疆学应从我国海陆兼备的国土形态出发，在提高全民族海洋意识方面积极贡献知识和力量。

七是，维护国家海洋权益。从国家需要的重要性和迫切性出发，我们将以海疆研究作为学术战略主攻方向。加强海疆问题研究迫在眉睫，第一，党的十八大在中国共产党历史上第一次明确提出建立“海洋强国”的战略任务；第二，美国实施“亚太再平衡”战略，海疆问题日益突出；第三，日本、菲律宾等国在钓鱼岛和南海问题上与我国的较量还会持续下去，因此，中国边疆学必须将海疆问题研究纳入重点学科发展范畴内，加强研究。

## 四、加强对我国边疆长治久安问题的深入研究

“3·14”事件和“7·5”事件标志着我国西藏和新疆反分裂斗争进入一个新的阶段。达赖集团和“三股势力”在境内外加紧活动，新疆和西藏的反分裂斗争自然十分尖锐。同时新疆和西藏实现跨越式发展理论难点问题需要破解。因此，我们要加大新疆和西藏问题的研究力度，确保在该领域的优势地位。

一是，要正确认识新疆和西藏的大局。现在我国处于经济快速发展时期，国力增强，国家具有强大的凝聚力。尽管国内外暴力恐怖势力和分裂势力加紧活动，但从力量对比来看，优势在我一边。新疆和西藏绝大多数各族民众拥护国家统一和民族团结，这是基本大势。党中央高度关注新疆和西藏工作，提出新疆和西藏长治久安和跨越式发展两大历史任务，这是党中央治疆和治藏的基本纲领。

二是，新疆和西藏反分裂斗争是长期的任务。回顾20世纪新疆地区反分裂斗争的历史，就可以看出，新疆分裂与反分裂的斗争几乎是贯穿20世纪新疆历史始终的。特别值得注意的是，在20世纪30～40年代新疆地区先后出现了两个短命的分裂政权，一个是1933年的“东突厥斯坦伊斯兰共和国”，另一个是1944年的“东突厥斯坦共和国”。新中国成立后，从20世纪50年代到80年代，新疆地区分裂与反分裂斗争依然持续。从20世纪90年代至今，随着国内外形势的变化，新疆地区的分裂与反分裂斗争并没有停止，因为新疆地区滋生民族分裂主义和暴力恐怖活动的国内外环境还继续存在。这是新疆地区出现分裂主义和暴力恐怖活动的深层次根源。西藏也是如此，近代以来，西藏的分裂与反分裂斗争就一直没有停止。1959年3月，达赖逃到国外，随后在境外成立所谓的“西藏流亡政府”，在我国边境地区进行了长达

10年之久的军事干扰活动。1987年9月24日达赖宣称“西藏是一个独立国家”，而9月27日拉萨就发生严重的骚乱事件。

我们要正确认识和评价新疆和西藏这几年取得的成绩，这几年新疆和西藏在全党和全国的支持下努力维护稳定，寻求跨越式发展，在各领域都取得很大的成绩，得到各民族民众的支持和拥护，这是最主要的。尽管这几年新疆出现了一些暴力恐怖事件，但不能因此抹杀新疆取得的总体成绩。

三是，从目前和未来的大势看，中国持续快速的发展引起全世界的关注。一些西方国家尤其是美国不希望中国崛起，更不希望中国成为世界级的强国。因此，美国就将中国陆疆、海疆作为遏制中国发展的基本范畴，在我国陆疆和海疆制造各种麻烦，其中新疆和西藏就是美国高度关注的重点地区，美国这样做有其重大的地缘政治目的。美国竭力支持热比娅等在国外的新疆分裂势力是其重要的战略手段；美国竭力支持达赖分裂中国的活动也是其重要的战略环节。还要看到，冷战结束后，世界范围的伊斯兰教呈复兴之势。在这个进程中伊斯兰极端势力也随之做大，伊斯兰极端主义和极端势力不仅给美国、欧洲和俄罗斯增添了很多麻烦，同时也对我国形成战略威胁。随着中国崛起，伊斯兰极端势力也会加大对我国境内外新疆分裂势力尤其是对“东突”势力的支持和资助。因此，在未来我国将面临来自西方和伊斯兰极端势力这两个重要外部势力的挑战。这是不以我们意志为转移的。我们的任务就是要系统应对，富有智慧地开展治疆工作。

四是，未来新疆和西藏地区还可能会出现这样或那样的问题，甚至是暴力恐怖案件，一旦出现问题，我们不必过于忙乱，只要我们战略正确，政策有效，处置方法得当，就会牢牢控制新疆和西藏大局的主动权，我们应对新疆和西藏反暴力恐怖斗争和反分裂斗争充满信心。除了国际上两个不利因素之外，我们也有很多维护新疆稳定的有利因素，比如我们与中亚国家关系良好，建立了战略伙伴关系，我们与俄罗斯的关系处于历史上最正常的时期。上海合作组织在不断壮大，已经成为维护该地区和平、稳定与发展的重要区域平台。这些都是能够支撑新疆稳定的重要外部因素。

## 五、加强对边疆地区发展问题的研究

随着我国的快速发展和改革的全面推进，边疆地区的发展问题日益凸显，内地与边疆地区的社会经济发展差距在逐步扩大，两者之间的居民收入和社会保障水平等方面的差距也在逐步扩大，因此，内地与边疆之间的差距是综合性的、全方位的。在建设“中国边疆学”的进程中，我们要特别关注这个问题，因为内地与边疆之间差距的全面扩大会引发很多战略性的问题，尤其是边疆地区的安全和稳定问题；而如果边疆地区出现不稳定局面，则会对内地和发达地区的发展构成直接或间接的影响。因此，我们要从国家长治久安的战略高度来看待边疆地区的经济和社会发展问题。只有边疆地区总体发展程度和水平与内地的总体发展程度和水平的差距不断缩小直至接近，我国的边疆地区才能够达到长治久安的战略目标。这是事关我国国家核心利益的重大问题。所以，中国边疆学界应下大力气，研究边疆地区的发展问题。

我国边疆地区发展相对落后是一个历史问题，长期以来，我国内地与边疆之间就存在着发展位差，中原地区相对发达。元朝和清朝一统天下，入主中原，也相继将中原作为经济发展的重点地区，反倒忽视了边疆的经济发展问题。当然，清朝前期在治理边疆方面颇有章法，在发展边疆地区的经济方面也有很多值得借鉴的地方。这些方面需要加以研究。近代以来，我国边疆地区频受外敌侵扰，守边任务都很难完成，更顾不上“兴边”问题了。新中国成立以来，尤其是20世纪60年代以后，我国边疆地区处于非常紧张的状态之中，中苏关系恶化及其局部武装冲突，使得我国从东北到西北边疆都处于高度戒备状态，我国很多大型重要企业都建设在“三线”地区。这种情况自然加剧了边疆地区与内地经济发展的差距。改革开放以后，我国首先是从沿海地区实施开放的，这带动了我国东部和东南部地区的迅猛发展。虽然我国又推出了沿边开放的战略，但沿边地区的开放并没有带来像沿海开放那样的聚集性经济增长效应。这是由其周边国际环境的特殊条件和我国沿边地区的特殊条件所决定的。从长远看，我国边疆地区的发展甚至跨越式发展需要在进一步改革和开放的状态下加以实现，东部沿海地区的发展为西部和北部边疆地区的发展创造了很好的条件和发展基础。这就提出了一个需要解决的问题，即内地发展与边疆地区发展的统筹协调问题。按照邓小平同志的改革开放战略设计，我国在一部分人和一些地区先富裕起来之后要支持另一部分人和其他地区富裕起来，而边疆地区特别需要先富裕起来的东部地区的支持和帮助。这不可能是一个自发的过程，尽管有些实业家在自发地进行支持边疆的慈善事业。这需要国家从战略和宏观的层面系统地、持续地、科学地统筹全国资源和力量，全面支持我国边疆地区的发展。但是按照一般的发展思路还不能实质性地缩小边疆与内地的经济社会差距，需要以更加积极的姿态和更加科学的思路来解决这个问题。因此，我国在新疆维吾尔自治区和西藏自治区实施的发展战略方面提出了新的思路，即跨越式发展的战略思路。那么，什么是跨越式发展战略？这需要我们加以深入而具体的研究。新疆和西藏实施跨越式发展战略，最主要的战略目的就是要缩小新疆和西藏与内地之间的经济差距，维护上述地区的稳定。我国对西藏经济社会发展战略目标的设计分为两个阶段，第一个阶段是：到2015年，要显著缩小西藏农牧民人均纯收入与全国平均水平的差距，提高基础公共服务能力，改善生态环境，加强基础设施建设，夯实全面建设小康社会的基础；第二个阶段是：到2020年，使西藏农牧民人均纯收入接近全国平均水平，全面提升人民生活水平，使基本公共服务能力接近全国平均水平，全面改善基础设施条件，明显增强自我发展能力，使西藏成为重要的国家安全屏障、重要的生态安全屏障、重要的战略资源储备基地、重要的高原特色农产品基地、重要的中华民族特色文化保护地、重要的世界旅游目的地。[①] 新形势下新疆工作的目标任务是，到2015年新疆人均地区生产总值达到全国平均水平，城乡居民收入和人均基本公共服务能力达到西部地区平均水平，基础设施条件明显改善，自我发展能力明显提高，民族团结明显加强，社会稳定明显巩固；到2020年促进新疆区域协调发展、人民富裕、生态良好、民族团结、社会稳定、边疆巩固、文明进步，确保实现全面建设小康社会的奋斗目标。[②]

实现新疆跨越式发展是党中央制定的重要战略思想。发展是解决新疆问题的基础，产业是推进新疆经济跨越式发展的关键。新形势下加强新疆建设，是深入实施西部大开发战略、培育新的经济增长点、拓展我国经济发展空间的战略选择。研究如何用全面、协调、可持续的思想推进新疆跨越式发展的重大理论和实践问题，着重研究和探讨新疆如何走具有自身特色的新型工业化、信息

① 参见《中共中央国务院在北京召开第五次西藏工作座谈会》，中华人民共和国中央人民政府网站（http：//www.gov.cn/ldhd/2010-01/22/content_1517549.htm），访问时间2013年10月18日。

② 参见《中共中央国务院召开新疆工作座谈会》，中国新疆网（http：//www.chinaxinjiang.cn/zt2010/zth/3/t20100521_593797.htm），访问时间2013年10月18日。

化、城镇化和农业现代化的道路。新疆具有资源、地缘等优势，实现跨越式发展的基础和条件已经具备，问题在于如何发挥这些优势，如何发挥投资的拉动作用，如何加快重大基础设施建设，如何发展特色优势产业，如何在发展经济的同时注重环境保护和资源有效利用。研究加快新疆与内地一体化政策、新疆生态环境及国土再造，研究新疆区域经济及其发展方式。研究新疆充分利用国家政策支持、全国各地的支援与切实增强自我发展能力之间的关系，充分发挥自身比较优势和后发优势，加快缩小同东部地区的发展差距，加快促进南北疆协调发展，加快形成城乡经济社会发展一体化新格局。同时，还要注重研究科技支撑新疆跨越式发展问题，推进科技创新体系建设，发展高新技术产业。

除新疆和西藏之外，我国的其他边疆地区也需要大发展。党的十八大关注边疆地区的发展问题，强调要继续实施区域发展总体战略，这里当然包括边疆地区的总体发展战略，发挥边疆地区的比较优势。党的十八大报告还特地强调“优先推进西部大开发”、“全面振兴东北地区老工业基地”，“采取对口支援等多种形式，加大对革命老区、民族地区、边疆地区、贫困地区扶持力度”。而我国边疆地区很多地方属于民族地区和贫困地区，所以我们还要研究对口支援具体措施和方式的有效性与针对性问题。

## 六、加强对我国边疆地区与周边关系的研究

边疆是我国与邻国进行能量交换最频繁的地方，也是我国与外部世界接触最直接、最敏感的地方，西方和周边一些敌对势力一贯利用我国边疆的特殊性、复杂性和相对落后性，在我国边疆持续进行渗透、颠覆活动。因此，必须从我国边疆长治久安的战略需求上来构筑边疆学的学科体系，将周边国

际环境及其对我边疆地区影响纳入研究视野。中国是一个大国，是一个陆疆和海疆兼备的国家。独特的地理位置决定了中国拥有众多的陆上邻国和海上邻国。近代以前中国与邻国自然形成了朝贡体系，但进入近代，中国与邻国的朝贡体系被打破，中国与邻国的关系在很大程度上受世界大国所左右和塑造。近代意义上的中国与邻国的边界形成和领土划分也深深地打上了不平等的烙印。现在，中国正处于崛起时期，国际社会非常关注中国对周边地区的态度、立场和行动。经过30多年的改革开放，中国已经形成比较完整的与周边国际社会打交道的理念和思想。边疆的发展也离不开周边国际环境。党的十八大报告明确指出全面提高开放型经济水平，“创新开放模式，促进沿海内陆沿边开放优势互补，形成引领国际经济合作和竞争的开放区域，培育带动区域发展的开放高地”。“统筹双边、多边、区域次区域开放合作，加快实施自由贸易区战略，推动同周边国家互联互通。提高抵御国际经济风险能力。”①党中央还提出与邻为善、与邻为伴的思想，强调努力使自身发展更好惠及周边国家，扩大同各方利益会合点。上述战略思想需要通过我国边疆地区加以具体贯彻落实，而如何贯彻落实，就需要我们拿出真知灼见。

一是，中国的发展需要良好的周边国际环境。中国当前最大的任务就是解决发展问题，中国的发展离不开世界，中国若关起门来搞发展效果不会好，中国的发展是建立在全面向世界开放基础上的。最开始中国搞沿海开放，得到巨大的正面效果后，中国不仅实行沿海开放，也实行沿边开放。中国的发展和改革开放决定了中国必须与世界其他国家和平共处，实行和平的外交路

---

① 《中国共产党第十八次全国代表大会文件汇编》，人民出版社2012年版，第22、23页。

线和政策。如果不实行和平外交政策，中国怎么能够获得良好的周边国国际环境呢？而良好的周边国际环境是中国发展的必要外部条件。中国的外交战略是和平发展，和平发展是中国的必然选择。而中国所追求的发展是开放的发展、合作的发展和共赢的发展。中国与世界关系的基本路径是通过争取和平国际环境发展自己，又以自身发展维护和促进世界和平。中国的开放战略自然涉及中国与周边国家的关系，所以中国一直强调周边外交战略的重要性。中国提出与周边国家建立紧密关系的战略思路，旨在扩大同周边国家各方的利益会合点，尤其是与俄罗斯的利益会合点。中国在确定区域性外交战略方面将促进区域经济合作作为重要内容。中国与周边国家谋求建立新型邻国关系。中国明确提出了坚持与邻为善、以邻为伴的理念，巩固睦邻友好，深化互利合作。中国明确阐述了发展与周边国家互利关系，即努力使自身的发展更好惠及周边国家。中国不谋求地区事务主导权，不经营势力范围。比如俄罗斯是中国的最大邻国，与俄为善，以俄为伴，努力使自身的发展惠及俄罗斯，这是中国区域外交战略的重要组成部分。

二是，中国有和平解决领土争端的成功经验。最近几年，中国周边国际环境出现了一些问题，中国与周边一些国家的矛盾和摩擦增多，于是，国外一些别有用心的人就说，崛起的中国故意在周边挑起争端。在这个问题上我们有必要多讲中国成功解决领土争端的经验。

20 世纪 80 年代，中苏两国逐步开始关系正常化进程，1989 年 5 月戈尔巴乔夫访华标志着两国的敌对关系已经结束，中苏关系进入睦邻友好的新时期。在长时间的对抗彻底结束以后，解决好中苏边界问题和边界地区的互信问题，是一项非常紧迫的任务。1989 年 11 月中苏开始有关两国边境裁军问题的谈判，1990 年 4 月，中国与苏联签署了有关在两国边境地区相互裁减武装力量和增进军事领域信任措施的原则决定。1991年5月中苏两国就中苏东段边界达成协议，签署了《中苏东段边界协定》，但西段边界协定尚未达成。1991年年底苏联突然解体，给中苏西段边界谈判带来了不确定因素。经过磋商，俄罗斯与哈萨克斯坦、吉尔吉斯斯坦和塔吉克斯坦共同组成代表团与中国方面继续进行谈判，这就是学术界所称的“4+1”谈判模式。到1995年12月，双方进行了22轮谈判，最后就中国同上述四国关于在边境地区相互裁军协定以及其他有关文件的内容达成一致。1996年4月在上海，中国与俄、哈、吉、塔签署了关于在边境地区加强军事领域信任的协定。1997年4月，中国与上述四国在莫斯科签署了关于在边境地区相互裁减军事力量的协定。这两个协定的签署促进了中国与俄、哈、吉、塔四国边境地区的和平、稳定与安宁，为维护亚太地区乃至世界的和平与稳定提供了一种不同于冷战思维的新安全模式，也是加强地区安全的一个创举。在平等信任和互谅互让基础上中国先后与俄、哈、吉、塔成功解决了边界划分问题。横在中国与俄罗斯及中亚三国之间非常敏感的历史遗留问题就这样得到和平解决，给世界和平解决复杂的领土纠纷问题提供了范式，不仅如此，还催生了上海合作组织的诞生。

三是，区域经济合作。中国已经明确提出全面提高开放型经济水平的战略思路。中国旨在适应经济全球化新形势，实行更加积极主动的开放战略，完善互利共赢、多元平衡、安全高效的开放型经济体系。[①] 中国还准备进一步加快走出去步伐，增强企业国际化经营能力，培育一批世界水平的跨国公司。至于区域经济合作，中国旨在统筹双边、多边、区域次区域开放合作，《中华

① 《中国共产党第十八次全国代表大会文件汇编》，人民出版社2012年版，第22页。

人民共和国国民经济和社会发展第十二个五年规划纲要》、《全国主体功能区规划》等文件都阐述了区域开放的战略意义。比如我国东北地区正在寻求区域开放，黑龙江和内蒙古东北部地区沿边开发开放规划已经得到国务院的批准，同时《中华人民共和国东北地区与俄罗斯联邦远东及东西伯利亚地区合作规划纲要（2009—2018年）》也已签署，这说明中俄区域合作走上新的发展阶段。中国与东盟的深度合作已经验证了区域开放合作的巨大益处。中国加快实施自由贸易区战略，推动同周边国家互联互通。中国正在推动中吉乌铁路方案的实施，推动与南亚国家的通道建设，准备与巴基斯坦一道建设中巴经济走廊。中国在与周边国家开展经济合作中将坚持出口和进口并重，强化贸易政策和产业政策协调，形成以技术、品牌、质量、服务为核心的出口竞争新优势，促进加工贸易转型升级，发展服务贸易，推动对外贸易平衡发展。所有这些措施都会对我国边疆地区的发展起到积极推动作用。

中国最近提出了区域合作的新思路，即用创新的合作模式，共同建设“丝绸之路经济带”，旨在挖掘古代丝绸之路的历史价值和现实意义，以点带面，从线到片，逐步形成区域大合作。欧亚大陆的主要力量应加强经济合作，共同推动欧亚大陆东西交通网络的畅通，欧盟、俄罗斯、中亚国家和中国应共同建设横跨欧亚的高速铁路、高速公路和高速信息网络，实现欧亚大陆的交通便利化和便捷化。

四是，中国周边国际环境的塑造离不开与世界大国打交道。首先是美国对中国周边国际环境影响最大。最近几年，随着中国的崛起，美国明确提出“亚太再平衡”战略，美国在军事方面频频在中国周边搞多边军事演习，在经济上搞跨太平洋战略经济伙伴协定（TPP）。中美关系时有起伏。针对中美关系的重要性，中国最近提出与美国建立新型大国关系的设想，这是在新的国际形势下，中国发展对美关系的新思路。其主要内涵：一是不冲突、不对抗；二是相互尊重；三是合作共赢。中国旨在加强与美国的沟通，共同为维护亚太地区的和平、稳定和发展负起责任。

中俄已建立起新型大国关系，中俄关系是新型大国关系的典范。最近俄罗斯准备大规模开发远东地区，中国也在加大力度发展东北地区。中俄双边合作具有全面战略协作伙伴关系的性质。中国与俄罗斯既是世界大国，又互为邻国。中俄关系的稳定与发展不仅关系亚洲地区的和平与发展，而且也关系世界的和平与稳定。中俄两国在上海合作组织、金砖国家、中印俄、朝鲜六方会谈等多边合作机制方面密切配合，相互协调。当然，也要看到，随着中国与中亚国家经济关系的不断深化，俄罗斯也感到了压力，俄罗斯一些人认为中国与俄罗斯在能源方面已经展开竞争。[①] 但从中俄两国能源结构上看，中国与俄罗斯在中亚地区的能源领域不构成竞争。原因很简单，中国是石油和天然气消费国，而俄罗斯是石油和天然气的出口国，中俄能源结构具有巨大的互补性。正因为如此，中俄在石油领域的合作正在不断深化，中俄在天然气领域的合作正在谈判过程中。事实上，作为石油和天然气的巨大消费国，中国特别希望与俄罗斯展开深度的能源合作，很早就与俄罗斯方面展开谈判，但出现了一些波折。在与俄罗斯谈判不够顺利、搁置安大线建设的情况下，中国需要寻找新的能源合作伙伴，以支撑中国经济高速发展所急需的能源进口。在这种情况下中国与哈萨克斯坦建设了石油管道，随后又与土库曼斯坦经由乌兹别克斯坦和哈萨克斯坦建设了天然气输送管道。中国在中亚地区实现了能源领域合作的战略突破，而

---

① 笔者2013年10月5日在希腊罗得岛“文明对话”论坛上的发言中就有俄罗斯学者提问：如何看待中俄在中亚地区的竞争问题。

俄罗斯长期垄断中亚地区的能源出口，中国此举打破了俄罗斯的能源垄断地位，这也是事实。但这谈不上中俄之间的竞争关系，因为在与俄罗斯谈判不够顺利的情况下，中国从中亚国家进口石油和天然气是自然的、无可非议的。而事实上俄罗斯与中亚国家则存在着某种程度上的竞争，它们都是能源输出国，都需要中国这个巨大的买主。还有一个问题，俄罗斯盛产石油和天然气，同时俄罗斯又大规模购买中亚地区的石油和天然气并转卖给其他国家，俄罗斯的这种做法带有明显的苏联区域分工的痕迹，苏联解体后，俄罗斯也很想垄断中亚地区的能源出口。但一方面俄罗斯能源公司与中国能源公司的谈判不顺畅，在与中国能源合作方面表现出更多的患得患失，另一方面又不希望中国从中亚地区进口能源，试图长期垄断中亚地区的能源出口，这表明俄罗斯还没有意识到在全球化的今天，单纯的国际能源垄断已经不可能长久维持下去。从上述情况来看，中国与俄罗斯在中亚地区的能源领域不是竞争关系，而俄罗斯与中亚国家在能源输出方面确实存在竞争关系，但那是俄罗斯与中亚国家的关系问题。俄罗斯的现实选择就是更加积极主动地与中国展开大规模的能源合作，以实现两国能源结构的互补性。

## 七、研究“一国两制”的成功经验，促进中国统一大业

“一国两制”是中国解决香港和澳门问题的创造性模式，是中国解决近代以来所遗留下来的有关疆域领土的成功范例，是中国收回固有领土的富有智慧的重大战略举措。所以，香港和澳门回归祖国的历史应该成为中国边疆研究的重要课题。不仅如此，香港和澳门实行“一国两制”的实践进程也应为中国边疆研究的重要范畴。中央政府对香港和澳门政策的根本宗旨分两个层

面，其一是维护国家主权、安全、发展利益，其二是保持香港和澳门长期繁荣稳定，这两点是紧密结合在一起的。我们需要研究的重点是：第一，如何把坚持一国原则和尊重两制差异有机结合起来。中国解决香港和澳门问题的创造性在于，尊重内地与香港和澳门两种政治制度的存在和差异，并在一国原则的框架下在实践中并行运转这两种不同的制度。我们要着重研究，在尊重两种制度差异的条件下如何使香港和澳门与内地在一国原则的框架下更加有效和更加灵活地衔接。第二，如何将维护中央权力和保障特别行政区高度自治权有机地结合起来。应全面准确贯彻香港和澳门在“一国两制”的框架下实现高度自治的方针，而香港和澳门高度自治在政治上就体现在“港人治港”、“澳人治澳”，特别行政区行政长官和政府的职责是依法施政、集中精力发展香港和澳门经济、改善民生、循序渐进推进民主、包容共济，建设和谐特别行政区，实现香港和澳门的社会稳定和团结。而一国原则要求中央权力必须在香港和澳门得以完全体现和维护，中央政府应严格依照基本法行使在香港和澳门的国家主权，不断完善与基本法实施相关的各项制度和机制。第三，如何将发挥祖国内地坚强后盾作用和提高港澳自身竞争力有机结合起来。这实际上是香港和澳门如何实现同祖国内地优势互补和共同发展的问题。第四，研究近几年出现的“港独”问题，维护香港的政治稳定。第五，如何防范和遏制外部势力干预港澳事务的问题。以美、英等国为代表的外部势力不断干涉港澳事务，已经影响到香港的稳定，例如英国外交及联邦事务部国务大臣施维尔2013年9月在香港媒体上发表文章《选举、民主和香港的未来》，公然干涉香港政治①。10月，美国“国会一行政部门中国委员会”发表2013年

① http：//www.chinareviewnews.com/cm-webapp/new/doc/docDetail.jsp？coluid=9&kindid=1690&docid=102749063，访问时间2013年10月16日。

度中国人权和法治报告，对香港政治发展问题横加指责。外部势力干涉港澳事务，应引起我们的高度关注。随着中国不断发展，西方利用港澳问题给中国制造麻烦的战略意图越来越明显。这个问题值得研究。

和平统一台湾是中国的三大历史任务之一。“和平统一、一国两制”是解决台湾问题、实现祖国完全统一的基本方针，这是中国发展的时代要求，也是必然的历史进程。和平统一是中华民族的历史夙愿，既符合台湾同胞的根本利益，更符合包括台湾同胞在内的全体中华民族的根本利益。和平统一台湾就要坚持一个中国的原则。从中国疆域形成的历史视角去观察，台湾是中国历史不可分割的组成部分，台湾与大陆所形成的历史联系是血肉联系，属一脉同源。这是中国边疆学应着力研究的重要方面。从现实上看，虽然目前台湾与大陆尚未实现统一，但这一状态并不能改变两岸同属一个中国的客观事实，大陆和台湾从未分割国家领土和主权，这是客观的法律现实状态。这自然也是中国边疆研究应着力关注的重要学术点。当然，“台独”势力企图将台湾从中国领土和国家主权方面分离出去，但将台湾从中国版图上分裂出去，这在历史和现实法理两个层面都是站不住脚的，是违背台湾绝大多数同胞和大陆民众基本意愿的。因此，一个中国的框架和原则是最根本的实现台湾统一的基石。在这个框架下，若实现和平统一,一个最重要的政治前提就是确保两岸关系的和平发展。不断发展两岸关系实际上就是在不断积累两岸统一的正能量，在维护一个中国的共识之下，不断逐步增强两岸共同认知，增强民族认同。目前，两岸关系实现重大转折，两岸全面直接双向“三通”已得到实现，全国所期盼的两岸全方位交往格局已经出现。应着力研究以下几个重要问题：其一，探讨国家尚未统一特殊情况下两岸如何进一步发展政治关系，如何作出合情合理的安排，如何塑造两岸命运共同体和中华民族的共同家园。

其二，应探讨建立两岸军事安全互信机制，以便稳定台海局势，避免不必要的局势误判。其三，协商达成两岸和平协议很有必要，以此开创两岸关系和平发展的未来，增进和平统一共识。其四，应着力研究如何进一步实施两岸经济合作框架协议，夯实两岸经济合作的物质基础。其五，如何增强两岸文化交流和传统文化的共同保护。其六，如何遏制和反对“台独”分裂的图谋，如何让台湾的绝大多数民众清醒地认识到“台独”分裂行径必然会损害两岸同胞共同利益。其七，防止美国利用向台湾出售武器等方式干涉中国内政。

## 八、中国边疆史地研究依然是中国边疆学的核心内容和重要研究领域

尽管中国崛起的现实要求加强对我国边疆安全、稳定和发展以及我国边疆与周边国际环境的关系问题进行研究，但中国边疆史地研究还应该继续得到强化。从我国边疆演化的历史、我国边疆的现状和未来这三个时间维度上看，我国边疆史地研究不是可有可无，而是必须全面、深入和客观地加以研究。从我国陆疆和海疆两大空间上看，我国边疆史地研究应对陆疆和海疆的历史演化进程做出令人信服的分析和研究。我国改革开放初期掀起的中国边疆史地研究热潮不仅要持续下去，而且还要更加深入。[①] 我们将学术目光再推向 19 世纪边疆史地研究，那个时期的中国边疆史地研究体现了时代精神。徐松巍先生对此概括为，第一，忧患意识，这种意识以筹边谋防、抵御外辱的

① 《中国边疆史地研究》杂志 1991 年第 1 期发表《加强中国边疆史地研究笔谈》，同期还发表边众的《论当前开展中国边疆史地研究的几个问题》、吕一燃的《中国边疆史地研究的回顾和展望》和谭其骧的《历史上的中国和中国历代疆域》等文，集中讨论了中国边疆史地学科的发展问题，至今依然具有重要学术价值和意义。

爱国精神为内涵，是因关注国家、民族、社会前途和命运而产生的一种自警精神和危机感。在他看来，这种忧患意识有两个层面，一是对研究的缺乏或疏漏而导致的“暗于边情”状况的焦虑和忧惧，二是对“边患”认识不足的忧患和焦灼。第二，将我国的“边务”乃至国家、民族的“休戚安危”与外部世界联系起来加以考察，将我国的筹边谋防和抵御外辱与了解“夷情”联系起来。“也就是说开始用世界的眼光来审视和筹划中国的边疆防务和国家安全问题。这在中国历史撰述上是前所未有的。”[①] 进入21世纪，我国的边疆安全、稳定和发展面临新的机遇和挑战，当今中国边疆研究的发展依然需要新的21世纪的时代精神，关注边疆、关注中华民族的伟大复兴、关注世界局势的发展与变化。

我们不应因着力建设中国边疆学而忽视对中国边疆史地问题的研究，事实上，中国边疆史地研究是中国边疆学的一个重要组成部分，是中国边疆学的基础与核心。当然，为了全面地把握边疆局势，我们还要研究边疆的民族问题、宗教问题和文化问题。这些都是客观认识边疆问题的必不可少的研究领域。此外，其他国家有关边疆问题的经验教训也特别值得我们研究和关注。

## 九、几点认识

中国经过改革开放30多年的积累，越来越成为世界关注的焦点，越来越成为世界级的大国。中国发展到今天，已经进入能够相对从容地认识边疆、

---

① 徐松巍：《19世纪边疆史地研究的时代精神》，《中国边疆史地研究》1998年第2期。

统筹边疆、治理边疆、发展边疆、开放边疆和通过边疆进行区域国际合作的重要历史时期，并获得了相应的国内外基本条件。中国对自身疆土的认识越来越全面、客观和深入。改革开放30多年来，我国在治理边疆方面提出了一系列新理念，边疆形态也出现了很大变化：（1）我国在改革进程中提出了沿海开放和沿边开放的战略，取得了举世瞩目的成绩。这次沿海沿边开放完全不同于近代的我国沿海开放，这是我国根据改革和发展经济的战略需要主动采取沿海沿边开放战略，旨在获得发展经济的资金、人才、技术、国外市场和良好的国际环境。（2）邓小平提出了“主权在我、搁置争议、共同开发”的解决海洋岛屿争端的基本原则，这是中国解决海洋领土问题的重要政策。（3）提出了互谅互让、在平等基础上解决边界问题的基本方针。自近代以来，中国终于有了比较从容地治理边疆和与有关国家解决边界问题和领土纠纷的条件。（4）提出“一国两制”的战略思想，以此作为解决香港、澳门和台湾问题的基本方针和思路。（5）提出了“与邻为善、以邻为伴”和睦邻、富邻、安邻的基本政策，提出中国的发展要惠及周边国家。（6）提出建设“海洋强国”战略，使我国在统筹陆疆和海疆建设方面达到历史的最新高度。如果说进入21世纪中国对自身疆域认识有何变化和改变的话，其最大的认识变化莫过于对海疆认识和理解的深化，建设“海洋强国”就是基于这些理解和认识的深化而提出来的。（7）提出建设“丝绸之路经济带”和“海上丝绸之路”的战略思想，使中国的经济利益和文化影响与周边相关国家的利益和文化影响相契合，挖掘中国古代“丝绸之路”的历史价值和传统文化影响。（8）我国对边疆问题的内涵和外延的认识大大拓展了，出现了“利益边疆”、“文化边疆”、“经济边疆”、“高边疆”等概念。与此同时，我国边疆问题研究除坚持史地研究方法外，还运用民族学、宗教学、国际关系、社会学、经济学等理论和方法进行综合性的研究，使边疆问题研究的领域和范围大大拓宽。

改革开放 30 多年来，我国的边疆形态也发生了很大变化：（1）我国的边界形态发生巨大变化，我国与俄罗斯、哈萨克斯坦、吉尔吉斯斯坦和塔吉克斯坦彻底解决了边界问题，与越南解决了陆上边界问题。我国与印度边界问题的谈判正在进行中。（2）香港、澳门的回归彻底终止了我国近代所形成的香港、澳门被“租借”状态，彻底改变了香港、澳门的历史状态，在“一国两制”的框架下实现了香港和澳门回归祖国这一历史壮举。（3）两岸关系实现重大转折，两岸实现全面直接双向“三通”，形成两岸经济合作的战略框架。（4）我国疆域行政区划出现新的变化，成立海南省意义重大，最近又组建了三沙市，昭示了我国在南海行政化管理方面新的思路。（5）我国沿边地区形成一系列开发开放战略，中哈共同建设霍尔果斯国际边境合作中心，中俄共同实施俄罗斯远东地区和我国东北地区的深度区域经济合作。我国与东盟国家在区域经济合作上取得非常显著的成效。广西北部湾经济区成为区域经济发展的新高地，云南“桥头堡”战略的实施增强了我国与南亚的区域经济合作。（6）我国沿边地区初步形成北、西、南三面能源管道输入的战略布局，比如中俄石油管道，中哈石油管道、中国与土库曼斯坦经由乌兹别克斯坦和哈萨克斯坦的天然气管道、中缅天然气管道。

我国改革开放 30 多年来在治理边疆、稳定边疆和发展边疆方面提出的一系列战略思想和我国边疆形态的一系列变化值得我们深入研究。

# 中国边疆学及其研究的若干问题①

邢玉林②

新中国成立后，中国边疆史地研究进入开拓、创新时期。特别是近几年来，中国边疆史地各种著作的杀青，标志着中国边疆史地已逐渐成为学术研究的热点之一。可以预料，随着研究视野的开阔、课题的拓展和研究面向现实，中国边疆学及其研究必将引起学界的普遍重视。众所周知：学科体系的建设，直接关系到整体研究规划的制定、研究课题的选择和确立，与学科发展休戚相关；有关学科功能的讨论，有利于学界的自我改造和学科价值的实现；找到促进学科发展的重要途径是学者义不容辞的责任。兹就以上三个问题提出若干意见，不足信从，只供讨论。

## 一、中国边疆学研究的前提或基础

探讨中国边疆学的名称定义、研究对象、学科性质和体系是研究的前提或基础。

---

① 本文原发表于《中国边疆史地研究》1992年第1期。

② 邢玉林，中国社会科学院中国边疆研究所《中国边疆史地研究》原主编、编审。

### （一）问题的提出

有论者谓，中国边疆史地学作为一门独立的学科形成于近代。对这一结论，学者几无异议。遗憾的是，只要认真地审视近代以来的研究成果便不难发现，有关这一学科的名称定义和研究对象、学科的性质以及体系等重要问题或未明确的界定、论述，或根本没有提出，都属陌生的课题。当然，对于一门滞后的学科来说，上述欠缺不足为怪，因为它的完善是一个长期探索的过程，理应根据以往的研究成果，首先确定名称和对象，继之界定性质，最后构筑体系。问题在于“中国边疆史地学”这一名称是否科学。笔者根据下述理由认为，这一名称为界定学科研究对象和性质设置了障碍：其一，这一名称实际上只比“中国历史地理学”多了“边疆”二字，因此有理由认为两者的不同显然在外延上而不在内涵上；其二，中国边疆是中国整个辖区的一部分，因此有理由认为中国边疆史地学的研究对象不出中国历史地理学的研究对象范围；其三，中国边疆属于中国，因此有理由认为“中国边疆史地学”归属于“中国历史地理学”，前者是后者的一门分支学科。

问题还不止于此。

学科的名称、研究对象是确定学科性质和构筑体系的前提，其地位十分重要。倘若不能逾越上述障碍，则于中国历史地理学之外再构筑中国边疆史地学体系就无疑等于叠床架屋。就此而言，“中国边疆史地学”这一名称就又成问题了。

由此看来，只有界定学科的名称定义和研究对象才便于明确学科的性质和体系。

## （二）澄清对学科名称和研究对象及学科性质的模糊认识

既然是澄清而不是界定，就有必要沿用“中国边疆史地学”这一名称并同中国历史地理学进行比照。

1. 学科名称和研究对象

以“中国边疆历史地理学”为学科名称，容易使人认为它的研究对象不出“中国历史地理学”的研究范围；换句话说，容易使人认为中国历史地理学的研究对象已经包括了中国边疆史地学的研究对象。这是一种误解。其实，二者的研究对象至少有两大区别：其一，前者的研究对象仅仅是不同历史时期的特定地区地理环境的形成和演变，即以时间为纵坐标勾勒空间变化的轨迹；后者的研究对象则不仅仅是边疆地区地理环境的形成和演变，还至少包括：边疆自体及其各种硬系统和软系统的历史、现实和未来；上述系统的内部状态参量和外部制衡参量及其历史、现状和未来；参与和推动边疆各系统发展的个人、集团、民族的各种历史活动。其二，中国历史地理学和中国边疆史地学虽然都研究人地关系，但前者侧重于地理环境，人的活动仅被当作研究地理环境变化的依据之一；后者则把人地同时置于时间深度和空间广度之中，在人地并举的前提下更重视人的活动。

2. 学科性质

中国边疆史地学是不是归属于中国历史地理学，前者是不是后者的一门分支学科，这个问题涉及如何认识三者的关系。众所周知，中国历史地理学包括历史自然地理和历史人文地理，是中国地理学的一个组成部分，是中国地理学一个分支学科。中国边疆史地学是关于边疆的综合学问，是由多个领域构成的完整体，其中各领域又各自包括多种富有弹性的层面。一般人所理解的“中国边疆史地学”不但不能囊括科学意义上的“中国边疆史地学”的全部研究领域，而且也只是后者的一个组成部分或分支学科而已；并且，就这一分支而言，虽与中国历史地理学有联系，但这种联系仅仅是内容上的若干重叠，在空间对象上则各有不同侧重。因此，既不能只见同一而无视差别，更不能视局部的同一为整体的同一。中国历史地理学是介于历史学和地理学之间的边缘学科；科学意义上的中国边疆史地学则是既介于历史学和地理学之间，又介于民族学、文化学、法学、海洋学、国际关系学之间的边缘学科。它的许多课题的研究往往同时需要上述学科的配合，否则便难以开展，因此也可以说它是一门综合学科。

由上可见，“中国边疆史地学”这一名称与“中国历史地理学”这一名称过于贴近，使学者在阐释学科的研究对象和界定学科的性质时遇到很多麻烦，摆脱作茧自缚的窘境最便捷的门径是放弃“中国边疆史地学”这一名称。

### （三）学科名称

笔者建议将“中国边疆历史地理学”改名为“中国边疆学”。一些学者早有此意；在笔者草成此文时，“中国边疆学”一名又见于报端（见《人民日报》海外版 1990 年 6 月 10 日第 4 版）。因此，这一定名既顺于人又达于时。那么，改名为“中国边疆学”的理由是什么呢？兹举重要者四。

第一，有助于明确界定学科的研究对象和学科的性质。前述学科的研究对象、学科的性质是“中国历史地理学”同“中国边疆历史地理学”二者相互比照的结果。既是比照，就很难完全跳出中国历史地理学的圈子，比照的结果绝不等于科学的界定。同时，一些人对学科的研究对象和学科性质形成模糊认识的一个重要原因也恰恰在于把两个近似的名称联系在一起，只从表面上而不从深层上理解两个学科根本区别的思维定式。改名为“中国边疆学”可以消除上述障碍，拓宽思维，为科学界定学科性质和研究对象创造条件。

第二，能突出学科特点。中国边疆史地研究的领域虽然极为宽泛，但又不是茫无际涯；各领域虽富有弹性，但又不是没有界规。这就需要有一个比“中国边疆史地学”这一名称内涵更大、外延更广的学科名称，并对之加以规范。作为一门边缘学科、交叉学科和综合学科，其命题、范畴、概念也必须突破“中国边疆史地学”这一名称造成的局限。改为“中国边疆学”不仅便于树立新思想、新观点，而且也能明确地与“中国历史地理学”划清界限，有助于创造各领域所必需的概念、范畴及逻辑结构，从而突出学科的特点和个性，成为名副其实的一门科学。

第三，符合我国边疆实际。在世界各国中，我国边疆的特殊性十分鲜明，主要表现是：（1）面积大、疆界线长。全国省、自治区总数的近 2/3 处于边疆，总面积超过 500 万平方公里。陆地边界长达 2.2 万余公里；海岸线绵延 1.8 万余公里，有 6 个省面临辽阔的海域。（2）分布的民族多。全国 5 个少数民族自治区有 4 个处于边疆，边疆地区遍布全国 50 多个民族。（3）边疆地理环境类型各有不同。边疆地区或多山脉或多盆地，或处高原，或处草原，或处高原草原。（4）边疆各地区的经济生活方式和文化传统各具特点。（5）边疆的地位重要。边疆是我国的屏障和第一门户，稍留罅隙便予人以窥伺之机，因此为历代统治者所重视。今天，边疆又成为中外各种交往的通道，其战略地位已被国际所公认。上述特殊性，使人们有理由把我国边疆作为独立的客体加以研究。改名“中国边疆学”符合我国的国情。

第四，能顺应国际学术发展趋势。欧美一些国家早在第二次世界大战前就比较广泛地探讨了边疆问题，有许多专著相继问世，其内容既包括边疆的类型及划分，又包括边疆的历史作用，有的著作还从国际法的角度论述边疆问题。20 世纪 50 年代以来，这些国家又从边疆理论研究转为边疆实际研究，弥补了二战前研究的缺欠，在研究深度和广度上都有突破。近几年来，我国邻国对边疆的研究更显旺盛的势头。边疆学是否已经成为国际性的学科，笔者难以判断，但许多国家大力组织人力，不惜耗资开展对边疆的研究则是明显的事实。改名为“中国边疆学”无疑更适应国际有关边疆研究的发展趋势，有助于迅速改变我国边疆研究的落后状况。

### （四）中国边疆学的名称概念和研究对象及学科性质

谈到中国边疆学，首先必须科学地界定“边疆”概念。笔者就此问题与有关专家商榷。

1.“边疆”概念的界定

中国边疆学作为一门学科，应当界定“边疆”一词的内涵和外延。曾有学者把“边疆”定义为：“‘边疆’是地理概念，它与国界线有着密切的关系。简单地说，‘边疆’就是靠近国界的地区。”[①] 笔者认为这个定义不仅过于笼统，而且也有缺陷。所谓“靠近国界的地区”既包括国界外侧的地区也包括国界内侧的地区，倘国界外侧的地区是陆路地区，则根本不属于本国的地区，也根本不属于本国的边疆。近有学者谓：“‘边疆’应是直接毗邻国界的、具有

① 马大正：《中国古代边疆政策研究》，中国社会科学出版社 1990 年版。

一定历史、人文、经济和自然特点、在行政上具有完整性的连续地域”。[1]这个定义较前一个定义更明确，也更具体；但是，所谓“直接毗邻国界”一语，犯了前一个定义的毛病。定义的作者对“边疆”做了具体的限定，意在规定中国边疆地区的范围，这无疑是很重要的。不过，问题也随之而来，无论是“特点”也好，“完整性”也好，都是逐步形成的，都是历史的产物；倘若它们形成之前，又该对中国的边疆如何限定？如果存在这个疑问，那么笔者认为界定一个概念最好采用最本质的要素。

中国边疆学既研究中国近代和现代边疆，也研究中国古代边疆。因此，在界定“边疆”的含义时，应对不同时代的边疆有所区别，并且使有区别的定义具有普遍意义，既适用于中国的边疆，也适用于外国的边疆。本着这一原则，笔者试图提出近代以来的边疆的定义 A 和古代的边疆的定义 B，供学者指正。

A：在国家陆路边界线内侧的或在国家海岸线外侧的，且属于该国主权的边缘陆路领土或海洋领土。

上述定义说明：（1）“边疆”概念是与“国家”概念联系在一起的。边疆随国家的产生而产生，随国家的消亡而消亡。（2）“边疆”概念是与边界线联系在一起的。边界线是一个国家陆路版图范围的标志，它也是国境线。“边界线内侧”一语十分重要，这是因为此语表明一国内的行政省（区）、民族聚居区均不存在各自的“边疆”，只有当上述各省（区）的外缘界线同时也是边界线（国境线）的一部分时，上述各省（区）才是边疆。与此类似，限定在

---

① 钮仲勋、王守春、谢天滔：《中国边疆地理》，人民教育出版社 1991 年版，第 1 页。

“国家海岸线外侧”者指海疆。（3）“边疆”概念是与国家的“主权”联系在一起的。陆疆当然在边界线内侧，固属国家主权的范围，因而属于该国的边疆，不属该国主权的边界线外侧的地区当然不属于该国的边疆；海岸线外侧的海域（包括其中的岛屿），只有属于国家主权的部分才是该国的海洋领土，即海疆。用“主权”一词限定，较以往的定义更严密。（4）以“边缘”限定，意在与该国的中土及与各国共有的海洋领土或无主海洋领土相区别。

以上四点，缺一不可。从这四点看，“边疆”这一概念不单单是地理概念，也不单单是政治地理概念，也是历史地理概念，可通称为政治、历史、地理性概念。上述定义是否排除了各国边疆所具备的各自不同的特殊性（个性）、集中了各国边疆的普遍性（共性），因而具有普遍意义呢？笔者不敢做出肯定的回答。

B：在本国与外国之间的习惯界线、自然界线内侧的，或在本国海岸线外侧的，且属本国主权的或为本国实际管辖的或为本国民族生息繁衍的边缘陆路领土或海洋领土。

这个定义与定义A的区别在于：（1）用“外国”而不用“邻国”，是考虑到中国历史的特殊情况，即考虑到历史上的中国有国中之国这一历史现象。（2）用“习惯界线、自然界线”而不用“边界线”，是因为古代不存在现代国际法意义上的边界线。（3）加上“本国实际管辖”或“本国民族生息繁衍”的限定，是因为“主权”的观念或意识在古代并没有普遍形成。

这个定义能不能运用于中国的古代边疆？笔者也不敢做出肯定的回答；至于能不能适用于各国的古代边疆则更有疑问。但笔者认为提出一个普遍适用的关于古代边疆的定义，或者至少提出一个只适用于中国古代边疆的定义，以便与近代和现代边疆的定义相区别，对于中国边疆学来说是完全必要的。

科学界定两种边疆的含义，看来还需要边疆学工作者集思广益，必要时也可集会予以讨论。

2. 学科名称概念、研究对象及性质

学科名称概念和研究对象密不可分，前者的确定必然涉及后者，也就是说，后者是前者内涵的一部分。

众所周知，一门学科的研究对象实际上是这门学科的覆盖面或学科面。学科面的宽窄，反映该学科研究领域的幅度，是决定该学科的生命力和发展前途的重要因素。学科面宽会使学科根基广而稳固，会使学科有较强的适应性。确定中国边疆学研究对象的原则应当既要拓宽，又要适度。基于这个原则，中国边疆学的名称定义、研究对象应作如下阐释：

中国边疆学是运用马克思主义的世界观和方法论揭示中国边疆及其硬系统和软系统的形成、演变和发展规律以及中国边疆及其各系统相互关系的科学。

这个定义有四层含义：一是确定了中国边疆学研究的时（从古至今）空（特定地域）范围；二是划定了中国边疆学研究的对象，即以边疆地区及其硬系统（如社会结构、区划沿革、管理机构等）和软系统（如各项政策、政教措施、治边思想等）为研究客体；三是规定了中国边疆学研究的广度和深度，即不仅把客体作为相互联系的整体加以考察，不单单专注于某一方面及其特征，而且揭示客体在不同历史时期的本质，不是简单地描述其现象；四是明确了中国边疆学研究的科学高度，即阐释各客体及其相互关系的一般运动过程及揭示客体的历史必然性和客观规律性，而不是做常识性的历史说明。

从上述研究客体看，中国边疆学既然研究中国边疆各种问题的历史和现状，那么其范围几乎囊括了边疆的生产力和生产关系、经济基础和上层建筑的各个方面。因此，中国边疆学必然是与其他众多学科相交叉、相融合的综合性、交叉性边缘学科。具体地说：从历史的角度看。中国边疆学研究边疆这一实体自身及其历史，它必然与中国历史学、中国政治学等学科发生横向性的跨界关系，从边疆的社会内容看，中国边疆学研究中国边疆的政治、经济、军事（边防）、地理、文化、民族及其关系，边疆与内地和边疆与境外的关系，等等，它也必然与相应的学科如区域经济学、区域地理学等发生横向性的跨界关系；从边疆的主体看，中国边疆学各领域的研究都不能脱离以边疆为载体、与边疆发生互为对象性关系的边疆主体，即不能脱离聚居于边疆地区的各少数民族，这又不能不使中国边疆学与民族学、民族史学、民族语言学等学科发生横向性的跨界关系；从边疆的类别看，中国边疆分陆疆和海疆，中国边疆学研究同时着眼于上述两者，又必然与国际法学、外交学、海洋学等有关学科发生横向性的跨界关系。

总之，中国边疆学是一门综合的、交叉的、边缘的学科。

### （五）中国边疆学的体系框架

不确定中国边疆学的体系结构，就不能明确中国边疆学的根基。就会妨碍中国边疆学的发展即限制中国边疆学研究的深度和广度。体系框架的构筑问题很多，以下仅就贯穿体系的主线、体系构筑的基本原则和框架的设计略陈管见。

1. 贯穿体系的主线

明确贯穿体系的主线可使人们在构筑体系的过程中有一个坚固的立足点。笔者认为，人的历史活动应是贯穿中国边疆学体系的主线。提出这个问题也是因为迄今一些研究成果都不同程度地忽视了人的历史活动及意义，例如：无论是研究边疆的硬系统还是软系统，都忽视这两个系统赖以形成和变化的人的活动，甚至仅仅满足于按时间序列将边疆系统的某些要素连缀编排。这样做，不仅从横的联系上给人以网罗之感，从纵的联系上看不出各要素的变化脉络，而且削弱了以边疆为认识和实践对象的人的主体性地位。于是，历史便成了毫无生命的死物。马克思说过，历史不是别的，它是追求自己目的的人的活动[①]。显而易见，人的行为和意识的指向、实现以及行为和意识的冲突和过渡是社会嬗变和历史进步的重要因素。中国边疆学的目的在于揭示边疆形成、演变和发展的历史规律，而这种规律只有从主体的历史活动及其与客体发生的互为对象的关系中去探求。要实现这一目的，中国边疆学研究必须以人的历史活动为线索，贯穿中国边疆学体系的主线也同样必须是人的历史活动，其具体理由有三：其一，人的活动展现历史。边疆各系统及其要素的历史是人们世代活动更替的历史和主体与客体相互作用的历史。这两个过程沿着同一轨道推动着主体和客体的共同完善和发展。因此，人的活动展现了人自身的历史，同时也展现了边疆各系统及其要素的历史。其二，人的活动产生系统和关系。在不同的历史时期，边疆各系统及其要素的体系以及各体系之间的关系是不同历史时期的人的活动的横向展开，只有对人的活动作具体的、历史的分析，才能科学勾画出边疆各系统及其要素的历史画面。其三，人的活动揭示历史的必然性。人作为历史的主体，其意识和行为的过程正是历史的含义之一；历史也因此具有目的性和规律性。边疆各系统及其要素的历史和发展规律是人的活动的纵向深化，正是人的不同历史时期的物质和意识活动使边疆各系统及其要素的形成、演变和发展各具时代的特点和社会的必然性。

---

① 见《马克思恩格斯全集》第 2 卷，第 118 ~ 119 页。

总之，只有以人的活动为贯穿中国边疆学体系的主线，才能使各领域研究的结论以生动具体的、无可辩驳的事实为依据。

2. 体系构筑的基本原则和体系框架的勾勒

中国边疆学应在广度和深度上实现新的综合，在此基础上建设现代的中国边疆学的科学体系。因此，这个体系的构筑应遵循四个基本原则：其一，传统的边疆研究与现代的边疆研究的贯通。脱离传统的边疆研究就等于割断了历史，现代中国边疆学的建设也就失去了根基。要发扬传统的边疆研究的优良作风，要借鉴其研究方法，要接续其中断了的且有研究价值的课题研究，等等。总之，这种贯通应以对传统边疆研究的优化为前提。其二，中国边疆学研究与外国边疆学研究的成果相融合。中国边疆学要具有现代特点，而"现代"是一个国际性的概念。中国边疆学要成为具有国际意义的学科，必须开放吸收外国边疆学研究的精华，将各种优秀的思想成果融入中国边疆学之中。这种融合应以对外国边疆学研究的鉴别和中外边疆学研究的比较为前提。其三，中国边疆学与其他学科的渗透。相邻学科之间、不同学科之间的相互渗透是当代社会科学和自然科学的大趋势，中国边疆学必须吸收相邻学科乃至自然科学有关学科的研究成果和研究方法，并以此为基础建设和完善自己的科学体系。其四，突出应用边疆学的地位。现实问题的研究不应当再是历史问题研究的附庸。中国边疆学必须避免理论与实际、历史与现实脱节的倾向。建设现代中国边疆学体系时必须注意学科的社会功用，使其对现实具有穿透力，对未来具有预测力。

根据上述原则，中国边疆学体系的框架应包括；（1）中国理论边疆学（有 6 个组成部分）；（2）中国应用边疆学（有 6 个组成部分）；（3）中国边疆历史地理学（有 3 个组成部分）；（4）中国边疆历史学（有 8 个组成部分）；

（5）中国边疆学史。计有5门分支学科、23个组成部分（见文末表）。

## 二、中国边疆学的社会功能

笔者曾见报载短文，将通俗之作归于有社会功能（价值）一类，将“板着一副冷面孔”的高深之论归于有学术价值一类。此不啻大谬之论。笔者认为：一个学科的社会功能与学术价值应当是统一的。本文所及，仅仅是挂一漏万的经验之谈。

### （一）弘扬中华民族传统的爱国主义

我国疆域有悠久历史，经历了沧桑变迁。随着4000余年前我国第一个奴隶制国家夏的建立，祖国就有了疆域。后历秦、汉、魏晋南北朝、隋、唐、五代十国、宋、元、明、清共2000余年，我国的疆域时有盈缩，直到确立了今天的疆域。

许多人不了解我国疆域的历史变迁；西方某些错误的疆域理论中的一些观点，例如将疆域的变迁归因于自然特征的界限作用，更模糊了一些人的认识。其实，我国的疆域既是一个有生命的实体即国家的体现，也是魂系国家的我国各族人民长期活动的产物。自夏迄清，我国许多民族繁衍、生息于边陲，其活动范围日广，疆土日扩，昔日孤悬绝朔，最终渐成中土内地。我国各族人民在可合不可离的背景下，在草木榛榛、鹿豕狉狉的环境里，休戚与共、相互尊重，共同携手剪除荆莽、开辟洪荒，日夜经营、寝馈不安，终于渐臻成效，并形成“辟土开疆”的爱国意识。边疆各民族先辈留下的“边塞诗、边关曲和传诵至今的英雄事”，充分反映了历史上边陲各族人民对祖国边陲的赞美和热爱。列宁指出，爱国主义就是“千百年来巩固起来的对自己祖国的一种最深厚的感情”[①]，几千年来无论我国疆域如何变迁，我国各族人民缔造的统一多民族国家盖出于他们魂系中华的真情实感。《禹贡》杂志编者所谓“未有对国家版图茫然无所知而能发动其正确之爱国观念者”、“使于吾国疆域之演变有所认识而坚持其爱护国土之意向”均道出了阐述祖国疆域的变迁对深化爱国意识的重大意义，确实切中肯綮。显而易见，从整体上考察中国疆域的变迁，科学揭示祖国疆域形成的历史过程及其规律性，不仅有助于人们了解我国统一多民族国家形成、发展的过程，也有助于弘扬中华民族传统的爱国主义。

### （二）强化中华民族救亡图存和自强不息的精神

我国各族人民捍卫祖国边疆的历史是中国边疆学研究的重要领域。近代前后，列强觊觎我国疆土，边疆地区首罹其难。“大乱出大才，相需会有因”，时势造就了值得各族人民骄傲的民族英雄。在东南沿海：14 世纪至 16 世纪，倭寇杀害江、浙、闽军民数十万，戚继光抗倭十二载，平息了 200 余年的倭患；郑成功收复了荷兰殖民者侵占、统治 38 年的台湾；19 世纪 40 年代至 19 世纪末，英、日相继从海上入侵我国，在海战中，关天培和葛云飞、郑国鸿、王锡朋以及邓世昌均血洒海疆，为国捐躯。在西北边疆：19 世纪 70 年代阿古柏入侵新疆、沙俄进兵伊犁，均遭到新疆各族人民的抵抗；左宗棠顺应民心进兵西北，新疆得以收复。在西南边疆：1874 年景颇人痛击英国武装“探险

① 见《列宁全集》第 28 卷，第 168~169 页。

队”入侵；1888 年西藏官兵死守隆吐山；1903 年西藏军民与英军血战江孜；19 世纪 80 年代冯子材领导广西边民抗击法国侵略者，威震镇南关。在东北大地，1900 年沙俄三次血洗海兰泡，制造江东六十四屯惨案。东北各族人民和爱国官兵点燃了反侵略的漫天烽火。

中国边疆学使人们清醒地认识到：我国各族儿女以大无畏的勇气舍生取义，在外有强敌压境、内有奸佞弄权的危局下，挽狂澜于既倒、支大厦于将倾。他们的生死荣辱与祖国相系始终。

统治阶级的软弱或腐败，使我国疆土特别是边疆地区受到蚕食、鲸吞；我国各族儿女在反侵略斗争中谱写了气吞山河的篇章。这些在世界历史上都是罕见的。忘记祖国丧权失地的屈辱历史，不了解先贤捍卫祖国疆土的英雄业绩，就不会有救亡图存和自强不息的精神。今天，“四化”建设是关系到民族和国家安危兴衰的大业，需要每个人发挥久蕴心底的潜能，激发宝贵的创造精神；需要每个人共担困难、共同拼搏。从上述角度看，总结我国丧权失地的惨痛教训，使每个人都有切肤之痛，能够增强国民的主权和国防意识，也是教育各族人民奋发图强、随时为护土卫疆而献身；铭记我国边疆各族儿女在反侵略斗争中表现出来的国耻必雪的民族自尊和救亡图存的坚强决心，能唤起各民族共闯改革难关的使命感；歌颂我国边疆各族人民在国难当头时坚不可摧的民族凝聚力，歌颂他们那种华夏不可侮、国土不可裂的英雄气概，对振奋自强不息的民族精神具有不可估量的深远意义。

### （三）提供稳定边疆的历史经验

在我国历史上，边疆地区的各种关系十分复杂。边疆与内地的关系、边疆与邻国的关系、边疆内部的民族关系、跨境民族之间的关系等交织在一起，历史上边疆地区少数民族贵族集团的自立、分裂、外叛的事件多有发生，其原因既有国际上各种因素的影响，也有统治阶级对边疆地区谬判情势、措置乖方和政策失误，而这些原因又都与边疆地区的关系复杂有关。因此，历代统治阶级都基于边陲安稳则内地无虞的认识，不仅不惜一切代价平息边疆地区的动乱，而且相应地采取了稳定边疆的措施。这些措施既具有递次继承、逐渐创新的个性，也具有明显的共性，例如根据民族分布、宗教信仰和社会习俗的不同，因时因地制宜实行行政建制、颁布法令等。

今天，我国边疆地区发生了翻天覆地的变化，可谓古今异势；而稳定边疆则是古今同理，不可忽视。其理由有四：其一，边疆地区的复杂关系依然存在，处理不好这些关系，边疆地区就会出现动荡和不安，其经济、文化发展就会受到阻碍，甚至给侵略者以踏我门户、继窥堂奥之机，使民族受辱、国土沦丧。其二，除沿海地区外，边疆地区经济、文化水平与内地差距较大，缩短这个差距更需要在边疆创造一个安定的环境。其三，改革开放以后，西方对我国政治、经济、文化的不可避免的渗透和冲击也及于边疆地区，这些渗透和冲击将对边疆地区及其各族人民产生深远影响，其中既有积极的一面，也有使边疆地区局势动荡的一面。其四，社会领域的民主化使边疆地区有了宽松、活跃的气氛，但与此同时，各种极端主义势力、狭隘民族主义势力也会明显抬头。

中国边疆学关于边疆宏观控制和微观调节的理论对促进边疆地区的和谐、维护边疆地区的稳定、有效治理边疆地区都具有一定的指导意义。特别是从宏观上比较历代安边治边的成败得失及其原因，科学总结历代特别是有清一代安边治边的过程、措施、方法及特点，揭示安边治边的经验和教训，全面探讨制约安边治边的诸种因素，阐述历代安边治边与政治制度变化的关系等，都是中国边疆学的重要研究课题，完成这些课题对今天我国的安边治边均不无裨益。

（四）为边疆的建设提供科学依据

边疆与内地唇齿相依。自秦始皇统一中国以降，历代统治者于疆圉经略、地利险夷、区划沿革、驻防兵制、政教措施、民族政策和边臣疆吏等，或亲履详勘，或擘画措置，或阐理责事，并传承、延续而不移，这些活动对边疆的建设无疑是有益的。但是，历史条件和阶级的局限，使历代统治阶级不可能下大力气建设边疆。今天，我国边疆地区是对外开放的窗口，在对外交流方面和“四化”建设中占有重要地位。边疆地区建设的成败，关系到我国综合国力的大小和我国国际地位的升降。因此，大力建设边疆是我国刻不容缓的战略任务。

中国边疆学从我国经济发展不平衡的实际出发，对边疆不同地区的政治、经济、文化和民族，将历史与现实相结合进行综合考察，有助于对我国制定边疆建设总体规划进行科学论证，边疆各地区所处的不同地理位置和自然环境以及不同的民族分布、社会习俗和宗教信仰，使边疆各地区的经济生活方式不尽一致，揭示边疆地区不同的自然环境与社会环境的内在联系和相互作用的规律，能为因地制宜地建设边疆提供足可征信的依据，从改革开放的实际出发，对沿海地区的经济资源、生态环境以及海域、岛屿的归属进行科学论证，不仅有利于沿海地区的发展，而且有利于维护国家的主权。中国边疆学的这些社会功能是其他学科所不具备的。

长期以来，我国边疆地区是国际中国学的一个重要研究对象。自 17 世纪西方早期耶稣会传教士到我国以来，外国考察人员出于不同的政治动机和利益发表了许多调查报告、游记和其他著作，内容十分广泛，其中也包括开发、建设我国边疆的条件和影响、解决具体问题的主张和建议等，中国边疆学有选择地分析、研究上述内容，提出有参考价值的建议，这无疑有助于政府有关部门参酌制定关于建设边疆的具体措施和步骤。我国边疆地区是沟通中外的桥梁，我邻邦及相邻地区的事态、我边疆地区之间和边疆与内地之间的多种关系都在不同程度上制约和影响着边疆的建设，甚至决定边疆地区经济发展的进程。中国边疆学提供、分析上述各种因素的参量及各种因素的相互关系，有助于政府有关部门及时调整边疆建设的步伐、储备相应的对策，以解决新的问题。

（五）促进边界问题的解决，维护国家领土完整

中华人民共和国成立后。相继与缅甸联邦共和国、尼泊尔王国、蒙古人民共和国、阿富汗王国等签订了边界条约。解决了历史遗留的边界问题。鉴于解决边界问题要照顾现状、历史和双方的民族感情，而不能仅仅局限于法律上的考虑，我国一贯主张按和平共处五项原则解决边界争端。这一立场是完全正确的，并且已被邻国所接受。

但是，也应当估计到我国政府的上述立场也有不被所有邻国接受的可能，边界争端仍有发生或再起的可能。其理由至少有四：其一，从边界的特点看，当边界的划分与双方领土归属相符时，边界相对来说呈现静态。问题在于我邻国在未来可能出于军事和其他方面的考虑对划分边界的条约重新“解释”。一旦重新“解释”，则曾以条约形式固定下来的边界划分就很难维持，边界的静态就

仅具阶段性。另一方面，当双方未划定边界即维持自然边界线或习惯边界线时，边界的静态不会长久，边界争端由他方再开或始开则很难避免。其二，当前国际关系出现了对话和缓和的明显趋势。各国都认识到只有缓和才能创造和平环境，只有在和平环境中才能致力于经济建设。但是，这种政治层面影响经济层面的单向关系也有可能逆转。经济上的需求破坏了相对稳定的政治环境进而导致战乱的历史现象并非鲜见。在未来，他方为摆脱无休止地向自然索取却无力补偿并因此受到自然的报复的困境，有可能挑起以占有自然资源为最终目的的边界争端。其三，虽然我国与一些邻国停止了边界地区大规模的武装冲突，但有的邻国仍有可能凭借局部军事优势制造不稳定因素，这些因素可能重新燃起余焰，并导致边界争端。其四，我国与邻国在政治传统、经济利益、历史经验和意识形态动力等方面或不尽相同，或有根本区别，加上邻国国内政治形势有可能发生重大变化，向我提出领土要求并非永无可能。

一些邻国迄今为止一直加紧边界问题的研究；而我们还不同程度地认为中国边疆学是一门冷僻的学科，对它研究国家边界的社会功能缺乏充分认识。为了迎接邻国在边界问题上可能提出的挑战，中国边疆学更要充分发挥其维护国家主权和领土完整的功用。为此，中国边疆学要以历史和当代边界问题为研究重点，在以下几个方面有计划、有组织地开展储备性和超前性研究：其一，搜集、整理和分析有关国家现存的关于我国与邻国边界的文书、资料和档案；其二，我国与邻国边务交涉或边界争端的由来与发展；其三，我国与邻国在边务交涉或边界谈判问题上的经验和教训；其四，我国与邻国尚未引起争端的领土归属问题；其五，未来可能发生的有关边界争端的具体问题，应付争端的策略、对策或建议；其六，找到解决未来边界争端的点（焦点、核心和途径、方法等）；其七，我国与邻国或其他国家所占据的海域的归属。

无论是政治家还是学者都必须认识到：社会科学研究原本就不是急功近利的短期行为，社会科学的有些社会功能是潜移默化地表现在人们的思想文化素质上；有些功能是积淀在民族精神和民族性格中。中国边疆学有关边界研究的社会功能只有在出现和需要解决相关问题时才能充分显现出来。在边界研究方面，只要循序而行、执着不懈，就能使我国在未来可能发生的边界争端中立于不败之地，从而有效地维护国家主权和领土完整。

## 三、繁荣中国边疆学研究的途径

中国边疆学是一门新兴学科，与其他学科相比又是一门相对落后的学科。要繁荣中国边疆学研究，固然必须优化科研设备、优化研究操作程序、优化资料质量、优化人才培养的条件和环境，等等；但是，实现这些优化需要假以时日，不可能一蹴而就。在实现这些优化之前，建立和健全全国性的中国边疆学研究的组织、协调体系是繁荣中国边疆学研究的重要途径。以下就此问题提出若干建议。

### （一）建立、健全体系的原则和体系特征

1. 原则。建立、健全组织和协调体系应遵循四个原则。其一，依据中国边疆学发展的总目标和特定时期的具体目标，组织、协调中国边疆学研究的机构应综合运用各种手段，包括经济手段（科研资助和出版补贴）、法律手段（出版协议、聘请协定）和行政手段（组织、监督和检查）等，对研究课题及其数量进行适度协调和有效控制，为学科发展提供稳定且可靠的保证。其二，

具体项目的具体研究，由承担研究的群体和个体自主进行；组织、协调机构主要通过检查、监督、奖惩等方式对群体或个体的研究进行间接干预。其三，除国家指定专门的群体或单位进行研究的项目外，其他研究项目均应集中于该项目有研究优势的专家学者，以便攻关。其四，建立课题负责人的招聘制度，做到课题开放、人才竞争。

2. 特征。建立、健全组织和协调体系应保持三个特征。其一，中国边疆学研究的基础管理由单纯以各科研单位自身拥有的人才、资料为依据，转向以全国拥有的人才、资料为依据，并且在兼顾研究成果的学术价值和社会功用的前提下，以社会功用为主要价值，使中国边疆学研究更有效、更充分地适应“四化”建设的需要。其二，宏观组织、协调的机制是将总体研究计划与实施过程中的具体调整相结合。计划是促进学科发展和满足国家需要的计划，调整是计划范围内的调整。计划与调整的结合方式是纵向和横向的结合，做到每类研究课题的内容、数量与承担该类课题的人才力量相适应，全部研究课题的数量、内容与学科发展和社会需要相适应。其三，课题及其研究的宏观组织、协调工作以课题负责人为中介，组织、协调机构则根据学科发展的新趋向和社会新需要的信息反馈，运用必要手段对整体研究活动进行调整，从而使研究、中介和需要协调起来。这种协调的目的在于使研究规划和整体研究与实际需要日趋吻合，且使前两者获得最大社会效益。

### （二）宏观组织、协调体系的构成

宏观组织、协调体系应包括平衡系统、目标系统、政策系统、权力系统。

1. 宏观平衡系统。宏观平衡是指计划与需要在较长时间内处于基本趋于平衡的态势，不出现大幅度的相互脱节。这种平衡包括各研究领域的研究项目在总量和规模上的平衡、每一个研究领域的研究序列的平衡、每一研究序列与投入的研究人力和财力的平衡，等等。平衡的目的在于中国边疆学研究内容有较大且合理的覆盖面，也在于充分发挥学科各个领域的社会功用，还在于拓宽学科的根基，促进学科的繁荣。

2. 目标系统。有效实行宏观组织与协调必须做到根据研究项目的内容及规模提出具体目标，例如每项研究应投入的费用（包括出版补贴）、研究成果的质量指标、研究课题负责人及参与人的数量指标、学科或学科某一领域的带头人的培养量，等等，提出上述目标的目的在于合理利用科研资金、科学使用人才，有利于出人才、出成果。

3. 政策系统。从对科研项目的组织、协调之日起到该项目的完成必有较大的时间跨度，有可能遇到工资提级、职称评定等问题。作为组织、协调研究的机构，应当制定经中国社会科学院认可的一系列有关政策，并根据这些政策与项目负责人、参与人所在单位共同协商解决上述人员的责任和利益等问题，其目的是调动上述人员的科研积极性，从各个环节上保证组织、协调研究的整体计划顺利实施。

4. 权力系统。中国边疆学研究的组织、协调机构应当有以下主要权力：其一，全国边疆学研究的规划权力；其二，研究课题的提出、论证和确定的决策权力；其三，召集有关专家对上述范围的决策提出科学依据的组织权力；其四，对课题研究的进度、质量进行监督和检查的权力；其五，对总体研究规划及其实施进行宏观调控的权力；其六，对实现课题参与人的责任和利益统一的保证权力。

上述权力应集中于中国边疆学研究的组织、协调机构内设的组织与协调部门，这个部门也可聘请有权威的专家参与其中；在有条件的情况下，应在人才密集和承担研究课题较多的地区建立协调员制度，由协调员执行组织与协调部门委托的组织、协调任务。总之，上述组织与协调部门必须是高层次的、有权威的和强有力的部门。

### （三）发挥组织、协调体系的作用的前提条件

为了充分发挥中国边疆学研究的组织、协调体系的作用，组织与协调部门必须逐步做好两项工作，理顺一个关系。

1. 做好两项工作。其一，把握客体，制定长远的整体的研究计划。要在全面掌握有关中国边疆学研究的历史和现状的基础上，逐步确定研究的客体。客体的确定是否符合中国边疆学发展的需要和是否顺应时代发展的趋势，关系到学科的生命，必须排除随意性、应急性和盲目性。中国边疆学研究的组织、协调部门必须慎重地、科学地制定总体研究规划，其中拟定的课题要有横向与纵向相结合的特点，为中国边疆学全面、深入的发展创造条件。笔者建议按课题性质分类，每类下开列若干系列研究课题。具体说明如次：边缘性课题——内容属于中国边疆学的研究范围，但其界缘与其他学科相合的课题；空白性课题——迄今仍未研究的且具有学术价值和社会功用的课题；跟踪性课题——有重要研究价值但已中断研究的课题；理论性课题——综合或单项探索与阐述基础理论的课题；方法论课题——古今研究方法的比较、中外研究方法的比较、最新研究方法等课题；超前性课题——预测将有可能成为研究热点的课题及储备性研究的课题；决策依据性课题——为中央提出科学决策依据的课题；现实性课题——与历史研究相对应的实际研究或应用研究的课题。上述各类性质的

研究课题中，最重要的是现实性课题。随着社会的科学化，科学也必然社会化，单纯的学术研究固然需要，但要向现实性研究方面倾斜。

应当认识到：开列上述各类课题是一项巨大的工程，必须假以时日，逐年填补；这个工程的每一个阶段性成果不仅能保证中国边疆学研究更具针对性、更富整体感，而且也是留给中国边疆学研究的宝贵的财富。对此，要有开拓意识和长远眼光。

其二，把握研究主体，建立中国边疆学研究人才学术档案库。中国边疆学研究者是中国边疆学研究的主体，对主体情况模糊不清，便无法或难以卓有成效地组织、协调研究计划。在主体的把握上，应有量的积累和质的分析。前者应包括全国各地（包括台、港、澳地区）的中国边疆学研究、教育、出版、宣传工作者，以及政府和部队有关单位的人才，这是因为中国边疆学的性质决定着必须有各种人才的通力合作。在质的分析上，不仅包括职称层次、研究成果，也要包括专长、兴趣及研究方向或意向，等等，这是因为中国边疆学研究需要发挥不同群体的不同优势。

应当认识到：建立人才档案库也是一项系统工程，也需要假以时日，逐年填补。对此，要有整体观念和时间观念。

2. 理顺一个关系。中国边疆学研究必须打破中央和地方研究机构自成体系、各自为战的局面，将分散的、封闭的研究转变为集中的、开放的研究上来。其办法是把研究主体、组织协调体系、研究客体三个环节紧密衔接起来，成为完整的统一体。具体地说，要分别按研究主体的专长或优势划分成若干个小群体，使其分别与不同的研究客体一一对应，通过组织、协调体系的作用，集中力量，组合优势，逐一攻关。某项目的攻关完成之日，即是该项目攻关群体解体之日和对该项目组织、协调研究的终止之日。

将上述三个环节紧紧衔接起来的好处是：其一，引进了组织协调机构的转换性、可塑性的运行机制；其二，淡化了研究单位的机关化、行政化彩色，减少了冗员，使科研单位具有改革、开放的特点；其三，研究课题更有目的性和计划性；其四，避免成果重复、劳动重复和资金浪费；其五，能出人才，特别是能促进学科及某一领域带头人的培养。

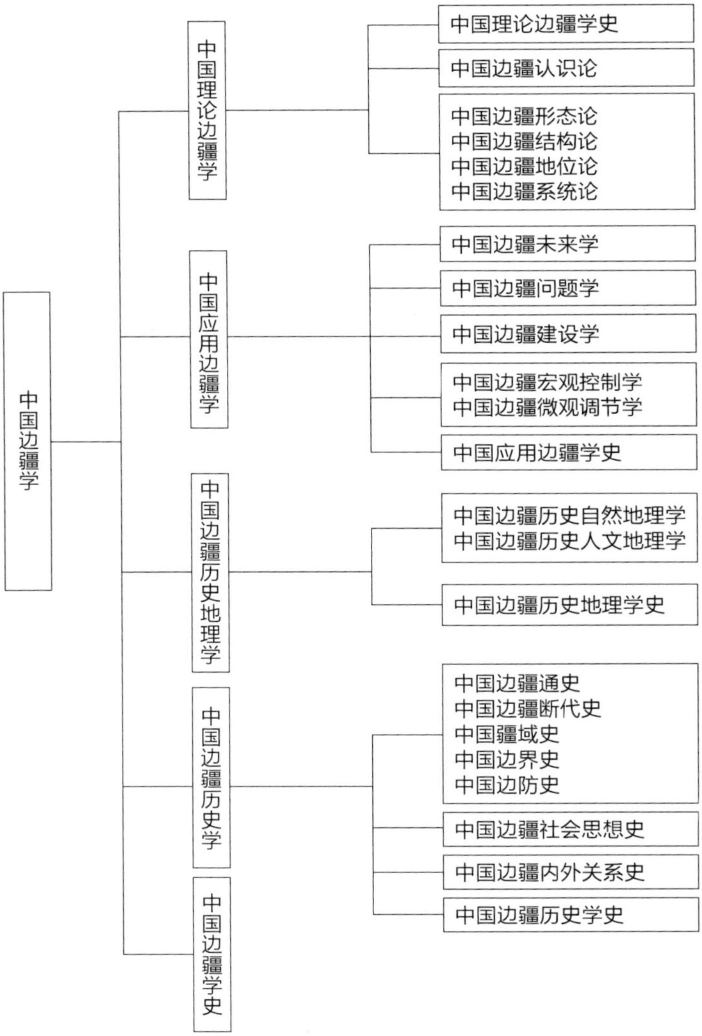

# 新文科背景下中国边疆学的转向与转型[①]

孙宏年[②]

中国边疆研究积累深厚，经历千年积累、百年探索，19 世纪中叶以来出现 3 次学术高潮。[③]随着中国边疆研究的深化，1992 年邢玉林发表《中国边疆学及其研究的若干问题》，首次明确提出“中国边疆学”的概念，从学术上论证“中国边疆学”的学科名称、性质、体系框架。[④]此后 30 年来，我国学术界著书立说，“中国边疆学”的构筑取得一定进展，但“中国边疆学”学科体系、学术体系、话语体系建设仍在争鸣、交流中缓慢前行。当前，我国学术界如何加快构建中国边疆学学科体系、学术体系、话语体系（以下简称中国边疆学“三大体系”）？笔者拟在借鉴前人成果基础上，提出粗浅的学术思考，恳请方家指正！

---

① 本文原发表于《云南师范大学学报（哲学社会科学版）》2021 年第 4 期。

② 孙宏年，中国社会科学院中国边疆研究所副所长、研究员。

③ 马大正：《当代中国边疆研究（1949—2014）》，中国社会科学出版社 2016 年版，第 46 ～ 145 页。

④ 邢玉林：《中国边疆学及其研究的若干问题》，《中国边疆史地研究》1992 年第 1 期。

## 一、中国边疆学“三大体系”建设的进展与挑战

中国边疆研究积累深厚，中华人民共和国成立70多年来，我国几代学人在唯物史观指导下研究领域不断拓宽，重大理论问题取得重要成果，多语种档案文献整理、研究成果丰硕，精品力作不断涌现。而且，我国边疆研究的学术平台日益扩大，研究队伍不断壮大，学术界日益重视理论建构、学科建设，20世纪90年代以来马大正、邢玉林、周伟洲、方铁、郑汕、李国强、周平、邢广程、李大龙、吴楚克、王欣、崔明德、罗中枢、孙勇、杨明洪、罗崇敏、余潇枫、徐黎丽、梁双陆、汪洪亮、吕文利等学者发表了一批高质量的学术论著。

21世纪之初，我国学术界从不同学科、视角开展边疆研究，已经形成独具特色的“边疆研究热”，使中国边疆学“三大体系”建设具备坚实基础、取得初步进展。与此同时，中国边疆学“三大体系”建设又面临诸多挑战，在学术层面至少表现为基础性概念、学科定位“百家齐鸣”，分歧明显，[①] 学科体系、学术体系、话语体系建设的国内“合力”尚未形成。

一是学者们的研究对象存在差异，学术话语的基础尚未达成共识，尤其是对“边疆”这个核心概念的认知差异明显。“边疆”在汉语中的基本概念是基于国家疆域产生的，即“边疆，边境之地”[②]，是指“靠近国界的领土”[③]。目

① 近年我国学术界围绕“边疆学”的讨论、争鸣，参见吕文利著：《新世纪中国边疆学的构建路径与展望（1998—2018）——兼论中国边疆理论的三个来源》，《中国边疆史地研究》2019年第2期。

② 《辞源》，商务印书馆1989年版，第1683页。

③ 中国社会科学院语言研究所词典编辑室：《现代汉语词典》，商务印书馆1983年版，第64页。

前国内已有成果对“边疆”多种表述，涉及“有形边疆”“无形边疆”等多种概念，“有形边疆”包含“地理边疆”等多种形态——陆疆、海疆（领海、大陆架、专属经济区等）、“空疆”（领空和太空）和底土（国家领土、领海及大陆架线向下延伸的界线，其深度理论上可直达地心）；“无形边疆”是指“地理边疆”的延伸性概念，包括多元形态的“新形态边疆”——“大边疆”“战略边疆”“利益边疆”“信息边疆”“文化边疆”等。2018 年前后，有学者主张把“中国陆疆区域”划分为“主边疆带”和“次边疆带”，学术界出现“边疆建构论”与“边疆实在论”的争论。因此，学者们的研究对象虽然都是“边疆”，但“边疆”的内涵、外延并非完全一致，甚至可以说各自“边疆研究”的学术基础、理论起点差异显著，这也就影响到对于学科名称、学科定位的认识。

二是学科名称多元化。学者们既提出“中国边疆学”“中国边政学”和“中国边疆政治学”“中国边疆管理学”“中国边疆法制学”“中国边疆文化学”“中国边疆经济学”“中国边疆安全学”等“中国边疆 + 某某 + 学”的名称，又提出“边疆学”“一般边疆学”及“边疆安全学”等概念。

三是学科基础、定位仍在争鸣之中。比如马大正认为：“中国边疆学既是一门探究中国疆域形成和发展规律、中国边疆治理理论和实践的综合性专门学科；又是一门考察中国边疆历史发展轨迹，探求当代中国边疆可持续发展与长治久安现实和未来极具中国特色的战略性专门学科。中国边疆学是社会科学的一个分支，应定位于社会科学学科分类的一级学科。”[①] 周伟洲则提出：

---

① 马大正：《当代中国边疆研究（1949—2014）》，中国社会科学出版社 2016 年版，第 596 ~ 597 页。

“中国边疆学是研究中国历史及现实中国边疆（包括陆疆和海疆）的一门综合、交叉的学科。”①吴楚克认为：“边疆政治学是一门交叉边缘学科，成长于历史上的‘边政学’，发展于当今的民族学和政治学的复合之中。”②

四是我国边疆研究的学术队伍不断壮大，研究机构、学术平台逐步扩大，但中国边疆学“三大体系”建设亟待形成“合力”。改革开放前，我国尚无成建制的边疆研究专门机构，1983年中国社会科学院中国边疆史地研究中心成立（2014年更名为“中国社会科学院中国边疆研究所”），这是中国边疆研究的一个新起点。目前，全国有30多家从事边疆研究的专门机构，中国社会科学院大学、复旦大学、南京大学、云南大学、中国人民大学等院校设置边疆研究方向博士点，中国南海研究协同中心、国家领土主权与海洋权益协同创新中心以及新疆智库、中国海疆智库、西藏智库等新型智库不断涌现。学术阵地不断扩大，《中国边疆史地研究》《民族研究》《中国藏学》《西域研究》《中国边疆学（辑刊）》《中国边疆学年鉴》《云南师范大学学报》和《华西边疆评论》等刊物成为发表边疆研究成果的重要阵地。与此同时，我国的边疆研究力量仍然较为分散和不均衡，没有全国性的学术组织，尚未形成重大理论现实问题研究的协同攻关机制，难以形成我国学术界在国际同行中的话语体系。

## 二、加快构建中国边疆学“三大体系”的机遇与思考

当前，世界面临百年未有之变局，我国边疆地区形势错综复杂，党和国

① 周伟洲：《关于构建中国边疆学的几点思考》，《中国边疆史地研究》2014年第1期。

② 吴楚克：《中国边疆政治学》，中央民族大学出版社2005年版，第2页。

家对边疆研究提出更高要求，社会各界普遍关心边疆地区的稳定、发展和繁荣。2016 年 5 月 17 日习近平总书记在哲学社会科学工作座谈会上强调："要按照立足中国、借鉴国外，挖掘历史、把握当代，关怀人类、面向未来的思路，着力构建中国特色哲学社会科学，在指导思想、学科体系、学术体系、话语体系等方面充分体现中国特色、中国风格、中国气派"，"要加快发展具有重要现实意义的新兴学科和交叉学科，使这些学科研究成为我国哲学社会科学的重要突破点"①。这既给中国边疆学"三大体系"建设提出要求，又指明了方向。近年来，我国教育主管部门积极推进新兴交叉学科、新文科、新工科建设，中国边疆学"三大体系"建设由此获得前所未有的机遇。

面对党和国家的要求、社会各界的期待和发展机遇，中国边疆学"三大体系"建设如何加快步伐？笔者认为我国学界需要在百花齐放、"百家齐鸣"的基础上凝聚共识，加强交流，守正创新，协同推进。

第一，加强交流、凝聚共识，明确核心概念、研究对象，推动中国边疆学学科体系建设。

学者们从不同学科的理论出发，就"边疆"概念各抒己见，属于学术研究的正常现象，比如 20 世纪 20 年代至 40 年代我国各界人士对"边疆"含义、范围各抒己见，形成中国边疆史地研究第二次高潮，使"边政学"得以提出与展开②。当时，"边政学"并没有一个确切的定义，"边政学"成为一个

---

① 习近平：《在哲学社会科学工作座谈会上的讲话》，《人民日报》2016 年 5 月 19 日。

② 孙宏年：《认知与实践：20 世纪 20 ～ 40 年代"边疆"理念及启示》，《云南师范大学学报（哲学社会科学版）》2019 年第 4 期。

无所不包的学科，“与边疆有关的都可以被纳入进来”[①]。各界在“边疆”及相关概念上的差异，在某种程度上对“边政学”学科建设产生消极影响。当前，我国学术界有关“边疆”概念的认知同样存在明显差异，已有学者感叹“常常有这样的情况，在学术讨论或学术争鸣中，不同论者各自使用的学术概念并不统一”，就连“边疆”概念各自的所指也有很大不同甚至大相径庭，“在一些讨论中，你说的边疆与他说的边疆并不是一回事甚至完全不同”，作为主题的“边疆研究”反而变成噱头。“此类问题的存在和发展不仅对研究的健康发展，尤其是对边疆学构建形成了严重的影响，甚至成了学术泡沫的一个源头。”[②]

鉴于此，我国学界在“百家齐鸣”的基础上，需要加强学术交流，首先要在“边疆”概念这个基本的“理论起点”上逐步凝聚共识，从而奠定“中国边疆学”学科体系建设的基础。“边疆”“中国边疆”的概念都是历史的、相对、发展的概念，具有政治、经济、军事、文化等多方面的内涵，马大正就此做过系统、清晰的阐述：边疆是“一个历史的、相对的概念，只有综合地考虑了政治、军事、经济、文化和地理位置等方面的因素后，才能得出一个相对明确的答案”。从政治上看，在某种意义上，历史上的中国边疆是由国家政权的统治中心到域外的过渡区域，是从治到不治过渡的特定区域。在经济上，由于自然环境和人文、社会条件等方面的原因，边疆地区在经济区域类型和发展水平方面往往与内地有着较大的差别。在军事上，边疆地区是国

① 王利平、张原、汤芸问等：《20世纪上半叶的中国边疆和边政研究——李绍明先生访谈录》，《西南民族大学学报（人文社会科学版）》2009年第12期。

② 周平：《当前边疆研究的审视与反思（代主持人语）》，《云南师范大学学报（哲学社会科学版）》2019年第5期。

家的国防前沿，即边防地区，因此在军事方面的战略地位自然十分重要，在国家面临外部军事威胁或武装侵略时就更为突出。在文化上，“边疆地区文化类型的形成是边疆地区社会发展长时期、深层次演进的结果，与边疆地区的居民构成（主要是民族或种族情况）有着十分重要的关系，但即使是同一民族在与外部的文化交流中（主要是边疆与内地的交流），其社会文化特点也会发生变化”[①]。

笔者赞同马大正有关“边疆”概念的观点，同时认为“边疆研究”需要历史研究与现状研究结合，逐步形成“边疆”概念的共识：（1）边疆研究对象既要立足中国，首先研究历史时期（先秦至1949年）的中国边疆和当代中国的边疆，又要胸怀世界，关注美国、俄罗斯等国边疆问题及其相关理论，比如美国边疆的演变和特纳（Frederick Jackson Turner）的“边疆假说”及其开创的“边疆学派”；（2）边疆研究的“边疆”首先是依托国家主权的“地理边疆”为基础，要研究“有形边疆”“地理边疆”及相关问题，同时考虑文化、信息、现代科技对于当代中国边疆治理的影响，关注边疆地区相关领域的问题，但不宜把“边疆”概念泛化，以免“边疆”包罗万象，使“边疆研究”难以界定学科外延。

第二，中国边疆研究应守正创新，多学科融合，逐步明确学科定位，加快学科体系、学术体系建设。

千百年来，中国边疆研究已形成优良的传统，既包括国家兴亡、匹夫有责和“经世致用”的使命感，又包括“读万卷书、行万里路”和“求真求实”的良好学风。今天的边疆研究首先要继承这些优良传统，又要多学科融合，

① 马大正：《中国边疆治理通论·总序》，湖南人民出版社2015年版。

创新理论，因为中国边疆历史与现实都有其复杂性，单一学科已无法系统地研究边疆历史，无法全面观察边疆现实问题、解决边疆问题。2020 年 11 月，全国有关高校和专家共同发布了“新文科建设宣言”，强调“新科技和产业革命浪潮奔腾而至，社会问题日益综合化复杂化，应对新变化、解决复杂问题亟须跨学科专业的知识整合”；进一步打破学科专业壁垒，“推动文科专业之间深度融通、文科与理工农医交叉融合，融入现代信息技术赋能文科教育，实现自我的革故鼎新，新文科建设势在必行”①。我国学术界的边疆研究同样需要“推动文科专业之间深度融通、文科与理工农医交叉融合”，综合运用历史学、地理学、政治学、民族学、国家安全学、经济学、国际关系学等多种学科的理论，对边疆历史与现状进行“融合研究”。

事实上，我国学者已经从多学科的视角进行边疆研究，进而探讨边疆研究的学科基础、定位，提出“中国边疆学”“中国边疆 + 某某 + 学”“边疆 + 某某 + 学”等多元化学科名称。总体上看，学术界在百花齐放基础上形成了某些共识：（1）越来越认同边疆研究应以历史学或政治学等学科为基础，综合运用民族学、地理学、国家安全学、经济学、国际关系学等多学科的理论、方法；（2）越来越认同边疆研究的学科定位为新兴交叉学科，尽管有学者表述为“综合性专门学科”，有学者表述为“综合、交叉的学科”“交叉边缘学科”；（3）“中国边疆学”学科体系、学术体系建设的探讨日益深入，其学科基础、定位日渐接近共识。其中，李国强撰文认为，“中国边疆学是哲学社会科学中一门以中国边疆为研究对象的独立知识体系”，“中国边疆学既是一门

---

① 新文科建设宣言，http：//www.moe.gov.cn/jyb_xwfb/gzdt_gzdt/s5987/202011/t20201103_498067.html.

具有优良学术传统的学科，也是一门日趋兴盛的新兴学科”；中国边疆学的缘起大致有3个源头：一是边疆研究悠久的历史，二是边疆研究的时代发展，三是当代边疆治理的现实挑战[①]。他还提出，“学术体系是中国边疆学的基本内核，也是中国边疆学的核心支撑”，“建立完善的中国边疆学学术体系，必须准确把握边疆研究的特性，从廓清其内涵、学术范畴入手，建立起边疆研究的学术结构，形成边疆研究的学术规范。同时，不断创新学术思想，努力提出有客观依据、经得起实践和历史检验的原创性学术观点”[②]。

第三，协同攻坚，加强多平台、多机构合作，合力推进中国边疆学“三大体系”建设。

当前，我国有数十家专门从事边疆研究的机构，近20多个刊发边疆研究成果的学术刊物、阵地，十余个与边疆研究密切相关的新型智库，但是全国边疆研究力量不均衡，至今没有一个全国性边疆研究学术组织，仍缺少协同攻关、合作研究的学术机制，难以高质量完成国家和社会关注、边疆发展繁荣需要的学术任务。一方面，我国边疆历史的重要理论问题、边疆稳定发展的重大现实问题都需要全国力量合作、深入研究。比如党的十九大报告中作出“加快边疆发展，确保边疆巩固、边境安全”和“坚持陆海统筹，加快建设海洋强国”等重要战略部署，《中共中央关于制定国民经济和社会发展第十四个五年规划和二〇三五年远景目标的建议》中提出：“加强边疆地区建设，推进兴边富民、稳边固边”，这些都需要我国学术界加强合作、协作攻

① 李国强：《开启中国边疆学学科建设新征程》，《中国边疆史地研究》2018年第1期。

② 李国强：《夯实构建中国边疆学的基础》，《云南师范大学学报（哲学社会科学版）》2020年第1期。

关。另一方面，我国学术界尚未形成完善的话语体系，在中国边疆历史与现实重大理论问题尚未掌握强有力的话语权。比如在中国疆域及其历史地位这一重大理论问题上，境外某些“学者”歪曲历史，以其所谓“研究成果”支持“藏独”“疆独”“台独”分裂活动。这就要求我国学术界合力攻关，既要从全局视角做综合性研究，又要对中国边疆各区域的形成、演变进行研究，以高质量的学术成果在国际学术界发出中国声音，掌握话语权。鉴于此，笔者认为中国边疆学“三大体系”建设需要全国学界同人协同攻关、合作推进，需要尽早形成合作研究的学术机制，需要建立全国性的边疆研究机构——中国边疆学会。

# 问题意识、研究方法与中国边疆学学科体系构建[①]

范恩实[②]

当前，中国边疆学“三大体系”建设方兴未艾，然而，就其学科体系而言，仍不能达成广泛共识。学科体系需要回答三个核心问题：研究对象是什么，问题是什么，如何进行研究。何谓边疆，前人讨论较多，虽然也有一定的认识分歧，但是主流仍是以陆疆、海疆为中心。所研究的问题则纵贯古今、横亘边疆社会，涉及历史疆域演变、边界形成、历代边疆治理思想与实践、边疆与周边关系的历史与现状、当代边疆社会安全稳定发展等，此亦为大多数学者所接受。然而，欲治此问题庞杂之学，究以何种方法入手。在普遍认可中国边疆学将成为新兴交叉学科的前提下，又如何实现学科有机融合、形成逻辑体系。进而可以有效指导科研与人才培养实践。这些问题还需要深入探讨。

从以往学界的相关论述看，有的学者主张以一门学科为核心，如历史学（李鸿宾[③]）或政治学（吴楚克[④]）；更多学者则将边疆研究问题或领域作为边疆

① 本文原发表于《云南社会科学》2022年第5期。

② 范恩实，中国社会科学院中国边疆研究所副所长、研究员。

③ 李鸿宾：《对“中国边疆研究”概念的认识与界定》，《中国边疆史地研究》2018年第3期。

④ 参见吴楚克：《中国边疆政治学》，中央民族大学出版社2005年版。

学的学科体系，如邢玉林[①]、马大正[②]等，甚至郑汕《中国边疆学概论》也未能超越这一学科构建想法[③]。马大正在晚近的一篇论文中，已经作出反思，“笔者曾在《关于构筑中国边疆学的断想》一文中提出‘根据中国边疆学的学科特点，中国边疆学的内涵可包括两大领域，暂以‘中国边疆学·基础研究领域’和‘中国边疆学·应用研究领域’来命名’。并在此后的文章中多次重申了这一认识。但经过多年科研实践的思考，笔者认为上述认识并非符合学科发展的最佳选择”[④]。马大正提出的新方案是设立中国边疆历史学、中国边疆政治学、中国边疆经济学、中国边疆人口学、中国边疆文化学、中国边疆地理学、中国边疆民族问题研究，显然，在照顾学科体系的同时，仍然没有完全摆脱研究领域的影响，特别是未能进一步做一级、二级学科的系统规划。

此外，还有一些学者在建构二级学科的时候进入中国边疆研究领域，如毕天云《中国边疆社会学》[⑤]，周平《中国边疆政治学》[⑥]以及梁双陆《边疆经济学——国际区域经济一体化与中国边疆经济发展》[⑦]等。但作者大多将其列为已有一级学科，如社会学、政治学、经济学等的二级学科，而较少从构建新的交叉学科中国边疆学的角度思考学科定位问题。

---

① 邢玉林：《中国边疆学及其研究的若干问题》，《中国边疆史地研究》1992年第1期。

② 马大正：《关于构筑中国边疆学的断想》，《中国边疆史地研究》2003年第3期。

③ 参见郑汕：《中国边疆学概论》，云南人民出版社2012年版。

④ 马大正：《中国边疆理论和实践建设的当务之急》，赵环宇等主编：《中国边疆学理论创新与发展报告（2016）》，经济管理出版社2017年版，第4页。

⑤ 参见毕天云：《中国边疆社会学》，云南人民出版社2017年版。

⑥ 参见周平：《中国边疆政治学》，中央编译出版社2015年版。

⑦ 参见梁双陆：《边疆经济学——国际区域经济一体化与中国边疆经济发展》，人民出版社2010年版。

总的来说，上述构想或过于狭窄，或不能超越研究问题而深入学科体系构建层面，因此均有明显局限性。特别是无法与现有学科体系对接，找不到学科定位，更加不利于人才培养机制的确立与实践。有鉴于此，本文拟从边疆研究的千年积累、百年探索入手，梳理边疆研究的问题意识与研究方法，以此为基础，探索中国边疆学学科体系建设问题。

## 一、王朝时期对边疆的记录和认知

追本溯源，中国边疆研究起源于王朝时代对边疆的记录和认知。王朝时代的边疆，是指王朝均质化统治之外的地区，早在先秦时期，中国即形成“五服论”的“中心—周边”关系理念，指以天子为核心，根据距离和亲疏划分出五个同心圆，天子直接统治的地区为甸服，环绕天子建立起来的列国为侯服，侯服之外为绥服或宾服，其外是要服和荒服，这种对不同圈层施以不同统治策略的理念，是为边疆思想的滥觞。西周实行分封制，是对“五服论”的践行，金文中反复出现“柔远能迩”一词，意思是说安抚远方国族，使其柔顺，与中央王朝友好相处，此远方的国族，即为与中土不同而又进入中原王朝统治视域的地区。春秋战国时期，形成东夷、西戎、南蛮、北狄的概念，在之后的漫长历史时期，虽然中原王朝对其统治的方式不断变化，但是大体上可视为中国王朝时期的边疆地区。

这类与中原地区相异的边远地区的记录与认知，是中国边疆研究的滥觞。其中起源最早的是对边疆地理环境与物产资源的记录，如《尚书·禹贡》《山海经》《穆天子传》《周礼·职方》《尔雅·释地》《管子》等。同时也有《逸周书》这样的文献，记录异质化的边疆族群。这样的记录传统为后来的《史记》《汉书》发扬光大。《史记》列传按地域撰写了《匈奴列传》《西南夷列传》《大宛列传》《西域列传》《朝鲜列传》，从而开正史《四夷传》的先河。《汉书》除延续《四夷传》外，还开创了正史《地理志》的书写范式。这两类书写范式，为王朝时期边疆记录的全面展开奠定了基础，最终形成由多种体裁著述共同构成的边疆知识体系，包括中国历代纪传体通史、断代史、编年体史书，起居注、实录、典志体史书、地理书、方志以及会要类、辑录类、目录提要类、笔记杂记类等文献。

这些记录形成中国边疆研究的第一个学术传统——实录，实录也是中国史学的最重要传统。实录概念，最早见于两汉文献，指司马迁史学的特点之一："其文直，其事核，不虚美，不隐恶，故谓之实录"[①]。这一史学优秀传统也深刻影响了后代王朝对边疆地区的记录。虽然边疆知识获取相当不易，但史家本着客观求真精神，通过借助王朝时代的档案传统，并辅以实地踏查，仍然留下了大量珍贵资料。

中国古代的档案传统，从文献记载看，可以一直追溯到夏代，而商代甲骨文已充分证明其存在。总体而言，历代王朝的档案搜集、保存机制可分为中央与地方两个层面。在中央层面，逐渐形成以宰执时政记、左右史起居注为核心的中央档案机制。由时政记、起居注汇编而成日历，再补充而成实录，最终成为撰修国史的基础资料，其中自然包括中央政府层面的边疆论议与决策。在地方层面，则主要是信息征集，例如隋王朝"普诏天下诸郡，条其风俗物产地图，上于尚书"[②]。唐代明文规定全国各州、府每三年一造地图（后

① （东汉）班固：《汉书》卷62《司马迁传》，中华书局1962年版，第2738页。
② （唐）长孙无忌：《隋书》卷33《经籍志》二，中华书局1973年版，第988页。

改为五年），连同户籍一起上送尚书省兵部职方司，其中当然也包括沿边各地[①]。唐代沿边地区多设置羁縻州，虽然《新唐书·地理志·羁縻州》开篇即称“贡赋版籍，多不上户部”[②]，然而实际情况并不绝对，根据两部《唐书·地理志》的记载，不但大部分羁縻州有详细的行政建制记载，相当部分羁縻州也有户口统计。

此外，对于边疆地理、族群还另有一套系统的信息征集制度。《唐六典》卷五“尚书兵部职方郎中员外郎”条载：“其外夷每有蕃官到京，委鸿胪讯其人本国山川、风土，为图以奏焉；副上于省。”[③]《唐会要·史馆》上“诸司应送史馆事例”条也记载：“蕃国朝贡：每使至，鸿胪勘问土地风俗，衣服贡献，道里远近，并其主名字报。蕃夷入寇及来降：表状，中书录状报；露布，兵部录报；军还日，军将具录陷破城堡，伤杀吏人，掠掳畜产，并报。”[④]唐代官修史书制度为后代王朝所继承和发扬。

在唐代官修正史以前，尽管没有如此具体的有关边疆史料来源的记载，但从史书本身所反映的情况看，一旦中原王朝与周边族群接触增多，相应的正史对相关族群的记载也就愈加丰富，如汉代张骞通西域，西域各族群与汉朝联系增多，于是《汉书·西域传》的内容就丰富起来；又如三国时期魏将毌丘俭伐高句丽，于是《三国志·东夷传》的内容也就明显增多并准确。

---

① （唐）李林甫等撰，陈仲夫点校：《唐六典》卷5《尚书兵部》，中华书局1992年版，第162页。

② （北宋）欧阳修：《新唐书》卷43下《地理志》七下，中华书局1975年版，第1119页。

③ （唐）李林甫等撰，陈仲夫点校：《唐六典》卷5《尚书兵部》，中华书局1992年版，第162页。

④ （北宋）王溥：《唐会要》卷63《史馆》上，中华书局1955年版，第1089页。

除了官方修史对边疆知识的萃集外，实地踏查也是边疆知识获取的重要途径，由此留下一批边疆游记、旅行记、考察记类作品。这其中的代表性作品有西晋法显著《佛国记》，唐玄奘述、辩机编《大唐西域记》，唐杜环著《经行记》，元李志常著《长春真人西游记》等。

在上述官私著述基础上，形成专记一地方历史、地理、人物等的地方志著作，其中亦不乏以某一边疆区域为中心的方志作品。根据史书记载，此类著述颇丰，但是传世者较少，例如袁康与吴平的《越绝书》、赵晔的《吴越春秋》、常璩的《华阳国志》、樊绰的《蛮书》等。

在以实录精神记录边疆知识的基础上，基于王朝国家边疆治理的需要，王朝时期也形成以经世致用为核心的边疆认知传统，这可以看作边疆研究的第二个学术传统。

此类知识分作两个层次，第一层次是对边疆族群、社会的认知，包括对各族群历史发展线索的追溯，对族群文化和经济社会发展的阶段、层次的评述，对各族群建立的边疆政权的结构特征的描述、类比等，以今天社会科学研究的视角看来，这些认知并非来自科学的分析、归纳与演绎，但是其中所包含的族系源流线索、族群文化特征，以及从比较分析的视角阐释的边疆族群社会发展阶段、政权统治结构特征等内容，皆包含一定科学研究的成分，其传统亦为今日边疆研究所继承。

第二层次则是对边疆形势的判断，以及治边思想的提出和治边政策的制定。此又有两类，第一类是以史家论赞的形式阐发的对边疆的认知。如《史记・南越列传》篇末载："太史公曰：尉佗之王，本由任嚣。遭汉初定，列为诸侯。隆虑离湿疫，佗得以益骄。瓯骆相攻，南越动摇。汉兵临境，婴齐入朝。其后亡国，征自樛女；吕嘉小忠，令佗无后。楼船从欲，怠傲失惑；伏波困穷，智虑愈殖，因祸为福。成败之转，譬若纠墨。”[①]《汉书·西南夷两粤朝鲜传》篇末载：“赞曰：楚、粤之先，历世有土。及周之衰，楚地方五千里，而勾践亦以粤伯。秦灭诸侯，唯楚尚有滇王。汉诛西南夷，独滇复宠。及东粤灭国迁众，繇王居股等犹为万户侯。三方之开，皆自好事之臣。故西南夷发于唐蒙、司马相如，两粤起严助、朱买臣，朝鲜由涉何。遭世富盛，动能成功，然已勤矣。追观太宗填抚尉佗，岂古所谓‘招携以礼，怀远以德’者哉！”[②]第二类来自君王与朝臣的论议，以及由此形成的王朝治边思想和政策。如唐灭东突厥后，关于如何安置突厥降众，朝士多有论议，唐太宗择善而从[③]。再如唐代朝臣关于边疆进退的讨论，著名的有崔融“拔四镇议”[④]、狄仁杰《请拔安东表》[⑤]等。

综合上述，王朝时期有关边疆的记录与认知形成中国边疆研究的两大优良传统，即实录与基于经世致用目的的边疆问题分析、论辩。如果就研究方法加以总结的话，首先是资料来源，注重档案等各类官方信息的汇集整理以及通过实地踏查对边疆知识的获取；其次是资料辨析，主要依靠传承自汉学的考证训诂、校勘辑佚；最后是分析论断，超越宋学的性命义理之辨，更加强调经世致用。而就著述体裁而言，已经可以找到当代民族史、地方史研究

---

① （西汉）司马迁：《史记》卷113《南越列传》，中华书局1959年版，第2977～2978页。

② （东汉）班固：《汉书》卷95《西南夷两粤朝鲜传》，中华书局1962年版，第3868页。

③ （北宋）司马光：《资治通鉴》卷193，唐太宗贞观四年（630），“突厥颉利可汗至长安条”，中华书局1956年版，第6075～6077页。

④ （清）董诰等编：《全唐文》卷219，中华书局1983年版，第2215～2216页。

⑤ （清）董诰等编：《全唐文》卷169，中华书局1983年版，第1725页。

的先声。

## 二、清末以来中国边疆研究的三次学术高潮

### （一）传统边疆记录与认知的鼎盛时代——清末西北舆地学

19世纪40年代以后，清王朝的边疆遇到前所未有的危机，特别是西北陆疆，激发了一批爱国知识分子学术报国的热情，于是西北舆地学应时而兴，中国边疆研究进入清末以后的第一次学术高潮。其学术传统则仍不外实录与经世致用，以此形成对边疆人文、地理的系统认知，正如梁启超所指出，这批学者是“以边徼或域外地理名其家者”[①]。

从著述内容看，首先是对清西北地志著作所做的校证和注疏，充分利用传世文献史料，加以考证训诂、校勘辑佚。如何秋涛等整理、校订《圣武亲征录》，徐星伯、沈曾植等校正、笺注李志常《长春真人西游记》，李文田、范寿金注释、补阙耶律楚材《西游录》，丁谦考证张耀卿《耀卿纪行》等。其次，在整理传世文献之外，边疆舆地学也以传统方法关注边疆问题，形成一批新的重要著述。其中代表作包括祁韵士《藩部要略》、张穆《蒙古游牧记》、徐松《西域水道记》、何秋涛《朔方备乘》、魏源《圣武记》等。

从研究方法看，上述著述恰是王朝时期边疆记录与认知方法的发扬。其一，资料之萃集，既有官方史籍、内府档案、私家著述，兼及实际考察所得；其二，以考证训诂、校勘辑佚之法辩证史料；其三，著述体例不外乎史籍之传、志、表等；其四，从著述内容看，以地理考证为空间背景，以追溯族群源流及

① 梁启超：《中国近三百年学术史》，中国书店1985年版，第321页。

有关史事为时间线索，以阐明诸边疆族群政权之制度体系为重要目标；其五，此类著作撰著的目的均是经世致用，以有助于治边安边为总目标。

（二）西方近代学术体系传入与边政学的兴起

20世纪30年代以后，西方近代学术体系逐渐传入，边政学应运而生。此为清末后中国边疆研究的第二次学术高潮。从研究方法看，边政学改变了以往边疆问题研究记录与认知的局限性，即以官私记录、庙堂论议为主，但是边疆第一手资料严重不足，特别是没有边疆社会基层组织、人群的调研资料，加上缺少科学分析方法，除对边疆统治有所资助外，对于边疆建设缺乏指导意义。

边政学是在中国孕育发展起来的新兴交叉学科，支撑边政学发展的有生物学（古生物学）、地质学、考古学、语言学、心理学、社会学、地理学等，而民族学（文化人类学或社会人类学）则是边政学发展初期的核心支柱。民族学学者研究边疆问题，虽亦重视旧资料的搜集、整理，但主要还是以民族学方法的边疆调查为依托，系统全面、翔实可靠地记录边疆社会的方方面面，为深入认知边疆奠定广泛的资料基础。

当然，民族学的边疆研究也并非完全抛弃传统边疆实录与认知体系，正如林耀华所指出，边疆研究首先要了解边区的地理环境和历史沿革，要以史地为基础；其次是研究边民的个人行为方式、人与人的互动关系、人群团体的系统性，乃至边疆社会制度；最后达于边疆文化①。

张少徽《研究边疆社会之内容方法及步骤》一文，详细阐述了民族学边

① 林耀华：《边疆研究的途径》，《边政公论》1943年第2卷第1、2合期。

疆调查的内容与方法。其中内容有15项，包括地理环境、种族、人口、语言、家庭、经济、政治、宗教、教育、道德、消闲、医药卫生、社会传说、社会禁忌、国际关系，每一项下又细分多个条目，可谓涵盖边疆地区的方方面面，时至今日，边疆调查仍甚少能做到如此细致、全面。他提出的研究方法则有20种，包括图书法、问卷法、人格分析法、摄影法、观察法、访问法、社会个案法、语言法、征集法、购置法、地境法、测验法、量度法、地图法、清丈法、抄录法、绘制法、统计法、考古法、工艺法①。

边政学第二个核心支柱是政治学。吴文藻指出，研究边政学的观点有二：一是政治学的观点，一是人类学的观点。就政治学研究方法而言，吴文藻认为："普通政治学上所建立的原理原则，都可以应用到边疆政治研究上去。……地缘政治学，对于边政学可有独特的贡献"②。地缘政治学是地理和政治的结合体，又可称为地理政治学。如果以之研究边疆，实际上就是以各类边疆地理因素（如地理位置、国土面积、人口、民族、资源、经济实力及战略军备等）为基础，以政治学方法加以分析，重点解决边界形成、边疆特征、历史发展、政治结构，以及边疆与周边国家关系等政治问题。显然，这些也是边疆研究的核心问题。

### （三）以马克思主义理论、方法为指导的新中国边疆研究

1949年以后，辩证唯物主义和历史唯物主义的科学世界观和方法论成为中国边疆研究的指导思想和核心研究方法，由此推动中国边疆研究走向第三

① 张少微：《研究边疆社会之内容方法及步骤》，《边政公论》1941年第1卷第3、4合期。

② 吴文藻：《边政学发凡》，《边政公论》1942年第1卷第5、6合期。

次高潮，也使中国边疆学学科“三大体系”建设有了科学指引，并逐渐形成体系化的学科理论、知识基础。作为科学方法论，马克思主义理论、方法主要在以下几个方面推动中国边疆研究发展。

其一，马克思主义疆域理论指导下的中国历史疆域研究。1949 年以后，马克思主义经典作家有关国家、民族、疆域的论述有力推动了有关中国历史疆域的讨论，促进学术界超越王朝国家疆域观念的束缚，为中国疆域史研究提供了科学指导和体系框架。

其二，马克思主义唯物史观和民族理论指导下的边疆民族研究。20 世纪 50 年代开始，在马克思主义理论、方法指导下，全面开展民族识别工作，在此基础上，编写民族问题五种丛书，即《中国少数民族》《中国少数民族简史丛书》《中国少数民族语言简志丛书》《中国少数民族自治地方概况丛书》《中国少数民族社会历史调查资料丛刊》。由于各少数民族主要生活在边疆省区，因此上述民族调查、识别以及丛书编写工作均与边疆研究息息相关。与此同时，学术界的民族史研究也取得了巨大成就，学术成果层出不穷，马克思主义理论、方法对正确认识民族的历史形成、各民族历史关系、历史上的民族融合与斗争等关键问题发挥了指导作用。

其三，马克思主义唯物史观与边疆族群史、当代边疆社会发展等问题研究。马克思主义是在科学认识和研究人类社会历史的基础上创立和发展的，科学揭示了人类社会发展规律，并确立了唯物史观的基本立场、观点和方法，因此也为人们认识和研究历史开辟了科学道路。在边疆族群发展的历史与现状研究方面，马克思主义方法论提供了系列科学分析工具，如生产工具是社会历史发展的决定性因素、经济基础与上层建筑的辩证关系、阶级结构分析、生产方式变化与社会组织演进的关系，等等。

总的来说，马克思主义从经验事实出发，寻找事物的“内在理性”，发现科学抽象（概念），最终实现理性具体。在马克思主义指导下，中国边疆研究更加注重将理论建构、科学分析和理论实践相结合，从而为中国边疆学学科建设打开新的局面。

1983年，中国社会科学院中国边疆史地研究中心成立，中心工作紧紧围绕党和国家边疆工作大局，回应边疆研究重大理论问题和基础研究需求，全面继承中国边疆史地研究优良传统，倡导并推动三大研究系列的开展，即古代中国疆域史、中国近代边界沿革史和中国边疆研究史。先后组织编写《中国近代边界史》（吕一燃主编）、《中国古代疆域史》（林荣贵主编）、《中国边疆经略史》（马大正主编）、《二十世纪的中国边疆研究》（马大正等著）等学术著作，系统、全面地总结以往学界相关研究工作，站在学术最前沿，整体推进有关研究，出版重量级学术成果，在学术界形成广泛而深远的影响。可以说，这一时期的研究是在马克思主义理论、方法指导下，对中国边疆史地研究优秀传统的继承与发扬①。

在集中开展边疆史地研究的同时，随着国家发展对边疆现实问题研究需求的不断增加，中国边疆史地研究中心也开始关注边疆安全、稳定和发展问题，推进边疆现状研究。2014年，中国边疆史地研究中心更名为中国边疆研究所，紧紧抓住新时代中国边疆研究发展新的机遇期，加快推进中国边疆学“三大体系”建设，全面推动边疆历史研究与现状研究并重、基础理论研究与应用对策研究融合发展的学科新格局。

---

① 参见马大正：《当代中国边疆研究（1949—2019）》，中国社会科学出版社2019年版，第97～100页。

正是在中国边疆史地研究中心（中国边疆研究所）的学术引领和组织协调下，全国的边疆研究进入第三次高潮期，在全面继承了中国边疆研究对边疆记录与认知传统的基础上，研究的问题更加多元，应用的研究方法更加丰富，形成历史学、考古学、地理学、民族学、社会学、政治学、国际关系学、法学、经济学等多学科交叉融合的局面。多学科的介入使边疆研究的方法手段更加丰富，涉及的研究范围日益广泛，获取的研究结论也更加科学。

## 三、从边疆研究实践看中国边疆学学科体系

在中国边疆研究第三次学术高潮方兴未艾的时代，当学者们大声呼吁构建中国边疆学的时候，所面对的局面又远比第一、第二次学术高潮时期要复杂，最主要的问题是如何与现有学科体系兼容。按照西北舆地学来看，放到中国史一级学科下即可；按照边政学来看，放到政治学学科门类下即可；但是，当第三次边疆研究高潮将众多学科卷入其中后，边疆学列入哪一个既有学科之下均存在明显的不兼容。

当前，中国学科体系建设正经历变革期，除已有学科调整外，正式设立交叉学科这样一个兼容性更强的新学科门类，其下已设立“集成电路科学与工程”和“国家安全学”两个一级学科。由此也给明显具有多学科交叉融合特征的中国边疆学一级学科建设打开一扇新门。

那么如何在交叉学科门类下构建中国边疆学一级学科呢？首先看教育主管部门有关学科建设的规定。2009 年 2 月 25 日，国务院学位委员会、中华人民共和国教育部发布《学位授予和人才培养学科目录设置与管理办法》，其中有关一级学科的设置标准为：

一级学科是具有共同理论基础或研究领域相对一致的学科集合。一级学科原则上按学科属性进行设置，须符合以下基本条件：

（一）具有确定的研究对象，形成了相对独立、自成体系的理论、知识基础和研究方法。

（二）一般应有若干可归属的二级学科。

（三）已得到学术界的普遍认同。在构成本学科的领域或方向内，有一定数量的学位授予单位已开展了较长时间的科学研究和人才培养工作。

（四）社会对该学科人才有较稳定和一定规模的需求。

有关二级学科的设置标准为：

二级学科是组成一级学科的基本单元。二级学科设置应符合以下基本条件：

（一）与所属一级学科下的其他二级学科有相近的理论基础，或是所属一级学科研究对象的不同方面。

（二）具有相对独立的专业知识体系，已形成若干明确的研究方向。

（三）社会对该学科人才有一定规模的需求。

结合前文梳理，对照上述规定，笔者认为中国边疆学作为一级学科是基本符合要求的。其以中国边疆为研究对象，经过千年积累和百年探索，形成相对独立、自成体系的理论、知识基础和研究方法。

那么如果说将中国边疆学纳入交叉学科下一级学科，又如何构建它的学科体系，设置相应的二级学科，以更好地开展学术研究，特别是有针对性地建立人才培养机制呢？由此思考，需要回答的第一个问题是什么是中国边疆学学科基础，换句话说，要进入中国边疆研究领域，必须具备的基础性专业素养是什么？本文对中国边疆研究传统的梳理充分回答了这一问题，那就是中国边疆历史学和边政学，按照前文梳理的中国边疆研究学科发展史的经验，这两个学科可以提供边疆研究基础资料的获取并形成基本认知。其他学科理论、方法的介入则是在此基础上，就某一个方面更为深入地研究边疆问题。

因此，在交叉学科中国边疆学下，第一个二级学科应该是中国边疆历史学。至于中国边疆历史学为什么要在历史学中国史一级学科下独立出来，列为中国边疆学的二级学科，依据在于：一是其研究对象具有特殊性，即历史时期的疆域范围、边疆族群社会、中央王朝的边疆治理及当代国家边界的历史形成过程等，其中边疆、边界等概念和相应的研究范式贯穿始终；二是研究目的和指导思想具有鲜明的现实关怀；三是研究方法均具有鲜明的独特性，需要结合文献史学、考古学、文化人类学、历史社会学、政治学等学科的理论、方法；四是具有一套独特的话语体系，不能充分掌握相关话语体系的特殊性，就不能够胜任中国边疆史地研究。

从边疆研究学术史看，另一个发挥基础作用的二级学科应该是边政学，从内容上看则是以民族学方法开展的边疆社会调查与研究。但是，在今天的学科分类中，民族学已有广狭之分。“广义的民族学，既包括一般的分支学科，如民族理论与民族政策、民族史、民族文化、民族语言、民族宗教、民族艺术等，也包括特殊的专门学科，如蒙古学、藏学、西夏学、突厥学、纳西学等学科。狭义的民族学通常等同于西方的‘文化人类学’或‘社会人类学’”①。而从教育部公布的学科目录看，民族学一级学科下，包括民族学、马克思主义民族理论与政策、中国少数民族经济、中国少数民族史、中国少数民族艺术等几个二级学科。显然，由于中国的特殊国情，民族学已经把主要

① 何星亮：《关于人类学与民族学的关系问题》，《民族研究》2006 年第 5 期。

精力放在少数民族问题研究上了。同时，考虑到时过境迁，边疆社会已经不再是遥远的他者。如果从研究实践对理论、方法的需要看，对当代边疆地区开展调查、研究更应该借助于社会学。

有学者已经编写了《中国边疆社会学》一书，对于利用社会学理论、方法开展边疆调查、研究做了系统论述。大多学者更愿意将中国边疆社会学归入社会学下的二级学科。然而在笔者看来，社会学是不会接纳这样一个二级学科的，因为社会学下已有城市社会学、农村社会学，如果中国边疆社会学不以边疆研究为目的和指导，就无法突出其特殊性。实际上，民国时期边政学的发展，正是把民族学（体质人类学、文化人类学）的理论、方法应用于边疆社会调查与研究，并结合中国边疆社会特殊性提升学科理论体系，从而形成新的学科。中国边疆社会学如果想发展为一个二级学科，边政学的成功路径是不二之选。

除了上述两个基础性的二级学科外，还可设立应用型二级学科。首先是中国边疆政治学。该二级学科以边疆政治生活和政治现象为研究对象，核心问题是边疆治理，这也是边疆研究经世致用传统的当代呈现。同时，边疆特殊的区位特征，使得政治学的一般原理以地缘政治学、国际政治学等分支为主线，围绕边疆问题开展具有较高独特性的研究，从而为边疆政治学二级学科的确立奠定了基础。

其次是中国边疆经济学。梁双陆著《边疆经济学——国际区域经济一体化与中国边疆经济发展》一书，明确提出构建中国边疆经济学。同时，这也是目前以中国边疆某某学为名称的二级学科构想中，唯一积极靠拢中国边疆学的。该作者明确提出："边疆学作为一门新兴的'边缘学科'，将边疆经济纳入学科构成的一部分，正在发展之中，将会对边疆经济发展理论创新产生一定的影响。……到目前为止，边疆经济发展研究的成果主要以区域经济学、发展经济学、马克思主义政治经济学为理论基础，随着边疆地区经济发展中新问题、新情况的出现，新的学科也将会不断应用于边疆经济研究之中。”[①] 当然，其仍然是从融国际经济学、区域经济学、城市经济学于一体的空间经济学的视角，为一体化进程中的边疆经济发展提供分析框架和研究方法。由于经济学对数学分析的依赖，使中国边疆经济学的学科构想更依赖于经济学本身，从学科体系、学术体系和话语体系来看，边疆特色并不鲜明，因此是否列为中国边疆学二级学科还有待更多理论发展和实践检验。

马大正先生曾把边疆研究分作基础领域和应用领域。基础研究领域包括：中国边疆理论、中国历代疆域、历代治边政策、边疆经济、边疆人口、边疆社会、边疆立法、边疆民族、边疆文化、边疆考古、边疆地理、边疆国际关系、边疆军事、边界变迁、边疆人物等诸多研究方面。应用研究领域包括：边疆经济、边疆人口、边疆政治、边疆社会、边疆立法、边疆民族、边疆文化、边疆地理、边疆国际关系、边疆军事以及自然和生态环境等诸多方面[②]。如果做对照检核，本文所构想的二级学科，基本涵盖了上述中国边疆研究领域。

至于说上述二级学科之间存在何种相近的理论基础：首先，各二级学科均以中国边疆定义及其基本特征认知为前提；其次，中国边疆历史学是其他二级学科发展的基础，是各学科理论提升、方法创新的知识源泉，是正确研究当代边疆问题的必要前提和根本保证；最后，由于中国边疆历史研究的对

---

① 梁双陆：《边疆经济学：国际区域经济一体化与中国边疆经济发展》，人民出版社2010年版，第52～53页。

② 马大正：《关于构筑中国边疆学的断想》，《中国边疆史地研究》2003年第3期。

象涵盖整个历史时期的边疆社会，研究目的是鉴于往事，有资于当代边疆治理，因此理应特别重视理论、方法的运用。在马克思主义理论指导下，中国边疆历史研究应综合利用历史学、考古学、地理学、文化人类学、社会学、政治学的理论、方法，全面推进对有关历史问题的系统认知。由此，既建立起中国边疆历史研究与其他二级学科间的知识体系关联，同时，也有助于明确中国边疆历史学与历史学中国史一级学科下其他二级学科的区别。

基于上述认识，可以进一步为中国边疆学学科的人才培养列出基础课程计划，即包括马克思主义中国边疆学理论、中国边疆学研究法、中国边疆历史概要、中国边疆社会学概论、中国边疆政治学概论、当代中国边疆问题研究等。

综上所述，本文所设想的中国边疆学学科体系如下：

门类：交叉学科

一级学科：中国边疆学

二级学科：中国边疆历史学

中国边疆社会学

中国边疆政治学

中国边疆经济学

## 四、结语

有关中国边疆学学科体系的讨论，可谓百花齐放、百家争鸣，但是往往疏于与教育、科研实践相结合。构建一个学科，必须要回应一系列问题，是针对社会什么样的知识需求？如何培养人才以服务于这一需求？怎样才能更好地解决这一领域所面对的问题？当前中国边疆研究学科队伍的实际情况，尚与学科发展的实际需求之间存在不小的差距，这与学科体系构建不完善，缺乏指导性有直接关系。

首先，学科体系建设要解决后备人才培养问题，由此才能实现学科的代际传承，生生不息、蓬勃发展。希望有条件、有意愿的教育机构能够建立中国边疆学院（否则不足以支撑交叉学科教学需要），设置中国边疆历史学、中国边疆社会学基础课程，从而真正培养出具有中国边疆学知识素养的学科接班人。而为了更好地研究边疆具体问题，在高年级和研究生阶段，可以增加中国边疆政治学、中国边疆经济学课程，以加强边疆研究应用型人才培养。

其次，学科体系建设要发挥学术引领作用，能够凝聚人才队伍、指明学术方向、提升学术能力，从而更好地解决本学科领域的学术问题。目前的人才队伍来自不同的相关联学科，最大的问题是缺乏中国边疆学的基本理论和知识素养，没有将本学科的理论、方法与边疆研究实际有机结合，一方面易于固守原学科研究领域，难以全身心投入到边疆研究中去，另一方面也不能很快适应边疆研究话语体系。这就需要明确的中国边疆学学科体系予以指导，哪些是基础二级学科，哪些是应用二级学科。通过基础二级学科的培养，掌握中国边疆研究基本理论、方法和知识。有了这个基础，才能进入应用二级学科领域寻求更专业化的研究。

最后，构建学科体系，还需要考虑学科人才的社会需求问题。作为中国边疆学学科，其培养的人才除一部分高层次的进入高等院校、科研机构外，大部分可以直接服务于边疆地区建设。当前，国家有一系列重要发展战略围绕边疆地区展开，或者需要边疆地区承担重要责任，例如“一带一路”倡议、乡村振兴、兴边富民、西部大开发、振兴东北老工业基地、边疆等特殊支持地区经济社会发展等，而边疆地区人才匮乏严重制约了上述战略的实施。可以说，边疆地区发展正亟须大量真正懂得边疆社会历史、现状的人才，加强相关人才培养完全符合这一社会人才需求趋势。当然，基于历史学、社会学、政治学、经济学等知识的学习，相关人才也可以在更广阔的领域寻求就业。至于学位授予方面，在本科生阶段应以两个基础二级学科为主，根据各培养机构实际培养情况，或者历史学、政治学分别授予，或者集中于政治学。到研究生以上阶段，则可以根据其所选二级学科的专业领域，分别授予历史学、政治学或经济学学位。

# 试论中国边疆学“三大体系”建设[1]

李大龙[2]

对中国边疆学的学科建设，最近几年虽然没有撰写专门的论文阐述自己的看法，但也一直在积极推动学界同人参与有关的讨论，并在组稿和编辑过程中逐渐有了一些不成熟的想法。最近有时间促使我将以前零星的看法串联起来，并形成相对完整的认识，现整理出来，求教于学界有志于此的同人，希望有助于推动中国边疆学学科建设[3]。

## 一、关于中国边疆学学科体系建设

有关中国边疆学学科体系的讨论由来已久，应该说涉及有关学科建设的各个方面，但由于关注点不同，出现分歧并难以形成一致的意见是情理之中的。就中国边疆研究所内部讨论而言，大家围绕中国边疆学学科体系的讨论实际上涉及三个不同层次的问题：一是中国边疆学能否是一个学科的问题；

---

① 本文原发表于《中国边疆史地研究》2020 年第 2 期。

② 李大龙，中国社会科学院中国边疆研究所《中国边疆史地研究》主编、编审。

③ 以往邢玉林、马大正、周伟洲、方铁、郑汕、李国强、邢广程等诸位先生对中国边疆学都有专论，为了完整展现自己的认识，同时也因篇幅所限，非必要不做评述。

二是中国边疆学学科和中国边疆研究所研究领域的关系；三是中国边疆学学科和中国边疆研究所目前状况分析。仔细分析，这三者既有联系，但也有不同，并不是一个层次的问题，放在一起讨论似乎难以形成一致意见。故而，下面想将其分开谈些粗浅的认识。

### （一）关于中国边疆学能否是一个学科的问题

有关中国边疆学学科体系的思考在民国时期就已经出现了，当时有边政学和边疆学两种不同的提法，但也是混在一起的，并没有看到有学者做严格区分。当时不仅出现了很多名称中含有“边疆”的学会，不少高校也设置了边政系，新中国成立后众多的学会和这些系的设置都取消了，如果不取消的话，有可能中国边政学或中国边疆学的学科早已经形成了。当然，历史不能假设，但结合现有的学科体系却可以说明一个问题，即如果有专门的研究对象、研究队伍、形成相关的理论和方法，并有厚重的研究积累和影响，成为一个学科也不是不可能。目前的历史学学科体系的划分，其下已经分出中国史、世界史、考古学三个一级学科，其成为一级学科的原因尽管是多方面的，但似乎有专门的研究对象、壮大的研究队伍和形成学科有关的理论和方法，并有重要影响和学术积累应该是基础的条件。中国边疆学以中国边疆为研究对象，而中国边疆就面积而言，占到国土面积的60%以上，海疆则是全部；就人文而言，多元的民族与文化不同于内地；就社会发展而言，既面临着稳定的问题，更有发展的压力；就自然环境而言，保护与开发是当前面临的重大问题；就国际关系而言，陆地有14个邻国，还有海疆毗邻的，需要研究的问题更多。当前，历史学、民族学、社会学、政治学、地理学、国际关系、海洋等学科和研究领域的学者虽然也从事中国边疆研究，但中国边疆仅仅是其研究对象的一部分，并非全部，且在其学科体系中并不是主流，更难以形成主流。而中国边疆学则是以中国边疆的整体作为研究对象，从理论上说，是通过学界有志于此的学者们的努力能够形成其他学科不具备的特点，并通过融合其他有关学科的理论与方法形成独特的学科特征。这是我认为中国边疆学能够成为一个独立学科的重要理由。至于中国边政学或中国边疆学的呼声早有，为何没有成为一个学科的原因，个人感觉是，虽然社会各界都已经认识到边疆研究的重要性，但中国边疆研究的研究队伍不够强大，学术积累也不够深厚，自己的学科体系不仅没有明确的定位，学术体系也尚未构建完成，等等，这些都是制约其成为一个学科的重要因素。当然，依靠行政部门的一纸文书而成为一个学科的例子也是存在的，但属于个案，并不具有普遍性。

### （二）关于中国边疆学学科与中国边疆研究所研究领域的关系问题

尽管1983年成立的中国边疆史地研究中心在推动中国边疆研究的发展方面起到重要推动作用，且已经由“研究中心”跻身为“研究所”，取得和其他研究所相同的身份，似乎体现着中国边疆研究所已有的研究领域已经得到一定程度的承认，但尚不足以得到一个独立学科的位置认定。对此我们应该有以下两点清醒的认识：

（1）中国边疆研究所目前的研究并没有涵盖中国边疆学研究的全部内容，与中国边疆学学术体系建设的需要还有很大差距。中国边疆研究所以往的研究尽管分为基础研究和现实研究两大类，但已有的基础研究成果尚不能为构建学术体系提供足够支撑，而现实研究成果则往往不能公开发表，而更重要的是对学科定位尚不明确，内部存在分歧，难以形成合力。但无论如何，对“中国边疆”的研究是中国边疆研究所存在的重要前提条件，也就是说，尽管历史学、民族学、政治学、国际关系等学科都在从事与“中国边疆”有关的研究，但只有中国边疆研究所的存在与发展和中国边疆学学科构成直接的因果关系，因此中国边疆学学科体系、学术体系和话语体系的建设是中国边疆研究所难以回避和亟须解决的问题。

（2）尽管在现有的研究范围上存在差距，但中国边疆研究所现有八个研究室的框架结构，应该说已经和中国边疆学学科的研究对象“中国边疆”形成完整的无缝对接。中国边疆研究所内部研究室的设置经过了由一个研究部、两个研究部到多个研究室的发展过程，尽管研究所内部对研究室研究内容和队伍建设尚没有一个成熟的认识，但东北、北部、新疆、西藏、西南、海疆、海洋与理论八个研究室的框架结构，应该说在涵盖范围上就是当今中国边疆学的研究对象“中国边疆”的区域划分，基本涵盖了中国边疆的所有领域。值得注意的是这个结构设计并非由中国边疆研究所内部提出，而是一个顶层设计的结果，体现着国家对中国边疆研究的需求。既然是顶层设计，而且与中国边疆学的研究对象“中国边疆”又是吻合的，那么中国边疆研究所科研工作的最高追求就应该是为了中国边疆学“三大体系”建设的完成，而能否完成这“三大体系”的建设不仅关乎中国边疆学学科建设，关乎中国边疆研究所的发展，更关乎中国边疆地区的稳定与发展。故而，中国边疆研究所和所属研究室研究工作的展开，“三大体系”建设是绕不开的重点。

### （三）中国边疆学学科和中国边疆研究所目前状况分析

中国边疆学目前最好的状态即是在中国社会科学院内部被认定为历史学下的二级学科，中国边疆研究所成为中国历史研究院六个研究所之一，而一些大学也设置了边疆研究院之类的机构，中国社会科学院研究生院设立了中国边疆历史系从事硕博研究生培养，云南大学、南京大学等也有边疆学的博士授予点。但是，这些做法基本是在历史学的大框架下展开的，一定程度上为中国边疆学学科体系定位带来了迷惑和困难。面对这些迷惑和困难，想方设法去适应是一个无奈但却应该和必须的选择，只是在适应过程中我们不能完全放弃对中国边疆学学科的理想追求，因为我们从事的历史学研究和古代史研究所、近代史研究所等其他所有着显著不同的特点，同时对中国边疆现实问题的研究也是中国边疆研究所研究的主要内容。只有这样，中国边疆研究所的研究才有特点，才有存在的价值。因此，我完全同意在现有的历史学的大框架下谋求中国边疆研究所的发展壮大，但我们也要尝试着在具体研究中突破历史学的束缚，一方面在研究理论和方法上要整合多学科的理论和方法，形成自己的特色，另一方面在诸如研究生培养、研究队伍的整合等方面突出多学科综合的特点，为最终形成以“中国边疆”为研究对象的中国边疆学“三大体系”、稳定的研究队伍而做准备。实际上，中国边疆研究所现在已经形成多学科构成的研究队伍，研究成果也呈现了多学科的特点，只是进一步明确研究方向、整合研究队伍是当前迫切需要做的工作。

总体而言，理想中的中国边疆学学科体系应该是以中国边疆为研究对象的独立学科，中国边疆研究所虽然目前的研究不能涵盖中国边疆学学科的所有领域，但构建中国边疆学三大体系却是关乎其生存与发展的重大问题，而学科是否被承认需要有丰硕的研究成果、壮大的研究队伍和完整的理论体系做支撑，充分利用现有中国边疆研究所及其八个研究室的顶层设计，明确研究目标、形成合力是当前亟须解决的问题。

## 二、关于中国边疆学学术体系建设

如果说学科体系是关系到学科定位的问题，那么学术体系则是事关一个学科内部体系结构、理论与方法等的建构问题。中国边疆作为一个研究对象，从目前的情况看，涉足这一研究领域并取得一定成果的大致有历史学、政治学、社会学、民族学、地理学及国际关系、海疆等研究方面的学者，出版的与学科学术体系有关的论著大致提出了中国边疆学、中国边疆政治学、中国边疆社会学、中国边政学等诸多说法，但似乎中国边疆学、中国边疆政治学、中国边政学和我们的讨论关系密切。

1. 有关中国边疆学学术体系的讨论。这方面的讨论，以邢玉林在《中国边疆史地研究》1992 年第 1 期刊出的《中国边疆学及其研究的若干问题》和郑汕的《中国边疆学概论》为代表。前文认为，为了和"中国边疆史地学"进行区分，主张用"中国边疆学"的名称，并进而认为："它必然与中国历史学、中国政治学等学科发生横向性的跨界关系……它也必然与相应的学科如区域经济学、区域地理学等发生横向性的跨界关系……这又不能不使中国边疆学与民族学、民族史学、民族语言学等学科发生横向性的跨界关系……又必然与国际法学、外交学、海洋学等有关学科发生横向性的跨界关系"，进而提出："人的历史活动应是贯穿中国边疆学体系的主线"，学术体系的建设应该遵循四个原则："传统的边疆研究与现代的边疆研究的贯通。脱离传统的边疆研究就等于割断了历史，现代中国边疆学的建设也就失去了根基”；“中国边疆学研究与外国边疆学研究的成果相融合”；“中国边疆学与其他学科的渗透”；“突出应用边疆学的地位”[①]。后者则在认为中国边疆学是“包括了政治、经济、军事、国防、民族、宗教、外交、历史、地理等多学科、多领域的知识”的“一门系统学科”认识基础上，从筹边观、疆域、边界、周边关系、边政、边务、边防、边民社会等方面做了系统建构[②]。

对于中国边疆学的内涵，邢玉林给出了由中国理论边疆学、中国应用边疆学、中国边疆地理学、中国边疆历史学、中国边疆学史等五大部分构成的学术体系结构，而马大正先生则给出了中国边疆历史学、中国边疆政治学、中国边疆经济学、中国边疆人口学、中国边疆文化学及中国边疆民族问题研究等六大部分构成的学术体系[③]。此外还存在一些其他不同的说法。

2. 有关中国边疆政治学学术体系的讨论。中国边疆政治学是以吴楚克、周平为主提出的概念。前者立足于民族学、政治学，提出“中国边疆政治学”概念，但并未对中国边疆政治学的学术体系做出完整阐述，其代表性成果是《中国边疆政治学》，[④]而后者的代表作也称为《中国边疆政治学》，则立足于政治学提出构建中国边疆政治学，并从边疆政治、边疆形成与发展、边疆社会与人民、边疆政治制度与政府、边疆开发与建设、边疆民族与宗教、边疆社会组织及其管理、边疆社会与政治稳定、边境的维护与管理、边疆安全与防

---

① 邢玉林：《中国边疆学及其研究的若干问题》，《中国边疆史地研究》1992年第1期。

② 参见郑汕：《中国边疆学概论》，云南人民出版社2012年版。

③ 参见马大正：《关于中国边疆学构筑的学术思考》，《中国边疆史地研究》2016年第2期。

④ 参见吴楚克：《中国边疆政治学》，中央民族大学出版社2005年版。

御、边疆的治理等构建中国边疆政治学的学术体系①。

3. 有关中国边政学学术体系的讨论。中国边政学民国时期已经有人论证，今人坚持此种说法的则主要是罗崇敏，其代表作即是在博士学位论文的基础上修订出版的《中国边政学新论》。从“新论”的书名上即可以看出是有意区别于民国时期的边政学，其关注点是边疆地区的政治与经济②。

4. 有关中国边疆社会学学术体系的讨论。这是云南师范大学毕云天从社会学角度提出的认识，代表作是《中国边疆社会学》，基本上是仿照社会学的框架建构，在“社会学”基础上增加了“边疆”二字而构建的学术体系③。

此外还有特殊边疆学、一般边疆学等说法，但尚未见到其建构的学术体系。

上述这些探讨对中国边疆学学术体系的构筑具有奠基和启迪作用，研究分歧的出现是学者的目的和建构标准不同，不能用对错进行评判，因此笔者试图从研究对象的界定、中国边疆研究的发展及现实情况出发，谈点不同的认识，希望有助于讨论的深入。

对于研究对象的界定有一个从中国边疆史地研究到中国边疆研究或称之为中国边疆学的发展过程，而对中国边疆史地研究，以往也有“中国边疆史地学”的提法，由中国边疆史地研究中心组织出版的几套丛书前言中即称“中国边疆史地学”，并对其研究的范围有如下界定：“中国边疆史地学研究范围广泛，举凡边疆史地理论、中国历代疆域、边疆民族、治边政策、边疆开发、边疆文化、边疆外交、边疆政教、边疆海岛、边疆人物、边疆考古、边

---

① 参见周平主编：《中国边疆政治学》，中央编译出版社 2012 年版。

② 参见罗崇敏：《中国边政学新论》，人民出版社 2006 年版。

③ 参见毕云天：《中国边疆社会学》，云南人民出版社 2017 年版。

疆历史地理和近代边界变迁等，都在研究之列。”[①]现在《中国边疆史地研究》杂志的用稿范围也基本是据此界定的，但是现有的中国边疆研究或称之为中国边疆学已经明显超出“中国边疆史地学”的研究范围，基础研究（中国边疆历史研究）和应用研究（中国边疆现实问题研究）并重不仅仅是中国边疆研究所确立的研究格局，更是中国边疆稳定与发展的现实需要对中国边疆研究提出的要求，也是当前国内中国边疆研究呈现的明显特点。林文勋在为《中国边疆史地研究》百期纪念而撰写的《从边疆史地到边疆学》一文中对中国边疆史地研究与中国边疆学的关系给出“边疆史地研究作为边疆学的源而非流”[②]的结论。我赞同这一认定，并进而认为中国边疆史地研究，或称之为中国边疆基础研究不仅是中国边疆学的“源”，更是中国边疆学得以存在的基础和核心。

基于中国边疆学是研究中国边疆的一门学科的认识，而当前的中国边疆研究又可以分为历史与现实两大部分，我个人主张中国边疆学学术体系的建设应该以中国边疆历史的研究为基础展开，其原因主要有两个：一是中国边疆是从历史上形成的，且“现实是历史的延续”，很多的现实问题也由历史因素所造成，单纯的针对现实问题的研究如果忽视历史也难以得出客观的结论，边疆现实问题研究也不能离开边疆历史的研究，中国边疆历史研究是基础，这也是上述有关中国边疆政治学、中国边疆学的著作都无法回避对中国边疆历史阐述的原因。二是当今中国边疆是历史长期发展的结果，学界对中国边疆研究的关注也首先发端于历史学界，且有了一定的学术积累，政治学、社

① 李大龙：《都护制度研究》，黑龙江教育出版社2003年版，《〈边疆史地〉丛书序》，第1页。

② 林文勋：《从边疆史地到边疆学》，《中国边疆史地研究》2016年第2期。

会学、军事学等领域学界的介入尽管出版了阐述相关理论与方法的专门性著作，但也是近些年的事情，中国边疆学学科溯源只能是属于历史学分支的中国边疆史地研究。因此，虽然对中国边疆历史的研究和中国边疆现实的研究构成中国边疆学学术体系的两大支撑，但对中国边疆历史的研究是中国边疆学的基础，或称之为基石，而对中国边疆现实问题的研究则是在基础研究上的进一步拓展。中国边疆历史的研究同时也是中国边疆研究所的立足点，此或许也是中国边疆研究所能够成为中国历史研究院一个研究所的重要理由。

毋庸置疑，中国边疆不仅是中国边疆学研究的对象，也是历史学、民族学、人类学、社会学、政治学、地理学等学科的研究对象，故而从交叉学科的角度，提出在中国边疆学下设置中国边疆历史学、中国边疆民族学、中国边疆政治学等也是符合情理的，只是尚需要进一步论证中国边疆学与这些“学”及这些“学”的本源学科三者之间的关系。笔者倒是认为不妨省去这些烦琐的论证，直接在确立中国边疆学为一级学科的前提下讨论中国边疆学的学术体系建设。

从研究类别上看当前的中国边疆研究可以分为历史研究与现实研究，或称之为基础研究和应用研究两大部分，这是对中国边疆学学术体系建构最基本的认定。无论是对中国边疆历史还是现实的研究，都可以援用政治学、历史学、经济学、文化学、军事学、民族学、宗教学、社会学、地理学、法学、国际关系学等学科的理论与方法展开，但中国边疆学对中国边疆的研究是在中国国家的视阈下展开的，其研究有别于这些学科的研究，具有自己的特点。如中国边疆研究所对中国边疆历史的研究，和古代史、近代史、世界史等研究所的研究虽然同属于历史学研究，但研究的对象、研究的视角和研究的目的各有特点，即便是研究对象都是中国边疆历史，其关注点和研究目的也是存在差别的。也就是说，虽然同属于运用政治学理论与方法的研究，中国边疆学借用政治学理论与方法对中国边疆政治的研究属于中国边疆学的组成部分，突出的是中国边疆的特点，且在研究的同时还要借鉴其他学科的理论和方法进行综合探讨，并非简单地在“中国政治学”中加入“边疆”二字。

中国边疆学以中国边疆为研究对象，举凡与中国边疆政治、经济、社会、文化、地理、宗教、对外关系等有关的内容都是其研究范围。中国边疆学学科体系的建设鉴于中国边疆研究已有的学科体系，建议在历史学下谋求成为一级学科，学术体系建设大致可以分为两种不同的途径：其一，如上述邢玉林和马大正先生的思路，从研究性质切入，在中国边疆学下可分为中国边疆理论学、中国边疆政治学、中国边疆民族学、中国边疆地理学、中国边疆与周边关系学、中国海疆与海洋研究……其二，从研究性质切入，但兼顾中国边疆研究所现有的研究室设置构建学术体系，中国边疆学是一级学科，其下二级分为中国边疆历史（基础）研究、中国边疆应用（现实）研究，三级划分则可以按照研究所的研究室结构，分为中国边疆学理论研究、东北边疆研究、北部边疆研究、新疆边疆研究、西藏研究、海疆研究、海洋研究。每个具体研究方向既包括历史研究也包括现状研究，是对某个区域的综合研究。权衡上述两途之长短，我倾向于主张中国边疆学学术体系由一体、两足、八分支构成，即中国边疆学是一级学科，其下有中国边疆历史（历史）学、中国边疆应用（现状）学两足支撑，研究的具体展开则是进一步划分的中国边疆学理论研究、中国东北边疆研究、中国北部边疆研究、中国西北（新疆）边疆研究、中国西藏研究、中国西南边疆研究、中国海疆研究、中国海洋研究八个分支体系。

## 三、关于中国边疆学话语体系的建设

学科的存在既是学术研究进一步发展的需要，更是经济社会发展的需要。中国边疆学学科建设对于中国边疆研究的重要作用自不待言，而满足社会经济发展的需要则是中国边疆学学科建设中中国边疆话语体系建设应该实现的目的。

从当前中国边疆研究遇到的问题和挑战而言，主要来自四个方面：一是国内一般民众乃至不少学者受到历代王朝史观和“民族国家”影响下形成的“汉人”史观的影响，对中国边疆尤其是历史上存在的边疆族群与政权的归属存在模糊认识。二是国外学界长期以来存在一种脱离中国历史来探讨中国边疆的做法，而随着国外有关论著翻译为中文在国内出版，被不少学者视为圭臬，进而对国内学界认识中国边疆带来严重影响。三是相邻国家出于凝聚民心的需要而构建的“国史”往往将在中国边疆历史上存在的民族或政权视为并纳入其“国史”，不仅让邻国民众对历史上中国边疆的认识出现误读，甚至严重影响到中国边疆地区广大民众对居住地区历史的误读。四是境内外分裂势力相互勾结，出于分裂中国的目的，利用“民族国家”观念故意歪曲有关的中国边疆历史，对国内外一般民众认识中国边疆历史与现状都造成误读。

中国边疆话语体系建设不仅要回答中国边疆是什么、从哪里来、向哪里发展的问题，更要回答当前国外学界乃至一般民众对中国边疆历史和现实众多问题的质疑和疑问，诸如在传统的历代王朝话语体系下如何定位中国边疆在其中的位置？历史上存在于中国边疆地区的众多族群和政权的历史是属于中国历史还是邻国历史？如何认识和看待西方学者提出的“长城以北非中国”、“骑马民族国家”、“内陆亚洲”及“新清史”所认为的清朝“满洲国家”的认识？这些都是中国边疆学应该回答的问题。毋庸置疑的是，1840 年爆发的鸦片战争不仅导致大片领土丧失，而且也摧毁了中国人的文化自信，魏源在《海国图志》中提出的“师夷长技以制夷”思想尽管代表了知识精英希望学习西方资本主义各国在军事技术上的一套长处以发愤图强的良好意愿，但近代以来中国经济社会的一系列变革已经充分证明“中体西用”只不过是张之洞等洋务派的一个梦想而已，而现实则不仅仅是中国社会变革，就是有关以历代王朝为体系构建起来的中国历史乃至中国边疆的传统话语体系也受到西方史学及“民族国家”观念的严重冲击。当今学界，虽然浩如烟海经常被国人用于形容中国古籍众多、文化底蕴深厚，中华文明没有中断过也成为国人夸耀历史传统悠久的有力证据，而现实情况却是“在解读中国实践、构建中国理论上，我们应该最有发言权，但实际上我国哲学社会科学在国际上的声音还比较小，还处于有理说不出、说了传不开的境地”①。这既是中国哲学社会科学研究面临的现状，更是包括中国边疆研究在内的我国历史学研究的现实状况，而改变这一状况的有效手段就是包括中国边疆研究在内的中国历史话语体系的建构和逐渐完善。

就当今的中国边疆研究而言，将有国界存在的黑龙江、吉林、辽宁、内蒙古、甘肃、新疆、西藏、云南、广西等九省区及海疆的全部视为中国边疆涵盖范围的观点是有历史学背景的多数学者的一般认识，而近些年来随着政治学、军事学、经济学等学科背景的学者积极参与中国边疆研究，虽然促成了中国边疆研究的繁荣，但却引发了关于中国边疆内涵的讨论，其结果是不

① 习近平：《在哲学社会科学工作座谈会上的讲话》，《人民日报》2016 年 5 月 19 日。

仅出现了对中国边疆的不同解读，在显现多学科特征的同时，反而出现了更多分歧。也就是说，在何为中国边疆这一基本问题上，出现了不同版本的话语解读，让完善中国边疆学话语体系建设更凸显任重道远。

对中国边疆学话语体系都包括哪些内容，从逻辑上讲举凡与中国边疆有关的研究领域，都应该有符合中国边疆实际的话语体系，但从学科和中国边疆稳定与发展的需要来说，应该有一些关于中国边疆基本问题的话语体系建设。笔者在《新时代边疆学研究的热点与前沿问题》一文中对新时代中国边疆学研究的热点和前沿问题做了系统阐述，所言及的中国边疆话语体系建构、多民族中国形成与发展的理论解构、东亚传统天下秩序的理论解构、中国传统治边思想及其实践、海疆的形成与发展、中国边疆学学科体系建设等前沿问题[①]，基本应该属于中国边疆学话语体系建设的核心内容，不妨在此再做进一步阐释。

1. 中国边疆话语体系的建设。这是中国边疆学话语体系的基本内容之一，该话语体系要回答的问题是关于中国边疆的类似人生的三大哲学问题，即中国边疆是什么，中国边疆从哪里来，中国边疆往哪里发展、终极目标是什么。就目前已有的研究成果而言，中国边疆是什么尽管还存在一些因为学科背景不同造成的认识分歧，诸如在中国边疆的认定上既有上述九个省区的说法，也有高边疆、利益边疆、战略边疆等提法，更有“建构论”和“实在论”的认识，但毕竟已经得到学界关注，相关讨论在不断深入，而对于其他两个问题的探讨则没有得到学界重视。因此，就中国边疆话语体系建设来讲，相关

---

① 李大龙：《新时代边疆学研究的热点与前沿问题》，《云南师范大学学报（哲学社会科学版）》2019 年第 1 期。

的探讨才刚刚开始，距离话语体系建构的完成及完善还有相当长的路要走。

2. 多民族国家中国形成与发展的话语体系建构。多民族国家形成和发展于中华大地上，传统认为中国有着悠久的历史，历代王朝更替构成中国历史发展的主线，由此不仅形成所谓的“二十四史”构成的正史系统，更是形成历代王朝支撑起来的传统话语体系。1951 年 5 月 5 日，《光明日报》发表了白寿彝先生的《论历史上祖国国土问题的处理》，提出放弃“历代皇朝的疆域为历代国土的范围”的做法，主张“用中华人民共和国的国土范围来处理历史上的国土问题”[①]。该文虽然直接指出了以历代王朝支撑起来的中国历史话语体系存在的问题，并引发了国内学界对“历史上中国”的讨论，但历代王朝史观和“民族国家”观念的影响并没有得到彻底改变，中国边疆及其在中国边疆地区生息繁衍的族群及其政权的历史依然是中国通史的附属部分，而历代王朝在边疆地区设置管理机构也依然被视为边疆地区融入中国历史的主要标志，以至于如何认定边疆政权的历史归属等成为制约话语体系自圆其说的学术难点。因此，在中华大地乃至东亚或亚洲的视阈下客观阐述中华大地上所有人群和政权在多民族国家中国形成与发展中的贡献，才是多民族国家中国形成与发展的话语体系建构应该达到的目的。

3. 东亚传统“天下秩序”形成与发展过程的解构，或者称为中国与周边关系话语体系建设。在东亚历史上存在着以“中国”为中心的“天下秩序”，近代以来关于这一政治体系的探讨为中国学界所忽略或否认，是美国学者费正清提出“中国的世界秩序”和日本学者滨下武志提出“朝贡贸易体系”等之后，才促成中国学界对“天下秩序”的重新关注。从目前已经出版的论著

① 白寿彝：《论历史上祖国国土问题的处理》，《光明日报》1951 年 5 月 5 日。

看，不仅出现了“宗藩关系”、“藩属关系”、“朝贡贸易关系”、“封贡关系”等不同的概念，对其形成与发展轨迹的解读也存在严重分歧，而面对“一带一路”倡议提出后国外出现的质疑之声，更是难以做出令人信服的解答。因此，有关东亚传统“天下秩序”形成与发展话语体系的建设，不仅关系到对中国历史及中国与周边国家关系史的客观认识，而且关乎中国与周边国家关系健康发展现状，故而也是中国边疆学话语体系的基本内容。

4. 中国传统治边思想及其实践话语体系建设。“中国”与“边疆”、“华夏”与“夷狄”之间关系不仅仅是困扰历代王朝统治者的关键问题，也是当今中国边疆学学科研究的基本问题，由此也决定了中国传统治边思想及其实践也成为中国边疆学话语体系建设的基本内容。受到当今“民族国家”观念的影响，外国学界长期存在将“边疆”独立于“中国”之外进行探讨的做法，而国内也有学者打着从“边疆看中国”的旗号做着相同的事情，完全忽视了在中国传统治边思想中虽然有“中国”与“边疆”、“华夏”与“夷狄”的区分，但是这一区分是在“大一统”之“天下”或“华夷一体”前提下进行的，在屡屡提及“严华夷之辨”的同时，“用夏变夷”也被历代王朝具体实践着，并最终促成多民族国家中国疆域以及中华民族的形成与发展，而这是在“民族国家”或从“边疆”视角难以看清楚的。中国传统治边思想及其实践话语体系不仅要回答“中国”与“边疆”、“华夏”与“夷狄”何以成为“一体”的过程，同时也要回应国外学者难以解答的一系列疑问。

5. 海疆及海洋话语体系的建设。《山海经》尽管充斥着难以为今人理解的描述，但却证明“海”的概念在中华大地上很早就出现了，“四海”、“海内”、“海外”等词汇中的“海”并没有准确所指，但也已经成为古籍表达“天下”或理想中“中国”四至的标志。而“楼船将军”频繁出现在记载汉朝历史的《史记》和《汉书》中，已经说明中华大地上的古人对海的利用与开发最晚在汉代已经成熟地应用于军事领域。1984年《联合国海洋法公约》出台，12海里领海和200海里专属经济区成为多数国家划分海洋权益的重要标尺，由此也带来中国在海疆界定和海洋权益保护方面的一系列问题，有关海疆及海洋话语体系的建设由之不仅成为中国边疆学话语体系的重要组成部分，也是迫切需要满足的现实需要。

6.中国边疆学学科话语体系建设。特纳的“边疆学”为美国开发西部提供了重要的学术支撑，“中国边疆学”概念的提出尽管在民国时期才出现，当今学界对“中国边疆学”的学科建设还处于探索之中，但中华大地上的古人对“边疆”早有清晰的认识和解读，并形成一系列处理边疆问题的理论和方法，归纳其特点，并在此基础上确定中国边疆学学科体系，明确其学术体系，进而构建完善的话语体系不仅是学科发展的需要，更是中国边疆地区稳定与发展的需要。

## 四、中国边疆学“三大体系”建设亟须应对的问题

以上所述只是针对中国边疆学“三大体系”建设的粗浅看法，就目前中国边疆学研究的现状而言，尽管已经取得了显著成就①，但距中国边疆学“三大体系”建设的要求还是存在较大差距。

---

① 对新中国成立后中国边疆研究进行综述或评述的论著较多，可参见厉声、李国强主编：《中国边疆史地研究综述（1989—1998年）》，黑龙江教育出版社2002年版；马大正：《当代中国边疆研究（1949—2014）》，中国社会科学出版社2016年版，以及《中国边疆史地研究》2009年第3期刊载的“庆祝中华人民共和国成立60周年专栏”和2019年第2期刊载的“新世纪中国边疆研究回顾与展望”组稿。

### （一）中国边疆学学科定位亟待明确

如前所述，中国边疆学发端于历史学下的中国边疆史地研究，但随着政治学、民族学、社会学、经济学及国际关系学等学科学者的加入，中国边疆学的学科定位出现较大分歧，而我国的学科体系中不仅没有其明确的学科定位，甚至都没有其名称，而新世纪以来边疆稳定与发展问题凸显，导致中国边疆学学科发展和现实需求之间形成巨大差异，明确中国边疆学的学科定位成为迫在眉睫需要解决的问题。综观已有的论著，分歧的出现是不同的学科背景导致的切入视角和学科建设目的不同，上述所言中国边疆学、中国边疆政治学、中国边疆社会学等提法的出现即是表现①，但尽管存在较大分歧，对作为研究对象的“中国边疆”的认识是大体一致的，通过进一步深入讨论，实现内部整合虽然存在很大难度，但也存在一定的可能性。即便是短期内难以形成共识，甚至在“中国边疆学”下难以实现完整整合，但明确各自对“中国边疆”研究的定位，尝试在不同学科下确立中国边疆研究在现有学科体系下的位置对于中国边疆学学科发展无疑都是有益的。

### （二）中国边疆学学术体系亟待整合

就当前的中国边疆研究而言，多学科理论与方法的应用对于中国边疆研

---

① 中国边疆学的提出最初是为了和中国边疆史地学相区分，参见邢玉林：《中国边疆学及其研究的若干问题》，《中国边疆史地研究》1992 年第 1 期。而中国边疆政治学、中国边疆社会学的提出则是希望依附于政治学、社会学构建中国边疆研究学科，参见吕文利：《新世纪中国边疆学的构建路径与展望——兼论中国边疆理论的三个来源》，《中国边疆史地研究》2019 年第 2 期。

究繁荣无疑是必须的，这不仅是学科发展的需要，更是我国边疆地区稳定与发展的迫切需要。多学科学者的介入尽管有助于我们从不同视角对中国边疆的历史与现实进行全方位的探讨，但是在“百花齐放”和“百家争鸣”之后作为一个完整研究对象的“中国边疆”则依然需要学界给出一个综合的符合中国边疆实际的客观认识，这是中国边疆当前和今后稳定与发展的需要。多年来，在“交叉学科”的鼓动下，中国边疆多学科研究的态势已经形成，但遗憾的是，尽管都是对“中国边疆”的研究，“合”的态势并不明显，“分”的趋势却已经显现，而中国边疆面临的诸多问题需要破解，国民对中国边疆知识的需求需要满足，国外学者对中国边疆历史的歪曲需要回应，因此对当前介入中国边疆研究的诸多学科进行整合，进而形成相对完善的中国边疆学学术体系既是学科发展的迫切需要，更是中国边疆稳定与发展的现实需要。

### （三）中国边疆学基础理论研究亟待加强

中国边疆的形成与发展、中国边疆的内涵及特点、中国疆域的形成与发展、中国治边思想的形成与发展、中国“大一统”思想的形成与发展、历代王朝治边政策的继承与发展、传统以“中国”为中心藩属体制的形成与发展、边疆与中国疆域的形成与发展、中国边疆治理机构的继承与发展、中国边疆治理体系和治理能力的现代化，等等，这些方面的研究都应该属于中国边疆学的基础理论研究的主要问题。从目前的情况看，尽管在“中国边疆”概念、中国疆域史、藩属体制、历代边疆管理机构等方面已经取得很大进展，但由于视角、理论与方法上存在明显差异，在这些研究方面尚没有形成具有符合中国边疆研究实际的为多数学者赞同的具有中国边疆学鲜明特点的主流观点。

这种情况的存在，和中国边疆学具有多学科学界介入所出现的“交叉学科”的特征有关，同时也体现出当前的中国边疆学研究尚未形成自己的基础理论与方法，而缺乏明确的学科边界和鲜明的基本理论与方法的中国边疆学期盼通过某一单位或个人的努力获得在现有学科体系下一个显著位置的可能性微乎其微。

### （四）中国边疆学研究队伍亟待整合壮大

中国边疆学学科的存在与发展需要依靠一支稳定并不断壮大的研究队伍。尽管有学者提出了“中国边疆研究学术共同体”的概念[①]，但难以否认少、散、乱却是当前国内中国边疆学研究队伍呈现的鲜明特征。少，是指专门从事中国边疆研究的科研人员少。目前，国内与中国边疆研究有关的机构，除中国社会科学院中国边疆研究所、中国藏学研究中心、陕西师范大学西北边疆研究院等少数有正式编制的实体机构外，很多都属于非实体或人数很少的科研机构，而作为专职从事中国边疆研究的中国边疆研究所尽管有 60 个编制，目前在编的研究人员也只有 40 人左右。散，是指从事中国边疆研究的科研人员分散在全国各地尤其是边疆省区的科研单位和高校教师队伍中，北京、昆明、成都虽然相对集中，但也分散在不同的单位。乱，不仅是指从事中国边疆研究的学者分属不同单位、具有不同的学科背景且关注点也不相同，也指缺乏一个协调机构，基本是处于各自为战的状态。21 世纪初，中国边疆研究所（当时称“中国边疆史地研究中心”）通过申请“东北

---

① 参见孙勇、孙昭亮：《中国边疆研究学术共同体巡检述略》，《云南师范大学学报（哲学社会科学版）》2017 年第 6 期。

边疆历史与现状系列研究工程”、“新疆项目”及“西南项目”等国家社会科学基金特别项目的方式曾经对中国边疆研究队伍的凝聚起到一定作用，但随着这些项目的完成，中国边疆学研究队伍之间的联系目前只有依靠相关研究单位举办的全国性学术讨论会来维持了，不仅难以满足“三大体系”建设的需要，就是与维持中国边疆研究正常发展的需求都存在很大差距。2019年成立的中国历史研究院被赋予了“团结凝聚全国广大历史研究工作者”[①]的重任，隶属于该院的中国边疆研究所理应承担起“团结凝聚”中国边疆学研究队伍的任务，但从该所研究能力和多年的实践效果看也难以满足中国边疆学学科发展的需要，而民国时期全国性的边疆学会的兴起对中国边疆研究的重要推动作用则为当今中国边疆学研究队伍的“团结凝聚”提供了一个新的思路，即创立全国性的中国边疆研究学会，以实现国内边疆研究队伍的凝聚整合，为“三大体系”建设提供队伍支持。

### （五）中国边疆学基本知识的普及亟待加强

中国边疆学研究不仅面临着学科建设的艰巨任务，而且也面临着国人对中国边疆学基本知识的现实需求。尽管中国边疆学话语体系建设尚未完成，但对中国边疆历史进行歪曲宣传不仅已经成为“疆独”、“藏独”、“台独”乃至“港独”等分裂势力蛊惑民众的重要手段，而且也成为一些邻国构建其“国史”瞄准的目标。在这种情况下，建立和完善有关中国边疆的话语体系，尤其是完善历史上边疆族群及其所建政权在多民族国家中国形成与发展过程

① 《习近平总书记致中国社会科学院中国历史研究院成立的贺信》，新华网（http://www.xinhuanet.com/politics/leaders/2019－01/03/c_1123942672.htm），访问时间2020年3月2日。

中重要作用的话语体系，不仅是中国边疆学话语体系的重要内容，也是当今中国边疆地区稳定和发展以及争夺国际话语权的现实需要。可以说，中国边疆学基本知识的普及也已经迫在眉睫。

总之，中国边疆学“三大体系”建设既是学科发展的需要，也是国家边疆治理体系和治理能力现代化及边疆地区稳定和发展的现实需求。鉴于中国边疆学研究根植于中国边疆形成与发展的历史长河之中，可以借鉴多学科的理论与方法在历史学下谋求发展壮大，故而中国边疆历史（历史）学是其立足的基石，而中国边疆应用（现状）学则是其有别于历史学下其他学科独有的创新点，是其进一步发展壮大的基础。在此学科定位下的中国边疆学学术体系建设，既可以按照研究的性质展开，也可以按照区域分类，而话语体系建设则需要围绕中国边疆学的基本问题进行。中国边疆学学科建设虽然近年来是学界探讨和关注的热点话题，但以少、散、乱为特点的研究队伍难以维持中国边疆学的正常发展，将其“团结凝聚”为“中国边疆研究学术共同体”不仅是中国边疆学学科发展的需要，更是构建中国边疆学“三大体系”以满足中国边疆稳定和发展的艰巨任务。

# 关于中国边疆学构建的几点思考[①]

许建英[②]

近代以来，中国边疆史地研究经历三个历史发展时期[③]，出现了三次研究高潮，取得巨大的学术成就，使边疆作为一个独特的认知对象进入学者们的研究视野，成为新的研究领域[④]，吸引不同学科学者的关注。进入新世纪以来，以中国边疆为研究对象，着力建构中国边疆学蔚然成风，历史学、政治学、民族学、经济学、社会学、国际关系等学科都有不同程度介入，多学科的交叉研究以及跨学科方法的运用，大量研究成果不断涌现，使中国边疆研究呈现出新的面貌。中国边疆研究从早期的中国边疆史地研究，逐步走向中国边疆学的建构[⑤]，近几年来更是

---

① 本文原载于邢广程主编：《中国边疆学（第十六辑）》，社会科学文献出版社2023年版。

② 许建英，中国社会科学院中国边疆研究所研究员。

③ 周伟洲：《关于构建中国边疆学的几点思考》，《中国边疆史地研究》2014年第1期。

④ 马大正、刘逖：《二十世纪的中国边疆研究——一门发展中的边缘学科的演进历程》，黑龙江教育出版社1997年版。马大正：《略论中国边疆学的构筑》，《新疆师范大学学报（哲学社会科学版）》2013年第5期。

⑤ 这方面文章较多，如马大正：《略论中国边疆学的构筑》，《新疆师范大学学报（哲学社会科学版）》2013年第5期；李国强：《中国边疆学学科构筑的透视》，《云南师范大学学报（哲学社会科学版）》2008年第5期；邢广程：《关于中国边疆学研究的几个问题》，《中国边疆史地研究》2013年第4期；李大龙：《新时代边疆学研究的热点与前沿问题》，《云南师范大学学报（哲学社会科学版）》2019年第1期；方铁：《论中国边疆学学科建设的若干问题》，《中国边疆史地研究》2007年第2期。

具体探讨中国边疆学学科体系、学术体系与话语体系建构[①]。中国边疆研究迎来大发展的历史机遇，其意义重大，也令广大边疆研究者甚为振奋。作为一名中国边疆研究者，笔者就中国边疆学建构略谈几点思考，祈望有所助益。

## 一、历史研究是中国边疆学构建的基础

习近平总书记指出："历史研究是一切社会科学的基础"[②]，对中国边疆学而言尤其如此，其核心体现在下列几个方面。

首先，历代都系统地记载了中国疆域演变与形成的历史。中国拥有辽阔的疆域，经历数千年的发展，特别是秦统一中国后的两千多年，是中国疆域形成的重要时期。中国疆域由小到大，由天下观视阈下的王朝疆域，逐步发展为现代国际契约视阈下的当代中国，边疆始终在历代中国疆域中占有重要地位。中国边疆史注定是中国历史不可或缺的组成部分，彰显出中国历史的丰富性和独特性。作为中国传统学术的内容和基础，中国传统史学最为发达和成熟，也从未中断，对历代疆域的记载系统而全面，是中国疆域研究的基本依赖。

---

① 邢广程：《加快构建中国边疆学》，《中国社会科学报》2020年8月24日第3版；孙宏年：《加快构建中国边疆学"三大体系"》，《中国社会科学报》2021年2月1日第2～3版；李大龙：《试论中国边疆学"三大体系"建设》，《中国边疆史地研究》2020年第2期；马大正：《中国边疆学构筑再思考——"三大体系"建设之我见》，《中国边疆史地研究》2021年第3期；孙宏年：《新文科背景下中国边疆学的转向与转型》，《云南师范大学学报（哲学社会科学版）》2021年第4期；李大龙：《新文科建设视野下的中国边疆学》，《云南师范大学学报（哲学社会科学版）》2021年第4期；朱尖：《新文科背景下中国边疆学发展思考》，《云南师范大学学报（哲学社会科学版）》2021年第4期。

② 习近平：《致第二十二届国际历史科学大会的贺信》，《人民日报》2015年8月24日。

其次，中国边疆学研究发端于中国历史学。历史上，中国边疆记载和研究多为基础性的，打上了深厚和独特的中国传统史学烙印，而近代以来边疆史地研究堪称现代学术意义上的边疆研究。从清代西北舆地学肇始，到民国时期边疆研究高潮和当代边疆研究勃兴，中国历史始终是其研究的基础和重点。特别是新中国成立以来近70多年的边疆史地研究，做了大量开创性的基础工作，同时也将中国边疆现实问题纳入其研究，突破了单纯的边疆史地研究，使中国边疆学建构现实价值凸显出来。马大正先生近年来全面梳理了新中国成立以来中国边疆研究历程，从统一多民族中国与中国边疆的关系、新中国成立以来边疆史研究与边疆研究的拓展角度，分析了中国边疆学建构的必然趋势，并阐述了中国边疆学建构的基本内涵[①]。新中国成立以来中国边疆研究的学术史表明，中国边疆学的发端是中国历史学“千年积累、百年探索和30年实践”的结果[②]，是中国边疆学赖以发端的基础。

最后，中国历史学积累了丰富的边疆研究资料。作为历代疆域的重要组成部分，边疆历来是中国传统史学关注的焦点之一。历朝历代历史的撰写、文献的整理甚至档案的保存，都有着严格和完善的体系，不但记载了中国统一多民族国家发展的历史轨迹，而且也留下了浩如烟海的边疆历史资料和研究成果，包括中国疆域的演变、边界的确定、边疆制度的建立、治边政策的制定、经济社会与文化的发展、边疆安全的保障以及民族交往交流交融等诸多方面。这些关于中国边疆的历史记载和研究都是宝贵的基本资料，是中国边疆学建构的基础。

---

① 马大正：《当代中国边疆研究（1949—2019）》，中国社会科学出版社2019年版。

② 马大正：《中国边疆学四题》，邹建达、许建英主编：《中国边疆学构筑文集》，社会科学文献出版社2019年版，第4页。

## 二、引导边疆与内地融合发展是中国边疆学构建的首要目标

建构中国边疆学有着重要的学术价值和现实意义，其中引导边疆与内地融合发展，实现边疆与内地的全面和深度一体化应是其建构的首要目标[①]。

首先，总结边疆与内地融合发展历史是建构中国边疆学的学术价值所在。在中国统一多民族国家漫长的发展过程中，边疆与内地所形成的边缘—中心模式，其政治制度、生产方式与文化差异成为二者长期交流的动力，而这种互动则又奠定了中国疆域演变的基础，构成中国历史发展的重要轨迹。同时，边疆诸民族与内地各民族交往、交流与交融是中华民族多元一体形成的基本路径与根本目标。因此，研究中国疆域底定和中华民族形成的历史脉络，总结其规律，升华其认识，建构其理论，具有重要的理论意义，是中国边疆学建构的学术价值之所在。

其次，以中国边疆学为依托，引导当代边疆与内地融合发展是建构中国边疆学的现实价值所在。近现代中国经历了传统王朝中国的解构和现代民族国家的建构，客观地说作为民族国家的中国，其建构并没有最终完成，这个过程至今仍在继续。中国边疆地区不同的治理制度、台湾游离于中央政府管理之外以及某些边疆地区的分裂主义问题，都是不容忽视的客观现实。因此，实现中国边疆与内地的充分一体化，实现边疆地区诸民族与内地各民族的充分交往交流交融，是当代中国边疆治理的重要内容。作为正在构建中的中国边疆学，引导当代中国边疆与内地的深度融合发展，指导铸牢中华民族共同体意识，建立和

---

① 有学者较全面阐述了建构中国边疆学的核心目标。参见李国强：《夯实构建中国边疆学的基础》，《云南师范大学学报（哲学社会科学版）》2020 年第 1 期。

巩固中华民族命运共同体，是中国边疆学建构的现实意义所在，更是建构中国边疆学的首要目标。

最后，新时代中国边疆学需要探索边疆与内地全面融合发展。新时代深化边疆与内地一体化是历史发展的必然要求，全面融合发展是极为重要的路径。如果说历史上边疆与内地的融合是自然凝聚①与互补交流缓慢发展的结果，那么在当今科技高度发展的新的历史环境中，则需要利用边疆学理论主动探索促进边疆与内地全面融合发展的进程。在此进程中，既显现出传统的一体化内容，例如推进治理制度的协调一致、实现各民族人口的均衡分布与充分交往交流交融、实现教育的无差别发展等，也展现出新时代融合发展趋势，诸如推动边疆与内地产业合理布局、文化深度融合等。除此之外，促进边疆与内地资源的均衡发展也极为重要，例如利用现代技术产业模式，实现边疆与内地在土地资源、水资源等方面的均衡发展，改变数千年来的资源禀赋差异所形成的不同的生产和生活方式，彻底破解“胡焕庸线”的魔咒，为深化边疆与内地一体化奠定坚实基础。边疆与内地资源的均质化发展是对历史上边疆与内地融合发展的创新与超越，应当成为新时代深化边疆与内地一体化的最新内容和最大特点，也是有待于我们加倍努力、全力推进的方向所在。

## 三、边疆治理研究是中国边疆学构建的重要切入点

中国地域辽阔，民族众多，热点问题突出，资料浩如烟海，几乎所有当

---

① 李大龙：《自然凝聚：多民族中国形成轨迹的理论解读》，《西北师大学报（社会科学版）》2017 年第 3 期。

代学科都有用武之地。那么，在建构中国边疆学中，其着眼点究竟应该是哪里？或者说中国边疆学建构的关键切入点是什么？笔者认为边疆治理研究应该是其重要抓手。

首先，边疆治理是实现边疆与内地一体化的必由路径。因为中国边疆学之所以要建构，就是要探索中国疆域形成的规律，换言之就是要探索中国边疆与内地一体化的路径，研究边疆如何实现"治"的问题。因此，就研究中国疆域形成而言，边疆是事关中国疆域盈缩的极为重要的区域，应该梳理历代中国边疆治理的成败得失，探究中国疆域的演变和底定历史；就多元一体的中华民族而言，应该围绕着治理来探索各民族交往交流交融的历程，总结其经验教训；就现状而言，应该围绕着边疆治理来探索实现中国边疆与内地充分一体化的路径，寻找实现边疆诸民族与内地各民族充分交往交流交融的方法，创新铸牢中华民族共同体意识的道路。从历史与现实、族群融合和国族塑造的角度来看，习近平总书记揭示的"治国先治边"理念就深刻反映出边疆治理在国家治理中的意义，反映出边疆治理与国家治理的内在逻辑关系。

其次，边疆治理实践需要升华为边疆学理论。几千年来，中国边疆治理有着丰富的实践经验，但是缺乏理论的总结和升华，其思想与经验处于自在状态。中国边疆学建构应该紧紧围绕着边疆治理及其与内地一体化的主轴，梳理历史上中央政府治理边疆的制度、政策、措施及其实践，探索边疆与内地一体化的规律，并将其系统地纳入现代学术体系中，进而形成相应的学科体系、话语体系和传播体系，铸就边疆学的理论核心。当然，除了治理这个核心之外，中国边疆学的内涵是丰富的，边疆政治、经济、教育、文化、族群、地理、社会、宗教以及与周边关系等都是其重要的内容，而且这些领域的研究并非只是单纯的静态观察，而是随着历史的演进，需要及时跟踪和考察其即时变化的动态，深入探究边疆与内地一体化的进程，研究实现国家长治久安的途径。

最后，探索当代边疆治理体系与能力的现代化。建构中国边疆学的最终目的是服务于当代中国边疆治理，服务于新时代中国国家治理的宏伟目标。当今世界正在加速全球化，中国边疆面临着市场经济和对外开放的全新环境，这对中国边疆治理带来新的挑战，需要探索和实现治理体系和治理能力的现代化①，构建与发展边疆治理的理论依据。因此，建构中国边疆学要充分关照当代边疆治理，既要坚持中国边疆研究的传统学术，也要有新的世界视野，借鉴国际上有关国家边疆治理的经验教训，探讨中国边疆的新内涵，使其更好地服务于建立新时代中国边疆治理体系，服务于提高新时代中国边疆治理能力。

## 四、中国边疆学构建应该具有开放性

边疆是个发展的概念，中国边疆学建构应该秉持开放性原则。中国边疆学始于中国边疆历史与现状的研究，但是绝不能终于中国边疆研究，其架构不应当仅仅是研究中国边疆的理论，还应该是开放性的，面向世界有关边疆问题、特别是当代世界有关边疆问题的研究，形成中国自己的边疆学科体系、边疆学术体系和边疆话语体系，探索治理边疆的理论体系，使之成为当代全球治理理论的组成部分。

中国边疆学建构的开放性原则有其历史渊源。就历史而言，中国古代倡导“天下观”，在此视阈下中国王朝边疆及其治理体系本身就是开放性的，它

① 许建英：《边疆治理视阈下铸牢中华民族共同体意识浅论》，《西部蒙古论坛》2020年第3期。

所体现和建构的边疆治理思想、制度、政策与体系亦具开放性特点，反映的不仅是对中国边疆的治理规划，而且也是中国古代对天下秩序的安排[①]。

中国边疆学建构的开放性原则有其现实必然要求。就现实而言，一是中国边疆学科研究视野不断拓宽，学科建设定位从边界研究、历史疆域等基础研究，逐渐转变为边疆历史与现状研究兼顾，进而扩展到边疆安全和发展研究[②]，不仅研究中国边疆，还研究周边地区；二是边疆的理论形态不断丰富，近些年来国内外关于文化边疆、利益边疆、高边疆与虚拟边疆等概念的提出，使边疆研究的内涵持续拓宽，这也是建构中国边疆学必须面对的现实，而不能对此视而不见；三是深度开放战略推动中国新边疆观的形成[③]，“一带一路”倡议不但使中国边疆从边缘转变为对外开放的前沿，而且也使新的边疆研究内涵进入中国边疆学的视野。

中国边疆学建构的开放性原则亦有其国际环境的需要。必须承认，“冷战”结束后，经济贸易驱动下的全球化进程空前加快，国际社会正在经历前所未有的巨大变革，边疆内涵与外延愈加丰富，跨边界的活动剧增，跨国交流频繁，经济区域一体化大大加强，所有这些都在弱化国家之间的边界，使边界呈现出虚化的趋势，进而使边疆也呈现出对外均质化的新动向、新趋势。边疆地区内外双向均质化的特点务必要引起边疆学建构者的高度重视，及早展开调查与研究。此外，有些新的空间领域正在成为人类共同的边疆，需要

---

① John K.Fairbank，*The Chinese World Order：Traditional China's Foreign Relation*，Harvard University Press，1973. 许建英：《试论中国先秦时期边疆观及其特点与影响》，《云南师范大学学报（哲学社会科学版）》2021 年第 1 期。

② 邢广程：《关于中国边疆学研究的几个问题》，《中国边疆史地研究》2013 年第 4 期。

③ 许建英：《试论“一带一路”倡议与中国新边疆观》，《云南师范大学学报（哲学社会科学版）》2018 年第 5 期。

人类共同面对。边界的虚化、边疆内外的双向均质化以及人类共同边疆的出现，使边疆问题不再是单向或者单方面的问题，甚至也不再是单一层面的问题，边疆研究已演变成现代国际体系下开放性的国际问题。

因此，中国边疆学的建构必须秉持开放性原则，纳入当代世界有关边疆问题演变的新情况，唯其如此，才能更好地建立中国边疆学的学科体系、学术体系和话语体系，才能使中国边疆学被赋予普世性，也才能扩大中国边疆研究的国际影响力，使之成为中国人文社会科学领域走出去的组成部分。唯其如此，中国边疆学建构才能与中国古代以天下观为视阈的边疆观相一致，也才能与当代中国推动构建人类命运共同体的理想相契合[①]。唯其如此，中国边疆学不仅有助于当代中国边疆治理，也可以更好地服务于当代全球治理。

十九届六中全会总结中国共产党的奋斗经验，其中胸怀天下就是重要一条[②]，这不但是中国共产党未来的重要志向和方向，也提醒中国边疆学建构要有胸怀天下的志向。这种胸怀天下不只是对历史上中国天下观的继承，也是中国共产党胸怀世界的坦荡反映，更体现出新时代的深厚意蕴，特别是在当今百年变局的重大历史时期，显得尤为重要。中国历史的创造离不开边疆研究，世界历史也是如此。在当前构建中国边疆学的热潮中，我们既要有胸怀天下的志向，也要用边疆学研究的视角关照世界秩序的建构，开创中国边疆学建构的新局面，为世界治理提供中国边疆学研究的新视角。

---

① 习近平：《共同构建人类命运共同体》，《求是》2021 年第 1 期。

②《中共中央关于党的百年奋斗重大成就和历史经验的决议》，人民出版社 2021 年版，第 68 页。

# 新世纪中国边疆学的构建路径与展望[①]

## ——兼论中国边疆理论的三个来源

吕文利[②]

## 引　言

20年来，构建“中国边疆学”已俨然成为显学。据统计，自1992年第一篇题名中含有“边疆学”的文章发表以来，见诸中国知网的论文有105篇[③]，此外还有众多有关边疆学的著作问世[④]。最近几年来，因为学科体系、学术体系和话语体系发展的需要，有关中国边疆学构建以及边疆理论的评述文章多

① 本文原发表于《中国边疆史地研究》2019年第2期。

② 吕文利，中国社会科学院中国边疆研究所研究员。

③ 参见李大龙:《新时代边疆学研究的热点与前沿问题》,《云南师范大学学报（哲学社会科学版）》2019年第1期。

④ 按照时间顺序，专著主要有吴楚克的《中国边疆政治学》（中央民族大学出版社2005年版）、郑汕的《中国边疆学概论》（云南人民出版社2012年版）、张世明的《法律、资源与时空建构（1644—1945年的中国）》第二卷《边疆民族》（广东人民出版社2012年版）、周平主编的《中国边疆政治学》（中央编译出版社2015年版）、罗崇敏的《中国边政学新论》（人民出版社2016年版）等。

了起来，有学者力图指出边疆学学科构建的困境[①]，还有学者专门对边疆研究的前沿问题进行述评[②]，甚至还有综述性质的专著出版[③]。事实上，正如很多学者指出的，对“中国边疆学”构建研究虽然热闹非凡，但是在基本的概念定义以及学科内涵上，还远未达到共识。本文在前人研究的基础上，试图对 20 年来（1998—2018）中国边疆学的构建和边疆理论的发展做一评述，以求教于方家。

从历史的角度来看，中国有关边疆的研究有三次高潮：第一次在 19 世纪，“这次高潮酝酿于康雍乾时期，形成于嘉道咸时期”[④]；第二次是在 20 世纪前半叶。前两次研究高潮形成的主要背景都是国家面临危机之时，形成有关边疆研究的群体和著作。20 世纪 80 年代以来，由于改革开放以及国家需要，形成第三次边疆研究高潮。这三次研究高潮主要由马大正先生阐发其义[⑤]，其观点亦为学术界所认可。这三次研究高潮，背景虽然不同，但在学术理路上殊途同归，即都有三个来源：古代传统、西方理论及现实实践。王国维在概括有清一代三百年的学术演进时说，“国初之学大，乾嘉之学精，道咸以降之

---

① 参见孙勇、王春焕、朱金春：《边疆学学科构建的困境及其指向》，《云南师范大学学报（哲学社会科学版）》2016 年第 2 期。

② 参见王鹏辉：《再观“边疆中国”：近年国内边疆研究的前沿述评》，《学术月刊》2017 年第 12 期；李大龙：《新时代边疆学研究的热点与前沿问题》，《云南师范大学学报（哲学社会科学版）》2019 年第 1 期。

③ 参见马大正：《当代中国边疆研究（1949—2014）》，中国社会科学出版社 2016 年版。

④ 马大正：《当代中国边疆研究（1949—2014）》，中国社会科学出版社 2016 年版，第 54 页。

⑤ 参见马大正：《当代中国边疆研究（1949—2014）》，中国社会科学出版社 2016 年版，第 52 ~ 126 页。

学新”[①]，虽然他的评论来源于清末西北舆地学之代表人物张穆对清代先儒的评论[②]，但“道咸以降之学新”还是基本概括了当时学术的取向，而这个“新”，就在于立足于中国传统学术，而又力图经世致用，学习西学，以希解决现实问题，这是第一次边疆研究学人们的集体写照。第二次研究高潮亦是在出现民族危机之时，只不过此时随着列强入侵的深入，尤其是一些留学归来学者的推介，一些西方理论随之而来。而这些西方理论遇到中国传统，曾一度水土不服，中国学人们也一度陷入挣扎，最后还是在现实实践中试图结合中国传统与西方理论，解决现实问题，突出表现在顾颉刚由疑古转向“中华民族是一个”理论的提出[③]。

截至目前，第三次研究高潮方兴未艾。概括起来，我认为第三次研究高潮研究的主要问题是“中国边疆学构建问题”，所以不妨称第三次研究高潮为“中国边疆学构建时代”。

“中国边疆学构建问题”需要解决的主要有三个问题：一是学科的边界和内涵问题；二是学科的内容问题；三是学科的理论创新问题。20年来，学者们围绕这三个问题发表了众多成果，并有一些理论创新，诸如“大一统”理论、“夷夏观”的多角度阐发，“中华民族”与“多元一体”理论的深化，多民族国家疆域形成和发展以及“朝贡体系”、“藩属体系”的进一步研究，等等。

---

① 王国维：《沈乙庵先生七十寿序》，《观堂集林》，河北教育出版社2001年版，第720页。

② 张穆曾云：“国朝儒学，亭林之大，潜丘之精，皆无与伦比。”参见吕文利：《〈皇朝藩部要略〉研究》，黑龙江教育出版社2013年版，第61页。

③ 参见李大龙：《对中华民族（国民）凝聚轨迹的理论解读——从梁启超、顾颉刚到费孝通》，《思想战线》2017年第3期。

## 一、“中国边疆学”研究的两大“阵营”

早在1992年，邢玉林先生发表了第一篇带有“中国边疆学”概念的文章[①]，初步探讨了中国边疆学的定义、功能、学科内容等。1997年，在前期研究的基础上，马大正先生提出，“创立一门以探求中国边疆历史和现实发展规律为目的的新兴边缘学科——中国边疆学，这就是肩负继承和开拓重任的中国边疆研究工作者的历史使命！”[②]可以说，“中国边疆学”命题正是边疆研究老一辈学人上承清末西北边疆史地学及民国“边政学”的余绪，下启构建具有中国边疆学自身特质的学科体系、学术体系、话语体系的需要而提出来的。多年来，马大正先生一直对如何构建中国边疆学进行思考，关于中国边疆学的学科定位，他认为：“中国边疆学既是一门探究中国疆域形成和发展规律、中国边疆治理理论和实践的综合性专门学科；又是一门考察中国边疆历史发展轨迹，探求当代中国边疆可持续发展与长治久安现实和未来极具中国特色的战略性专门学科。中国边疆学是社会科学的一个分支，应定位于社会科学学科分类的一级学科”[③]。周伟洲先生认为：“中国边疆学是研究中国历史及现实中国边疆（包括陆疆和海疆）的一门综合、交叉的学科。”[④]上述定义发端于深厚的中国边疆史地

---

① 参见邢玉林：《中国边疆学及其研究的若干问题》，《中国边疆史地研究》1992年第1期。

② 马大正、刘逖：《二十世纪的中国边疆研究——一门发展中的边缘学科的演进历程》，黑龙江教育出版社1997年版，第278页。

③ 马大正：《当代中国边疆研究（1949—2014）》，中国社会科学出版社2016年版，第596～597页。

④ 周伟洲：《关于构建中国边疆学的几点思考》，《中国边疆史地研究》2014年第1期。

研究传统，大体代表了历史学者的思考，但在其他学科出身的学者看来，中国边疆学的学科属性或学科定义显然并非如此。多年来值得瞩目的是吴楚克、周平等学者所力图构建的中国边疆政治学，很多学者误解他们所力图构建的“边疆政治学”与所谓“边疆经济学”、“边疆民族学”、“边疆社会学”等一样，是从属于“中国边疆学”下面的分支，这或许是个美丽的误会。在吴楚克看来，“‘边疆学’自身是否存在和如何发展并不制约‘边疆政治学’”；“边疆政治学是一门交叉边缘学科，成长于历史上的‘边政学’，发展于当今的民族学和政治学的复合之中。”[①] 在周平看来，“边疆政治学”是一种学问、一个学科、一门科学[②]。从研究内容上来看，中国边疆政治学与中国边疆学研究的内容几乎一模一样。虽然在学科属性上，他们一致认为中国边疆政治学应该属于“政治学”下的分支学科[③]，但在学术雄心上，他们其实是另辟蹊径，力图建立与中国边疆学齐头并进的中国边疆政治学。实际上，国家社会科学基金2017年设立的名为“中国边疆学原理”的研究项目，也反映了与主要构建在历史学科上的“中国边疆学”大异其趣的学术路径与学术雄心。

据笔者观察，现在中国边疆学的构建研究方面，似乎分成两个“阵营”，一个是以历史学出身的学者组成的，如马大正、李国强、邢广程、周伟洲、方铁、李大龙等，主要以历史学的方法来进行研究，立足于中国传统，同时关照西方理论与现实实践；另一个是以政治学学者出身或者研究政治学的学者，以周平、吴楚克、罗中枢、孙勇、杨明洪等人为代表，主要关注西方理

---

① 吴楚克：《中国边疆政治学》，中央民族大学出版社2005年版，第2页。

② 参见周平主编：《中国边疆政治学》，中央编译出版社2015年版，第18页。

③ 参见吴楚克：《中国边疆政治学》，中央民族大学出版社2005年版，第27～34页；周平主编：《中国边疆政治学》，中央编译出版社2015年版，第18页。

论与中国现实实践的适应性问题。当然，这两类学者并未形成有明显区别的学术共同体，只是笔者为方便研究而做的大体分类。近几年来，正当构建中国边疆学久攻不下的时候，以政治学研究为志向的学者开始质疑以历史学为方法的学者，认为应该摒弃以历史学为基本方法来构建中国边疆学的研究理路，认为“当代中国边疆理论状况是丢掉了传统思维的优势，踉踉跄跄跟在西方国家一些学者和理论的后面，我们做不到当代哲学的同时代人，也没有真实地理解中国现实的本质”。所以应该构建一个全新的研究体系，把研究思路上升为“原理”高度，“从哲学理性的角度重新研究中国边疆学学科构建的可能性是必要的和紧迫的”①。实际上，“边疆史地学科不能完全覆盖新形势下的边疆问题研究”②已成为学界共识，但这不是非此即彼的关系，不需要摒弃一种学科方法而用另一种学科方法加以解决。邢广程指出：“研究中国边疆学问题应在研究方法方面寻求突破，应运用多学科来解决中国边疆安全、稳定和发展与周边国际环境之间的关系问题。拓宽领域，完善理论，注重研究内容的综合性和研究方法的创新性。着力解决历史上的疑点问题、现实中的热点问题、理论上的难点问题。在充分吸收国内外已有成果的基础上，努力推进相关领域的研究。因此，要善于把历史与现实、基础研究与应用研究有机结合起来，运用人文科学、社会科学多种学科的理论、方法，深化中国边疆研究的学科发展。”③

这两年，还产生了以周平为代表的“边疆建构论”与以杨明洪为代表的

---

① 吴楚克、徐姗姗：《现时代理性认识的特点与中国边疆学建构》，《中央民族大学学报》2018 年第 4 期。

② 邢广程：《中国边疆学研究的几个问题》，《中国边疆史地研究》2013 年第 4 期。

③ 邢广程：《开拓中国边疆学研究的新局面》，《中国边疆史地研究》2016 年第 2 期。

“边疆实在论”的争论。杨明洪认为周平等人所说的“边疆是建构的产物”是值得商榷的，国家从“王朝国家”转为“民族国家”后，边疆就变为一种客观存在，而不是国家建构的结果[①]。周平目前并未对此观点进行回应，但方盛举[②]以及朱碧波、李朝辉[③]已发表两篇商榷文章，就这个问题进一步探讨。对这两种观点的争论，李大龙认为：“二者和‘文化边疆’概念提出的视角一样，着眼点在‘中国边疆’呈现的不同样态，不能简单以对错进行区分，因为只有整合从这些不同视角审视下的‘中国边疆’认识，我们对‘中国边疆’的诠释才有可能更加系统和客观，更有助于我们构建符合中国实际的中国边疆话语体系”[④]。孙勇、王春焕从西方哲学的角度分析“建构论”与“实在论”，认为“边疆本体既包含了建构也有着实在，这两者之间并没有从实践到理论的鸿沟”[⑤]。

在有关“中国边疆学”的概念问题上，两个“阵营”也没有达成共识。在孙勇和杨明洪等学者看来，以“中国”限定“边疆学”，实际上就限制了学

① 参见杨明洪：《反“边疆建构论”：一个关于“边疆实在论”的理论解说》，《新疆师范大学学报（哲学社会科学版）》2018 年第 1 期。

② 参见方盛举：《新边疆观——政治学的视角》，《新疆师范大学学报（哲学社会科学版）》2018 年第 2 期。

③ 参见朱碧波、李朝辉：《“边疆建构论”与“边疆实在论”：对立抑或共生——兼与杨明洪教授商榷》，《新疆师范大学学报（哲学社会科学版）》2018 年第 2 期。

④ 李大龙：《新时代边疆学研究的热点与前沿问题》，《云南师范大学学报（哲学社会科学版）》2019 年第 1 期。

⑤ 孙勇、王春焕：《时空统一下国家边疆现象的发生及其认识——兼议“边疆建构论”与“边疆实在论”争鸣》，《理论与改革》2018 年第 5 期。

科的发展，他们主张构建“一般边疆学”[①]。然而，在以历史学为方法的李大龙看来，“边疆”概念的确定才是构建“中国边疆学”的基础，他认为，政治属性是“边疆”得以形成的第一要件，或称之为决定性因素；“主权国家”理论较“民族国家”理论更适合阐述多民族中国尤其是“中国边疆”的形成与发展；“边疆”是动态的，会随着国家实力的强弱和国际环境的变化而改变；“陆疆”和“海疆”是构成今天“中国边疆”的两大基本要素；“边疆”具有地缘优势，既是军事防御的前沿，也是连接两个乃至多个国家的纽带；“边疆”不能脱离“疆域”而存在，将其泛化也不利于对“中国边疆”的研究[②]。这是基于前人研究基础上对“边疆”概念的进一步认识。但有些学者却有意无意地忽视了历史学界的长期研究，认为“边疆学”研究的逻辑起点应该是“民族国家”[③]，这种观点既未立足于中国传统，也未评估来自西方的“民族国家”理论的危害。实际上，早有学者指出，在清朝中期，就有传统“夷夏观”的转向，乾隆时期以文化加行政版图为单位的“中华民族”，已成为整体基调，而且，“来自清朝外部的压力越大，中华民族的整体意识就越强，以致英法等欧洲列强打着‘民族国家’幌子来插手新疆、西藏事务时，欧洲那一套理念和做法并没能收到其预期的效果”[④]。需要注意的是，因为“民族国家”理

① 参见孙勇、王春焕、朱金春：《边疆学学科构建的困境及其指向》，《云南师范大学学报（哲学社会科学版）》2016 年第 2 期；杨明洪：《关于“边疆学”学科构建的几个基本问题》，《北方民族大学学报》2018 年第 6 期。

② 参见李大龙：《“中国边疆”的内涵及其特征》，《中国边疆史地研究》2018 年第 3 期。

③ 参见杨明洪：《关于“边疆学”学科构建的几个基本问题》，《北方民族大学学报》2018 年第 6 期。

④ 韩东育：《清朝对“非汉世界”的“大中华”表达》，《中国边疆史地研究》2014 年第 4 期。

论具有狭隘种族主义的危险性，李大龙为解决这一问题提供了一个重要的方案。他在关照中国传统和中国现实实践的基础上，批判性借鉴西方理论，认为应该用“主权国家”理论来代替“民族国家”理论，用以阐述多民族中国尤其是“中国边疆”的形成与发展问题，因为“‘主权国家’是当今世界的基本单位，但世界上的绝大多数国家和地区并不是‘民族国家’理论主张的‘民族国家’，而是‘多民族国家’”[①]。

关于中国边疆学学科的属性问题，目前在研究生招生等实践层面，都放在历史学学科中，有学者提出反对意见，认为中国边疆学应该属于法学学科[②]。李国强长期思考和研究中国边疆学的构建问题，他在最近的一篇文章中认为“中国边疆学并不是一个包罗万象的学科，也不是边疆 + 某个学科的简单公式。中国边疆学既然是一个学科，就一定有它的学术定义，有它的学术边界，而边疆政治学、边疆经济学、边疆安全学等都很难称得上是真正意义上的‘中国边疆学’”。他在总结前人研究的基础上，对“中国边疆学”重新定义：“何谓‘中国边疆学’？简单说，中国边疆学是哲学社会科学中一门以中国边疆为研究对象的独立知识体系。其所包含的第一个要素即为‘中国边疆’：‘中国边疆学’把中国陆地边疆和海洋边疆作为整体进行全面考察，研究边疆起源、演进的规律以及国家治理边疆的全过程。其所包含的第二个要素即为‘独立知识体系’：边疆研究的理论（或知识）基础，决定了中国边

---

① 李大龙：《“中国边疆”的内涵及其特征》，《中国边疆史地研究》2018 年第 3 期。也可参见李大龙：《从“天下”到“中国”：多民族国家疆域理论解构》，人民出版社 2015 年版。

② 参见崔明德：《关于中国边疆学学科建设的几点看法》，《中国边疆史地研究》2018 年第 3 期。

疆学所具有的独立性，它包含了中国边疆从无疆无界，到有疆无界，到有疆有界发生、发展的全部历史。在空间格局上，以陆地边疆和海洋边疆为主体，涵盖我国所有边疆地区；在时间脉络上，遵循历史发展轨迹，覆盖中国边疆由古至今的全时段；在研究内容上，通过对边疆历史和边疆现实多层次、宽领域的学术考察，诠释国家历史疆域与国家领土的形成与演进、边疆治理与边疆发展的嬗变与精髓。”① 这是目前笔者所见到的有关“中国边疆学”的最新定义，这个定义是依据科学性、实用性、简明性、兼容性、扩延性、唯一性六原则而提炼出来的。目前，中国社会科学院中国边疆研究所正在完成有关“中国边疆学构建”的“登峰计划”，这个“中国边疆学”的定义具有科学性、权威性和导向性意义，对“中国边疆学构建”的“登峰计划”具有指导作用。

总体而言，以历史学为方法的学者主要立足于中国传统并兼顾现实实践，努力构建“中国边疆学”，但对西方理论的了解较为欠缺；以政治学为方法的学者理论来源主要是西方，与中国实践结合，考虑理论的本土化问题，努力构建“中国边疆政治学”或“一般边疆学”，考虑中国边疆“原理”和本源问题，但对中国传统研究得不够。习近平主席提出“历史研究是一切社会科学的基础”②，这实际上不但强调历史研究的重要性，更强调中国传统为现实实践提供思想资源的必要性。所以构建“中国边疆学”，需要借鉴多学科的方法，立足于中国传统，借鉴西方理论，在现实实践中用中国传统理论与西方理论

---

① 李国强：《开启中国边疆学学科建设新征程》，《中国边疆史地研究》2018 年第 1 期。

② 习近平：《致第二十二届国际历史科学大会的贺信》，《人民日报》2015 年 8 月 24 日。

不断对话、修正，从而才有可能构建完成有中国特色的“中国边疆学”[①]。

## 二、“大一统”理论与“夷夏观”的多角度阐发

“大一统”一直是中国重要的自发性理论，也是边疆理论的重要议题之一，多年来受到学者的重视。与“大一统”理论相关的，是“夷夏观”，两千年来争论不休。李大龙多年来在边疆理论方面用力颇勤，在夷夏观方面，他认为可把中国古代历史分为两个时期，由远古到唐为第一个时期，这一时期“在中国疆域形成过程中发挥主导作用的是华夏族，或由华夏族发展而来的汉族”；五代到清为第二个时期，这一时期“对中国疆域形成起着主导作用的则是‘夷’，而非‘夏’”[②]。这一分期法很有启发性。李大龙又对“夷夏观”进行了详细研究，认为在先秦其实就已经有两种“夷夏观”了。他在分析《礼记》之《王制》篇[③]后认为，《礼记》划分“夷”、“戎”、“狄”、“蛮”的依据是物质文化、分布区域的异同，这对后世产生广泛影响，最主要的就是“内诸夏而外夷狄”的思想，但在

---

① 关于西方边疆理论的介绍与研究，国内已有很多成果，如于沛、孙宏年、章永俊、董欣洁：《全球化境遇中的西方边疆理论研究》，中国社会科学出版社 2008 年版；张世明、王济东、牛咄咄主编：《空间、法律与学术话语：西方边疆理论经典文献》，黑龙江教育出版社 2014 年版；黄达远、袁剑主编：《拉铁摩尔与边疆中国》，三联书店 2017 年版，等等。

② 李大龙：《传统夷夏观与中国疆域的形成——中国疆域形成理论探讨之一》，《中国边疆史地研究》2004 年第 1 期。另参见李大龙：《从“天下”到“中国”：多民族国家疆域理论解构》，人民出版社 2015 年版，第 300 页。

③《礼记·王制》云：“中国戎夷，五方之民，皆有性也，不可推移。东方曰夷，被发文身，有不火食者矣。南方曰蛮，雕题交趾，有不火食者矣。西方曰戎，被发衣皮，有不粒食者矣。北方曰狄，衣羽毛穴居，有不粒食者矣。中国、夷、蛮、戎、狄，皆有安居、和味、宜服、利用、备器，五方之民，言语不通，嗜欲不同。”

先秦，还有一种开放包容的“用夏变夷”的思想，即可以通过文化传播达到化“夷”为“夏”的目的。与“夷夏观”相伴而生的，则是先秦以“王”为中心构筑的“大一统”理论体系[1]。吕文利认为，如果把中国古代的“天下观”比喻为一枚硬币的话，则“大一统”和“夷夏观”为硬币之两面，它们构成了“天下观”的全部认知，缺一不可。这种“一体两面的认知随着儒学成为官方的正统思想而被意识形态化”。[2]李大龙、吕文利的观点是在前人研究基础上的进一步深化，韩东育则在先秦这个时代进一步用“放大镜”发掘这两种“夷夏观”，因为中国传统文化源远流长，古代中还有古代，传统中还有传统，每一个时代都有每一个时代的问题，都有自己的当代性，春秋与战国也不例外。如果把镜头拉回到先秦，详细扫描这两种“夷夏观”的话，会发现与《礼记》成书年代相近的《论语》中，记录了生活在春秋时期的孔子对“夷夏观”的看法。因为礼崩乐坏、传统尽无而又“夷狄”环伺的时代，孔子发出了“周监于二代，郁郁乎文哉，吾从周”[3]的感慨，并说“夷狄之有君，不如诸夏之亡也”[4]，“管仲相桓公，霸诸侯，一匡天下，民到于今受其赐。微管仲，吾其被发左衽矣”[5]，对管仲有很高评价的同时，对“被发左衽”的“夷狄”显示出鄙夷的态度。这就是以生产方式和文明程度区别“华夷”。因为儒家的正统地位，孔子的思想对后世产生很大的影响。韩东

① 参见李大龙：《传统夷夏观与中国疆域的形成——中国疆域形成理论探讨之一》，《中国边疆史地研究》2004 年第 1 期。另参见李大龙：《从“天下”到“中国”：多民族国家疆域理论解构》，人民出版社 2015 年版，第 301 ~ 308 页。

② 吕文利：《中国古代天下观的意识形态建构及其制度实践》，《中国边疆史地研究》2013 年第 3 期。

③ 《论语·八佾》。

④ 《论语·八佾》。

⑤ 《论语·宪问》。

育认为，除了“将孔子‘攘夷’思想推向极致的严毅苛刻的‘华夷观（经）’外，还有着不乏变通精神和包容气度的另外一种‘华夷观（权）’。这一观念的提出和弘扬者，是孟子及其后学”。到了战国时期，世易时移，“春秋时期的内部夷狄已逐渐消失，人们的意识当中，夷狄已成为七国以外乃至更遥远的存在”，所以孟子提出了天下“定于一”思想。“天下一体”原则，使孟子“超越了以往‘严夷夏之防’的逼仄视野，为‘夷夏融合’的同质化运动，赋予了无限的空间”。孔子和孟子的这两种“夷夏观”，在后世不断被用来作为理论来源，每个时代、每个人都根据现实实践而进行选择，从而争论不休，到清朝雍正皇帝与曾静的争辩，作了一次系统总结和彻底清算①。

## 三、有关“中华民族”形成以及“多元一体”问题的讨论

清朝皇帝以“大一统”成功消解了曾静等读书人的狭隘“夷夏观”，但并未一劳永逸。随着清朝行将就木，“驱除鞑虏，恢复中华”又成为革命的正当性口号。但此时与中国古代大不同的是，中国面临几千年来未有之大变局，即民族危机日渐加深，中国迫切地需要“一”：政治一统、思想一统、民族一统。当时的知识人也有这方面的集体焦虑。但所有的解决方案，竟由《清帝逊位诏书》提出来：“合满、汉、蒙、回、藏五族完全领土，为一大中华民国。”② 郭成康对此有极高评价，认为这一提法是“逻辑严谨、内涵明确的‘大中华’、‘大中国’的概念”，他认为：“清朝不仅留给今天中国人民国家版图

① 参见韩东育：《清朝对“非汉世界”的“大中华”表达》，《中国边疆史地研究》2014 年第 4 期。

② 《宣统政纪》卷 70，宣统三年十二月下。

与统一的多民族国家的物质财富，而且留下了界定中国与中华民族内涵与外延的弥足珍贵的精神财富。”[①] 韩东育则发掘了《清帝逊位诏书》重要的文本意义，认为《清帝逊位诏书》的提法“以足够巨大的力量把伊始疾驰于‘民族革命’途路上的孙中山扳回到‘五族共和’的轨道上来”[②]。这成为此后梁启超、顾颉刚、费孝通等人的思想来源。李大龙在前人研究的基础上，独辟蹊径，认为应该抛开民族国家视域，从传统王朝到主权国家转变过程中“国民”凝聚的视角来审视梁启超、顾颉刚、费孝通诸先生的观点。正是梁启超、顾颉刚、费孝通等学人前后相继的对话，才使得费孝通“中华民族多元一体格局”理论得以提出。[③] 李大龙进一步指出：“中华大地上主体族群的凝聚融合是推动多民族国家中国建构的主要动力。近代以前，对这些族群凝聚融合的记述是按照古代中国传统的族群话语体系书写的。而后从西方传入‘民族国家’理论体系，它能否解释中华大地上族群凝聚的历史，它为多民族国家的稳定和发展带来的是威胁还是机遇，仍有疑问。从20世纪直至今日，有关‘中华民族’的研究依然停留在对名词的重复阐述基础之上，依然受困于‘民族国家’理论体系之中。需要构建有中国特色、更适应阐述中国边疆发展历史的边疆理论话语体系，对多民族国家疆域的形成和发展给出一个科学合

① 郭成康：《清朝皇帝的中国观》，《清史研究》2005年第4期。

② 韩东育：《清朝对“非汉世界”的“大中华”表达》，《中国边疆史地研究》2014年第4期。

③ 参见李大龙：《对中华民族（国民）凝聚轨迹的理论解读——从梁启超、顾颉刚到费孝通》，《思想战线》2017年第3期；马戎：《如何认识“民族”和“中华民族”——回顾1939年关于“中华民族是一个”的讨论》，《中南民族大学学报》2012年第5期。

理且有中国特色的理论阐述。”[①] 在此基础上，他提出了“中华民族自然凝聚”论，认为“自然凝聚”是多民族国家疆域和国民（中华民族）形成轨迹的突出特点[②]。

王铭铭在与费孝通等人对话的基础上，提出“超社会体系”（supra-societal systems）理论。他认为，存在着凌驾于我们通常所说的“社会”之上的体系，如果说社会、民族、地区、国家等概念昭示着某种断裂的话，那么“超社会体系”则志在揭示“断裂”的延续性[③]。汪晖又试图与王铭铭的这一理论对话，提出“跨体系社会”理论，试图用“跨体系社会”这个概念来解释何为中国的问题。他认为，“跨体系社会”是指“包含着不同文明、宗教、族群和其他体系的人类共同体，或者说，是指包含着不同文明、族群、宗教、语言和其他体系的社会网络。它可以是一个家庭，一个村庄，一个区域或一个国家”[④]。在对区域主义研究方法的观察之上，汪晖提出了“横向时间”概念[⑤]。王铭铭和汪晖的洞见在于，他们都试图超越民族、国家、社会、区域等既定的认识和分析框架，强调各社会、区域、体系之间的“超”性或“跨”性，即各体系相互渗透并构成网络的特征。汪晖对“横向时间”的强调，其主要意义也在于提醒人们注意各区域、社会、体系之间的互动性[⑥]。

---

① 李大龙：《阐述中华民族形成和发展的视角、理论与方法》，《中央社会主义学院学报》2017 年第 5 期。

② 参见李大龙：《自然凝聚：多民族中国形成轨迹的理论解读》，《西北师大学报（社会科学版）》2017 年第 3 期。

③ 汪晖：《东西之间的“西藏问题”》，三联书店 2014 年版，第 148 页注。

④ 汪晖：《东西之间的“西藏问题”》，三联书店 2014 年版，第 147 ~ 148 页。

⑤ 参见汪晖：《东西之间的“西藏问题”》，三联书店 2014 年版，第 194 页。

⑥ 参见吕文利：《嵌入式互动：清代蒙古入藏熬茶研究》，内蒙古大学出版社 2017 年版，第 7 ~ 13 页。

吕文利在与上述理论对话的基础上，提出“嵌入式互动”理论，认为历史是由多种力量合力而成的结果，也是所有民众互动的实践综合。在中华民族形成的过程中，各种族群、集团、部落、宗教、文化、社会、区域等形成嵌入式互动格局。嵌入式互动是以战争、和亲、通婚、贸易、和平、互助等为表达手段的一种横向的历史互动。清代蒙藏意识形态联盟和满蒙军事—政治联盟的轴心是蒙古，满蒙军事—政治联盟和“满汉一体”政策的轴心是“满洲”，彼此之间形成嵌入式互动的格局。正是这种嵌入式互动格局，改写了满、蒙古、藏、汉等各个族群的历史，也改写了中国的大历史。在这个过程中，彼此的文化已经深深嵌入对方的骨髓，形成“你中有我，我中有你”的格局，共同构成中华文化的一部分，所以处于非儒家或汉字文化圈的蒙古、新疆、西藏才能够纳入中国的版图。而相反的是，处于儒家或汉字文化圈之内的朝鲜、日本和越南等国并未纳入中国的版图。正是这种嵌入式互动才使得现代民族国家意义上的“中国”得以形成，也是理解多元一体中华民族格局形成的关键①。

## 四、多民族国家疆域形成和发展研究的新动向

疆域理论不但研究人，还要研究人所赖以生存的疆域。“中国疆域”的含义和指称范围，中华人民共和国成立之初有很大争论。对此，马大正有过详细总结，认为概括起来大致有五种意见：“一是以鸦片战争以前清朝的版图作为历史上中国疆域的范围；二是以今天的中国版图作为历史上中国疆域的范

① 参见吕文利：《嵌入式互动：清代蒙古入藏熬茶研究》，内蒙古大学出版社2017年版。

围；三是以历史上不同时期形成的统一多民族国家的疆域作为历史上中国疆域的范围；四是以接受汉族文化或儒家文化的地区作为中原王朝的疆域，即以文化标准来判断疆域的范围；五是以汉族建立的王朝的版图作为历史上中国疆域的范围"①。对于这几种观点，马大正②、李大龙③、刘清涛④等学者均有过详细评述，本文不做重复，仅对近年来有关中国疆域研究的新动向作一评述。

近年来有关中国疆域范围的文章，主要用历史分期法来说明中国疆域的形成过程。马大正把中国疆域形成分为四个阶段，即秦汉时期的中国疆域是形成阶段；隋唐至元时期的中国疆域是发展阶段；清代的中国疆域是奠定阶段；清中叶以来至民国时期的中国疆域是变迁阶段⑤。杨建新认为，一个中心、两种途径是中国疆域形成的主要模式。一个中心是指中国的中原地区；两种途径是指开拓式和嵌入式⑥。周伟洲认为马大正所划分的历史分期是"基于古

---

① 马大正:《当代中国边疆研究（1949—2014）》，中国社会科学出版社2016年版，第167～168页。

② 参见马大正:《当代中国边疆研究（1949—2014）》，中国社会科学出版社2016年版，第162～179页。

③ 参见李大龙:《从"天下"到"中国"：多民族国家疆域理论解构》，人民出版社2015年版，第33～36页；李大龙、刘清涛:《统一多民族国家的疆域问题研究》，达力扎布主编:《中国民族史研究60年》，中央民族大学出版社2010年版，第37～46页。

④ 参见刘清涛:《60年来中国历史疆域问题研究》，《中国边疆史地研究》2009年第3期。

⑤ 参见马大正:《中国疆域的形成与发展》，《中国边疆史地研究》2004年第3期。

⑥ 参见杨建新:《"中国"一词和中国疆域形成再探讨》，《中国边疆史地研究》2006年第2期。所谓开拓模式，就是以中原为基础，以中原地区的政权为核心，主动以政治、经济、文化等和平手段为主，不断扩大中原政治、经济、文化的影响力，经过多年的经营和开拓，使边疆地区与中原建立不可分割的联系，最终成为统一的中国疆域；所谓嵌入模式，即在中国疆域形成过程中，不断有新的民族和政权主动嵌入正在形成和发展的中国版图之中，并与中国其他民族和地区形成密切的政治、经济、文化和族体方面的联系。

代中国疆域以现今中国疆域或清初疆域为准的主流观点，回避了古代中国疆域在各个历史时期是否存在，及其具体发展、变化的情况”。他认为：“对于中国疆域发展阶段，应主要分为古代疆域和近现代疆域两个大的发展阶段。中国古代疆域又可分为古代疆域的初步形成期（夏商周至春秋战国时期）、形成期（统一的秦汉时期）、发展期（从分裂到再统一的魏晋南北朝至隋唐时期）、巩固期（由分裂的五代经宋、辽、金、西夏局部统一直到元代大统一时期）、最终定型期（明至清初），也即是向近代疆域的转化时期。中国近现代疆域又可分为列强侵略下疆域变化时期（1840 年至 1949 年）及现代疆域时期（1949 年至今）。”李大龙多年来就这个问题发表了一系列文章，提出了中国疆域“自然凝聚，碰撞底定”论，他以康熙二十八年（1689）《尼布楚条约》的签订到 1840 年鸦片战争爆发期间清朝的疆域作为“中国疆域”的参照系，把中国疆域的形成划分为四个时期，一是自然凝聚时期：从中华大地人类文明的出现，到康熙二十八年《尼布楚条约》的签订；二是疆域明晰时期：从康熙二十八年《尼布楚条约》的签订到 1840 年鸦片战争爆发；三是列强的蚕食鲸吞时期：从鸦片战争爆发到中华人民共和国成立；四是现代疆域巩固时期：中华人民共和国成立后为维护疆域完整而做的种种努力①。这个分期是很有启发性的，是在整个东亚这个更大的区域范围内，结合王朝国家和主权国家不同的性质而做的分期。

---

① 参见李大龙：《从“天下”到“中国”：多民族国家疆域理论解构》，人民出版社 2015 年版，第 41 ~ 53 页。

## 五、“朝贡体系”、“藩属体系”研究的不断深入

与上述问题相关，“朝贡”、“藩属”体系，是中国古代中央王朝为处理与边疆少数民族关系以及藩属国和贸易国之间的关系而形成的制度，是古代“夷夏观”的制度化表达。

有关“朝贡体系”的研究，美国学者费正清开创于前，日本学者滨下武志承继于后，都对“朝贡体系”的研究起了推动作用。费正清将朝贡制度纳入中西冲突的背景中去考察，提出“冲击—反应模式”。这种方法论有一个内在的倾向，即把任何在19世纪中国发生的变迁，都和西方冲击扯上关系，从而否定了中国内在变迁的可能性。在20世纪70年代，越来越多的学者质疑西方中心观，比较有代表性的学者是日本的滨下武志。他试图打破西方中心观，具体就是：“要从体现着历史纽带的亚洲区域内的国际秩序和国际贸易关系的总体的内在变化之中，去把握作为亚洲史的延续形态的亚洲的近代。并且只有从亚洲的近代中去探求中国的位置及其变化，才是考察中国近代道路的方法”①。在他看来，与欧洲国家体系不同，东亚长期以中国为中心形成了朝贡体系。他认为这种“朝贡”关系更多是一种贸易关系，即“朝贡的根本特征，在于它是以商业贸易行为进行的活动”②。而把朝贡关系看成贸易关系一直是滨下武志的研究特色，在这里他显示了和费正清对朝贡关系看法迥异的研究取向。但是，滨下武志的研究只是把东亚的朝贡关系看作是贸易关系，而忽略或有意忽略了其中的

① ［日］滨下武志著，朱荫贵、欧阳菲译：《近代中国的国际契机——朝贡贸易体系与近代亚洲经济圈》，中国社会科学出版社1999年版，第9页。

② ［日］滨下武志著，朱荫贵、欧阳菲译：《近代中国的国际契机——朝贡贸易体系与近代亚洲经济圈》，中国社会科学出版社1999年版，第38页。

礼仪的和政治的意义。这是从日本的角度来看西方和中国的，在抵消西方中心主义的同时，也把中国中心主义相对化了，暗含经济中心主义和日本中心主义。

费正清和滨下武志以中国古代的“朝贡体系”作为思想资源，关照现实，取得有世界级影响力的成就，这不但说明学术无国界，也说明西方理论与中国传统在现实实践中的契合性。在他们之后，形成研究“朝贡体系”、“藩属体系”的热潮。近20年来，中国学者在与他们的对话中，取得很大的成就①。

李云泉多年来一直研究朝贡制度，他系统研究了朝贡制度的起源和发展，朝贡制度的理论基础和礼仪原则等，认为在文化上，朝贡制度是“用夏变夷”的途径②。在对待西方理论上，他认为，“西方中心论的破除并不意味着中国中心观的建立，反之亦然。或许，从中心与周边互动的视角，通过对不同历史时期朝贡制度、朝贡关系差异性及其与通商体制、条约体制内在关联的阐释，方能揭示朝贡制度之历史实像和中国传统对外关系的多重面相”③。实际上，除了“朝贡体系”，很多学者还用“宗藩体系”、“藩属体系”、“藩部体系”、“册封—朝贡体系”等概念来研究相关问题，虽然各有侧重，但相关概念混用的

---

① 仅著作就有多种，如黄枝连：《天朝礼治秩序研究》（上、中、下），中国人民大学出版社1992、1994、1995年版；李大龙：《汉唐藩属体制研究》，中国社会科学出版社2006年版；李云泉：《万邦来朝：朝贡制度史论》，新华出版社2014年版；陈尚胜：《闭关与开放——中国封建晚期对外关系研究》，山东人民出版社1993年版，以及《中国传统对外关系研究》，中华书局2015年版；万明：《中国融入世界的步履——明与清前期海外政策比较研究》，社会科学文献出版社2000年版；黄松筠：《中国古代藩属制度研究》，吉林人民出版社2008年版；黄纯艳：《宋代朝贡体系研究》，商务印书馆2014年版；付百臣主编：《中朝历代朝贡制度研究》，吉林人民出版社2008年版；骆昭东：《朝贡贸易与仗剑经商：全球经济视角下的明清外贸政策》，社会科学文献出版社2016年版，等等。

② 参见李云泉：《万邦来朝：朝贡制度史论》，新华出版社2014年版。

③ 李云泉：《万邦来朝：朝贡制度史论》之《修订版后记》，新华出版社2014年版，第276页。

情况也很多。刘志扬、李大龙在分析前人研究以及历史上对“藩属”、“宗藩”的用法后，认为“历代王朝和边疆民族乃至邻国的关系是一种‘藩属’关系而非‘宗藩’关系”①。李大龙进一步研究清代的“藩属”关系后认为，清代的“藩属”关系已经出现了界限明晰的两个组成部分，即藩部和属国。至清末，一方面朝鲜、琉球、越南、缅甸等清王朝的“属国”纷纷沦为殖民地，最终与中国的关系发展成为现代的国际关系；另一方面“虽然大片的藩部领土被蚕食鲸吞，但由于长期和历朝各代保持着密切的藩属关系，内蒙古、新疆、西藏等藩部地区已经和内地融为了一体，最终成为中国疆域不可分割的组成部分”。② 关于“宗藩关系”一词的使用，刘清涛从“宗主权”一词中文翻译的出现过程入手，指出该词是伴随着日本国际法著述的引入出现于清末，进而认为中国传统藩属体系与近代西方国际法宗主国—属国关系体制不同，后者代表了当时国际社会强势规则，清朝传统藩属体系在进入国际社会时，不得不受其挑战而进行调适。在这一过程中，由于清朝对“宗主权”认识迟钝、国力衰弱、列强侵占等因素，无法最终依据当时西方国际法规范对与越南、朝鲜等国的传统藩属关系进行重新确立，而传统藩属体系逐渐解体。当“宗主权”、“宗主国”等词语进入中文成为固定的术语时，后世学人开始用这些词语重新书写历史，由此产生了“宗藩关系”等词语③。

---

① 刘志扬、李大龙：《“藩属”与“宗藩”辨析——中国古代疆域形成理论研究之四》，《中国边疆史地研究》2006 年第 3 期。

② 李大龙：《从“天下”到“中国”：多民族国家疆域理论解构》，人民出版社 2015 年版，第 240 ~ 244 页。

③ 参见刘清涛：《“宗主权”与传统藩属体系的解体——从“宗藩关系”一词的来源谈起》，《中国边疆史地研究》2017 年第 1 期。

## 结语：中国边疆理论研究的展望

综上所述，近 20 年是“中国边疆学构建时代”，涌现了数量众多的著作和学者，甚至分为两个群体：一个是以历史学为主要研究方法的群体，努力构建“中国边疆学”；一个是以政治学为主要研究方法的群体，努力构建“中国边疆政治学”或“一般边疆学”。正是这些学者轮番上阵，你方唱罢我登场，构成“中国边疆学”研究领域“百花齐放，百家争鸣”的局面，促进有关讨论日渐成熟。

在边疆理论领域，笔者关注了一些重大的理论问题，诸如“大一统”、“夷夏观”、“中华民族”、“多元一体理论”、“多民族国家疆域的形成和发展”、“朝贡体系”、“藩属体系”等，这些理论既立足于中国传统，又借鉴西方理论，并关照中国现实，取得了很大的成绩。笔者认为，理论是否有用，衡量的标准就是实践[①]。当然，笔者这里所说的实践不仅仅具有当代性，还具有历史性。因为每个时代都有每个时代的困境，每个时代都需要理论来解决自己的现实问题。之所以要从边疆史地研究跨越到中国边疆学，重要的原因之一就是要解决现实问题，要依赖经验证据和现实实践不断对理论进行检验，从而创新适合于实践的理论，这是中国边疆学构建以及边疆理论不断发展的不二法门。只要我们的理论和学科做到逻辑上自洽、现实中有用，习近平总书记所提出“推进学科体系、学术体系、话语体系建设和创新”[②]的希望就会实现，我们所着力构建的“中国边疆学”学科体系也会早日实现。

---

① 参见吕文利：《构建中国边疆学需要理论与实践的结合》，《中国边疆史地研究》2016 年第 3 期。

② 习近平：《在哲学社会科学工作座谈会上的讲话》，《人民日报》2016 年 5 月 19 日。

# 马克思的游牧民族思想及其对中国边疆学建构的意义[①]

宋培军[②]

中国历史上的游牧民族，在汉语典籍中常常是以“行国”[③]称呼。马克思的游牧民族观可以概括为如下五点：

第一，游牧民族处于“真正发展的起点”。马克思《政治经济学批判〈导言〉》指出：“以游牧民族（Hirtenvölkern）为例（纯粹的渔猎民族［Jäger-und Fischer-Völker］还没有达到真正发展的起点）。他们偶尔从事某种形式的耕作。”[④]马克思指出，与斯拉夫公社相比，印度人、古克尔特人以“直接的共同所有制”为基础、实行“共同生产”的公社，是更为古老的氏族公社类型[⑤]。

---

① 本文原发表于《中国边疆史地研究》2017 年第 4 期。

② 宋培军，中国社会科学院中国边疆研究所研究员。

③ 据《史记》卷 123《大宛列传》，这是张骞最早对汉代西北游牧民族的称呼，未见用于匈奴。参见李大龙：《试论游牧行国与王朝藩属》，邢广程主编：《中国边疆学》第 2 辑，社会科学文献出版社 2014 年版，第 173 页。

④ ［德］马克思：《政治经济学批判〈导言〉》，《马克思恩格斯选集》第 2 卷，人民出版社 1995 年版，第 25 页。*Karl Marx Friedrich Engels Gesamtausgabe*（MEGA），*Ökonomisch Manuskripte 1857/58*，Ⅱ /1.1，Dietz Verlag Berlin，1976，S.41.

⑤ ［德］马克思：《资本主义生产以前的各种形式》，《马克思恩格斯全集》第 46 卷（上），人民出版社 1979 年版，第 478、489 页。

马克思晚年指出："俄国的公社就是通常称作农业公社的一种类型。在西方相当于这种公社的是存在时间很短的日耳曼公社。"[①] 在《德意志意识形态》里，农业民族（agrikultur völkern）是不可能实行"共同的耕作"的[②]，从此标准来看，无论是罗马典型的畜牧奴隶家长制家庭公社[③]，还是在"中欧林野慢慢地移动的好战的半游牧部落"[④] 即日耳曼家庭公社，都不是农业民族。对于欧亚早期历史来说，渔猎、游牧、农耕分别处于野蛮时代低级、中级、高级阶段，氏族公社共耕、家庭公社共耕、农业公社份耕、马尔克新公社份地私有但草地仍共有，是一个大致的游牧迁徙转为定居农耕的公社演进过程。家庭公社是进入成文历史的标志。成文历史以来实行土地分割私有的雅典小农，在野蛮时代末期看到了文明时代的曙光[⑤]，由此而成为农业民族的典型。马克思、恩格斯对 völker 的使用显示，它适用于不同产业类型，可以称为渔猎民族、游牧（畜牧）民族、农耕（农业）民族、工业民族，等等。

第二，游牧民族的组织形态是"旅行团"。纯粹的游牧民族，在西方是古代日耳曼人。就游牧公社这一社会（gesellschaft）组织形态，《资本主义生产

---

① ［德］马克思：《给维·伊·查苏利奇的复信（三稿）》（1881 年），《马克思恩格斯全集》第 25 卷，人民出版社 2001 年版，第 476 页。

② 参见［日］广松涉编注、彭曦译、张一兵审定：《文献学语境中的〈德意志意识形态〉》，南京大学出版社 2005 年版，第 116、228 页。

③ ［德］恩格斯：《家庭、私有制和国家的起源》（1891 年），中国社会科学院民族研究所编：《马克思恩格斯论民族问题》下册，民族出版社 1987 年版，第 702 页。

④ ［德］恩格斯：《论日耳曼人的古代生活》（1881—1882 年），中国社会科学院民族研究所编：《马克思恩格斯论民族问题》下册，民族出版社 1987 年版，第 603 页。

⑤ 参见［德］恩格斯：《家庭、私有制和国家的起源》（1891 年），中国社会科学院民族研究所编：《马克思恩格斯论民族问题》下册，民族出版社 1987 年版，第 799、800、703、751 ～ 754 页。

以前各形态》指出：“在游牧的畜牧部落中，公社实际上往往聚集在一起；这是旅行团（Reisegesellschaft）、队商和游牧群，而从属的形式便由这种生活方式的条件下发展出来。在这里，被占有和再生产的事实上只是畜群而不是土地。”[①] 可见，东方所谓“行国”，马克思称之为“旅行团”，表现出极大的一致性。日耳曼家庭公社之下，“耕作当然已经有了比较重要的意义，可是家畜还是主要的财富……把家务和耕作看成是没有丈夫气的事情”[②]，“他们是野蛮人：进行掠夺在他们看来是比进行创造的劳动更容易甚至更荣耀的事情”[③]。重畜牧、轻农耕，贵流血掠夺，正是游牧民族的重要特点。对耕作与掠夺的这一不同态度，可以作为划分游牧民族与农业民族的基本标准。

第三，游牧部落是“第一个伟大的生产力”。《资本主义生产以前的各种形式》指出：自然形成的部落“共同体本身作为第一个伟大的生产力而出现；特殊的生产条件（例如畜牧业、农业）发展起特殊的生产方式和特殊的生产力，既有表现为个人特性的主观的生产力，也有客观的生产力”[④]。不管是畜牧生产条件，还是农业生产条件，都是社会存在的最基本层面，是生产方式乃至社会共同体的基础。游牧民族作为现代民族的前身，是历史发展的基本动力，也就是说，虽然与农耕民族相比游牧民族的产能不占主导地位，但是游

① ［德］马克思著，日知译：《资本主义生产以前各形态》，人民出版社1956年版，第27页。

② ［德］恩格斯：《论日耳曼人的古代生活》（1881—1882年），中国社会科学院民族研究所编：《马克思恩格斯论民族问题》下册，民族出版社1987年版，第603、605页。

③ ［德］恩格斯：《家庭、私有制和国家的起源》（1891年），中国社会科学院民族研究所编：《马克思恩格斯论民族问题》下册，民族出版社1987年版，第803页。

④ ［德］马克思：《资本主义生产以前的各种形式》，《马克思恩格斯全集》第46卷（上），人民出版社1979年版，第495页。

牧民族生产力的发展更多表现为社会生产力归谁所有也就是个人生产力本身的发展[①]，这自然不能排除出中国边疆学的视野之外。

第四，马克思把蒙古的牧业形态界定为“放牧”[②]，并且提出了公社的“蒙古形态”、“蒙古精神”的命题。俄国的公社所有制（gemeineigenthum）并非起源于蒙古，而是起源于印度，“公社的蒙古形态”[③]是一种特殊类型，有别于南方斯拉夫、俄罗斯、德国的农业公社类型。马克思指出，蒙古人的到来促进了俄罗斯北部各公国的联合，“俄罗斯北部各公国的联合证明，这种进化在最初显然是由于领土辽阔而形成的，在相当大的程度上又由于蒙古人入侵以来俄国遭到的政治命运而加强了”[④]。斯大林对蒙古人的游牧行为有不同的理解：“为了抵御土耳其人、蒙古人和其他东方人的侵犯……东欧中央集权国家出现的过程比民族形成的过程要快些……这些国家是尚未形成为民族（нации）但已结合在一个国家中的几族人民组成的。”[⑤]这里的“民族（нации）”概念与“几族”之“族”概念不同。

第五，马克思、恩格斯对“古代民族（antiken völkern）”、“中世纪民

---

① 参见宋培军：《中国边疆治理的“主辅线现代化范式”思考》，社会科学文献出版社 2015 年版，第 403 页。

② ［德］马克思：《政治经济学批判〈导言〉》，《马克思恩格斯选集》第 2 卷，人民出版社 1995 年版，第 15 页。Karl Marx，*Grundrisse der Kritik Der Politischen Ökonomie*，*Dietz Verlag Berlin*，1953，S.19.

③《马克思恩格斯全集》第 32 卷，人民出版社 1974 年版，第 637 页。*Karl Marx Friedrich Engels Werke*，Band 32，Dietz Verlag Berlin，1973，S.650.

④ ［德］马克思：《给维·伊·查苏利奇的复信（初稿）》（1881 年），《马克思恩格斯全集》第 25 卷，人民出版社 2001 年版，第 462 页。

⑤ ［苏］斯大林：《俄共（布）第十次代表大会》（1921 年），中国社会科学院民族研究所编：《斯大林论民族问题》，民族出版社 1990 年版，第 184、189 页。

族（mittelalter völkern）”、“现代民族”（modernen völkern）[①] 概念的运用显示，Völker 不仅适用于不同产业，还适用于不同时代。马克思、恩格斯不仅揭示了一条从民族（völkerschaften 或 völkerchen，[②] 一度译为“部族”[③]）到民族（volk）[④] 或民族（nation）[⑤] 的古代农业民族发展道路即部落—部落联盟—völkerchen—volk，而且揭示了一条游牧民族的现代演进路线。对于前一条道路，恩格斯明确指出：部落联盟（bund）“是朝民族（nationen）的形成跨出了第一步”[⑥]。对于后一条路线，马克思作了初步揭示，他把《日耳曼尼亚志》中出现的苏维汇人的“natio”界定为部落联盟[⑦]，恩格斯则进一步指出保加利亚人这一“在中世纪时最强悍的民族（stamm）”在土耳其治下“几乎是游牧

---

① ［日］广松涉编注、彭曦译、张一兵审定：《文献学语境中的〈德意志意识形态〉》，南京大学出版社 2005 年版，第 148、320 页。马克思：《资本论》第 3 卷，《马克思恩格斯全集》第 46 卷，人民出版社 2003 年版，第 911 页。Karl Marx，*Das Kapital*，Buch Ⅲ，Dietz Verlag Berlin，1956，S.858.

② ［德］恩格斯：《家庭、私有制和国家的起源》（1891 年），《马克思恩格斯选集》第 4 卷，人民出版社 1995 年版，第 102 ～ 103 页。

③ ［德］恩格斯：《家庭、私有制和国家的起源》，人民出版社 1954 年版，第 100 页。

④ ［德］恩格斯：《家庭、私有制和国家的起源》（1891 年），《马克思恩格斯选集》第 4 卷，人民出版社 1995 年版，第 102 ～ 103 页。

⑤ ［德］马克思：《路易斯·亨·摩尔根〈古代社会〉一书摘要》，《马克思恩格斯全集》第 45 卷，人民出版社 1985 年版，第 426 页。

⑥ ［德］恩格斯：《家庭、私有制和国家的起源》（1891 年），《马克思恩格斯选集》第 4 卷，人民出版社 1995 年版，第 92 页。*Karl Marx Friedrich Engels Werke*，Band 21，Dietz Verlag Berlin，1972，S.93.

⑦ ［德］马克思：《路易斯·亨·摩尔根〈古代社会〉一书摘要》，《马克思恩格斯全集》第 45 卷，人民出版社 1985 年版，第 567 页。

性质的野蛮状态”[①]，而苏格兰的盖尔人即克尔特人则是斯图亚特王朝的支柱[②]。基于此，恩格斯《论封建制度的瓦解和民族国家的产生》、《自然辩证法》揭示了现代民族的演进路线：部落—部落联盟—nationalitäten—nation。值得注意的是，“现代的民族（modernen nationalitäten）”[③]与“现代民族（modernen nationen）”[④]前后相继，但是同属现代范畴。与此一致，列宁把前者在俄国的出现确定为 17 世纪，对应俄文 национадbность[⑤]，由此从 национадbность 到 нация 的过渡确定下来。与恩格斯、列宁不同，斯大林指出：“随着资本主义的发展、封建割据的消灭和民族市场的形成，民族（национадbность，一度

① ［德］恩格斯：《匈牙利的斗争》（1849 年），《马克思恩格斯全集》第 6 卷，人民出版社 1961 年版，第 202、201 页。*Karl Marx Friedrich Engels Werke*，Band 6，Dietz Verlag Berlin，1972，S.173.

② ［德］恩格斯：《匈牙利的斗争》（1849 年），《马克思恩格斯全集》第 6 卷，人民出版社 1961 年版，第 202 ~ 203 页。*Karl Marx Friedrich Engels Werke*，Band 6，Dietz Verlag Berlin，1972，S.172.

③ ［德］恩格斯：《论封建制度的瓦解和民族国家的产生》（1884 年），中国社会科学院民族研究所编：《马克思恩格斯论民族问题》下册，民族出版社 1987 年版，第 819 页。《马克思恩格斯全集》第 21 卷，人民出版社 1965 年版，第 451 ~ 452 页。*Karl Marx Friedrich Engels Werke*，Band 21，Dietz Verlag Berlin，1972，S.395 ~ 396.*Karl Marx Friedrich Engels Gesamtausgabe*（MEGA），I /20，Akademie Verlag，2003，S.194，198 ~ 199.

④ ［德］恩格斯：《自然辩证法》，《马克思恩格斯选集》第 4 卷，人民出版社 1995 年版，第 261 页。*Karl Marx Friedrich Engels Werke*，Band 20，Dietz Verlag Berlin，1972，S.311 ~ 312. 他指出：“从 15 世纪下半叶开始”，“王权依靠市民打败封建贵族”，建立了“以民族（Nationalität）为基础的君主国”，现代民族（modernen Nationen）“就在这种君主国里发展起来”。

⑤ 中国社会科学院民族研究所编：《斯大林论民族问题》（第 396 页）引用了列宁的这一论述。

译为‘部族’[①]）就发展为民族（нация）”[②]，这就把前者划入封建割据时代即中世纪的范畴之内了。列宁批评米海洛夫斯基关于从民族联系发展到民族联系的思想即家庭—氏族—民族的演进三段论[③]，这里的“民族”其实是恩格斯所说作为近代君主制基础的nationalität，却被斯大林当作中世纪封建时代的民族，出现时代错位。斯大林提出的著名的“民族”定义把民族（нация）作为资本主义上升时代的历史范畴，有别于部落[④]。这一时代界定尽管保持了与恩格斯“现代民族（modernen nationen）”范畴的一致性[⑤]，但是有意无意继承了由俄国发明，却被恩格斯所批判的所谓“民族原则”：“每一个民族（nationality）都应当是自己的命运的主宰；任何一个民族（nationality）的每一个单独部分都应当被允许与自己的伟大祖国合并”[⑥]。其具体表现是，“东部边疆地区”的部族被认为“对于革命是极其重要的”，甚至超过乌克兰[⑦]，由此革命放大、提高了边疆部族的既有地位，卡尔梅克（恩格斯把它界定为氏

① ［苏］斯大林：《马克思主义与语言学问题》，人民出版社1962年版，第10页。

② ［苏］斯大林：《马克思主义和语言学问题》（1950年），中国社会科学院民族研究所编：《斯大林论民族问题》，民族出版社1990年版，第440页。

③ ［苏］列宁：《什么是“人民之友”以及他们如何攻击社会民主党人？》，《列宁全集》第1卷，人民出版社1984年版，第124～125页。

④ ［苏］斯大林：《马克思主义和民族问题》（1913年），中国社会科学院民族研究所编：《斯大林论民族问题》，民族出版社1990年版，第32、33页。

⑤ ［苏］斯大林：《民族问题和列宁主义》（1929年），中国社会科学院民族研究所编：《斯大林论民族问题》，民族出版社1990年版，第397～399页。

⑥ ［德］恩格斯：《工人阶级同波兰有什么关系？》（1866年），《马克思恩格斯全集》第16卷，第175页。*Karl Marx Friedrich Engels Gesamtausgabe*（MEGA），I /20，Akademie Verlag，2003，S.194，198–199.

⑦ ［苏］斯大林：《俄共（布）第十二次代表大会（摘录）》（1923年），中国社会科学院民族研究所编：《斯大林论民族问题》，民族出版社1990年版，第255页。

族[①])、布里亚特人这些“蒙古民族”的分支都被分别作为民族看待[②]。

基于以上考察可见，游牧民族之“民族”、民族国家前身之“民族”以及民族国家之“民族”，德文分别是 volk、nationalität、nation，大致分别是英文 people、nationality、nation，俄文 народ、национадbность、нация，却约定俗成统一汉译为“民族”，难免存在不能准确对应的问题。笔者认为应该分别译为人民（强调人群或族群意义，可以简称“人”，比如“汉人”、“匈奴人”、“雅典人”)、族体（强调民族的构成要件的意义，由部落民主联合或打破封建贵族割据而成，是民族的前身)、民族（强调民族整体或凝聚核心的意义)。元、明、清三代是中国历史上分别以蒙古族、汉族[③]、满族作为统治民族建立的最为典型的王朝国家，三族均可以视为恩格斯界定的古代 Nation[④]。朱元璋《谕中原檄》以“驱逐胡虏，恢复中国”作为灭元建明的号召，其治下的人民自然就是“明人”，康熙帝也称之为“中国人”[⑤]。孙中山以“驱除鞑虏，恢复中华”继

---

① ［德］恩格斯:《家庭、私有制和国家的起源》(1891 年),《马克思恩格斯选集》第 4 卷，人民出版社 1995 年版，第 129 页。

② ［苏］斯大林:《论党在民族问题方面的当前任务》(1921 年)，中国社会科学院民族研究所编:《斯大林论民族问题》，民族出版社 1990 年版，第 175 ~ 176 页。

③ 针对叶菲莫夫《论中国民族的形成》(《民族问题译丛》1954 年第 2 期）所谓封建社会时期的汉族是部族的观点，范文澜提出汉民族形成于秦汉。范文澜:《试论中国自秦汉时成为统一国家的成因》,《历史研究》1954 年第 3 期。

④ 恩格斯把苏格兰高地的克尔特人（the Highland Gaels）和威尔士人（the Welsh）都称为 nationality，而不是像英格兰人（the English）那样称为 nation，尽管把三者都称为 peoples。恩格斯:《工人阶级同波兰有什么关系？》(1866 年),《马克思恩格斯全集》第 16 卷，第 175 页。*Karl Marx Friedrich Engels Gesamtausgabe*（MEGA)，I /20，Akademie Verlag，2003，S.199.

⑤ “朝鲜系从来所有之外国，郑经乃中国之人”,《敕谕明珠等比例朝鲜不便允从》,《明清史料》丁编第三本，台湾“中研院历史语言研究所”1972 年版，第 272 页。

之，他的“中华民族”概念有时是以汉人代名词[①]的面目出现的，其上还有一层“大中华民族”[②]概念，蒙古等少数民族代表得以加入中国国民党，由此替代“五族共和”的国会模式而开启了建国的新模式。就清代而言，它确立的是以“中华大皇帝”为中外共主而以满洲八旗、蒙古八旗、汉军八旗为核心内藩的主奴军事集团，这一主奴集团把满、蒙、回、藏诸民族联合提升为国体民族（Nation），把汉人这样的主体民族整体变为政体民族（Nationality），从而形成一个边疆与内地大致平衡但各民族政治地位不平等的帝国民族框架。在恩格斯那里，君主制取代封建制的民族基础正是Nationality，也就是说，nationalität已经不是封建中世纪而是近代（现代初期）的事物了，把作为清代君主制基础的汉人视为nationalität而非Nation，应该符合恩格斯的思想。

与日耳曼人在西风带中的游牧乃至民族大迁徙不同，在东方大陆季风气候下，在边疆民族地区，夏季牧场（夏季营盘、夏窝）和冬季牧场（冬季营盘、冬窝）之间的季节游牧，成为典型游牧形态，而在中原内地，最为典型的变化是春秋战国时期农牧混合经济转化为单一农业经济[③]。笔者认为马克思的游牧民族及其建国道路理论对于中国边疆学的建构至少有如下三点方法论启示：

---

① 1921年3月孙中山提出“汉族改名中华民族”，其改名用意是基于如下认识：“满、蒙、回、藏……无自卫能力……提撕振拔他们，仍赖我们汉族……拿汉族来做个中心，使之同化于我，并且为其他民族加入我们组织建国的机会”。《在中国国民党本部特设驻粤办事处的演说》（1921年3月6日），《孙中山全集》第5卷，中华书局1985年版，第474页。

② 《中国国民党党纲》（1923年1月1日），《孙中山全集》第7卷，中华书局1985年版，第4页。

③ 参见陈平：《陈平集——封闭·冲击·演化》，黑龙江教育出版社1988年版，第107页。

第一，完整、准确地理解社会存在决定论或生产方式制约论这一马克思的“原理”[①]发现，才有可能把它运用于中国边疆学建构。《德意志意识形态》指出：“各个民族之间的相互关系取决于每个民族的生产力（produktivkräfte）、分工和内部交往的发展程度。这个原理是公认的。”[②]相对于日耳曼人游牧时期的“粗糙生产方式”，“战争本身还是一种通常的交往形式”[③]。可见，生产与交往同属社会存在范畴，把生产方式、生产力的制约论变为决定论则是片面的。在马克思《政治经济学批判（序言）》四种生产方式论的基础上，列宁、斯大林发展出五种生产关系论。列宁《论国家》把“世界历史”与“历史”、“绝大多数民族”与“绝大多数国家”概念等同，把“世界历史”或“历史”说成是世界各国至少是绝大多数民族、国家及其所走、要走的道路，其理论前提“俄国维持的最久、表现的最粗暴的农奴制，同奴隶制并没有什么区别”[④]需要反思。对于建立中国边疆学而言，马克思关于要证明“有史以来所有的东方部落中定居下来的一部分和继续游牧的一部分之间的一般关系”[⑤]的提示，是以游牧边疆为主要对象的中国边疆研究的重要方法论指导。

第二，民族交往、交流、交融是历史发展的动力。马克思曾谈到“两个不

---

① 参见［德］恩格斯：《卡尔·马克思〈政治经济学批判·第一分册〉》，《马克思恩格斯选集》第2卷，人民出版社1995年版，第37～39页。

② ［日］广松涉编注、彭曦译、张一兵审定：《文献学语境中的〈德意志意识形态〉》，南京大学出版社2005年版，第80、252页。

③ ［德］马克思、恩格斯：《德意志意识形态》，《马克思恩格斯选集》第1卷，人民出版社1995年版，第125页。

④ ［苏］列宁：《论国家》（1919年斯维尔德洛夫大学演讲，1929年发表），《列宁选集》第4卷，人民出版社1972年版，第45～46页。

⑤ 《马克思致恩格斯》（1853年6月2日），《马克思恩格斯文集》第10卷，人民出版社2009年版，第111页。

脱离”：俄国不是“脱离世界而孤立存在的”①，俄国的农业公社“也不是脱离现代世界孤立生存的”②，斯大林也谈到俄罗斯民族的历史有“三个不脱离”：“大俄罗斯的历史不脱离其他各族人民的历史，这是第一，而苏联各族人民的历史不脱离整个欧洲历史，并且一般的也不脱离世界历史，这是第二”。③如果脱离开世界历史包括欧洲历史，自然就会否定古代的生产方式在苏联本土的存在，也就会否定古代民族的存在，由此也就不难理解何以苏联本土的民族历史仅仅被列宁归结为氏族—национадьность—нация 的三部曲。在改革开放的新的历史时期，面对“苏东剧变”的新的国际形势，中国共产党发展出“三个离不开”的思想：“汉族离不开少数民族，少数民族离不开汉族，少数民族之间也相互离不开”，是对中国历史和世界历史关系正确把握的结果。西方的多瑙河边界、东方的长城边界都曾具有大致相同的游牧农耕分界意义。中国历史上，南匈奴、拓跋鲜卑等的汉化，是交往交融促进民族发展的典型例子。广义的民族交往，还包括暴力、战争等，对于历史发展的重要性在于其社会革命意义。边疆与内地、农耕与游牧的整体关照，应该是中国边疆学的重要课题。

第三，民国初年提出“五族共和”的建国构想，试图确立以汉、满、蒙、回、藏五大民族同为国体民族的中华民族国族框架，新中国建立之初进行民族

---

① ［德］马克思：《给维·伊·查苏利奇的复信（二稿）》（1881 年），《马克思恩格斯全集》第 25 卷，人民出版社 2001 年版，第 472 页。*Karl Marx Friedrich Engels Gesamtausgabe*（MEGA），I /25，Dietz Verlag Berlin，1985，S.232.

② ［德］马克思：《给维·伊·查苏利奇的复信（初稿）》（1881 年），《马克思恩格斯全集》第 25 卷，人民出版社 2001 年版，第 461 页。*Karl Marx Friedrich Engels Gesamtausgabe*（MEGA），I /25，Dietz Verlag Berlin，1985，S.224.

③ ［苏］斯大林：《关于“苏联历史”教科书提纲的意见》（1934 年），中国社会科学院民族研究所编：《斯大林论民族问题》，民族出版社 1990 年版，第 427 页。

识别工作，将五大民族最终认定为56个民族[①]，国家民族事务委员会作为主管少数民族事务的机关，其对“民族”字眼的使用和翻译对应的是“nationality”而非“nation”，从中华民族各民族在法律面前一律平等的原则来看，是符合恩格斯对两者的区分的。但是，在“民族平等”成为政治正确标签的新的国际气候下，nationality往往被人为抬升为nation，中国则出现了降低其政治性的学术思潮乃至社会潮流。其实，nationality根本不具有建立民族国家的资格，与具有建立民族国家资格的nation相比，其政治性已经低很多，把它汉译“族体”，以代替在中文环境下含义丰富而随时变化的“民族”以及更多意指游牧民族的“部族”，似乎是可以考虑的选择[②]。这样，一个以多元族体（nationalities）为梁柱支撑、以一体中华民族（one-nation[③]）以及“中华民族共同体”[④]意识为核心上层的双层边疆民族治理模式和分析研究框架得以确立。

---

① 1953年，毛泽东在中共中央讨论《关于过去几年内党在少数民族中进行工作的重要经验总结》时强调：“科学的分析是可以的，但政治上不要去区分哪个是民族，哪个是部族或部落。”参见江流：《马克思主义民族理论与中华民族论》，《马克思主义研究》2011年第6期。

② 英文世界对nations与one-nation的最近的官方表达显示，统一（a union）不仅仅看作联合王国不同民族之间（between the nations of the United Kingdom）的联合，而且看作全体公民之间（between all of our citizens）的联合，前者即演讲前文谈到的the bond between England，Scotland，Wales and Northern Ireland，而a one-nation government是其代表。4个民族（nations）构成1个国族（one-nation）。参见《特蕾莎·梅接任英国首相公开演讲全文》，http：//www.kekenet.com/read/201607/454543.shtml，访问时间：2017年7月12日。

③ 对one-nation一词的使用带有“中华民族是一个”的意味，显然涵盖众多民族（nations），其实仍未脱离恩格斯所说的nation、nationalities双层结构。对顾颉刚“中华民族是一个”的分析，参见李大龙：《对中华民族（国民）凝聚轨迹的理论解读——从梁启超、顾颉刚到费孝通》，《思想战线》2017年第3期。

④《习近平总书记2014年9月28日在中央民族工作会议上的讲话》，《习近平谈治国理政》（第二卷），外文出版社2017年版，第300页。

# 论中国边疆研究的特点及面临的困难①

周卫平②

以中国边疆为主要内容的边疆研究，在中国有着悠远的历史和优良的传统。19 世纪以来，中国边疆研究出现了三次高潮：第一次是 19 世纪中叶至 19 世纪末，西北史地学的兴起是中国边疆研究高潮的标志；第二次是 20 世纪 20 年代至 40 年代，在民族危机激发下出现的中国边疆研究高潮，两次研究高潮的实践与成果，为中国边疆研究从传统中国史学研究到现代多学科相结合综合研究的转变准备了条件，积累了经验。进入 20 世纪 80 年代，中国边疆研究迎来又一次发展的勃兴期，也可视之为进入近代以来中国边疆研究的第三次高潮，这次高潮迄今为止方兴未艾，这一次高潮期中国边疆研究持续时间之长、视角之广、参与学者之众、成果之丰，也是前所未有的。

## 一、中国边疆研究发展的特点及趋势

三次高潮中，中国边疆研究呈现出三个显著特征。

① 本文原发表于《暨南学报（哲学社会科学版）》2016 年第 12 期。

② 周卫平，中国社会科学院中国边疆研究所研究员。

第一，19世纪中叶至今，中国边疆研究经历了若干次研究范式的转型。伴随着新研究范式的诞生，新的研究旨趣、新的学者群体和新的学术中心不断出现。

19世纪中叶至19世纪末清代西北史地研究的兴起可以说是中国边疆学的萌芽时期。这一时期西北边疆危机日趋严峻，中国原有的治边理论受到严重挑战，新形势下学者们开始重新思考边疆问题，西北史地学由此繁盛。由于这些边疆研究者具有强烈的忧患意识及明确的目的，立足于“经世致用”原则，潜心进行实地考察，其研究成果具有较强的学术性、系统性和可操作性。边疆研究方面的著述“种类繁富，体制斑斓，这时期潜心于边疆史地学研究的学人如群星璀璨，交相辉映，极一时之盛，涌现了祁韵士、徐松、洪亮吉、龚自珍、魏源、张穆、何秋涛、姚莹、沈垚、俞正燮等一大批硕学之士”[①]。学者们为挽救西北危局，或以翔实的论据及地图考证西北史地来为具体的国界划界提供理论依据，作为现实中解决边疆危机的基础；或以自身的经历为西北边疆的治理提供思路；或试图以一种新的方式构建边疆体系。可以说，“西北史地学逐渐摆脱了以往的机械描绘，正在走向科学化。而且史地学者们从学术的角度厘清了边疆、边界与部分国界，以往的模糊的边疆观，透过清楚的人种学、地图学甚至探测学之类的出现与考察，在与外国势力与学术的较量中，逐渐明确了国家疆界及与这种疆界紧密相关的国家主权，完成了中国边疆统治治理方式的转变探索，促进着中国的领域属性的近代转型”[②]。

---

① 马汝珩、张世明：《嘉道时期边疆史地学的繁荣与经世致用思潮的复兴》，《中国边疆史地研究》1992年第1期。

② 刘晓原：《重塑天下：中国边疆与20世纪的革命、战争、外交》，台北连续国际出版发行集团2010年版，第120页。

进入20世纪20年代，中国统一的多民族国家遇到前所未有的民族危机，国势险峻，民族主义情绪高涨，边疆研究成为众多学人关注的焦点，中国边疆研究也取得重要进展。这一时期的中国边疆研究以边政学理论的构建和实践为中心，从中国边疆整体角度出发，聚焦国家兴亡与边事盛衰的关系，研讨边疆全局与局部问题，分析国内边疆问题、中国周边及世界格局形势，由此中国边疆作为一个完整的研究客体终于被赋予其自身应有的独立地位。更重要的是，这一阶段具有新知识结构及具备新理论、新方法、新视角的群体开始积极参与边疆研究，以形式多样和数量众多的学会、报纸、杂志为代表的团体、媒介全面参与边疆研究，充当学术与社会的桥梁。其中表现最为突出的是顾颉刚和谭其骧倡办的禹贡学会。禹贡学会先后吸纳包括钱穆、黄文弼、顾廷龙、朱士嘉、韩儒林、翁独健、吴丰培、侯仁之等著名学者。以燕京、北京、辅仁三所著名大学师生为基础学术队伍的禹贡学会，在当时拥有一流的学术骨干。随着高等教育事业在全国各地的普及，中国边疆研究也由北京等少数大城市遍及全国各地，中国边疆研究的整体布局也由此形成。

新中国成立至改革开放前，中国边疆研究受到种种因素的制约相对停滞。中共十一届三中全会以后，在学术大潮的推动下，中国边疆研究日益兴盛繁荣，中国边疆学的构建开始提上日程。标志之一是1983年3月中国社会科学院中国边疆史地研究中心的成立，它是新中国成立以来第一个以中国边疆为研究对象的专门研究机构。最初，边疆中心以三大系列（中国古代中原王朝与边疆地区关系、中国近代边界变迁史、中国边疆研究史）为研究重点，取得一系列重大成果。21世纪初，“疆独”、“藏独”问题的加剧使边疆问题的重要性更加凸显，边疆研究开始加大对现实问题的研究力度，来自民族学、社会学、政治学、文化人类学等学科的研究人员开始关注边疆研究，边疆研究的论著相继出版发行，边疆研究也开始转向多学科综合研究。学者们发表了大量论文，从各个方面探讨中国边疆学的构筑[①]，中国边疆学的构筑由此取得较大的进展。

如上所述，边疆研究中无论领域宽窄、题目大小，其研究内容都是在某个层面具有共性的问题。一般而言，在各种研究模式的支配下，会出现一批具体的研究成果。随着时代的变化，人们的观念不断更新，就会挑战和质疑原有的研究模式，从而产生新的研究模式，新的研究模式再导致一批具体成果，如此周而复始，边疆研究就会有新的发展和新的进步。

第二，19 世纪中期以来中国边疆研究的取向从西北一隅转向边疆整体地区，继而延及各边疆地区。中国边疆研究从边疆史地研究转向边政学，逐步与民族学、社会学、经济学等多学科交叉，最终形成中国边疆学。

中国边疆研究发端于西北史地学，因为西北史地学有着相当雄厚的学术基础。清政府统一西域后，决心加强有效管辖，这就需要对西域的历史、地

---

① 专著类有郑汕:《中国边疆学概论》，云南大学出版社 2012 年版。论文有邢玉林:《中国边疆学及其研究的若干问题》,《中国边疆史地研究》1992 年第 1 期。马大正:《关于构筑中国边疆学的断想》,《中国边疆史地研究》2003 年第 3 期;《深化边疆理论研究与推动中国边疆学的构筑》,《中国边疆史地研究》2007 年第 1 期;《我的愿望是构筑中国边疆学》,《北京日报》2007 年 10 月 8 日;《边疆研究者的历史责任：构筑中国边疆学》,《云南师范大学学报（哲学社会科学版）》2008 年第 5 期;《关于中国边疆学构筑的几个问题》,《东北史地》2011 年第 6 期;《略论中国边疆学的构筑》,《新疆师范大学学报（哲学社会科学版）》2013 年第 3 期。李国强:《中国边疆学学科构筑的透视》,《云南师范大学学报（哲学社会科学版）》2008 年第 5 期。方铁:《论中国边疆学学科建设的若干问题》,《中国边疆史地研究》2007 年第 2 期;《试论中国边疆学的研究方法》,《云南师范大学学报（哲学社会科学版）》2008 年第 5 期。邢广程:《关于中国边疆学研究的几个问题》,《中国边疆史地研究》2013 年第 4 期。周伟洲:《关于构建中国边疆学的几点思考》,《中国边疆史地研究》2014 年第 1 期。王袁剑:《边疆理论话语的梳理与中国边疆学的可能路径》,《中国边疆史地研究》2014 年第 1 期。王欣:《中国边疆学构建面临的几点理论挑战——以拉铁摩尔、狄宇宙和濮德培为例》,《思想战线》2014 年第 3 期。

理、民族、风俗等有所了解。为迎合清政府的需求，西北史地学由此而生。鸦片战争后，由于西学东渐，与西北史地研究密切相关的学科如地理学、地图学、考古学等有了较大发展，这些领域的发展又使西北史地学研究的内容发生变化，研究领域进一步拓展。辛亥革命的胜利实现了中国从古代王朝国家向现代民族国家的转变。“民国肇造，五族一家，尊重边人之地位，取消理藩之名称，改设蒙藏事务局；三年，改为蒙藏院，以正副统裁领之，地位与各部并行。”[①]1929 年 2 月南京国民政府在行政院设蒙藏委员会，管理蒙古西藏事务及边疆地区各民族事宜，并设绥、宁、新、藏、滇、康调查组，从事边疆调查、边疆政策研究。这些机构的设立在边疆民族事务处理中发挥了重要作用。20 世纪 30 年代，帝国主义国家，尤其是日本帝国主义侵华时期，中国的边疆地区首当其冲成为日本等列强侵略和宰割的对象。在民族和国家存亡之际，全国各阶层更加关注边疆，由此，学者们也将研究视线转向整个边疆地区。一时各种报刊有关边疆的报道和评论层出不穷，有关边疆的论著也如雨后春笋般相继出版发行。新中国成立后，边疆研究有了进一步发展，尤其是改革开放以来，边疆地区的建设、稳定及其与内地的共同发展，引起人们的普遍关注，全方位、多视角、深层次、持续性地研究中国边疆成为时代需求。学者们在中国边疆史地研究的众多领域进行了探索，如历史上的中国疆域研究、中国封建王朝边疆政策研究、中国封建王朝民族统治政策研究、近代中国边患与边界问题研究等，这些研究中，边疆总论与各边疆地区研究互相呼应、互为补充，成为彼此不可或缺的重要组成部分。值得一提的是，在

① 孙中山：《临时大总统宣言》，《孙中山全集（第一卷）》，中华书局 1982 年版，第 2 页。

西方对中国边疆研究中，以拉铁摩尔为代表的“内陆亚洲”范式、以施坚雅为代表的中国西南研究范式以及以费正清为代表的“冲击—回应”范式分别构成了西北—内亚、西南、东南面向的边疆研究范式。这些研究范式恰恰印证了边疆研究从分到总、再从总到分的研究过程。

中国边疆研究诞生于历史研究的框架之下。研究历史的目的是为了更好地了解现实，是为了将研究成果转化成制定政策的理论依据。边疆研究萌芽时期，正是西北边疆危机日益深重的晚清时期。1871 年，沙俄侵占伊犁，西北局势骤然紧张，以李鸿章为首的“海防”派声称“新疆不复，于肢体元气无伤”。在这种主导思想下，统治阶层不谙边务，不明界域，以至于在勘界谈判中屡屡失地赔款。面对这种局势，国内有识之士一方面因痛心疾首于中国疆域的丧失而不满清政府在对外交涉中的表现，一方面意识到西北边疆的重要性，认识到西北边疆史地研究刻不容缓，于是纷纷投身于西北边疆史地研究。他们希望通过研究西北疆域的沿革和变迁，对执政当局有所启示和借鉴。在这个过程中，学者们开始注重实际调查与考证，注重对西方材料的引进和运用。这个时期学者们编纂了一系列大型史地丛书，如王锡棋辑《小方壶斋舆地丛钞》、施世杰《西北地理五种》、金浦氏编《皇朝藩属舆地丛书》等，西北史地学进入繁荣发展时期。民国建立后，边疆形势波谲云诡。列强窥伺，虎视周边。清末以来的边疆危局并未改观，反而愈益严峻。国难当头，以爱国主义为主流的民族主义高涨，与国家危亡有关的边疆史地研究也愈加受国人重视。边疆研究者一方面重视边疆史地的考证及现实危局的述论，一方面运用西学理论与方法，结合中国边疆的特殊性，构建中国边疆、边政研究体系；在方法与理论上，除传统的史学研究方法外，还运用西方学理，构建适应新形势的中国“边政学”。边政学也正是在此潮流中应运而生。总之，在 20

世纪三四十年代边疆研究中，出现了一大批新学科、新学人及论述边疆问题的著作，多学科的共同参与、大型新式学会或学术团体的成立及学术期刊的发行、研究地域的扩大、实地调查研究的兴起、学术研究主体的转变、边疆研究学术常态的形成以及国家力图通过边疆与内地的同质化来强化民族国家的构建等方面的原因，决定了从“边疆热”到建构边政学的学术转型。

20 世纪 80 年代以来，随着学术的不断进步，为顺应社会现实的要求，形成第三次边疆研究高潮。就边疆研究而言，历史学无疑是最基础、最重要的学科门类，只有对中国疆域形成、发展的历史有科学深入的研究，才可能使我们准确把握中国统一的多民族国家演进的规律，从而为中国边疆研究奠定坚实的理论基础。但仅从历史学的角度来解决中国边疆的问题显然是不全面的。在多学科交叉的大背景下，在与不同学科的对话中，研究者往往可以拓宽研究视角，改变研究范式，加深对各个层面的研究。因此，在第三次边疆研究高潮中，多学科相互交叉、相互渗透、相互交融成为普遍潮流，研究者普遍将历史学、民族学、考古学、宗教学、法学、社会学、国际关系等学科的理论和方法结合在一起，以更加多样化的视角来审视中国边疆的历史和现状，跨学科研究渐成趋势。20 世纪最后 20 余年边疆研究取得的重大成就，为边疆学的发展奠定了良好的基础。随着学科体系的不断完善，以及新思路、新方法的不断出新，研究的层面以及研究者的视角将向更深入、更广阔的方向发展。

第三，从背景来看，中国边疆危机、国家危难、社会巨变是推动中国边疆研究发展的强大动力。第一次边疆研究高潮时期，也就是近代边疆研究萌芽时期，正是西北边疆危机日益深重的晚清时期。这一时期西方列强加紧了对中国的侵略，中国的民族危机进一步加深。各国通过一系列不平等条约，在中国获取了更多的政治、经济利益，划分了势力范围，瓜分了更多的领土和主权，边疆危机日趋严峻。19世纪四五十年代由海疆和内陆开始的边患，到了70～90年代发展为中国边疆的普遍危机。西北边疆危机尤为严重。1871年，沙俄侵占伊犁，西北局势骤然紧张，以李鸿章为首的“海防”派声称“新疆不复，于肢体元气无伤”。在这种思想的主导下，统治阶层不了解边务，不掌握界域，以至于在勘界谈判中屡屡失地赔款。列强的侵略，使中国原有的治边体系受到巨大冲击，中国传统的边疆体系遭到严重破坏。而此时西北边疆内部也动荡不安。面对这种局势，国内有识之士一方面对清政府在对外交涉中的表现十分不满，一方面也意识到西北边疆的重要性，认识到西北边疆史地研究刻不容缓，于是纷纷投身于西北边疆史地研究，形成一个研究高潮。

20世纪20年代，中国边疆形势波谲云诡，非常危急：苏俄鼓动外蒙“独立”、英国策划分裂西藏、日本先后两次策动满蒙“独立”。1931年日本发动“九一八”事变，举国震惊。翌年，日本又在东北扶植建立伪满洲国。中国遇到前所未有的民族危机。中国的边疆地区首当其冲，成为日本等列强侵略和宰割的对象。清末、民国以来边疆危局并未改观，反而愈益严峻。国难当头，在民族和国家存亡之际，全国各阶层更加关注边疆，与国家危亡有关的边疆史地研究也愈加受到国人重视。边疆研究成为众多学人关注的焦点，中国边疆研究也取得重要进展。

中华人民共和国成立后至改革开放前，中国边疆研究受到种种因素的制约相对停滞。改革开放后，中国社会发生巨变，中国边疆也出现了很多变化，中国边疆研究需要关注的领域和范围大大拓宽，需要进行深入研究和解答的问题越来越多。与此同时，由于中国的崛起，中国周边国际环境也出现了新情况、新因素和新问题。这些情况使人们愈加关注边疆研究。随着研究的深入，以往被忽视或研究不够深入的大量问题日益凸显其重要性，边疆研究中的难点问题层出不穷，这些问题因具有重要的学术价值和现实意义而不可回避，对这些问题的研究也为研究者的科研活动提供了巨大的空间，同时也展示出中国边疆学学科的发展潜力。

综上所述，从学术与社会的互动及关系角度来看，中国边疆危机、国家危难、社会巨变等的挑战激励了边疆学者们的爱国热情，从而转化为推动中国边疆研究发展的强大动力。对于学者们而言，此种动力是内在的。可以说，该动力在中国边疆研究学术发展史上占据了主导作用。

## 二、构筑中国边疆学面临的现实困难

进入 21 世纪，边疆研究领域面临着诸多新的挑战，“藏独”、“疆独”问题扩大化、严重化，海疆问题日益重要。把传统问题与现实问题融为一体，探索当代中国边疆治理的重大问题，已成为边疆研究的客观要求。中国边疆学这一发展中的边缘学科因为其独特的理论价值和实践意义而不断得以彰显，中国边疆学的构筑日益引起学术界的关注。中国边疆学呼之欲出，而最后一步却举步维艰。

困难之一：国内外学者对中国边疆的独特性认识不足，给中国边疆学的国际化带来阻碍。

学者们对边疆的含义进行了全方位、多角度的诠释，成果浩如烟海。由于研究领域的不同，加之边疆内涵和外延在不断地调整和变动，学者们对边疆的含义有不同的看法。如学者们先后提出将边疆划分为政治边疆、文化边疆、拓居边疆、利益边疆、高边疆等。不可否认的是，大部分学者们在探讨边疆的含义时，并未注意到中国边疆的特殊性。他们一直致力于对“边疆”一词作出界定，希望在研究中找到中国边疆与国外边疆的同质性，从而就边疆的含义达成共识。然而，由于中国边疆是在特定的社会历史条件下形成的，它蕴含着丰富的民族文化内涵，这使中国边疆的概念大大有别于西方国家的边疆概念。中国边疆之特殊性，一是在于它不以线划分，而是以区域划分；二是中国边疆既有陆疆，也有海疆；三是中国边疆与民族不可分割，边疆问题、边疆治理都被纳入民族问题或民族政策的范畴中，处理边疆问题的措施也被置于民族政策之下。当然部分学者也注意到中国边疆的这种独特性，如拉铁摩尔认为“中国边疆”指的是历史上少数民族尤其是游牧民族活动的区域，包括东北、内蒙古、新疆、青海、西藏（含西康，即今川西北的甘孜、阿坝州），甚至宁夏北部等区域。狄宇宙是以民族和文化来定义中国边疆的，他认为“边疆地区是这样一种地区，不同的民族，其对生活、社会和道德的理解迥然有别，而且构成他们自身和确定他们的民族性的价值观也完全不同，边疆还是这样一种地区，它是建立在那些使用文字和不使用文字的人之间的（从而证据就具有片面性）”[①]。对于中国边疆的含义，笔者认为当以著名边疆学专家马大正的定义最为精准凝练：边疆有广义和狭义之分；中国的边疆包括陆疆和海疆。陆疆指沿国界内侧有一定宽度的地区，必须具备下述条件的地区才可称为陆疆地区，即一要有与邻国相接的国境线，二要具有自然、历史、文化诸多方面的特点。中国海疆可以包含两大部分：一是大陆海岸线至领海

① 王欣：《中国边疆学构建面临的几点理论挑战——以拉铁摩尔、狄宇宙和濮德培为例》，《思想战线》2014 年第 3 期。

基线之间的海疆，这是国家的内海，其法律地位与领土完全相同；二是领海基线以外的国家管辖海域与岛屿。

由于不同的地理位置和不同的历史文化基础，中外学者对边疆的理解有一定差异，从而造成国际学术界对于边疆的定义大不相同。欧洲人所使用的“边疆”，主要是指一条变动不居的“边界线”，那里筑有武装工事以清楚地划分出两个不同的行政区之间的界线；与之不同的是，美国边疆是向西移民浪潮的前沿——野蛮和文明的会合处。美国历史上是存在边疆的，这种边疆与我们传统历史上的内边很相似，但西进运动完成后，边疆已不复存在。中国边疆与上述两种情况都不同，事实上，国外学术界对于中国边疆到底应该是 frontier、borderland 还是 boundary 有一定的争论。欧洲国家没有边疆，只有边界，因此在理解中国边疆时可能有所偏差。我们认为中国边疆绝不是 frontier、borderland 或 boundary 这些词所能解释的，中国边疆是统一的多民族中国不可分割的组成部分，又是多元一体中华民族中众多少数民族的主要栖息地。从历史角度看，中国边疆是统一的多民族中国、多元一体中华民族这两大历史遗产的关键点、连接平台；从现实角度看，中国边疆既是当代中国的国防前线，也是当代中国的改革开放前沿，还是当代中国可持续发展的重要基地。由此而来的中国边疆是非常独特的，这种独特性具有相当的魅力，能让人沉迷其中，无法摆脱，让人不自觉去追寻它的脚步，永不停息。然而，这种独特性目前在国际学术界并没有得到很好的诠释，我们应该加强对这方面的研究，在国际学术界持续发声，让更多的中外学者领略到它的美丽、它的与众不同，从而吸引更多的人进入这个领域。希望在不久的将来，国外学者在使用边疆这一词时，不是 frontier，不是 borderland，更不是 boundary，而是 Bianjiang。

困难之二：中国边疆学学科踏上一级学科之路任重而道远。

统一的多民族国家和多元一体的中华民族是先辈给我们留下的历史遗产。这两大历史遗产有一个共同的关键点，或者可称之为联系的平台，那就是边疆地区。如果没有边疆这个因素，中国就不可能成为一个统一的多民族国家，如果没有中国边疆地区存在，那么生活在边疆地区的中华民族的各民族也不可能进入统一多民族的范围[①]。从现实的角度说，边疆是国防的前线、改革开放的前沿及当代中国可持续发展的重要组成部分。中国边疆的这种特殊地位决定了中国边疆研究在学术领域上的重要地位，中国边疆研究的发展深化使得中国边疆学的构筑成为社会的客观需要。在长时期的发展过程中，中国边疆研究目前已经形成一支专门的研究队伍。

经过几代学者的努力，目前在中国边疆学学科的基本理论和框架上已达成共识。中国边疆学应该是一门研究中国边疆形成和发展规律的多学科交叉的边缘学科，是一门极具中国特色的新兴学科；中国边疆学的基本功能可概括为文化积累功能和资政育民功能两大方面。中国边疆学特定的研究对象决定了研究的三个有机结合，即从研究对象中国边疆言，是历史与现实的结合；从研究类型的分类言，是基础研究与应用研究的结合；从研究方法言，是多种学科研究方法的整合。中国边疆学的内涵可包括两大领域，即基础研究领域和应用研究领域。中国边疆学基础研究领域，包括中国边疆理论、中国历代疆域、历代治边政策、边疆经济、边疆人口、边疆民族、边疆地理、边疆国际关系、边疆军事、边界变迁、边疆人物等诸多研究方面；中国边疆学应

① 马大正：《略论中国边疆学的构筑》，《新疆师范大学学报（哲学社会科学版）》2013 年第 5 期。

用研究领域，则是在基础研究的基础上对当今及未来中国边疆的发展和稳定的战略性、预测性的宏观与微观相结合的研究。

一门学科的产生首先必须具备三个条件：一是社会的客观需求，二是专门研究队伍，三是研究理论及框架。从目前情况看，中国边疆学已基本具备了这三个条件。但是，与中国边疆的丰厚内涵和日益增长的社会发展需求相比，中国边疆学学科却处在一个极不相称的学科建设位置。目前，学科设置中，仅云南大学在中国史下的二级学科中设置了中国边疆学专业。其他与中国边疆学类似或相关的专业均为三级学科，设置在中国史下的二级学科专门史领域内。地位重要、覆盖领域极其宽广的中国边疆学不仅没有被划分成一级学科，甚至在二级学科中也硕果仅存，这种设置对中国边疆学的构筑是十分不利的。我们认为中国边疆学这样一个内容丰富、意义重大的学科，应该调整为一级学科。就中国边疆学的研究内容、研究方法和研究对象来说，放在历史学这一门类是不太合适的，历史是边疆研究的基础，但不是边疆研究的全部。历史学门类中有三个一级学科，分别是中国史、世界史和考古，如加上中国边疆学将显得有些不伦不类，笔者认为应当将边疆学与民族学、政治学一起归于法学门类下，为独立的一级学科。它的二级学科应设置为边政学、边疆理论、边疆史地、边疆现状、边疆治理等。

困难之三：中国边疆学研究人才基础薄弱，结构分布不合理，缺乏跨学科、综合素质高的领军人物。

作为推进中国边疆学发展的重要组成部分，研究人才的培养是构筑中国边疆学的保障。近年来，随着国家对边疆研究的重视，边疆研究获得空前发展，从事边疆研究的人才队伍也在不断优化与壮大。但是，与中国边疆学学科的发展要求相比，还有一定的差距。

从1939年复旦大学、云南大学首开边疆、边政课程，到1944年中央大学和西北大学创设边政学系，民国时期边疆、边政研究的高校化、学科化相当迅速。抗战期间先后设置边疆、边政课程的还有燕京大学、金陵大学、中山大学、贵州大学、浙江大学、西北师范大学、华西协和大学、金陵大学、朝阳大学、东北大学等十几所高校[①]。除在高等教育机构中设立边疆、边政科系外，边疆教育与研究还呈现向初等、中等、职业等基层教育延伸的态势。国民政府为推进边疆教育事业，于1946年成立边疆教育司，分管边疆教育的职业、专科、师范学校教育等事宜。从1947年统计的抗战十年来“国立各级边疆学校概况表”可知，全国从中央到地方、从高等至基础教育的边疆教育院校共有54所，班级295个，教员1077人，学生9237人，其中还不包括私立院校及团体组织的边疆教育机构[②]。

与民国时期的边疆研究人才相比，目前边疆研究的基础相当薄弱。由于边疆学学科还未建立起来，在本科招生专业中无此专业，我国各大高等院校也就没有相应的本科教育，边疆研究的基础人才非常缺乏。目前边疆研究的专门机构主要有：中国社会科学院中国边疆研究所、武汉大学中国边界与海洋研究院、中央民族大学中国边疆学中心、四川大学中国西部边疆研究院、南京大学民族与边疆研究中心及中国南海研究协同创新中心、陕西师范大学中国西部边疆研究院、西北大学丝绸之路研究院、吉林大学边疆考古研究中心、上海大学丝绸之路与边疆战略研究中心、浙江师范大学环东海海疆与海洋文化研究所等。虽然上述高校在研究生教育方面增设了边疆学研究，但总

---

① 王海文：《俾尽书生报国之志——追忆上世纪三四十年代的边疆史地》，《中国民族报》2009年3月13日。

② 曹树勋：《抗战十年来中国的边疆教育》，载《中华教育界》1947年第1期。

的说来数量较少，每年培养的研究人才不过几十人而已，且多集中在这些院校的研究机构。在我国，院校教育是人才培养的主要载体，没有高等院校对边疆研究人才的培养，中国边疆学的未来堪忧。只有高校广泛参与到中国边疆学的教学与研究活动中，使之专门化、科学化，边疆研究的主体及其机构自身建设才能日益壮大和发展。只有边疆研究在基础教育领域实现专科化、科学化、学科化，才能产生一批边疆学术研究人才，从而推动边疆研究及学科建设进一步深化。

此外，边疆研究人才队伍在专业和地区分布上存在着较大的问题。专业方面，边疆史地、边政学研究力量较强，特别是在东北边疆史研究、新疆研究、西藏研究、西南边疆研究及海疆研究等专业领域涌现出一批学科带头人，但在边疆理论、边疆经济、边疆文化、边疆治理方面人才稀少；从地区分布看，边疆研究人才高度集中在边疆地区，这种研究人才总体缺乏与局部积压的畸形现象，制约了边疆研究的发展。由于本科教育没有中国边疆学专业，研究生教育主要定位在历史学、政治学、民族学等专业，而历史学、政治学、民族学等专业的侧重点是完全不同的，即使是同领域（如历史专业），各专业也具有截然不同的要求和特点，这在一定程度上影响了边疆研究的全方位、可持续发展。边疆研究需要在扎实的基础知识上进行不断创新，而基础知识的累积需要院校向学生传授基本知识。所以，目前形势下很难培养出跨学科的复合型人才。

值得庆幸的是，随着国家对边疆研究的重视，中国边疆研究的队伍也由边疆地区逐渐向全国各地扩散，这使发展中的当代中国边疆研究出现了新的格局。最突出的例证就是，原来较北方地区明显落后的以云南大学为基地的西南边疆研究，取得长足进步，推动了中国边疆学术研究的整体布局和发展。

边疆及其学术研究使学人与学术、政治、社会和生活等因“边疆”这一广阔场域得以整合与交织。边疆及其学术研究对于学者来说本就是极其珍贵的精神财富。学者在追求学术理想之际，不仅实现了自我价值，也将学术追求与爱国情怀结合起来，共同升华；同时，现实与政府的需求，也为学人及其学术的成长提供了实现其价值的契机与平台。

## 三、中国边疆学理论体系还需不断完善

如前所述，发达国家出于国家利益需要，不断推陈出新，目前已在国际边疆理论方面具有相当的话语权。随着我国综合国力不断上升，国家外向发展要求随之增加，我国也迫切需要建构起能够适应中国发展的边疆理论体系。然而，在我国新型边疆形态不断凸显的过程中，边疆理论和边疆话语却陷入一种言说的“悖论”：不承认西方边疆理论话语，则中国无法与国际主流边疆话语进行对接与勾连；承认西方两极对抗下产生的带有浓厚帝国思维和霸权色彩的软边疆话语体系，又无法解读中国包容和合的国家理念。因此，如何在当前中国边疆言说的左右为难与进退维谷中创制出一种具有生命力和阐释力的中国边疆理论话语体系，就成为建构当代中国在国际边疆话语体系中主体性的一个重要前提[①]。

中国边疆学理论研究已经走过了近百年的历程。要对百年来中国边疆学理论学科进行回顾，可能首先要回答的问题就是：什么是中国边疆学理论?

---

① 袁剑：《民族国家观念的中国式阐释与中国主体性建构》，《国际社会科学杂志》2010 年第 1 期。

什么是它的研究范畴？中国边疆学理论是一个反思的学科，它的任务是对中国边疆学的实践进行反思。这一反思表现为哲学层面的思考，其中既包括对边疆形成发展过程进行思辨性的思考，也包括对边疆学的研究过程进行分析性的思考。简而言之，中国边疆理论研究的主要内容包括：中国边疆历史发展与统一多民族国家形成的发展规律，中国边疆学的概念、范畴、学科性质、任务、体系及功能，如何构建以马克思主义为指导的有中国特色的中国边疆学理论体系，中国边疆治理内涵及外延等。

近年来，有关中国边疆理论方面的研究成果，无论在数量还是质量方面均称可观。大体说来，研究成果集中于中国边疆历史发展与统一的多民族国家形成的发展规律方面。学者们利用历史学、国际政治学、民族学、社会学等理论对统一多民族的中国和多元一体的中华民族进行研究，试图通过对古代中国的天下观、藩属体系、朝贡体系等进行解析，期待能够对中国边疆的外延和内涵提供理论依据。可以说，在疆域理论研究方面取得了较为可喜的成就，但我们也必须承认，在一个相对薄弱的基础上构建起来的中国边疆学理论研究，仍然亟须加强。例如，在中国边疆治理内涵及外延等领域的研究时日尚浅，存在着严重不足。尽管学者们也围绕国家提出的相关边疆治理战略构想，在国际社会争取话语权，积极探讨边疆治理体系及治理能力的现代化，但这其中大多研究成果只是泛泛而谈，没有切实可行的操作思路。

中华民族数千年的边疆发展史为我们提供了丰富的中国边疆学研究资料和发展空间，国际国内严峻的边疆形势、国家的需求和人民的期待，为我们构筑中国边疆学提出了明确的方向和目标，提供了时不我待的强大动力，在中国边疆学的构筑和边疆问题研究方面，我们任重而道远。

# 中国疆域构筑理论探讨

# 中国疆域的形成与发展①

马大正②

## 一、中国人民继承的两大历史遗产

我们的先辈为今人留下了两项举世瞩目、无与伦比的历史遗产：幅员辽阔的统一多民族国家和人口众多、多元一体的中华民族。这是中国不同于世界上任何一个国家的特殊国情。

统一多民族的中国，是经过一个漫长而曲折的发展过程后大致定型的。自先秦时期起，在现代中国领土内开始形成一个核心区域，这个区域大致在黄河中下游至长江中下游一带。在这个中心区域建立政权的既有华夏，也有夷狄；既有汉族，也有少数民族。在国家的发展进程中，边疆地区的发展是其有机组成部分，全国范围的发展状况决定了边疆地区的发展水平，边疆地区的发展状况对全国范围的发展也产生重要影响。

多元一体的中华民族，既是一个民族共同体概念，又是一个国族概念。“多元”指统一多民族国家形成过程中各民族所具有的“个性”和“特质”，

① 本文原发表于《中国边疆史地研究》2004年第3期。

② 马大正，中国社会科学院中国边疆史地研究中心原主任、研究员，国家清史编纂委员会副主任。

即各民族在语言、地域、经济、文化心理等方面所具有的多样性和表现形式上的特殊性；“一体”指各民族在共同发展过程中相互融合、相互同化所形成的民族共同体的共同特征和“一体化”趋势。这种由多元到一体的特点在中华民族形成过程中自始至终都存在着：首先是分布于黄河流域的多个部落互相融合形成华夏族；然后是北狄、东夷、西戎、南蛮等多种族群融入华夏族，形成汉族；汉族出现后对周围众多的民族产生强大的吸引力，成为中华民族的凝聚核心，各民族在政治、经济、文化等多方面密切联系，不断融合，形成你中有我、我中有你、谁也离不开谁的一个整体，最终形成中华民族。中华民族有两个值得重视的特点：一是多元中的本土特点。中华民族尽管是由众多民族经过数千年的不断融合而形成，但这些民族无论是历史上已消失的民族，还是现实生活中存在的民族，都是在中国这块辽阔的土地上土生土长的民族，即使有些少数民族的祖先具有外人的血统，也是在中国境内与其他民族的融合中形成的。二是凝聚力强。历史上中华各民族之间虽然有冲突和战争，但交流和融合是主流，各民族在共同生活、共同斗争中形成一个整体，在抵御外侮尤其是近代帝国主义列强侵略和瓜分时，中华民族的凝聚力不断升华并空前释放出来。

## 二、中国疆域发展阶段与历史发展大势

### （一）发展阶段

中国疆域的形成经历了数千年的时间，发展道路十分漫长、曲折，可以分作形成、发展、奠定、变迁四个阶段。

1. 形成：秦汉时期的中国疆域

秦兴起于西部，长期被认为是戎狄国家。公元前 221 年，秦灭六国统一中国，建立了我国历史上第一个中央集权皇朝帝国，中国进入新的发展阶段。公元前 206 年，秦在农民起义军和六国旧贵族的共同打击下灭亡。

秦朝的疆域东北达到辽东半岛西北部，北部达到蒙古高原，西部达到今甘肃东部及四川、云南一带，南部达到大陆南端。秦在这个广大的版图上（包括战国关东六国故地，秦北击匈奴、南取南越新拓之地）普遍实行郡县制，唯一的例外是在部分西夷地区“置吏”管理而未设郡县。秦朝的周边有东胡、匈奴、羌等部族。

公元前 206 年，汉高祖刘邦建立统一多民族国家——汉帝国。9 年至 23 年，王莽篡汉（国号为新）；23 年至 25 年，刘玄称帝（国号为汉）；25 年，汉光武帝刘秀建立东汉帝国，37 年恢复汉朝统一局面。220 年曹丕称魏帝，东汉灭亡。两汉历时 426 年。地方势力增长和农民起义是两汉灭亡的政治原因。

两汉在秦朝版图的基础上建国，政治、经济、文化中心仍在黄河中下游地区（西汉建都长安，东汉建都洛阳），但疆域范围有所变化和发展。西汉初期，南（南越、东越地区）北（河套地区）两面有所缩减，汉武帝时开始大规模拓展。极盛时期的汉代疆域与秦朝相比，东北拓展到朝鲜半岛中部，西北拓展到河西走廊和西域地区，西南拓展到哀牢夷地区和中南半岛东（北）部沿海地区以及海南岛北部。

汉朝政治制度承袭秦朝，但行政区划与地方管理制度有所变化。汉朝实行郡、国并行制（不同时期郡国数量、范围有所不同），以后又在郡、国之上设刺史部，监察地方，再后演变成行政区划——州。汉朝对边疆地区大约有三种辖治方式：一是设郡县直接管理；二是设属国间接管理（有后改为郡县者）；三是设都护、中郎将、校尉等对西域各部、匈奴和羌、乌桓、鲜卑各部进行管理。后二者都是羁縻统治。汉朝的周边有沃沮、夫余、鲜卑、匈奴、唐旄、发羌等民族。

汉朝是中国历史上第一个长期存在的统一帝国，是中国主体民族汉族的形成时期，也是中国疆域形成最重要的时期之一。

2. 发展：隋唐至元时期的中国疆域

经历了汉末农民大起义和地方割据与争雄，历史进入三国、两晋、南北朝的大割据时期。

魏（220—265）、蜀汉（221—263）、吴（222—280）三国除了彼此间争斗外，均对开发治理边疆地区投入相当力量。魏在东北边疆及朝鲜半岛北部再置四郡辖治，并对乌丸、鲜卑、西域的治理投入相当力量；蜀则下大力量平定了越巂、益州（今四川境内）、牂牁（今贵州境内）、永昌（今云南境内）四郡之变乱；吴加强了对东南沿海地区的经营，并曾出兵夷洲（今台湾）和朱崖（今海南岛）。

西晋（265—316），东晋、十六国（317—420），南北朝（420—589），政权更迭频仍，特别是由鲜卑拓跋部建立的北魏于439年统一北方，疆域北至蒙古高原，西至西域东部，东北至辽西，南境初以黄河为界，后逐渐拓展至淮河、秦岭，进一步至淮南，形成与南朝（宋、齐、梁、陈）对峙的局面。

581年，杨坚取代北周称帝建隋。589年隋灭陈朝，重新统一中国。618年，隋炀帝杨广在江都（今江苏扬州）被杀，隋亡。隋朝仅存38年。隋朝极盛时期版图未能达到汉代水平，与西晋盛时相比，虽再有河套及蒙古高原东南部，但失辽东、西域西部和云贵高原大部。

618年，李渊称帝建唐，都长安。唐朝消灭了地方割据势力，将中国统一多民族国家推进到一个新的发展阶段。唐朝前后时期盛衰反差很大，疆域盈亏亦很明显。极盛时期，不仅拥有秦汉时期的疆域范围（唯缺今云南西南部），而且东北推进到日本海西岸地区、库页岛和朝鲜半岛西南部（曾设熊津都督府），北方推进到贝加尔湖和叶尼塞河上游（属安北都护府），南方拓展到海南岛南部（设振州）。唐王朝对西陲的经营是统一多民族中国发展史上的华彩乐章。为恢复西域主权，重开商路，唐朝进行了艰苦斗争。

635年降占据今青海全部和新疆南部的吐谷浑；640年克高昌，唐以高昌之地为西州，以高昌附近浮图域为庭州（今新疆吉木萨尔），各置属县，并设安西都护府；644年突袭焉耆，设焉耆都督府；645年破龟兹都城，西域各族纷纷摆脱西突厥统治，诚心向唐。

唐统一西域后，重建西域行政，强化中央政令，有效地行使主权。首先设龟兹（今新疆库车）、于阗（今新疆和田）、碎叶（今吉尔吉斯斯坦北部托克马克城附近）、疏勒（今新疆喀什）4镇34州。不久在西突厥故地天山北路一带，设置北庭都护府，在天山南路，将安西都护府迁往龟兹，统辖天山南路畋沙（治所于阗）、疏勒（治所疏勒）、焉耆（治所焉耆）、康居（治所今乌兹别克斯坦撒马尔罕）、大宛（治所今乌兹别克斯坦塔什干附近）等都督府。安西与北庭都护府的设置并有效行使职权，将天山南北连成一片，成为统一多民族中国的一部分。661年，于阗以西、波斯以东16国附唐，唐在其地分设16都督府，下辖89州、110县、126军府。至此，大唐西部疆界推至咸海，势力范围延至里海。

安史之乱（755—763）后，唐朝疆土丧失很多。隋唐时期边疆地区存在和兴起许多民族：东北有渤海、契丹，北方有突厥、回鹘，西部有吐蕃，西南有南诏。吐蕃的兴起最为突出。吐蕃是唐朝的劲敌，663 年，吐蕃占领了青海之地，763 年又占领了河西陇右大部分地方，8 世纪末占领了西域南疆。不过，吐蕃与中原地区的交往联系也因此增加了，既包括经济、文化、人员方面的交流，也包括和亲联姻与战争。总之，唐蕃之间的交往是双向的。907 年，已遭农民起义沉重打击的唐为后梁所灭。

历时 300 多年的隋唐时期，是我国统一多民族国家发展极为重要的时期，不仅表现为隋唐统一多民族国家疆域广阔，社会政治、经济、文化高度发展，边疆开发与治理内涵丰富，而且表现为周边地区（特别是东北地区、吐蕃和南诏）社会经济发展水平提高、政治上日趋成熟、与中原的交流日益增多。而这一切又构成中国统一多民族国家进一步发展的基础。

随着唐帝国的衰亡，中国进入动荡割据时代，以及宋、辽、金、西夏南北对峙的新时期。

持续半个多世纪的五代十国（907—960），从中国统一多民族国家发展史的角度考察可以看到，当社会经济发展在更广大的地区（不仅仅是中原地区）得以实现后，在一个强大的中心（如汉、唐）因内外原因削弱后，就会出现多中心现象，但也正是随着各地社会经济的发展和各地间交流逐步加强，地方在政治上的独立性则遭到削弱，有实力的地方性中心都在为更大范围的统一做努力。黄河中下游地区、长江中下游地区、东南沿海地区在五代十国以后至清末的千余年中再未出现大规模的地方性割据现象。当然这一态势的发展与汉民族的发展、分布及各民族的融合以及宋以后中央集权制度的进一步发展、完善有关。另一个不可忽视的因素是北方边疆少数民族在政治上已经成熟，并能入主中原与汉民族轮流执掌统一江山。宋、元、明、清四朝的统治民族恰好是汉、蒙古、汉、满，从“割据对峙”到“轮流坐天下”，不能不说是历史上中国民族关系、也是统一多民族发展史上一个质的变化。

随之出现的是辽（947—1125）、宋（北宋，960—1127；南宋，1127—1279）、金（1123—1234）诸朝。辽对北部边疆地区因时、因人、因地制宜的开发与辖治加快了该地区与中原地区融于一体的进程。北宋的疆域与唐朝晚期疆域比较，北宋南疆已不含越南北部，西北以陕西横山、甘肃东部、青海湟水流域与西夏、吐蕃接界，北部则在河北、山西中部一带与辽对峙。由党项人建立的西夏，盛时辖地为今宁夏、陕北、甘肃西北部、青海东北部和内蒙古一部分。女真族建立的金，与南宋对峙于淮河、秦岭一带百余年，据有东北和中原广大地区。南宋对金处屈从地位，一个拥有大片领土由汉族统治者建立的王朝称臣于少数民族统治者建立的王朝，这在中国历史上是少有的典型的一例。在辽、宋、金时期，西南地区青藏高原有吐蕃等部，在云南高原则有以大理为中心的大理政权。

1206 年，蒙古族首领铁木真统一蒙古诸部后，称成吉思汗，建立蒙古汗国。蒙古汗国先攻金进占黄河流域，继而灭西辽、西夏、金和大理，并在吐蕃地区设行政机构进行直接统治。与此同时，蒙古军还西征亚欧广大地区。1271 年，忽必烈定国号为元。1279 年，元朝灭南宋，完成古代中国史上空前的大统一。

元朝虽仅存 98 年，元的版图东北至日本海，北至今俄罗斯西伯利亚北极圈内，西北接窝阔台（成吉思汗三子）汗国、察合台（成吉思汗二子）汗国、钦察汗国（成吉思汗孙拔都所建）和伊儿汗国（成吉思汗孙旭烈兀所建），西南接尼波罗、印度、缅甸、越南，东南至海。蒙古四大汗国中，钦察汗国和伊儿汗国名义上对大汗即元帝称藩，但实际是独立国家；察合台汗国初实际上是窝阔台汗国的附庸，两国不承认元帝的宗主地位，连兵反元；察合台汗国后与元通好称藩，并在窝阔台汗国破后并有其大部领地。元朝还设征东行省于高丽，但行省丞相由高丽国王兼任，其原有机构制度不变，故实为藩属国。

元朝为巩固和发展统一多民族国家，在继承中国历代治国方略成功经验的同时，推出更为适应历史发展的政策与制度。元朝大力加强中央集权制度，将金后期的行省制度推行于全国，辽阳、岭北、甘肃、云南、湖广等皆是置于边疆地区的行省。元还在距省治较远的地方分设宣慰司都元帅府，又有招讨、安抚、宣慰等使层层管理边疆地区。同时，元朝在边疆地区因地制宜、因俗而治。吐蕃地区初由设在中央掌管全国佛教事务的总制院管辖，该机构后改为政教合一的宣政院，从此该地区正式纳入中国版图，在畏兀尔地区设有北庭都护府等机构。在云南、湖广等一些边远地区实行土司制度。

元朝的建立标志着古代中国统一多民族国家一个重要发展阶段的结束，也预示着一个新的发展阶段即将开始，古代中国统一多民族国家进入成熟和鼎盛时期。

3. 奠定：清代的中国疆域

1368 年，朱元璋称帝，国号明，建都南京，后朱棣迁都北京。至 1386 年，在元故有版图基础上，完成除北元控制区外大部地区的统一。明前期强盛时疆土与元后期基本相同：在东北的鸭绿江一线接壤朝鲜，在北方与蒙古鞑靼、兀良哈、瓦剌各部有不同程度的藩属关系，在西北哈密以西一线与亦力把里（察合台汗国演变而来）相接。至明后期，北方瓦剌、鞑靼、兀良哈诸部地域有所发展，与明相交于西起嘉峪关、东至山海关的长城一线，东北边界退至辽河流域，西北有由各部蒙古建立的亦力把里、叶尔羌、吐鲁番三国（三国国王皆察合台后裔）以及在青海地区的鞑靼土默特部，西南部云南西界也有东移。

14 ~ 16 世纪，东南沿海一带经常受到海盗集团的烧杀抢掠，即倭寇之患，至 16 世纪 60 年代才逐渐解决倭寇之患。1553 年，葡萄牙人贿通地方官，在广东珠江口壕镜澳（今澳门）登岸建立居留地，1573 年变贿赂为地租。1624 年，荷兰人侵入台湾，在台湾实行殖民统治。上述沿边海防之患虽然还只是发生在局部地区，但这些来自海外的入侵已是一个明确的危险信号。

明后期，建州女真在东北崛起，1583 年，任明建州左卫指挥使的爱新觉罗·努尔哈赤起兵，1616 年即汗位，建国号金，史称后金。1626 年皇太极嗣立，1635 年改女真族为“满洲”，1636 年即皇帝位，改国号清。清（包括其早期发展阶段）统一全国的行动历时长达 176 年（从 1583 年起兵至 1759 年平定西域结束），最终完成了奠定中国疆域的历史使命。这一历史过程大致可分为四个组成部分：

第一，统一东北诸部族和收服漠南蒙古。太祖时统一了建州诸部和海西四部，征服或招抚了生女真的主要部分；臣服了蒙古科尔沁、喀尔喀等部，并攻取辽东地区。太宗时统一了乌苏里江、黑龙江流域和库页岛上诸部族；使包括察哈尔、土默特、鄂尔多斯等部在内的漠南蒙古全部入其版图。

第二，灭明朝，统一中原及江南广大地区。1644 年清兵入关，击败李自成，顺治帝入主北京，清以北京为都。1645 年清兵下江南，灭南明弘光帝政权。1659 年清兵入滇，灭南明永历帝政权。至 1664 年南明在大陆的残余势力基本被肃清。1662 年郑成功驱逐荷兰侵略军，收复台湾，仍奉南明永历正朔；1683 年清兵入台湾，郑克塽降。

第三，战胜卫拉特蒙古及西域诸部，收服北、西北、西南广大地区。明末清初，卫拉特蒙古占有从漠北至西域地区及青藏高原的广大地区，在卫拉特四部中，又以准噶尔部最为强盛。经康熙三次亲征，1697 年准噶尔汗噶尔丹兵败病死，清占有阿尔泰山以东地区，已臣服于清的喀尔喀三部还牧漠北故地，青海和硕特部亦称藩臣服。1720 年，清兵入藏，结束和硕特和准噶尔等蒙古人先后统治西藏的时期，西藏始入清朝版图。1724 年，清平定青海和硕特部之叛。1757 年，清平定准噶尔部，所属地区（包括乌梁海诸部）尽入版图。1759 年，清平定天山以南的回部。

第四，通过雅克萨之战和外交谈判，确定中俄东段、中段边界。1689 年，中俄签订中俄《尼布楚条约》。条约规定中俄以额尔古纳河、格尔必齐河为界，再由格尔必齐河源顺外兴安岭往东至海，岭南属中国，岭北属俄国；乌第河和外兴安岭之间为待议地区。1727 年，中俄签订中俄《布连斯奇条约》。条约规定中俄中段边界由唐努乌梁海沙宾达巴哈起至额尔古纳河西岸阿巴该图止，以南归中国，以北归俄国。1727 年签订的中俄《恰克图界约》再次重申了以上两个界约的规定。另外，1712 年定盛京与朝鲜之间的鸭绿江、图们江为界，于长白山天池南分水岭上立碑为界。在西南边疆，乾隆末年击退廓尔喀（尼泊尔）对西藏的侵扰后，相继与廓尔喀、布咯克巴（不丹）、哲孟雄（锡金）等划定了边界。

最终完成古代中国大一统伟业的清王朝对全国实施了有效管辖，以嘉庆《重修一统志》为据，嘉庆二十五年（1820）时全国分为二十七区，即内地十八省、盛京三将军、蒙藏准回六区。18 个设省地区既有汉族聚居区，也有少数民族聚居区（在直隶、山西、云南、广西等省），并继明以后展开了更大规模的改土归流。在东北地区设有奉天将军（盛京将军）、吉林将军（初为宁古塔将军）、黑龙江将军三将军辖区。在西北有总统伊犁等处将军和定边左副将军（驻乌里雅苏台）两将军辖区。在漠南蒙古和西套蒙古两地区设盟旗辖治。在青藏地区设西宁办事大臣和驻藏办事大臣两辖区。

总之，清在继承古代中国历代治国安边经验的基础上，在加强国家统一、克服割据势力、反对外来侵略、加强边疆治理与开发等方面留下大量宝贵经验。当然，清在治国安边方面的历史局限性也是明显的。随着清社会发展步伐的放慢、停滞和其统治阶层的日趋腐朽，在帝国主义列强入侵时，国家、民族危机和各种社会问题就暴露出来了，1840 年以后中国进入一个新的历史阶段。

4. 变迁：清中叶以来至民国时期的中国疆域

19 世纪中叶以后，帝国主义列强入侵中国，割占中国领土，是本时期最重要的边疆大事。资本主义列强侵占中国领土大致可分为四种类型：

第一种是邻国强占我国领土。俄国是典型。在东北，俄国通过强迫清王朝签订《中俄瑷珲条约》（1859 年）和《中俄北京条约》（1860 年），强占黑龙江以北和乌苏里江以东地区；在西北，俄国通过签订《中俄勘分西北界约记》（1864 年）、《中俄伊犁条约》（1881 年）等不平等条约，强占了从唐努乌梁海、科布多到巴尔喀什湖、帕米尔地区的大片领土。日本是又一个典型。日本首先将海外殖民目标对准中国的邻国朝鲜，继而在甲午之战（1894）中打败中国，次年迫使中国签订中日《马关条约》，割占中国的台湾省。

第二种是欧洲强国将我国领土纳入他们在中国周边国家建立的殖民地。英、法两国是典型。英国将北起帕米尔、经西藏至云南的不少中国领土并入其殖民地；法国将滇南乌得、孟乌二土司划入法属交趾支那。

第三种是列国强租强占中国沿海地区。葡萄牙在澳门，英国在香港、威海，德国在胶州湾，俄国（后为日本）在旅顺口大连湾，法国在广州湾都采取了这种手段。

伴随着中国边疆危机的加深，清王朝对边疆地区的政区管理体制进行一定的改革，这些改革有益于中国统一多民族国家及其疆域的进一步巩固，也是此时期中国边疆发展的大事，包括：1884 年设新疆行省，置巡抚驻迪化（今新疆乌鲁木齐），同时仍设伊犁将军驻惠远城，辖伊塔道；1886 年设台湾行省，置巡抚驻台北；1907 年设奉天、吉林、黑龙江行省，置巡抚分驻奉天府、吉林府、龙江府。

1912 年中华民国成立，但不久孙中山为首的政府让位给以袁世凯为首的政府。1916 年袁世凯死后，各派军阀纷争割据。1928 年，国民党领导的南京国民政府完全取代北洋军阀政府。民国初年，中国边疆形势依然十分严峻。在外蒙古有沙俄导演的“独立”、“自治”事件。1914 年，唐努乌梁海地区被沙俄出兵霸占。1913 年至 1914 年，英国策划了旨在统治西藏的西姆拉会议，中国政府代表拒签并声明不承认所谓英藏《西姆拉条约》。

20 世纪 30 年代以后，民族危机达到巅峰。1931 年，“九一八”事件爆发，东北大好河山沦陷于日本。1937 年，抗日战争全面爆发，日本侵略军入侵东北、华北、华东、华南、西南等地区，不但大片边疆领土沦陷于日本，中原内地亦有许多地区先后为日军占领。1945 年，中国人民抗日战争和世界人民反法西斯战争胜利结束。战后，中国不但收复了大陆的失地，而且收回了被日本侵占 50 年的台湾省以及在第二次世界大战中被日本侵占的南海诸岛。1946 年 1 月，国民政府承认外蒙古独立（唯详确疆界尚待勘定），这是 20 世纪以来中国疆域最大的变动。外蒙古早在 1921 年即宣告独立，并在 1924 年成立蒙古人民共和国，但始终未得到中国中央政府的承认。“二战”后中国在收复失地（包括众多租借地和通商口岸）的高潮中，却承认外蒙古独立，给国人留下许多可以反思的地方。外蒙古独立虽与中国社会演变过程密切相关，但外来因素的影响是外蒙古独立的最重要的原因，国际关系大格局的演变与远东（特别是东北亚）地缘政治的变化，相当典型地反映在这一事件中（自辛亥革命时期“外蒙古策划独立”至20世纪中期外蒙古独立得到中国中央政府承认这一历史发展过程之中）。

自鸦片战争爆发以来，特别是进入20世纪以来，在国家、民族、边疆危机日益加深之时，国人中的有识之士在指出中国“寇深矣”的同时，还强调“病革矣”。“寇深矣”即外患严重，这是一目了然的事实；“病革矣”即内忧严重，中国社会发展遇到严重的障碍。中国向何处去，是摆在国人面前的最严峻问题，然而回答好这个问题就不那么简单了，中国为此付出几代人的努力。从改良维新到民主主义革命，20世纪前半叶中国社会开始发生巨变，资本主义民主革命思想和社会主义、共产主义革命思想相继传入中国，科学救国、教育救国、实业救国等亦有众人尝试。经过近40年的矛盾斗争，1949年10月1日中华人民共和国成立，标志着中国统一多民族国家发展进入新的历史阶段。

### （二）统一多民族国家及其边疆地区的发展大势

有着广袤疆土和众多国民的统一多民族中国，是经过漫长而曲折的发展过程后大致定型于现代状态的。中国历史上的边疆大致有三种发展趋势或归宿：其一，原为某一王朝的边疆地区，经过长时期甚至是有反复的发展逐步变为内地的一部分；其二，曾是域外或边疆的地区，经过长时期甚至是有反复的发展，现在成为或仍为中国边疆的组成部分；其三，由于外来势力的影响（直接的或间接的），曾是中国边疆有机组成部分的地区，成为今天中国域外之地。如果从宏观角度观察中国边疆的发展大势，那么结论只能是：在历史发展的长河中，随着统一多民族国家由局部的小统一到全国的大一统，广大边疆地区日益成为统一多民族国家的重要组成部分。

## 三、特殊国情的产物：边疆政策

在历史演进中，统一多民族国家和多元一体的中华民族是相互依存、相互促进、同步发展的。统一多民族的中国与多元一体中华民族的同步发展，成为世界发展史上的一道独特的风景线。而促使这种同步发展成为可能、成为现实的一个重要原因，就是极富中国特色的边疆政策的实施。边疆政策的基本任务是守住一条线（边界线）、管好一片地（边疆地区），实际上包含着物与人两个要素。可以说，边疆治理是一项针对人和物综合治理的社会系统工程。在统一多民族的中国，边疆地区是少数民族繁衍生息的主要地区。因此，边疆政策的最重要内容之一即是处理民族关系，唯有调动边疆地区民族上层的积极性和为广大民族群众打造一个稳定、发展的社会环境，才能推进统一多民族中国和多元一体中华民族的良性发展。

### （一）边疆政策的内涵与作用

中国历史上无论哪一朝哪一代，都面临着边疆问题，统治者也都为巩固统治而制定边疆政策，展开边疆经略。边疆经略是历代王朝对边疆地区的开拓与经营。边疆政策是实施边疆经略的指导方针与具体措施，而治边思想则是制定边疆政策的重要前提之一。边疆政策的正确与否，边疆经略的成败得失，治边思想能否符合时代潮流，不仅直接影响一个朝代的兴衰存亡，而且对于作为整体的统一多民族中国的形成、发展也产生重大影响。

概而言之，中国古代边疆政策的基本内容有以下几个方面：

1. 羁縻与怀柔

羁縻，含有联系、牵制之意，是中国历史上中央王朝统治者统治边疆民族地区经常采用的一种政策。这种政策就是在少数民族承认中央王朝统治的前提下，中央王朝允许其实行有限自治，保持本民族原有的社会制度、宗教信仰及风俗习惯、文化传统等，并通过加强内地和边疆政治、经济、文化各方面联系，在不改变边疆地区原有政治实体内部结构的前提下，加强中原对边疆地区的影响，促进内地与边疆一体化，从而巩固和壮大大一统的国家。唐朝是我国历史上实行羁縻政策比较有代表性的朝代。羁縻政策的核心，是中央政权对边疆民族地区的适度统治，在唐朝具体表现为羁縻府州的设立。与羁縻政策相配套的是怀柔政策。早在秦朝即制定了保留归附的边疆民族首领的王、长称号，并在法律规定中对其给予优待。汉朝以后，历代封建王朝对这一统治政策奉行不悖，清朝统治者对此政策进行创新改造，使之更加完善，成为治理边疆民族的基本方针。

2. 行政管理与军事部署

历代中央王朝都设有管理边疆事务的机构。秦朝在中央政府中设有典客、典属国两个机构；汉朝中央政府设有大鸿胪，“掌诸侯及四方归义蛮夷”，“及四方夷狄封者”[①]。隋朝礼部中的主客司以及鸿胪寺，负责管理边疆民族事务；唐沿隋制，在中央政府中设礼部，其中礼部司和主客司，负责处理边疆民族事务，又设兵部职方司，掌管边疆地区的地图编制和边防设施，还设鸿胪寺负责边疆民族首领的朝见之事。元朝在中央政府中设有帝师、宣政院等机构，

① （南朝宋）范晔：《后汉书》卷35《百官二》。

管理边疆民族事务。明朝中央政府中的吏部、礼部、兵部、提督、四夷馆、鸿胪寺、行人司、僧录司、五军都督府等分掌边疆民族的相关事务。到清朝，中央政府设立理藩院，专理蒙古等民族事务。在加强行政管理的同时，历代中央王朝还通过驻扎军队，加强对边疆地区的治理。本来，“恩威并施”是我国历朝统治者惯用的手法，对边疆民族地区尤多使用。军事部署是威的体现，是“慑之以兵”方针的具体化。

3. 从和亲到联姻

我国历史上中央王朝的统治者，为了巩固与边疆地区少数民族上层政治关系的联盟，加强对边疆地区的统治，或求得边疆地区社会秩序的稳定，往往采取和亲或联姻的措施。汉、唐、清三朝在这方面具有代表性。如汉朝的和亲，主要是与北部边疆的匈奴以及西北边疆的乌孙。从汉高祖到汉武帝前期，汉朝先后有五位宗室之女和亲匈奴。从汉武帝中期以后，汉朝为联合乌孙反击匈奴，便将和亲重点从匈奴转向乌孙，先后有三位公主、两位宫女和亲乌孙、龟兹和鄯善。又如清朝的联姻，主要在满洲贵族与蒙古王公之间进行。包括两方面内容：一是清朝统治者从蒙古王公家族中选择后妃；二是清朝统治者把公主下嫁给蒙古王公。皇太极共有 15 位后妃，其中有 7 位是蒙古族，皇太极的两位皇后——孝端皇后和孝庄皇后——以及关雎宫的宸妃都来自蒙古科尔沁部。顺治皇帝有 19 位后妃，其中 6 位是蒙古族。康熙皇帝 40 位后妃中，有两位是蒙古族。乾隆皇帝的后妃中也有蒙古族。顺治初到乾隆中后期，满族贵族下嫁的公主中竟有 13 位是皇帝的亲生女儿，并且联姻范围也由漠南蒙古发展到漠北蒙古、漠西蒙古。据不完全统计，科尔沁达尔汉王旗下有公主子孙台吉、姻亲台吉 2000 余人，土谢图王旗下公主子孙台吉 500 余人，敖汉旗下 600 人，巴林王旗下 170 余人。乾隆皇帝曾作诗：“塞牧虽称远，姻盟向最亲。”[①] 清朝的满蒙联姻在发展变化过程中，逐渐形成各种制度，主要有俸禄俸缎制、入京朝觐制、生子予衔制和赐恤致祭制。但历代王朝和亲政策的局限性和非人道性也是显而易见的。以唐朝时期的和亲为例，唐蕃和亲特别是文成公主和亲吐蕃成为千古传诵的佳话，文成公主在青藏高原传播文化、播种友谊，为汉藏人民崇敬，但文成公主却不能逆转松赞干布逝世后唐蕃关系恶化的浊流。承担和亲大任的女性其个人命运的悲剧色彩，以及封建社会中政治婚姻对人性的摧残，更是令人扼腕叹息。我们应客观评述唐蕃和亲在双方关系发展全局中的实际作用。

4. 经济开发

经济发展、社会稳定是边疆治理的前提和基础，因而边疆治理的一个重要内容就是经济开发。中国封建时期的边疆地区经济开发主要有以下两种形式：一是国家行为的屯田；二是中央政府采取有效措施，推动边疆和内地的民间交往。在边疆地区屯田，又称为屯垦戍边。历史上各个朝代都把屯垦戍边当作开发边疆、巩固边防的一项重要举措。秦始皇时就开始屯垦戍边，以后各朝中央政府尤其是统一王朝的政府都奉行不悖，成为历代治理边疆政策的重要组成部分。以新疆为例，从新疆屯田的发展史看，西汉、唐、清三代是规模较大、效果显著的时期，而且各自在前代基础上有新的发展。西汉早在公元前 105 年前后即开始在眩雷（今伊犁河谷地区）屯田，目的是联合乌孙防御匈奴，但真正大规模屯田是公元前 69 年以后。屯田既可以解决粮食等物资供应，屯田人员又可以成为戍守和维持西域社会安定的重要力量，所以屯田这一措施为历朝历代所效仿。唐朝在西域的统治如果从 630 年开始计算，至 8 世纪末，前后长达

① （清）张穆：《蒙古游牧记》卷 1。

160余年。“唐自武德以来……岁发山东丁壮为戍卒，缯帛为军资，开屯田，供糗粮，设监牧，畜马牛，军城戍逻，万里相望。”[①] 从有清一代新疆屯垦的发展历史看，清朝前期，新疆是全国屯垦最发达的地区，清朝在新疆的屯垦成绩更为显著，主要表现在：一是开垦了大片耕地，推动了新疆社会经济的发展；二是完全解决了军粮供应问题，减轻了国家财政负担；三是促进了新疆文化教育事业的发展；四是为新疆的稳定提供了坚实的后勤保障。

在此必须指出，历史上的边疆政策具有鲜明的阶级属性，它的直接目的是为一朝一代的政治利益服务，但从统一多民族国家发展大趋势的背景观之，其历史的积极作用不言而喻。简言之，一是促进了多民族国家的巩固与统一；二是协调了民族关系，推动了多元一体中华民族的演进；三是有序推动了边疆地区的经济开发，推动了边疆内地经济一体化。

### （二）古代中国边疆政策的特点

中国古代边疆政策自秦汉时期初具规模后，经隋、唐、元、明诸统一王朝的充实、完善，到清朝形成完整体系。清代边疆政策可谓集中国封建王朝边疆政策之大成，具有历史的继承性、地域的广阔性、内涵的多样性、影响的深远性四个特点。

1. 历史的继承性

中国历代的边疆政策既有明确的政策目标和具体措施，又有实施政策的组织保证——从中央到地方完善的行政机制。清代的边疆政策在继承中又有创新，我们从羁縻政策、和亲政策中可以找到清代军府制、盟旗制、满蒙联

---

① （北宋）司马光：《资治通鉴》卷223。

姻等政策措施产生、发展的历史轨迹，也可以看到康熙大帝一改历代匠守长城、消极北防政策的雄才大略。

2. 地域的广阔性

清代前期，经康熙、雍正、乾隆三朝的经营，其有效管理范围，除十八行省（兼有台湾）外，还包括奉天、吉林、黑龙江、内蒙古六盟、喀尔喀蒙古各部、唐努乌梁海、新疆和西藏，成为一个幅员广阔、疆界明确的统一多民族大帝国。因此，清代的边疆地区包括了今天的黑龙江、吉林、辽宁、内蒙古、甘肃、新疆、西藏、云南、广西等省区；至于沿海诸省，以及台湾、海南（包括南海诸岛）则无论古今都是中国边疆地区的重要组成部分。这些地区无论在历史发展、社会经济、民族民俗等方面均各具特色，清朝政府的统治政策的具体内容也因地而异。

3. 内涵的多样性

地域的广阔性，决定了清代边疆政策内涵的多样性。清代的边疆玫策包括了自成一格的海疆政策和陆疆政策。清代前期海疆政策中对沿海地区的治理，与台湾、海南的治理各不相同。陆疆政策则涉及从东北到西南的广大地域，东北的军府制与新疆的军府制内容也不相同；而在西藏和西南地区，则又根据当地政治、历史、民族的特点，分别实施驻藏大臣制和通过改土归流来加强中央政府对西南诸省的统治。

4. 影响的深远性

清朝是中国历史上最后一个封建王朝，清前期的赫赫国威和清后期的屈辱挨打，对于清代疆域的形成与变化，均有直接影响。当今我国疆域的基本格局，基本上继承了清代前期的历史疆域，鸦片战争后清朝政府在帝国主义列强侵略下丧土失地，为后来的边界争端留下祸根。要解决边界争端，必须弄清清代前期疆域的形成和近代以来疆域的变化，以及清政府边疆政策失误之所在。因此，认真研究清代边疆政策的成败得失，对于维护国家统一、民族团结、边疆安定都具有重要的现实作用。

（三）两个需重视的问题

1. 中国古代“大一统”思想在中国古代边疆政策形成过程中的作用

“大一统”是中国封建王朝占主导地位的政策思想之一。董仲舒说：“春秋大一统者，天地之常经，古今之通谊也。”[①]“大一统”思想几千年来浸润着我国人民的思想感情，这是一种无形而强大的向心力。以国家统一为乐，以江山分裂为忧，是中华民族天经地义的政治价值取向，并发展成为中华民族的政治思想定势，推动了中华民族的整体发展，同时对中国古代统一多民族国家边疆的稳定起了积极的促进作用。

传统的“大一统”思想及王朝统一的规模对历史疆域的形成有很大影响。鸦片战争以前，古代中国曾 4 次出现大一统局面，其中有两次是由汉族统治者完成的，而另外两次则是边疆少数民族入主中原后完成的。汉唐两代致力于完成统一大业，把中国各地区、各民族孕育的大一统要求变成现实。元朝统一规模比汉唐更大，疆域也更加辽阔。明太祖朱元璋在谈到元朝时说：“太祖皇帝起于漠北，凡达达、回回、诸番君长尽平定之，太祖之孙以仁德著称为世祖皇帝，混一天下，九蛮八夷，海外番国归于统一，其恩德孰不思慕，号令孰不畏惧，是时四方无虞，民康物阜。”[②]元朝所创建的多民族国家的大

---

① （东汉）班固：《汉书》卷 56《董仲舒传》。

② 《明太祖实录》卷 198。

一统，对中国历史的发展影响是十分深远的。满族建立的清王朝，对统一多民族国家做出的历史贡献尤为重要。历史上任何时期对疆域版图的有效控制，都比不上清朝。清政府对边疆经营首先是实现了疆域大一统，进而对边疆地区实行全面治理和地区性开发。

清朝统一边疆，一般是使用和平招抚方法，使其接受清中央政府管辖，纳入统一多民族国家版图。对一些边疆地区民族政权一时尚不能直接进行统治时，则借助其他力量进行间接统治，实行较宽松的管理制度，但决不允许有背离清朝大一统的行为；一旦时机成熟，即由间接统治向直接统治转变。对不肯接受清政府统一政策的边疆部族和政权，在和平招抚无法奏效，甚至发生武力对抗时，清朝不惜以兵戎相见，但是在一般情况下是剿抚两手并用，在武力征讨奏效后，即实施安抚政策。

2. 清代的边疆治理未能正确应对由内边防务到外边防务为主的根本性转变

古代中国疆域之边有“内边”、“外边”之分。统一时期的边疆治理，通常是指中央政权对控制薄弱的民族地区所采取的防范和治理措施。分裂时期的边疆治理，通常是指在政权与政权之间的对峙地区和对边远民族地区所采取的防范措施。古代中国历史疆域内的大小政权的“边”，可称之为“内边”。明代以前的治边主要是针对边疆内部的问题。明代以后，情况发生了变化。明代的倭患持续近 200 年。随着西方殖民主义的崛起，侵略势力开始东来。17 世纪以来，荷兰侵占台湾，俄罗斯侵入黑龙江流域。1840 年的鸦片战争，西方殖民主义者用大炮打开中国的大门，使我国新疆、西藏、云南、广西等一些边疆省区和沿海地区的外患日益突出，出现边疆全面危机的严重局面。殖民主义者的入侵，可称之为“外边”之患。应该说，自明代以后，在中国内边防务问题依然严重的同时，现代意义上的边防即外边防务问题开始提上议事日程。清朝统治者面对边疆防务这种变化的形势，仍沉迷于治理“内边”的传统边疆政策而不思防备外患，致使清前期边疆政策的辉煌很快成明日黄花。清后期边疆政策的全面破产，是清朝丧权辱国、割地赔款的一个重要因素。

### （四）以史为鉴的启示

历史研究要面对现实和未来，这既是中国史学研究的优良传统，也是当今时代的要求。中国的边疆和历代边疆政策是一个现实感很强的研究领域，通过研究，可获启示极多，择要者，可有：

第一，中国作为统一多民族国家，边疆是国家不可分割的一部分，边疆的稳定关系国家的稳定大局；边疆的发展，关系国家发展的大局，任何轻视、放弃边疆的想法和举措，都受到历史的谴责，成为历史的罪人。以清朝为例，“塞防”与“海防”之争，左宗棠力主收复新疆，历史会记住左宗棠这一功绩。“宁失千军，不失寸土”古训，至今仍有现实意义。

第二，广义的边疆治理，包括管理和开发两个方面，开发即是经济发展、文化发展，是保证边疆稳定的基础之策，历代有作为的中央政府，如汉、唐、清在治理边疆时均注意到这一点，并取得了成效。但封建政权毕竟有极大的历史、阶级局限，如清政府在边疆地区重“稳定”，轻发展，出于阶级私利有意识保持边疆地区落后，以利统治，致使边疆地区长期仍处于落后状态，这也是不争的历史事实。

第三，中国独特的历史传统之一是中央政府的权威，这是维系统一多民族国家重要（甚至可说是最重要）因素之一。边疆治理要依靠实力，或者可说是综合国力，实力既包括有形的军事实力，也包括不可轻视的无形的中央政府权威。唐太宗为各族共推为“天可汗”可视为一例。

第四，历代边疆政策的治理形式，如中央集权，“因俗而治”，利用宗教，本民族的事由本民族的人来办，等等，都有可供借鉴的成分，值得后人在创新的基础上予以认真总结。

第五，要在增强民族凝聚力、国家向心力上多做些事。清政府的满蒙联姻，对民族首领的怀柔在这方面收到有利于清政府统治的效益。边疆民族地区特别是在一些与中原地区文化有较大差异的边疆民族地区，实际上存在着以下四个特征：地缘政治方面带有孤悬外逸的特征，社会历史方面带有离合漂动的特征，现实发展方面带有积滞成疾特征，文化心理方面带有多重取向的特征。这些特征的存在，对民族凝聚力和国家向心力言，具有消极影响。历史上如此，现实生活中也是如此。

第六，边吏是否善政关系边政是否得当。边疆地区远离统治权力中心，且情况复杂，边吏的素质要求更应优于内地。应变过激会致事态人为扩大；而过缓消极，只想息事宁人，却往往适得其反。用一句大家熟悉的话来说，即：路线确定后，干部是决定一切的。

## 四、中国疆域历史上的难点和热点问题

### （一）产生的原因

中国疆域历史上出现一些难点和热点问题，原因是多方面的，归纳起来主要有以下两个方面：

1. 研究层面原因

由于历史情况复杂、史籍记载多有歧异，引起学者们探求的兴趣，此类难点、热点问题，有待深化研究来逐步解决。

2. 政治层面原因

这一层面原因又可分为正常的和不正常的两类。所谓正常的，是指不同国家出于国家的利益考虑，要建立本国的历史体系，强调自己国家历史的悠远，维护独立传统的辉煌，对此，即便有些观点有悖历史的真实，可以求同存异，以宽容之态度待之。所谓不正常的，是指个别国家或个别团体、个人出于狭隘民族国家利益考虑，不惜故意歪曲历史事实，并将历史问题现实化、学术问题政治化，通过被歪曲的历史事实，煽动民族主义狂热，对此我们应讲明历史真相，据理力争，决不能姑息迁就。

上述原因是相互交织、互相影响的，情况十分复杂。对此，我们应本着国家利益高于一切的原则，保持政治警觉，潜心深化研究。

### （二）个案举例

当前此类难点、热点问题颇多，大体上可分为两种类型。

1. 涉及国家与国家之间争议的个案

（1）中国与朝鲜对历史疆域认识上的歧异

朝鲜、韩国史学界的主流观点是将整个“朝鲜通史”划分为以下历史阶段：旧石器时期—新石器时期—青铜时代—古朝鲜（新金属时期、卫满朝鲜、汉的郡县）—诸联盟王国（高句丽、辰国与三韩）—三国时期（高句丽、百济、新罗）—南北国时期（新罗、渤海）—高丽—朝鲜—韩国。另外还有一种非学术意味更多一些的观点则是以“檀君朝鲜”时期来标记青铜时代和古朝鲜时期。

对于这个历史延续关系的表述，中国学者的观点与朝鲜、韩国学者有很大的不同。

第一，朝鲜半岛的青铜时代比中原大约晚2000年，正是青铜时代的中原居民将青铜文化带入朝鲜半岛，从而开创了朝鲜半岛文明史。公元前11世纪，箕子（名胥余，殷商王族）在朝鲜半岛北部建立了“箕子朝鲜”，其政体是古代西周王朝的一个侯国。“箕子朝鲜”与卫满朝鲜、汉王朝设置郡县有确凿无疑的历史继承关系，“箕子朝鲜”存在与否是关系到朝鲜半岛文明史起源、朝鲜半岛民族国家的源流等的关键问题。如果我们把“箕子朝鲜”、卫满朝鲜、汉四郡时期称为“古朝鲜”时期，这个“古朝鲜”与现在的朝鲜（韩国）古代民族国家并无直接渊源关系①。这正是朝鲜、韩国一些人极力否认“箕子朝鲜”历史存在的主要原因之一。

第二，高句丽、渤海诸民族源出我国东北地区，在某些历史时期，它们的活动范围或者它们的政治统治范围扩大到朝鲜半岛中部地区，但高句丽、渤海仍属于古代中国地方民族政权，沿袭的是汉四郡的统治。自20世纪80年代以来，高句丽史和渤海史研究被人为地带上了浓厚的政治色彩，其核心就是归属问题。

高句丽古国是公元前1世纪勃兴于浑江、鸭绿江中上游一带的古代中国地方民族政权，起初，其政治和种族及地望都与朝鲜半岛南部的居民没有直

① 朝韩史学界把商周时期的“朝鲜”称为“古朝鲜”，包含于“檀君朝鲜”之中，这样一来就把古代朝鲜民族国家的历史时限大大提前，范围也随之扩大了。

接关系。魏晋南北朝时期，高句丽日益强大，向西扩张到辽河流域，向南则进入朝鲜半岛，首先攻击乐浪郡，迫使乐浪郡内徙，然后才开始与朝鲜半岛南部土著城邦小王国直接接触。迫于中原王朝的压力，高句丽于 427 年将都城迁移到平壤城（今朝鲜平壤），但这并不说明高句丽就成为一个朝鲜古代国家，除地望相接外，高句丽与百济、新罗的政体、种族仍完全不同。作为古代中国的一个民族政权，高句丽政治上隶属中央王朝，经济文化上依附中央王朝，其管辖范围内仍有大量包括汉族在内的原“四郡”居民。迁都后的高句丽与百济、新罗确实具有十分密切的关系，不管这种关系是以和平还是以对抗的形式出现，其实质类似于后来辽金王国与高丽王国的关系，即古代中国民族政权与古代朝鲜民族国家之间的关系。当然，这时的百济、新罗还没有形成真正意义上的古代朝鲜民族国家。高句丽建国后，夫余等古代部族与生活在这个地区的汉民族居民融合而形成古代高句丽民族。与此相似的还有古代渤海民族。唐宋以降，高句丽、渤海国灭亡后，古代高句丽民族和古代渤海民族的一部分又重新融入汉民族之中，另一部分确实融入古代朝鲜民族中去了，这也给今天怀抱民族主义史观的一部分人以混淆历史真相的机会。20 世纪 80 年代以后，朝韩史学界极力提高高句丽、渤海在朝鲜（韩国）古代民族国家发展史中的历史地位和价值，重要原因之一是因为虚拟的“檀君朝鲜”与统一后的新罗之间有巨大的历史空白需要填充。

因此，“古朝鲜”（包括“箕子朝鲜”、卫满朝鲜、汉四郡时期）、高句丽、渤海政权对朝鲜半岛的统治都是中国古代历史的一部分。如果仅就区域史而言，这些历史应属于朝鲜半岛文明发展史的组成部分，但不属于朝鲜（韩国）古代民族国家历史的内容。

综上所述，对朝鲜半岛历史研究的关键问题，可以得出以下六点简明的结论：

第一，“朝鲜”一词首先是作为地域名称，然后是作为“东夷”中某一支部族的名称记载到古代汉文史籍中。公元前 11 世纪，箕子在朝鲜半岛之上建立了第一个以“朝鲜”命名的文明国家，这是古代中国统一王朝治下的一个侯国，正是“箕子朝鲜”首次赋予“朝鲜”政治含义。当代朝鲜史学界不但否定“箕子朝鲜”的存在，而且杜撰出一个强大的“檀君朝鲜”（或称“古朝鲜”），而实际上最初在朝鲜半岛上称名为“朝鲜”的城邦王国与后来建立的古代朝鲜民族国家除了名称相同外，没有任何政治和历史承继关系。历史上以“朝鲜”命名的朝鲜民族国家是李氏朝鲜王国，开始于 14 世纪末年。

第二，直到 6 世纪末，朝鲜半岛上还没有出现真正意义上的古代朝鲜民族国家，生活在半岛南部的“古朝鲜人民”还处于联邦城国时期，而半岛北部则一直在古代中国中央王朝的有效管理和控制之下，那里生活繁衍的是古代中国的子民。历史上第一个朝鲜民族国家是 7 世纪中叶统一了半岛南部的新罗，朝鲜民族国家的历史以金氏新罗—王氏高丽—李氏朝鲜为承继关系。朝韩学者称之为“古朝鲜”的历史，以及高句丽、渤海国的历史，都是古代中国边疆地区发展史的一部分，但不属于朝鲜民族以及朝鲜民族国家历史的基本内容。

第三，朝鲜半岛的原始人类来源于大陆，经过长期的迁移、融合的过程，一部分定居在朝鲜半岛南部并开始形成“三韩”原始部族，这是今天朝鲜民族的本源。7 世纪，以新罗统一朝鲜半岛南部为标志，古代朝鲜民族真正形成。其后，在漫长的古代朝鲜民族发展历史中延续大范围的民族迁移、融合的进程，许多民族，包括女真（满族）、汉、蒙古、日本等民族在内，都构成今天朝鲜民族之重要源流。

第四，历史上的中朝关系是一种典型的、十分牢固的宗藩关系，最重要的原因之一是朝鲜民族从贵族到贫民都自觉接受了传统礼治思想，认同并实践以儒家纲常学说为基础的封建礼法制度。历代朝鲜王朝都在政治上依附于中原王朝，经济文化上更离不开中原王朝，历代中原王朝给予朝鲜最特别的礼遇和利益，主流是和好的。近代清朝出兵朝鲜没有超越传统宗藩关系的界限，是帮助而不是侵略。

第五，从“箕子朝鲜”、卫满朝鲜到“汉四郡”，古代中国中央王朝一直有效管理和控制着朝鲜半岛的北部地区，其后高句丽、渤海延续了中央王朝对这一地区的统治。唐与新罗的疆界确定在大同江至龙兴江（元山湾）一线。从新罗开始，历代朝鲜王国都采取领土扩张政策，新罗时期自汉江流域扩张至大同江一线，高丽时期则逐渐推进到鸭绿江入海口至咸兴一线，李氏朝鲜完成对朝鲜半岛东北部的扩张，历经 800 年的扩张，在 15 世纪后期最终将其北部疆界稳定在鸭绿江、图们江一线。

第六，古代史上朝鲜民族在异族压迫下出现过三次民族主义情绪的爆发，11 世纪辽金时期的高丽出现“三国”说，将高句丽纳入朝鲜民族国家历史范畴；13 世纪元代的高丽又出现“檀君朝鲜”说，杜撰出“强大的”以“檀君”、“古朝鲜”为名的朝鲜民族国家；18 世纪清代的朝鲜则出现“南北国”说，将渤海强行纳入古代朝鲜民族国家历史范畴。

现当代的朝韩民族主义史观的出现固然有其长期被侵略、被奴役、南北分裂的历史背景，朝韩人民需要追崇祖先以加强民族意识和民族精神，这些都是可以理解的。但是，如果是以歪曲历史、贬低其他民族为前提，更有甚者，以煽动民族情绪、提出非法领土主权等要求为目的，则是我们绝对不能容忍的。在古代朝鲜半岛历史研究和古代朝鲜（韩国）民族国家历史研究及中朝（中韩）关系史研究领域，我们应当十分重视非学术化的民族主义倾向的复活。同时，我们应结合东北疆域史和边疆理论的研究，大力加强对朝鲜半岛地区政治史及该地区各古代民族形成发展史的研究，特别应当注意考古学、人类学、民族学、地缘政治学等学科基本方法的应用，以坚实的研究为基础，还历史以本来面目。

（2）古代中国和越南间的宗藩关系

越南古为交趾之地，是中国的南邻。中越关系源远流长。越南的信史，约有2000余年，其中隶中国郡县千余年，称“北属时期”或“郡县时代”。越南建立自主国家，亦近千年。越南立国之后，中越两国之间始终保持着“宗藩关系”，直到1885年越南沦为法国的殖民地，这种关系才宣告结束。

中国封建王朝的统治，从公元前214年秦开岭南，设置桂林、南海、象郡开始。一般认为象郡包括今越南北、中部地区和广西南部的一些地方。汉初，边吏赵佗建立以今广州为中心的地方政权——南越国，于其地设交趾、九真二郡。越南古史把南越国列入王统，称赵佗为越武王，推尊为开国之君。公元前111年，汉武帝灭南越国，设九郡，其中交趾、九真、日南三郡在今越南，从此其地属中央王朝直接管辖。西汉虽有三郡之设，但被列为“初郡”，雒侯、雒将“主民如故”，且无赋税；及至西汉末东汉初，三郡久列郡县，不复为初郡，封建王朝派去的地方官掌握了郡级政权，统治当地的人民，并开始征收“调赋”。这种统治政策的强化，使固有的氏族部落制度面临崩溃的危机，雒侯、雒将行将失去他们原有的地位，引发了他们与中央王朝的矛盾。同时，地方官中的残暴贪墨之徒，更激化了封建统治与雒侯、雒将和人民的矛盾，终于在40年爆发了雒将之女征侧、征贰领导的“二征起义”。42年，东汉派伏波将军马援率军征讨，于次年镇压了这次起义。二征起义失败后，雒侯、雒将退出历史舞台，东汉的统治延伸到县级。马援最重要的建树，是把封建法律推行到交趾，以巩固封建生产关系。所以，中越学者大都认为：二征起义后，越南已完成封建化进程，步入封建社会。679年，唐于其地设安南都护府，因而越南又有安南之名。

唐朝初年，在交州之地设府（安南）、州（13个）、县（39个），此外设有羁縻州32个。从唐武德五年（622）至咸通七年（866）之间的244年中，由于安南时局时乱时安，因此唐朝在安南的统治机构多次变更。622年，安南都督府改为交州总管府，679年又改为安南都护府，后虽屡有更迭，但其统辖范围大体固定在今越南中部以北至中越边界一带，历任交州都督或安南都护的官员，均由唐中央政府委任、派遣。

在唐代，安南地方多次发生地方势力起兵反唐的事件。但从总体上来看，这一时期，安南与中央王朝以及中原地区保持着经常的、密切的政治、经济、文化联系和交往，唐王朝在安南实行的文教制度、培育和选择人才的政策，以及推行汉文化的方针，取得卓有成效的成绩。

这一时期安南与中原地区一样，普遍实行了唐中央统一的政治机构、组织原则；与中原地区一样全面实施了租调法和两税法。

唐朝灭亡后，中国进入五代十国的混乱时期，越南的封建主利用中原的分裂动荡之机，纷起割据。在大约半个世纪的时间里，先后有曲承裕、杨廷艺、矫公羡、吴权及丁部领五氏崛起，被称为“小五代”。曲、杨、矫三氏皆自称节度使，至939年，吴权称王，但时仅5年。944年，吴权卒，“管内一十二州大乱”，形成为时22年的“十二使君之乱”。直至968年，丁部领削平十二使君之乱，统一宇内，建立大瞿越国，摆脱了长达千年的中国郡县统治，开启自主王朝的新时期。丁部领建立的自主封建国家，在政治制度等方面完全仿效中国，一开始便确立了君主集权制度。丁部领在国内称皇帝，史称丁先皇，内政完全自理。这成为与中国确立宗藩关系不可或缺的条件。

当丁部领父子在越南建立自主国家的时候，中国进入宋朝，结束了五代十国的混乱局面，重新获得统一。971 年，宋太祖命大将潘美平岭南，南汉随之灭亡。丁氏父子害怕宋军乘余威荡平原属中国的交州，便主动于 973 年以丁部领之子丁琏的名义遣使贡方物，上表请封。宋太祖接受丁氏的朝贡，封丁琏为检校太师、充静海军节度使、安南都护。至 975 年，丁氏再次入贡。宋朝承认它是自己的“列藩”，破天荒第一次封丁部领为“交趾郡王”。这样，在宋太祖的时候，中越之间开始确立宗藩关系。

有宋一代确立了中越之间的宗藩关系，为以后的历朝历代奠定了基本模式，尽管以后在实施过程中遇到这样或那样的问题，但这种模式及其内涵没有本质的变化。因此，在中越关系史的研究中，宋朝时期占有重要地位。那么，宋代中越宗藩关系主要内涵如何呢？首先，越南的自主王朝要向中国朝廷朝贡，表示臣服；其次，以朝贡换取中国的册封。

明代初年，安南与明朝依然保持着宗藩关系，仅洪武年间，安南猕朝遣使至明朝请封、朝贡、谢恩、告哀就多达百余次；而明朝回访安南，颁宣诏书、回赐珍品、祭吊或册封安南王也达 30 余次。在 14 世纪末期，双方的关系主要是政治、经济方面的和平交往。

1400 年国祖摄政胡季犛篡政，置国号大虞，是为胡朝。其立朝伊始便大规模入侵中国广西边陲。1406 年明朝出兵安南，以捍卫领土、保卫边民，平息了胡朝的入侵，并重新在安南设置郡县，安南再次归入中国版图，这就是越南历史上的“属明时期”，维持了 20 年。在此期间，明朝在安南实行了一系列措施，以发展生产、繁荣社会、稳定秩序，取得良好效果。

在明朝统治安南的276年中，除“属明时期”外，对安南施行经济文化的广泛交流、互通有无、共同进步、睦邻相处的国策，在保持宗藩关系的前提下，双方经济文化交往比任何国家都更为频繁和密切，从而对双方封建社会的发展均发挥了重要的推进作用，尤其是对安南的发展更为重要，安南的封建政治制度、经济模式、文化传统更加深刻地受到中国的影响。

自宋以降，中国历代王朝对与越南的宗藩关系，既有理想主义的一方面，也有现实主义的态度。其理想是维持这种宗藩关系的模式，保护藩臣，但当其不能阻止新王朝的篡立时，便以“蛮夷易姓弈棋”、“蛮夷不足责”为辞，采取实用主义态度，承认篡立的新王朝，继续与其保持宗藩关系。明末清初，越南存在南方的阮氏、北方挟后黎皇帝而令诸侯的郑氏和盘踞高平一隅的莫氏三个割据政权。南方阮氏无法与中国联系而游离于中越宗藩之外，而郑氏和莫氏，不管是否正统，都受明清的册封，现实主义态度尤为明显。从总体上看，越南篡立的新王朝，即使其与中国的某次战争获胜，也自知无法与强大的中国长期为敌，往往遣使谢罪，吁恳请封，继续保持与中国的宗藩关系。因此，边衅和战争是短暂的，宗藩关系却绵延近千年之久。

中国在西周的时候，实行过贵族分权、封邦建国的政治制度，而秦统一六国后，就废封建，设郡县，实行皇帝集权专制的政治制度。中国的中央集权制与西欧中世纪的领主、封臣封建制是截然相反的制度。一个严格要求统一、集权，另一个则趋向分裂和分散。由于封建和集权是相反的，所以，自秦以降中国基本上就不再封邦建国，虽然汉代实行过郡县和郡国并行制，但郡国制为时较短，且不断“削藩”，因而可以说中国的“封建社会”无封建。所谓宗藩关系从政治制度层面上讲，是把国内已不推行的西周封建制和难于继续推行的汉代郡国制延伸到已经割据或建国、或中央王朝不能直接控制的边远地区，从而与这些地区形成“宗藩关系”。从思想观念层面上讲，“发轫于上古时代的‘华夷’观念，在汉帝国时期开始引入中华帝国的对外关系中去……中华与‘蛮夷’之间，逐步发展出一种古代类型的国际关系体系，即所谓‘华夷’秩序”①。以宗藩关系为主要内容的“华夷秩序”是中国社会、文化的产物，是一种不平等的关系，是儒家“君臣父子”、“忠孝节义”理念在对外关系中的延伸，要求周边国家对中国以臣事君和以小事大。越南深受中国文化的濡染，政治制度仿效中国，实行皇帝集权制，在对外关系方面，也如法炮制，与比它弱小的周边国家占城、真腊（柬埔寨）、哀牢（老挝）等建立了同样的宗藩关系。我们可以称之为“亚宗藩关系”。

2. 涉及我们与分裂势力争议的个案

当前以“台独”、“疆独”、“藏独”为代表的分裂势力，为了达到分裂中国的目的，在意识形态领域制造种种歪理邪说，历史领域是其重要舞台之一，其共同点是否认统一多民族中国与多元一体中华民族的存在，从政治上、文化上割断边疆地区与祖国的联系。试以“疆独”制造的歪理邪说为例。

20 世纪 30 ~ 40 年代，一个以分裂祖国为核心内容的“东突厥斯坦独立”的反动思想体系逐渐形成，并成为“东突”分裂势力进行分裂活动的思想武器。其主要内容可归纳为以下几个方面：

第一，“东突民族”至上论。鼓吹“东突民族”有近万年历史，其“祖国”横跨欧亚，“是世界人类文明的发祥地”，其民族“是人类历史上最优秀的民族”。

第二，“双泛主义”共同体论。竭力鼓吹所谓“突厥民族”、“突厥文化”、

① 何芳川：《“华夷秩序”论》，《北京大学学报》1998 年第 6 期。

“突厥国家”，把生活在古代中国北方和西域的一切民族，包括操突厥语族语言和非突厥语族语言的诸民族都称之为“突厥民族”，把这些民族的文化都说成是“突厥文化”，把这些民族活动过的地方都归为“突厥国家”，鼓噪所有操突厥语族语言和信奉伊斯兰教的民族联合起来，组成一个统一体，建立一个“政教合一”的伊斯兰王国。

第三，“新疆独立”论。竭力歪曲新疆历史，杜撰“东突厥斯坦自古以来就是一个独立的国家”，胡说我国古代北方和西域的各个民族都是“独立”于中华民族大家庭之外的民族，把中原王朝和汉族等同于中国，从根本上否认新疆自西汉以来即为中国一部分这一基本事实。

第四，反汉排汉论。将历史上民族关系描绘成汉族同少数民族相互仇视、汉族不断征服少数民族的历史，诬蔑汉族是“野蛮的侵略者和殖民者”；说中国是“东突厥斯坦民族3000年的敌国”；叫嚣“要反对突厥民族以外的一切民族”，消灭异教徒，进行圣战。

第五，“东突厥斯坦革命论”。鼓吹“东突厥斯坦革命”的目的，就是为了脱离中国的统治，煽动维吾尔民族群众要增强“东突人民”的“国家观念、民族意识、宗教的信念”。

### （三）应对的举措与建议

#### 1. 研究层面言

坚持实事求是的思想路线，将中国新疆史，特别是历史疆域中的难点和热点问题，纳入正常的学术研究轨道，反对在历史研究中将历史问题现实化、学术问题政治化的倾向和做法，潜心研究，将科学的研究结论提供给学坛，进而推动相关问题研究。这是学人的职责。关于研究结论的分歧，完全可以在符合学术规范的规则下开展学术交流与争鸣，即使一时不能取得共识，在相互尊重的前提下还可以求同存异。

2. 管理层面言

正确处理研究与决策的关系，研究是进行正确决策的重要因素，但不是唯一因素。研究的最高原则是科学的求实，而决策的基本出发点是维护国家的根本利益。在研究与决策中，决策者（当然包括管理者）是矛盾的主要方面，在正确处理两者关系时，决策者需要有更多政治家的气度与远识，应该为研究者进行实事求是的研究提供更有利的条件和保证，要允许学术研究中存在不同见解，要努力创造一种氛围，真正做到把研究者的观点作为学者个人的观点来对待，切不可把研究者的个人学术见解错当成某种政见而给予过度的重视或过分的责怪。

# 先秦国家形态与疆域、四土刍见①

## ——以殷商国家叙述为主

厉　声②

要研究不同历史时期国家的疆域或边疆等涉及国家架构的问题，必须对同期的国家形态有相对清晰的了解。20 世纪 80 年代以来，随着我国考古成果不断发表，一个结合以往史籍文献研究，同时又注重以考古学资料为重要依据的对中华文明起源的探索成为历史学界的热点，先秦时期国家形成与国家形态的研究是其中的重要内容。1997 年年底，由李学勤主编的《中国古代文明与国家形成研究》出版，可以说是这一研究的重要阶段成果。在前人研究的基础上，结合对早期文明遗留下来的诸如青铜器、古文字、古城邑等标志性文物的研究，学者们对先秦时期，特别是商、周两朝的国家形态做出许多具体的描述和判断，使我们对中国历史上早期国家的形态有了更为清晰和科学的印象，同时也为以往主要依据史籍文献的先秦时期边疆研究提供了重新审视和深化研究的机遇，诸如在先秦特别是夏、商、周三朝早期国家形态下怎么看待疆域，边疆的概念是否能确立，以及以此为基础的治理、施政等问题，莫不如是。

---

① 本文原发表于《中国边疆史地研究》2006 年第 3 期。

② 厉声，中国社会科学院中国边疆史地研究中心原主任、研究员。

需要说明的是，本文之所以以殷商国家叙述为主，是因为商朝的国家文明有许多印证的确知内容，便于我们依据此在商及其后的周王朝去找寻中国文明制度的源头，有如欧洲国家到古希腊、罗马去探寻其文明之根一样。

此前，不少学者在历代边疆治理与施政的研究中，往往将历代边疆治理模式或边疆政策简单上溯到先秦时期，其中的一些论述带有人为的概念性，有待于深化、具体化；而我们在历代边政的研究中，也感到秦统一以后历代王朝在边疆地方施行的管理体制及边疆施政大多能在先秦时期国家体制或国策中找到其源头。本文正是在这一背景下立意的。

## 一、邦国与王畿

一般认为，中国古代国家的建立始于夏朝。夏禹成为“天下共主”和夏启以“世袭制”替代“禅让制”，是夏建国的标志。商朝是继夏朝之后中国历史上的第二个国家，据古本《竹书纪年》载：商朝“自汤灭夏以至纣之灭，二十九王，用岁四百九十六年”。其所历时间约为公元前16世纪至公元前11世纪。约公元前1066年，周灭商建立周朝，至公元前771年周平王东迁，是为西周，历时约295年。此后经历东周列国，春秋诸侯争霸，战国七雄逐鹿，至公元前221年秦统一中国。也就是说，中国自早期国家形态至发展成为一个真正意义上的统一国家，经历了1300多年的漫长历史时期。

“国”早在商代甲骨文中即已出现，西周时期的重器铭文里也多次出现。“国”之本意为古代诸侯封地。《孟子·离娄上》：“人有恒言，皆曰天下国家。天下之本在国，国之本在家。”赵岐注：“国，谓诸侯之国。”《说文》称：“国，邦也，邦国互训。”“邦”之本意为分封，《书·蔡仲之命》有：“乃命诸王邦之蔡”。“邦”也有古代诸侯封地之意,《书·尧典》有:“协和万邦”。邦、国可以连用,《周礼·天官·大宰》:“以佐王治邦国”。郑玄注:“大曰邦,小曰国。”由于先秦早期国家源于氏族部落联盟,在某种程度上其形态仍是氏族部落的集合体,诸侯林立、小国寡民是其特点。夏“禹之时,天下万国,至于(商)汤三千余国”[①]。西周时,“天下诸侯之悉来进受命,于周而退见文武之师者,千七百七十三诸侯”[②]。武庚时大封天下,仍有国“四百余”[③]。由此可以认为:古代中国国家的形成和发展有一个历史进程,虽然先秦时期的夏、商、周三朝已具备国家形成的基本要素,但这时的“国”是指众多诸侯分封之地域城邑。王室居京师之地,后世称之为“王畿”[④]。

“王畿”为古代天子所居之地。“王畿”一词在甲骨文中尚未出现,是周代以后的概念。“畿”之本意为方千里之地。《周礼·地官·大司徒》称:“制其畿方千里而封树之。”《国语·楚语上》:“而至于有畿田。”韦昭注:“方千里曰畿。”商朝天子所居之地初称为“邦畿”,《诗·商颂·玄鸟》称商朝“邦畿千里,维民所止”。商为大国,故曰邦,商王室居处曰邦畿,或称王畿。至于商朝王畿地望,虽然有多人予以研究,但至今尚无令人信服的结论。当然,学者开始使用“王畿”一词已是汉代以后之事,此不赘述。

## 二、国家形态与疆域

商灭夏后,从原偏东的活动地域(今鲁西、豫东地区)西迁到天下之中心

---

① 《吕氏春秋·周民》。

② 《尚书·大传·洛诰》。

③ 《吕氏春秋·周民》。

④ 参见王震中:《商代的王畿与四土》,《先商文化与商代都邑》,未刊稿。

伊洛地区的夏后期王室所在地（今河南偃师县属）。商王室所居千里邦畿是商朝的直接统治地区，又被称为商邑或大邑、大邑商等。这在甲骨文、金文中皆有反映。如“甲子贞，大邑受禾”[①]，“告于大邑商”[②]，“王来伐商邑”[③]。陈梦家认为，卜辞中的大邑、大邑商等，均指王之都邑。[④]王畿占地千里，《孟子·公孙丑上》称：“夏后、殷、周之盛，地未有过千里也”。即指王畿占地范围。在商代甲骨文的卜辞中，“商”与“四土四方”是并贞的。在《合集》36975卜辞中，商与东土、南土、西土、北土并贞；在《屯南》1126卜辞中，南方、西方、北方、东方与商并贞[⑤]。由此可知，与商京师邦（王）畿对应的“四土四方”，是属于王畿以外的诸侯封地。据此可以认为：商代诸侯封国与商王畿并立共处，是殷商时期国家形态的基本状况。

甲骨文里有“中”字，是指方位。《说文》解：“中，内也。”进而引申为中间。“中”与“国”作为词组，首次出现在西周青铜器何尊的铭文中，“中国”意为天子所居的天下中心之地。《诗·大雅·民劳》：“惠此中国，以绥四方。”毛传：“中国，京师也；四方，诸夏也。”在当时的历史条件下，只有占据了天下之中心地带，才能有效地实施对“四土四方”的统治。何尊铭文所记载的是周武王灭商后的对天祷告誓言：我要在天下中心的地方建都居住，并在那里治理安定民众[⑥]。

先秦早期国家形态反映出，夏、商、周三朝地域范围是由居天下之中的

① 曾毅公：《甲骨缀合编》，修文堂书房1950年版。

② 董作宾：《殷墟文字甲编》，中央研究院历史语言研究所1948年版，第2395页。

③ 《康侯簋》铭。

④ 参见陈梦家：《殷墟卜辞综述》，科学出版社1956年版，第321页。

⑤ 参见王震中：《商代的王畿与四土》，《先商文化与商代都邑》，未刊稿。

⑥ 参见段德新：《国宝何尊与“中国”》，《文博》2005年第6期。

王畿与畿外周围众多并列的“四土四方”诸侯国组成的，由此可以认为，先秦三朝的历史疆域也应大致由这两个部分构成。史籍中对夏、商两朝王畿疆域范围有所记载。《逸周书·度邑》载：“自洛汭延于伊汭，居阳无固，其有夏之居。”《史记·吴起列传》中则记载稍详：“夏桀之居，左河济，右泰华，伊阙在其南，羊肠在其北。”所记是为夏之中心，王畿所在。王畿之外，是成千上万的诸侯国，“禹会诸侯于涂山，执玉帛者万国”。杜预注：“诸侯执玉，附庸执帛。”[①] 今人以为，由王畿与诸侯国构成的夏之疆域大致范围是：东部抵海，包括今河南东部、安徽、江苏北部、山东全部及河北南部；“西被于流沙”，即敦煌以西之大漠；南至长江中游洞庭湖及鄱阳湖一带，北境不详，约至河北涿鹿。《战国策·魏策》中记载商朝“殷纣之国，左丞门，而右漳滏，前带河，后被山”。有学者考订，这是晚商王畿所在。王畿之外为“四土四方”诸侯，今人考订由王畿与“四土四方”诸侯国构成的商朝疆域较前朝有所变化，大致范围是：东至海，西至今甘肃南部，南远及江、汉、湘、赣流域，北达今河北辽西一带[②]。上述夏、商两朝之疆域范围只可视之为地望或所属诸侯国及附庸地区的活动范围，且仍有待于进一步考订，特别是夏之疆域更是如此。

西周实行分封同姓，“分君亿疆”[③]。受封王族在王畿之外统治全国各地，形成“溥天之下，莫非王土，率土之滨，莫非王臣”的局面，其分封疆域四至的记载也相对明确。《左传·昭公九年》载周景王称：“我自夏以后稷、魏、

---

① 《春秋左传正义》卷58，《十三经注疏》下册。

② 参见马大正主编：《中国边疆经略史》第一章，中州古籍出版社2000年版。

③ 《史墙盘》铭，转引自李学勤主编：《中国古代文明与国家形成研究》，云南人民出版社1997年版，第535页。

骀、芮、岐、毕，吾西土也；及武王克商，蒲姑、商奄，吾东土也；巴、濮、楚、邓，吾南土也；肃慎、燕、亳，吾北土也。”

处于形成和发展中的早期国家疆域的性质和界定并不是很明确的，学者们的研究也反映了这一点，即使在同一本著作中，对先秦三朝疆域的定义也有多种。如“活动范围”、“活动区域”、“疆域范围”、“势力范围”、“王畿之疆域”、“王畿之区域”、“华夏之疆域”等[①]。

疆域为立国之本，君权神授，其要在“受命、受疆土”[②]。尽管在今天看来，先秦特别是夏、商两朝的历史疆域显出程度不等的模糊性、不确定性与不严密性，严格意义上讲只是活动地域或势力范围，如近年研究者所提出，“晚商时期商人势力范围总体上表现为面、点、块的结合”。在这里，“面”指的是以商王朝为中心的王畿范围；“点”是指商属地的一些军事据点；“块”则在说明一些商的军事据点与附属国族不是呈散点状分布，而是利用地理优势所形成的一个个势力圈[③]。但是作为在分散的氏族部落联盟基础上形成的一个“天下诸侯皆朝”[④]、“天下之民从之”[⑤]的早期国家政权，夏、商、周确有属于本朝统治范围的疆域和作为“天下共主”的归属理念。此外，先秦三朝对于所属疆土有各自的治理方式和不同的政策，如《诗·大雅·江汉》所云：“式辟四方，彻我疆土”。郑玄注：“治我疆界于天下。”由此旁证先秦三朝各

---

① 参见顾颉刚、史念海：《中国疆域沿革史》，商务印书馆1999年版，第12～36页。

② 《大盂鼎》铭。

③ 林欢：《晚商“疆域”中的点、面与块》，《中国社会科学院历史研究所学刊》第三集，商务印书馆2004年版。

④ 《史记·夏本纪》。

⑤ 《孟子注疏》卷九下，《十三经注疏》下册。

有所属疆域。

在对商早期国家形态的分析中，可以看出：商代王畿与“四土四方”诸侯国这两个界限分明的层次构成国家形态的基本内容。以王畿之疆域为界，国家形成两个大的部分，由王室直接统治的王畿与王室间接统治的周围“四土四方”诸侯国。王（邦）畿与诸侯国并立，只是王畿占据了天下中心，是居于统治地位的强势大邦，“商邑翼翼，四方之极”[①]，处于与周围众多诸侯国截然不同的特殊地位。在进一步分析中，还可以看出，国家的形成并没有从根本上扭转氏族部落联盟社会政治分散的状况，夏、商、周三朝的早期国家呈现出以王畿为中心的多元盟邦结构。所谓“多元”指王畿与相对独立的诸侯国在强弱不等的态势下处于“并列”的状态。夏朝的同姓和异姓方国侯伯，在所属的世袭领地上也建有自己的权力机构和军队，“其国家机器当是夏王朝官僚暴力机构的具体而微”[②]。也有学者将夏朝国家体制描述为一个“松散的联盟”[③]。商朝时王权有所加强，上下级臣属的关系更为明确，但诸侯方国仍有自己的世袭领地和一套权力机构。“商朝让他们保持相对的独立性，只要服从于中央，其内部事务不大干预。”[④]西周实行分封同姓，改变了前朝异姓诸侯方国林立而臣服于王畿的国家体制，将王室的权力以分封同姓的方式延伸到王畿以外的全国范围。其中，同宗同族的血缘关系可能有利于改善和加强王畿与诸侯国的臣属关系，但并没有从实质上改变诸侯国拥有世袭领地与相对独立

---

① 《诗·商颂·殷武》。

② 李学勤主编：《中国古代文明与国家形成研究》，云南人民出版社1997年版，第366页。

③ 马大正主编：《中国边疆经略史》，中州古籍出版社2000年版，第5页。

④ 李学勤主编：《中国古代文明与国家形成研究》，云南人民出版社1997年版，第459页。

权力机构的状况，整个国家在很大程度上仍呈现王畿与诸侯（同姓为主）并列的多元格局。

殷商时代初期国家的形态，显示出中国此时尚未形成一个真正统一的政体，正如张光直所指出的："从长城以北到湖南南部这么广大的地域，是不是都在商朝王畿的管辖之下，当时是否已经推行分封制度，这些地区是不是都有统一水平的构造，都是目前的考古与文献资料所不能解决的问题"①。日本学者松丸道雄也认为，从中国文化的独自性立场来考量，殷商国家充其量是一个"邑制国家"；如从比较的视点来看，殷商国家与西亚古国、古希腊罗马的"都市国家"（亦称为"城邦国家"）有类似性。殷商国家的构造大致是大邑（天邑）—族邑—属邑（小邑）的累层构造。大邑即王城（首都）、王畿，周围环绕着直辖的小邑、田地与山林。大邑之下有许多族邑隶属于它。族邑或靠近王畿，或远离王畿，是作为以氏族为核心的统治者集团的住地，在族邑之下又有许多小邑隶属于它。大邑与其族邑之间，存在着许多不同于殷系民族的种族集团、政治集团的政治势力，与殷商国家处于敌对状态，相互攻防②。

"盟邦"是指王畿与相对独立的诸侯国之间通过"盟约"的形式联合而成为一个国家，在某种程度上，先秦国家的形成与早期发展是建立在一种"国家盟约体制"之上的，整个国家秩序是在层层盟誓中建立和维持的。有学者将先秦国家的这种政治体制称之为"土坯型政体"，是一种"以氏族、宗族、家族为单元，依照一定的约定所组成的政体"③。盟者，于神前立誓缔约。这是

① 张光直：《中国青铜时代》，三联书店 1993 年版，第 62 页。

② 参见［日］松丸道雄、永田英正：《中国文明之成立》，讲谈社 1985 年版，第 61 ~ 62 页。

③ 孙筱：《两汉经学与社会》，中国社会科学出版社 2002 年版，第 27 页。

氏族部落联盟末期盛行的一种社会习惯制度。《礼记·典礼下》称："莅牲曰盟。"孔颖达注："盟者，杀牲歃血，誓于神也"，"用血为盟书，成乃歃血而读书"。天子与诸侯之间，诸侯与诸侯之间，诸侯与卿大夫之间，以此类推至士，为了在权力与利益上相互约束，达到共生共存，形成不同等级和层次的对神盟誓。至周朝，各级、层盟誓仍十分盛行。"凡邦之大盟约，莅其盟书，而登之于天府。"①

商代甲骨文称："南方，西方，北方，东方，商。"② 反映出商（即王畿）与四方诸侯存在并列的关系，国家的代表王畿只是当时多元政治集团中最强大的一个，除王畿外，国家中的每个诸侯方国都代表着一个血缘族群或一支社会政治力量。从国家整体讲，"对神盟誓"的神圣性足以掌握国家政治和控制全体国民，与"军事征服"并为维系国家完整和协调政治集团关系的最高形式。这种早期国家的特殊形态显示，殷商是一个建立在盟誓基础之上的多元结构国家。

## 三、四土概念

殷商早期国家多元盟邦的格局，决定了在这种尚未完全实现一统的国家形态下，并不具有真正意义上的"边疆"概念，而其所显示出的疆域也只是一个所属诸侯国活动的大致范围。一是先秦时期并无"边疆"一词，与"边疆"词义近似，内涵却不一致的有"边境"、"边陲"之称谓。陲者，边远也，如《荀子》："边境之臣处，则疆垂不丧"。杨倞注："垂，与陲通。"③《左

① 《周礼·秋官·司寇》。
② 郭沫若主编：《甲骨文合集》，中华书局1978—1983年版，第1126页。
③ 《荀子·臣道》。

传》有“虔刘我边陲”之语[①]。唯其所指应是王畿或四土诸侯国之所属边远之地，与先秦三朝疆域并无关联。二是先秦时期的“边疆”，充其量含有边鄙、边邑之意，指地处边远的诸侯国或诸侯国的边远地方。《周礼·天官·大宰》：“以八则治都鄙。”郑玄注：“都之所曰鄙。都鄙，公卿大夫之采邑，王子弟所食邑。”不少今人在对历代中国边疆研究时，对夏、商、周三朝边疆及边疆政策，做了专门的论述[②]。然细读之，主要叙述的内容是涉及王畿以外的诸侯国及其相关治理政策。针对王畿的中心地位，近年的研究中又有将王畿外四周的诸侯国称之为“边地”，认为居中心的王畿与边地诸侯形成“‘强干弱枝’的格局，诸侯在边地，商朝让他们保持相对的独立性，只要服从于中央，其内部事务不大干预”[③]。近期，王震中在对商代都邑研究中，提出了王畿与四土的关系，并做了专门的论述。认为，商朝地域分为王畿与畿外四土两部分，商对四土的观念既有理念上的含义，又有实际内容。周人将商的王畿与四土的关系归结为“内服”与“外服”的关系[④]。在上述几种表述中，我认为使用“四土”概念较“边疆”和“边地”显得更符合已有文献及其考古所反映的先秦国家形态的实际，而“四土”一词出自商代甲骨文：“己巳王卜，贞：[今]岁商受年？王占曰：吉。东土受年？南土受年？西土受年？北土受年？”[⑤]可见，“四土”较之“边疆”与“边地”的概念，更具有历史感。

无论是从今天，还是从历史上讲，“边疆”的本意都是地理概念。先秦时

① 《左传》，成公十三年。

② 参见马大正主编：《中国边疆经略史》，中州古籍出版社2000年版。

③ 李学勤主编：《中国古代文明与国家形成研究》，云南人民出版社1997年版，第476页。

④ 参见王震中：《商代的王畿与四土》，《先商文化与商代都邑》，未刊稿。

⑤ 郭沫若主编：《甲骨文合集》，中华书局1978—1983年版，第36975页。

期地理上处于中心地带的王畿与周围四土可能会给人以后世中原（内地）与边疆的感觉，实际上两者有质的区别。“边疆”是指靠近边界（疆域）的领土（领地）；而在由王畿与四土两大部分构成的殷商先秦国家形态中，从国家讲，只有处于中心地带之王畿与周围四土概念，并没有国家疆域意义上的“边疆”概念。这种有“疆域”而无“边疆”的状况，是由先秦政治社会发展的分散性与国家的多元盟邦形态构成所决定的。正如王玉哲在《中华远古史》中指出：“王朝所能控制的是一个大邑为城的中心地区，以及四方远远近近散布着的属于王朝的几个或十几个诸侯方国。每一个方国其实就是王朝所能控制的‘据点’。‘据点’与‘据点’之间，散布着不属于王朝的许多方国。所以，当时人对王朝的国土，只会有几个‘据点’的概念，而没有整个‘面’的概念。”[①] 在这种国家形态结构之下是很难形成国家疆域意义上的“边疆”概念的。

在论述王畿与四土关系中，王震中提出了三个特点，就前两点的内容而言，首先，商对四土是存在支配权的，但这种支配权又因与位于四土的侯伯方国关系的变化，以及商自身实力的消长而伸缩。从而，四土的范围也处于动态之中。商的四土这种开放的、不稳定的、时有盈缩消长的现象，可视为商四土的第一个特点。商的四土的第二个特点是：作为外服的四土，其实际的地理分布绝对不是我们想象中的那样以王都或王畿为中心呈一个环状分布，而是商的外服的军事据点与附属的侯伯国族和敌族邦方混杂在一起的，呈现出“犬牙交错”的状态。[②] 对此，林欢也做了比较深入的研究：殷商“王畿区是一个单纯的由商属地与附属国族形成的最大的聚居区，换句话说它是以面

① 王玉哲：《中华远古史》，上海人民出版社2000年版，第258页。

② 参见王震中：《商代的王畿与四土》，《先商文化与商代都邑》，未刊稿。

的状态存在的。而外服区本来只是政治统治理想的概念，在商周时期实际地理分布绝不是理想中呈一个环形分布。事实上商代外服的军事据点与附属国族和敌族邦方混居在一起。……商属地与附属国族联合对抗附近的敌族，这样就形成一个个的商人势力范围圈。我们把这样的势力圈称为‘块’，如果这些势力圈逐渐发展并接合起来，实际上也就等于王畿的扩张了”[①]。四土诸侯国领地也有自己的疆界。以商代四方侯国方国为例，其疆界是指该国四面所能支配、控制的最远的邑落与田地的大致区域，越过这些邑落田野，还存在大量的无主荒地、空地、牧场、山林、川泽，等等，其无人问津的范围不但与当地的地形地貌有关，也与侯伯方国是否拓展其领地或其支配力、控制力的强弱相关。所以，四土诸侯、方国的边境范围即其领地的范围，也不是固定不变，而是有盈缩消长，不能像今日的所谓疆界、边界那样来理解。[②]

王震中、王玉哲、林欢等的论述，特别是王震中的研究，就其对商朝的国家构造的分析而言，应该说是很有说服力的。如果将王震中的研究成果转换到先秦的“边疆”研究之中，结合本文的论述，还可以再对“四土”的特点做进一步的探讨。

其一，从国家形态上讲，“四土”是王朝疆域的主要组成部分，是以位居疆域中心王畿的疆界，而不是依王朝疆域来界定和划分的，所以，居于王畿以外、疆域以内的诸侯国领地均可视为四土。从国家的疆域面积讲，四土远大于王畿。

其二，受封四土诸侯的重要作用之一是藩屏王畿，如《书·微子之命》

① 林欢：《晚商“疆域”中的点、面与块》，《中国社会科学院历史研究所学刊》第三集，商务印书馆2004年版。

② 王震中：《商代的王畿与四土》，《先商文化与商代都邑》，未刊稿。

所载："率由典常，以蕃王室。"蕃，通藩，屏障、拱卫之意。分封于畿外四土的诸侯如藩篱，拱卫王畿，藩属概念正是来自先秦王畿与四土诸侯的蕃卫关系。唯先秦时的蕃卫是以国土的大部分来拱卫其核心部分，这仍是早期国家多元盟邦格局所决定的。此外，四土与王畿地理上的远近并不是构成双方关系的主要因素，作为王畿屏藩的四土只是理念上的一道藩篱。

其三，先秦国家主要是由王畿与四土两部分构成，王室对其分别实行直接统治与间接统治两种不同的治理方式。从治理的地域讲，间接统治的区域远大于直接统治的王畿；从实力上讲，地域有限的王畿占有天时、地利、人和，其实力又远超过分布于周围的四方诸侯，王室与诸侯的关系正是在这种形势下得以平衡权力和利益分配关系的。

关于殷商与四土诸侯、方伯的关系，《史记·殷本纪》有诸多记载："汤既胜夏……于是诸侯毕服，汤乃践天子位，平定海内"；"帝太甲修德，诸侯咸归殷，百姓以宁"；"[帝雍己时]殷道衰，诸侯或不至"等。由此反映出，建立在盟誓基础上的殷商与四土诸侯、方伯之间的关系既复杂、又多变。在政治上，四土诸侯、方伯以商王为天下共主。《诗经·商颂·殷武》中所谓"自彼氐羌，莫敢不来享，莫敢不来王"，即指此也。商王通过对四土诸侯、方伯的控制，间接地在这些地方实施治权。其表现方式便是四土诸侯、方伯要向商王贡纳各种方物，服各种杂役等。甲骨文中多有"王其呼供寻伯出牛"、"虎入百"、"竹入十"、"羊入五"、"鼓入五十"①等记录。胡厚宣认为，凡云"入若干"者，其字均刻于甲桥之上，记录某诸侯、方伯向王室供奉占

① 郭沫若主编：《甲骨文合集》，8947、9272、902反、13648、419。

卜用的龟甲数目。[①] 其次，也有与殷商处于敌对中的四土诸侯、方伯，彼此长时间处于攻伐与角逐之中。

《易·既济》中所谓“高宗伐鬼方，三年克之”,《易·未济》“震用伐鬼方，三年有赏于大国”等记述，皆指此也。另有与殷商关系处于不即不离游离状态的四土诸侯、方伯，当国家强盛时，这些四土诸侯、方伯便自附于殷商之内，反之则自立于殷商之外。

## 四、结语：治国与治边

先秦三朝是中国历史上早期国家形成与初期发展阶段，一方面原始社会末期氏族部落联盟的血亲政治意识，与步入国家后出现的地缘政治意识并存；另一方面血亲政治又顽强地表现着自己，地缘政治在国家治理中尚处于弱势。由此，建立在血缘关系纽带基础上的等级分封制成为国家的主要政治制度，王室为宗、四土为藩的宗藩制成为国家政治的基本体制。王室所在的王畿占据国家中心形胜之地，实行内服直接统治；受封四土于王畿外屏藩拱卫，实行外服间接统治，成为国家的基本治理模式。宗主通过“授民授疆土”的分封确立君臣关系和四土诸侯权力的合法性，建立起早期国家的统治秩序；并在国家宗藩政治体制下，形成诸侯会盟、神前盟誓、天子巡狩、尊上朝觐、远近赋贡等一系列治国之策。建立在地缘政治之上的地域分布与建立在血亲政治之上的宗藩治理的结合，构成先秦早期国家形态的基本特点，形成宗主

① 参见胡厚宣:《武丁时五种记事刻辞考》,《甲骨学商史论丛》初编第3册，1944年。

倚重四方分封诸侯拥戴和维护其“天下共主”的地位，诸侯方国依靠中央王朝保护其生存与发展，形成中央与地方共生共存的局面。

西周实行同姓分封为主，以期通过加强血缘关系纽带来进一步强化王权。但实际产生的效果是，血亲政治使走出京畿的受封同宗诸侯拥有更为广泛的权力，且逐渐形成尾大不掉之势，反而对王权的权威提出挑战，并最终摆脱王权的束缚，使国家步入列国割据的政治状况。

公元前221年，秦统一中国，结束了列国割据纷争的政治局面。早期国家在发展中终于摆脱了血亲政治的束缚，在国家治理上以地缘郡县制度取代血亲分封制度，全国依地域划分郡县，处于朝廷委派官吏的直接统治之下。中央集权的确立解决了前朝王畿与四土四方权力与利益的分配，逐步实现真正意义上的国家统一。与此同时，在统一国度的边缘地区形成和确立了边疆概念。限于当时社会生产力低下，国力有限，面对辽阔疆域边缘地区的统治仍是力不从心。靠近疆域边疆地区，特别是北部边疆地区的游牧部族对皇权的威胁显得尤为突出。于是，先朝传承下来治理四土诸侯的封藩制度被引用到此时的边疆治理中，中原与边疆在宗藩体制的服事中形成有统有分的共存共生局面。唯秦统一以后，在边疆地区建立的宗藩体制只是继承和借鉴了先朝治国分封“以蕃王室”模式的外壳，而其原有内含“封建亲戚”的血亲政治内容已基本消失，为“封建”边疆民族或地方政权的首领所替代。先秦早期国家治国之策得以为后世继承和借鉴，成为相延2000余年历代王朝边政和治边之策的核心内容，当然，历代边政和治边之策也依照各朝边疆所面临的具体局势和状况而发生着变化，并在边疆治理的实践中不断完善和发展。

# 中国海疆史话语体系构建的思考[①]

李国强[②]

随着中国边疆学研究的不断深入、海洋领域相关学科研究的不断繁荣，最近十余年我国学术界在海疆史研究方面取得了前所未有的成绩，不仅学术成果大量问世，而且研究的内容、研究的层面、研究的深度、研究的广度以及史料的挖掘、整理、利用等，均超过以往任何一个时期。尤其是党的十八大提出“坚决维护海洋权益”、“建设海洋强国”战略和习近平总书记提出“建设21世纪海上丝绸之路”倡议后，更加促使中国海疆史研究领域呈现出强劲的上升势头。

近年来，随着南海、钓鱼岛问题的不断升温，我国海洋主权、管辖权和海洋权益面临着前所未有的挑战，这一现实激发了学术界对海疆史更为强烈的关注和重视。在海疆史蓬勃发展的同时，也应客观看到，中国海疆史的理论探索目前仍然处于成长和发展的进程中。尽管海疆史的研究在我国有优良的学术传统，但是在重要基础性理论上尚有诸多难点、疑点问题有待深入研究，对于海疆历史规律性的研究和把握还远远不够，尚未形成海疆史理论研

① 本文原发表于《中国边疆史地研究》2015年第4期。

② 李国强，中国社会科学院中国边疆研究所原党委书记、研究员。

究的学术规范、学术体系。带来的问题是，关于海疆史理论性和通史性的系统研究明显滞后，关于历代海疆变迁、历代海疆治理、历代海疆政策等方面的研究不够深入，关于海洋主权、海洋权益等重大现实问题的历史依据研究还缺乏系统、全面的理论成果。理论研究的滞后，不仅造成学科建设和发展的迟缓，而且与维护我国海洋主权、海洋权益的现实要求不相适应。

## 一、关于海疆史的讨论

研究海疆史，第一要摒弃以陆疆为主导、以陆疆标准来衡量海疆的认识误区，而应以海洋为主体，从海疆自身的特点出发来加以考察。第二，历史学意义上的“海疆史”与自然科学中的“海洋史”既有联系也有区别，在“海疆史”研究中，关注的对象当然是海洋，而海洋是浓缩人类文明发展史诸多因素的重要载体，对其进行深入研究的目的在于揭示人类与海洋之间的历史关系、探索海洋社会发展的一般规律。从这个角度而言，“海疆史”的内涵具有浓重的人文意义，而不能以自然科学的要素来加以界定。

基于以上的认识，我国的“海疆”至少应该由两部分构成，一是我国拥有主权、管辖权同时与相邻国家的陆地或海域毗连的海域；二是我国主权范围内的沿海领土。前一部分的特性是具有严格意义上的“国界”的含义，后一部分则表明的是主权海域与陆地领土间的关系。

中国边疆是由陆疆和海疆共同构成的，因此，从学科范畴而言，中国海疆史是中国边疆学的有机组成部分和重要学科分支。中国海疆史理论研究的核心目的，一是探寻中国海洋疆域形成、发展、演变的历史规律，从而更好地阐释中国拥有海洋领土主权、管辖权和海洋权益的必然性、合理性和合法性；二是探寻中国海疆治理的历史，在思想、制度、手段、方式等多个层面追溯历史渊源，从而为我国实施海洋现代治理提供理论支持；三是探寻中国海疆开发经营的历史，从海上航行、通道安全、渔业生产、海上贸易等多个角度总结历史经验和教训，从而为海洋事业、海洋经济社会的可持续发展提供历史借鉴。

中国海疆史的研究目标决定了这一领域研究体系的独特性，一方面因袭了中国史学研究的传统理论和方法，另外一方面又有其自身的特征，如与国际法，特别是海洋法有着密不可分的关联。众所周知，论证领土主权有两个依据，其一是法理，其二是历史，两者缺一不可，只有阐明海疆历史事实，才能为法理依据提供基础。而按照法理规则来考察海疆历史，有助于进一步增强历史依据的效力和实用价值。

## 二、建构中国海疆史话语体系的必要性

在两千年历史发展中，中国人民以非凡的创造力缔造了灿烂的海洋文明，给后人留下无数宝贵的物质财富和精神财富，但我们的认知远远不够、研究远远不够。这一现状与我国海洋大国的地位不相称、与海洋在我国理论研究中的地位不相称、与海洋事业发展的现实需求不相称。因此，着力构建中国海疆史话语体系，不仅符合理论创新的要求，而且符合“建设海洋强国”战略的要求、顺应“海上丝绸之路”建设的时代潮流、有益于维护我海洋权益的多种战略需求，对于回应现实关切，占领国际舆论高地，引领学术和舆论导向是至关重要的。

回顾中国海疆史学术发展的历程，可以说前人丰硕的学术成就，为我们

深化海疆史理论研究、创建海疆史学术体系、构建我国海疆史话语体系奠定了重要基础。近30年来，学术界科学探索中国海疆形成、演变的历史规律，着重解决海疆历史上的疑点问题、海疆理论上的难点问题以及海疆现实中的热点问题，使海疆史的内涵和外延都有了长足进步。在不断挖掘新史料、广泛利用考古资料的基础上，海疆史跨学科、整合性研究的趋势日益凸显，对海疆史的研究不再局限于历史学科，而呈现出海疆历史研究与考古学、社会学、国际法学、国际关系学等学科相结合的态势，从而在海疆史诸多重大理论问题上取得了创新性成果。比如关于历代海疆思想、海疆政策及海防问题的讨论，关于海上丝绸之路及海上贸易史的研究，关于海南史、台湾史、香港史、澳门史的探索，关于南海诸岛、钓鱼岛历史及中琉关系的研究，等等，均有大量优秀成果面世。正是因为学术界的不懈努力，为构建中国海疆史话语体系提供了可能，准备了条件。

著名学者张海鹏先生曾经指出："现实的需要，永远是引领学术前进的基本指标……要深刻了解现状，离不开全面、深刻理解历史。"[①] 可以说，无论是海洋主权，还是海洋权益都与海疆历史息息相关。通过海疆历史研究，才能使我们更加科学和完整地认知中国拥有海洋主权的脉络和进程，从而使我国在海洋领土的主权地位奠基于确凿的理论基础和历史证据链。只有通过海疆历史研究，才能使我们更加深刻地认清我国海洋管理、海洋开发、海洋建设的发展规律和未来趋向。着力构建中国海疆史话语体系，有助于在开发海洋、建设海洋、管理海洋、管控海洋的伟大实践中，更大程度地发挥出理论研究

① 陈于武：《"海峡两岸台湾历史研究现状与未来趋势"学术研讨会综述》，《学术动态》2005年第7期。

服务大局的积极作用。

近年来，我国海洋形势异常严峻，我国海洋主权、管辖权和海洋权益面临严峻挑战，不仅给我国经济社会发展带来严重干扰，而且对我国与周边国家双边关系的发展、对地区安全都造成严重障碍。周边各国竞相争夺海洋油气资源，导致黄海、东海、南海的经济安全、生态环境安全、资源安全、海上通道安全遭受巨大压力。海洋生态环境日益遭到破坏，台风、海啸等气象灾害频发。在我国周边海域由来已久的海上恐怖主义、海盗日益猖獗，通过海洋从事走私、贩毒、非法移民等非法活动呈现出集团化、专业化特征，跨国犯罪正在形成。岛屿主权归属成为相关国家激烈交锋的核心，使得海洋争端问题长期化、国际化、地区化、司法化的特征日益明显，海洋正在成为新的多种力量博弈的“火药库”，在我国周边海域发生冲突的预期可能性有提升趋向。

与此同时，以美国为首的域外国家在战略上大幅提升海洋争端的地位，公开介入南海、钓鱼岛海洋纠纷中，使我国周边海洋问题处于高度的不稳定和不断加剧的紧张气氛之中。

长期以来，周边国家为了谋求其在南海诸岛或钓鱼岛非法占有行为的合法化，为了使其既得利益最大化，无不在历史问题上做文章，一方面指责中国在维护自身海洋主权、管辖权和海洋权益上所谓“滥用历史”，另一方面不惜否认历史、歪曲历史、篡改历史。比如日本政府先是否认《马关条约》中涉及的“台湾附属岛屿”中包括钓鱼岛，意在把钓鱼岛从“二战”之后日本应归还的中国领土中剥离出来，从而为其“钓鱼岛是日本固有领土”、“钓鱼岛主权不存在争议”的立场提供历史依据和理论根据，进而采取国有化购岛的非法行为，在进一步颠覆《开罗宣言》所确立的基本精神和原则的基础上，达到其实现所谓“正常化国家”的目标。

2012 年 5 月《华尔街日报》刊登署名文章，从多个方面列举所谓“历史事实”，极力否定中国海疆的历史，贬损中国在南海问题上编造历史。

从 20 世纪六七十年代以来越南学术界对中国南海历史展开研究，近几年该领域的研究在越南空前活跃，不仅动用大量资源在国内外搜集有关南海的各类历史文献资料、舆图，连续出版大量论著，而且持续举办学术会议和历史文物展览，在全面否定中国有关南海主权历史依据的同时，力图形成其所谓南海主权历史依据的话语体系。

菲律宾虽然与南沙岛礁发生关联的时间十分晚近，而且没有什么有价值的历史文献或资料佐证其拥有南沙群岛主权，但是菲律宾仍然竭力搜集和拼凑历史依据，不惜拿出一些很晚近的私人舆图来为其拥有南沙群岛部分岛礁以及黄岩岛的主权提供所谓历史证据。

凡此种种，不一而足。在海洋主权争议过程中，一些国家一方面力图否定或贬低中国历史依据的价值和作用，但是另一方面出于历史依据的重要性无法回避，也不能回避，因此不遗余力地搜寻历史资料，不惜投入人力物力财力展开史料挖掘、文献整理和学术研究，以强化自身的主权诉求。

我国海洋权益所面临的现实挑战，给海疆史研究提出了更高要求，学术界也面临大量亟待解决的课题。我国学术界在积极回应的同时，也出现了一些值得注意的现象，比如有的认为我国主张“自古以来就拥有”海洋主权的命题站不住脚；有的认为我国在历史上把海洋疆域范围确定的过大，是中华帝国的表现，缺乏合理性；有的研究从质疑南海“九段线”入手，对我国海洋战略和外交策略加以否定。如果说这些观点是正常的理论探讨，理应得到尊重，但一些讨论超出了学术范畴，既违背客观历史事实，又缺乏严肃、科学的理论探索，甚至属于攻击和贬损。

显而易见，我国海洋权益领域所面临的诸多现实挑战，以及对海疆历史认知上的诸多偏差，凸显中国海疆史话语体系的缺失，深刻体现构建中国海疆史话语体系的紧迫性。

## 三、中国海疆史话语体系的基本内涵

什么是话语体系呢？话语体系指的是一整套表述一种思维系统的语言系统[①]。它承载着特定思想价值观念，关乎价值表达、思想影响和真理传播等重大问题，是国家文化软实力的重要组成部分，是一个国家在国际舞台上确立话语权的前提和基础。

法国学者米歇尔·福柯指出："话语是权力，人通过话语赋予自己权力。"[②]这一阐释在揭示话语权本质属性的同时，实际上为建构话语体系明确了路径。一种话语体系，对应一种文化和思维系统，有自己独特的表述方式。话语权反映的是某种政治经济权利，体现了人在社会中的角色或国家在世界格局中的政治经济地位。可以说，话语权来自强大的政治、经济和文化实力，话语权的最终实现要依托话语体系背后强大的思想体系支持。[③]

按照学术界对"话语权"的界定，中国海疆史话语体系的基本内涵可以

① 蓝志勇：《谈中国公共管理学科话语体系的构建》，《国家行政学院学报》2014年第5期。

② ［法］米歇尔·福柯：《话语的秩序》，许宝强、袁伟选编：《语言与翻译的政治》，中央编译出版社2001年版。

③ 参见蓝志勇：《谈中国公共管理学科话语体系的构建》，《国家行政学院学报》2014年第5期。

归纳为：

1. 海疆领土主权的要素。根据国际法关于领土取得的基本原则，我们把论证领土主权归属的历史要素概括为四个方面：最早发现、最早命名、最早开发与经营、最早进行了连续不断的行政管辖。就中国海疆而言，这四个要素贯穿于海洋主权形成、发展的历史全过程，并呈现出秦汉以来渐次出现、唐宋之后日臻完备、清末近代最终底定的特征。

2. 海疆历史的时空脉络。中国海洋疆域的形成、发展历经两千年的过程，这一过程中，中国人民首先发现和命名了海洋岛屿，世世代代在四个海洋区域从事渔业生产和航海活动，是最早的开发者、经营者和利用者；历代中国政府不仅将海洋纳入版图，而且连续不断地实施行政管辖和军事守卫等主权行为，是四个海洋岛屿唯一的主权拥有者。中国拥有海岛及其附近海域主权、主权权利和管辖权的历史事实是确凿的，历史脉络是清晰的，历史依据是充分的，历史地位是合法的。

3. 海疆历史的基本范畴。历代中国政府在其管辖的海洋区域所采取的官方命名、航路开辟、渔业活动、海师巡视等诸多行为，表明中国历代政府重视和强调的是对海洋岛屿的控制、利用，以及对资源开发的管理。可以肯定的是，中国对海洋内岛礁的主权主张及对线内资源开发、管理的权利，有着深厚的历史渊源，这深刻表明中国自古以来对东海、黄海、南海诸岛及其附近海域拥有不可侵犯的主权、主权权利和管辖权，其法律地位不容置疑。

4. 海疆历史的中外比较。与中国海洋疆域发展历史形成明显对照的是，受到生产力低下、航海技术落后等诸多因素的制约，在古代历史时期，周边国家对其邻近的东海、黄海和南海诸岛几乎一无所知，既没有其先民发现命名经营海洋岛屿的历史证据，也没有记载实施政府管辖的文献资料。尽管我们不能完全否认周边国家的先民或许也存在海洋活动的历史，但与中国相比，他们的海洋活动并不构成开拓海疆、开发海疆、经营海疆、治理海疆的完整历史过程，也不具备海洋主权形成的基本要件和有效性、合法性。

## 四、建构中国海疆史话语体系的着力点

构建中国海疆史话语体系，是一项科学而系统的工作。为此，应从三个方面着力：

一是坚持马克思主义唯物史观，是构建中国海疆史话语体系的必由之路。马克思主义揭示了人类社会历史发展的规律，是我们认识世界、改造世界的强大理论武器。坚持以马克思列宁主义、毛泽东思想、邓小平理论和“三个代表”重要思想为指导，是确保中国海疆史话语体系构建正确的政治方向的根本。只有以马克思主义唯物史观为指导，并科学运用马克思主义，才能使海疆史话语体系的建构立足于先进的理念、思想和方法，从而客观、科学地还原我国海疆历史全貌，并给以恰如其分的科学评价；准确、完整地还原我国海洋文明发生、发展的全过程以及有别于其他海洋文明的独特性。

二是坚持实事求是，不断开拓创新，切实把遵循海疆史学术研究规律，作为构建中国海疆史话语体系的基本要求。创新是哲学社会科学研究的灵魂，是推动哲学社会科学发展的动力，是构建中国海疆史话语体系的源泉。只有用广阔的视野、时代的眼光、与时俱进的思维去关注海疆现实、把握海疆问题的实质，才能用新的理念、手段、方法去研究海疆问题，才能使中国海疆史话语体系基于强大的思想理论基础，而永葆生命力。比如，在论证中国海洋主权的历史发展脉络时，既要立足于我国海洋的自然与人文的特性，同时

也要注重海洋与陆地的相互联系。研究中国海疆的历史，就是要发现历史、还原历史，科学认识和客观揭示中国海疆疆域历史的本来面貌。只有这样，才能构建起解释中国历史的话语体系。

三是必须坚持“二为”方向，以党和国家的中心工作为核心，以人民的利益为重，密切关注海疆现实，使理论与实际有机结合，切实肩负起维护海洋领土完整、国家海洋安全、海疆经济社会可持续发展的重任。坚持为人民服务、为社会主义服务的“二为”方向，是哲学社会科学的出发点、立足点和根本价值目标。站在最广大人民的立场上研究海疆问题，是保证研究成果科学性的基本前提。只有贴近海疆实际、贴近海疆社会、贴近沿海人民，才能使海疆理论研究发挥出“认识世界、传承文明、创新理论、咨政育人、服务社会”的重要作用。尊重海疆各地人民群众的创造，集中海疆各地人民的智慧，总结海疆各地人民的经验，把海疆各地人民的实践作为我们探索规律、发现真理、获取真知的不竭源泉，才能拿出更多更好的与海疆各地人民利益需求密切相关的研究成果。

与哲学社会科学其他学术领域的理论研究相比较，关于中国海疆史研究内涵与外延的探索尚有很大的学术空间和广阔的前景，唯有学术界同人潜心努力，科学的中国海疆史话语体系终将构建起来。

# 关于《中国古代疆域史》一些问题的认识[①]

林荣贵　毕奥南　刘　逖[②]

《中国古代疆域史》分上、中、下3卷，共计161万字。为了有利于专家、读者们的批评、指导，有必要对成书的思路及遇到的一些问题，择要谈谈我们的认识。

## 一、初步构建统一多民族国家形成和发展的中国古代疆域史体系

这个问题，概括地说，就是一条主线、四大时段、四项重点经纬全书。

一条主线：指的就是《中国古代疆域史》是一部统一多民族国家形成和发展的疆域史，这条主线贯穿全书。

四大时段：我们把中国古代疆域分成统一多民族国家疆域的酝酿时期（或称由来）、初步形成和发展时期、再建和进一步发展时期，以及全面形成和发展时期。

第一时段：酝酿时期，主要是追溯中国古代疆域的由来，始于距今200

① 本文原发表于《中国边疆史地研究》2010年第2期。

② 林荣贵，中国社会科学院中国边疆研究所研究员；毕奥南，中国社会科学院中国边疆研究所研究员；刘逖，中国社会科学院网络中心副研究员。

万年前至公元前 21 世纪，即从旧石器时代经新石器时代至夏朝国家建立、国家疆域诞生为止。

第二时段：统一多民族国家初步形成和发展时期的中国疆域。起于公元前 21 世纪，止于 220 年，即从夏朝建立，经商、西周、春秋、战国、秦、西汉至东汉时期。先秦时期国家管理与疆域治理的制度和措施，均处于早期形态，但从古帝王流传下来的建设大同世界和思想界提出的实现中国“大一统”的观念，却代表了当时人们对建立国家实现民族统一、发展安定繁荣社会的一种理想期待。秦、汉统一多民族国家的初步形成和发展，从一个方面看，是对先秦国家管理与疆域治理制度和措施推行的一次重大改革，也是对古帝王流传下来的建设大同世界、先秦思想理论界提出的“大一统”观念的一次有效实践，秦汉一系列国家管理、疆域治理的统一制度和相应措施，为整个中国统一多民族国家进一步发展奠定了历史基础，社会经济和国家文明高度发达，开始进入世界先进行列。

第三时段：统一多民族国家的再建和进一步发展时期的中国疆域。起于 220 年，止于 907 年，即自魏、蜀、吴三国鼎立，经西晋、东晋十六国、南北朝至隋、唐时期。它标志着三国至南北朝分立局面的结束和隋唐统一多民族国家的再建及进一步发展。隋唐一系列国家管理、疆域治理的统一制度和相应措施，对于前一次统一时期，既属传承，也是超越，它与元明清统一多民族国家全面形成和发展，有着承前启后的关系，此时社会经济和国家文明的发展声威远播，万国来朝。

第四时段：统一多民族国家全面形成和发展时期的中国疆域。起于 907 年，止于 1911 年，即自五代十国，经宋、辽、金至元、明、清时期。这一时期，五代十国严重的分立局面向宋、辽、金、西夏的局部统一局面发展，又向元、明、清大一统时期过渡。元代中国疆域绝大部分纳入元朝直接管辖范围，国家版图基本上实现了大一统。至清代，中国疆域全部纳入直接管辖范围。这一时期，封建中央集权制发展到高峰，国家管理、疆域治理的统一制度和相应措施更加完善化，社会经济和国家文明达到空前的发展水平。

四项重点：指《中国古代疆域史》全书主要内容包括疆域格局、政区建置、辖区管理、边疆经略四大版块。

（1）疆域格局：指各个历史时期，包括疆域的酝酿时期、形成时期和发展时期，中国版图结构均有不同的表现形式。例如在统一的秦汉、西晋和隋唐时期，中国疆域格局主要表现形式是统一王朝及其外围的民族政权或民族地区相对并存。

（2）政区建置：古代中国的政区建置，可分为封国时期和统一建制时期。封国制度主要存在于夏、商、周三代，实际上是中国古代政区的早期形态。秦统一六国，分全国为36郡，后增设至40余郡，以郡统县成为地方两级行政定制。郡县制成为地方两级行政区划的基本定制，后代因袭了这一制度。三国、两晋、南北朝沿置，为州、郡、县三级制。隋、唐、辽为州（府）、县两级制。实际上州同于郡。郡县制实际上相沿二千年没有大变。在中国历史上有一些朝代，还在其辖区沿边设置特别管辖的行政单位。如唐时置有都护府、都督府、州、县四级，羁縻府州可计者800多个。

（3）辖区管理。主要反映在行政治理与军事戍防两个方面。行政治理是自中央至地方各级置官治政，是行政制度的形成和发展。军事戍防是辖区管理的重要内容。每一朝代的中央至地方各级政府均设官治政。

（4）边疆经略。《中国古代疆域史》阐述的边疆经略，包括陆疆、海疆两部分。先秦时期，夏、商、周及春秋、战国有关王朝和邦国，在经略外围和四方各族时，尤其是东方和南方，已涉及对沿海和海区的经营、开发。秦、汉以后各朝代，中原王朝或相关朝邦，大都曾对沿海地区和海区采取某些政治、军事、经济措施。边疆经略、海疆经略，是整个统一多民族国家形成和发展的疆域史的一个重要组成部分。

## 二、中国古代疆域的渊源及沿革的地理定位

这里所述的“渊源”，指的是中国古代疆域的由来，即前面所述的疆域的酝酿时期。所谓“沿革的地理定位”，指的是中国历代疆域经过发展、变迁的地理范围的基本确定。

这个问题，在 20 世纪 70 ~ 80 年代，谭其骧先生主编《中国历史地图集》时就有过广泛讨论。谭先生否定了以今天的国土作为历史上中国范围的意见，主张“鸦片战争以前这个时期的中国版图作为我们历史时期的中国的范围。所谓历史时期的中国，就以此为范围。不管是几百年也好，几千年也好，在这个范围之内活动的民族，我们都认为是中国历史上的民族；在这个范围之内所建立的政权，我们都认为是中国历史上的政权”①。《中国历史地图集》基本上是按照谭先生上述意见绘制的。

实际上，即使清前期全盛的版图，西部也远远不及西汉时期的直接辖区。西汉盛时辖及今咸海和阿姆河以西，比清朝辖及今巴尔喀什湖和帕米尔约向西推展 150 万平方公里的国土。即使在东北地区，清前期版图也远不及盛唐。可见，这一主张也不是尽善尽美。历史上的中国疆域，有着比较清晰、承前

① 谭其骧：《历史上的中国和中国历代疆域》，《中国边疆史地研究》1991 年第 1 期。

启后、世代相续的源流关系，有着可考的渊源。因此，我们把中国古代疆域的历史分成统一多民族国家疆域的酝酿时期（或称由来）、初步形成和发展时期、再建和进一步发展时期以及全面形成和发展时期四个时段。这四个时段既有区别又相互联系。一般来说，某一时段每一朝代中国疆域的范围，主要是由这个朝代的政治、军事、经济、文化诸因素和它的前代诸因素促成。夏代国家诞生和疆域形成，考其原因，不仅要探索夏朝建立、发展的诸多因素，而且要溯及夏朝建立以前原始社会时期的诸多因素。夏以后各朝代，大致遵循这一程序沿革。

概言之，中国疆域发源200万年前至1万年前，中国各族先人世世代代生活和活动在亚洲东部这一广大的地区。这一地区是中国古代疆域的发源地和地理定位。历史上中国疆域的沿革，都在这一地区内，尤其以黄河流域和长江流域为中心及其外围地区进行，形成重新改组的各个朝代的疆域格局。这是我们确定历史上中国（疆域）范围的着力点所在。

## 三、统一是中国历史发展的主流和导向

统一是中国历史发展的主流和导向，也是中国古代史、中国古代疆域史发展的主流和导向。其主要反映在如下4个方面：

（1）从中国历史发展的实际情况看，统一的规模一次比一次扩大。夏、商、西周、春秋、战国，是中国国家形成和酝酿统一的时期。秦朝实现历史上第一次统一，是开创性的统一时期，但其统一辖区只限于中原至沿海一带，实际上只约为盛时全国地区的三分之一。两汉发展了秦朝的统一事业，其统一辖区比秦代扩大了一倍以上。隋、唐实现了中国历史上的第二次统一，是

对秦汉统一的继承和发展，其统一辖区总体远比秦、汉为广。元、明、清实现了历史上的第三次统一，是对秦汉、隋唐统一的继承和发展，开创和奠定了全国范围内的大一统局面。整个统一进程大体上遵循着由统一前的酝酿，到局部统一，到更大统一，再到大一统的发展格局。

（2）在中国历史上，统一和分立时期相间出现，但统一作为一种理念不断发展，并长期影响着整个中华民族经邦治国的思维定向。春秋战国时期，百家争鸣，统一和大一统的思想在总结夏、商、周治国的经验教训中被提出来，又经过以后儒家的总结、提倡，逐渐形成各个历史时期治理国家的最高指导思想。秦始皇统一中国是对前代统一理念、统一思想的一次成功实践。汉以后治国的统一思想、统一措施继续加强和发展。唐太宗君臣经常议论国家统一发展的重要性。他们将统一中国比喻为一棵大树，称“中国百姓，天下本根，四夷之人，犹如枝叶”[①]。由于这种指导思想，唐太宗采取了加强文武备边的力度，盛唐的统一版图超过盛汉。至元明清实现了真正意义上的、名副其实的大一统，国家文明和经邦治国的各项制度实现了空前的高度发展，趋向统一、坚持统一的国家版图也通过制度规定下来，《元一统志》、《明一统志》和《清一统志》记载了中国统一多民族国家全面形成和发展的历史。

（3）分立时期同样在酝酿着新的统一局面。中国古代史，实质是一部以统一为主流和导向的历史，历史上的中国人称之为“正统”、“汉统”。例如三国时期的魏、蜀汉、吴三国都是以统一为其立国和治国的目标，都坚持一个中国，都坚持“正统”、“汉统”。经过几十年的拉锯式争战，由魏国成长起来

① （后晋）刘昫：《旧唐书》卷62《李大亮传》。

的西晋王朝实现了统一。东晋十六国时期，氐族建立的前秦，尤其在苻坚称帝之后，致力于建立一个中原传统模式的“正统”王朝，“修废职，继绝世，礼神祇，课农桑，立学校”，褒扬“孝友忠义”，“广修学官”，立太学，“弘儒教之风”。苻坚统一了北方，再宣称要实现南北统一，“修文德以怀远人。然后一轨九州，同风天下”。苻坚时时以统一为念，他说：“吾每思天下不一，未尝不临食辍餔”。他以中国“正统”王朝自居，派大将吕光经略西域。吕光临行时，苻坚嘱咐说：“西戎荒俗，非礼义三邦。羁縻之道，服而赦之，示以中国之威，导以王化之法，勿极武穷兵，过深残掠”[①]。南北朝时期，南朝称北朝各族为胡人，北朝称南朝汉族为岛夷（又作鸟夷），这实际上是汉与少数民族建立的王朝间“正统”之争。争“正统”，表面看是个名分问题，实际上也是统一与分立的功过问题。在中国历史上，非正统的民族，只有入主中原，经过相应改革，实现转变，才能获得正统的名分和地位。元朝和清朝即是如此。

因此，从整个中国古代史考察，统一为国家民族创造了安定发展的局面，是国家民族的福祉，是历史发展的主流与导向。分立意味着统一局势的瓦解，它对整个国家民族造成的破坏和损失，不可忽视和低估。但分立酝酿着统一，不仅表现在经济方面，也表现在政治、文化、民族各个方面。分立时期同样是祖国历史不可分割的一个组成部分。在迄今为止出现的有关中国古代疆域史的种种著作，分立时期不是被简单地否定，就是被忽视，这与史实不符。《中国古代疆域史》的编写，正是力图从符合中国历史的发展实际来处理统一与分立两个不同时期的关系。

---

① （唐）房玄龄等：《晋书》卷113《苻坚载记上》。

（4）一个中心的内聚力作用。在古代中国境内，以中原为中心的内聚力，往往表现为从根本上维系着国家民族的统一。早期文献《礼记·礼运》阐述的实行“大道”、“天下为公”的“大同”社会，《礼记·大学》主张的“修身、齐家、治国、平天下”等，均包含着国家、民族统一的治国思想。春秋时期，理论界明确提出了实现国家、民族大一统的概念。秦朝统一六国，从某种意义上讲是先秦理论界关于国家、民族统一理论的一次成功实践，它揭开了中国统一多民族国家正式形成和发展的历史序幕。自秦、汉至清代二千余年，中国传统文化的系统发展与整个统一多民族国家的历史进程，始终保持着相辅相成的关系。如以“王道”、“仁政”、“礼治”为核心确立起来的秦、汉王朝政治体制，实际上已成为传统国家基本模式，被历代普遍认同。此后，其影响随着时代的前进而扩大，认同面也越来越广。在历代中国境内，不论汉族或其他民族，在其建政立国前后，只有认同和坚持植根于传统文化的传统国家模式这一立场，才能理直气壮地登上政治舞台。一般地说，统一王朝，以其继承前代的传统优势，顺理成章地君临全国。无法实现统一的分立时期，各朝邦通过认同和坚持治国的传统立场谋求合法的地位，以争取国人的支持，尽可能地创造合法的发展条件。

在中国历史上，统一是历史发展的主流与导向，还表现在思想理论、文明制度等各个领域中。统一符合整个国家民族的发展要求，大势所趋，人心所向；蓄意搞分裂则与历史背道而驰，不得人心，违背国家民族的根本利益。虽然在中国历史上不搞统一搞分裂者不乏其人，但他们都无法阻挡统一多民族国家前进的历史巨轮，反而成为中华民族的败类和历史罪人。

## 四、中国古代统一多民族国家形成和发展过程中，存在着特定的疆域格局：类型与层次的构成关系

这一特定的疆域格局，在世界史上绝无仅有。因此，只能从古代中国统一多民族国家在一定历史时期内，各地区、各民族之间发展不平衡来探求答案。在中国这个广大的地区中，当发展条件相对成熟的黄河流域中下游地区建立夏朝的时候，夏朝即是中国境内出现的第一个国家，夏朝辖区即是中国最早形成的疆域。而夏朝辖区以外的地区，主要分布着种类繁多的族、部。大体上看，夏代以后至元代大一统以前，中国疆域以其繁杂的内涵，表现了格局上的多类型和一定程度的层次结构，反映了这种差别的存在和演化关系。在先秦酝酿统一时期，全国疆域，包括中原王朝或各邦国的辖区，以及各族生活和活动地区等。中原王朝的辖区则有直接管辖的辖区和控制式辖区等层次之分。如唐代，全国疆域主要包括唐朝的辖区、边疆民族政权辖区或控制区，以及边疆各族生活和活动地区等。当然，随着政局的沿革变动，辖区往往表现程度不同的变动。明朝的辖区，可分为朝廷直接管辖的地方府、州、县，以及边疆地方的羁縻卫所与土司制等不同层次。元、清两代，随着大一统局势的形成和发展，边疆各族政权辖区或控制区以及各族生活和活动地区，大体或完全并入元或清两朝的辖区中，前代中国疆域内涵结构所表现的多类型和一定程度的层次关系大体消失或完全消失，全国疆域和辖区均趋于一体化。

不难看出，中国古代疆域的结构格局所表现的多类型和一定程度的层次关系，是全国大一统局势形成以前，国内政治、经济、文化、民族、地理等因素发展不平衡，以及分与合局势发展和政府管辖对策施行的必然过程。而

全国疆域结构格局的一体化、类型与层次的消失，则是国内政治、经济、文化、民族、地理等不平衡因素得到一定克服的必然，也是整个国家历史由分而合向前发展的结果。

最后，需要说明的是，《中国古代疆域史》虽然出版了，但还存在许多问题和缺陷。从全书体例看，已经形成的不过是最基本的架构，实际上还可以加以充实。比如从全书内容分配看，汉唐盛世不无单薄之嫌。作为疆域史，图表有其独特的直观效应，而本书却过于吝啬，大量具有说服力的实物书照、图表等当用不用。至于书中理论上存在的问题和缺陷，那可能就更多了，亟待专家和读者批评、指正。

# 试论唐朝的“中国”与“天下”①

李　方②

关于“中华民族”、“华夷秩序”、“中国”、“天下”等问题的讨论，由于费孝通先生中华民族多元一体理论的提出，及他所主编的《中华民族多元一体格局》的出版，近十几年来出现了一个高潮。这些问题的讨论，对于正确认识中华民族的历史，无疑具有非常重要的意义，不过，笔者认为这个讨论还存在两个值得注意的现象：一是“两头热中间凉”，即研究先秦时期和清朝晚期的相关文章比较多，而研究秦朝以后至明朝的相关文章比较少。这个现象的出现比较好理解，因为先秦时期是中华民族和中国形成的发端时期，清朝是中华民族和中国最后形成时期，二者对于中华民族的形成至关重要。二是贯穿整体的研究比较笼统，即从整体上研究中华民族和中国形成特点的文章较多，而从不同历史发展阶段研究的文章较少。这个现象也比较好理解，因为目前以研究文章居多（《中华民族多元一体格局》一书也是由单篇文章组成的），而文章的篇幅即决定了不可能对每个历史时期做深入细致的研究。这两个现象为我们进一步深入研究相关问题提供了空间。有鉴于此，笔者拟对

① 本文原发表于《中国边疆史地研究》2007年第2期。

② 李方，中国社会科学院中国边疆研究所研究员。

唐朝的“中国”、“天下”进行探讨。限于篇幅，本文拟主要根据《全唐文》所载各个时期唐朝皇帝的有关诏令德音和唐朝人所撰的政书《唐六典》、《通典》、《唐律疏议》，以及新旧《唐书》的有关记载进行探讨。

## 一、关于唐朝的“中国”

“中国”一词，最早出现于1963年陕西宝鸡贾村出土的何尊铭文：“惟武王既克大邑商，则廷告于天曰，余其宅兹中国。”这是西周武王时期的铭文，“中国”的概念应早于西周初年，可以追溯到商朝。《诗经》和《尚书》中也有“中国”一词，如《诗经·大雅·民劳》有“惠此中国，以绥四方”。可以说，先秦至清代有关“中国”的记载多如牛毛，唐代“中国”一词亦不绝于书。

1. 唐代“中国”一词的用法。

唐代“中国”一词的用法大体上可以分为用于前代（包括先秦）和当朝两类。

第一类用法主要用于唐人引用前代的名人名言，议论前代的人、事，或追溯前代的典章制度沿革。《通典》这方面的记载比较典型。如是书卷188《边防四·南蛮下》引西汉淮南王安上书曰：“自三代之盛，胡、越不与受正朔，非强不能服，威不能制也；以为不居之地，不牧之人，不足以烦中国也。”卷189《边防五·西戎一》条称：“永嘉以后，吐谷浑兴焉，本辽东鲜卑，晋时数百户，西附于阴山。属晋乱，遂吞并诸羌，而有其地。至其孙叶延，遂为强国。后魏末，其主夸吕自号可汗，建官多效中国。”这里引用前朝名人名言或议论评价前代人事、追溯前代典章制度，都出现了“中国”二字，而且基本上都是沿袭前人“中国”的概念。

在第二类用法中，主要用于与四夷有关联的人、事，用于与四夷、四方（边鄙）或外来文化对举。如《全唐文·太宗皇帝五·赎取陷没蕃内人口诏》称：“隋末丧乱，边疆多被抄掠。今铁勒并归朝化，如闻中国之人，先陷在蕃内者，流涕南望，企踵思归。”就是以中国与铁勒对举。又如《全唐文·宪宗皇帝三·放免京畿积欠制》载：“疆理宇内，必先于京师；惠绥四方，亦始于中国。”不仅以中国与四方对举，而且套用《诗经·大雅·民劳》“惠此中国，以绥四方”的语言。再如《通典·职官二十二·秩品五·萨宝》载：“至天宝四年七月，敕：‘波斯经教出自大秦，传习而来，久行中国。’”以中国与外来文化（波斯教）对举。

实际上，在第一类例子中，凡引用“中国”者，也都有“夷狄”（或匈奴、或高句丽、或吐谷浑、或西域、或岭南蛮，等等）的字样出现，也都是以“中国”与四夷对举。所以，从唐代“中国”一词的用法上看，可以说唐代的“中国”是一个与“四夷”（四方）相对的概念，唐代仍然沿袭了传统的“中国”与“蛮夷戎狄”“五方之民”共为“天下”，同居“四海”的观念。

2. 唐代“中国”一词的含义。

学术界对于古代“中国”概念的含义研究颇多，为我们理解唐人的“中国”观念提供了借鉴和基础，但有一些说法则可以进一步讨论。学术界一般认为，古代“中国”是一个地域概念、一个文化概念，有京师、中原、民族、文化等含义。如冯友兰指出，“中国”一词在古代文化意义最甚，民族意义最少，国体意义尚无①。翁独健先生认为：“古代‘中国’之称只是地域的、文化

① 参见安树彬：《从传统天下观到近代国家观》，《华夏文化》2004 年第 1 期。

的概念。”[①] 杜荣坤先生指出：“‘中国’一词……初含有‘京师’、‘帝都’、‘国中’、‘王畿’等意。随着历史的发展，‘中国’一词包含的范围逐渐扩大，成为地域的名称……秦统一六国，华夏族与四周所谓戎狄蛮夷诸族逐渐融合，形成以华夏族（汉代以后渐称汉族）为主体的统一多民族集权国家，‘中国’一词泛指中原王朝所直接管辖的地区。”[②] 陈连开先生认为：“中国一词……大体是殷周指天子所居王城；到春秋战国，指中原诸侯国和实行华夏文化礼仪的诸侯国，既是地域概念，又是文化概念。到秦汉以后，往往指王朝直接管辖区，而以王朝的边疆为‘裔’。”[③] 这些认识虽然不是具体针对唐朝“中国”概念而言，但也包含唐朝“中国”一词的含义。

“中国”一词在唐代具有地域、文化、民族等含义，是没有什么疑问的。比如《新唐书·南诏传上》载：“俗以寅为正，四时大抵与中国小差。”《旧唐书·吐蕃传上》载：“国多霆、电、风、雹，积雪，盛夏如中国春时，山谷常冰。”这里的“中国”都指以中原为核心的地区，都是地域概念。比如《通典·边防五·西戎一》载：“氐者，西戎之别种……其俗，语不与中国及羌胡同，各自有姓，如中国之姓。其衣服尚青，俗能织布。善田种，畜羊豕牛马驴骡。婚姻备六礼。知书疏，多知中国语，由与中国错居故也。”这里所说与氐错居的“中国”，当然指民族，也就是汉族，而“中国语”则指汉语，“中国”既是民族的概念，又是文化的概念。比如《旧唐书·陆贽传》称：“戎

① 翁独健：《在中国民族关系史研究学术座谈会闭幕会上的讲话》，《中央民族学院学报》1981 年第 4 期。

② 杜荣坤：《试论我国历史上的统一与分裂》，翁独健主编：《中国民族关系史研究》，中国社会科学出版社 1984 年版。

③ 陈连开：《论中国历史上的疆域与民族》，《中央民族学院学报》1981 年第 4 期。

狄之所长，乃中国之所短……所谓乘其弊，不战而屈人之兵，此中国之所长也。”这里的“中国”也有文化的含义，而且“夷狄”与“中国”的区分，本来就是以文化为标准，而不是以血缘为界限的。

笔者想强调的是，唐代“中国”还有政权的概念，指“朝廷”或“中央政府”。比如《旧唐书·宗楚客传》载，唐朝宰相宗楚客因受西突厥阿史那忠节的重赂，发兵攻突骑施首领娑葛，监察御史崔琬劾奏楚客称：“今娑葛反叛，边鄙不宁，由此贼臣，取怨中国”。这里的“中国”既不是地域概念，也不是文化概念，而是政治权力机构的概念，指朝廷或中央政府。因为突骑施臣属于唐朝，此处称突骑施首领娑葛为“贼臣”，即承认他是唐朝的臣子，他所怨恨的“中国”，当然是发兵攻伐他的朝廷或中央政府。

“中国”一词的地域范围，由于时代的发展变化，最初的“京师”、“帝都”、“国中”、“王畿”之意或逐渐消亡，或发展扩大，也是没有疑问的。学者一般认为，“中国”一词逐渐发展扩大泛指以中原为核心的地区，或指中原王朝所直接管辖的地区。笔者认为，这个观点大体不错。在唐代，“中国”还可以指称“内地”。唐代皇帝的诏令和赦文中往往有“内地”的用法。如《全唐文·武宗皇帝二·平潞州德音》载：“于戏！朕以四海为家，兆人为子，一夫不获，常所歉然。(阙)不宁每劳轸虑，今逆党已戮，内地无虞，偃戢干戈，谋从此始。”同书卷83《宣宗皇帝三·洗雪南山平夏德音》载：“平夏南山，虽云有异，源流风俗，本实不殊。我国家累圣以来，许居内地，久奉声教，亦立功劳，朝廷抚绥，常布恩信。”都采用了“内地”的说法。最能说明问题的是斯坦因S.1344号《开元户部格残卷》。此格称：“诸蕃商胡，若有驰逐，任于内地兴易，不得入蕃，仍令边州关津镇戍，严加捉搦，其贯属西、庭、伊等州府者，验有公文，听于本贯已东来往。”[①] 我们知道，唐代的法令有律、令、格、式四种，“格”是其中之一。令、格、式早已亡佚，唯律保存下来。而这一件“格”，是20世纪初斯坦因在敦煌发现的，十分珍贵。这件《开元户部格残卷》，将“内地”与“蕃（地）”对举，同唐朝以“中国”与“四夷”、“四方”、“蕃夷”对举相同，可见“内地”与“中国”是等同的。

我们将“格”文内容与《唐律疏议》相关条文进行比较，也可以证实这一点。这件“格”文规定诸蕃商胡只能到内地贸易，不能到蕃夷之地贸易，违者将遭到边州关津镇戍的捉搦。《唐律疏议》也规定化内华人不能越度关塞与化外人私相交易，违者将根据交易的数额判二年半徒刑至流刑不等。该书卷8《卫禁》载：“诸越度缘边关塞者，徒二年。共化外人私相交易，若取与者，一尺徒二年半，三匹加一等，十五匹加役流。”二者所不同的只是主语及具体惩罚措施。[②] 唐律的主语“化内华人”虽然未明说，但“（疏）议曰：缘边关塞，以隔华、夷。其有越度此关塞者，得徒二年”。这里的“华、夷”即点明主语是与“夷”相对的“华”。与律文“化外蕃人”相对的应是“化内华人”。我们知道，唐代的“华”与“夷”等于“中国”与“蕃夷”[③]，“化内华

① 郝春文等：《英藏敦煌社会历史文献释录》第5卷，社会科学文献出版社2006年版，第377页。

② 这条律疏禁止“化内华人”越度缘边关塞，与化外蕃人私相交易（“取蕃人之物及将物与蕃人”）；上举格文禁止蕃人到蕃夷之地贸易，规定只能到关塞以内的内地进行交易，律文与格文都禁止在缘边关塞以外私相交易，而允许在缘边关塞以内进行贸易，内容大体相同。

③ 《唐律疏议》卷4《名例》亦明确指出“化外蕃人”指的是“蕃夷国之人”，其载：“诸化外人，同类自相犯者，各依本俗法；异类相犯者，以法律论。”（疏）议曰：“‘化外人’，谓蕃夷之国。”

人”等于“中国人”。“化内”又等于“内地”。

这条律文还明确提出了化内之“国”（即中国）的概念及化内、化外之间的“国境”问题。其疏议在解释律文下半部分对华人与蕃夷交易兵器和婚姻方面的处罚规定时有：“越度缘边关塞，将禁兵器私与化外人者，绞。共为婚姻者，流二千里。其化外人越度入境，与化内交易，得罪并与化内人越度、交易同，仍奏听敕。出入国境，非公使者不合，故但云‘越度’，不言‘私度’……因使者，谓因公使入蕃，蕃人因使入国。私有交易者，谓市买博易，各计赃，准盗论，罪止流三千里……又准主客式：‘蕃客入朝，于在路不得与客交杂，亦不得令客与人言语。州、县官人若无事，亦不得与客相见。’即是国内官人、百姓，不得与客交关。私作婚姻，同上法。”这里所谓“蕃人因使入国”之“国”、“国内官人、百姓”之“国”，皆指与“蕃国”相对的“中国”；所谓“出入国境”的“国境”即指“中国”与“蕃国”交界的“国境”。这里“国”（“中国”）与“蕃国”对举，同《开元户部格残卷》的“内地”与“蕃地”对举，亦可见唐朝的“中国”还有“内地”的含义，可以“内地”来指代“中国”。唐朝以“内地”与“蕃地”相对举，与现代以“内地”与“边疆”相对举的方法类似。

有学者认为，“中国”或“中华”一词在统一的时候指全国：“作为地域名称，‘中华’与‘中国’相同”，“‘中华’作为地理名称，大抵也是指郡县地区，以与边陲相对。统一时指全国，分裂时指中原。”[①] 但唐朝是一个统一的王朝，唐朝的“中国”、“中华”并不指全国。“中国”这个名词真正指全国是

① 费孝通主编：《中华民族多元一体格局》，中央民族大学出版社1999年版，第244～245页。

在清朝。1689年签订的《中俄尼布楚界约》称“中国大皇帝钦差分界大臣领侍卫内大臣议政大臣索额图”，“中国”第一次作为国体概念出现在外交公文上。不过这个界约并无汉文本。1842年8月29日中英签订的《南京条约》，“中国”一词出现在汉文本上。辛亥革命胜利后，“中国”成为中华民国的简称，“中国”正式成为国家的代名词。清朝的王绍兰《说文段注订补》纠正段玉裁《说文解字注》“夏，中国之人也”的注，称：“案：京师为首，诸侯为手，四裔为足，所以为中国人也。”这是清朝民间认同“中国”一词为多民族统一国家名称的代表。可以作为对比的是唐人类似的比喻。圣历二年（699），鸾台侍郎、平章事狄仁杰上表称：“臣闻先王疆理天下，皆是封域之内……人有四支者，所以捍头目也。君有四方者，所以卫中国也……今欲肥四夷而瘠中国，恐非通典”[①]。这里狄仁杰将唐朝统治的范围（天下）比作整体的人，而将中国比作人的头目，将四方（四夷）比作人的四肢。“中国”在这里只是唐朝统辖范围的一个重要组成部分，与四方（四夷）组合在一起，才成为一个完整的“人”，一个完整的整体。“中国”不指“全国”，不指唐朝统治的整个范围是显而易见的。狄仁杰的这个比喻与王绍兰的比喻有明显差别，这个差别反映了“中国”概念在唐朝与在清朝的差别。

还有的学者认为，“中国”一词有狭义和广义两种用法：“中国一词的狭义用法是指‘万国之中心’、‘天下之中心’而言”。“中国一词的广义用法，则是指整个国家的领土而言，这是当时（夏商周时期）更为普遍的一种用法。”最后结论说：“综上所述，从国家形成以后，我国古代的国家主权观念、领土观念也随之形成和发展起来，自古以来都把‘中国’作为国家通用的名

---

① （唐）杜佑：《通典》卷186《边防二·东夷下》。

称，对‘中国’的概念作广义的解释，将其与‘天下’、‘四海’视为同等概念，互相通用。”[①]笔者认为上引文有三点不符合唐朝的实际。第一点，唐代“中国”一词并不存在广义和狭义两种用法，唐代的“中国”并不指整个国家的领土而言。第二点，唐代的“中国”概念并不等于“天下”和“四海”。第三点，唐代的“中国”并不是一个国家的概念。关于第一点，在上面已经进行了讨论，关于第二点和第三点，将在下面进行讨论。

3. 唐朝“中国”之“中”的含义。

关于“中国”之“中”的含义，学者们有很多解释。一般认为是天下之中、“四海”之中。陈玉屏先生认为，“中国”之“中”，并非源自地域位置，而是源自“以我为中心”的政治理念[②]。但唐人对这个问题有自己的解释。《通典·边防一·边防序》载：“覆载之内，日月所临，华夏居土中，生物受气正。”下引李淳风云：“谈天者八家，其七家，甘氏、石氏、浑天之类。以度数推之，则华夏居天地之中也。又历代史，倭国一名日本，在中国直东；扶桑国复在倭国之东，约去中国三万里，盖近于日出处。贞观中，骨利干国献马，使云，其国在京师西北二万余里，夜短昼长，从天色暝时煮羊胛，才熟而东方已曙，盖近于日入处。今崖州直南水行便风十余日到赤土国，其国到五月，亭午物影却在南，一日三食，饭皆旋炊，不然，逡巡过时，即便臭败。热气特甚，盖去日较近。其地渐远转寒，盖去日稍远。则洛阳告成县土圭居覆载之中明矣。唯释氏一家论天地日月，怪诞不可知也。”这里所谓“华夏居天地之中也”，即明确指出中国之“中”乃“天地之中”之意。《通典》的根

① 张景贤：《论中国古代领土观的形成》，《历史教学》1998年第5期。

② 陈玉屏：《略论中国古代的“天下”、“国家”和“中国”观》，《民族研究》2005年第1期。

据有二：一是根据唐代著名天文学家李淳风的说法，利用浑天仪、测影仪测算出来的；一是根据历代史书所记中国及东南西北国家与太阳的相对位置推算出来的。李淳风《旧唐书》有传，所载与杜佑《通典》所说略同。李淳风复原了失传了千年的浑天仪，并测出“中国”在天地之中，而且洛阳告成县在天地之正中的位置。李淳风这个结论乃至测量的手段都与西周时相同。据说西周时，周公在阳城（今河南登封）用土圭测量日影，在夏至午时，八尺之表与周围均没有日影，认为这就是大地的中心。[①] 如果说《通典》所根据的李淳风的结论没有超过前人，那么杜佑所根据的中国同直东倭国、扶桑国，西北骨利干国、直南赤土国与太阳方位的比较，则较前人有了一些新的内容。不过，中国人真正认识世界，却是在意大利传教士利玛窦将《万国全图》传入明朝之后。

4. 唐代“中国”的同义词。

张景贤先生说，“自古以来都把‘中国’作为国家通用的名称，对‘中国’的概念作广义的解释，将其与‘天下’、‘四海’视为同等概念，互相通用”。笔者认为，这种说法不准确。在唐代，“四海”、“天下”与“中国”不是一个相同的概念或同义词，唐代与“中国”相同的概念是“中夏”、“华夏”、“中华”、“函夏”，等等。

如《全唐文·太宗皇帝一·备北寇诏》载：“自隋氏季年，中夏丧乱，黔黎凋尽，州城空虚。突厥因之，侵犯疆场，乘间幸衅，深入长驱，寇暴滋盛，莫能御制。”同书卷 24《玄宗皇帝五·命金宪英袭封新罗王制》：“故开府仪同三司使持节大都督鸡林州诸军事兼持节宁海军使新罗王金承庆弟宪英，

① 参见张环宙：《试论“中国”含义的发展》，《湖州师专学报》1995 年第 2 期。

奕叶怀仁，率心尝礼。大贤风教，条理尤明；中夏轨仪，衣冠素袭。”这里的“中夏”与“中国”同义。①

又如《唐律疏议·名例》载：“平赃及平功庸”疏曰：“又问：在蕃有犯，断在中华。或边州犯赃，当处无估，平赃定罪，从何取中？答曰：外蕃既是殊俗，不可牒彼平估”云云。将“中华”与“外蕃”对举。“附录”《唐律释文》卷第三“名例”解释说：“中华者，中国也。亲被王教，自属中国，衣冠威仪，习俗孝悌，居身礼义，故谓之中华。”将“中华”解释为“中国”，可见“中华”亦等于“中国”。②

再如《通典·边防一·边防序》载：“覆载之内，日月所临，华夏居土中，生物受气正。”是“中国”又称“华夏”。

还如《全唐文·玄宗皇帝二十·册于阗王尉迟伏师文》载：“践义立身，资忠成性，禀崆峒之气，威武右称；慕函夏之风，款诚必尽。”此“慕函夏之风”可以训为“慕中华之风”，是“函夏”等于“中华”，又等于“中国”。

总之，唐代“中国”一词为天地之中之国之义，同义词有“中夏”、“华夏”、“中华”、“函夏”，等等。“中国”不代表唐朝实际统治的全部领域，而仅代表唐朝统治的核心地区。那么，什么词语代表唐朝当时统治的实际领域呢？这就是“天下”。

---

① 《资治通鉴》卷188武德三年（620）二月条载：“突厥颉利可汗承父兄之资，士马雄盛，有凭陵中国之志。”而同书贞观元年九月条载称：“上谓侍臣曰：‘向者突厥之强，控弦百万，凭陵中夏，用是骄恣，以失其民。’”《资治通鉴》在这两处地方叙述同一个人、同一件事，一用“凭陵中国”、一用“凭陵中夏”，亦可见“中国”等于“中夏”。

② 《唐律释文》为南宋人此山贯冶子所撰，元人王元亮重编，今刘俊文先生将此作为附录，附于《唐律疏议》之后。其释“中华”为“中国”是正确的。

## 二、关于唐朝的“天下”

关于“天下”一词史书中记载很多，学者们的讨论也很多。学者们的观点不尽一致，有时甚至针锋相对。如田继周先生说：“当时‘天下’这个概念的含义，也不像我们今日理解的那样广泛，大体上指的是我国当时的领域。今天，我们讲到中国时，往往以‘五湖四海’来形容它或代表它。‘四海’之称在先秦时代已普遍使用了。当时‘四海’和‘天下’的范围，虽然不能说就是我国今日的范围，但却包括了当时的‘九州岛’之域。”[①] 但近年来陈玉屏先生提出不同意见，他说：“此种意见在学术界具有一定的代表性。按此种意见的见解，先民心目中的‘天下’、‘四海’的具体范围不论做何种描述，都是一个有限范围。笔者认为这个先民所言的‘溥天之下’的范围，在理论上是无限的。‘要服’、‘荒服’的蛮、夷、戎、狄，直至地处蛮、夷、戎、狄之外的藩国，不论距离多远，理论上亦均为‘王臣’。先民们的大一统意识讲求‘天无二日，民无二王’(《礼记·曾子问》)，不能设想他们从理论上承认在他们所处领域之外还有一个天地、一个至尊、一个太阳。至于天子的实际控制与影响范围有多大，对‘王土’和‘王臣’的实际控制程度有多强，那是另外一回事，并不妨碍上述理论的成立。先民正是循此理念来思考问题，来认识天下国家的”[②]。那么，“天下”究竟“大体上指的是我国当时的领域”，还是“在理论上是无限的”，或者二者并存，皆有合理成分？我们来看唐人的“天下”就能明白何者为是。

---

① 田继周：《我国民族史研究中的某些理论问题》，《文史哲》1981年第3期。

② 陈玉屏：《略论中国古代的“天下”、“国家”和“中国”观》，《民族研究》2005年第1期。

1. 唐朝的“天下”。

笔者认为，唐朝的“天下”有广义和狭义之分。毕奥南先生指出：“先秦‘天下’有广狭二义，广义指所知世界，狭义指王朝及诸夏统治区域范围。”[①]这个看法对于我们认识唐代的“天下”有借鉴作用。笔者认为，唐朝的广义“天下”应指当时与唐朝有交往的整个世界，狭义应指唐朝的实际统治范围。唐朝本身是一个开放性的世界帝国，唐朝的所谓“蕃国”，多数是唐朝统一多民族国家统治下的少数民族政权，少数是独立于唐朝的外国，这些蕃国都包括在唐朝的“天下”之中，就这一点而言，唐人的“天下”应该具有广义的世界意义。据《唐六典·礼部》记载，唐朝“凡四蕃之国经朝贡已后自相诛绝及有罪见灭者，盖三百余国。今所在者，有七十余蕃”。这 70 余蕃包括“三姓葛逻禄、处蜜、处月、三姓咽蔑、坚昆、拔悉蜜、突厥、奚、契丹、渤海、室韦、龟兹国、疏勒国、于阗国、焉耆国、突骑施、吐火罗、米国、火寻国、骨咄国、诃毗施国、曹国、拔汗那、康国、安国、石国、日本、大食、吐蕃”，等等，其中日本、大食、吐蕃、东天竺、西天竺、南天竺、北天竺、中天竺等就是独立于唐朝之外的国家。因此，唐朝的广义“天下”应指当时与唐朝有关联的世界。不过笔者认为，唐代的“天下”主要是狭义的概念，这个“天下”主要指唐朝实际统治的范围，这个“天下”具有王朝国家的性质，具体指唐朝统一多民族的国家。

下面笔者主要从《唐六典》的记载来考察唐朝官方赋予“天下”一词的含义。由于《唐六典》是一部唐朝官修的政书，由当朝宰相张说、张九龄、

① 毕奥南：《天下、四海、中国、疆域、版图——历史语境中的王朝中国疆域概念辨析》，《中国边疆史地研究》2006 年第 2 期。

李林甫等人主持监修，于唐朝开元二十六年（738）完成，因此，此书完全可以代表唐朝官方的观点。而《旧唐书·百官志》所载此方面的内容和措辞与《唐六典》基本相同，从而亦可以证明《唐六典》所具有的代表性。

《唐六典》主要记载的是唐朝职官的建置和职掌。我们分析考察唐朝中央机构官吏的职掌范围，就能明确唐代“天下”的主要用法和“天下”一词的主要含义。唐朝管理国家事务的中央机构是三省（中书、门下、尚书）、六部（吏、户、礼、兵、刑、工）、一台（御史台）、九寺（太常、光禄、卫尉、宗正、太仆、大理、鸿胪、司农、太府）、五监（国子、少府、军器、将作、都水），等等。由于篇幅所限，仅举三省为例。据《唐六典》记载，中书省首长中书令“掌军国之政令……入则告之，出则奉之，以厘万邦，以度百揆，盖以佐天子而执大政者也”；次长中书侍郎掌贰令之职，“凡邦国之庶务，朝廷之大政，皆参议焉”。门下省首长侍中掌“出纳帝命，缉熙皇极，总典吏职，赞相礼仪，以和万邦，以弼庶务，所谓佐天子而统大政者也。凡军国之务，与中书令参而总焉”。尚书省首长尚书令“掌总领百官，仪形端揆。凡都省掌举诸司之纲纪与其百僚之程序，以正邦理，以宣邦教”。是三省的首长和次长所掌范围为“军国”或“邦国”（简称“邦”）。[①] 尚书省作为三省中的执行机构，下领六部二十四司。据同书记载，这六部二十四司中，吏部尚书、侍郎“掌天下官吏选授、勋封、考课之政令”，其下四司，吏部郎中“掌考天下文吏之班、秩、品、命”；司封郎中、员外郎“掌邦之封爵”；司勋郎中、员外郎“掌邦国官人之勋级”；考功郎中、员外郎“掌内外文武官吏之考课”。户部尚书、侍郎“掌天下户口井田之政令”，其下四司，户部郎中、员

① 九寺、五监首长所掌的范围，《唐六典》基本上亦都用“邦国”来说明。

外郎“掌天下州县户口之事”；度支郎中、员外郎“掌支度国用、租赋少多之数”；金部郎中、员外郎“掌库藏出纳之节，金宝财货之用”；仓部郎中、员外郎“掌国之仓庾，受纳租税，出给禄廪之事”。礼部尚书、侍郎掌“天下礼仪、祠祭、燕飨、贡举之政令”，其下四司，礼部郎中“掌考天下文吏之班、秩、品、命”；祠部郎中、员外郎“掌祠祀享祭，天文漏刻，国忌庙讳，卜筮医药，道佛之事”；膳部郎中、员外郎“掌邦之牲豆、酒膳，辨其品数”；主客郎中、员外郎“掌二王后及诸蕃朝聘之事”。兵部尚书、侍郎“掌天下军卫武官选授之政令”，其下四司，兵部郎中“掌考武官之勋禄品命”；职方郎中、员外郎“掌天下之地图及城隍、镇戍、烽候之数，辨其邦国、都鄙之远迩及四夷之归化者”；驾部郎中、员外郎“掌邦国之舆辇、车乘，及天下之传、驿、厩、牧官私马、牛、维畜之簿籍，辨其出入阑逸之政令”；库部郎中、员外郎“掌邦国军州之戎器、仪仗”。刑部尚书、侍郎“掌天下刑法及徒隶句覆、关禁之政令”，其下四司，刑部郎中、员外郎“掌贰尚书，举其典宪而辨其轻重”；都官郎中、员外郎“掌配没隶，簿俘囚”；比部郎中、员外郎“掌句诸司百寮俸料、公廨、赃赎”；司门郎中、员外郎“掌天下诸门及关出入往来之籍赋，而审其政”。工部尚书、侍郎“掌天下百工、屯田、山泽之政令”，其下四司，工部郎中、员外郎“掌经营兴造之众务”；屯田郎中、员外郎“掌天下屯田之政令”；虞部郎中、员外郎“掌天下虞衡、山泽之事，而辨其时禁”；水部郎中、员外郎“掌天下川渎、陂池之政令”。从以上引文可见，三省长官及尚书省六部二十四司长官的职掌范围皆为“军国”、“邦国”或“天下”，而以“天下”为多。[①]

从上列三省官员职掌“天下”的范围来看，这个“天下”都是非常具体的。如户部郎中、员外郎，“掌天下州县户口之事”，《唐六典》在其下载，“凡天下十道，任土所出而为贡赋之差”，“凡天下之州、府三百一十有五，而羁縻之州盖八百焉”，“凡天下之户八百一万八千七百一十，口四千六百二十八万五千一百六十一”。说明这个“十道”（开元二十一年即733年，改为十五道），就是当时唐朝统治之下的“天下”的地理范围，这个“三百一十五州府、八百羁縻府州”，就是当时唐朝统治之下的“天下”的州府总数；[②]这个“八百一万八千七百一十户，四千六百二十八万五千一百六十一口”，就是当时唐朝统治之下的“天下”的户口（当然还有未被政府控制的户口）。又如《唐六典》载“凡天下观总一千六百八十七所”，这个数字就是祠部当时所掌“天下”道观的总数。再如同书载兵部尚书、侍郎“掌天下军卫武官选授之政令”，其下接载“凡天下之府五百九十有四”，这个数字就是当时兵部所掌“天下”军府的总数。再如同书在屯田郎中、员外郎“掌天下屯田之政令”之下接载：“凡天下诸军、州管屯，总九百九十有二。”这个数字就是当时屯田司所掌“天下”屯田的总数。

---

① 史书中还有很多称“天下”的记载。如《旧唐书·礼仪四》载：“（贞观）十九年正月，春秋二时社及释奠，天下州县等停牲牢，唯用酒脯，永为例程。”“（天宝）十二载七月，诏天下举人不得充乡贡，皆补学生。”“九月，两京玄元庙改为太上玄元庙，天下准此。”“西京玄元庙为太清宫，东京为太微宫，天下诸州为紫极宫。”《旧唐书·地理志》载：“景云二年，分天下郡县，置二十四都督府以统之。”“开元二十一年，分天下为十五道，每道置采访使，检察非法，如汉刺史之职。”不胜枚举，皆与正文所引“天下”的含义相同。

② 从目前研究成果来看，唐朝羁縻府州的数字实际上比《唐六典》所列数字要多，其他如人口、军府、屯田等情况同样如此。不详列举。

又如同书在驾部郎中、员外郎掌“天下之传、驿”等之下载，“凡三十里一驿，天下凡一千六百三十有九所。二百六十所水驿，一千二百九十七所陆驿，八十六所水陆相兼”，这个数字就是当时驾部所掌“天下”驿站的总数。又如，同书在水部郎中、员外郎“掌天下川渎、陂池之政令”之下载“凡天下水泉三亿三万三千五百五十有九”，这个数字就是当时水部所掌“天下”水泉的总数，等等。总之，这里的“天下”都是具体的，都是狭义的“天下”，都是指唐朝统一多民族的国家实际统治的范围，这个实际统治范围就是“十道”（开元二十一年即733年，改为十五道），即关内道、河南道、河东道、河北道、山南道、淮南道、江南道、剑南道、陇右道、岭南道。这“十道”又分为“三百一十五州府，八百羁縻府州”。

上述“天下”又略等于“邦国”。《唐六典》中职方郎中、员外郎的职掌为“掌天下之地图及城隍、镇戍、烽候之数，辨其邦国、都鄙之远迩及四夷之归化者”，可见这里将“天下”与“邦国”互换而其意基本不变。又如驾部郎中、员外郎的职掌为“掌邦国之舆辇、车乘，及天下之传、驿、厩、牧官私马、牛、杂畜之簿籍，辨其出入阑逸之政令”，这里亦将“天下”与“邦国”交替使用而其意大致不变。再如记述御史台的职掌，“御史大夫掌邦国刑宪、典章之政令……中丞为之贰。凡天下之人有称冤而无告者，与三司诘之”，亦以“邦国”与“天下”互相说明，交替使用。这个“邦国”又略等于“军国”。如前所引，中书省首长中书令“掌军国之政令”，中书侍郎“凡邦国之庶务，朝廷之大政，皆参议焉”，门下省首长侍中“凡军国之务，与中书令参而总焉”，尚书省首长尚书令“以正邦理，以宣邦教”，三省的首长、次长所掌范围或称“军国”或称“邦国”（简称“邦”），而我们知道，三省首长、次长所管皆为唐朝统一多民族的国家，所管范围并无不同，所不同的只是中书省和门下省为决策机构，尚书省为执行机构，由此可见，“邦国”与“军国”的范围亦略同。

那么，既然“军国”、“邦国”、“天下”三种称呼的意思略同，唐朝为什么要分别称之，其用意究竟何在呢？细细品味《唐六典》、《旧唐书·百官志》等书的措辞，笔者发现，唐朝官方“天下”、“邦国”、“军国”的用法还有一定的差别。这个差别主要体现在，“军国”是最郑重的用法，主要用于中书省和门下省长官的职掌，这大略与中书省、门下省为中央的最高决策机构，其首长职掌出纳王命，地位最尊崇，而古代国家最重要的事莫过于祀与戎有关；而“邦国”是更普通的用法，从《唐六典》等记载来看，中书省首长中书令所掌称“军国”，次长中书侍郎所掌称“邦国”，中书侍郎较中书令地位略低，可见“邦国”比“军国”的称呼亦略低。而从“邦国”与“天下”的比较来看，“邦国”更侧重于管理官府官吏的事务和中央事务等层面，如尚书省中，凡掌涉官府官吏的职掌（如都省、司封、司勋、驾部、库部郎中和员外郎的职掌），及管理中央事务的九卿的职掌范围，皆称为“邦国”。“天下”是更广泛的用法，“天下”更侧重于管理地方和百姓的层面（同时也包含管理官吏的层面），如尚书省中，一般掌涉中央和地方、官吏与百姓两方面事务的官员所掌范围即称为“天下”。如尚书省中，吏部、户部、度支、礼部、祠部、兵部、职方、刑部、比部、司门、工部、屯田、虞部、水部，这些部门的官员掌涉中央和地方、官吏与百姓两方面的事务，其所掌的范围即称“天下”。由此可见，“军国”、“邦国”和“天下”这三种称呼的意思或范围基本上是相同的，但又各有侧重。这三者的用法，并不是史官信手写来或随便称之的，而是大有深意的。

笔者认为，唐朝之所以以“天下”作为其所统治范围的名称，应该主要是沿袭传统的观念。

从先秦开始，中国即有以“天下”指代统治疆域的传统习惯。中国是一个特别注重传统的国家，唐朝自认为是中国正统王朝的延续，当然要采用传统的习惯称法。另外，唐朝对蕃国的概念界定不清，将两种不同性质的蕃国（唐朝统治下的地方政权和与唐朝并立的外国政权）混淆在一起，也应是唐朝以“天下”指代所统治范围的重要原因。

总之，唐朝的“天下”有广义和狭义两种含义，而以狭义为主。只承认其中一种是不正确的，只看到它的广义一面或者夸大这一面尤其不符合唐朝的历史。有学者说：“按照纯粹理论上的定位，天下 / 帝国根本上就不是一个国家，尤其不是一个民族国家，而是一种政治 / 文化制度，或者说是一个世界社会，正如梁漱溟所指出的：天下是个关于‘世界’而不是‘国家’的概念。”[①] 这是从抽象的理论出发研究中国古代史，得出的结论难免偏颇。

2. 唐人“天下”的同义词。

唐代“天下”的同义词除了上文所举的“军国”、“邦国”、“邦”、“国”等以外，还有“四海”、“海内”和“区宇”（区寓）、“区夏”，等等。

关于“四海”。有学者指出，根据《尔雅 · 释地篇》所谓“九夷、八狄、七戎、六蛮，谓之四海”，“则四海类似四夷”，先秦的“四海与其说确指地理方位，不如讲只是代表先秦时期人们对周边部族分布区域的笼统指称”[②]。这是有道理的。不过，“四海”的概念后来有所发展和变化，不再单指四夷或周边，而是指包括周边四夷在内的整个“天下”。唐人的“四海”用法即如此。

---

① 赵汀阳：《“天下体系”：帝国与世界制度》，《世界哲学》2003 年 5 期。所引梁漱溟先生观点见《梁漱溟学术论著自选集》，北京师范大学出版社 1992 年版，第 332 页。

② 毕奥南：《天下、四海、中国、疆域、版图——历史语境中的王朝中国疆域概念辨析》，《中国边疆史地研究》2006 年第 2 期。

如《全唐文·高祖皇帝一·遣淮安王神通安抚山东》载：“隋德下衰，政荒民散。九州幅裂，四海瓜分。元元无辜，困豺狼之吻。”这里所说的“四海瓜分”就是指隋朝整个天下的瓦解。同书同卷《每州置宗师诏》载：“朕受终揖让，君临四海，普天之下，同加惠泽。”这里的“君临四海”，指的也是唐朝皇帝统治的整个天下。

关于“海内”。如《全唐文·高祖皇帝一·改元大赦诏》载：“大业末年，纲维废弛，三光改耀，九服移心。既戡定时难，辑和庶绩，一匡海内，再造黎元。隋氏以天禄永终，历数攸在，敬禅厥位，授于朕躬……可大赦天下，改隋义宁二年为武德元年。”这里将“海内”与“天下”相提并论，可见可以互相指代。又如《旧唐书·令狐德棻传附邓世隆传》载：“初，太宗以武功定海内，栉风沐雨，不暇于诗书。”《旧唐书·礼仪二》载：“太宗平定天下，命儒官议其制。”同书载：“上（太宗）曰：‘玄龄与吾共取天下，出百死，得一生，故知创业之难’。”这里的“定海内”与“平定天下”、“取天下”是同一个意思，“海内”等于“天下”。

关于“区夏”、“区宇”和“区寓”。如《全唐文·高祖皇帝一·秦王太尉陕东行台制》载：“尚书令雍州牧右武候大将军上柱国秦王世民……廓清区夏，忠孝克彰……今区宇方缉，巩洛犹芜，镇俗治戎，允资望实。”这里的“区夏”、“区宇”都是指唐朝逐鹿中原取得的天下。“区宇”又作“区寓”。如《全唐文·宣宗皇帝三·洗雪南山平夏德音》：“朕君临区寓，深念黎元，凡曰含生，皆同赤子。”这里的“君临区寓”与前所引“每州置宗师诏”中的“君临四海”意思相同，可见都是“天下”的同义词。

## 三、关于唐朝“中国”与“天下”的关系

前面笔者已经指出，唐朝的“中国”仅代表唐朝统治的核心地区，不代表唐朝实际统治的全部领域；而狭义的“天下”则代表唐朝实际统治的领域，具有王朝国家的性质。唐朝的“中国”是“天下”的一个重要组成部分。这里再就“中国”国家的性质略论之。

关于古代“中国”国家的含义，学者们有许多讨论。如杜荣坤指出：“历史上‘中国’一词是地域或文化类型及政治地位的区分，而不是整个历史疆域和政治管辖范围的概念、国家政权的正式名称。”① 张璇如认为：“关于‘中国’的概念，历史上是某一个地域名称，不是国称，作为国家的概念，是近代的事。以往有些学者，把它认为国称，或囿于《禹贡》九州岛之说，把中原地区作为中国的疆域是不对的。”② 笔者认为这些观点都很正确。但也有一些观点不正确，如近年来有学者说：“唐代关于‘中国’称谓，在原有的意义上大为扩展，其中包含有当今主权国家的基本含义。”③ 这个观点夸大了唐朝“中国”一词的范围和含义。近代国家的概念有三个基本要素：人民、领土和主权。笔者认为这三个基本要素也可以用来衡量古代中国。以此衡量唐代的“中国”，显然，此时的“中国”，人民仅指汉族，不包括唐朝统治下的其他四夷之民，更不包括历史上属于今中国的其他民族；领土仅指中原内地，不包

① 杜荣坤：《试论我国历史上的统一与分裂》，翁独健主编：《中国民族关系史研究》，中国社会科学出版社 1984 年版。

② 张璇如：《民族关系史若干问题之我见》，翁独健主编：《中国民族关系史研究》，中国社会科学出版社 1984 年版。

③ 胡耀华：《对“中国”概念演变及地缘内涵的分析》，《江汉大学学报》2004 年第 5 期。

括四方边疆之地；主权亦无完整的国家主权。所以，此时的“中国”不代表统一多民族的王朝国家，更不具有近代民族国家的概念，它只是唐朝统一多民族国家的一个重要组成部分。狭义的“天下”则基本上具备了这三个要素，它具有较完整的领土、主权和人民，是唐朝统治范围的代名词，是一个王朝国家或政治实体；而广义的“天下”则是唐朝建立的一个以“中国”为核心、以唐朝统一多民族国家狭义“天下”为政治实体的包容其他国家在内的世界体系和政治秩序。

# 历史语境中的王朝中国疆域概念辨析[①]

## ——以天下、四海、中国、疆域、版图为例

毕奥南[②]

## 一

疆域概念是国家理论的重要组成部分。疆域概念不仅具有一般文字学、语义学、逻辑学等抽象、阐释意义，而且还是国家统治范围的法理支撑。古代中国的疆域概念产生于商周时代，距今已有三千多年，其间的国家朝代变迁延衍，国民族属演替嬗变，经历的历史时空范围之广，从世界范围看是绝无仅有的，亦即人们常说的四大文明古国唯一延续至今者。这就形成与其他国家不同的“中国特色”疆域话语。然而由于国家理念不同，各国疆域概念的形成、应用，都会发生差异，尤其是历史古老的国家；即使是同一国家，因各个历史发展阶段不同，前后期的差异性也不是可以随意调和的。基于国家理念性质不同，疆域概念产生的历史语境有很大区别。因此，在特定语境中产生的关于历史疆域及周边关系的价值判断，不能不随历史语境变化而变

① 本文原发表于《中国边疆史地研究》2006年第2期。

② 毕奥南，中国社会科学院中国边疆研究所研究员。

化；虽然现代中国是王朝中国发展的结果，但并不能简单地视为前后继承关系，这是一种重建。这种重建是建立在旧死新兴的制度替代基础上的。基于这种认识，笔者不主张学者在研究文章中动辄把有数千年历史的古代中国概称为“我国”，因为这么一来，在模糊古今两种不同性质国体的同时，也忽视了历史语境的转换；而不考察历史语境变化，简单沿用二三千年前出现的疆域概念，与其说反映的是归纳现象后形成的抽象，毋宁讲是借用古代概念比喻当前现象。

笔者在此所说的历史语境，不是简单指说话者所处具体的历史语言环境，还应包括说话者继承的知识经验及由此形成的价值意识。之所以强调疆域概念的历史语境问题，是因为笔者注意到，古代中国疆域观念有一个演进的过程，不同时期的疆域概念不仅在指称对象上不同（例如秦、汉“中国”的“天下”与隋、唐“中国”的“天下”显然不同）而且说话主体与被陈述或描述对象的关系也存在很大差异（如秦汉之与匈奴，隋唐之与突厥）。既然存在如此差异，这就提示我们，不同时期的疆域概念应该放回到当时的语境里去理解，而不能用先秦概念随意阐释元、明、清历史事件或关系，尽管廿四史《四夷传》等史臣评语总喜欢套用先朝典故、术语，并对后人产生一定影响。

然而问题并不那么简单，出于王朝国家理论整合需要，疆域概念经常在改朝换代以后，被赋予标准化答案。因为标准化话语是形成国家理论的重要资源，于是由法家、儒士等酝酿倡议，经过朝廷官方的确认与强调，标准的疆域观念不仅成为王朝国家臣民应该恪遵的正确观点，而且也是官私史书编纂的指导思想。为了推广疆域标准观念（其他统治观念也一样），使之成为全社会认同的标准，一方面在官学私塾教育体系中将官方意志定为标准，通过科举不断强化“正确答案”；同时极力排斥非标准化观点，用人身迫害、文化控制等措施，不容异端另类思想产生。经过专制王朝国家一番扬此抑彼整合，于是形成附和统治者意愿的一种声音，这种声音的基调就是王权泛化的大一统专制。为了证明这种理论的合法性，列举先秦典故（这是古代中国文化阐释的滥觞），包括疆域概念，作为毋庸证明的经典标准，遂成为有效的权威手段。

构拟经典标准后，关于古代中国疆域的概念开始脱离原意，成为描述或表达合法统治范围的国家理论。在历史文献中，我们时常看到的深受王朝国家理论影响的疆域话语不仅是经过酵变的产物，而且也是后世继续酵变的坐标。古代中国疆域的概念，既有受到地理知识限制的广义，又有专指三朝统治范围的狭义。造成双重语义的原因，主要是王权泛化或王权至上观念的推行所致。王权是人类社会发展阶段性产物，在一定历史时期内，王权曾起着凝聚社会力量、建立统一国家的进步作用。国家强大，开疆拓土，都与发达的王权相关。然而发展到一定阶段，王权的专制性消极作用也开始暴露，成为阻碍社会进步的因素。正因为王权具有两重性，对王权性质国家的分析也就不能单一化。以下举 5 个人们耳熟能详的概念为例，借观察疆域概念演变，探究王朝国家理论的建构。

## 二

### （一）天下

“天下”是王朝中国重要的疆域概念。虽然距传说中的夏朝年代久远，史事很难钩稽，但《尚书·大禹谟》仍有大禹“皇天眷命，奄有四海，为天下君”的说法。“天下”一词，又见于《尚书·召诰》：“用于天下，越王显”；《尚书·尧典第一》：“昔在帝尧，聪明文思，光宅天下”。《礼记·礼运》有“大道之行，天下为公”、“大道既隐，天下为私”之语。“天下”泛指说者所知的原始社会，即《尚书·旅獒》所谓当时的“天下万国”。《礼记·曲礼二》有“君天下曰天子”，汉儒注称“天下，谓外及四海也”。这里的“天下”，包括“中国”与“四海”，即与《诗·小雅·北山》载“溥天之下，莫非王土；率土之滨，莫非王臣”同义。司马迁《史记·五帝本纪》追述传说时代，对“天下”的解释是“日月所照，风雨所至”；《史记·孝武本纪》称“天下名山八，而三在蛮夷，五在中国”，将“天下”构拟为“中国”与“蛮夷”两大单元。此外，《尚书·旅獒》、《毛诗·周颂》、《左传》将“天下”与“万邦”、“万国”、“诸侯”对应，也是一种泛称用法。①

对于“四海”，尽管有人想象“中国”四周被大海围绕，并认为确指东海、西海、南海、北海，但以先秦时期人们的地理知识而言，实际上了解的地理范围很有限，根本不可能用今天的“世界”概念与当时地理知识所及的“天下”相衡。商周王朝对此多用“四境”、“四土”、“四方”、“四极”来表述。

先秦时人们眼中的天下究竟有多大？春秋战国时期出现了四方、四极的说法。《楚辞》中的《招魂》、《大招》两篇，分别对东、西、南、北四方自然地理、神鬼分布做出想象的描述，这应该是对渺茫远方的猜测。《孟子·万章篇》记载：“舜流共工于幽州，放驩兜于崇山，杀三苗于三危，殛鲧于羽山，四罪而天下咸服”。流放罪犯自然是“极边”最远的地方。《吕氏春秋·为

---

① 参见《礼记·祭义》。

欲篇》记载的四极是“北至大夏，南至北户，西至三危，东至扶木”。《尔雅·释地篇》称：“东至于泰远，西至于鈆国，南至于濮鈆，北至于祝栗，谓之‘四极’；觚竹，北户，西王母，日下，谓之‘四荒’”。这些记载有些地名不明，有些则近在山西、河北、河南等地，远则辽东、甘肃、交趾一带，说明当时人所知地理范围并没有后人想象的那么远。

但是，除了人们所知地域外，对远方的传说和想象又建构出另一番天地。《庄子》逍遥游的浪漫畅想固不待言，齐国人邹衍的大九州说尚不能简单视为“齐东野语”。邹衍摒弃儒家《禹贡》陈说，提示人们中国—九州之外另有世界，确实不乏先见之明。与此相应，《吕氏春秋·有始览》记载：“凡四海之内，东西二万八千里，南北二万六千里，水道八千里，受水者亦八千里”；“凡四极之内，东西五亿有九万七千里，南北亦五亿有九万七千里”。这至少代表当时有些人对“天下”的看法不囿于夏禹九州。西汉《淮南子·地形训》记载了比邹衍更完整的大九州州名，还有极为夸张的“四极”。联想到《山海经》记载的神异诸国，虽然被视为荒诞不经，但反映人们随时代变化，地理视野有进一步扩大。《周礼·大宗伯》“天地四方”概念固然模糊，但应该看到，随着天文学的进步，人们对世界范围的认识水平在逐渐提高[①]。

根据先秦传世的典籍、考古发现以及学者研究，夏王朝是以伊、洛流域为中心区（夏邑），并领有若干同姓和异姓氏族部落的国家。商朝统治范围，最盛不过今河南、山西、山东、陕西、江苏、安徽部分地区。周朝进而扩大至华北、江汉流域。春秋时周室虽微，但由于诸侯国的开疆拓土，华夏诸国

① 参见顾颉刚、童书业：《汉代以前中国人的世界观与域外交通的故事》，《禹贡半月刊》第5卷，第3～4期合刊。

范围已经扩大到今河北、山东、山西、河南、江苏、安徽、湖北等地。战国时期，随着兼并战争进行，诸侯国的疆域范围东扩至辽东、朝鲜半岛，北扩至今内蒙古南部，西进至今甘肃、四川，南达洞庭湖以南[①]。人们的地理知识随疆域扩大而增进，“天下”概念自然发生变化。汉朝北却匈奴，西通西域，南开昆明、百越，随着疆域的拓展、交通的发达，移民地域扩大，人们的地理知识大大丰富，不仅“中国”范围扩大，而且“四海”或“蛮夷戎狄”族体也发生变化，因此先秦的“天下”与汉儒所知的“天下”显然不同。

上述只是“天下”的广义。与此相关，当时社会同时赋予“天下”另一层意思。

《论语·季氏》有：“天下有道，则礼乐征伐自天子出，天下无道，则礼乐征伐自诸侯出。”《论语·宪问》载，在评价管仲时孔子说他“相桓公，霸诸侯，一匡天下”；《论语·中庸》又称“……天下车同轨，书同文，行同伦”，讲的都是周王朝及其分封的诸侯国统治范围。《孟子·梁惠王上》载：孟子在回答梁惠王“天下恶乎定”问题时称“定于一”。又对梁惠王讲，“海内之地方千里者九，齐集有其一，以一服八”。所谓“海内之地方千里者九”，就是当时社会广为流行的禹制九州传说。《汉书·地理志》讲得更明确：“昔在黄帝，作舟车以济不通，旁行天下，方制万里，画野分州，得百里之国万区”；“尧遭洪水，怀山襄陵，天下分绝，为十二州，使禹治之。水土既平，更制九州，列五服，任土作贡”；“《周官》有职方氏，掌天下之地，辩九州之国”。这里的“天下”等同于九州。春秋战国时期，九州被认为是商周实际统

① 参见童书业：《中国疆域沿革略》第一篇《历代疆域范围》，上海开明书店 1946 年版。

治区域，即王朝国家辖境。据此，商周的天下／九州（或十二州）又有指代王朝／“中国”疆域范围的功能。《荀子·王制》说的“四海之内若一家”也是此意。

同一《史记》，《周本纪》有“将天下锐师出伊阙攻秦”语，这里的“天下”是指华夏诸国，不包括秦。《秦本纪》记秦二世称“先帝起诸侯，兼天下，天下已定，外攘四夷以安边竟（境）”，这里的“天下”不包括四夷；又记“秦王政立二十六年，初并天下为三十六郡，号为始皇帝”；“分天下以为三十六郡，郡置守、尉、监……地东至海暨朝鲜，西至临洮、羌中，南至北响户，北据河为塞，并阴山至辽东”。秦朝“天下”于此一目了然。

由上述例证可知，先秦“天下”有广狭二义。广义指所知世界，即“溥天之下”；狭义指王朝及诸夏统治区域范围。在广狭二义并存的情况下，“天下”已经运用于不同语境。狭义语境范围容易理解，广义语境实与王权泛化思想有关，而王权泛化源自王权天授的天命论。天命论强调君权神圣，应受到独尊。《礼记·曾子问》载“天无二日，土无二王，家无二主，尊无二上”，正是君权至上的表述；而“天下一家”或“王者无外”，也是强调天子权力无所不在。换言之，在王权泛化前提下，“溥天之下”都应该是王权统治区域，“奉正朔”、“暨声教”。然而事实上每个王朝统治范围是有限的，即狭义的“天下”。这种理论上应该而实际上不能的矛盾，就是“天下”广狭二义产生的原因。作为王朝国家理论，两种天下观表述各有其功能，不可舍此就彼，于是将“天下”界分为内外显然很有必要。

《汉书·西南夷两粤朝鲜传》有段议论专门分析九州、天下、中国与四海、夷狄关系，是当时王朝国家主流话语的代表。语称：“故先王度土，中立封畿，分九州，列五服，物土贡，制外内，或修刑政，或昭文德，远近之势异也。是以《春秋》内诸夏而外夷狄，夷狄之人贪而好利，被发左衽，人面兽心，其与中国殊章服，异习俗，饮食不同，言语不通，辟居北垂寒露之野，逐草随畜，射猎为生，隔以山谷，雍以沙幕，天地所以绝外内地。是故圣王禽兽畜之，不与约誓，不就攻伐；约之则费赂而见欺，攻之则劳师而招寇。其地不可耕而食也，其民不可臣而畜也，是以外而不内，疏而不戚，政教不及其人，正朔不加其国；来则惩而御之，去则备而守之。其慕义而贡献，则接之以礼让，羁縻不绝，使曲在彼，盖圣王制御蛮夷之常道也。”作者在指出诸夏与夷狄文化不同的同时，强调“制外内”，实际上就是先秦诸子提出的“华夷之辨”。

内指华夏或诸夏，即狭义天下，为王权统治区域；外指四夷或四海，为广义天下，是应该服从王权的地区。《礼记·曲礼上》说：“其在东夷、北狄、西戎、南蛮，虽大曰子。”也是讲应该服从天子。泛化的王权高居于内外之上，从而彰显天授君权的神圣。不过还应该提及，天命观不只存在于中原王朝，北方民族的“天单于”、“天之骄子”、“天地所生日月所置”、“长生天”等的天命观念，也以君权天授作为统治合法的依据，与中原王朝并无二致。

与王权泛化的天下观相应，战国时期，有思想家构拟过一种称为畿服制的国家边疆结构。畿服制首见于《国语·周语》祭公谋父语：“夫先王之制，邦内甸服，邦外侯服，侯卫宾服，蛮夷要服。”此后《禹贡》、《周官》、《逸周书》等也出现类似记载。这种制度大致在王朝直辖区（王畿）以外，设定了甸服、侯服、宾服、要服、荒服五等，规定了一定的距离和应尽的义务。虽然这种理念确有华夷分布形势的背景，但畿服制只是从未实行过的构想，尽管这种关于边疆秩序的理念对后世统治者产生极大影响，以致历史语境变化后，后朝处理边疆事务、外族关系时，总不忘套用“要服”、“荒服”，说明语出有据。[①] 但这仍是王朝以本位主义眼光单方面规定的王权泛化观念，并从另一侧面反映广义天下也是王权统治范围的观点。

（二）四海

《史记·五帝本纪》有“辅成五服，至于五千里，州十二师，外薄四海”之语。“四海”首见于商遗民所作《诗·商颂·玄鸟》：“邦畿千里，维民所止，肇域彼四海。”商人居东方濒海，推而广之，以为四方皆海。《尚书·君奭篇》：“海隅出日，罔不率服”；《尚书·立政篇》：“方行天下，至于海表，罔有不服。”这是海边被视为天边的例证。

与自然地理观不同，《尔雅·释地篇》解释四海：“九夷、八狄、七戎、六蛮，谓之四海”。如此则四海类似四夷。《孟子·离娄》称周文王姬昌“西夷之人”，把舜叫做“东夷之人”，《诗·小雅·出车》有“西戎”记载。将蛮、夷、戎、狄与东、西、南、北联系成系统概念始于《礼记·王制》：“东方曰夷，被发文身，有不火食者矣。南方曰蛮，雕题交趾，有不火食者矣。西方曰戎，被发衣皮，有不粒食者矣。北方曰狄，衣羽毛穴居，有不粒食者矣”；又指出：“中原、夷、蛮、戎、狄，皆有安居、和味、宜服、利用、备器，五方之民，言语不通，嗜欲不达。”这成为后世东夷、西戎、南蛮、北狄系统观念的滥觞。

按《荀子·王制》说，“北海则有走马吠犬，然而中国得而畜使之，南海则有羽翮齿草曾青丹干焉，然而中国得而财之；东海则有紫紶、鱼盐焉，然而中国得而衣食之；西海则有皮革文旄焉，然而中国得而用之”，四海相当于

① 参见顾颉刚：《畿服》，《史林杂识》初编，中华书局1963年版。

四方。从四方的物产地理来看又相当于四夷。荀子讲过“四海之内若一家”，那么从上述引文里“中国”与四海相对的情况看，狭义的天下／中国不包括四海／四夷。

（三）中国

“中国”名称，始见于西周，概念的形成可以追溯到商朝（与四土相对的大邑商、中商）。“中国”开始只是国中、王畿、京师的代称[①]。周朝推行亲族、功臣封建制度，受封国诸侯以周天子为共主，由同族共宗形成华夏诸国。“中国”成为宗主国（周朝）和诸侯国共同使用的名号。然而进入春秋战国，各国经济、军事实力形成强弱区别，于是以朝觐、职贡为特征的礼仪制度，演变为诸侯争霸的理论武器。中国的整体代表者名义上仍是周天子，实际上却由于争霸者挟天子以令诸侯，名不副实。此时中国的范围，大致由华夏诸国共同构成，直至秦朝兼并各国，华夏诸国重新统一。

古代的“中国”是与“四夷”相对的概念，所以“中国”具有界分内、外的功能。和许多早期国家一样，“国”建立在“族”的基础上。商、周王朝都强调团结同族，以同族为内（中），以他族为外（边），形成其基本政治地理模式。“尊王攘夷”或“内华夏外四夷”，成为华夏诸国增进凝聚力的需要；“华夷之辨”虽然具有区分族群和文化制度的标志功能，但就其实质而言，仍是辨“内外”。无论是“中国”还是“四夷”，概念的内涵与外延在历史进程中都在发生变化。如先秦时期，楚开荆蛮，秦拓西戎，与吴越均被视为“蛮夷”。就“中国”而言，从商周开始，迄至元、明、清各王朝，“中国”的内

① 参见于省吾：《释中国》，《中华学术论文集》，中华书局1981年版。

涵发生了很大变化，无论是统治地域还是统治族群，古今不同显而易见。同样，“四夷”的含义在各朝各代也不尽一致，这是由“中国”周边国家或部族政权的变化所致。

尽管古代中国王朝都以“中国”自居，但每个王朝都有自己的国号，如秦、汉、魏、蜀、吴、魏晋南北朝、隋、唐迄至元、明、清，真正以“中国”为国号的只是中华民国和中华人民共和国，而且也只是简称。因此，我们今天所称的中国，实际上包含着古代自称并被称为中国的王朝国家与简称中国的中华民国、中华人民共和国现代国家两层含意。尽管彼此有着历史继承关系，但是如果在不同语境中不加区别使用，传达的信息不是含混便是有歧义。最典型莫过于“中国自古以来就是统一多民族国家”的说法，句中的“中国”究竟是指当代中国呢，还是古代王朝中国？如果包括古今中国，那就意味着王朝中国与今日中国在“统一”的范围、“多民族”构成数目应该一致，而史学研究早就表明，两者不仅并不对等，而且国家性质也有本质区别。因此，界定学术概念与习惯说法是必要的。

### （四）疆域与版图

人们常用的疆域一语源自先秦。“疆”的本意是“界”的意思。这种“界”的含义，又由疆场、田边发展而来。《诗·小雅·信南山》有“中田有庐，疆场有瓜”。疆场为田界，进而引申为国界。按《尚书·泰誓》载“我武惟扬，侵于之疆”；《孟子·滕文公下》载“出疆必载质”，“疆”是“国界”、“边界”的意思。据《左传》桓公十七年：“疆场之事，慎守其一，而备其不虞。”这里的疆场又作国界讲。“域”的解释是“封境”，就是疆界、境地、范围的意思，还可指代邦国、封邑。《诗·商颂·玄鸟》有“肇域彼四海”之句。按《集传》的解释“域，封境也”，就是疆界、境地的意思。又据《荀子·议兵》“可谓入其域矣”之句，又可释为境界、范围。疆域合称，指国土、境界。《荀子·君道》有“纵不能用，使无去其疆域，则国终身无故”，实际上是讲国家或政权的统治范围。《左传》成公二年（前589）记载齐侯使国佐赂晋师，晋人不许，说“使齐之封内尽东其亩”。国佐答称：“先王疆理天下物土之宜，故《诗》云我疆我理，南东其亩，今吾子疆理诸侯。”“疆理”一语，实指范围。

由于疆域表述的是国土、国界概念，因此又产生许多同义词语。如九州、九服、九围、神州、赤县、禹迹、版图，等等。其中版图一词似乎可与疆域通用，但细究起来，两者有很大差异。版图是合成词。

所谓版，是指木板或竹板，为书写户口等数据的凭据。通过“画野分州”，括户置民，用黄册或鱼鳞册记录，实行编户齐民。“版”又通“板”，户籍之意。过去户部又称版曹，掌户籍的官员称版尹。先秦典籍对“版”有不同的解释。《周礼·天官·宫伯》：“掌王官之士庶子，凡在版者。”意为名册或户籍。《论语·乡党》：“凶服者式之，式负版者”。注曰“负版者，持其邦国之图籍”，版之意为图籍。“版”与“板”通假。板籍连用即户口册。“明版籍以相数阅，审什伍以相连持。”注云“版，名籍也，以版为之也”[①]，就是书写在板上的户籍。

所谓图，一般指的是舆图。《史记·三王世家》有“御史奏舆地图”之语。《索隐》的解释是：“天地有覆载之德，故谓天为‘盖’，谓地为‘舆’，

① （南朝宋）范晔：《后汉书》卷49《仲长统传》。

故地图称舆地图。疑自古有此名，非始汉也。”《史记·淮南衡山列传》又有“左吴等案舆地图”记载。《集解》引苏林语：“舆犹尽载之意”。《索隐》按：“志林云‘舆地图汉家所画，非出远古也’。”这与前说相背，但是从荆轲刺秦王藏匕首的燕国地图考虑，先秦时期已有舆地图无疑。

舆图包括了山川地貌、政区、四夷等多种因素。版图之图并不能简单等同舆图。版图之图专指政区图，与属民居地有关，是征派赋役的依据。《周礼·地官·大司徒》称大司徒掌建邦之土地之图与其人民之数，以佐王安抚邦国。《史记·廉颇蔺相如列传》载，蔺相如代表赵国去秦国献和氏璧，按约定交换秦国15城，秦王不想兑现诺言，复受蔺相如欲毁璧威胁，不得不“召有司案图，指从此以往十五都予赵”。这就是政区图，亦即版图。汉代政区图从《史记·龟策列传》所载故事中可见端倪：“于是王乃使人驰而往问泉阳令曰：‘渔者几何家？名谁为豫且？豫且得龟，见梦于王，王故使我求之。’泉阳令乃使吏案籍视图，水上渔者五十五家，上流之庐，名为豫且。泉阳令曰：‘诺。’乃与使者驰而问豫且曰：‘今昔汝渔何得？’豫且曰：‘夜半时举网得龟。’使者曰：‘今龟安在？’曰：‘在笼中。’”文中“案籍视图”说明县令在其管辖范围有户籍地图为根据。汉代以降，王朝国家都有政区图。如唐李吉甫《元和郡县图志》（图佚，仅存志文）、元明清的《一统志》等。地方志书也绘有政区范围图。

版图合称，指户口册和疆域图。《周礼·天官·司会》：“掌国之官府郊野县都之百物财用，凡在书契版图者之贰，以逆群吏之治，而听其会计。”“在书契版图者”就是政区范围。所谓“百役并作，人户凋耗，版图空虚”[①]，指的是户口疆域。与之近义有“图籍”：“圣人……故牧人民，为之城郭，内经闾术，外为阡

① （后晋）刘昫：《旧唐书》卷118《杨炎传》。

陌。夫妻男女，赋之田宅，列其室屋。为之图籍，别其名族。立官置吏，劝以爵禄。衣以桑麻，养以五谷……”[①] “图籍”就是疆域图和户口册，是行政根据。廿四史中有些本纪在岁末往往记有人口、赋役、收入、支出等内容，地理志所记政区也常常有人口内容，这种人地关系的记述，表示国家设置政区版图的实质所在。

许多文章将疆域和版图等同，互相指代，两者固然都指王朝中国的统治范围，但严格讲是有区别的。版图是指一个王朝实际控制的人口以及这部分人居住、生产、活动的地域。这是王朝国家征赋派役的依据，也就是行政的范围。疆域在包括版图部分的同时，还根据王权泛化理念，将附属王朝的部族、与王朝有羁縻联系或朝贡往来的外国一并包括，史籍中常常表述为“声威所及”，因而更具含混性。

尽管在史籍中存在版图与疆域混用的现象，但在王朝中国的行政实践中，两者从不等同。准此，版图只和疆域层次中有效统治部分相匹配，与羁縻控制范围有些联系，与疆域理论上的统治范围并无必然联系。版图是王朝统治范围比较清晰的表述。疆域表述因有王权泛化理念介入，具有统治和控制范围双重含义，因而呈现多样性，表述和理解容易含混，这是王朝中国疆域理论的一个特点。

## 三

本文考察上述这些概念，是想说明，“天下”具有包括“中国”和包括“四夷”广狭二义，要准确理解具体文献中所言“天下”，就要在理解王权泛

---

① （西汉）司马迁：《史记》卷128《龟策列传》。

化理论的基础上，将其置放于历史语境里考察。“四海”与其说确指地理方位，不如讲只是代表先秦时期人们对周边部族分布区域的笼统指称。“中国”概念不仅古今有别，而且历史上的中国随王朝更替而范围有所变化，不能以“中国”概括历代王朝。人们习惯上认为古今中国具有继承关系，因此将“中国”运用于古今语境不加区别，然而作为学术用语，不免产生歧义。从词义多重性、王朝国家与现代国家本质区别两方面考虑，将古今“中国”加以区别是必要的。因此，强调历史语境作为区别手段，既体现历史研究实事求是的宗旨，也可以避免不在同一语境讨论问题带来的隔膜。“疆域”、“版图”都指统治范围，版图是行政区；疆域在表达王朝统治范围时，因王权至上理念介入，比版图表述的范围更为宽泛。历代王朝的疆域观点，大致主张三大层次：有效统治范围（包括政区及特殊政区）、实际控制范围（属国、属夷、属部、土司、蛮夷长官、藩属等）、理论上的统治范围（实际上是中外关系，隐喻理论上应属王朝中国）。总的来讲，内设政区，外施羁縻。事实上各朝的“天下”、“疆域”、“版图”并不一致。尽管传统史书总以先秦或前朝典故为权威，极力说明本朝统治范围的继承性、合法性，但是忽略历史语境的话语只能是单方话语。不受检验的单方话语不能让人信服。对疆域和版图异同问题的探讨，实际上也是探究王权思想对国家理念的影响。这种影响，对于王朝中国，在不同历史时期曾发挥过不同的作用，而非只是一种作用。只有注意到这种不同作用，才能避免我们对王权历史作用衡估的片面化。

古代中国疆域理论是比较复杂的问题，不仅涉及古代王权思想、王朝国体，还与今人国家观体认、思考相关。迄今为止，人类社会制度远没达到完善，何况时代发展总要向人们提出新的“完善”标准，因此，考古察今的思考也要与时同行。

# 因俗而治与一体化：唐代羁縻州与唐王朝的政令法令[①]

王义康[②]

关于唐代羁縻州的性质，论者从不同侧面有不同程度的阐述。一是从传统的治理周边诸族政策认识羁縻州。以为唐置羁縻州与秦汉以来授予四夷首领官爵都是一种羁縻政策[③]，它是根据周边诸族社会结构特点而实行的一种行政制度[④]，羁縻州“因俗而治”使周边诸族归附于中央王朝[⑤]。二是从胡汉属性认识经制州（或正州）与羁縻州。谷川道雄认为唐在周边诸族中置府州，表面上整个帝国有着划一的行政，但实则内部并立着性质互异的胡汉两世界[⑥]。即经制州与羁縻州虽同为一种行政区划，但有胡汉属性的区别。三是从法制上认识经制州与羁縻州。谭其骧发现以周边内附部落设置的州有的列为正州，还有的州在两唐书《地理志》中或是正州或是羁縻州。因此，他推测唐代正

---

① 本文原发表于《中国历史地理论丛》2019年第4期。

② 王义康，中国社会科学院中国边疆研究所研究员。

③ 龚荫：《“羁縻政策”述论》，《贵州民族研究》1991年第3期。

④ 林超民：《羁縻府州与唐代民族关系》，《思想战线》1985年第5期。

⑤ 史继忠：《试论西南边疆的羁縻州》，《思想战线》1989年第5期。

⑥ ［日］谷川道雄著，耿立群译：《世界帝国的形成》，台北稻乡出版社1998年版，第167～168页。

州与羁縻州的区别在法制上可能并未做出过明确的规定[①]。刘统则发现在职官制度方面羁縻州与正州并无不同，而管理方面有区别[②]。出现这种现象的原因可能有多种，应该说这与唐按内地行政体制在内附部落中推行郡县制强化其统治，模糊了正州与羁縻州的边界有直接关系。堀敏一已认识到以周边诸族首领为府州县长官，唐政府官僚制的政令被植入周边诸族社会内部，分割了诸族君长的统治权[③]。他强调羁縻州具有郡县性质的一面。总括以上所论，相较于经制州，羁縻州既有其特殊性，但它与经制州又具有郡县的共同性。唐在内附部落中置府州毕竟使版图内地方行政体制一体化，难免郡县的要素施及羁縻州。然而当前的研究多关注羁縻州的特殊性，至于羁縻州的郡县属性，虽偶有论及但相对忽视。本文从羁縻州的郡县属性出发，重点探讨唐在羁縻州推及政令、法令的具体内容，以及在此方面与经制州的异同。

## 一、羁縻州：内地与非汉地区的一体化

唐代在归属王朝的部族中普遍设置羁縻州，实现了内地与非汉地区（周边诸族地区）地方行政体制的一体化。尽管唐代羁縻州因俗而治，但是这种形式上的行政区划一体化仍具有实质内容。如果比较汉唐经营西域的差异，将会更好地理解这一问题。

---

① 谭其骧：《唐代羁縻州述论》，《长水集续编》，人民出版社 1994 年版，第 138 ~ 139 页。原文载《纪念顾颉刚学术论文集》，巴蜀书社 1990 年版。

② 刘统：《唐代羁縻府州研究》，西北大学出版社 1998 年版，第 38 页。

③ ［日］堀敏一：《中华思想》，［日］谷川道雄：《魏晋南北朝隋唐史学的基本问题》，中华书局 2010 年版，第 36 页。

自汉武帝通西域以来，西域都护统辖的地区政治上归属西汉，是西汉疆域的一部分，但是西汉并未在西域置郡县。西汉西域都护“秩比二千石”，而统辖郡国的司隶校尉部之司隶校尉“秩皆二千石”，西域都护与司隶校尉等相当，地位尊崇。然而“西域都护加官”[①]，即西汉职官体系内原本没有西域都护这一官职，是后来外加的职官。于是汉宣帝地节二年（前68）后，西汉版图内地方行政制度出现了两种体制，在州郡体制的地方行政制度之外，又增加了西域都护。唐代在西域地区普遍设置羁縻州，它们分别隶属安西、北庭都护府。但唐代的安西、北庭都护府不同于西汉的西域都护，按当时的制度规定前者与唐内地一些缘边地区的经制州同为边州[②]。换言之，唐代的安西、北庭都护府与当时的内地州同为州一级的行政区划，即唐代西域地区与内地为同一种地方行政制度，而西汉的情况恰恰相反。我们可从《汉书·地理志》与两唐书《地理志》间接证明。《汉书·地理志》只记载了西汉十三州刺史部及司隶校尉部所统郡国[③]，西域都护所辖的西域地区不在《地理志》记载的范围之内。《汉书·地理志》记载的内容与西汉疆域有关，却并非西汉疆域的全貌。而两唐书《地理志》继承《汉书·地理志》的编纂体例，却在《地理志》中比较完整地记述了有唐一代疆域版图的规制，并将羁縻州记入其中，可见西汉西域都护与西汉州郡是两种不同的地方行政制度，而唐则否。

由于唐代西域与内地同为郡县制行政体制，在管理方面也呈现出与汉代

---

① （东汉）班固：《汉书》卷19上《百官公卿表上》，中华书局1962年版，第738页。

② （唐）李林甫等撰，陈仲夫点校：《唐六典》，中华书局2005年版，第73页。

③ 顾颉刚、史念海：《中国疆域沿革史》，商务印书馆2000年版，第75～76页。

不同的特点。所以有论著说，唐与周边诸族确立了新的政治关系[①]。西汉西域都护统辖的五十国，自译长、城长、君、监、吏、大禄、百工、千长、都尉、且渠、当户、将、相至侯、王，汉授予印绶[②]，即承认西域诸王及其各级官员执政的合法性。但仍是西汉职官体系之外的官员。唐置羁縻州，根据四夷首领在部落地位的高低，授予都督、刺史，原则上将四夷首领纳入了唐职官体系。而西汉统治的西域，派遣的都护、副都护、长史，或其僚属，只是对西域诸王及各级官员施政加以监督，对其实际治理并不进行大的干预。相比之下，唐代至少在天山南路的西域地区，直接干预当地人民的政治生活。据和田出土文书记载，当地百姓一些琐碎小事都要上诉至唐官员那里请求解决。可见，唐太宗以后次第设置羁縻州的一百五十余年中，唐的统治绝非徒有形式[③]。当然，唐代不同区域的羁縻州差异极大，所有羁縻州地区未必均如天山南路的羁縻州地区进行有效施政，但却将周边四夷地区纳入郡县体制，原则上它们与内地经制州同为唐施政的区域。

## 二、“国法”与“本俗”

周边诸族内附是“因其本俗”而归属唐。唐羁縻州范围极广，内部情况极为复杂。所谓保留“本俗”，除本部族风俗习惯之外，有的甚至内部保留着

---

① 周竞红：《“因俗而治”型政区：中国历史上“一体”与“多元”的空间互动》，《中央民族大学学报》2006年第5期。

② （东汉）班固：《汉书》卷96下《西域传下》，中华书局1962年版，第3893页。

③ ［日］羽田亨著，耿世民译：《西域文明史概论》（外一种），中华书局2005年版，第165～166页。

政权组织形式及其原有官职等级序列。至于国法或汉法，包括律、令、格、式各类刑名及制诏。只不过唐在此广大区域推行政令、法令是分层而言。

周边诸族内附要受唐法令约束。贞观四年（630）突厥突利可汗率部降唐，唐以其所领部落置顺州，以突利为都督。太宗向突利说明不再仿效隋立其祖父启民为可汗统领突厥部落的原委，并告诫突利，“当须依我国法，齐整所部，如违，当获重罪”[①]。在突厥安置问题上，颜师古提出：“河北居住，分置酋首，统领部落，节及高下，地界多少，伏听量裁。为立条制，远绥迩安，永永无极”[②]。唐中宗时，西突厥盐泊州都督、左武卫大将军阿史那阙啜忠节与娑葛不睦，为了缓和二人矛盾，唐听从郭元振建议，将忠节调离西突厥故地，让其入朝宿卫，所统部落移入瓜、沙等州安置[③]。开元时，张九龄代玄宗回答吐蕃赞普关于唐剑南道缘边蛮抄掠吐蕃的质询，“蛮中抄掠彼人，堪问亦有此事。缘其初附，法令未行”[④]。无论是太宗要求突利依“国法”，还是颜师古提出“条制”突厥，或将阙啜忠节调离西突厥本部，抑或张九龄所说的“法令”，都表达同一个意思，即周边诸族内附属唐后，不管是首领还是部众都要接受唐的法令约束。设立条款约束归降边族早见于西汉。西汉宣帝时呼韩邪单于降汉保塞，佩汉印绶，匈奴与西域俱为汉帝国之内[⑤]。后因匈奴接受

---

① （唐）杜佑撰，王文锦等点校：《通典》卷197《边防十三·突厥上》，中华书局2003年版，第5412～5413页。

② （北宋）王溥撰：《唐会要》卷72《安北都护府》，中华书局2003年版，第1312页。

③ （后晋）刘昫等：《旧唐书》卷97《郭元振传》，中华书局1975年版，第3045页。

④ （唐）张九龄：《敕吐蕃赞普书》，（清）董诰等：《全唐文》卷287，中华书局1983年影印本，第2906页。

⑤ 傅斯年：《致吴景超》，《傅斯年全集》第7卷，湖南教育出版社2003年版，第264页。

西域叛众，“(汉）班四条于单于，杂函封，付单于，令奉行。因收故宣帝所为约束，封函还”[①]。匈奴归降后，汉逐步加强其约束力。唐……所谓执行“国法”“法令”或“以汉法治蕃部”，首先是来自中央政府或地方政府的约束性政令施之于周边内附诸部或羁縻州，使其受唐节制。

如若不受唐法令约束则受到相应的惩处。贞观十三年（639）突利弟结社率主谋，纠集故部首领图谋夜袭行宫，奉突利子贺逻鹘为主，北返故部，计划败露，结社率被诛，贺逻鹘免死，流放岭外。漠北铁勒回纥、契苾、思结、浑四部故地武后时由于受到后突厥默啜侵逼，南迁甘、凉二州之间。开元十五年（727），四部首领与河西节度使不睦，受到中伤，四部都督分别遭流放。唐中朝官员因子弟与回纥瀚海府都督有交往也受到牵连。南诏阁罗凤叛唐的借口之一是姚州都督张虔陀离间其亲属。“诚节，王之庶弟，以其不忠不孝，贬在长沙，而彼奏归，拟令间我。”[②]此虽托词，但却反映本土羁縻州首领若违唐典制，同唐中朝官员一样也要受到贬黜。开元九年，诏云：“又诸道军城，例管夷落。旧户久应淳熟，新降更伫绥怀。如闻颇失于宜，耆情不得其所。若非共行割剥，何乃相继离散？既往者理宜招讨，见在者须加安全。熟户既是王人，章程须依国法……虽复化染淳风，终是情因本性。刑罚不中，心固不安。其有犯法应科，不得便行决罚。俱状奏闻，然后科绳”[③]。唐武宗会昌四年（844）告诫内迁党项部落，若不停止寇抄，“国有典章，必难容舍”[④]。

---

① （东汉）班固：《汉书》卷 94 下《匈奴传》，中华书局 1962 年版，第 3819 页。

② （清）王昶：《金石萃编》卷 160，中国书店 1991 年影印本。

③ （北宋）王钦若等：《册府元龟》卷 992《外臣部 · 备御》，中华书局 1960 年影印本，第 11652 页。

④ （北宋）王钦若等：《册府元龟》卷 996《外臣部 · 责让》，中华书局 1960 年影印本，第 11697 页。

上述诏书都强调诸道所管部落若违法均以绳治。

以上是针对部落与级别相对较低首领，除此之外，即使受唐册封地位尊崇的属蕃君长也不例外。如高宗龙朔二年（662），苏海政误以为唐择立的西突厥兴昔亡可汗阿史那弥射谋反，而将其诛杀。杜暹为安西副大都护时，毗沙府都督、于阗王尉迟朓因图谋叛乱而为杜暹诛杀，更立新君[①]。苏海政杀弥射固然是冤案，但是说明即使贵为可汗，如若不受唐相关机构约束，也要受到惩处。

综上所述，周边诸族进入唐统治体制，听命于唐是其基本原则，即首领与部落百姓作为唐官员与属民，如同汉官、内地百姓，唐首先要施及强制性法令或约束性法令。在上述前提下，“因其本俗”而推及政令、法令。此即“国法”与“本俗”的关系。唐太宗从归附的铁勒部落中赎取被掠人口能很好地说明这个问题。贞观二十一年（647），唐灭薛延陀，在漠北铁勒诸部置府州，同年六月下诏派人前往燕然等州，与其都督商议，访寻隋末以来被掠入蕃的汉民以及被薛延陀抄掠的室韦、乌罗护、靺鞨等三部人，一并赎取，发送回原籍[②]。唐太宗以这种方式索取被抄掠人口，原因在于游牧社会的固有习俗。此前统治漠北的突厥曾实行过奴隶制，被抄掠人口是大小部落首领的私有财产[③]。不只突厥如此，这是游牧社会所具有的一种传统制度。铁勒诸部与突厥大抵同俗，又曾长期受突厥统治，实行传统的奴隶法自在情理当中。虽

① （后晋）刘昫等：《旧唐书》卷98《杜暹传》，中华书局1975年版，第3096页。

② （北宋）王钦若等：《册府元龟》卷42《帝王部·仁慈》，中华书局1960年影印本，第478页。

③ 马长寿：《论突厥人和突厥汗国的社会变革》，林幹：《突厥与回纥历史论文选集（1819—1981）》上，中华书局1987年版，第162～163页。原载《历史研究》1958年第3～4期。

然薛延陀已灭亡，铁勒诸部归唐，但是唐太宗也不能用行政命令强行令其归还所掠人口，而是派人以金帛为代价，从大小首领方面分别赎取人口。整个事件的处理过程中，已为唐府州的铁勒部落要接受唐的指令，即遵守“国法”，而唐又是根据实际情况下行政令，即“因其本俗”。

## 三、唐政令、刑律推及羁縻州

从地方施政方面来看，虽然羁縻州因俗而治，但是羁縻州也是推及唐政令、刑律的区域。

通常羁縻州是唐政令所及地区。唐以周边内附诸族所置羁縻府州隶属于边州都督、都护，在中央与地方之间建立起自上而下的行政隶属关系，羁縻州成为唐行政公文书所能到达的地区。

上述唐太宗从铁勒诸府州中赎取人口即是其例。铁勒诸部受薛延陀统治时，唐政令不及。唐在铁勒诸部置府州后，可直接下行文书要求各府州都督、刺史执行中央决定。除此之外，中央职能部门的公文书也可到达羁縻州。开元四年（716），安西都护与西突厥可汗、碎叶镇守使关系不协，监察御史杜暹奉旨前往碛西，调查三人渎职情状。可汗阿史那献重金贿杜暹，杜暹将其埋于帐中，离开可汗辖区后，“乃移牒令收取之”[①]。这是中央御史台监察御史奉旨监察途中行文知会羁縻州的事例。

以下事件集中反映了羁縻州与唐不同权属机构公文书往来的情况。新出吐鲁番文书中有一组龙朔二年（662）、三年西州都督府处理葛逻禄部落滞留

① （后晋）刘昫等：《旧唐书》卷98《杜暹传》，中华书局1975年版，第3096页。

金满洲的案卷。唐庭得到金满州刺史沙陀氏的报告，陈述燕然都护府下辖的大漠州都督府葛逻禄部落从金山南下，到达金满州地域。随之唐庭自东都尚书省分别给漠北的燕然都护府、葛逻禄部落发下敕文，令燕然都护府将此事与西州都督府相知会，发遣葛逻禄部落返回金山原居地。西州都督府遵朝廷命令派人前往金满州，与金满州刺史一起处理发遣事宜。燕然都护府得到西州都督府官员的报告及葛逻禄首领的陈状，说明滞留原因。西州又派人前往金满州，并与燕然都护府、金满州等相知会，希望迅速发遣葛逻禄部落返回大漠都督府①。这数组文书中既有羁縻州上达中央以及上级主管机构的公文，又有中央及都护府下达羁縻州的公文，以及横向无隶属关系的州、都护府、羁縻州之间相知会的公文。

敦煌发现唐神龙至景云年间（705—710）数件内容有联系的公文书，其中两件张君义等人立功公验上分别钤有“盐泊都督府之印”、“黎渠州之印”②。盐泊都督府是以西突厥胡禄屋阙部置，黎渠州或以为龟兹都督府下辖州③。唐代军中将士作战立功之后，在尚未得到兵部郎中发给勋告之前，要发给“公验”以为日后凭证。两羁縻州印盖在立功公验上，起着保证公验法律效力的作用，说明唐在法律上赋予羁縻州地方政府的职能，而且在唐行政系统中发挥着实际功能。羁縻州是唐公文书所及地区，这与唐在法律上赋予羁縻州地方政府的职能

① 荣新江：《新出吐鲁番文书所见龙朔年间葛逻禄破散问题》，《西域历史语言研究所集刊》第1辑，科学出版社2007年版，第13～44页。

② 上引谭其骧《唐代羁縻州述论》文认为唐在西突厥故地置府州后，由于叛乱凭印契征发制度不可能继续推行，以上神龙至景云年间文书上的西突厥府州印恰恰说明唐在平定叛乱后，此项制度仍在实行。

③ 刘安志：《敦煌所出张君义文书与唐景龙年间西域政局之变化》，武汉大学文科学报编辑部：《魏晋南北朝隋唐史资料》第21辑，2004年，第280页。

互为表里。

唐刑律也在一些羁縻州推及。敦煌发现的唐中宗时期的刑部格规定：“若于羁縻及轻税州自首者，虽得良人，非本州者亦不成首。”[①] 格文规定掠、诱及卖人为奴婢者，在一般州不能追得卖人，则不许自首；在羁縻州及轻税州内，即使追得卖人，非本州者亦不许自首。自首之意义，在于获得减罪或免罪。不许自首，即不准减免，是从严之义[②]。格有两种：留司格，属于曹司常务者，留存本司；散颁格，属于天下所共者，颁行州县[③]。由此可知，此格也颁行于羁縻州。又唐玄宗诏书规定：“自今已后，抵罪人合杖敕杖者，并宜从宽决杖六十。一房家口，移隶碛西。其岭南人移隶安南，江淮南人移隶广府，剑南人移隶姚嶲州。其碛西、姚嶲、安南人，各依常式。”[④] 唐代南宁州为羁縻州，唐令规定南宁州以南为流放犯人之地[⑤]，南宁州以南皆为羁縻州，碛西、姚嶲、安南所在羁縻州应在流放犯人的范围之内。以上两例表明羁縻州也是唐刑律覆及的地区。

由于羁縻州为刑律覆及的地区，区域内蕃夷百姓产生法律纠纷是以唐律处置。处密为西突厥别部，显庆二年（657），唐平定阿史那贺鲁叛乱，处密、

① P.3078+S.4673《神龙散颁刑部格残卷》，唐耕耦、陆宏基：《敦煌社会经济文献真迹释录》第 2 辑，全国图书馆文献缩微复制中心，1990 年，第 565 页。

② 刘俊文：《敦煌吐鲁番唐代法制文书考释》，中华书局 1989 年版，第 249、264 页。

③ 梁启超：《饮冰室文集》16《论中国成文法编制之沿革得失》，中华书局 1936 年版，第 24 页。

④ （唐）唐玄宗：《定犯盗人刑法诏》，（清）董诰等：《全唐文》卷 29，中华书局 1983 年影印本，第 330 页。

⑤ 中国社会科学院历史研究所天圣令整理课题组：《天一阁藏明抄本天圣令校证》下册，中华书局 2006 年版，第 340 页。

处月等部落降唐，隶属安西都护府。吐鲁番出土有唐宝应元年（762）行车伤人案卷残件，卷中行客靳嗔奴的雇工处密部落百姓康世芬，赶车快行，碾伤坐于张游鹤店门前之男孩金儿、女孩想子，经官司审问，供称并无要速事故，亦非因畜力惊骇，属于无故于城内巷街走车马而杀伤人罪。肇事者表示，“今情愿保辜，将医药看待。如不差身死，情求准法科断”。故县司判处康世芬，“放出勒保辜，仍随牙（衙），余依判”[①]。唐律规定：“诸保辜者，手足殴伤人限十日，以他物殴伤人者二十日，以刃及汤火伤人者三十日，折跌支（肢）体及破骨者五十日。限内死者，各依杀人论；其在限外及虽在限内，以他故死者，各依本殴伤法。”[②] 唐律中的“保辜”是一种保留行为人罪名的制度。它一般适应于殴、伤行为，不论行为人的动机是故意或过失。保辜一方面以此确定对行为人应负的法律责任，另一方面促使行为人对被害人采取积极的医疗措施[③]。西州县司是根据唐律《斗讼·保辜》条例对处密部落百姓做出的判决。此例说明，在西域地区，唐律也适于都护府管辖的部落百姓。

唐代不同区域羁縻州存在差异性，发挥地方政府职能的程度未必尽同，唐刑律也未必覆及所有羁縻州，但以上说明，原则上羁縻州与经制州同为唐施及统一政治、制度、法律的区域，两者具有共同性的一面。

---

① 《唐宝应元年（公元七六二年）六月康世芬行车伤人案卷》，国家文物局古文献研究室、新疆维吾尔自治区博物馆、武汉大学历史系：《吐鲁番出土文书》第9册，文物出版社1990年版，第128～133页。

② （唐）长孙无忌等撰，刘俊文点校：《唐律疏议》卷21《斗讼·保辜》，中华书局1983年版，第388页。

③ 黄清连：《说“保辜”——唐代法制史料试释》，中国唐代史学会编辑委员会：《第二届国际唐代学术会议论文集（下）》，文津出版社1993年版，第981页。

## 四、唐职官制度、军事制度推及羁縻州

唐置羁縻州通常授予部落首领都督、刺史，乃至军职，从而成为唐职官体系内的官员。这意味着虽然他们是部落首领，但是作为官员，唐职官制度、军事制度也要推及羁縻州。2009 年蒙古国境内发现的“唐金微州都督仆固乙突墓志”能够很好地阐释这一问题[①]。这方墓志相关出土信息及照片传入国内后，先后曾有考释[②]。为了便于理解，现据作者所有墓志照片将墓志文相关内容逐录如下：

公讳乙突，朔野金山人，盖铁勤（勒）之别部也……祖歌滥拔延，皇朝左武卫大将军、金微州都督。父思匐，继袭金微州都督，并志识开敏，早归皇化……及父殁传嗣，还授本部都督，统率部落……俄以贺鲁背诞，方事长羁，爰命熊罴之军，克剿犬羊之众……策勋叙绩，方宠懋官，诏授右武卫郎将，寻授护军，封林中县开国子，俄除左武卫大将军。至麟德二年，銮驾将巡岱岳……遂以汗马之劳，预奉射牛之礼……及东征靺鞨，西讨吐蕃……寻除右骁卫大将军，依旧都督，加上柱国、林中县开国公，食邑一千户……以仪凤三年二月廿九日，遘疾终于部落，春

---

① 志盖盝顶，方形，篆书“大唐金微都督仆固府君墓志”；志石镌文 28 行，楷书，满行 31 字，首题“大唐故右骁卫大将军金微州都督上柱国林中县开国公仆固府君墓志铭并序”。又乾陵六十一尊蕃酋像，左二十九人，左二碑第一人衔命名“故左威卫大将军兼金微都督仆固乞突”。“乞”应是“乙”之讹。乾陵立像在高宗死后，乙突死于高宗之前，应以志主安葬时所刻志文为准。乾陵石像乞突即志主乙突。志主死前军阶为右骁卫大将军，石像衔名则为左威卫大将军，应是死后追赠，由右转左。

② 杨富学：《唐代仆固部世系考——以蒙古国新出仆固氏墓志铭为中心》，《西域研究》2012 年第 1 期；杨富学：《蒙古国新出土仆固墓志研究》，《文物》2014 年第 5 期。

秋卌有四。天子悼惜久之，敕朝散大夫、守都水使者、天山郡开国公昭监护吊祭，赐物三百段，锦袍、金装带、弓箭、胡禄、鞍韉等各一具。凡厥丧葬，并令官给，并为立碑。

据墓志文，仆固乙突承袭其父金徽州都督一职后，“策勋叙绩”，先授右武卫郎将，晋升左武卫大将军，转至右骁卫大将军。封爵由林中县开国子至县开国公，勋官由护军至上柱国。除都督一职世袭为羁縻州定制外，其他官职、勋爵也要按唐制据功绩、年限依次晋升、迁转。

唐官员丧葬制度也推及羁縻州官员。唐代处理官员丧葬事宜有一系列完备的制度。唐代鸿胪寺掌管吉凶之事，一品官员丧葬由鸿胪卿监护，二品由鸿胪少卿，三品由鸿胪丞[①]。鸿胪卿从三品，少卿从四品上，丞从六品上。通常由有关机构提供丧葬所需用品。秘书省著作局的著作郎、佐郎负责“修撰碑志”[②]；将作监甄官署负责镌刻碑志，制作丧葬明器[③]；礼部司负责赠送给官员、宫人丧葬所需物的发放数目[④]。上述规定在蕃汉官员中普遍实施。窦诞，贞观四年为右领军大将军、莘国公，贞观十八年除宗正卿，二十二年卒，赠工部尚书。荆州都督，诏曰：“安葬事所须，并令官给，仍遣五品一人

① （后晋）刘昫等：《旧唐书》卷44《职官志三·鸿胪寺》，中华书局1975年版，第1885页。

② （后晋）刘昫等：《旧唐书》卷43《职官志二·秘书省》，中华书局1975年版，第1855页。

③ （后晋）刘昫等：《旧唐书》卷44《职官志三》：“凡石磬碑碣、石人兽马、碾硙砖瓦、瓶缶之器、丧葬明器，皆供之。”中华书局1975年版，第1896页。

④ （北宋）欧阳修、宋祁：《新唐书》卷46《百官志一·礼部司》：“及百官、宫人丧葬赠赙之数。”中华书局1975年版，第1194页。

监护。"[①]阿史那思摩，贞观二十年，再授右武卫大将军，检校右屯卫事，卒后，"葬事所须，并宜官给……京官四品、五品一人摄鸿胪少卿监护"[②]。李震，勋臣李勣子，唐高宗麟德二年（665），卒于使持节梓州诸军事、梓州刺史任上，赠使持节都督幽易妫檀平燕六州诸军事、幽州刺史，"赐绢帛布二百段，米粟二百石……葬事所须，并宜官给。仍令京官五品一人检校丧事"[③]。泉男生，归降高丽贵族，在唐为右卫大将军、卞国公、食邑三千户、特进，仪凤四年（679）卒于安东都护府，赠持节大都督、并汾箕岚四州诸军事、并州刺史，赠绢布七百匹，米粟七百石，"凶事葬事所须，并宜官给"，差京官四品一人摄鸿胪少卿监护[④]，送至墓所洛阳邙山。上述数人中，阿史那思摩、泉男生是入朝蕃将，已是唐中朝官员，其他为汉人官员。他们的丧葬按品级由京官五品监护，或由京官四品、五品一人摄鸿胪少卿监护。上述数人生前实际官职在三品以上，但监护葬事的官员品级在四品、五品，高于制度规定的相应品级，而且也不一定由鸿胪寺官员担任，在实际执行中对相关制度有所变通。归降百济人祢军，生前为右威武将军（从三品），仪凤三年卒，赠绢帛三百段，粟三百升，使弘文馆学士兼检校本卫长史（各卫长史从六品上）王行本监护丧事[⑤]。祢军丧事虽非鸿胪寺官员监护，但监护官员品级则与其生前官品相对应。上述其他人安葬监护官员品级高低应是参照生前散官、勋爵品级而定。

---

① 周绍良、赵超：《唐代墓志汇编续集》，上海古籍出版社2007年版，第42～43页。

② 周绍良、赵超：《唐代墓志汇编续集》，上海古籍出版社2007年版，第38页。

③ 周绍良、赵超：《唐代墓志汇编续集》，上海古籍出版社2007年版，第153页。

④ 周绍良、赵超：《唐代墓志汇编》上，上海古籍出版社2007年版，第668页。

⑤ 王连龙：《百济人〈祢军墓志〉考论》，《社会科学战线》2007年第7期。

仆固乙突丧事由朝散大夫、守都水使者麹昭监护。朝散大夫从五品下，都水使者正五品上。仆固乙突生前为右骁卫大将军，正三品，理应由六品官员监护葬事。然其生前开国县公为从二品，上柱国为视正二品，实际却由正五品上官员监护，应是参照其勋爵确定的丧葬规格，并相应给物，撰写碑志，勒石刻名。类似情况也见于其他羁縻州。开元二十四年（736），姚州管内大酋长郍傍时卒，玄宗遣宿卫首领王白于姚州都督达奚守珪计会，前往吊祭丧事，以其孙铎罗望继袭浪穹州刺史，并赐绫彩三百匹[①]。唐职官丧葬制度不仅施及入朝蕃官，而且施及在蕃部本土任职的羁縻州官员。

唐前期由皇帝直接统属的十六卫当中十二卫统领府兵[②]。唐置羁縻州，都督、刺史授予诸卫军职，应该说是与置府兵有关的。虽然无制度明文，但是有一些零星记载。如唐高宗时期平定西突厥阿史那贺鲁叛乱后，在葱岭以西十六国地区设置了军府。燕州，武德四年（621）以粟末靺鞨酋长突地稽所领部落置。突地稽子《李谨行墓志》记载谨行先世为肃慎之苗裔、涑沫之后，谨行本人任右武卫肃慎府折冲[③]。折冲府取名部族所出名号，显然肃慎府是以燕州粟末靺鞨部众所置的折冲府。这种情况并非个例，说明唐在一些羁縻州是要置军府的。唐授予部落首领诸卫军职，原则上部落首领成为唐军事体制内的职官，羁縻州部落成为唐军事力量，进而以唐军事制度约束部落武装。这在以下两个方面表现至为明显。其一，虽然部落首领可以承袭羁縻州

---

① （唐）张九龄：《敕蛮首领铎罗望书》，（清）董诰等：《全唐文》卷287，中华书局1983年影印本，第2912页。

② 张国刚：《唐代官制》，三秦出版社1987年版，第116页。

③ 廖彩梁：《乾陵稽古》附录《大唐故右卫员外大将军燕国公李谨行墓志铭》，黄山书社1986年版。

武装力量的统领权，但是领兵的合法性来自朝廷。突骑施嗢鹿州都督娑葛为左骁卫大将军，袭父爵位，与其父部将阙啜忠节不和，后者请求宰相，“请停娑葛统兵”①。阙啜忠节的请求中止娑葛的领兵权，正是基于羁縻州首领领兵合法性由朝廷赋予。其二，羁縻州部落与内地军府同为唐征发的军事力量。唐在漠北铁勒府州中是否置军府史无明文，然唐在铁勒诸部置府州后，诸部一直是唐征调的军事力量。唐讨西突厥贺鲁、征高丽等一系列重大战役，都曾征调回纥等部参战。上述墓志记载，仆固乙突继任金微州都督后，先是参加平定贺鲁叛乱，后又“东征靺鞨”，即征高丽。唐灭高丽，随即由于吐蕃的兴起，不得不从东方调集兵力防御吐蕃，甚至幽、营之间的羁縻州也在其列。如燕州刺史李谨行曾被调往青海备御吐蕃。墓志所谓乙突“西讨吐蕃”，正是在此背景下，从漠北调至青海防御吐蕃。总之，唐授予羁縻州首领诸位军职，羁縻州部落成为唐军事体制内的武装力量②，与汉兵同为唐征调的军事力量。只不过组织形式不同于汉兵，即使在羁縻州中建立折冲府，也是以部落为组织单位，仍具有部落首领武装力量性质的一面。

谭其骧鉴于唐曾向一般藩属（实为唐邻蕃或邻国）征调蕃兵，或四边远

① （后晋）刘昫等：《旧唐书》卷194下《突厥传下》，中华书局1975年版，第5190页。

② 关于唐代以蕃兵、蕃将组成的军事力量，近代以来学人多有精辟论述，如陈寅恪：《论唐代之蕃将与府兵》，《金明馆丛稿初编》，上海古籍出版社1998年版，第264～276页；章群：《唐代蕃将研究》，台北联经出版事业公司1986年版，第119～143页；章群：《唐代蕃将研究续编》，台北联经出版事业公司1990年版，第24～36页；马驰：《唐代蕃将》，三秦出版社1990年版；张国刚：《唐代的蕃部与蕃兵》，《唐代政治制度论集》，台北文津出版社1994年版，第93～111页；李锦绣：《城傍与大唐帝国》，朱雷：《唐代历史与社会——中国唐史学会第六届年会暨国际唐史学会研讨会论文集》，武汉大学出版社1997年版，第115～135页。

夷向唐朝贡，认为唐羁縻州与一般藩属之间，并无明确的制度上的区别[1]。在理念上，率土皆臣，一般藩属即册封朝贡国，或非册封朝贡关系的远夷，以及羁縻州蕃夷受征调、朝贡，都是四夷对中华天子应尽的义务，但是现实中唐征调一般藩属（唐邻蕃或邻国）蕃兵与征调羁縻州部落有着本质区别。羁縻州诸蕃隶属于边州都督府、都护府，政治上归属唐，唐征调羁縻州蕃兵属于征调军事体制内的武装力量，受唐征调也是羁縻州属民应尽的义务。一般藩属国则否，唐向其征用蕃兵，则是与邻蕃、邻国发展关系。纵观唐代邻蕃或邻国首领，或入唐通聘人员多受唐册封或接受唐授予的官爵，也可依次晋升，或卒于唐同样按品级安葬。更有甚者，开元十九年（731），后突厥毗伽可汗弟阙特勤卒及后来毗伽可汗卒，玄宗均派人吊祭，并亲自书写碑文。然而这些与唐将职官制度、军事制度推及都督府、都护府统辖的羁縻州性质不同，政治内涵迥异。前者为唐处理与邻蕃、邻国关系，后者则是唐在羁縻州地区推及政令、法令。

## 五、因地制宜推及政令

以上所述内容是基于羁縻州与经制州的同一性而言。除此之外，由于各个区域羁縻州的社会结构存在巨大差异，唐中央政府或地方政府也根据不同地区具体情况，因地制宜，针对性推行政令、法令，强化治理措施，移风易俗。以下几个方面可见一斑。

---

① 谭其骧：《唐代羁縻州述论》，《长水集续编》，人民出版社1994年版，第133～155页。

革除旧法，推行唐制。这发生在占领地区、新辟疆土内。贞观十九年（645）唐太宗征辽东，攻拔高丽十城，置僚、盖、岩三州，既而下诏：“自莫离支为主，官以贿成，单贫之家，困于税敛。一马匹布，只兔纤鳞，或进域主，或输耨萨。其有自给，类加棰楚，编户饥寒，莫知告诉。至斯责罚，即用夷刑，反接鞭笞，下手无数，疮深快意，然后乃已。所以陈兵伐罪，兼畅皇风，使怀附之徒，同霑声教，息彼贪残，除其弊俗。今辽东之野，各置州县，或有旧法，余风未殄。宜即禁断，令遵国宪”①。太宗要求在新置州县内，废除高丽旧有的酷刑与重税，推行唐政令、法令。

禁断土风陋习。唐代黔中、岭南地区夷人土风、陋习严重，影响夷人生计与当地治安，唐地方官员或朝廷发布行政命令予以禁止或引导。贞观年间，党弘仁为戎州都督，“夷僚之俗，卖亲鬻子，弘仁制法禁断，百姓便之”②。天授二年（691）正月十五日敕：“牂牁土风，共行磋法，宜委所管都督府严加禁断。”③牂牁，唐黔中都督府所辖羁縻州地。敕文命令要求黔中都督府禁止当地盛行的习俗。天授二年七月廿七日敕：“岭南土人任都督、刺史者，所有辞讼，别立案判官。省司补入，竟无几案。百姓市易，俗既用银，村洞之中，买卖无秤，乃将石大小，类银轻重。所有忿争，不经州县，结集朋党，假作刀排，以相攻击，名为打戾。并娶妇，必先强缚，然后送财。若有身亡，其妻无子，即斥还本族，仍征聘财。或同族为婚，成后改姓。并委州县长官，

---

① （唐）唐太宗：《禁辽东重刑诏》，（清）董诰等：《全唐文》卷7，中华书局1983年影印本，第91页。

② （北宋）王钦若等：《册府元龟》卷689《牧守部·革弊》，中华书局1960年影印本，第8218页。

③ S.1344《唐开元户部格残卷》，唐耕耦、陆宏基：《敦煌社会经济文献真迹释录》第2辑，全国图书馆文献缩微复制中心，1990年，第571页。

渐加劝导，令其变革。”[①] 岭南土人任都督、刺史者即羁縻州地区。敕书涉及内容较为广泛，要求规范羁縻州行政与司法行为，命令州县改变部民交易习惯，禁止械斗，变革婚俗。

依汉法，着汉服。开元十五年（727），新罗僧人慧超途经安西四镇龟兹、于阗、疏勒、焉耆地区，看到的景象是“人依汉法，裹头著裙”[②]。慧超特别提到当地依汉法，穿汉服，显然是指羁縻州民。一般来说，唐并不强行改变周边诸族改移本族习俗，四镇都督府居民服汉装束，应是唐在这一地区长期推行政令、法令影响所及。

明确内迁部落与所在州之间的关系。《唐开元户部格残卷》载垂拱元年（685）九月十五日敕：“诸蕃部落见在诸州者，宜取州司进止。首领等如有灼然要事须奏者，委州司录状闻，非有别敕追入者，不得辄发遣。”[③] 内迁部落首领受所在州约束，如有要事进奏，先由州司状奏。

规范岭南、黔中等地羁縻州刺史任命程序，限制两地羁縻州在任刺史宿卫。开元十九年（731）七月十四日敕：“岭南及黔府管内诸州并蕃州，检校及摄刺史，皆奏录，待敕到然后准式。其岭南、黔府蕃州等刺史在任，不得辄请宿卫。”[④] 限制在任刺史宿卫，自然是出于羁縻州刺史缺员不利于施政的考虑。

以上虽然是因地制宜，因俗而治，但是从羁縻州与经制州的郡县属性来

① S.1344《唐开元户部格残卷》，唐耕耦、陆宏基编：《敦煌社会经济文献真迹释录》第2辑，全国图书馆文献缩微复制中心，1990年，第572页。

② （唐）慧超著，张一纯笺注：《往五天竺国传笺释》，《中外交通史籍丛刊》9，中华书局2006年版，第178页，图版18。

③ S.1344《唐开元户部格残卷》，唐耕耦、陆宏基编：《敦煌社会经济文献真迹释录》第2辑，全国图书馆文献缩微复制中心，1990年，第570页。

④ （北宋）王溥撰：《唐会要》卷68《刺史上》，中华书局2003年版，第1200页。

说，却又是唐施政的对象，二者同中有异，异中有同。唐后期黔中道羁縻州刺史进京朝贺，杜牧谓其“在法度之外，居绳墨之表”[1]。唐在羁縻州推及政令、法令，载籍班班可考，杜牧何以不谙世事，谓其在唐法度之外，不受唐墨绳之约呢？究其原因，杜牧是从内地行政制度来衡量羁縻州，强调其与经制州的差异性而已，并非强调唐政令、法令不及羁縻州。

## 总结

唐代以周边内附诸族置羁縻州，实现了内地与非汉地区行政体制的一体化，原则上羁縻州与经制州同为唐推及政令、法令的区域，只不过唐在羁縻州推及政令、法令是分层次而言的。从羁縻州的郡县属性而言，首先，唐原则上在羁縻州与经制州中要推行其共同遵守的约束性法令；其次，在此前提下，尽管羁縻州区域广大，内部情况复杂，并不全面推行内地行政制度，但是原则上又要不同程度地推及唐王朝统一的政治、制度、法律。从羁縻州的特殊性而言，唐又根据不同地区具体情况，针对性推行政令、法令。概括地讲，相较于经制州，唐在羁縻州推及政令、法令固然有“因俗而治”的一面，然而由于行政体制一体化，唐又比照内地行政制度，在羁縻州中根据具体情况不同程度地推及唐统一的政令、法令。唐在羁縻州施政，兼具“因俗而治”的特殊性与行政体制一体化的共同性，从而将社会、文化多元性的政治统治区域，整合为有别于西汉的大一统政治结构。

---

① （唐）杜牧：《黔中道朝贺牂牁大酋长等十六人授官制》，（唐）杜牧著，陈允吉校注：《樊川文集》，上海古籍出版社 1978 年版，第 306 页。

# 清代中国与邻国“疆界观”的碰撞、交融刍议①
## ——以中国、越南、朝鲜等国的“疆界观”及影响为中心

孙宏年②

清王朝兴起于中国东北边疆地区，1644 年入关统一中国，为中国历史疆域的奠定做出了重大贡献。有清一代，在对自身“疆界”、与邻国疆域的关系等问题上，中国与越南、缅甸、朝鲜等邻国往往既有文化上的“疆界观”，又有地理上的“疆界观”。这两种“疆界观”密切相关，17 世纪中期以后由于中国与邻国在这方面的某些差异出现观念上的碰撞，19 世纪中期又因列强的入侵发生了观念上的显著变化，出现了从碰撞到交融的现象。本文主要以中国、越南、朝鲜等国的“疆界观”及影响为中心加以探讨。

## 一

文化上的“疆界观”是指在文化归属感上的认同与否，即传统的“夷夏之辨”。17 世纪中期乃至以后一定时期内，“夷夏之辨”主要是中国与朝鲜、

---

① 本文原发表于《中国边疆史地研究》2011 年第 4 期。

② 孙宏年，中国社会科学院中国边疆研究所副所长、研究员。

越南等深受中华文明影响的邻国及周边的部族确定谁是文化上的“蛮夷”、谁是“华夏”的问题，19世纪中期以后这一观念中又增加了新的内容。总体上，大致可以分为三个阶段：

第一，“夷夏之辨”观念长期影响着中国和一些邻国，朝鲜、越南士大夫阶层长期认为清朝以“蛮夷”入主“中国”，是“以夷变夏”，并在其国内的历史文献中有所反映。

先看朝鲜。李朝君臣开始把努尔哈赤建立的后金视为“胡”人的“夷狄”政权，坚持“不背明、不怒金”，后又积极联明反金。皇太极即位后发动对朝战争，1637年李朝被迫与清结成“兄弟之盟”，成为其藩属，但并不甘心“永绝南朝”（按：即明朝）、仿照明例称臣纳贡，在《仁祖实录》、《承政院日记》等重要文书中直至1644年仍使用“崇祯某年”的纪年。1644年以后，清朝取代了明朝，而朝鲜国内仍然长期存在着“尊周思明”观念，不仅士大夫阶层普遍感念明朝出兵驱倭的“再造”之恩，有人还强调明朝灭亡后唯独朝鲜保有“大明天地，崇祯日月”，而且在1704年，即明朝灭亡60周年，李朝肃宗隆重祭祀明朝的崇祯皇帝，又下令筑“大报坛”，次年建成，祭祀明神宗，1749年又定明太祖、神宗、毅宗并祀，以示“思明”、感恩之意。[①]

越南的情况如何呢？清朝兴起于东北时，安南后黎朝、高平莫氏政权仍是明朝的藩属，1644年以后开始与入主“中国”的清王朝打交道，但开始都

① 关于朝鲜李朝与后金政权、清朝关系及观念演变，本人得到李大龙编审指点，并参考了魏志江：《中韩关系史研究》，中山大学出版社2006年版，第145～227页；宋慧娟：《清代中朝宗藩关系嬗变研究》，吉林大学出版社2007年版，第1～83页；孙卫国：《大明旗号与小中华意识——朝鲜王朝尊周思明问题研究（1637—1800）》，商务印书馆2007年版，第1～146页。

不愿承认这个“蛮夷”建立的王朝，甚至到了19世纪初期越南阮朝的明命帝仍强调清王朝是“蛮夷猾夏”。

清朝初年，安南后黎朝和高平地方的莫氏政权一度拒绝承认清王朝，一方面是出于自身安全考虑，直至1659年永历政权逃亡缅甸以前，相邻的粤桂滇三省长期控制在反清力量手中，南明的数万军队是后黎朝和莫氏首先面对的现实力量；另一方面，越南深受中国传统文化影响，其中就包含着“华夷之辨”等内容，后黎朝君臣在这种观念影响下认为满洲贵族建立的清朝入主中原是“蛮夷猾夏”，与南明政权维持宗藩关系对外体现为对明朝君主之忠，对内则能宣扬纲常伦理、维护统治秩序，并通过《大越史记全书》传之后世。《大越史记全书》是后黎朝官修史书，记述了从传说时代到1675年的越南史事，1497年由吴士连完成了1428年前的内容，1665年范公著奉命完成对1428—1662年间史事的增补，1697年黎僖又奉命增补了1662—1675年间史事。该书中的相关记载主要集中在两个方面：

一是采用中国君主纪年折射出奉谁的“正朔”、承认谁是“中华正统”的意识。该书纪年时采用中、越帝王年号并行的方式。其中黎纪所用中国年号在1644年前只采用明朝皇帝年号，1644年清朝已成为全国性的政权，这一年即为清顺治元年，但该书只记“明崇祯十七年”，不记录清帝顺治年号；1645年才将“清世宗福临顺治元年”与“明唐王隆武元年”并行，1647年则为“清顺治三年”与“明永明王永历元年”并行，此后一直同时使用“清顺治（或康熙）某年”与“明永历某年”。1667年，即在永历政权灭亡五年后，仍同时以“清康熙六年”与“明永历二十一年”纪年，正是在这一年清朝遣使册封黎维禧为安南国王，与后黎朝建立了宗藩关系，1668年和以后的七年才在纪年时记为“清康熙某年”，不再记入“明永历某年”。

二是对于重大事件的记录有所取舍。1646年，南明隆武政权建立之时，清军已经大举南下，后黎朝仍派阮仁政、范永绵等“同天朝都督休参驾海往福建，求封于明”，祝贺隆武帝即位并进贡。《大越史记全书》在《黎纪九·黎真宗福泰四年》专门记下这件事。可是，这年夏天清军入闽，隆武政权灭亡，安南部分使者被执送到北京，1647年清廷给安南贡使“敕谕，遣赴本国，招谕国王”，只要把明朝封诰印敕送还，清廷“亦照旧封锡”。[①]后黎朝对此并未理会，仍与南明政权往来密切，该书中也不载其事。到1659年，清军控制了粤桂滇三省，1660年经略大学士洪承畴奏报，安南国都将、太傅、宗国公武公�遣目吏玉川伯邓福绥、朝阳伯阮光华“赍启赴信阳郡王军前，摅忱纳款”[②]。这次“摅忱纳款”本是后黎朝与清朝接触的一件大事，但《大越史记全书》同样不载其事。

高平莫氏与后黎朝有过“拥明拒清”的相似情况。该政权是安南莫朝的残余势力，1592年后割据高平地区，与广西归顺州接壤，1659年年底之前与南明永历政权有过往来，1661年莫敬耀被清朝册封为“归化将军”。1659年清军进驻归顺州时，南明德阳王朱至濬与太监黄应麟、总兵闫永德等潜入莫氏辖地避难，清朝要求莫氏交人，莫敬耀只是称闫永德已死，其他人听说莫氏归顺清朝已逃往后黎朝控制区。对此，莫氏部属却称：“德阳王现在（莫氏辖境），但莫主受朱朝的恩，不敢背义”[③]。言下之意，莫氏不愿为清朝拿解南明王室、部属，以报“朱朝的恩”。这些都说明无论是后黎朝，还是

① 《清世祖实录》卷32，顺治四年丁亥六月丁丑。

② 《清世祖实录》卷127，顺治十六年八月丙申。

③ 《两广总督李栖凤揭贴》，《明清史料》（庚编第1本），中华书局1987年版，第32～43页。

莫氏政权，开始都不愿承认“蛮夷”建立的清朝，在与清朝建立宗藩关系之前，明朝仍是“中华正统”。

在越南史籍中，《大越史记全书》并非视清王朝为“蛮夷”的最后文献，越南阮朝所修的《大南实录》中也保留了相关记载。阮朝嘉隆、明命时期（1802—1840）就设国史馆修撰本朝实录，历经数十年，完成了多达584卷的汉文本《大南实录》，记录了阮朝从17世纪割据越南中部直至19世纪的史事。其中，大量记载涉及中越关系，记述中总是称清朝为“清国”，把越南遣使中国记为“如清”，尽管阮朝君主呈交给清朝的外交文书中自称“国王”，称清朝为“天朝”。不仅如此，1834年，明命帝还在与近臣的谈话中专门对比过清朝的“以夷变夏”和阮朝的“以夏变夷”：

> 清之得明，以匈奴入中国，以夷变夏，其势甚难。顺治幼君，叔父摄政，自称为皇父，实为悖理，而亦赖以安康。及康熙嗣立，才八岁，又有三藩起事，势已倾危，未几卒能削平，非天之祐，其能然乎？皇考（按：指阮朝嘉隆帝阮福映）之有北圻（按：越南北部），取之于西山（按：指安南西山朝），非取之于黎氏，名正言顺，殆过于清。朕以长君临天下，其于世故人情略有所识，凡一政之出、一令之施，无非上承天心，下惬人望，诚如改易衣服，盖亦以夏变夷，诚易为力。倘藉天心重眷，岁岁丰登，自可坐享太平，垂之永久也。[①]

很显然，他讲这些是为了强调：阮朝与清朝相比，清朝是“以夷变夏”，自己是“以夏变夷”，得天下更“名正言顺”；清初顺治、康熙年间巩固江山

---

① 《大南实录》正编第2纪，卷137，第16页。本文所引《大南实录》均据日本庆应义塾大学言语大学整理本，昭和五十二年（1977）出版。

时极为艰难，阮朝君主政令更为顺畅；清朝在几经危机之后因上天眷祐得以稳固，阮朝如果得到“天心重眷，岁岁丰登”，岂不永享太平？在这种对比中，明命帝（即阮圣祖阮福晈，1820—1840年在位）显然觉得自己更有得到“天心重眷”的理由，那就是阮朝并非“以夷变夏”，更具有天时、地利、人和的优势；而他不得不在文书中称为“天朝”的清朝恰恰与之相反，最初取代明朝就是“以匈奴入中国，以夷变夏”。

第二，越南、朝鲜的政权、王朝与清朝确立宗藩关系后，各自的心目中仍然存在着“蛮夷”观念，共同点是把中、朝、越等国视为“同文”之邦，视欧美殖民者为“蛮夷”；越、朝士大夫长期把清朝统治者视为“蛮夷”，但在对华文书中不敢公开表露。

就朝鲜而言，中、朝、越等国为“同文”之邦，“夷”的概念在欧美殖民者到来后逐步地定位到这些“洋人”身上。这在朝、越两国派到中国的使者身上也有所体现。两国使者出使中国贡期重合时就会相遇，双方往往以诗文应和。如武辉珽1772年作为安南后黎朝的甲副使出使中国，在北京遇到了朝鲜使者尹东升、李致中，三人往来应和，赋诗三首，其中一首是武氏的《赠朝鲜国使诗并引》：

共球盛会，萍水良缘，虽东海、南海，利地有万千，而心契道同，匪令伊昔，剩喜晋陪燕暇，预接尘谈，以领十年书之益。只是南軿早锡，行色匆忙鸿翼□，余怀耿耿，式凭手札，代致面辞。极知下里巴音，仅仅博大方一粲，聊以表涯角相逢之雅耳。

幸挹芝兰觉宿因，醇杯未到易成醺。

鸭江鸢岭疆虽远，麟籍龟书道不分。

已喜衣冠无异制，更征图牒有同文。

想应軿乘南归后，座右台光寤寐般。[①]

在这首诗中，武氏向朝鲜使者强调了在北京相遇后的感受，即虽然越南、朝鲜相距遥远，但“麟籍龟书道不分”，两国“衣冠无异制”、“图牒有同文”，双方因共同到中国朝贡赶上了“共球盛会”，得以结成“萍水良缘”。朝、越使者及与中国文人之间的诗文交往一直延续到晚清时期，如1883年3月至11月，阮述等人被派到中国参与对话谈判，他在天津与李佩之、梅小树、陈钧平等中国文人广泛交流，其间还借了1882年来华的朝鲜使臣闵翰山的诗，在一首五言绝句后题诗，加以品评。而陈钧平对阮氏表示，他在天津以前没见过越南人，现在才知道越南是“文雅之邦”，使臣都是“明达之士”，所以“人人艳慕，欲得其文字”。[②] 显然，他们在诗文唱和中感受到了中、朝、越文化上的“同文”。

对越南来说，后黎朝、阮朝不仅有自命为“华夏”的心理，而且力图在中南半岛构建以越南为中心的“次宗藩体系”。后黎朝自称“大越”，阮朝自称“南国”，历代君主有其帝号、纪年和正朔，而且都推行向周边扩张的政策，迫使邻近的南掌、万象、真腊、寮国（以上今属老挝、柬埔寨）及火舍等部族表示臣服。在明命帝时期，阮朝的“次宗藩体系”已较为完备，邻近的“蛮夷”与欧洲的“红毛”一律被视为“蛮夷”。如，明命七年（1826）七月，明命帝接见了前来“谢恩”的暹罗（今泰国）使者，和他谈论“红毛”、

① 武辉珽：《华程诗》，第58～59页，越南汉喃研究院藏钞本，编号A446。转引自复旦大学文史研究院、越南汉喃研究院合编：《越南汉文燕行文献集成（越南所藏编）》（5），复旦大学出版社2010年版，第353～356页。

② ［越］阮述著，陈荆和编注：《赴津日记》，香港中文大学出版社1980年版，第32～47页。

缅甸“构兵”一事，不久又有陆云的“逆獠魔蛮”派人“贡象二匹请赎罪”，他派人“及谙熟蛮语者往陆云，面谕魔蛮使，与万象阿仁椅檛诸蛮酋束身首罪”[①]。于是，在这位阮朝君主眼里，无论是来自欧洲的英国人“红毛”，还是邻近的“魔蛮”、万象，都是尚未开化的“蛮夷”。明命十八年（1837），皇太后七旬大庆时，阮朝又展示了“天下共主”的壮观场面。这年冬十一月，火舍“遣使来贡，并备贺仪上进”，真腊郡主玉云“委员恭进品仪”，镇西藩目、掌卫茶龙、木节等“抵京以珍玉献”，明命帝赐火舍“新国王袭姓永”，对真腊、镇西藩目的使者“赏给有差”，并强调：“茶龙虽为镇西藩目，而向来为朝廷出力……今来京祝嘏，朕视之犹在廷臣仆，特格外施恩，不以外藩歧别也”。皇太后七旬大庆非常隆重，王公、大臣齐聚朝贺，对官员、百姓大加封赏，安排“属国使部、藩附新疆头目人等”参加宴会、庆典，分别赏给锦缎、白金等[②]。

再就中国而言，中国的文人、方志和典籍中有时仍把自己疆域内的少数民族、周边一些邻国和欧美的荷兰、葡萄牙、英国等视为“夷”，把周边国家、部族之间的纷争称为“蛮触之争”。这一度引起越南一些知识分子的不满，尤其是19世纪以后地球上有万国的“西学”理念在中、越等国传播之后，越南一些贯通东、西文化的精英人士结合各种学说，对中国一些人士、书籍仍称越南为夷提出了异议，阮思僴和他的《辨夷说》就是代表。阮思僴曾经担任阮朝的内阁堤正、赞理海安军次、吏部尚书、宁太总督等官职，1868年以鸿胪寺卿之职充当“如清甲副使”。他出使中国期间见到了广西新刊

① 参见《大南实录》正编第2纪，卷40，第9～12页。
② 参见《大南实录》正编第2纪，卷186，第12～30页。

刻的《粤西地舆图说》，其中凡是与广西西南地区接壤越南各州县的地方都标着“某国某夷州、夷县界”。他为此写下：

阅未终幅，则喟然叹曰：噫，是何言欤？是何言欤？为此说者得无曰“吾属中土，当为中夏，彼僻处海外者，俗虽同于中国，地仍为藩封，例固应夷之”？

夫天盖地球，丽而处者亿万国，为中为外从何辨之？然而，古来夷夏之辨者，则亦视乎礼义之存亡，文行之同异焉耳。若必执土地之中以求之，则四海大州唯末利亚之西红海乃为地中，从未见彼方之能夏也。若谓从其本初立国而名之，则在上国之云、贵二省与东三省之吉林、黑龙江、宁古塔，固皆秦汉以前夜郎、昆明、鬼方、肃慎、沃沮诸国地也，今将从其朔一例以“夷”之乎？云贵无论已，东三省为天朝圣神开基之地，“夷”之一字，不惟本朝臣子所不敢形诸笔墨，亦断不敢心言而意话者。此之不“夷”，而于人则“夷”之，儒者秉笔之公，似不应如是。夷夏之辨，莫严于《春秋》，而予夺亦莫严于《春秋》，故卫伐凡伯，虽诸姬也，而戎之；季札来观，虽僭国也，而进之。安在与我同域者必为夏，与我异宜者必为夷哉？且吾越自汉以后常与西粤并隶上国版图，其诗书六艺之学，衣冠礼乐之化，浸浓郁几二千年，中间虽乍合乍分，而道义之一、风俗之同，今犹古也。况累世职贡，不失事大之礼，天朝盖常许为同文国之一矣，而奚其“夷”之？又尝考之会同四译馆，明人之四夷馆也，至本朝始改为四译，于此有以仰见大圣人柔远之诚、待人之恕，道与天地同其大，彼明人之自尊卑人，适足示天下以不广，陋矣！

夫土地有大小，国势有强弱，天之所为，苟德义之不瑕，则虽弱必强，虽小必大矣。是故临人以德而天下归之，古之道也。未闻矜心谩辞加于人，而强人之必服，昔晋侯以为诸侯师，一言之失而齐侯侈有大兴之志；李亚子自谓十指上得天下，而荆南不朝，言之不可不慎也。如此著书立言，将以行之四海、传之万世，又所当慎之至也。“夷”之一字，五愿凡为此说者亟改而正之，则坦然大公，同归于好。日月之食也而改焉，谁不仰之？左氏曰：子无谓秦无人，则此敌国应容之辞，下价不敏，其何敢及此？①

这篇《辨夷说》全文不过850字，却针对越南被称为“夷”一事引经据典，大谈“夷夏之辨”，又列举出种种事实，强调越南不应称“夷”，应“亟改而正之”。在陈述理由时，他强调了两个事实：一是越南“自汉以后常与西粤并隶上国版图，其诗书六艺之学，衣冠礼乐之化，浸浓郁几二千年，中间虽乍合乍分，而道义之一、风俗之同”；二是越南自建国后“累世职贡，不失事大之礼，天朝盖常许为同文国之一”。这就透露出当时越南士大夫阶层和该国统治集团对本国历史、文化的认识，即越南原为中国郡县、后获独立，在文化上深受中国文化影响，与中国“同文”，与中国同为“华夏”。

第三，19世纪中叶以后，中国与越南、朝鲜等国文化上的“疆界观”从冲突转向交融。

其一是各方继续保留了“夷夏之辨”的观念，并不约而同地把“夷”的概念指向入侵的欧美列强。中国与越南、朝鲜一度以宗藩关系为纽带联合抗击外来侵略，中国还与廓尔喀（尼泊尔）有过联合的愿望（详见下文）。尽管这些努力都以失败终结，但中国、越南、朝鲜与日本“同文”甚至“同

① ［越］阮思僩：《辨夷说》，《燕轺诗文集·燕轺文集》卷上，第22～24页，越南汉喃研究院藏钞本，编号A199。

种”的“文化疆界”认同却成为阮述、孙中山、曾根啸云等人的共识，并成为“东亚联合”思想的重要源头。其中，1883年12月阮述在上海见到了曾根啸云，即海军大尉曾根俊虎，他们几次会面，诗文酬答，还赠送《南漂记事》、《法越交兵纪略》两本书。日本三名僧人也拜访阮述，通过笔谈询问越南佛教情况，又索取诗文，阮氏觉得越南、日本“同文”[①]。阮述这次来华加深了“东方文明为体、西洋器物为用”的观念，又强调越南与中国、朝鲜、日本的“文化一体”，共同传承着东方文明，对于曾根啸云“愤亚洲诸国萎靡不振”、倡导成立“兴亚会”感到非常欣慰，希望中、越、日等国家联合起来抵抗西方列强的侵略[②]。

20世纪初，孙中山、潘佩珠等许多志士仍以“同文”、“同种”的“文化疆界”为根基，以东方文明为旗帜，结合西方文化中有益的成分，联合各国的爱国力量，探索中、越等国实现民族独立的道路。1903年，孙中山发表《支那保全分割合论》，分析了西方出现的“保全”和瓜分中国的不同说法，强调中国在当时“保全既无其道，分割又实难行”，为了安定东亚，最好的办法就是由中国国民“因其势顺其情而自立之，再造一新支那”。为了建立“新支那”，他还希望东亚联合起来抵御西方列强的侵略。这一主张得到日本的宫崎寅藏、平山周等人的响应，早在1898年前后他们就对孙中山表示过：中、日两国结盟，共为“亚洲盟主”，从而“兴灭国，继绝世”，一同遏制“西势东渐之凶锋”[③]。孙中山

---

① 参见［越］阮述著，陈荆和编注：《赴津日记》，香港中文大学出版社1980年版，第59～60页。

② 参见孙宏年：《从传统到“趋新”：使者的活动与清代中越科技文化交流刍议》，《文山学院学报》2010年第1期。

③ 参见《孙中山全集》第1卷，中华书局1981年版，第175～186、218～224页。

还关注东南亚邻国的民族独立运动，尤其支持潘佩珠等人领导的越南抗法救亡斗争，与各国的爱国志士相互支持，希望联合起来共同振兴亚洲。

其二是国际法开始在中国、暹罗、越南等国传播，催生了“公法意识”，促使中、越等国决策者和一部分知识分子在领土、边疆、边界等问题上出现思想认识上的变化，一些国家还尝试着以国际法维护国家权益。

中国早在 17 ~ 18 世纪中俄谈判时就接触到国际法。1864 年美国传教士丁韪良翻译了美国外交官惠顿（Henry Wheaton）的《万国公法》，同一年中国就依据其中的条款同普鲁士交涉，解决了该国军舰在中国领海扣留丹麦货船的问题，维护了自己的主权①。此后的 40 多年间，清政府的“公法意识”不断强化，参加过一些国际会议、国际公约，多次力图运用国际法维护国家主权与领土完整。暹罗在与列强交涉中也拿起国际法的武器，在向英、法割让大片领土后成为“缓冲国”，艰难地维持着民族独立。

对于朝鲜，清王朝在 1879 年前后曾经劝告李朝运用“以夷制夷”和国际公法，与西方各国缔结近代条约。李鸿章就是这一政策的执行者，他在 1879 年 8 月 26 日致信朝鲜执政大臣李裕元，建议朝鲜“用以毒攻毒、以敌制敌之策”，逐步与“泰西各国立约，藉以牵制日本”；强调欧美向来“不得无故夺灭人国”，因为“各国互相通商，而公法行乎其间”，所以朝鲜不必再向欧美列强开放新的口岸，只要“就日本通商之处，多来数国商人”，既不影响朝鲜经济发展，又可分割日本商人在朝贸易的利润②。这一劝告对朝鲜的对外政策

① 详见于沛、孙宏年、章永俊、董欣洁：《全球化境遇中的西方边疆理论研究》，中国社会科学出版社 2008 年版，第 107 ~ 108 页。

② 参见［韩］权赫秀编著：《近代中韩关系史料选编》，世界知识出版社 2008 年版，第 128 ~ 133 页。

产生了一定影响，1880 年后朝鲜陆续与美国、英国、意大利、奥地利等国签订近代条约。

在沦为殖民地前，越南阮朝在 1881 年刊刻包括《万国公法》在内的“洋书”，发给“京外诸学堂，俾资传习”，还准备学习西方文明与近代条约体制，派人到英国、美国等国，使各国“知我之自主”，并与它们发展近代的外交关系[①]。1882 年，中国特派唐廷庚、马复贲前往顺化，与越南阮朝商谈抗法事宜，越方官员在会晤中提出三项要求：派使节常驻北京，“若有何事得于总理衙门控诉”；在广东设立领事馆，以便“来往商卖，通报信息，因与诸国交游，得以通达情意”；派人搭乘中国的轮船往来各国“探学”[②]。这表明越南方面希望运用国际法和近代国际关系准则，同中国建立近代国际关系，在北京派驻使节、在广东设领事馆尤其突出地显示了这一倾向。对此，虽然中国方面给予回应，但是法国此时已经加紧侵吞越南的步伐，越方抗法形势严峻，这两项要求在 1885 年前难以得到落实。

## 二

地理上的疆界是针对领土、疆域等的现实认知，既包括对本国领土、疆域的自我认识，对历史上早期国家、王朝疆域的想象和文献上的描述、批判、反思，又包括在本国疆土演变过程中同邻国进行边界、领土交涉时形成的历史事实和相关认识。就清代中国的周边邻国而言，朝鲜、越南疆域的形成及

① 参见《大南实录》正编第 4 纪，卷 66，第 2 ~ 14 页。

② 参见《大南实录》正编第 4 纪，卷 66，第 41 ~ 42 页。

认识一方面和中国的历史密切相关，尤其是归属中国的郡县时期影响深远，另一方面在17 ~ 19世纪之间也通过自己的历史文献构建着自己国家的历史和“历史疆域”。以越南为例，其有据可考的信史不早于秦代，越南人的祖先最初分布于今天越南北部、中部的红河、马江流域；今天越南中部长期存在着占婆（也称林邑、环王国、占城），其南部则是历史上的扶南，后来称为水真腊的领土。10世纪独立建国时，安南疆域也仅限于今天越南北部红河中、下游和中部北区，相当于现在版图的1/4。此后800年间，李朝、陈朝、后黎朝对外多次发动扩张领土的战争，不仅向北蚕食中国领土，向西侵吞一些部落、国家，而且经过近650年的蚕食、鲸吞，1691年消灭占婆这个文明古国，后黎朝南方的阮主政权继续向南扩展势力，最后控制今天越南南部大片地区。越南阮朝建立后，最后确定现今越南的版图，而且继续与暹罗等争夺今天的老挝、柬埔寨地区，一度兼并了老挝2/3的领土，19世纪中叶因法国殖民入侵才停止了扩张领土的步伐。[①] 在对外扩张领土的同时，安南各王朝围绕历史上所谓的“鸿庞氏”、“文郎国”时代是否曾经“西抵巴蜀，北至洞庭”问题，在史籍中或描述，或反思，力图对自己疆域的历史、源流进行总结，为自己疆域的合法性提供理论支持。其中，越南阮朝在19世纪中期以前致力于开拓疆土，使越南的辖境达到了10世纪独立后的历史最大范围，因此对于历史上越南的历史脉络、疆土范围也有更清晰的认识，最终以理性的反思、庙祀的设立、文献的记述等形式，把越南的历史定位为始于10世纪中期，疆域在阮朝达到最大，否定了所谓“鸿庞氏”、“文郎国”时代“西抵巴

① 参见戴可来：《越南历史述略》，《印支研究》1983年第1期；《对越南古代历史和文化的若干新认识》，《北大亚太研究》（2），北京大学出版社1993年版。又见戴可来、于向东：《越南历史与现状研究》，香港社会科学出版社有限公司2006年版，第1 ~ 25页。

蜀，北至洞庭”的幻象。这主要反映在三方面：

第一，越南阮朝通过设立文庙、武庙及供奉的历史人物建构了越南历史。1835年（明命十六年），阮朝建成了武庙，与文庙一起春秋祭祀，以体现“圣人之道无所不包，有文事者，必有武备”的理念。武庙中既仿照唐玄宗开元年间“令两京诸州各置太公庙，以张良配享，选古名将以备十哲，以二、八月上戊致祭”的体制，供奉了中国历史上的姜太公、孙武、管仲、司马穰苴、张良、韩信、诸葛亮、李靖、郭子仪、李晟、岳飞、徐达12名军事家外，又供奉了越南历史上的著名军事人物。如何确定阮朝建立及此前应列入武庙祭祀的越南军事人物呢？这就涉及如何阐述越南历史及该国历史上的著名军事家的问题，大臣们为此一再请示明命帝，说“溯查安南历代史记，并国朝实录所载开国、中兴诸功臣事状”，认为“安南启宇自丁、黎、李、陈以来良将亦不为少，本朝开国、中兴诸功臣勋业昭彰，具有简编可考”，提出了备选的名单和理由。明命帝表示：“理国之要，文武不可偏废，武庙之设于理为宜……至如安南丁、黎、李、陈，一代有一代之佐戎筹将，略亦不乏人，况本朝开国、中兴，其间宣猷凉武之臣，功烈彪炳，视占何让？”经过反复讨论，明命帝下令把陈朝的陈国竣、后黎朝的黎魁和阮朝的阮有进、阮有镒、尊室会、阮文张列入武庙的“祀典”[①]。在这次讨论中实际上确定了越南的历史是“安南启宇自丁、黎、李、陈”直至阮朝的历史，当时可以确定的历代军事人物有六人，从而间接地否定了所谓的“鸿庞氏”、“文郎国”。

第二，该国使者在出使中国时更自信地描述本国历史、疆域。阮思僩在1868年出使中国时就向中国官员马龙坊介绍本国的历史、行政区划、文教、

① 参见《大南实录》正编第2纪，卷159，第31～39页。

物产等情况，其中强调：

本国自赵宋丁氏始受封交趾郡王，元朝陈氏封安南国王。明永乐胡氏篡陈，明命英国公张辅南征，擒胡季犛父子，设承宣，郡县之。宣德间，黎氏起，守将王通不能军，与约和解，兵北归，明复封黎氏为安南国王。传二百年，莫氏篡之。六十年，黎氏复兴，又传二百年，亡于西山贼阮光平。本朝灭西山，因南并越裳故地，请改国号曰南越，奉旨准改越南，是嘉庆年间事也。至郑姓则后黎氏权臣，世执国命，与黎相始终者。穆姓，则莫氏之伪也。本国幅员，南接暹罗、高蛮二国，北界广西，西北界云南，东临海，正对广东高、廉二府属，西抵诸山蛮及暹罗、缅甸、南掌诸国，南北袤三千里，东南不及二千里……本国之地山海错杂，制驭为难，画井分疆不得不多之所，现在设省二十有一、道三、府六十、州县三百。本国世尚文学，盖始于东汉锡公光、壬公延，继以三国吴之世有士公燮，立学兴教，至今美谈。①

第三，阮朝通过编纂本国通史、一统志完成对本国历史体系的建构。《钦定越史通鉴纲目》完成于1884年，是阮朝纂修的通史性的重要文献，其中明确指出，“旧史”中所谓“文郎国”时代“西抵巴蜀，北至洞庭”是“侈大之辞”，而“后蜀王之事皆属虚传”；陈朝、后黎朝“以前疆域，东至于海，西界云南，南界占城，北界广西，东北界广东，西南界老挝，参之天下郡国舆地诸书，安南东至海，西至云南、老挝，南至占城，北至广西，大略相同”；至阮朝“列圣肇基南服，奉我世祖高皇帝（按：即越南阮朝世祖阮福映，年

① ［越］阮思僩：《答马龙坊书》，《燕轺诗文集·燕轺文集》卷上，第13～20页，越南汉喃研究院藏钞本，编号A199。

号嘉隆）大定神州，奄有全越，东际大海，西接云南，北接两广，幅员之大，前此未之有也”[①]。当然，在理性认识上古时代传说和本国历史、疆域发展过程的同时，越南阮朝仍然认为把周边的国家和“蛮夷”部族纳入“藩属”体系是自己开拓疆土光辉历史的组成部分。1885年沦为法国殖民地之后，阮朝作为傀儡政权，依旧迷恋“次区域藩属体系”时代，1910年在《大南一统志》中仍然留恋着阮朝强盛时代疆域的“四郊之广，无此疆，无彼界，跨牢、挝、暹、腊以为藩，莫非土，莫非臣”[②]的辉煌。

至于边界交涉，清王朝在奠定中国疆域过程中一方面继承了历代逐步形成的中国与邻国的传统管辖线，另一方面也与一些邻国不得不重新确定边界。其一，当时的中国为保卫国土，不得不抵御俄罗斯、廓尔喀（尼泊尔）等国的侵略，通过“战争加谈判”相互确认疆土管辖范围。在东北边疆和北部边疆，康熙、雍正时期通过战争和外交谈判，签订《尼布楚条约》等条约，确定了中俄东段、中段边界。据研究，面对沙俄这个并非传统“属国”的“新邻居”，17～18世纪清王朝在谈判边界过程中开始吸取了近代国际法的理念。在西南边疆，18世纪末期中国击退廓尔喀对我国西藏的侵略，并与廓尔喀、哲孟雄（今锡金，现被并入印度）、布鲁克巴（今不丹）划定边界[③]。其二，清王朝慎重处理邻近地区的一些部族、政权以全部疆土内附的问题。清王朝在统一全国过程中，遇到一些邻国要求归入中国版图的问题。这在国力强盛的

① ［越］清简等：《钦定越史通鉴纲目》前编卷一，越南顺化1884年刻本。

② 高春育等：《进呈〈大南一统志〉表》，《大南一统志》卷首，日本印度支那研究会1941年影印本。

③ 参见房建昌：《中国与不丹的边界及不丹在西藏的飞地》、《中锡边界研究》和《中尼边界初探》，《中国边疆史地研究报告》1990年第5辑、1992年第1～2期合刊和第3～4期合刊。

乾隆时期多次出现，主要是东南的苏禄、西北的哈萨克等，清朝的处置都极为慎重。其三，清王朝与朝鲜、安南（1802 年起改国号为越南）、缅甸等“外藩属国”确定传统的管辖分界线。中国与属国的边界、领土交涉既反映了双边关系中疆土归属、局部调整的历史事实，又在疆土调整过程中折射出中国与各邻国“疆域观”的差异[①]。

19 世纪中期以前，清王朝主要是在“守在四夷”的思想指导下与邻国交涉边界问题的，主要强调藩属虽然并非中国领土，但是可以作为中国本土的战略屏障，只要属国履行好“屏藩”的职责，中国边疆地区就可确保，所以中国不必与属国在领土问题上斤斤计较，即使朝鲜、越南等属国通过交涉蚕食清以前原中国王朝管辖过的地区，或者廓尔喀、缅甸发动对中国的战争、侵占中国领土后，中国也不应过分计较，更不应在打败属国的侵扰后也借机扩展疆土。这种思想既反映在雍正帝等清王朝君主身上，也在朝野上下有着很大的影响。中法战争以前，如翰林院侍讲学士周德润在 1881 年年底上奏清廷，“请保藩封以安中夏”，指出“天子守在四夷”是“虑远忧深之计”，因为“古来敌国外患伏之甚微，而蓄之甚早，不守四夷而守边境则已无及矣，不守边境而守腹地则更无及矣”。他进而强调，“我朝幅员广阔，龙沙雁海尽列藩封，以琉球守东南，以高丽守东北，以蒙古守西北，以越南守西南”。可是当时“琉球丧亡，高丽、蒙古日渐孱弱”，而越南遭到法国侵略，不仅危及滇、桂、粤三省安全，而且会导致清朝藩属相继沦亡，宗藩体系瓦解，边疆危机加深，所以“越南之存亡，中夏之安危系之”，唇亡齿寒，主张派军援越抗

① 参见孙宏年：《清代藩属观念的变化与中国疆土的变迁》，《清史研究》2006 年第 4 期。

法[1]。很显然，他认为虽然列强打破了中国的藩属体系，但清前期“守在四夷”战略是成功的，过去的“疆域观”仍应予以肯定。

当然，在与中国进行边界交涉时，藩属国对争议地区的历史归属，特别是边境土司的归属，也会有不同的认识，缅甸就是一个重要的例证。1751年前，缅甸东吁王朝与清王朝有过朝贡关系，不过往来次数不多，虽然东吁王朝干预过中国车里地区的事务，很想侵吞这一地区，但双方没发生大的军事冲突。雍籍牙王朝统一缅甸，又对外大规模扩张，侵入中国云南的孟连和车里地区，导致了1762—1769年间的中缅战争。战争结束后，双方对停战条件有不同的理解，文献中对停战条款也有不同的记述，中方的记述是缅方战后“照古礼进表进贡”，“永不犯天朝边境”，送还所掠走的中国兵民；缅方的记述是两国友好结盟、定期互派使者访问，中方承认缅方所管辖的一切属地，还要交还逃匿在中国境内的缅甸国王所属的木邦、蛮暮、猛拱土司。正是因为双方对停战条件理解、记述的分歧，中、缅双方在1769年后关注的问题也有差别，清朝政府关心缅甸派人“进表进贡”，缅方关心清朝送还木邦、蛮暮两位土司和重开边境贸易。但是，几经交涉，中、缅双方难以沟通，直到1788年雍籍牙王朝君主孟云才遣使向“大皇帝”朝贡，祝贺乾隆帝“八旬万寿”，清朝册封孟云为缅甸国王，双方重建朝贡关系，直至1875年缅方多次遣使朝贡。在朝贡关系恢复后，两国边境地区仍然依照传统边界线进行管辖，但缅甸为侵吞车里地区，继续干预当地事务，甚至派兵逮捕中国任命的车里

① 《翰林院侍讲学士周德润请保藩封以安中夏折》（光绪七年十月二十八日），《清光绪朝中法交涉史料》卷2，台北文海出版社1967年版，第102～104页。

宣慰司，由于中方一再交涉才放回[①]。但是，清朝政府并未因此对缅甸采取强硬措施，未能采取强有力的措施保护边境地区的土司，这就成为以后西南边疆管理松弛、辖境退缩的重要原因。

## 三

无论是文化上的“疆界”，还是地理上的疆界，有清一代相互影响，对中国和邻国的疆界变迁产生大小不同的影响。藩属体系崩溃之前，文化上是否“蛮夷”是影响清王朝决策者和朝野上下是否把邻国政权纳入藩属体系的重要衡量标准，如果能在表面上确定为可以“教化”或受中华文明影响的力量就有可能成为藩属；反过来，一旦成为“世尽职贡”的忠实“藩封”（清王朝希望属国成为“守在四夷”战略的支撑力量），即使发生过军事冲突、领土争端，或者有蚕食中国领土的行动，清王朝也不会过分计较，甚至出现雍正帝那样“大度”的“天下共主”：“朕统驭寰区，凡属臣服之邦皆隶版籍，安南既列藩封，尺地莫非吾土，何必较论此区区四十里之壤”。他把大片土地“赏赐”给安南后黎朝[②]。

到20世纪初，中国的周边和边疆地区形势发生重大变化，清王朝不能阻止日本侵吞琉球和俄国侵占浩罕、哈萨克等藩属，又被迫承认哲孟雄、越南、

① 庄吉发：《清高宗十全武功研究》，中华书局1987年版，第285～314页。余定邦：《东南亚近代史》，贵州人民出版社1996年版，第191～201页；《中缅关系史》，光明日报出版社2000年版，第90～197页。余定邦、喻常森等：《近代中国与东南亚关系史》，中山大学出版社1999年版，第68～163页。

② 《清世宗实录》卷65，雍正六年正月己卯。

缅甸、朝鲜等藩属国“自主”或归列强保护，藩属体系瓦解，不仅“守在四夷”的理想被打破，而且中国领土也遭受列强侵占。清政府为此深感危机严重，朝野上下的“疆界观”发生了显著变化，即把“夷夏之辨”、近代的“公法意识”与守土地理“疆界”紧密结合，通过多种努力稳固边陲，维护领土完整与国家统一。

一是对仍保持着宗藩关系的廓尔喀等少数邻国，力求在原来的“夷夏之辨”观念上加强传统关系，为防御列强可能的侵略、保卫边疆创造条件。1793—1908 年，廓尔喀始终与中国保持着宗藩往来，先后派遣使者 11 次到北京朝贡[①]。1841 年前后，中国遭受英国侵略，廓尔喀还表示愿意援助中国抗击“披楞”——英国人[②]。20 世纪初，西南边疆危机进一步加深，根据有识之士的建议，清廷对内强化在西藏的统治，对外联合廓尔喀等国抗击侵略。1901 年，清廷册封廓尔喀首相钱德拉·苏姆谢尔·拉纳（Chandra Shumsher Rana）为“统领兵马果敢王”[③]，希望以此促成中、廓联合抗英。1906 年前后，张荫棠奉命前往西藏“查办藏事”，他向清廷强调不丹、廓尔喀等深受英国侵略，廓尔喀国力较强，与中国仍有宗藩关系，建议与廓尔喀结盟，以抵制英国的侵略[④]。清廷此后准备采取措施，密切中国、廓尔喀关系，但是拉纳政

---

① 参见《清朝续文献通考》卷 333。

② 参见李晨升：《“披楞”考——1840 年以前中国对英国在喜马拉雅山地区活动的反应》，《历史与民族——中国边疆的政治、社会与文化》，社会科学文献出版社 2005 年版，第 260 ~ 276 页。

③ 参见裕钢：《廓尔喀果敢王衔总噶箕病故折》、《廓尔喀王来禀》、《代廓尔喀王请改袭果敢王衔折》，《裕钢驻藏奏稿》，吴丰培编：《清代藏事奏牍》，中国藏学出版社 1994 年版，第 1103 ~ 1112 页。

④ 参见张荫棠：《致外部电请优待廓尔喀贡使》，《张荫棠驻藏奏稿》，吴丰培编：《清代藏事奏牍》，第 1325 页。

权实际上被英国控制，直到清朝覆灭这一设想都未能实现。

二是对于被列强侵吞的昔日藩属，清王朝逐步摒弃“天朝”与藩属的旧观念，力求建立新型的外交关系，从而改善双边关系和国际环境。这一方面主要表现为中国与“独立”的朝鲜互派使节，1897 年 10 月朝鲜宣布改国名为“大韩帝国”，清廷任命徐寿朋为首任驻韩国公使，1899 年 2 月 1 日“大清国大皇帝”派出的“出使韩国大臣”徐寿朋向“大韩国大皇帝”呈递国书，1900 年韩国任命了首位驻清使节沈相薰，此后两国在近代国际关系中确立了平等外交关系，直至 1910 年朝鲜被日本“合并”[①]。另一方面，经过长期交涉，1909 年中国在英属缅甸设立领事；为在越南设立领事，中国与法国多次交涉，但直至 1911 年仍未实现[②]。

三是边界交涉时，绝大多数的边疆地区巡抚、总督和主持边界交涉的官员提高了警惕，依据事实驳斥列强的无理要求，努力查明清前期在“守在四夷”观念下“赐予”藩属疆土的史实，力争在交涉时收回国土。比如，中、法两国划定中越边界和中、英两国划分中缅边界时，张之洞、邓承修、李秉衡、周德润、苏元春、岑毓英和薛福成等都据理力争，在交涉中争回了大片国土。中、朝两国在甲午战争后再次出现领土争端，1905 年前后围绕“间岛问题”进行交涉，中国官员许台身、陈作彦、吴禄贞等就在边界谈判时据理力争，竭力维护领土主权。

---

① 参见蔡建：《晚清与大韩帝国的外交关系（1897—1910）》，上海辞书出版社 2008 年版，第 63 ～ 97 页。

② 参见余定邦、喻常森等：《近代中国与东南亚关系史》，中山大学出版社 1999 年版，第 437 ～ 490 页。

# 中国疆域诠释视角：从王朝国家到主权国家①

李大龙②

从《汉书·地理志》概述西汉“大一统”王朝疆域到21世纪的今天，有关中国疆域形成与发展的诠释取得了丰硕成果，迄今走过四个不同时期。从汉代的《汉书·地理志》到清代的《一统志》等地理、历史杰作，主要对中国疆域的形成与发展进行了记述；从18世纪末以后的西北舆地学到20世纪三四十年代专门性著作涌现，这一时期是关于中国疆域问题近代新型研究的兴起；从20世纪50年代“历史上中国疆域”的大讨论到21世纪初《中国古代疆域史》和《中国近代边界史》的出版，这一时期是中国疆域史深入研究时期；最近十几年，学界关于此方面的研究有了长足的进步，难能可贵的是，已有一些成果对中国疆域形成与发展的理论进行了有益的学术探讨。但是，这些成果多数是按照王朝沿革的顺序对历代王朝的疆域作具体阐述，少有学者对历代王朝疆域的内在关联等问题作出深入的学理性研究。

关于中国疆域的形成与发展，仍有一些问题需要探讨，如历代王朝的建立者不同，疆域多以中原地区为中心盈缩不定，为何这些王朝的疆域被认为

① 本文原发表于《中国社会科学》2020年第7期。

② 李大龙，中国社会科学院中国边疆研究所《中国边疆史地研究》主编、编审。

是中国疆域的组成部分？其内在逻辑是什么？国内疆域史著作对于这些问题尚没有给出完善的学理性解答。这也是国外学界“长城以北非中国”等错误观点[①]肆意流行，并以此为依据来解构中国以历代王朝疆域为中国疆域的传统叙述体系的重要原因之一。

当今世界，尽管国家领土主权可以通过国际法得到一定程度的保障，但领土和海洋权益的纷争依然是影响国与国关系的重要因素。我国提出的“一带一路”倡议虽然得到世界上很多国家的积极响应，但要实现包括“民心相通”在内的“五通”，进而构建“人类命运共同体”，必须有中国特色疆域形成与发展理论的话语体系做学理支撑。中国疆域话语体系的建构，必须要以前人的研究成果及其理论为基础，但仅仅在历代王朝历史语境基础上构建起来的叙述体系，往往会受到“民族国家”理论的冲击，不仅被扣上“大汉族主义”的帽子，而且很难得到国内外学界的广泛认同。因此，我们要实现在此研究领域的理论创新，必须突破王朝国家理论和“民族国家”理论的束缚。只有这样，才能真正实现研究方法的创新，才能从传统王朝国家向主权国家转变的全新视角，从学理的层面对中国疆域的形成与发展及其理论展开深入研究，从而构建具有中国特色的疆域形成与发展的话语体系。

---

① 国外学界长期存在从“民族国家”视角探讨中国历史的做法，认为历史上的中国是“汉族王朝”，其疆域局限于长城以内。如法国学者勒内·格鲁塞的《草原帝国》（蓝琪译，商务印书馆1998年版）、美国学者狄宇宙的《古代中国与其强邻：东亚历史上游牧力量的兴起》（贺严、高书文译，中国社会科学出版社2010年版）等都是在“中国”之外阐述中国北部草原地区的历史。

## 一、传统疆域研究理论与方法的检视

有关中国疆域形成与发展的研究有着悠久历史，也取得了丰硕成果。考察已有论著，由于理论和方法不同，其叙述体系也存在差异，可以分为以历代王朝疆域为中国疆域的叙述体系，以18世纪50年代到19世纪40年代鸦片战争前清代中国版图为中国疆域的叙述体系，以中华人民共和国疆域为基础上溯历史上中国疆域范围的叙述体系，等等。由于不同叙述体系之间存在着较大的差异和分歧，从而在一定程度上制约了这一问题研究的进一步深入。为便于讨论，笔者对主要的几种叙述体系先作一简要概述。

### （一）以历代王朝疆域为中国疆域的叙述体系

就已有疆域史著作而言，无论是在20世纪三四十年代还是21世纪初期出版的通论性著作，尽管在细节上存在一些差异，但基本是以历代王朝疆域为中国疆域来构建叙述体系。

20世纪三四十年代的疆域史著作采取的叙述理论和方法可以顾颉刚、史念海《中国疆域沿革史》为例进行说明。该书1938年出版，其后屡次再版，影响较大。该书第1章为绪论，作者开篇即言："在昔皇古之时，汉族群居中原，异类环伺，先民洒尽心血，耗竭精力，辛勤经营，始得今日之情况"。进而论及黄帝"化野分州"后历代沿革之盛衰，言明撰写该书时中国所面临的"强邻虎视，欲得我地而甘心"的境况。其后所列章节除第2章名为"中国疆域沿革史已有之成绩"、第25章名为"鸦片战后疆土之丧失"外，其余各章都以王朝疆域为名，阐述了历代王朝的疆域。且不论《中国疆域沿革史》

以“汉族”为切入视角是否符合中国疆域发展的实际，由章节结构即能清晰看出，该书是以历代王朝疆域为主要内容的叙述体系。同时期的其他疆域史著作虽然在内容和章节设置方面有所差异，但基本上也采用了这种叙述方式。如夏威的《中国疆域拓展史》[①]分列9章，其中7章阐述了历代王朝的疆域。最后虽然以“总论”为题，采用扩张、缩减、统一、分裂、概述来归纳中国疆域形成与发展的特点，但并没有脱离以历代王朝疆域为中国疆域的叙述体系。

当然，也有一些著作试图突破这一叙述体系，如童书业所著《中国疆域沿革略》[②]采用了以“历代疆域范围”“历代地方行政区划”和“四裔民族”三篇建构中国疆域的叙述体系。虽然依然以历代王朝的疆域范围概述中国疆域沿革，但该书却以传说中之州服制、郡县制之始起，郡县制之确立及郡国并行制、州制之成立，州制之演变及没落，道府制之成立，道制之转变——路制和省制之始起及完成，来论述历代王朝政区之沿革和拓展；从云贵高原、海藏高原、蒙新高原和东北地带4个不同地域，分述苗族、越族、濮族、羌族、藏族、匈奴、鲜卑、西域白种、突厥、蒙古、貉族、肃慎等族群的历史。

中国学界20世纪50年代开始的关于“历史上的中国疆域”大讨论，其中心话题同样是历代王朝的历史是否能够代表整个中国历史这一基本问题，这一讨论也可以看作童书业《中国疆域沿革略》所探讨问题的延续，不仅影响到中国通史类著作，也对中国疆域史著作的叙述体系构成一定影响。如刘宏煊在《中国疆域史》“绪论”中明确表示：“中国疆域史作为一门历史科学，

---

① 夏威：《中国疆域拓展史》，桂林文化供应社1941年版。

② 童书业：《中国疆域沿革略》，上海开明书店1946年版。

其研究对象就是中国历史疆域形成、发展的进程及其规律。这就提出了一个问题，即以何时的中国疆域定为正式形成的中国历史疆域。如果我们不能预先对此给予科学界定，我们就无法确定中国疆域史研究的范围，也无法真正确立中国疆域史的研究对象，自然谈不上系统阐释了。”[①]从章节设置看，该书对中国疆域形成与发展的叙述体系有所创新，以“中国远古民族和夏、商、周疆域”“中国疆域的初步形成”“中国疆域的进一步发展”“中国历史疆域的正式形成”和“为捍卫祖国疆域完整统一而斗争”来阐述中国疆域形成与发展的轨迹。其中，“中国疆域的初步形成”从春秋战国开始叙述；“中国历史疆域的正式形成”则从五代开始叙述，重点阐述了元明清三朝对边疆的经营及其疆域情况。

分阶段的叙述方式也常见于具体阐述中国疆域的论著中。如马大正在《中国疆域的形成与发展》一文中认为：“中国疆域的形成经历了数千年的时间，发展道路十分漫长、曲折，可以分作形成、发展、奠定、变迁四个阶段。”秦汉时期为形成阶段，隋唐至元为发展阶段，清代为奠定阶段，清中叶至民国为变迁阶段。[②]在分阶段的基础上，也有专门性著作依然沿用历代王朝疆域作为中国疆域来构建中国疆域形成与发展的叙述体系，如林荣贵主编的《中国古代疆域史》[③]。该书分为上、中、下 3 卷，字数多达 161 万余字。虽然该书在前言和结构上对中国古代疆域的形成与发展作了说明和阶段划分，但依然采取了将历代王朝疆域作为中国疆域的叙述体系。

按照时间顺序，以历代王朝疆域作为中国疆域的叙述体系之所以成为中

---

① 刘宏煊：《中国疆域史》，武汉出版社 1995 年版，“绪论”第 4 页。

② 马大正：《中国疆域的形成与发展》，《中国边疆史地研究》2004 年第 3 期。

③ 林荣贵主编：《中国古代疆域史》，黑龙江教育出版社 2007 年版。

国疆域史研究的传统，主要受到以《史记》为开端的“正史”系统的影响。司马迁的《史记》虽然没有设置《地理志》对西汉王朝的疆域进行记述，但其中的《河渠书》以大禹治水为开端阐述西汉的河流山川。《汉书·地理志》在此基础上直接将西汉的疆域源头对接到传说的“九州”，并将其视为夏、商、周、秦疆域的延续与发展。其后的各类史书，多设置《地理志》详记王朝的疆域及其行政区划沿革，这些详略不同的记述为元代《一统志》的出现奠定了基础。同时，将这些记述整合在一起，构成了对中国疆域形成与发展叙述体系的主要内容，并且是以中原地区为中心的。但是，这种以历代王朝疆域为中国疆域的叙述体系存在一个严重缺陷，即历代王朝的疆域基本是以直接统治区域为主体，而对于政区之外“夷狄”分布的区域，由于王朝一般实施“羁縻”统治方式，故往往不在叙述体系之内。因此，该体系叙述的疆域不仅难以涵盖中华大地，且与王朝的实际控制区域也存在一定差距。童书业的《中国疆域沿革略》试图用一种全新的方式对中国疆域进行叙述，但遗憾的是其基本框架依然没有改变，依然囿于王朝国家理论体系。

### （二）以18世纪50年代到19世纪40年代鸦片战争前清代中国版图为中国疆域的叙述体系

以历代王朝疆域为中国疆域的叙述体系，是难以对中国疆域的形成与发展进行准确而全面阐释的。谭其骧正是认识到这一点，因此他在编绘《中国历史地图集》时提出：“我们是拿清朝完成统一以后，帝国主义侵入中国以前的清朝版图，具体说，就是从18世纪50年代到19世纪40年代鸦片战争以前这个时期的中国版图作为我们历史时期的中国的范围”[①]。《中国历史地图集》出版后，受到学界的好评，谭其骧提出的以18世纪50年代到19世纪40年代鸦片战争前清代中国版图为基础的中国疆域形成与发展的叙述体系，也得到不少学者的响应。譬如，葛剑雄在《中国历代疆域的变迁》一书中表明了类似的观点：“应该以中国历史演变成一个统一的、也是最后的封建帝国——清朝所达到的稳定的最大疆域为范围。具体地说，就是今天的中国加上巴尔喀什湖和帕米尔高原以东，蒙古高原和外兴安岭以南的地区”[②]。

应该说，18世纪50年代到19世纪40年代鸦片战争前清朝的疆域和之前历代王朝相比，疆域范围更为广阔，同时又有清朝编撰的《一统志》作为学术支撑，因此，以18世纪50年代到19世纪40年代鸦片战争前清代中国版图为中国疆域的叙述体系，较之以历代王朝疆域为中国疆域的叙述体系更具说服力。但是，该叙述体系没有充分体现出边疆在中国疆域形成和发展中的重要作用，尤其是谭其骧提出的以中华人民共和国疆域范围为基准分割某些边疆政权归属的见解[③]，备受中、韩、朝一些学者的质疑，很难形成广泛共识。

### （三）以中华人民共和国疆域为基础上溯历史上中国疆域范围的叙述体系

1951年，白寿彝发起了“历史上的中国疆域”的大讨论，提出了“用中华人民共和国的国土范围来处理历史上的国土问题”的观点[④]，他主编的《中

---

① 谭其骧：《历史上的中国和中国历代疆域》，《中国边疆史地研究》1991年第1期。

② 葛剑雄：《中国历代疆域的变迁》，商务印书馆1997年版，“引言”第6页。

③ 谭其骧：《历史上的中国和中国历代疆域》，《中国边疆史地研究》1991年第1期。

④ 白寿彝：《论历史上祖国国土问题的处理》，《光明日报》1951年5月5日，《历史教学副刊》第6号。该文后被收入《学步集》，三联书店1962年版，第1～3页。

国通史》也贯穿了这一主导思想。当时“很多学者都参与了这次大讨论，多数与白寿彝的观点较为一致”[①]。自此，持这一观点的关于中国疆域形成与发展研究的论著开始不断涌现，以中华人民共和国疆域为基础上溯历史上中国疆域范围的叙述体系也逐渐形成，并成为中国疆域研究的重要叙述体系之一。

这一叙述体系得到很多学者的赞同和实践，有的学者还从新的视角对其进行补充和修正。譬如，翁独健从民族关系史的角度提出了自己的观点，认为：“不能再像古代史学家那样把中国的范围局限于夏族或汉族建立的国家，也不能再把它与汉族居住区等同起来了，而应从我国多民族出发，从我国今日的领域出发”[②]。因此，在其主编的《中国民族关系史纲要》中，将活动在中华人民共和国疆域内的民族或政权的历史视为中国历史的组成部分，活动于疆域外的民族或政权的历史是否属于中国历史组成部分，则视其和当时王朝关系的具体情况而定。如果该民族或政权归属当时王朝管辖或与之联系密切，则将其纳入叙述范围，反之则不在叙述范围之内。具体而言，就是“生活在今天中国疆域内的民族以及历史上生活在今天疆域内而今天已经消失了的民族都是中华民族的组成部分，他们的历史（外来民族迁入之前的历史另作别论）都是中国历史的组成部分，他们在历史上活动的地区及其建立政权的疆域也都是中国历史上疆域的组成部分。按照这一原则，结合历史上中原政权与边疆民族及其政权的隶属关系，以及边疆民族对中华思想文化的心理认同

---

① 达力扎布主编：《中国民族史研究60年》，中央民族大学出版社2010年版，第39页。

② 翁独健主编：《中国民族关系史纲要》，中国社会科学出版社1990年版，第6页。

等条件综合考查，不难对中国历史上的疆域问题得出比较正确的结论”[1]。

但随着21世纪兴起的对中国疆域形成与发展理论的探索，这一叙述体系并没有如一些学者所预想的那样，简单而容易地得出“比较正确的结论”。同时，也有一些学者对此提出质疑，认为中华人民共和国的疆域，是被近代殖民势力“蚕食鲸吞”之后的结果，不能真实反映历史上中国疆域的发展情况。“能不能就用今天中华人民共和国的领土为范围呢？显然也不妥当。因为100多年来帝国主义的侵略和掠夺，中国已有100多万平方公里的土地被攫取。”[2]

### （四）21世纪对中国疆域形成与发展叙述体系的理论探讨

进入21世纪后，随着对中国边疆研究热潮的持续高涨，一些学者对中国疆域形成与发展的叙述体系进行了探讨，并提出新的见解。以下几位学者的观点值得关注。

1．杨建新“一个中心、两种发展模式”的观点

杨建新从“中国”一词含义的探讨出发，将中国疆域的形成与发展途径总结为“一个中心、两种发展模式”。他认为：“一个中心”是指“中国的中原地区”。“在整个中国疆域的形成过程中，中原地区，也就成为中国疆域形成过程中，最具吸引力、最具凝聚力的中心。”“开拓模式，就是以中原为基础，以中原地区的政权为核心，主动以政治、经济、文化等和平手段为主，不断扩大中原政治、经济、文化的影响力，经过多年的经营和开拓，使边疆地区与中原建立不可分割的联系，最终成为统一的中国疆域。……嵌入式，

---

① 赵永春：《关于中国历史上疆域问题的几点认识》，《中国边疆史地研究》2002年第3期。

② 葛剑雄：《中国历代疆域的变迁》，商务印书馆1997年版，“引言”第6页。

即在中国疆域形成过程中，不断有新的民族和政权主动嵌入正在形成和发展的中国版图之中，并与中国其他民族和地区形成密切的政治、经济、社会、文化和族体方面的联系。”①

将“中原地区”视为中国疆域形成与发展的“中心”已得到学界普遍认同，而将以“中原地区”为基础的“开拓”和“新的民族和政权主动嵌入”视为中国疆域发展的两种模式，则是一种全新的见解，能否得到学界认同，还需要时间的检验。

2. 赵永春由“复数”到“单数”的观点

赵永春也着眼于“中国”一词，提出从“复数”中国到“单数”中国的视角来认识中国疆域的形成与发展。他认为：“中国古代不仅存在少数民族及其政权自称‘中国’的现象，也存在一些当时没有自称‘中国’而被后来继承者称为‘中国’的现象……这些复数的‘中国’经过秦汉、魏晋南北朝、隋唐、辽宋夏金的发展，到了元朝统一全国开始过渡为单数‘中国’，明朝时期，元朝所形成的单数‘中国’又出现一些反复，到了清朝统一全国，复数‘中国’又重新转化为单数‘中国’，统一的多民族的‘中国’及其疆域最终形成和确立。”②

同样是从“中国”一词切入，赵永春的观点为我们提供了不同的研究思路和视角。但也必须指出的是，尽管赵永春在著作中作出“主张‘以今天中国疆域所包括的民族为出发点去上溯中国各个民族的历史和疆域’，动态地去认识中国各个历史时期的不断发展变化的疆域”的说明，但他的这一观点更

---

① 杨建新：《“中国”一词和中国疆域形成再探讨》，《中国边疆史地研究》2006年第2期。

② 赵永春：《从复数“中国”到单数“中国”——中国历史疆域理论研究》，黑龙江教育出版社2014年版，第99页。

适合阐述清朝统一全国之前中国疆域形成与发展的历史，而不能完全涵盖中国疆域形成与发展的全部历程。

3. 李大龙“自然凝聚，碰撞底定”的观点和周平“民族国家”的观点

同样是关注“中国”一词的出现与演变，李大龙将其与中国传统的“天下”一词对应，将1689年清朝和俄罗斯签订的《尼布楚条约》视为中国疆域从传统王朝国家开始向主权国家转变的开端，进而提出用“自然凝聚，碰撞底定”来概括中国疆域形成与发展的认识观点，并在系列论文的基础上整合出版了《从“天下”到“中国”：多民族国家疆域理论解构》。该观点试图突破“民族国家”理论的束缚，从王朝国家向主权国家转变的视角，总结中国疆域形成与发展的规律。

周平主编的《中国边疆政治学》着眼于对中国边疆的现实观照上。他认为，“边疆作为一个特定的地理区域，是从国家的角度来界定的，它的特性是国家赋予的”，进而从国家形态上审视中国疆域：“在中国国家形态演变的历史上，秦代就是典型的王朝国家。直到最后一个王朝被辛亥革命推翻，各个统一的王朝，都是典型的王朝国家。从秦到清，中国都处于王朝国家时代。最后一个王朝的覆灭，既标志着中国王朝国家历史的结束，也意味着构建民族国家进程的开启。新中国的成立，标志着中国民族国家构建的基本完成。中华人民共和国就是中华民族的民族国家”①。

从王朝国家向主权国家转变与从王朝国家向民族国家转变的观点虽然都观照了中国国家疆域性质的转变，但两者仍有较大差别：一方面，前者舍弃了“民族国家”视角，应用了“主权国家”理论，后者则从“民族国家”视

① 周平主编：《中国边疆政治学》，中央编译出版社2015年版，第51页。

角出发；另一方面，前者将《尼布楚条约》的签订视为中国从王朝国家转变为“主权国家”的开始，后者则将历代王朝发展的结果视为“构建民族国家进程的开启”。两种观点的差异，主要在于对中国疆域属于“主权国家”还是“民族国家”疆域的判断不同。当前学界对“民族国家”的“民族”一词在理解上分歧很大，用“民族国家”不仅难以准确解释中华大地上族群凝聚的历史，更无法取得广泛认同。“中华人民共和国就是中华民族的民族国家”的结论，与中华人民共和国成立后经过民族识别确立了56个民族，并制定《中华人民共和国民族区域自治法》保障其各项权利的实际情况难以吻合。因此，从“民族国家”的视角来阐释中国疆域形成与发展的叙述体系面临更多挑战。

总之，哪种叙述体系更能客观而全面地阐释中国疆域形成与发展的实际情况，还有待学界进一步深入探讨。但很多学者在这方面所作出的大量研究工作和辛勤付出，是值得充分肯定的。

## 二、《威斯特伐利亚和约》与“主权国家”理论的形成

在有关中国疆域形成与发展的研究中，目前主要有“王朝国家”“民族国家”和“主权国家”三种不同的概念，进而形成不同的叙述体系。分析三种概念之间的差异，有助于我们选择更适合阐述中国疆域形成与发展的理论视角。

### （一）“王朝国家”“民族国家”和“主权国家”三种概念的差异

从“王朝国家”视角阐释中国疆域的形成与发展，是史学界传统的研究方法。尽管尚未有学者对“王朝国家”概念作出明确的学理阐释，但从具体

使用看，王朝国家主要用于指称清朝及其之前的中国历代王朝。考察东亚尤其是中华大地上存在的历代王朝疆域，可以看出在“普天之下莫非王土”观念的影响下，王朝国家基本都以中原地区为核心区域，“有疆无界”[①]，且疆域盈缩无常，是其突出的特点。历代王朝在时间上前后相继，众多古代通史和断代史类的论著对这些王朝国家的历史有大量记载，史料丰富。这也是众多疆域史著作选择以历代王朝疆域为中国疆域形成与发展叙述体系的主要原因。

“民族国家”的概念源自“nation state”。该词最早出现在欧洲，本意是指“出现于西欧的那种摆脱中世纪和教权控制过程中所诞生的现代主权国家”。但在这一过程中，“民族的形成与国家的创立并头齐进，并且基本具备了民族与国家同一的形态，因此被称为‘民族国家’”。由于“真正的民族国家应当是一个国家一个民族、一个民族一个国家”[②]，所以这一概念迎合了殖民地国家“独立”运动的需要而被广泛使用[③]。但也有学者指出，“欧洲民族（国家）的产生与资本主义生产方式的产生和发展紧密相关。民族国家是资本主义生产方式运动的结果”[④]，甚至在很大程度上，民族国家只是作为争取“独立”的口号而已。在历史和现实中存在的“民族”和“国家”完全对应的“民族国家”并非常态，所以有学者提出了“民族国家到底是一种理想中的国家形式还是

---

① 相关讨论参见毕奥南：《历史语境中的王朝中国疆域概念辨析——以天下、四海、中国、疆域、版图为例》，《中国边疆史地研究》2006 年第 2 期。

② 姜鹏：《民族主义与民族、民族国家——对欧洲现代民族主义的考察》，《欧洲》2000 年第 3 期。

③ 参见钱文荣：《〈联合国宪章〉和国家主权问题》，《世界经济与政治》1995 年第 8 期。

④ 王沪宁：《国家主权》，人民出版社 1987 年版，第 106 页。

一种现实的国家形式"[1]的疑问。

近代以来随着"西学东渐","民族国家"理论传入中国,对清末的国家建构理论产生较大影响。值得深入思考的是,在我国学界尽管有学者提出了"民族国家"是理想还是现实的疑问,但这并没有影响到大家对"民族国家"概念的广泛讨论。对于"民族国家",我国学界的分歧并非"民族国家"概念的本身,而是在"民族国家"理论中"民族"概念的界定上。学界关于此问题的大讨论始于20世纪50年代,但迄今仍存在较大分歧[2]。受"民族国家"理论的影响,《中国疆域沿革史》就是从"汉族"视角切入,将"民族国家"中的"民族"与"汉族"对应。但历代王朝的建立者并非都源自"汉族",这已是学界的共识。所以,从"民族国家"的视角审视中国历代王朝疆域的形成和发展不可能得出一个全面正确的认识。也有的学者为了规避对"民族国家"之"民族"认识上的严重分歧,提出了"国族"概念,认为"国族是民族国家的根基。但国族并非民族群体自然演进的结果,而是政治构建的产物"[3]。

国内学界关于"民族国家"概念的讨论中,有两种观点值得商榷。一是尽管不少学者将"民族国家"理论的源头上溯到17世纪的《威斯特伐利亚和约》,但同时期在欧洲大陆已经建立了主权国家。而"民族国家"理论产生于18世纪,在时间上大大晚于主权国家。二是一些学者虽然使用"民族国家"概念,但在对中国疆域的研究中并没有严格区分"民族国家"与"主权

---

① 宁骚:《论民族国家》,《北京大学学报》1991年第6期。

② 有关"民族"概念的讨论曾经出现过数次全国范围的高潮,也出现了诸多不同的观点,可参见金炳镐主编:《中国民族理论百年发展:1900—1999》,辽宁民族出版社2008年版,第458~504页。

③ 周平:《民族国家与国族建设》,《政治学研究》2010年第3期。

国家”，所谓的“民族国家”实际上是“多民族国家”，于是就有了“民族国家并非单一民族国家，而是建立在民族对国家认同基础上的主权国家”①的解释。“主权”是构成当今“国家”的最关键要素，无论是“单一民族国家”还是“多民族国家”，从理论上都属于“主权国家”。一些学者提出“国族”的概念，其目的就是要解决这一问题，但要在“民族国家”的语境下对“国族”作出合理的学理阐释，是不可能实现的。

“主权国家”是指称近代以来相邻国家通过外交谈判，签订条约并竖立界碑明确疆域范围，拥有“主权”的国家。当今世界200多个国家和地区中，主权国家是基本样态。“主权国家”理论的产生，是与近代以来主权国家逐渐成为世界政治格局的基本组成部分相吻合的。“主权国家”理论对中国疆域研究的影响，虽然没有“王朝国家”和“民族国家”理论明显，但国内学界在研究古代中国疆域问题的论著中也有不同程度的运用。譬如，一些学者认为西域、西藏等边疆地区融入中国疆域的一个重要标志，就是中央王朝设置机构对这些地区实施了“有效管辖”，其理论依据就是“主权国家”理论，如“元朝西藏地方纳入中央王朝行政管辖之后，历代中央政府一直对西藏地方实施着有效的管辖”②是目前学界的主流认识。但是，依据这一理论认定古代政权及其疆域归属，是否符合历史实际仍需深入探讨。

### （二）《威斯特伐利亚和约》与主权国家理论的形成

“主权”的概念和理论产生于17世纪的欧洲。学术界一般将其源头追溯

① 周平：《对民族国家的再认识》，《政治学研究》2009年第4期。

② 张云、石硕主编：《西藏通史·早期卷》，中国藏学出版社2016年版，“总序”第1页。

到《威斯特伐利亚和约》的订立。1648年，来自欧洲16个国家、66个神圣罗马帝国名义下的王国的109位代表，参加了在威斯特伐利亚地区的奥斯纳布鲁克和明斯特两个小城召开的和会，分别达成《神圣罗马皇帝与瑞典女王以及他们各自盟国之间和平条约》和《神圣罗马皇帝与法兰西国王以及他们各自盟国之间和平条约》，它们被统称为《威斯特伐利亚和约》。该和约订立的基本原则是：

为了基督教、普遍的和平以及永久、真正和诚挚的和睦，各缔约方应努力保障他方的福祉、荣耀与利益，因而为神圣罗马帝国下的和平与友谊、法兰西的繁荣，增进良好与诚信的睦邻关系。（第1条）永远宽恕在战争中各自无论何时何地所作所为，不再以任何方式加害或不允许加害他方，并完全废止战前或战时所为。（第2条）各方和睦相处，永不为敌。（第3条）今后如发生神圣罗马帝国与法兰西之间的争端，双方均应恪守义务不再相互为敌。（第4条）涉及双方争端应约定仲裁员解决，或以条约结束该争端。（第5条）在和睦相处的基础上，各国充分享有其权利。（第6条）应恢复原状的占有领地，即便有合法的例外理由，也不应阻碍恢复原状，而由法官裁定。（第7条）裁定领地占有者及恢复原状的范围应根据先有的一般规则，并为以后的重要案件提供依据。（第8条）神圣罗马帝国下各国君主权利应予恢复。（第9、10条）

分析和约的具体条款可以看出，其订立的主要目的是确立法国的霸主地位以及各国的边界，以结束欧洲长达30年的战争。学界普遍认为："威斯特伐利亚和会及其签订的和约是现代的实在国际法，即现代国际条约的起点。该和约是为了调整欧洲各国，主要是法国、瑞典、奥地利、西班牙等国的关系，确立法国的霸主地位。""和约承认德意志各诸侯国享有独立的主权，承认了荷兰、瑞士为独立国，在实践上第一次肯定了格劳秀斯在《战争与和平法》中所提出的国家主权、国家领土与国家独立等原则是国际关系准则。”① 纵观欧洲发展史，该和约的订立促成法国、德意志、荷兰等主权国家的出现，摆脱了神权的控制，明确了各国的边界。

《威斯特伐利亚和约》的影响不仅仅限于17世纪之后的欧洲，对近代以来国际社会的影响也是深远的。“该条约明确规定了主权原则，建立了近代国家体系，划分了欧洲国家的界限，从而体现出国际法是列国间而非列国上之法，是近代国际法的历史起点。”② 因此，该和约被学界视为“主权国家”理论形成的源头。

需要特别指出的是，《威斯特伐利亚和约》带给欧洲政治格局的变化是由traditional states向nation state的转变，前者一般被视为“传统国家”，后者则被视为“现代国家”。但“主权国家”理论传入中国后，如何认识nation state，给出一个对应的汉语词汇，一度是困扰梁启超、顾颉刚、吴文藻、费孝通等前辈学人的难题，并在1939年引发了有关“中华民族”的大讨论。尽管现在我国相关政府部门不再将“民族”英译为“nation”，而是用汉语拼音“minzu”表示，但学者一般还是将nation state汉译为“民族—国家”，或直接译为“民族国家”。国外诸多讨论“民族国家”理论的著作中，安东尼·吉登斯的《民族—国家与暴力》一书在国内影响力较大，其中将“nation state”界定为：

---

① 张乃根：《国际法原理》，复旦大学出版社2012年版，第16～20页；另参见黄德明：《〈威斯特伐利亚和约〉及其对国际法的影响》，《法学评论》1992年第5期；李明倩：《〈威斯特伐利亚和约〉与近代国际法》，商务印书馆2018年版，等等。

② 李明倩：《〈威斯特伐利亚和约〉与近代国际法》，商务印书馆2018年版，“绪论”第5页。

"民族—国家存在于由他民族—国家所组成的联合体之中，它是统治的一系列制度模式，它对业已划定边界（国界）的领土实施行政垄断，它的统治靠法律以及对内外部暴力工具的直接控制而得以维护"[①]。但是，从《威斯特伐利亚和约》带给欧洲历史政治格局的变化来看，和"国家"对应的词汇应该是中文的"国民"而非"民族"，因此，笔者认为将"nation state"汉译为"国民国家"更准确。这一方面符合安东尼·吉登斯的原意，另一方面也符合欧洲历史发展的实际。因为"国民"和"民族"尽管都属于人类共同体性质的概念，但二者在涵盖范围上往往并不重合，既有联系也有区别。"国家"和"国民"是完整的对应关系，"民族"和"国家"则不能形成完全对应。与"主权国家"相比，"民族国家"并非国家的一般形态，当今世界众多国家的形态也反映了这一点，这也是近现代以来国际法尤其是《联合国宪章》再三强调"国家主权"而非"民族国家主权"的重要原因。

### （三）主权国家理论与中国传统"天下观"

构成主权国家的三大要素是主权、领土和人民。[②]这既是当今学界的主流认识，也是国际法对"主权国家"的主要保障。正如霍夫曼所言"主权并非国家与生俱来的产物"，"国家随着时间的变化而变化，并在此过程中产生了主权。但是只有我们承认所有国家声称对强制力的合法垄断（尽管是以不同

① ［英］安东尼·吉登斯著，胡宗泽等译：《民族—国家与暴力》，三联书店 1998 年版，第 147 页。

② 1933 年 12 月 26 日在乌拉圭蒙特维多召开的第七届美洲国家国际会议上，美国、古巴、尼加拉瓜、巴西等 19 个美洲国家签署了《国家权利和义务公约》，其第 1 条规定，国家作为国际法主体应具有常住人口、确定的领土、政府、与其他国家建立关系的能力 4 个资格条件。

的方式），我们才能理解这一点。并且也就是对国家强制力合法垄断的宣称使得国家出现了主权”[①]。应该说，这一观点所要表达的核心内容，与欧洲“主权国家”的演变历史基本相符，也对“主权国家”的基本含义进行了概括。那么，按照“主权国家”的标准来审视亚洲地区尤其是中国历代王朝，又能得出一个什么样的结论呢？

孟子曰：“诸侯之宝三：土地，人民，政事。”[②]尽管“诸侯”不能视为“王朝国家”，但孟子的认识和今天判定主权国家的标准有着惊人的相似之处。中国历代王朝在实践中虽然都有直接管辖的区域，但却往往将自己的统治范围视为“有疆无界”的“天下”，而“天下”在清代才发展到具有现代意义的代表主权的边界。按照“主权国家”的标准判断，康熙二十八年（1689）《尼布楚条约》的签订，标志着清朝通过谈判和与邻国签订国际条约的方式，确定了本国疆域的主权范围。该条约的签订，仅仅比《威斯特伐利亚和约》晚了 41 年。因此，从疆域属性的视角看，欧亚大陆基本在相同的时期，出现了从传统国家向主权国家的转变这一发展趋势。我们甚至可以发现，“主权国家”概念所要求的主权、领土和人民三大要素，与构成中国传统“天下观”主体因素的皇权、“天下”（版图）和“夷夏”有着相同的属性。二者的差别是，欧洲摆脱了“神权”的控制演变为主权国家，而亚洲的中国则是由王朝国家向主权国家自然转变，转变过程中“皇权”的主导地位并没有发生根本变化。

---

① ［英］约翰·霍夫曼著，陆彬译：《主权》，吉林人民出版社 2005 年版，第 4 页。

② 《孟子·尽心下》，（南宋）朱熹：《四书章句集注》，中华书局 1983 年版，第 371 页。

## 三、"主权国家"理论诠释中国疆域的形成与发展

从传统王朝国家"有疆无界"到主权国家"有疆有界"，审视中国疆域的形成与发展，既和中华民族形成与发展的大历史是一致的，也具有充分的学理依据。

### （一）从传统王朝到主权国家："天下"与"中国"涵盖范围的重合

与欧洲"神权"支配下的政治格局不同，中国"传统国家"以王朝的形式出现。在古代中国，一个时段往往有多个政权并存，各政权之间也并非都存在着政治领属关系，但诞生于中原农耕族群的"大一统"观念，却将这些政权分为"正统"和"藩属"。在长期争夺"正统"的过程中，出现了在时间上有一定接续关系的"历代王朝"。"王朝"疆域往往以"天下"称之，存在两种不同的形态：一种是理想中的"天下"，即所谓"溥天之下，莫非王土；率土之滨，莫非王臣"；另一种则是王朝直接管辖之下的"天下"，即史书中经常见到的"大赦天下"之"天下"，是皇帝政令直接实施的区域。传统的"天下观"诞生于先秦时期，在西周王朝权力核心是"周王"，周王直接统治的区域——"王畿"被称为"中国"。作为诸侯的秦王嬴政统一六国，建立秦朝之后始称"皇帝"，"皇帝"由此取代"王"而成为"天下"权力的核心。皇帝直接管辖的区域虽然沿用了"中国"的称呼，但其范围已超出周代的"王畿"，涵盖了秦朝所设置的所有郡县区域，是现实中"天下"的代名词。西汉时期，汉武帝虽然将"广地万里，重九译，致殊俗，威德遍于四海"[①]作

① （东汉）班固：《汉书》卷61《张骞传》，中华书局1962年版，第2690页。

为构建“大一统”王朝的追求，但也仅仅是将郡县范围在东北方向推广到朝鲜半岛北部，北部止于河套地区，西北延展至河西走廊西端的玉门关、阳关，南部延伸到今越南中部地区。甘露二年（前52），随着匈奴降汉，西汉的疆域实现了以郡县为中心，其外围为护乌桓校尉、护羌校尉、西域都护、属国都尉等机构间接统治的区域，最外围为匈奴“藩国”，三层区域实施不同的管理方式，理想和现实中的“天下”是不一致的。汉代之后，被称为“夷狄”的边疆政权也加入争夺“正统”的行列，如辽金等政权都自视为“中国”，“中国”的范围不断扩大。但即便是实现“大一统”的唐朝和元朝，王朝直接统治的区域——“中国”，与理想中的“天下”依然存在差距。

在传统“天下”观念下，理想中的“天下”和现实中王朝的疆域几乎没有重合的可能性，但为中国疆域的形成与发展提供了可供凝聚扩大的宽松环境，直至清代《尼布楚条约》的签订使二者实现了重合。在《尼布楚条约》中，“中国”和清朝可以混用，表明“中国”一词可以用于指称清朝的“天下”，即“大一统”国家。由此，在指称皇帝治下范围上，“天下”由最初的“有疆无界”，到通过国际条约划定的多民族国家“中国”（清朝）的“主权边界”，“天下”就有了明确的界限，并实现了“中国”的“主权边界”与王朝的疆域所指称范围上的重合[①]。

### （二）从“华夷一家”到“国民”：中华民族的形成与发展

“天下”的百姓，在历代王朝统治者眼中被划分为“夏”（中国百姓）和

---

① 参见李大龙：《“中国”与“天下”的重合：古代中国疆域形成的历史轨迹——古代中国疆域形成理论研究之六》，《中国边疆史地研究》2007年第3期。

“夷”两大群体。唐人用树的构成来比喻两大群体之间的关系，即“中国百姓，天下本根；四夷之人，犹于枝叶。扰于根本，以厚枝附，而求久安，未之有也”[①]。尽管个别学者从狭隘的视角将这一表述视为“民族歧视”，但“本根”和“枝叶”都是“树”的组成部分，这一表述恰恰将“夏”与“夷”形象地比喻为“本根”和“枝叶”，说明二者都不可或缺，是不能分割的“一体”。从先秦时期的“中国戎夷五方之民”，到秦汉之后的“夏”“夷”或“中国”“四夷”之区分，其前提是“一体”的，这是中华大地上古人特有的族群观念，或称之为中国传统的族群观。诞生于中原农耕族群并维持“天下”秩序的礼仪制度，则被冠之以“华”“中华”，成为区分“夏”“夷”的重要标尺，同时也是“正统”的标志和攻击对手的有力武器，南朝与北朝、辽金与两宋等都互视对方为“夷狄”即是典型表现。所以，“夏”“夷”的指称对象并不是固定的，会随着区分“正统”的需要而发生变化。尽管“驱除鞑虏、恢复中华”成为朱元璋推翻元朝统治的政治号召，但其继任者依然在唐人的基础上明确提出了“华夷一家”[②]的政治主张，显示“一体”是统治者维持“天下”稳定的现实需要。清朝“大一统”王朝完成构建之后，为弥合“华夷”纷争做了很多努力。雍正皇帝更是撰著《大义觉迷录》，继承并发展了“天下一统，华夷一家”的观念[③]。经过清朝持续的整合，在清末改制的诏书中，曾被称为“臣民”的“华夷”有了“国民”

---

① （后晋）刘昫：《旧唐书》卷62《李大亮传》，中华书局1975年版，第2388页。《新唐书》卷99《李大亮传》记载略有差异：“中国，天下本根，四夷，犹枝叶也。残本根，厚枝叶，而曰求安，未之有也。”（中华书局1975年版，第3911～3912页）

② 《明太宗实录》卷30，永乐二年四月辛未，台湾“中研院历史语言研究所”，1962年校印本，第533～534页。

③ 《大义觉迷录》，沈云龙主编：《近代中国史料丛刊》第36辑，台北文海出版社1966年版，第6、10页。

的称谓。清末宪政改革的主要目的就是要建立以“国民”为特征的主权国家，即“著各省将军、督抚晓谕士庶人等发愤为学，各明忠君爱国之义，合群进化之理，勿以私见害公益，勿以小忿败大谋，尊崇秩序，保守平和，以豫储立宪国民之资格，有厚望焉”[①]。受此影响，中华民国成立初期提出了“五族共和”的政治口号，试图将中华大地上的族群在“中华民族”[②]的旗帜下凝聚为一体并整合为“国民”。但遗憾的是，这些改革并未能在中华大地建立起真正的“国民国家”[③]。此后，尽管西方“民族国家”理论的影响消弭了国民政府的种种努力，日本也试图利用该理论扶持伪“满洲国”而达到殖民目的，但中国作为一个主权国家是得到国际社会普遍承认的。

值得关注的是，随着中国由传统王朝国家向主权国家的转变，如何定义和认识“国民”出现了分歧。梁启超认为，“民族与国民异。国民为法律学研究之对象，以同居一地域，有一定国籍之区别为标识。一民族可析为两个以上之国民，例如中国当战国、三国、六朝时。一国民可包含两个以上之民族，例如今中华国民，兼以蒙、回、藏诸民族为构成分子”，并认为“‘彼，日本人；我，中国人。’凡遇一他族，而立刻有‘我中国人’之一观念浮现于其脑际者，此人即中华民族之一员也”[④]。1939 年，顾颉刚发表了《中华民族是一个》

---

① 故宫博物院明清档案部编：《清末筹备立宪档案史料》上册，中华书局 1979 年版，第 44 页。

② “中华民族”的提出是基于清朝、中华民国和中华大地上的人群凝聚的现实，梁启超的“中华民族”、顾颉刚的“中华民族是一个”和费孝通的“中华民族多元一体格局”理论阐述，其“民族”概念的使用在性质上和 nation 是相同的。

③ 张健：《制度移植的动力与困境——北洋军阀时期中华民族共同体的构建路径与效应分析》，《中国边疆史地研究》2019 年第 2 期。

④ 梁启超：《饮冰室文集点校》第 5 集，吴松等点校，云南教育出版社 2001 年版，第 3211 页。

一文，认为"'民族'是 nation 的译名，指营共同生活，有共同利害，具团结情绪的人们而言，是人力造成的；'种族'是 race 的译名，指具有相同的血统和语言的人们而言的，是自然造成的"，[①] 并提议用"中华民族"指称中华民国的"国民"。但这一观点遭到费孝通的质疑。费孝通从"一个政府"的角度否认了顾颉刚所认为"中华民国境内的人民的政治团体是一个"的认识，而且认为在其内部也有"语言、文化、宗教、血统不同'种族'的存在"[②]。不过在半个世纪之后，费孝通发表了"中华民族多元一体格局"[③] 理论，回归到"一体"并作出相对完善的理论阐述。中华人民共和国成立后，通过民族识别确立了 56 个民族，并统称为"中华民族"，而且在宪法中明确规定："中国人民掌握了国家的权力，成为国家的主人"，"中华人民共和国是全国各族人民共同缔造的统一的多民族国家"[④]。即"中国人民"是"国家的主人"，中国是"多民族国家"。

### （三）从"有疆无界"到"有疆有界"：主权国家疆域的形成

从王朝国家到主权国家的视角审视中国疆域的形成与发展，康熙二十八年《尼布楚条约》的签订是一个转折点。之前的中国疆域"有疆无界"，即

---

① 顾颉刚在《益世报》上先后发表《中华民族是一个》等文，后收录于《顾颉刚全集》（中华书局 2010 年版），马戎主编的《"中华民族是一个"——围绕 1939 年这一议题的大讨论》也有收录。转引自马戎主编：《"中华民族是一个"——围绕 1939 年这一议题的大讨论》，社会科学文献出版社 2016 年版，第 37 页。

② 费孝通：《关于民族问题的讨论》，马戎主编：《"中华民族是一个"——围绕 1939 年这一议题的大讨论》，社会科学文献出版社 2016 年版，第 62 ~ 68 页。

③ 参见费孝通等：《中华民族多元一体格局》，中央民族学院出版社 1989 年版，第 1 ~ 37 页。

④ 《中华人民共和国宪法》，法律出版社 2018 年版。

没有明确“国界线”的“传统国家”状态。该条约签订之后，清朝统治下的“天下”开始有了明确的、国际法所承认的具有主权国家特点的“国界”。雍正五年（1727），清政府和俄罗斯签订了《布连斯奇界约》《恰克图界约》《阿巴哈依图界约》和《色楞额界约》；乾隆三十三年（1768），两国签订了《修改恰克图界约第十条》；乾隆五十七年又签订了《恰克图市约》[①]。与此同时，清政府也在开展与其属国朝鲜、廓尔喀之间的划定“边界”工作[②]。遗憾的是，清政府这一勘定“边界”的努力被鸦片战争所中断，此后清政府和越南、缅甸等属国的划界则是英国、法国等殖民者强加的[③]。在亡国灭种的威胁面前，清政府进行了宪政改革，打出构建“国民国家”的政治口号，并采取一系列新政措施，试图以此来重振国威。不过，清政府所谓的宪政改革未能挽救清朝灭亡的命运，更未能阻止外来殖民者对中国疆域的“蚕食鲸吞”。

当然，自康熙二十八年《尼布楚条约》签订至1840年鸦片战争爆发，清

① 有关清朝和邻国签订的边界条约，参见王铁崖编：《中外旧约章汇编》第1册，三联书店1957年版。

② 有关清朝和属国朝鲜的划界，参见徐德源：《穆克登碑的性质及其凿立地点与位移述考——近世中朝边界争议的焦点》，《中国边疆史地研究》1997年第1期；刁书仁：《康熙年间穆克登查边定界考辨》，《中国边疆史地研究》2003年第3期，等等。有关清朝和廓尔喀的边界划定，参见张永攀：《乾隆末至光绪初藏哲边界相关问题研究》，《中国边疆史地研究》2016年第3期。

③ 法国于1885年4月强迫清朝签订了《越南条款》，其后在此基础上通过一系列的勘界活动明确了清朝与越南的“边界”。1876年10月英国和清朝签订的《烟台条约》（又称《滇案条约》、《中英会议条款》）最早涉及缅甸事务，1886年6月签订的《缅甸条款》则是双方针对缅甸签署的专门性条约，而1894年1月英国迫使清朝签订的《续议滇缅界、商务条款》则以经纬度的方式议定了清朝与缅甸的“边界”。上述条约在王铁崖编辑的《中外旧约章汇编》第1册都有收录。关于英国和清朝划界的情况，参见朱昭华：《中缅边界问题研究》，黑龙江教育出版社2013年版。

政府并没有完成对国家“边界”的全面勘定，但从疆域属性的视角来看，清朝从“传统国家”向“主权国家”转变这一发展趋势是清楚明晰的。因此从这一视角考察，尽管鸦片战争之后在殖民势力的“蚕食鲸吞”下，中国丧失了大片领土和主权，但这并不妨碍我们对中华各民族为祖国疆域的最终“底定”所做的艰苦努力进行全面诠释。基于此，进而以康熙二十八年《尼布楚条约》的签订至1840年鸦片战争爆发前中国的疆域为基点，重新审视整个东亚地区政权与族群聚合的历史，可以清晰地看出，中国疆域的形成与发展、中华民族的凝聚与壮大即是其中两条鲜明的主线，主导和推动着整个东亚历史的发展。关于中华民族的凝聚与壮大，费孝通在继承和发展顾颉刚“中华民族是一个”的基础上，创造性地用“多元一体格局”“滚雪球”来诠释中华民族的发展壮大，而中国疆域形成与发展的轨迹也是从“多元”（分立与分裂）到“一体”（“一统”与“大一统”）的过程，最终在清代实现了由“传统国家”到“主权国家”的转变。其间，历代王朝的作用应该给予高度关注。边疆地区政权对区域的“一统”和族群凝聚与整合，进而为更大范围的“一统”乃至“大一统”奠定了良好基础，其重要作用更应该给予高度肯定。中国疆域是生活在中华大地上的众多族群共同缔造的，而在这一过程中这些族群也产生了密切的联系，共同以“中华民族”的身份傲立于世界民族之林，并成为中国疆域最终“底定”的黏合剂。[①]

① 参见李大龙：《“中国”与“天下”的重合：古代中国疆域形成的历史轨迹——古代中国疆域形成理论研究之六》，《中国边疆史地研究》2007年第3期。

## 结语

综上所述，传统的以历代王朝疆域为中国疆域的叙述体系，虽然以中原地区为中心对历代王朝的政区范围进行了较为详尽的描述，但对历代王朝的延续性，以及边疆地区融入的历史过程不能作出合理而准确的阐释，因此也无法全面客观地体现中国疆域形成与发展的实际情况。“民族国家”理论传入中国之后，一些学者试图在“汉族”的视阈下重新构建中国疆域叙述体系，但新建的叙述体系只是在原有叙述体系的基础上混入“民族国家”概念，不但没有明显的突破，反而造成中国疆域研究领域更加混乱。20世纪50年代开始的“历史上的中国疆域”大讨论，提倡在摆脱以历代王朝疆域为中国疆域叙述体系的基础上，构建新的中国疆域叙述体系。但在大讨论中形成的两大叙述体系，即以18世纪50年代到19世纪40年代鸦片战争前清代中国版图为中国疆域的叙述体系、以中华人民共和国疆域为基础上溯历史上中国疆域范围的叙述体系，二者都未能摆脱先前叙述体系的理论束缚，只是补入对边疆政权疆域的阐述。21世纪以来对中国疆域形成与发展理论的探索，依然受困于历代王朝和“民族国家”理论的束缚，对诸多历史和现实问题不能从学理上作出准确而合理的阐释。“国族”概念的提出，虽然有助于中华民族共同体的凝聚，但在当下学界很难取得共识。

相对于立足于历代王朝和民族国家等视阈建构的中国疆域叙述体系，从传统王朝国家向主权国家转变的视角构建中国疆域形成与发展的话语体系，既和中华民族形成与发展的大历史是一致的，又具有充分的学理依据。一方面，主权国家和中国传统“天下观”的主要构成因素有着相同的属性；另一方面，这一叙述体系既可以规避“民族国家”理论所造成的问题分歧，也可以弥补前述三种叙述体系的不足。

在从传统王朝国家向主权国家转变的视阈下，“中国疆域”是一个动态的研究对象，“传统王朝国家”是“中国疆域”的源，而“主权国家”是“中国疆域”的流。在传统王朝国家阶段，中华大地上的所有政权，无论是“大一统”王朝，还是分裂王朝，无论是传统的“汉族”政权，还是“非汉族”政权，其疆域自然都是“中国疆域”的组成部分，都可以在“中国疆域”的框架中展开叙述。只有在对中华大地上所有存在过的政权的历史及其疆域作出全面系统阐述的基础上，我们才能看清楚“中国疆域”的源与流，才能完整展现作为“主权国家”的“中国疆域”形成与发展的轨迹和最终结果。而对这一过程进行全面客观的考察并对其规律作出理论总结，则是我们构建中国疆域形成与发展话语体系的重要理论依据。

从传统王朝国家向主权国家转变的视角，也可以为我们构建中国历史话语体系提供有益参考。中华人民共和国作为一个多民族国家，是历史上多个政权在由分裂到统一不断循环的过程中最终形成的，是生息繁衍在中华大地上的所有族群共同缔造的。这一全新的视角和方法，不仅可以彻底摆脱“民族国家”理论对中国历史叙述带来的一系列困扰，有助于构建符合中国历史实际情况的话语体系，也为解开如何界定中国的“民族属性”等诸多难题提供一个新的思路，进而为国家的稳定与发展提供学术支持。

# 试论中国先秦时期的边疆观[①]

许建英[②]

## 引言

中国是幅员辽阔、民族众多的统一多民族国家，在漫长的历史发展过程中，长期存在着中心与边疆问题，认识和处理好二者的关系、治理好边疆构成了中国历史的重要内容。这个历史内容反映在学术界，就是中国边疆研究。近代以来边疆研究成为学术界重要的研究领域，特别是近些年来愈发为学界所重视，建构中国边疆学呼声越来越高，全国各地成立了多个研究边疆的学术机构，边疆学的建构正在提上日程。作为中国边疆学建构的基础和研究的重要内容，中国边疆观研究应得到相应的重视，然而翻检相关研究成果，关于中国边疆观的研究成果非常之少。[③]而且，既有研究对中国边疆观都很少定

① 本文原发表于《云南师范大学学报（哲学社会科学版）》2021年第1期。

② 许建英，中国社会科学院中国边疆研究所研究员。

③ 据笔者查阅，仅可见马大正主编的《中国边疆经略史》（中州古籍出版社2000年版）第十编第一章有关于中国古代边疆观一节。此外，云南大学周平对传统边疆观也有论述，参见周平《中国边疆观的挑战与创新》（《云南师范大学学报（哲学社会科学版）》2014年第2期）。此外，还有学者就先秦时期的“天下”“五服”等问题也有研究，其中有的就是从疆域或边疆角度论述的，如李大龙等。

义，或者仅做简单定义，缺乏详细的解释。因此，笔者不揣浅陋，尝试对中国边疆观加以初步定义，并且以中国边疆观为切入点，着重探讨中国先奏时期的边疆观，简要分析其特点和影响。

何为边疆观？这其实是中国边疆研究的最基本问题，也是中国边疆学建构的基础。笔者认为所谓边疆观，就是国家对其边疆、边疆与政治文化中心关系的基本看法，是国家对边疆地区治理目标、内容和手段的认识；随着时代的变迁，边疆观及其内涵是变化的。边疆观既包括地理空间等自然层面，也包括民族、文化和政治层面，还包括边疆内与外的地缘政治与安全层面，更包括边疆地区与中心地区关系以及国家对边疆地区治理层面等，因此边疆观的内容是复合性的，不是简单的地理认知，包括丰富的政治和人文内涵。

边疆观作为认识边疆的意识和方法，是实践的产物，也是理论抽象的结果。中国历史悠久，疆域辽阔，文化多元，在长期的社会发展中形成自己独特的边疆观，有着萌芽、形成和发展的历史过程。如果加以梳理，中国边疆观大致可以划分为 4 个阶段，即前皇权时代、皇权时代、共和时代和新时代，分别对应前传统边疆观（宗法制边疆观）、传统边疆观（王朝边疆观）、现代边疆观（民族国家边疆观）和新边疆观[①]。多种边疆观的存在说明中国长期存在着边疆问题，存在着“中心—边缘”关系问题，存在着对边远地区治理问题，而支配这些问题的思想基础的边疆观也长期存在着。关于中国边疆观的 4 个发展阶段，笔者拟另文论述，兹就前传统边疆观加以研究，主要论述中国先秦边疆观及其特点和影响。

---

① 关于“新边疆观”的说法，仅散见于一些文章和个别论文中，特别是周平的《中国边疆观的挑战与创新》一文中有较多论述。

研究中国先秦时期的边疆观对全面认知中国古代的天下与天下秩序，对深入理解中国疆域形成、中国古代边疆、边疆与内地关系和边疆政策，对更好地研究中国边疆问题，认识当代中国边疆新形势与面临的新挑战富有实践价值，对适应时代变化树立新边疆观和建构中国边疆学都富有意义。

## 一、中国先秦边疆观的基本内容概述

基于前面关于边疆观的定义，中国先秦时期的边疆观就是先秦时期人们对中国边疆、边疆与政治文化中心关系的看法，以及对边疆治理的认知。中国古代边疆观形成与中国古代历史一致，有其萌发与成熟过程，具体说来先秦时期是其萌发阶段，秦汉为其基本成熟阶段。那么先秦时代边疆观的基本内涵是什么呢?

### （一）先秦边疆观之思想基础：天下五服说

“天下”是中国先秦的一个重要概念，由此衍生出来的“天下观”是人们认识世界和建构政治秩序的思想源泉[①]，有着极为丰富的内涵，既深刻地反映出先秦中国对世界和自我的理解、当时中国人认识世界实践的总结，又成为指导后人认识世界和建构世界秩序的基本路径。因此，本文从边疆视阈对其加以考察，探讨先秦之“边疆观”。

“天”和“天下”概念早在先秦就都已出现，被赋予丰富内涵。《尚

① 邢义田:《天下一家——传统中国天下观的形成》，邢义田:《中国文化新论——根源篇》，台北联经出版事业公司 1981 年版，第 433 页。

书·大禹谟》记载尧“皇天眷命，奄有四海，为天下君”。《中庸》有“尊为天子，富有四海之内”之句。《论语》有“巍巍乎舜、禹之有天下也而不与焉”。《楚辞·天问》中更是多次出现“天下”。《战国策·齐策》记载：“古大禹之时，天下万国。”《诗经》“普天之下，莫非王土；率土之滨，莫非王臣。”先秦时期这些关于“天”和“天下”的记载，既有空间的概念，也被赋予了丰富的人文内涵，具备了“天兼三义，纳自然（天空之天、天地之天、天然之天）、神（皇天之天、天命之天）、义理（天边之天、天理之天）三位一体，具有西方哲学中自然界（nature）和最高主宰的神灵（god）的两重含义”[①]。可见“天”是人们所认识的最大的宇宙、至尊的天神和至高的天理的集合体，三位一体；“天下”则是人类居住所在。

与“天”及“天下”相联系的是“五服”说，《尚书·益稷》以及《尚书·禹贡》有着较详细记载，“天”和“天下”概念与“五服”说相结合，构成了完整的天下观。《禹贡》的详细记述如下：

> 五百里甸服：百里赋纳总，二百里纳铚，三百里纳秸服，四百里粟，五百里米。五百里侯服：百里采，二百里男邦，三百里诸侯。五百里绥服：三百里揆文教，二百里奋武卫。五百里要服：三百里夷，二百里蔡。五百里荒服：三百里蛮，二百里流。东渐于海，西被于流沙，朔南暨声教讫于四海。

“天下”与“五服”结合，“天下”观的空间结构得以完整体现，即“天下”呈现出从中心放射而出、均匀分布的空间，是一个同心圆结构，是为

① 张立文：《中国哲学范畴发展史（天道篇）》，中国人民大学出版社1988年版，第65～66页。

“天下五服”说的基本概念，也是天下秩序的安排。

“天下五服”说体现出深刻而丰富的内涵，从疆域视角审视则可反映出先秦的“畿服”理念下的边疆观。

“天下五服”说所阐释的地缘结构呈现出从中心向四周扩散，描绘出天下的状态，是由中心和边缘组成。实际上，“天下五服”说所概括的更是一幅政治景象，天下是由诸多政治实体组成，中心是王畿，为古代王者直接管辖之地区，也是天下的核心，是统治中心所在，具有唯一性；四周为诸多政治实体环绕，具有多重性和多样性。中心与边缘构成一幅天下秩序的政治结构，即周围的政治实体对中心的王畿是一种“服事”关系，距离王畿越近，关系越紧密，彼此的责任和义务也就越突出；反之，距离王畿越远，关系就越疏远，责任和义务也就越轻淡。需要说明的是，这里的“服”，就是服事天子；“畿服”就是按对天子服事义务的不同而对天下的一种划分，它反映了不同地区对政治中心（天子）所承担的不同义务。“五服”说是古代畿服说的代表。《国语·周语》最早记载五服说：“先王之制，邦内甸服，邦外侯服，侯卫宾服，夷蛮要服，戎狄荒服”。这一说法以距离“王畿”中心的远近为序，将天子的治域依次分为甸、侯、宾、要、荒五个不同区域，也是五个不同序级。

可见，这种“天下五服”说建构出了天下一体和天下是中心—边缘结构，阐释了中心唯一和边缘服事中心的秩序观，具有深刻思想内涵和宏大的理论概括。从边疆观视角看，它奠定了中国古代边疆观的思想基础。

### （二）边疆之认识：华夷之辨观

在先秦边疆观中，对边疆的认识是其中重要的组成部分。华夷之辨观就是非常重要的观点，反映出先秦关于中心—边缘区域之间人的认识。无论是哪个社会，人是社会的基本构成和本质所在，对人的认识实际上反映出对不同社会的基本看法，因此，就边疆研究视角而言，华夷之辨观体现出对边疆地区及居住于此的人民的基本看法，它成为认知与处理中心—边缘问题的重要原则。因此，从历史发展来看，华夷之辨观的确立对中国历史影响极为深远，尤其是对中心与边疆的互动以及边疆治理影响深远。

早在夏、商时期，部族林立，邦国众多，华夏族建立的夏、商王朝与其他部族建立的邦国杂居，夏、商王朝就把天下之人粗分为华夏和四夷（夷、蛮、戎、狄的统称），华夏居正中，四夷环四周。到西周以后，中原大地上的邦国林立局面基本结束，原来的四夷或融合于诸夏，或退居周边更远地区，华夏与四夷之界限更加清晰。换句话说，中央王朝与边疆部族分野更加清楚，华夏之人与四夷之人也愈加明确。所谓“内其国而外诸夏，内诸夏而外夷狄”①，既是中原王朝对当时天下政治现实的描述，也是中原王朝划分内外的依据②。

从边疆研究的角度看，华夷之辨观的出现，是中原王朝对边疆地区部族的认识和概括，是对华夏族与四夷差别的认知，既明确了你我与内外的基本依据，也成为规划治理的出发点，具有重要的历史意义，产生了深远的历史影响。

华夷之辨，又称为夏夷之辨，是中国古代关于天下中心地区与边缘区域的一种独特认同形式，其主旨就是明确华夏族和夷族之区别，并在这种区别中实现华夏民族的自我建构，同时也是对边疆民族的建构。这种看似血统之

---

① （东汉）何休解诂，徐彦疏：《春秋公羊传注疏》卷 18《成公》，南昌府学重刊宋本十三经注疏本，1815 年（清嘉庆二十年）。

② 马大正：《中国边疆经略史》，中州古籍出版社 2000 年版，第 441 页。

辨的区别，其建构的基础更多依赖的是文化差异，其要旨在于夷夏有别，表明华夏文化高于四夷文化，华夏是礼仪之邦，文化之中心，边疆是化外之地，四夷是化外之人。因此应该“裔不谋夏，夷不乱华”；从政治建构而言，华夏族建立之政权是“天命”所归，是王朝的“正统”；四夷之政权则需要服事正统之中央王朝。

### （三）边疆之治理：华夷互动观

中原王朝与周边四夷人之差异得以明晰，二者之间是何种关系呢？华夷之辨使华夏族与四夷诸部族有了清晰的区别，这种区别既有种族上的，更多则是生活与生产方式上的差异[①]，是文化上的差异。但是，华夷同处天下，其交往与互动则是不可避免的，既有政治、经济、文化互动，也有战争互动。除了前述的周边部族对中原王朝的服事制外，先秦时期就高度概括出华夷之间的互动关系。这种互动关系可以简要总结为下列几方面：

一是华夷之防。华夷之防的根本在于华夏族文化与礼制上的优越感，旨在维持其礼制与秩序，防止华夏族被变为四夷。春秋时期，管仲的言行和辅佐齐国称霸的行为并不尽合儒家道德规范和思想，曾引起子贡的非议，但是孔子却力挺：“管仲相桓公，霸诸侯，一匡天下，民于到今受其赐。微管仲，吾其被发左衽矣”[②]。孟子也说，“吾闻用夏变夷，未闻变于夷者也”[③]。先秦时

---

① 马大正：《中国边疆经略史》，武汉大学出版社 2013 年版，第 442 页。

② （曹魏）何晏集解，邢昺疏：《论语注疏》卷 14《宪问》，江西南昌府学重刊宋本十三经注疏，1815 年（清嘉庆二十年）。

③ （东汉）赵岐注，孙奭疏：《孟子注疏》卷 5 下《滕文公章句上》，江西南昌府学重刊宋本十三经注疏，1815 年（清嘉庆二十年）。

期，华夷之间冲突时常发生，但是华夏诸侯在保卫礼制上是团结一致的，其根本也是为了防止四夷乱华夏，例如周王朝时尊王攘夷或用以抗击四夷、保卫周王，或用作称霸的旗号，就是华夷之防的例证。

二是华夷互变。华夷之辨虽含有血统之辨，但是如前所述其根本是维护文化与礼制秩序，因此华夷是可以互变的，华夷互变的根本在于文化与礼制。华夷之变也说明华夷之间是可以融合的。这种互变表现在两个方面，一方面华夏人“德衰”就被认为变为夷，例如关于匈奴的记载，中国正统文献记载称“匈奴，其先祖夏后世之苗裔也”，至武王时为“荒服”，最后因为“德衰”而导致“荒服不至”，成为夷人。华夏人变为夷人虽不被提倡，但却是客观事实，也被承认。

另一方面，夷人可以转化为华夏人，所谓“以华变夷”。这里说的“以华变夷”有两方面内涵，其一是指四夷人在受到华夏人文化熏陶和礼仪吸引而自然转变为华夏族；其二是指华夏王朝以军事手段来强迫四夷人转变为华夏人，主张多事四夷，即用武力征服边疆，采用华夏礼制和文化，使四夷转化为华夏。这两种化四夷为华夏的方法，在先秦时期都是重要的手段。

三是以夷制夷。以夷制夷旨在实现华夏控制四夷，或者使四夷转化为华夏的目的，其内涵有乱夷安华、师夷长技制夷，以及以华化较深之夷制约华化较浅之夷；其中控制四夷为低层次，实现四夷华化为高层次[①]。纵览先秦历史，以夷制夷是有效控制四夷和有效转化四夷的手段，也是华夏王朝开疆拓土和维护边疆地区安全的重要手段。

四是守在四夷。四夷居于外围，有服事与守卫中心的天子之责任，其基

① 马大正：《中国边疆经略史》，武汉大学出版社2013年版，第450页。

本思想是中央华夏王朝强盛之时，居于四围之夷有责守卫天子；否则，当华夏王朝衰败之时，四夷就有可能为乱，华夏王朝就要以多事四夷方式来加强对四夷的治理。《左传》将其描述为："古者，天子守在四夷；天子卑，守在诸侯。"[①] 可见，诸侯、四夷都是天子的守卫者，前者是更可靠的守卫者，后者是较疏松的守卫者。

五是和亲。在先秦时期和亲就是重要的治边手段，被称作和戎或者和番。周朝和晋国都曾与戎人和亲，因此称为和戎；又因为先秦时候将九州以外称为番国，周王朝与边番地区和亲，故又称为和番。这些不但显示出华夏与蛮夷间的关系，而且也显示出中原与边疆之间的关系。据记载，春秋时期最早与四夷联姻的是晋国，由于受到戎狄的严重威胁，晋献公娶了 4 位戎女，为其生了包括重耳在内的 4 位公子，使晋国边地得以稳定。晋国和亲戎狄虽是迫于消解威胁的不得已之举，但是也显示出和亲的良好效果，晋厉公曾因此炫耀于秦桓公，称白狄是秦国仇敌，却是晋国之姻亲。[②]

实际上，和亲早在夏代就有传说，商代初兴，周代逐渐兴盛。例如夏代的帝喾堪称多元和亲之始祖[③]，商代成汤与有莘氏的政治联姻，周代诸侯国联姻甚为普遍。春秋初期，人们对和亲就有了成熟的理论，例如臧文仲对鲁庄公概括和亲的意义，"夫为四邻之援，结诸侯之信，重之以婚姻，申之以盟

① （春秋）左丘明撰，杜预注，孔颖达疏：《春秋左传正义》卷 50，江西南昌府学重刊宋本十三经注疏，1815 年（清嘉庆二十年）。

② （春秋）左丘明撰，杜预注，孔颖达疏：《春秋左传正义》卷 27，江西南昌府学重刊宋本十三经注疏，1815 年（清嘉庆二十年）。

③ （西汉）司马迁撰，裴骃集解，司马贞索隐，张守节正义：《史记》卷 1《五帝本纪（第一）》，清乾隆武英殿刻本四库全书，1747 年（清乾隆十二年）。

誓，固国之艰急是为”[①]。至战国时期，和亲联姻虽然十分普遍，但是诸国合纵连横，征伐激烈，和亲不过成了现实各国利益的点缀。

（四）边疆管理机构雏形：设立边疆民族管理之职官

随着中原王朝与四夷关系的密切发展，至周朝时期逐渐出现了管理边疆四夷的职官，后世大都延续这种管理机构，成为中国历史发展的重要特色，产生了重要的影响。因此，管理边疆职官可以视作治边机构的雏形，也是边疆治理的重要内容和举措。

早在商朝的时候，华夏周边居住着所谓各种部族，被分别通称为东夷、南蛮、北狄和西戎，他们都与华夏族有着频繁的经济文化交往，出现“氐羌来宾”[②]，“西有成汤，自彼氐羌，莫敢不来享，莫敢不来王，曰商是常”[③]。在此种情况下，商王朝设立“宾”的官职，负责接待边疆地区四夷，并对其加以礼制上的培训。所谓“宾，掌诸侯朝觐之官”“教民以礼待宾客，相往来也”[④]；“宾，掌宾客之官也”[⑤]。

周朝继承设置职官管理边疆四夷朝觐的制度。周朝的主体民族是华夏族，主要分布于中原地区，而东南西北则分别是夷、蛮、戎和狄等部族，史载

① （清）董增玲撰：《国语正义》卷4《鲁语上》，清光绪章氏训堂刻本。

② （南朝梁）沈约注，范钦订：《竹书记年》卷上，四部丛刊景明天一阁本。

③ （秦汉）毛亨撰，郑玄笺，孔颖达疏：《毛诗注疏》卷20，江西南昌府学重刊宋本十三经注疏，1815年（清嘉庆二十年）。

④ （西汉）孔安国撰，孔颖达疏：《尚书注疏》卷12《洪范（第六）·周书》，江西南昌府学重刊宋本十三经注疏，1815年（清嘉庆二十年）。

⑤ （西汉）孔安国撰，孔颖达疏：《尚书注疏》卷12《洪范（第六）·周书》，江西南昌府学重刊宋本十三经注疏，1815年（清嘉庆二十年）。

“九夷、八蛮、六戎、五狄”[①]“九夷、八狄、七戎、六蛮”[②]。这些都是周王朝对周边部族的认识。在“天下五服”说之下，周边部族臣服于周王朝，其标志就是承认周王朝统治者的“君主”地位，同时要定期进献贡赋，所谓“要服者贡，荒服者王”[③]就是这种情况的记载；而“宾于四门，四门穆穆”[④]则是朝贡之真实记述。周朝接待朝觐者是有相应的礼仪和规定，也需要翻译沟通。为处理好朝觐者，周朝中央政府设立管理官员。这些官员及其执掌分别是：小行人，“掌邦国宾客之礼籍，以待四方之使者”[⑤]；象胥，“通夷狄之言”；掌客，“掌四方宾客之牢礼、饩献、饮食之等数，与其政治”；职方氏，“掌天下之图，以掌天下之地”；怀方氏，“掌来远方之民，致方贡，致远物，而送迎之，达以节，治其委积馆舍饮食”。东周时期，周王室力量逐步衰微，四夷渐渐不再朝贡，周王朝与周边四夷关系发生了极大的变化。但是，各诸侯国逐渐强大起来，彼此往来频繁，有些国家也设立相应的职位，管理与边疆四夷的往来。例如战国时候的齐国就曾设立“行人”管职，负责接待包括四夷的来宾。

先秦管理边疆地区朝觐事务的职官，负责中央王朝与边疆地区的往来事务，实际上是一种治理边疆地区的制度，后来一直延续和完善，在治理边疆

① （西晋）郭璞注，邢昺疏：《尔雅疏》卷7，江西南昌府学重刊宋本十三经注疏，1815年（清嘉庆二十年）。

② （西晋）郭璞注，邢昺疏：《尔雅疏》卷7，江西南昌府学重刊宋本十三经注疏，1815年（清嘉庆二十年）。

③ （清）董增玲：《国语正义》卷1《周语上》，清光绪章氏训堂刻本。

④ （西汉）孔安国撰，孔颖达疏：《尚书注疏》卷3《舜典（第二）· 虞书》，江西南昌府学重刊宋本十三经注疏，1815年（清嘉庆二十年）。

⑤ （东汉）郑玄注，贾公彦疏：《周礼疏》卷37，江西南昌府学重刊宋本十三经注疏，1815年（清嘉庆二十年）。

中发挥了独特的作用，产生了重要影响。

其实，先秦的边疆观体现在边疆治理上还很丰富，诸如对边疆地区因人、因俗和因地而治等，表现出极大的灵活性，限于篇幅，就不再详细展开。

## 二、先秦边疆观的基本特点分析

先秦的边疆观可谓内容丰富，特点鲜明，奠定了中国整个封建时代边疆观的基本思想，笔者认为先秦边疆观具有下列基本特征。

### （一）天人合一的哲学高度

至迟在周代，人们就以血缘关系来看待天人之间的关系，周公将其解释为“皇天上帝，改厥元子”[①]。周王以宗法关系将其与天联系起来，使其成为“元子”。这种思想影响极为深远。对周王室而言，成为天之子，代表上天行使统治天下权力，建立起天下唯一与正统的统治者；对天下芸芸众生而言，则不分彼此，均为一家，孔子门徒子夏所谓“四海之内，皆兄弟也”[②]。由此不但消解华夏族内不同姓氏之间的血统，也消解了华夏与四夷之间的血统差异，既强化了不以血统分华夷的观念，又奠定了大一统的思想基础。

实际上，春秋战国时期对天下大一统思想就谈论很多，这既是当时社会发展的现实需要，也是天下一统思想的客观反映。例如在被问及天下安定之

---

① （西汉）孔安国撰，孔颖达疏：《尚书注疏》卷15《召诰（第十四）·周书》，江西南昌府学重刊宋本十三经注疏，1815年（清嘉庆二十年）。

② （曹魏）何晏集解，邢昺疏：《论语注疏》卷12《颜渊》，江西南昌府学重刊宋本十三经注疏，1815年（清嘉庆二十年）。

途时，孟子开出的良方就是天下“定于一”[①]。以至于汉代在回顾春秋战国时期大一统思想的时候，董仲舒曾有一句有名的总结，“春秋大一统者，天地之常经，古今之通谊也”[②]。天人合一思想具有哲学高度，洞开人们认识中国疆域和边疆观的大门。

### （二）礼法制的秩序追求

先秦时期正是中国古代文化滥觞之时，政治制度上也是如此，其中分封制、宗法制与礼法制构成社会运行的主要制度。在先秦边疆观上，礼法制秩序是维持“核心—边缘”关系秩序的重要准则。这种礼法制秩序的确立是以天下观为基础而建立起来的。

纵观先秦时代关于“天下五服”和华夷观，其内在逻辑在于构建天下礼制观，以此来治理天下，所以天下观要表达的核心是关于政治秩序的一种理想模式，是带有浓厚理想主义的色彩，是具有高度抽象的哲学概念。

天下观至少包含三层意思：一是天下为客观空间，是皇天之下和大地之上万物赖以生存之所；二是天下有着与生俱来的秩序安排，存在着“天道”；三是人们遵循天道不过是“代天理物”。天下的建构并非只是纯客观自然空间，包含着人为的主观建构，只是当时建构者并未意识到主观因素的进入，将其归为天下之固有，天下秩序是“天然”的，人遵守也不过是谨守本分而已。因此，天下是“道”之源泉，人间秩序是“天道”的现实反映，现实统

① （东汉）赵岐注，孙奭疏：《孟子注疏》卷 1 下《梁惠王章句上》，江西南昌府学重刊宋本十三经注疏，1815 年（清嘉庆二十年）。

② （东汉）班固撰，颜师古注：《汉书》卷 56《董仲舒传（第二十六）》，清乾隆武英殿刻本。

治秩序的合法性也是源于天，是“天道”的组成部分。余英时曾分析说：“中国最早的想法是把人间秩序和道德价值归源于‘帝’或‘天’，所谓‘不知不识，顺帝之则’‘天生烝民，有物有则’，都是这种观念的表现。”① 可见，“天下五服”说所构建的天下秩序是“天经地义”的安排，人们遵守也是自然而然之事。

从边疆研究视角来看，“五服”的秩序安排和华夷之辨的认识，都是天然的，是人们所必须遵守的天道。

### （三）宗法制之本质

先秦时期经历了漫长的历史发展，源于夏朝、发展于商朝的宗法制，至周朝时得到完善，因此至周朝时期边疆观也深深地打上宗法制的烙印，体现着宗法化特性。此处所谓宗法化是指以血缘为基础安排各种社会关系，具体到边疆观上就是以血缘关系来认识边疆和建构边疆与中央王朝的关系，并以此制定边疆治理的制度，可简要概括为下列几方面。

首先，厘清华夷之别带有很深的宗法思想，其实质是从血缘上看待边疆四夷之人和中心的华夏之人。宗法制产生于氏族社会的夏朝，经过商朝的发展，到周朝时候虽然已做理论化的抽象和制度化的安排，臻于完善，但是其看问题的视角仍以血缘为主。在看待边疆地区和边疆地区之人上体现得尤为明显，需要厘清彼此之差异。另一方面，这与周朝本身发展也有关系，周朝起源于不大的方国，对安全的疑虑有着深入的思考，因此周人深信“非我族

---

① 余英时：《中国思想传统的现代诠释》，江苏人民出版社 1995 年版。

类，其心必异”[①]，区别血缘是客观需要。

其次，充分利用分封制，在边疆地区封建血亲诸侯。虽然标榜边疆地区实行羁縻统治，但是实际情况要远为复杂，并未忘记利用分封制在边疆地区封建血亲诸侯，加强对四夷的分化和控制。例如自武王灭商时候起，历经成王、康王，都大规模“封邦建国”，在东夷、北狄、南蛮等地都封建血亲诸侯，周初“天下立七十一国，姬姓独居五十三人”[②]，其中武王“兄弟之国者十有五人，姬姓之国者四十人”[③]。这种大规模分封血亲诸侯于边疆四夷部族中的努力，其要旨在于屏藩周王室，确保其安全。

周朝还以联姻加强与四夷关系等也都是利用血缘，建立与四夷的关系，加强彼此的信任。婚姻关系通过宗法制被赋予政治内涵，实际上被政治化，也可见宗法制的渗透力。

最后，“五服”说中体现着以血缘为核心的宗法原则。“五服”制所阐释的国内诸侯与周边四夷对中原王朝的朝贡制度，体现出周王朝对诸侯与四夷亲疏不同的承认，反映出以“亲亲”定“尊尊”的原则，血缘关系仍然是其秩序的核心。

不过，要说明的是，先秦的宗法制历经漫长历史发展，经历了从产生、发展与完善的过程，前后有着很大的不同，但是以血亲为核心的踪迹依旧清晰可循。笔者认为，从某种程度上看，周朝所谓的“五服制”，其理论之源实

---

① （魏晋）杜预注，孔颖达疏：《春秋左传正义》卷26，江西南昌府学重刊宋本十三经注疏，1815年（清嘉庆二十年）。

② （清）惠栋：《左传补注》卷6，清文渊阁四库全书本。

③ （魏晋）杜预注，孔颖达疏：《春秋左传正义》卷52，江西南昌府学重刊宋本十三经注疏，1815年（清嘉庆二十年）。

际上也来自血缘论，至今中原等地仍然存在“三服”“五服”说，以界定宗族之亲疏，这或可视作远古时代血亲关系的存续，折射出二者间的关系。

### （四）拟宗法化之建构

先秦这种基于血缘论之上的边疆观，已经相当完善，不仅仅停留在宗法制之上，而且到春秋战国时期经历了理论的抽象与升华，是一种源于血缘、宗法，但却高于血缘论与宗法观的边疆观，这种升华过程可以称为拟宗法化。

以此为视角，可以重新审视和进一步分析“五服”说。《国语·周语》对甸、侯、宾、要、荒五服制的阐释是：“甸服者祭，侯服者祀，宾服者享，要服者贡，荒服者王，日祭、月祀、时享、岁贡、终王，先王之训也。”从血缘及宗法角度看，“五服”及其要求说明三点：一是天下服事天子是按照血缘关系划分的差序等级，形成宗法关系；二是蛮夷戎狄等四夷部族和血亲诸侯一样都纳入同样的礼制轨道，只是其与有直接血亲关系的诸侯亲近，与无直接血亲关系的四夷疏远；三是四夷与诸侯处于同等地位，但是与天子亲疏有别。换句话说，天子与诸侯、四夷都被纳入血亲关系中，天子就顺理成章地成为宗法制下所有人的“大宗”，四夷服事天子也就是自然的了。可见，天子与四夷的关系是一种拟宗法性的建构，将政治关系，包括周王朝内部的政治关系和周王朝以外的政治关系，都纳入血亲中来，使华夏部族的血亲伦理关系外化于政治关系中，从而使周王朝与四夷关系内化为血亲关系，以治家之血亲伦理升华为治国和治边之政治伦理。周朝时期这种“天下五服”说，是对夏商以来宗法社会建构的理论探索和升华，从而形成周王朝宗法制理论，成为其国家治理的核心理论之一。不过，也应该看到，在周王朝时期，正是中国君统与宗统的争论时期，说明社会治理已由简单的血统论发展到更高级的君主论时期，但是这种演变是漫长的，“天下五服”说某种程度上反映出二者结合的一面。实际上，西周后期君统与宗统的分离，从而使二者分别发展成为国家统治理论的支柱，这是二者演变的另一面。

因此，先秦时期对边疆的看法是变化的，至周朝时其实质是一种拟宗法化边疆观。这种边疆观具有天下归一、天下大同的思想基础和基本理论架构，也具有开放性和包容性；从另一个角度讲，还具有很强的开拓性，追求以华变夷就是其典型的体现。从国家安全角度审视，所谓守在四夷体现出边疆的屏藩与缓冲作用；从发展角度看，羁縻思想实际上承认边疆地区自治与制度多样性。这些对后来王朝时期的边疆观都产生了极为深远的影响，是很多边疆政策的灵感之源。

## 三、先秦边疆观的影响深远

现在学界论及中国古代边疆观，一般都笼统地将近代以前对边疆的看法称为传统边疆观，粗略看来并没有问题，但是稍加研究就会发现先秦的边疆观与中国进入帝制以后的边疆观并不一样。前者是后者的源头和基础，后者是前者的发展和完善，也是前者的实践，先秦边疆观对后者的影响极大。

### （一）“天下五服”说：奠定大一统疆域观

作为人文与自然交会的空间，天下是中国与四方合一的世界，寄托着中国先秦时期的政治理想，对中国历史产生深刻的影响，特别是对大一统思想的形成影响极大。“天下五服”说表明天下是一个完整的整体，天下首先是统一的而不是分裂的，虽然天下存在着层次和级差，但是这是一个统一体中的差序，天下一统是必然，而分裂却是违背天道的。因此边疆属于整体，边疆不可脱离中心，边疆不可分割。这种对疆域观和边疆观的基本认识成为影响中国历史极为深远的大一统思想的理论基础，也是边疆不可分离的理论基础。

今天，谈及自己国家的时候，我们经常使用“祖国”一词，这个词不但带有浓厚的感情色彩，而且也潜意识地折射出祖先崇拜，是一种对远祖血缘关系的记忆。这在国际上恐怕是仅有的，在英语里以 motherland（母国）、fatherland（父国）和 homeland（家国）表示祖国。可见，先秦时代以血缘为核心的宗法制影响之深远，这种认宗归祖意识之强烈，这种家国同构思想之突出。

因此，可以说“天下五服”说的重要意义在于建立起天下一家、天人合一以及大一统思想的理论基础。

### （二）中心—边缘服事制度：形成朝贡体系

先秦时期的“中心—边缘”服事制度，是由中心向四周放射状降序排列的，呈现为亲疏渐远的同心圆结构，其中心就是中国，周围则是四夷，四夷要维持对中心的朝贡。朝贡表达一种上下、主从关系，其政治象征意义大于物质意义，“昔武王克商，信道九夷百蛮，使各以其方贿来贡，使无忘职业”[①]。朝贡是权力和威仪的象征，表示臣属国、地方诸侯和周边邻国对天子权威的认同，反过来也表示天子权力所及。这种服事形式后来演变为东亚的朝

① （清）董增玲：《国语正义》卷5《鲁语下》，清光绪章氏训堂刻本。

贡体系，也就是费正清等西方学者所说的中国古代的“世界秩序”[①]，成为中国古代建构和维持世界关系的理论与制度。

同时，这种服事需要遵循“以小事大”和“事大以诚”[②]的原则。这个原则后世逐步发展成朝贡体系中小国对待大国的交往原则，大国（华）与小国（夷）关系如同家庭中父子关系，有着尊卑之别。如前所述，这种以“亲亲”事“尊尊”和以“尊尊”定“亲亲”的拟宗法理论，在周朝后期就已经初步形成，只是到汉代才得到完善。正如学者所称，这种“拟宗法化的内容主要包括两个方面，一种是非血缘的等级关系被饰以父子关系，即以‘亲亲’事‘尊尊’，以‘尊尊’定‘亲亲’；另一种则是非血缘的平级关系被饰以兄弟关系。在以等级为主体的社会中，后者只是前者的附属物，但其作用亦不宜低估”[③]。

这种由朝贡所形成世界秩序，是天道之体现，更是天下政治合法性的基础。“天不变，道亦不变”，延续2000多年，在近代西方所秉持的威斯特伐利亚国际关系条约体系进入东方之前，中国建立的世界秩序从未受到有力挑战，成为维持东亚秩序坚实的基石。从边疆角度来看，它建立起来的不是以血统论为主臬的自然法则，而是以文化与礼制为基础的规则，对边疆与内地的一

① ［美］费正清著，杜继东译：《中国的世界秩序》，中国社会科学出版社2010年版。

② （东汉）赵岐注，孙奭疏：《孟子注疏》卷2上《梁惠王章句下》，江西南昌府学重刊宋本十三经注疏，1815年（清嘉庆二十年）。全句为“惟仁者为能以大事小，惟智者为能以小事大”“以大事小者，乐天者也；以小事大者，畏天者也。乐天者保天下，畏天者保其国”。

③ 季乃礼：《论中国传统社会关系的拟宗法化——“宗统”与“君统”的分与合》，《天津社会科学》2000年第2期。

体化起到重要的理论支撑作用，也是影响中国数千年的重要思想。

### （三）因俗而治与羁縻统治：形成边疆治理制度

先秦边疆观主张“以夏变夷”，但是一般并不主动输出文化，更不主动诉诸武力，所谓“礼不往教”，而是积极修德完善自己，使四夷主动慕尚中华，输诚向化，从而达到以华变夷的目标。这就是《礼记》所谓“礼闻取于人，不闻取人；礼闻来学，不闻往教”之原则。同时，通过朝贡形式表达一种上下、主从的政治关系。在上述原则下，只要四夷各部安于其位，不相侵扰，中央王朝便乐得任其自为声教。

从这种因俗而治和羁縻统治中，后世逐步建立起完善的边疆治理体系和制度，实行多种因俗而治方式、羁縻统治方式，形成多样化的自治制度。同时还逐步建立起内藩与外藩制度，构成中国漫长封建王朝时期完整的边疆治理体系，对中国疆域观、边疆观都产生重大影响，也极大地丰富了中国边疆治理体系。

### （四）以夏化夷：形成中华意识与内附之认同

先秦边疆观主张“以夏变夷”，特别是强调“以德柔远”和“以德服人”，以此原则处理华夏与夷狄的交往，如孔子说“远人不服，则修文德以来之”。华夏因文化的发达和优越感，处于教化者的位置，夷狄处于被教化的位置。前面曾总结过，虽然夷夏可以互变，但是“以夏变夷”是主流和正道。以礼法制等文化来教化四夷，其实质是政治性的，要达到的目的也是政治性的，就是要使四夷转化为华夏，成为受华夏文化熏陶、遵守华夏文化礼制的华夏人，从而内化边疆，实现疆域及其生活于此的人民的全面向化。《公羊传》有着明确的阐述，强调政治是一个由近及远的过程，王道由内及外、由近及远，终将经历“衰乱世的”的“内其国而外诸夏”，到达“升平世”的“内诸夏而外夷狄”，再到达“太平世”的“天下远近大小若一”。可见，先秦的“以夏变夷”，是通过王者之政、礼义之化来实现的，是个由内及外、由近及远的渐进过程。这个过程从地缘上说是从靠近中心向边缘扩散的过程；从文化上说是逐步向化和采用华夏文化和礼制的过程；从政治上说是由政治中心逐步统一政治边缘的过程，最后达到华夏族与四夷的民族融合与统一，从而实现天下一家、遐迩一体的理想境界。

上述先秦边疆观对后世封建王朝的边疆观影响巨大，形成重要的处理边疆问题的制度和思想，其中中华意识认同和内服认同就是代表。例如，就中华文化认同而言，秦汉以后，经过汉唐明清强大王朝帝国的辐射影响，以及更多弱小王朝多民族的交融，中华文化得到广泛传播和认同，建立起东亚中华文化圈，特别是在朝鲜半岛、日本和越南都得到广泛认同，不仅表现在语言、文字和节日礼仪上，而且还以中国王朝的模式建立起自己的中华文化圈，推行次中心—边缘的世界认知机制。这种模式在东亚的广泛传播和采用，达成对中华体系认同的共识，华夷意识构成东亚儒家文化圈内各国传统对外意识的基础，儒家的礼义成为共同的价值标准，把世界分为华夷两极，形成多个次级华夷圈，以“内华外夷”“贵华贱夷”“华夷之辨”“以华变夷”为共同的价值取向。这些次级华夷圈又共同组成中国世界秩序的天下。

就内附认同而言，由于对华夏文化与礼仪的倾慕和学习，秦汉以后，四夷地区逐步向化者众多。例如五代十国时期的诸多少数民族政权，从其建立、建都、礼制、风俗和语言文字等众多方面，都完全华夏化，融入中华民族之中。即使是勃兴于边疆地区的元朝与清朝，其发展轨迹也是如此，逐步内附，形成广泛共识和漫长的实践，从而共同造就中华民族的今天。

认真研究先秦的边疆观，就会认识到中国边疆观久远的历史之源，丰富的文化内涵、强大的生命力和深远的影响。这种边疆观起源于血缘宗亲的朴素认识，升华于漫长的历史实践，发展成为中华文化重要的组成部分，构成中华软实力的代表之一。

需要说明的是，先秦边疆观具有很强的开放性，也有极强的扩张性，更有极大的包容性。这种依靠“化”而非“伐”的文化之张力，在于通过“化心”而开疆拓土，而非通过“灭国”开疆拓土，这也与西方的炮舰政策形成强烈对比。今天研究先秦边疆观，需要在新的历史起点重新认识中国先秦边疆观所建构出来的“世界秩序”，这种开放的理论架构及其对世界治理的意义，在全球化时代下寻求全球治理的今天，应该启迪我们为世界治理提供秩序安排。

# 从“大一统”到清末新政：清代疆域统合方式的变迁[①]

## ——以边疆地区为中心

高　月[②]

清朝入关后继承了历代“大一统”思想，并加以创新，造就了空前辽阔的疆域。时移势易，迄至清末，清朝的疆域不但在地理构成上不断被列强蚕食，且疆域各组成部分尤其是边疆地区对中央政府的向心力逐渐弱化，此时中央政府统合疆域的能力已无法与清前期相比，必须寻找新的统合疆域的方法，以替代不能适应近代新形势的“大一统”理念。本文在梳理清代“大一统”理念及清前期疆域形成脉络的基础上，将清末新政放诸清代疆域变迁的大背景下，将其作为清朝中央政府在新形势下统合疆域的方式加以考察，同时注目于清前期和末期统合疆域方式变迁的内在机理。不当之处，尚祈方家指正。

① 本文原发表于《通化师范学院学报》2012年第9期。

② 高月，中国社会科学院中国边疆研究所研究员。

## 一、清代“大一统”理念的嬗变及“大一统”疆域的形成

“大一统”是春秋时期儒家首倡的政治学说，核心是天下统于一主，反对国家分裂。因其对于王权的维护而受到历代王朝统治者的推崇，被奉为实施方略，力行不怠。但无论是儒家的“大一统”思想，还是历代王朝对于“大一统”的追求，其一统的范围均只限于中原地区，即“中国”，不包括周边民族地区，同时将周边民族视为夷狄，将夷狄与“中国”对立，视“夷狄”为一统的障碍。这种思想即所谓“华夷之辨”，主张“内诸夏而外夷狄”，对周边被称为“夷狄”的民族采取防范态度，坚持“非我族类，其心必异”①。可以说，清以前历代的“大一统”是“华夷之辨”的一统，是把边疆民族排斥在外的一统。这种“大一统”使得中原与边疆处于对立状态，双方的冲突史不绝书，如清人所总结：“当中国治则通而来宾，不治则叛而互相吞并，争为雄长。至士马日强，土宇日广，恒与中国为敌。②”

可见，“大一统”在古代中国具有三种属性：思想形态、治国理念和疆域状态。作为思想形态，其一以贯之的“统一”内核与其母体儒家思想一道成为左右中国历史发展的占主导地位的思想。但逮至清代，“大一统”无论是作为治国理念，还是作为王朝疆域的客观状态，较诸历代均发生了重大变化。第一，清王朝统治者完全否定了“华夷之辨”，突破了历代“中外”、“华夷”之间的界限。这种新的“大一统”理念发端于皇太极，历顺治、康

---

① （唐）房玄龄等：《晋书》卷102，中华书局1996年版。

② 孟定恭：《布特哈志略》，辽海丛书第四册，辽沈书社1985年版，第2479页。

熙、雍正各朝而趋于臻备[①]，其核心是中外一体、满汉一家，各民族均统合在满族之下。第二，一统的范围突破了华夏中原地区，扩大到周边民族地区。应该说，清朝新的“大一统”治国理念造就了其超越历代的“大一统”疆域，突破了羁縻政策所能达到的中央对边疆的控制力和历代王朝的疆域范围。

具体而言，在北部边疆，清朝早在入关前就已将漠南蒙古（内蒙古）收入版图，又招抚漠北蒙古（外蒙古）赴沈阳朝贡，初建隶属关系[②]。其后，通过一系列军事征服，几经反复，至康熙朝终于使内外蒙古臣服。清朝在内外蒙古地区设立国家政权机构，在漠南蒙古设绥远将军，在漠北蒙古设立乌里雅苏台将军、科布多参赞大臣、库伦办事大臣，分管漠南、漠北蒙古各项军政事务。这些机构的设立当然是出于控驭内外蒙古各部的需要，但同时也增强了内外蒙古各部对于国家权力的依附和认同。另外，清朝实行满蒙联姻，这无疑也增强了蒙古族对于满洲政权的认同，巩固了北部边疆。在西北边疆，经康雍乾三朝对蒙古诸部和新疆大小和卓木的军事打压及以伊犁将军为首的国家行政管理系统的建立，清朝突破了历代王朝在西域的施政力度，实现了对西北边疆的统合，如乾隆帝所说：“关门以西，万有余里，悉入版图。……以亘古不通中国之地，悉为我大清臣仆，稽之往牒，实为未有之盛事”[③]。在西南边疆，清朝通过大、小金川之役打击了当地土司势力，又通过“改土归流”清除了与国家权威相抗拒的地方权威，将国家权力渗透进四川、

① 李治亭先生《论清代“大一统”与边疆民族问题》一文对这一过程进行了深入论述，可资参考。《明清论丛》第六辑，紫禁城出版社 2005 年版。

② （清）魏源：《圣武记》卷 3，岳麓书社 2011 年版。

③ 《清高宗实录》卷 599，乾隆二十四年十月庚子，中华书局 1985 年版。

云南、贵州、广西等边疆民族地区；在西藏，军事打击了侵入西藏的准噶尔部和廓尔喀，保证西藏处于清朝的统治之下，同时改革西藏行政体制，设立驻藏大臣，并不断提升其在军政和宗教事务上的权力，保证国家主权在西藏的行使。

从以上对清中前期统合边疆民族地区过程的简单梳理来看[①]，清朝以“大一统”理念为指导，依据不同地区的特点施以不同的政策，无论是施政的广度还是国家权力渗透的深度均超越了历代，实现了多元一统，边疆民族地区被实实在在地纳入清朝主权范围内。这种状况一直稳定地维持到清末。

## 二、清末国家认同危机与重建

清朝中前期的疆域统合应是一个双向过程，一方面，清朝以“大一统”理念施政于全部疆域，将边疆与中原内地均视为王朝疆域不可分割的一部分；另一方面，在统合过程中，疆域各组成部分对清朝的国家认同得以建立[②]。正是这种双向作用造就了清朝中前期的“大一统”疆域。

---

① 本文未将东北地区列入，因在清入关前已完成对东北的统一，且入关后东北作为“龙兴之地”一直作为王朝疆域的特殊地方存在，东北虽然具有地理上的边疆性质，但在王朝疆域构造中则处于核心地位，这种地位一直维持到清末近代条约体系对东北地区的重塑。参见高月：《论清代的疆域统合与地方政制变革——以东北地方为讨论中心》，《社会科学辑刊》2012 年第 2 期。

② 关于“认同”的概念，不同学科给出了不同答案，其中心理学和社会学概念较具代表性，被广泛接受。心理学认为，认同是指自我在情感上或者信念上与他人或者其他对象连接为一体的心理过程。社会学认为，认同是个体对自己所属社会群体的认识。以此为基础，本文所说的国家认同指个人或群体确认自己属于哪一个国家的心理过程，其表现是对国家政治权威、政治制度的服从和支持。

就国家认同来看，在中国古人建构的以华夏中心主义为基石的华夷秩序中，国家认同包含两个层面。第一个层面是对君主和王朝的认同，通过拥戴君主而认同国家，通过认同国家而形成共同体意识，王朝是传统政治文化中国家认同的基本层面。第二个层面是超越了王朝的历时性政治共同体符号——“天下”、“中国”。历史上的王朝更迭、鼎祚沦移催生了儒家传统文化价值体系对于夷夏之辨和国家认同的新解释。在开放夷夏界限的前提下，这种新解释认为族类差异的实质是文化差异，对华夏文明的信奉与否是辨别夷夏的根本因素。这种解释即所谓的“文化至上主义”。由此解释出发，对华夏文明的归属感超越了对王朝国家的归属感，种族征服与文化冲突对于国家认同的冲击在这种解释下消释。

具体以清王朝而言，边疆民族地区的国家认同基本上属于第一层面。基于实力的比对，民族首领和满族统治者之间更多的是一种拥戴与被拥戴的关系，他们认同的与其说是国家，不如说是满族政权。

中原汉人地区的认同则属于第二个层面。满族统治者入关后实行的自觉皈依儒家文化的策略消磨了汉族士大夫的夷夏之辨思想，并激发了其潜藏的文化至上情怀，使清王朝成为国家认同的对象。

应该说，是“大一统”的治国理念造就了两个层面的国家认同，二者共同开创了清中前期“中外一家”的空前一统的疆域。但逮至清末，两个层面的认同和一统的疆域均受到挑战，“大一统”的治国理念已不适应近代的新形势。

从中原来看，当有儒家传统伦理道德以外的打着文明征服野蛮旗帜的他者出现时，人们就会意识到其他世界体系的存在，华夏文明并非世界的中心，也并非至高无上的文明。且随着殖民地化的加深，中国在制度及器物层面的劣势逐渐显现，成为世界的下层、边缘。由中心到边缘的剧烈反差必然导致以文化至上为理念的国家认同的解体。另外，清朝统治二百年间积累的政治危机和社会矛盾在王朝统治者与列强交涉时所表现出来的腐败无能面前被极度放大，吏治腐败，鸦片流毒及咸同以后地方势力的坐大，引起中央权威的衰落。在西方种族民族主义在清末中国传播的背景下，皇权的举措失当激起主体族群的“异族”记忆，从而形成排满风潮，满族政权统治中原汉人的合理性受到质疑。从边疆民族地区来看，打着“一个民族一个国家”旗号的西方列强不断对边疆地区进行利益渗透，诱导当地族群脱离王朝中央政府的管辖。内部的牵制力变弱，而外部又出现了新的利益诱体，先前这些边疆民族地区对于满族政权的认同不可避免地发生了松动。

面对国家认同的衰微，清王朝试图将传统认同资源进行重新拼接，加以西方世界的技术文明，重建国家认同，即在保留传统文化优越性和王朝存在合理性的基础上，接受西方的器物文明，排斥制度文明。其突出表现是以洋务运动为背景的“中体西用”模式。但随后甲午之战的惨败证明此种重建国家认同的失败，其明显的例证是战败不但没有加强己方凝聚力，反而出现了向日本学习的高潮。这种情况正如列文森所说，“体用模式是一种谬误，近代技术之用不可能保卫中国之体，而只能改变社会，从而使老体多了一个竞争对手而不是一副盾牌”①。可见，此时辨别夷、夏落后、先进与否的决定性因素已不是儒家的文化至上主义，而是“进步至上主义”，日本及西方制度文明相对于王朝国家的进步性得到国人的认可。

---

① ［美］列文森著，郑大华、任菁译：《儒教中国及其现代命运》，中国社会科学出版社 2000 年版，第 61 页。

初次重建国家认同努力的失败迫使王朝统治者必须进行更为深层的制度变革以开发出新的认同资源。但甲午以降，重建国家认同有了更多的困难。其一，中外冲突与一系列的失败使得外部心理优越性消失，相比之下内部种族、语言、地域的差别凸显出来。其二，庚子之役使王朝半殖民地化，王朝的政治权威进一步弱化，不但失去了国家认同对象的地位，且随着地方分离倾向的加强，对地方的统合力日渐式微。缘此，再建国家认同必须克服这两方面困难，即重新树立非种族性的、均质地施于全部疆域的、能够得到国人认同的政治权威，欲达此目的唯有对王朝政制架构及中央对地方的统驭机理进行深度变革，将统一的国家权力作为国家认同的符号。清王朝的办法是在全国范围内推行颠覆传统体制的新政改革。

清末新政对传统中央、地方政制进行了变革，通过加强中央各部对地方事务的垂直管理重构了央地关系，并借此将国家权威渗透到地方。新政重建了中央政权的政治权威，这与华夏中心观中整体国家观念一致，容易被民众接受进行政治动员。国家权力是国家认同的基础，国家认同在很大程度上表现为对国家权力的归依，即服从国家权力或者利用国家赋予的权力谋求自己的利益。而让各阶层民众归依国家权力的基本前提是国家权力的渗透。中央政府只有将有效权力渗透到全部疆域，改革国家的国体与政体，重构中央与地方的政治体制，铸造全新的国民，在全国范围内实施大体相同的体制，疆域的各组成部分才能同处于中央政府的统治之下。在这方面，新政通过权力渗透重建了中央权威，从而使国家认同从观念符号上升为国家制度建构层面。

从王朝再建国家认同的脉络来看，再建国家认同的过程也是对疆域进行统合的过程[①]。与清中前期的情况类似，此时王朝通过实施新政，中央与地方再次实现了一个双向互动，一方面将原有疆域构造中的特殊地方改造成行省体制，并通过新体制与中央政制的纵向连接及建立官绅合作的新模式，将国家权力渗透到基层；另一方面通过权力渗透和由国家主导的国民教育体系的确立，国民对国家权力的归属和认同得到加强。疆域构造既是地理概念也是政治概念，清王朝实施新政和再建国家认同的努力实际上是从政治空间层面加强疆域各部分对于王朝中央政权的向心力，达到中央政权对疆域各部分实现有效统治和国民认同中央政权的目的。这一历史脉络在边疆新政中有非常突出的体现。

## 三、边疆新政与对边疆地区的再统合

从统合疆域的角度来看，清末新政可分为内地与边疆两部分，边疆新政作为一个整体，较诸内地行省，清朝中央政府倾注了大量精力。内地行省的地方主义虽盛行于清末，但彼时央地矛盾仍属于传统政治体制内的权力斗争，没有突破中央政府设定的政治改革框架，当然也不会造成分裂。边疆地

① 关于清朝末期的疆域统合，茂木敏夫的研究较具代表性。他认为在统合过程中，清朝首先将以往版图的分界线绝对化为国境线（即通过近代条约体系确定的东北和藩部的外缘），进而在其内侧将中央权力不分浓淡地均匀地覆盖全部疆域，包括过去实行异质统治的东北和藩部，实现国家形态由传统向近代的转变（参见［日］茂木敏夫著，孙江译：《清末近代中国的形成与日本》）。本文在借鉴茂氏观点的基础上，认为清末疆域统合是指中央政府以将有效权力渗透到全部疆域为目的，改革国家的国体与政体，重构中央与地方的行政体制，铸造全新的国民，使疆域的各组成部分同处于中央政府的统治之下，实施大体相同的体制。

区则不同，他们一旦形成离心趋势，则极易造成国家的分裂。因此，在边疆地区实行有别于传统统合疆域方法的新政改革，重新统合边疆，就显得尤为重要。

本文的边疆包括东北三省、蒙古、新疆、西藏、云南、广西等地区。以上六个地区大体可分为三类：（1）东北三省——“满洲故地”，被王朝统治者视为疆域的核心；（2）云南、广西——边疆行省；（3）蒙古、新疆、西藏——传统藩部。边疆新政内容涉及地方政制、财政、教育、垦荒等诸端，但各地区并非整齐划一，而是各有侧重。东北新政尤其是东北改设行省，侧重点在于祛除东北边疆“满洲故地”的种族属性，对内渗透中央权力，对外与日俄争国家主权；云南、广西新政与内地行省新政内容大致相当，但相同的改革内容施诸边疆省份，较之内地则多了一层抵御外部势力渗透，将该地区重新统于中央政府之下的含义；传统藩部的新政，则致力于增强当地民族的国家认同和该地区的向心力，避免这些地区在周边列强势力的诱导下从疆域中分裂出去。

具体而言，政体改革尤其是东北的政体改革，是清朝重新建构或修补自己的以民族为界的多元型帝国构造、确认主权领域范围的重要举措，是清朝再界定旗人与民人的关系，抛弃以往让各族群互相牵制的政治体制和统治原理，彻底放弃“满洲”民族政权性质的标志。应该说，东北政体改革的过程就是清朝放弃“祖制”并力图复兴“祖业”的过程，同时也是确认主权领域和铸造国民，建立近代民族国家政治体制的过程。在这个过程中，东北地方在王朝疆域构造中的特殊性开始消解，在疆域属性上实现了与内地同质，为国家权力的普及扫除了障碍，标志着东北与内地一样，都是国家领土主权的构成部分。

地方自治是清末新政的重要内容之一，施行于大部分行省。清初至清中期，士绅阶层逐渐泯灭了“华夷之辨”思维，成为基层社会的控制力量。至清末，官权开始染指基层社会的控制权，其方法是在剔除传统由士绅主导的基层治理模式的基础上，创建了由官权主导的地方自治制度，开始有计划地利用士绅，将士绅吸收进这一制度，实现了官与绅的联合。同时，绅权由官权给予，官权则通过向士绅让渡有限的权力实现向下渗透权力和对州县以下基层的有效治理，突破了传统王朝国家权力的纵向渗透深度。

财政改革的出发点是将地方之财权集于中央，财政集权是政治集权的表现。其划分国地两税、实行预算，为中央政府重新理顺中央与地方的财政关系，插手地方财政事务，掌控全国财权创造了机会，也是清政府向下渗透权力、向上集中权力的重要举措之一，其中中央政府与地方政府之间的争论往还、讨价还价的过程尤为值得关注，它反映出清末中央—地方权力格局的实态，也是评估清政府通过新政统合疆域实效的重要指标；另外，边疆新政中的财政改革实行与内地相同的财政制度，税收统一到国家，这虽然有经济榨取的成分，但其意义不仅在于支持财政，更在于可以加深当地人民的国家意识。

教育改革一方面通过新设西式教育体制和改造传统教育模式，将国家意志、国家权力渗透进整个国民教育领域，实现了国家对教育权的掌控；另一方面将传统儒家伦理灌输进新式学堂，通过对传统教育模式的改造达到普及国民教育，增强各民族的国家认同的效果。

杜赞奇认为国家权力在现代中国的扩张涉及一个双面的过程：一是渗透

与扩张的过程，一是证明此种渗透与扩张过程的合法性[①]。本文认为这一观点适用于清末新政。从以上诸种新政措施来看，清末新政时期国家权力的渗透和扩张通过政体改革、地方自治和财政改革得以实现，而这种渗透的合法性则通过国民教育即各民族国家认同的建立获得[②]。

总而言之，从内容来看，清末新政不能不说是清王朝在其统治行将落幕之际顺应时代之举。王朝统治者试图通过模仿某些近代西方民族国家的政治制度和治理模式达到在整个疆域范围内重建国家认同和中央统治权威的目的，应该说，这在一定程度上促进了中国由传统王朝国家向近代民族国家的转变。但从效果来看，武昌一役彻底终结了清王朝重新统合疆域的进程，其后的军阀纷扰和边疆地区的游离甚至独立，说明清末疆域各组成部分的离心趋势已积重难返，新政也无法使疆域回到清初的一统状态。

---

① ［美］杜赞奇著，王宪明译：《从民族国家拯救历史：民族主义话语与中国现代史研究》，社会科学文献出版社2003年版。

② 当然，清末边疆新政内容绝非只有以上诸端，本文主旨在于梳理清朝从“大一统”到清末新政的统合疆域方式变迁的过程，因此，从研究内容构成来看，并未涵盖边疆新政的全部内容，如实业、商务、军事改革等并未进入本文的视野。

# 从先秦"王畿"到近代民族国家[①]
## ——论中国传统"国家安全观"的流变与转型

张永攀[②]

"国家安全"是国家存在的命运基石，其内涵随时代发展而变化。从现代政治学语义而言，"国家安全"是从强调免受军事威胁和政治胁迫的简单定义演变而来的[③]，通常被理解为一个国家动员力量，以保证其领土完整，或成功防御外来侵略以及内部危害国家行为之状态。美国学者沃尔特·李普曼（Walter Lippmann）最早将"国家安全"定义为："一个国家在不必为了避免战争而牺牲其合法利益的时候就拥有安全，并且能够在受到挑战的情况下通过战争维持它们。"[④]《中华人民共和国国家安全法》将之定义为："国家安全是指国家政权、主权、统一和领土完整、人民福祉、经济社会可持续发展和国家其他重大利益相对处于没有危险和不受内外威胁的状态，以及保障持续安全状态的能力。""国家安全观"是反映客观的国家安全状态的一种观念

---

① 本文原发表于《国际安全研究》2021年第6期。

② 张永攀，中国社会科学院中国边疆研究所研究员。

③ Joseph J.Romm，*Defining National Security*：*the Nonmilitary Aspects*，New York：Council on Foreign Relations，2010，p.122.

④ Walter Lippmann，*US Foreign Policy*：*Shield of the Republic*，Boston：Little，Brown and Company，1943，p.51.

和认知，其既可针对普遍概念上的国家安全，也可针对特定而具体的国家安全。学界曾对中国古代的“国家安全观”进行了总结[①]，但并未探讨其发展变化及近代转型。也有一些学者对先秦、辽等断代史上的国家安全思想作了论说，却未讨论“安全观”的流变和近代转型。相比而言，西方研究传统“国家安全观”的体系已经形成，例如巴里·布赞（Barry Buzan）与琳娜·汉森（Lene Hansen）出版的《国际安全研究的演化》（*The Evolution of International Security Studies*）[②]，对西方的国家安全思想演变进行了深入梳理，但中国学界对中国古代“国家安全观”发展及其特征的研究还有待进一步探讨[③]。本文意图对之有所弥补。

---

① 参见刘江永：《中国历史上的国家安全思想与经验教训》，《太平洋学报》2004 年第 8 期；刘伟：《先秦时期国家安全思想述论》，《国际安全研究》2019 年第 5 期；魏志江、陶莎：《辽帝国的国家安全思想研究》，《国际安全研究》2019 年第 5 期；黄朴民：《简论中国历史上的安全观念及其战略》，《军事历史研究》2001 年第 1 期；钟少异：《中国历代国家安全战略思想论要》，《中国军事科学》2007 年第 6 期；刘跃进：《当代国家安全理论视角下的中国古代国家安全思想》，《中国人民公安大学学报》2013 年第 3 期；萧大维：《先秦国家安全思想初探》，《滨州学院学报》2007 年第 5 期；王柏松：《先秦国家安全思想及其当代借鉴价值》，《管子学刊》2011 年第 2 期；尹朝辉：《中国古代国家安全战略思想的借鉴价值》，《理论探索》2013 年第 5 期。此外，学术专著参见刘跃进：《为国家安全立学：国家安全学科的探索历程及若干问题研究》，吉林大学出版社 2014 年版；韦祖松：《帝国生存环境的诠释——北宋国家安全问题研究》，范立舟、曹家齐主编：《张其凡教授荣开六秩纪念文集》，上海人民出版社 2009 年版，第 764 页；《安邦大略——中国历代国家安全战略思想论析》，军事科学出版社 2007 年版；彭清寿等主编：《中国历代治国安邦方略集要》，海洋出版社 1993 年版（本书将历代有关国家安全的史料加以辑录）；田广清：《治国古鉴》，四川大学出版社 1991 年版（本书对历代治理思想进行了梳理）。

② ［英］巴里·布赞（Barry Buzan）、［丹麦］琳娜·汉森（Lene Hansen），余潇枫译：《国际安全研究的演化》，浙江大学出版社 2011 年版。

③ 例如，刘跃进先生就提出要加强此领域的研究。参见刘跃进：《为国家安全立学：国家安全学科的探索历程及若干问题研究》，吉林大学出版社 2014 年版，第 8 页。

## 一、古代“国家安全观”的概念与发展

当代政治学概念的“国家安全”（National Security）是李普曼在20世纪40年代提出的。此后，汉斯·摩根索（Hans Morgenthau）、阿诺德·沃尔弗斯（Arnold Wolfers）、斯蒂芬·沃尔特（Stephen Walt）、肯尼思·华尔兹（Kenneth Waltz）又对此学术定义做过发展。从其含义来看，National Security翻译为“国家安全”是没有疑问的，但学术界认为是李普曼于1943年首次提出“国家安全”的概念，笔者认为此说法还是值得商榷的[①]。笔者认为，“国家安全”概念的出现早于李普曼，至少在1816年，在牛津大学出版的《国家建立、国家安全对什一税减免的影响》就提出了国家安全的概念。[②]中国学术界普遍认为，虽然在中国古代并无“国家安全”一词，但有关“国家安全”及其观念的内涵、内容在历代史籍、兵书、经书中层出不穷，譬如“国之安危”“社稷已安”“国有七患”“居安思危”都是针对国家政体的安全而言的，这些概念大多以政治安全和军事安全为主。

我们当下探讨“国家安全”，应注意古代中国与近代中国之间关于“国家”概念的联系与区别，尤其要厘清所涉“国家”含义的古近代差别。关于“国家”概念，“一般来说，‘国家’有两种含义：一种是由政权统辖的一定地域连同其上的人民，所谓‘国家者，士民之居也’，即是此义。人们所说的‘祖国’实际是指自己祖辈所居的地域和其上的人民。另一种是政权机构，恩

---

① 杨振姣、王斌：《中国海洋生态安全治理现代化研究》，中国海洋大学出版社2017年版，第1页。

② William Edmeads，*National Establishment*，*National Security or the Thoughts on the Consequences of Commuting the Tithes*，London：Oxford，p.1816.

格斯谈国家起源时所说的‘公共权力机关’，一般的政治学说中作为研究对象的‘国家’，即是此义”[①]。所以，我们在讨论古代“国家安全”时的所谓“国家”，限定为第一种意义上的“国家”。在这个语义下，“国家”是天下、邦国的代称，“人有恒言，皆曰天下国家，天下之本在国”[②]。由此，古代的中国“国家安全”是对“天子统治”之下的国土和政体形态而言的。

对比近代语义上的“国家安全”，古代中国所遭受的“国家安全”威胁主要为：国家受周边国外政权威胁；中原王朝受到边疆民族政权威胁；国内政治格局稳定性遭到破坏；天灾、疾疫、饥荒等引发的国家不稳定状态。实际上，从中国统一多民族国家形成的脉络来看，中国从商周到清代中叶前，受到外国的威胁而导致国家岌岌可危的情况并不多见，对国家形成威胁的往往是后面几种因素。

“安全”实质上是人的本能反应，希望维持一种安定的生存状态。早在龙山文化时期，“城域安全”的概念已经初步形成，类似城子崖聚落遗址、陶寺遗址等都出现了围墙。石峁遗址也有明显的安全防御措施。“城域安全”逐步向“邦国安全”“方国安全”演化。王朝国家产生后，古代中国的国家安全，即指历代以中原为主体的“王朝与皇权”安全。从先秦开始，就认为“普天之下，莫非王土，率土之滨，莫非王臣”[③]。“国家安全”本质就是“王朝安全”与“皇权稳固”，即国家属于君王个人。当然，君王与国家之间必须有一个逻辑承受关系，所以“先王有服，恪谨天命”，君权神授，宣传天子以个人代“天”来管理国家。

① 彭丰文：《两晋时期国家认同研究》，民族出版社 2009 年版，第 7 页。

② 《孟子》卷 7，万丽华等译注，中华书局 2006 年版，第 150 页。

③ 程俊英译注：《诗经译注》，上海古籍出版社 1985 年版，第 416 页。

从历史发展而言，先秦时期“国家安全”从天子到诸侯有两个阶段的发展。第一，商与西周时期，天子在国家安全秩序中地位得以不断提升。分封制模式给商与西周的王畿安全带来保障，天子不干涉诸侯治国，不把诸侯完全当臣对待，即《白虎通义》曰：“王者不纯臣诸侯何？尊重之；以其列土传子孙，世世称君，南面而治”[①]。而诸侯在对天子尽到义务后，其“国”内部呈稳定状态，“中国”“四土”“四国”“多方”等共同构建了商周的国家安全模式。但是，商王朝的王畿地区与“四土”结构保证了商王朝的政治结构，就次序而言，“中商”要优先于“四土”[②]。西周分封制度则以“封建亲戚，以藩屏周”，形成小宗服从、拱卫周王大宗的安全模式，相比商朝，天子在国家安全体系里的位置更为重要。所以，商与西周时期，在这种中心尊于四方的模式内，“尚中”就是“国家安全”的实质内容[③]。第二，春秋战国时期，王纲解纽，周王失去原有约束力，“政出方伯”，城邦成为新的多核心政治团体，“国家安全”的概念虽然以周礼滞留于天子，但诸侯国的存亡成为国家安全的实质内容。诸侯争霸、战国七雄以及诸子百家的兴盛让“国家安全观”大放异彩。“南夷与北狄交，中国不绝若线”引发的国家危机与民族交融，以及伴随着战争方式、律令、人口的发展，使民众在“国家安全”中的地位上升，所以孟子发出“得乎丘民而为天子”的声音。但是，由于先秦国家疆土狭小，封建经济限定了国家安全思想的扩展，从“民本”而考虑国家安全在顺序上要弱于“国之大事，在祀与戎”的军事手段。战国时期各国的“安全”基本

① （清）陈立：《白虎通疏证》，中华书局 1997 年版，第 320 页。

② 萧大维：《先秦国家安全思想初探》，荆强主编：《孙子兵学年鉴 2007—2008》（总第 4 卷），山东省地图出版社 2008 年版，第 314 页。

③ 邓国军：《空间方位观念与商周王朝秩序》，《中山大学学报》2020 年第 3 期。

上依赖于军事政体手段来维系，“国家安全”的状态始终依赖其政治统治范围的疆域消长。

秦汉始行帝制，皇权得以加固，法家与儒家思想成为维护国家安全的重要基石，它们普遍认为广纳贤士、兼并他国，对消除国家安全危机、建立政权伟业有着重要维持作用。如李斯《谏逐客书》即言：“王者不却众庶，故能明其德；是以地无四方，民无异国，四时充美，鬼神降福，此五帝三王之所以无敌也”；“今逐客以资敌国，损民以益仇，内自虚而外树怨于诸侯，求国无危，不可得也”[①]。李斯期望以“法”实现“国家安全”，“法修术明而天下乱者，未之闻也”[②]。这种观念对于后世的“外儒内法”模式产生了重要影响。汉代鉴于秦法苛暴致使国亡于农民起义的教训，在“国家安全观”上重视儒家贾谊所提倡的民心思想，“夫民者，至贱而不可简也，至愚而不可欺也。故自古至于今，与民为仇者，有迟有速，而民必胜之，所以，民无不为本也，国以为本，君以为本”[③]。同时，以儒家为代表的“天人三策”将天命系统学术化，儒家思想混合着法家安国思想，主张约束诸侯，否则“欲为治安，虽尧舜不治”。同时，针对国家内部安全，制定了一系列危害安全的法令与罪名：反逆罪、大逆罪、群意罪、降敌罪、投书罪。针对国家外部安全，晁错《守边备劝农力本疏》、《言兵事疏》与《安边疏》体现的“守边之策”为之后中原政权防御北方游牧政权的入侵提供了重要启发。

---

① （秦）李斯：《谏逐客书》，（清）姚鼐：《古文辞类纂》，上海古籍出版社 1998 年版，第 137 页。

② （秦）李斯：《论督责书》，（清）姚鼐：《古文辞类纂》，上海古籍出版社 1998 年版，第 139 页。

③ （西汉）贾谊：《新书校注》，阎振益、钟夏校注，中华书局 2011 年版，第 339 页。

魏晋南北朝时期，南北对峙，士族门阀势力强大，王朝的“安全”寄托于豪强与士族。汉代以来以严峻刑罚维持国家安全的法律制度也进一步走向理性和人道。儒学颓衰，道、法抬头，连年不断的战争导致人民推崇隐逸，讲求黄老，清静无为，国家安全观念颇有特色。例如，在治国上，“省吏不如省官，省官不如省事，省事不如清心”①，为国者要“以清净为基”，尽管由“清谈”“无为”导致的国家覆灭现象屡见不鲜，但从完善国家制度建设上，三省制、监察制、九品中正制、均田制为维系国家安全起到积极作用。由于受到北方边疆政权的侵扰，晋人在国家安全观上，还企图以礼学来规范疆域内外的秩序，以实现政治安全。就经济而言，魏晋时期，北方游牧民族汉化加剧、土地与人口的捆绑式集中，是维护国家安全的一个主要手段。而北方部落联盟向中原王朝政权模式逐步过渡，进入国家化的进程，在国家安全观上继承中原王朝，甚至在其“胡人”君主身份转变后，以中原继主的身份，重新考量边疆游牧部族对王朝的安危影响，例如封裕就向前燕皇帝慕容皝上书言策：“有句丽、百济及宇文、段部之人，皆兵势所徙，非如中国慕义而至，咸有思归之心。今户垂十万，狭凑都城，恐方将为国家深害，宜分其兄弟宗属，徙于西境诸城，抚之以恩，检之以法，使不得散在居人，知国之虚实。”② 该策被慕容皝完全采纳实行。

隋唐时期，中国进入空前稳定繁荣局面，三省六部制、唐律、御史台的建立，标志着中央集权制度的进一步完善，为国家安全起到坚实的支撑作用。唐朝重视君臣关系在国家治理中的作用，有言：“君者，所以牧人也；臣者，

① （北宋）司马光：《资治通鉴》第二册，邬国义校点，上海古籍出版社 2017 年版，第 862 页。

② （唐）房玄龄等：《晋书》卷 109，中华书局 1975 年版，第 2824 页。

所以佐君也。君不养人，失君道矣；臣不辅君，失臣任矣。任人者，诚国家之基本，百姓之安危也。”[①]但唐代边疆战争、藩镇割据是危害国家安全的两大因素，这也促使唐朝面对强大的突厥、吐蕃、薛延陀等势力而建立府兵制度，注重军队在维护国家安全中的核心功能，“边陲之戍，用保封疆。禁卫之师，以备巡警。二者或阙，则生戎心。国之大防，莫重于此”[②]。在武则天执政时期，因为国库空虚，时有“天生四夷均在先王封疆之外”的观念，建议从国家安全考虑，撤销边疆地区的镇戍，减少对边疆地区的征讨战争，加快与吐蕃等的和谈。譬如狄仁杰向武则天提出，“近者国家频岁出师，所费滋广，西戍四镇，东戍安东，调发日加，百姓虚弊。开守西域，事等石田，费用不支，有损无益，转输靡绝”，[③]准备撤销安西四镇，这种防御性“国策”是与吐蕃在西域、河西走廊势力扩张相关的。虽然唐朝因募兵制导致的地方割据危及中央安全而衰落，但其从“贞观之治”到“开元盛景”，已体现出国家从丝绸之路经济制度、边疆都护制度、科举制度、宗教制度等多个方面来总体维护“国家安全”的意味。

宋朝整合了五代十国时期的中国乱世，自称“帝王以天下为心”，非常看重人文观念在维持“国家安全”中的作用，认为“人民，本也；疆土，末也”。宋朝对于军事不太关注，在国家对外安全上实行了消极防御的策略，这一时期代表性的思想有钱若水《守边策》提倡“安边”“来则掩杀，去则勿追”，“一曰择郡守，二曰募乡兵，三曰积刍粟，四曰革将帅，五曰明赏罚”。面对北方边疆政权对宋的国家安全威胁，宋朝采取了保守、和谈的防御之策。

① （后晋）刘昫等：《旧唐书》卷 87，中华书局 1975 年版，第 2850 页。
② （唐）陆贽：《陆贽集》，刘泽民点校，浙江古籍出版社 2013 年版，第 106 页。
③ （后晋）刘昫等：《旧唐书》卷 89，中华书局 1975 年版，第 2887 页。

不可忽视的是，游牧与农业相结合的中国北方政权辽国还“探索出了一套以因俗而治和一国二元体制为制度框架的国家政治和以农耕与游牧并重的国家安全思想，以国制治契丹，以汉制待汉人”[①]。元朝进一步促进了中华民族的大融合，其推行的行省制度、驿传制度、屯田制度、土司制度等对维系国家安全有着重要意义，特别是对边疆民族地区的治理手段，为明清时期中华民族多元一体格局的形成，以及近代意义的“中国安全”起到基础作用。明代维护国家安全，对外主要是完善北部边疆防御体系、开展国际交流、扩展南部海洋实力、建构海防设施，对内则大兴厂卫制度，但最终亡于因“财政安全”失效而引发的农民起义。

有清一代，国家安全总体构架进一步完善，平定三藩、收复台湾、平定准噶尔叛乱、设立驻藏大臣、伊犁将军，中央集权制发展到新的顶点。“兴黄教以安众蒙古”等闪光的安全思想频现，从其疆域变动的历程来看，体现了以拓展求安全的特点。但在晚清，针对西北边疆危机和海洋危机，发生了“塞防与海防”之争，虽然历史证明，塞防与海防都同等重要，但1874年日本侵略台湾，大大震动了清廷，李鸿章急奏《筹议海防折》，称“今则东南海疆万里余……一国生事，诸国构煽，实为数千年来未有之变局……又为数千年来未有之强敌”[②]。事实上，由于清朝的政治腐败、闭关锁国，面临西方列强入侵以及社会革新思潮的涌起，无论对外的“塞防”还是“海防”，甚至对内的维新立宪、演练新军等系列政治变革，均再也无法维持千年来封建王朝的“安全体系”。

---

① 魏志江、陶莎：《辽帝国的国家安全思想研究》，《国际安全研究》2019年第5期。

② （清）李鸿章：《筹议海防折（同治十三年十一月初二日）》，《李鸿章全集·奏议六》，安徽教育出版社2008年版，第159页。

需要注意的是，中国古代国家安全观的核心可分为政治安全和军事安全两方面内容，这两方面内容始终是王朝国家安全的重点。国家安全的核心是维护国家主权和国家利益，保证政治安全和军事安全。判断“国家安全”是否遭到威胁，主要是看国家是否面临内外部的政治和军事风险。如果按照国家四要素理论——一定的领土，一定的人民，一定形式的政府，不可动摇的主权、军事和经济——来判断构成国家的主要内容是否安全，可能也比较科学[①]。另外，古代的国家安全观也并非单一思想即能体现的，历朝前后期的安全形势与挑战有很大的不同，其思想认知也丰富多彩，呈现出一种立体和多维的形态。需要注意的是，古代国家安全中“经济安全”的表征并不突出，尤其针对北方边疆少数民族政权的向南推进，中原政权更重视对它们的防御，因而往往不顾自身财力与民生，大兴土木，导致国力耗空而政权倾倒。虽然古人也曾对政治安全、军事安全、经济安全和文化安全之间的关系提出深思，特别对“居安思危”“战争与和平”与“民本”思想有着深刻认识，但总体而言，“中国古代特定的社会存在奠定了中国古代国家安全的总基调”[②]，未形成“总体国家安全观”。

## 二、古代“国家安全观”的特征与核心

历朝历代有关安全观的奏议、言辞等内容极为丰富，这些内容均带

① 韦祖松：《简论中国古代国家安全的几个问题》，范立舟、曹家齐主编：《张其凡教授荣开六秩纪念文集》，上海人民出版社2009年版，第764页。

② 赵明旸：《总体国家安全观与中国古代国家安全思想》，《西部学刊》2020年1月下半月刊，第23页。

有明显的特征。有学者认为中国传统的国家安全观和思想的鲜明特征，一是整体性，二是注重防御性，三是倡导忧患意识[①]。笔者认为这基本能够体现古代国家安全观的特征，而且这三个因素可统一为一个体系，即有备无患，具有防御性的中国古代整体“国家安全观”。当然，这种整体安全观需放在“天下皆归君王所有”这个条件中。一旦“天下”格局在近代被打破，以皇权为中心的安全观体系迅速被打破。如果从涉及国家安全的“君”“民”“军”“政”“体”几个方面来观察，有四个特征。

### （一）“国家安全”与“天子”“臣民”的能动性存在依附关系

国家安全的概念是社会科学中的比较模糊和受价值影响的术语，但其与政治学是不可分割的，“国家安全”与人的政治行为则紧密相连。

第一，“国家安全”始终与君王贤能与否、臣之理政能力以及“君臣关系”紧密相连。对于“君”而言，先秦《六韬》就提出，“君不肖，则国危而民乱；君贤圣，则国安而民治”，管子认为“凡治乱之情，皆道上始”，国家的乱象始于上层。反之，如果“天下有道，则庶人不议”。法家学派的慎子还认为，人民治理的好坏在于上层，国家安定或危险的关键在于政策是否合理，提出了“汤、武非得伯夷之民以治，桀纣非得跖蹻之民以乱也；民之治乱在于上，国之安危在于政”[②]。汉代谷永批评成帝滥用民力，“王者以民为基，民以财为本，财竭则下叛，下叛则上亡”，认为皇帝积失君道，不合天意，“王者必先自绝，然后天绝之”，“臣闻天生蒸民，不能相治，为立王者以统理之，

① 寿晓松：《安邦大略——中国历代国家安全战略思想论析》，军事科学出版社2007年版，序言。

② （战国）商鞅、韩非：《商君书》，张觉点校，岳麓书社2006年版，第293页。

方制海内非为天子，列土封疆非为诸侯，皆以为民也……明天下乃天下之天下，非一人之天下也”[①]；除了“君王”，国家体系内的“臣”对于“国家安危”也颇为重要，尤其是法家认为“官之失能者其国乱”，官员无能，国家必危险。汉代李寻认为，“士者，国之大宝”，国家“唯有贤友强辅，庶几可以保身命、全子孙、安国家”。[②]也有观念认为，“贤”是一个动态的过程，国家安定时，贤者就易求得，国家亡败时，则难以觅得，“有国者皆欲求忠以自辅，举贤以自佐；而亡国破家者相继，皆由任失其人”[③]。陆机认为，君臣要有“同甘共难”，社稷才安，“是以其安也，则黎元与之同庆；及其危也，则兆庶与之共患。安与众同庆，则其危不可得也；危与下共患，则其难不足恤也。夫然，故能保其社稷而固其土宇”，名句“《麦秀》无悲殷之思，《黍离》无愍周之感”即来源于此[④]。

第二，国家安全与“君王”是否仁义密切相关。“仁，亲也”，“义，宜也”。历史上关于汉楚争战而楚亡的议论非常经典：“惟仁义足以得天下心，三王是也。”[⑤]汉代被武帝推崇的公孙弘还将“仁”列为国君“四要”必需的第一个条件，“仁者爱也……得其要，则天下安乐，法设而不用；不得其术，则主蔽于上，官乱于下”[⑥]。汉代匡衡还建议，君王要远离奸佞之人，以防止其

① （东汉）班固：《汉书》卷85，中华书局1962年版，第2352页。

② （东汉）班固：《汉书》卷75，中华书局1962年版，第3192页。

③ （北宋）王钦若等：《册府元龟》卷528，凤凰出版社2006年版，第2000页。

④ 《史记》称：“宋微子世家”云：“箕子朝周，过故殷虚，感宫室毁坏，生禾黍，箕子伤之，欲哭则不可，欲泣为其近妇人，乃作《麦秀之诗》以歌咏之。其诗曰：‘麦秀渐渐兮，禾黍油油。彼狡僮兮，不与我好兮！’所谓狡童者，纣也。”参见（西汉）司马迁：《史记》卷38，中华书局1975年版，第1621页。

⑤ （南宋）张栻：《张栻集·下》，邓洪波校点，岳麓书社2017年版，第634页。

⑥ （东汉）班固：《汉书》卷58，中华书局1975年版，第2616页。

乱国家，否则“如当亲者疏，当尊者卑，则佞巧之奸，因时而动，以乱国家。故圣人慎防其端，禁于未然，不以私恩害公义。陛下圣德纯备，莫不修正，则天下无为而治”①。就连诸葛亮在《出师表》中也直接言，“天下三分，益州疲敝，此诚危急存亡之秋也……亲小人，远贤臣，此后汉所以倾颓也”②。

### （二）“国家安全”与礼法秩序、政治制度、军事战略统合存在构建关系

“国家安全”作为政治权力组织建立国家机器状态，必须以具体的制度体系进行保障。中国古代一般强调以礼法、政治统治、军事战略而多维构建这一保障体系。

第一，倡导“礼法”和“国家安全”之间的关系。礼法的本质是一种政治统治的秩序，先秦认为礼法对国家政权的稳定有极其重要的作用。儒家认为，“人之命在天，国之命在礼”，是否实行礼法，是国家安全的最根本要义。特别是荀子倡导“人之命在天，国之命在礼”，形成“天人相分”的命题，而对于国家安全而言，“四海之内若一家。故近者不隐其能，远者不疾其劳，无幽闲隐僻之国”。对于礼法秩序，《尚书》认为，“惟彼陶唐，有此冀方，今失厥道，乱其纪纲，乃底灭亡”。

《礼记》也提出，“大臣法，小臣廉，官职相序，君臣相正，国之肥也”，认为君臣彼此相互认清自己的位置，国家就安稳，而“为君不君，为臣不臣，乱之本也”③，为臣者，虽然利于国，但又不能位高权重，破坏君臣秩序。此

① （西汉）匡衡：《论治性正家疏》，（清）姚鼐：《古文辞类纂》，上海古籍出版社1998年版，第190页。

② （西晋）陈寿：《三国志》卷35，中华书局1975年版，第919页。

③ （战国）左丘明：《国语》，上海古籍出版社2015年版，第162页。

“大臣太重者国危”，本质上是强调礼法对国家安全的重要意义。再如，一些对社会风俗的规范，也与“礼”密切相关，要求社会风俗规范在礼法秩序之下，“父父，子子，兄兄，弟弟，夫夫，妇妇，而家道正；正家而天下定矣”，建立了这样的社会风俗规范，国家才安全。

第二，重视“国之废兴，在于政事”。即国家出台具体治理制度，才能消除对国家安全形成威胁的因素。从中国古代的分封制、宗法制、郡县制，到具体的刺史制、节度使制、行省制、三司厂卫、军机大臣制度等，本质上是始终围绕“国家安全”而出台的政治制度。另外，一些具体的管理制度，也与国家安全密切相关，例如，对皇权形成威胁的宫廷制度，一直处于不断完善、改进的过程中。早在秦统一六国之际，就特别重视外戚威胁皇权，汉时还有人针对王氏家族专权提出谏言，“如下有泰山之安，则上有累卵之危。陛下为人子孙，守持宗庙，而令国祚移于外亲，降为皂隶，纵不为身，奈宗庙何？”[①] 再如，诸侯乱国也是影响国家安全的隐患，汉代“推恩令”的出台，从源头上瓦解了刘氏封国对国家安全的威胁，削减了地方分权，所以汉之后，对中央权力形成威胁的诸王叛乱事件大为减少。

第三，以军事作为保卫国家安全的最直接手段，特别是国家安全遭受武力威胁和破坏时。早在部落联盟时期，黄帝“习用干戈，以征不享”，诸侯宾从，建立了秩序，保障了安全。《孙子兵法》称“兵者，国之大事，死生之地，存亡之道”，更是道出了军事在国家中的重要地位。尤为可贵的是，古人认为以军事保障国安，要注重“柔弱刚强，兼而制宜”，《逸周书》还提到“善战不斗。故曰柔武，四方无拂，奄有天下”，即不动武，就可以大治天下。

---

① （东汉）班固：《汉书》卷36，中华书局1975年版，第1961页。

还有“能柔能刚，其国弥光；能弱能强，其国弥彰；纯柔纯弱，其国必削；纯刚纯强，其国必亡”等句[①]。可以说，时人很明白地看到了“能柔能刚”“能弱能强”在国家安全治理中的重要性，若一味地强调“纯柔纯弱”“纯刚纯强”，则国亡兵败[②]。《司马法》中“国虽大，好战必亡；天下虽平，忘战必危”[③]的论述，还表达了战争与国家安危之间的辩证关系。此外，军事将领对于国家安全也极为重要。《孙子兵法》认为，“夫将者，国之辅也。辅周则国必强，辅隙则国必弱”[④]。“知兵之将，生民之司命，国家安危之主也”[⑤]，“夫将者，国之命也。将能制胜，则国家安定”[⑥]，“安边境，立功名，在于良将”[⑦]，说明了军事将领对国家安危的重要性。

（三）民本思想与“国家存亡”之关键

古人认为，人民作为生产资料的制造者，是统治者生存的基础，治国的根本在于人民，即“民本”思想。民本思想与国家安全之间的关系晚于商朝才出现。商朝崇尚尊神拜鬼，“殷人尊神，率民以事神，先鬼而后礼”[⑧]，把鬼神与国家长治久安放在一起。但随着时代的发展，知识的积累，周朝已现

---

① （西汉）黄石公：《六韬·三略》，王玲编译，三秦出版社2008年版，第115页。

② 李瑾、咎金生：《中外军事思想与战争实践》，苏州大学出版社2017年版，第83页。

③ （西汉）司马迁：《史记》卷112，中华书局1975年版，第2954页。

④ 杨丙安：《十一家注孙子校理》，中华书局1999年版，第56页。

⑤ 杨丙安：《十一家注孙子校理》，中华书局1999年版，第39页。

⑥ （清）纪昀：《四库全书精华》，吉林大学出版社2009年版，第53页。

⑦ （东汉）班固：《汉书》卷49，中华书局1975年版，第2279页。

⑧ （东汉）郑玄注，孔颖达疏：《礼记正义》卷54，中华书局1980年影印版，第1642页。

“民惟邦本”的思想，认为民意与国家安全之间的关系更为重要，“皇祖有训，民可近，不可下。民惟邦本，本固邦宁”[①]。甚至，孟子直接提出“民为贵，社稷次之，君为轻”[②]这样被司马迁诟病、为皇权侧目的言论。即使是以法家安国的韩非子，依然主张在君主专制之外，要以民本公正、民利公正、民权公正、民法公正，国家政策要宜于民众，“利民萌，便众庶”，甚至称“德上下交盛而俱归于民”。东汉晚期的《太平经》提出若无百姓，君臣根本无法治国，“君少民，乃衣食不足，令常用心愁苦。故治国之道，乃以民为本也。无民，君与臣无可治”[③]。

唐王朝是中国古代的鼎盛时代，唐皇权吸取了隋亡教训，认识到，一旦民心相背，则必失去天下，贞观之治就体现了民本思想与国家安全之间的紧密关系。唐太宗尊崇荀子的“载舟之水亦覆舟”思想，认为人君为舟，百姓为水，“舟所以比人君，水所以比黎庶，水能载舟，亦能覆舟”。[④]甚至在民族差别很大的元朝，民本与国家安危之间的关系也一再被强调，“国家之与百姓，上下如同一身，民乃国之血气，国乃民之肤体。血气充实则肤体康强，血气损伤则肤体羸病，未有耗其血气，能使肤体丰荣者。是故民富则国富，民贫则国贫，民安则国安，民困则国困，其理然也”[⑤]。实质上，民本的核心是让百姓生活富裕、为民谋福利、谋安全保障。古代物质财富匮乏，生产力低下，财富对于百姓的生存至关重要，民的富裕和贫穷，直接决定着国家是否“安全”。汉代徐乐就

---

① 李民、王健：《尚书译注》，上海古籍出版社 2004 年版，第 37 页。

② 杨伯竣：《孟子译注》，中华书局 1960 年版，第 17 页。

③ 王明：《太平经合校》，中华书局 1960 年版，第 150 页。

④ （唐）吴兢：《贞观政要译注》，裴汝诚等译注，上海古籍出版社 2016 年版，第 198 页。

⑤ （明）宋濂：《元史》卷 168，中华书局 1975 年版，第 3944 页。

认为，“民困而主不恤”，“下怨而上不知”，底层（民众）的“土崩”会引发上层（国家）的“瓦解”，实质上指的就是事关“国家安全”的“天下之患”“在土崩，不在瓦解”[①]。正如《元史·陈天祥传》感叹道，历朝历代，因百姓富安“以致乱”，百姓困穷“以致治”，“自有天地以来，未之闻也！”[②]

### （四）“国家安全”概念中的“外”与“内”

若古代国家内为太平盛世，外为四方来朝，其安全压力自然就减轻。古代中原王朝“国家安全”中的“外”的含义，一可以视作周边少数民族边疆政权，二可以视作在中原王朝朝贡体系之下的“外藩”以及其他政权。从第一点来看，对边疆游牧政权的战争，构成中原王朝维护国家安全的重心，历朝历代对此有大量安全之策。从第二点来看，古代中国朝贡体系是一种安全秩序，共同构筑了“华夷整体安全观”，安全中的“守内制外”是一种以“中国”为“中心”而持续、柔和的安全观。由此，中原王朝极少对域外的强大政权发动战争，此即所谓“划疆自守，不事远图”[③]。实质上，朝贡体系对中国古代维系国家安全发挥过积极作用，在“华夷整体安全观”下，中国古代王朝只要做到四夷怀服，则不设防的安全防御是国家安全的最理想状态[④]。尤其

① （清）吴乘权等：《纲鉴易知录》，管学成等注译，红旗出版社 1998 年版，第 687 页。

② （明）宋濂：《元史》卷 168，中华书局 1975 年版，第 3944 页。

③ 李伯重认为，中国在对外关系上采取保守之策，在于中国自身拥有的资源足以维持富裕。而地理环境也限制了中国的扩张。在国家安全的维护上，远军征讨的成本远远要大于收益。参见李伯重：《火枪与账簿：早期经济全球化时代的中国与东亚世界》，三联书店 2017 年版，第 289 页。

④ 黄纯艳：《朝贡体系与宋代国家安全》，《暨南学报（哲学社会科学版）》2018 年第 2 期。

是明清之后，随着近代中国多民族国家的构建速度加快，中国越来越注重构建与周边国家的“和睦安全”体系，例如明太祖朱元璋自撰《皇明祖训》，要求明朝不得对周边兴兵动武，“四方诸夷，僻在一隅。……吾恐后世子孙，倚中国富强，贪一时战功，无故兴兵，致伤人命，切记不可。但胡戎与西北边境，互相密迩，累世战争，必选将练兵，时谨防之。今将不征诸夷国名，开列于后”[①]。此文被历代明清古籍广为刊刻，对外影响甚大。这在一定程度上有利于明朝在建立之初增强国际上的国家影响力，减少来自海洋的安全威胁。

此外，历代贤者针对国家安全的“内”“外”，辩证地提出了“居安思危”的观念。“外宁必有内忧”即是其代表，《左传》早就提及“惟圣人能外内无患。自非圣人，外宁必有内忧”，东晋面临内外之患时，王羲之提出，“外不宁，内忧已深”，建议不要北伐，“内求诸己，而所忧乃重于所欣”，否则“社稷之忧可计日而待”[②]。

## 三、古代“国家安全观”的局限性

古代的国家安全观，从中华民族构建和人类命运共同体的发展眼光来看，也有部分局限，但学界对之甚少提及。

### （一）重中原而轻“夷狄”

以二元心态对待“中央”与“边疆”，重视少数民族边疆政权对中原政权

---

① （明）朱元璋：《皇明祖训》，《四库全书存目丛书·史部》第264册，齐鲁书社1996年版，第168页。

② （唐）房玄龄等：《晋书》卷80，中华书局1975年版，第2096页。

的“国家安全”的军事威胁，但在文化、观念等“总体安全观”上又轻视边疆民族，导致秦汉开始的郡县制始终在边疆地区无法顺利推行，更无法形成“总体安全观”。中原王朝虽以“天下”来看待国家，但“王者不治夷狄”思想始终根深蒂固。这与“国家安全”中的地域层次差别观念有关。中国历史上，所谓“夷狄”与“中国”的区分导致了多民族统一国家形成过程中长久不断的战争，北方游牧民族多次南下进入中原，甚至早在先秦就发生过“四夷猾夏”、犬戎破镐京之事。中原王朝对“夷狄”虽在“战术”上高度重视，却在战略层面轻视其政治、文化、经济，从而产生了“君子不治夷狄”的思想。先秦有“春秋内其国而外诸夏，内诸夏而外夷狄”的观念，鄙视中原政权以外部族，一面屡遭“夷狄”入侵，一面却始终采用防御守备态度。汉时期，既有卫青、霍去病、赵破奴深入匈奴千里之地等主动保家卫国之举，又有“外而不内，疏而不戚，政教不及其人，正朔不加其国。来则惩而御之，去则备而守之”的被动局面①，但终不能彻底解决北部边疆面临的安全问题。江统在《徙戎论》中，提出迁徙戎狄，以保国家平安：“是以有道之君牧夷狄也，惟以待之有备，御之有常，虽稽颡执贽，而边城不弛固守，强暴为寇，而兵甲不加远征，期令境内获安，疆场不侵而已”②。但历史证明，这个策略也是失效的。

从秦汉到宋代，中原始终在北方或者西北方游牧民族的威胁下，处于繁荣与萧条、和平与混战之间，但“王者不治夷狄”的观念依然持续不绝，直到宋代苏轼还在《王者不治夷狄》中说：“夷狄不可以中国之治治也。譬若禽

① （东汉）班固：《汉书》卷 94，中华书局 1975 年版，第 3834 页。

② （唐）房玄龄等：《晋书》卷 56，中华书局 1975 年版，第 1529 页。

兽然，求其大治，必至于大乱。先王知其然，是故以不治治之。治之以不治者，乃所以深治之也"[①]。苏轼等人主张对边疆民族地区消极治理，可能与他对宋的"文化安全"担忧有关，即所谓"疾夫以中国而流入于戎狄者也"[②]。倡导和谈而鄙视军事开疆的论调在宋代不绝于耳，例如朱台符的《陈边防事疏》颇有代表性，其讥讽秦皇汉武"逞志一时"，主张对敌要采取中道（和谈），"臣闻蛮夷猾夏，《帝典》所载，商、周而下，数为边害。或振旅薄伐，或和亲修好，历代经营，斯为良策。至于秦筑长城而黔首叛，汉绝大漠而海内虚，逞志一时，贻笑万代，此商鉴不远也。顷者，晋氏失御，中原乱离，太祖深鉴往古，酌取中道，与民休息，遣使往来。二十年间，罕闻入寇，大省戍边之卒，不兴出塞之兵。关防谧宁，府库充溢，信深得制御之道也"[③]。这种"王者不治夷狄"思想，是"内诸夏外夷狄"思想的过度扩展，其在中原王朝不够强大时，仅仅以实现自我区域的"控制权"而达到国家的安全状态。而在"疆土意识""文化安全"上，过分强调"中央"与"边疆"的区别，夸大文明与"野蛮"之间的差距，刻意营造"边疆"概念。有学者认为，这就会导致难以向"中外之防"过渡[④]。

元朝的建立使以汉族王朝为中心的正统"中国"被打破，出现了多个文明群体，"夷狄"意识淡化而"外国"意识增多[⑤]。此后，"夷"逐渐成为中原王朝之外——"外国"的代名词。但"王者不治夷狄"思维导致明清面对周

① （北宋）苏轼：《苏东坡全集》，邓立勋编校，黄山书社1997年版，第84页。

② （北宋）苏轼：《苏东坡全集》，邓立勋编校，黄山书社1997年版，第85页。

③ （元）脱脱：《宋史》卷606，中华书局1976年版，第8165页。

④ 郑汕：《中国边疆学概论》，云南人民出版社2012年版，第165页。

⑤ 钱云：《从"四夷"到"外国"：正史周边叙事的模式演变》，《复旦学报》2017年第1期。

边或西方国家侵略时，持以保守思维。不少士儒不顾西方社会在16世纪以来追求去边疆化的趋势以及中央与边疆同质化的时代潮流，依然以“圣王治夷之道”来消极对待西方在全球范围内的政治、军事崛起。例如，传闻清代魏源在道光年间所作《道光洋艘征抚记》依然倡导“《春秋》之义，治内详，安外略”以及“必以化内之法绳之，其求之也过详矣”[①]的思维，认为不必去花费大力气治理边疆、不必统筹“国外”局势[②]。

## （二）重文轻武

部分历史时期的“文重于武”的观念对维护“国家安全”带来一定消极影响。一般而言，由古代边疆少数民族建立或与其血统有关的政权，更推崇用武力来维护国家安全，而汉族建立的政权则多通过以羁縻、怀柔以及军事征讨等“文武共治”方式来安邦。但是，宋代开始兴盛崇文抑武观念，以“和”换“安”。宰相李昉上疏，认为汉高祖以三十万之众，却困于平城，而采用和亲之策“其利甚溥”，宋可以“不烦兵力，可弭边尘”，“屈于一人之下，伸于万人之上”[③]，这明显体现了宋朝在国家安全防备中轻视军事的心态。在“以文制武”的原则指导下，宋在国家安全战略上趋于“保守、尚和、消极”，削弱了捍卫“国家安全”的效益。宋以货币贿赂来代替武力行动，虽然

① 王开玺：《晚清的四张面孔：晚清人物的思想与事功》，东方出版社2016年版，第467页。

② 笔者以为，以魏源的思想背景，未必会真有此言。《道光洋艘征抚记》的作者存疑，学术界认为有可能作者并非魏源。《道光洋艘征抚记》刊于1878年，而早在1836年兵科给事中许球给道光帝的《洋夷牟利愈奸内地财源日耗敬陈管见折》中已明确提出“制夷之法，详内而略外，先治己而后治人”这种说法了，可能另有儒士借魏源之名发挥而已。

③ （唐）温大雅：《大唐创业起居注》卷上，上海古籍出版社1983年版，第11页。

表面上换取了国家安定，但国力逐渐走低，雍熙北伐失败后，又丧失了收复燕云的信心，并进一步发展为“守内虚外”方针，认为“外忧不过边事，皆可预防，惟奸邪无状，若为内患，深可惧也。帝王用心，常须谨此”①，把政权内部的安全视为最重要的内容。面对周边政权的不断扩张，宋从主动进攻转为防御，“和戎”成为主导思想，“来则备御，去则勿追”的消极军事战略成为主流②。当然，若从显德七年（960），后周诸将发动陈桥兵变，拥立赵匡胤为帝建宋的背景下来思考，宋代的扬文抑武也是可以理解的，但时代发展到八百年之后的晚清，冯桂芬、张之洞依然提出“中学为体、西学为用”，希望用儒家的“三纲八目”来对付西方的坚船利炮以维护国家安全，已落后于近代潮流。

### （三）重谋轻力

“重谋轻力”即重视军事计谋而轻视军事战斗实力。中国战争史上虽然有不少出奇制胜的典范，但一定程度上的“重谋轻力”观念对古代国家的安全带来消极影响。例如，《孙子兵法》与历代其他兵法都讲求技巧、权谋、手段，却始终轻视保障国家安全的军事实力建设和战术武器研发。农业经济背景下的中原王朝在相当长的时间内，不得不消极对待北方游牧政权的骑兵进攻。③有学者指出，西方在事关国家安全的军事战略上，重兵器，重实力，重财力，而中国传统则相反，这种重谋轻力倾向的结果就是忽视军事训练、无职业化军队、缺少大型战争武器，其原因与先秦“寓兵于农”，此后历朝又施

① （南宋）李焘：《续资治通鉴长编》卷32，中华书局1979年版，第719页。

② 魏鸿：《宋代孙子兵学研究》，军事科学出版社2011年版，第19页。

③ 姚振文：《浅谈孙子兵学思想的几个不足与缺陷》，《孙子研究》2016年第6期。

行征兵制、募兵制、士家制、隋唐府兵制、明代卫所制、清代八旗制均密切相关。[①]

## 四、古代国家实现安全战略的相关建设

中国传统“国家安全观”要得到具体落实，必须有国家行政机器来组织实施。中国古代国家形态形成后，历代政权针对国家安全，在基础建设、地理认知、边防层级、机构设立等多个方面综合打造安全战略体系。

### （一）遣师戍守

禹划分九州，“随山刊木”，定立疆界，并“奠高山大川”，为其命名，为部落联盟的安防建立了基本形态[②]。先秦时期，在边陲之地，均设师戍守，设界立关，广设隘、津、渡。“边陲之戍，用保封疆，禁卫之师，以备巡警。二者或阙，则生戎心，国之大防，莫重于此”[③]；“关”也在国防安全中发挥了重要作用，“关者何？王公设险以守其国也”[④]；《说文解字》的解释是，“关，以木横持门户也”；《周易》则解释为“重门击柝，以待暴客”，形象说明了先秦时期王国防御的重要。秦汉时期，西北地区的玉门关、萧关、大散关、斜谷关、骆谷关、子午关、峣关、函谷关、孟津关，西南地区的灵

---

① 鲁旭：《警惕中国古代军事文化精神中的消极因素》，《孙子研究》2017 年第 6 期。

② 《四书五经·夏书·禹贡》，高山译注，光明日报出版社 2015 年版，第 519 页。

③ （唐）陆贽：《论叙迁幸之由状》，《陆贽集》，刘泽民点校，浙江古籍出版社 2013 年版，第 106 页。

④ 陈浔观：《西藏关隘考》，陈浔观：《西藏志》，巴蜀书社 1986 年版，第 160 页。

关，岭南地区的横浦关、阳山关、湟溪关、严关，均在国家战略防御上发挥了重要作用[①]。隘，则是指地形狭隘。隘处必阻，艰险难行，很多“关”建立在隘口之上。津和关相异，但往往关、津并设，汉唐金城关、凤林关，明代靖虏卫的索桥关均如此[②]。有学者指出，汉文帝、景帝通过变换关东的关隘制度，来调节中央与诸侯王国之间的关系，化解国家整体安全受威胁的局面；也有学者认为，汉武帝东迁函谷关，增强了国家对东部安全的掌控[③]。除了关隘这种军民管控战略机制之外，与此相关的马政、出入使用的“符”“传”“令”，也与国家安全防御有着密切关系。古代还对一些特殊地形，例如对涉及国家战略安全的“陉”也特别重视。陉，即指山脉中断的地方，这种山区与平原交接的地区，往往与古代国家安全密切相关，北方游牧部族往往通过这些通道进入中原地区，威胁中原政权的安全。《史记》记载，“赵与之陉，合军曲阳”[④]。以太行八陉为例，轵关陉、太行陉、白陉、滏口陉、井陉、飞狐陉、蒲阴陉、军都陉是华北平原与西部地区的交界线。有学者指出，从春秋至明清，该地区干戈不息，朝代更迭之外，而太行为可依恃之险，秦昭王曾依据太行“威天下”，汉以太行“得天下”，魏以此“争天下”，唐以此“并天下”[⑤]。

---

① 张玲：《秦汉关隘研究述评》，《唐山师范学院学报》2011 年第 6 期。

② 李楠：《中国古代关隘》，中国商业出版社 2015 年版，第 2 页。

③ 辛德勇：《汉武帝“广关”与西汉前期地域控制的变迁》，《中国历史地理论丛》2008 年第 2 期；臧知非：《论汉文帝“除关无用传”：西汉前期中央与诸侯王国关系的演变》，《史学月刊》2010 年第 7 期。

④ （西汉）司马迁：《史记》卷 43，中华书局 1975 年版，第 1811 页。

⑤ 王尚义：《刍议太行八陉及其历史变迁》，《地理研究》1997 年第 1 期。

### （二）重视舆图绘制

国家增强对古代地缘、地理的认知，以增益“安全”之术。古人对于现代语义上的“地缘政治”非常注重，也认识到地理知识是决定国家安全的重要因素之一。所以在国防上，看重测量测绘、地图制作、营镇分布，军事指挥官能够依靠地图迅速了解到双方的战场与后勤情况。从“九鼎图”开始，地图就被赋予国家政体的象征意义，“铸鼎象物”就可以阐释为在华夏政治中，由分散的部落向中央集权的转化[①]。此后出现的《山海图》《禹贡地域图》《隋诸州郡图经》《元和郡县图志》《西域图记》《海内华夷图》《十道图》，宋代《九域守令图》《华夷图》《六经图》，以及为防御西夏和契丹而绘的《西夏地形图》《契丹地理之图》，均与国家概念上的安全防御有关。宋真宗景德四年（1007），皇帝“诏翰林遣画工分诣诸路，图上山川形势、地理远近，付枢密院，每发兵屯戍，移徙租赋，以备检阅”[②]。元代以后的《舆地图》和《明代广舆图》，以及清代《山海舆地全图》和《康熙皇舆全览图》，对捍卫国家安全而言，越来越详细实用。例如，清康熙四十八至四十九年（1709—1710），清廷对黑龙江地区进行地图测绘，以此测绘结果来确定《中俄尼布楚条约》中有关边界的内容，该图后来还被统一编制在《康熙皇舆全览图》等地图集之中[③]。清代松筠也提出，“守边之术，宜乎审隘绘图，使各汛官兵熟于道里瓲

---

① 李川：《流观〈山海图〉：古典政教视野下的图书传统》，史忠义、栾栋主编：《人文新视野》第13辑，辽宁人民出版社2018年版，第85页。

② （南宋）李焘：《续资治通鉴长编》卷66，中华书局2004年版，第1476页。

③ 黑龙江省地方志编纂委员会：《黑龙江省志简编》，方志出版社2014年版，第357页。

塞，方于缓急有益”[①]，说明了“绘图”对于守边、卫国的作用。

（三）以边拱安

国家积极营建边防“安全平衡体系”，以边拱安。有学者认为，中国古代国家安全观的基本特点首先是华夷整体安全观，中国古代王朝认为建立“四夷怀服”的华夷秩序是国家安全的最大保障和理想模式。东亚国家安全的结构是，以中国为中心，由内而外依次划分为几个“国家圈”[②]。《尚书·禹贡》称，五百里甸服，五百里侯服，五百里绥服，五百里要服，五百里荒服，是为五服。“五服”形成早期中国的国家安全屏障模式，笔者认为，这也形成边疆与内地的“安全平衡体系”。虽然魏晋时期的徙戎带来中原地区的战争不断，国家更替频繁，这种平衡体系被打破，但“五胡乱华”也带来日后的民族大融合，为此后隋唐建立统一的封建王朝奠定基础。而后，唐代列置州县，设置安东、安西、安南、安北、单于、北庭六都护，“都护之职，掌抚慰诸藩，辑宁外寇，觇候奸谲，征讨携贰”，[③]使得国家版图空前扩大，国家安全也得到空前保障，乃至发展为强大的唐帝国。但是，“以边拱安”的安全体系需要保持一定稳定性，一旦边疆民族地区的政权崛起，实力超过中原王朝，则体系将会遭到破坏，体系的主导者则会成为入主中原的边疆政权。例如北宋以“天下”的德运和道统自居，在宋代前期积极联络高丽、渤海、高昌，宋朝国内的安全受到威胁较小。在澶渊之盟之后，宋辽均保持了稳定关系。但在1115年女真建金后，从内部打破了

---

① （清）松筠：《审隘篇》，陈浔观：《西藏志》，巴蜀书社1986年版，第160页。

② 参见［美］费正清著，杜继东译：《中国的世界秩序》，中国社会科学出版社2010年版，第2页。

③ （后晋）刘昫等：《旧唐书》卷42，中华书局2011年版，第1922页。

对辽的朝贡体系，使得原有的东亚政权板块的稳定格局被打破[①]，导致宋朝开始走向危机。明朝边疆相较前朝，版图上处于收缩状态，但“多封众建”的模式，以及与边疆地区的茶马经济贸易、特殊的朝贡模式，也换来国家的基本稳定。清代中前期的国家疆域逐步开始扩大、稳定，尤其是清朝康乾时期在西北、西藏、川边、台湾的持续用兵，使得中央的政令能深入边疆，推动了内地与边疆的均质化，保障了近代多民族国家最终形成前的整体国家安全。

### （四）屯田守边

屯边是历朝历代保障国家安全的重要实施手段，特别是边疆地区的军屯制度更是维护边疆稳定与安全的有效手段。秦代开始，贫苦之民被迁至边疆“移民实边”。西汉赵充国率领汉军在先零等地屯田，并上《屯田十二策》，“以制西域，信威千里”[②]。魏晋时期，杜预在“宛”“叶”均屯田驻军，以阻遏匈奴南侵而图国家安定。曹魏颁布《置屯田令》，唐太宗设置安西四镇，巩固西北防御等莫不如此。清代以来，面对国外侵扰，从边疆军屯角度统筹考虑国家安全是一种新的风尚。尤其是军屯“安国”思想在清代也非常盛行。清初顺治，即有兵科给事中王命岳抱怨军饷费用过高，今“国家最急者财也”，而“国用所以不足，皆由养兵”，要求各省驻防官兵分地耕种[③]。清顺治户部官员刘鸿儒的《留兵屯田疏》还引起朝廷讨论，“稽古屯制，不在民而在兵，请

① 黄纯艳：《朝贡体系与宋朝国家安全》，《暨南学报（哲学社会科学版）》2018年第2期。

② （东汉）班固：《汉书》卷69，中华书局2011年版，第2988页。

③ （清）赵尔巽等撰：《清史稿》卷244，吉林人民出版社1995年版，第7628页；《中国历代安邦治国方略集要》一书（海洋出版社1993年版，第720页）将“王命岳”误记为“朱克简”。

敕各省驻兵处所，无论边腹地方，察有荒土，令兵充种。正疆界，信赏罚，则趋事自力”[①]，建议将“畿辅之民”愿出关开垦者，新辟沃土，由此“国基赖以不拔矣”[②]。清末《蜀学报》提出，一要审边隘，二要联番众，三要审敌情，四要兴屯田，“参以西法而变通之，大可经营四海，小亦可自固百年”[③]。总的来说，近代边疆军屯对于国家安全提供了重要保障。

（五）设立“情报”机构

古代中国重视安全情报机构设立。《周礼·秋官·士师职》记载的“邦酌、邦贼、邦牒”，即是“盗取（其他）国家密事”的职位。春秋开始的墨家倡导君主集权制，其所设“耳目”也是维护国家与王权安全的重要安全机构，“一目之视也，不若二目之视也”[④]。汉代也设“刺探尚书（密）事”一职位，为“异国反间”。唐代建立“察事听儿”“金吾”和“武德司”，对涉及国家安全的事情进行过问。宋代的“皇城司”即主要打探威胁国家安全的情报，枢密院在建炎四年（1130）还设立机速房，“掌行事务：边防急速运事……遣发间探人……北界关牒”[⑤]。明代建立的厂卫，尤其是锦衣卫，“直接利用特务组织来参与治安管理，使其成为公开或固定的国家组织机构”[⑥]。清代军机处的设立，使得“全国

① （清）赵尔巽等撰：《清史稿》卷51，吉林人民出版社1995年版，第7837页。

② （清）赵尔巽等撰：《清史稿》卷51，吉林人民出版社1995年版，第7837页。

③ （清）王荣懋：《蜀学报》第4册，1898年6月（光绪二十四年四月下旬），卢秀璋主编：《清末民初藏事资料选编1877—1919》，中国藏学出版社2005年版，第1页。

④ （清）孙诒让注：《墨子间诂》，上海古籍出版社1988版，第5页。

⑤ （清）徐松辑：《宋会要辑稿》，中华书局1957年版，第2504页。

⑥ 朱绍侯：《中国古代治安制度史》，河南大学出版社1994年版，第603页。

上下围绕军机处这个情报终端构建了类似蛛网一样的严密体系”①，皇帝处于这个网的中心，密切关注和掌握着国家的动态。这些针对“国家安全情报”意义上设立的机构在维系国家安全方面发挥了重要作用，对事关“国家安全”的情报信息掌控权力则是象征皇权集中的一个重要体现。

## 五、结论

秦汉以来，“天下观”之内的“中国”“四夷”塑造了一种国家的“边疆构想”，“中心”与“边缘”共同组成国家的安全防御体系，这种模式一直延续到明清。近代以来，“蛮夷”的概念逐渐淡化，“藏番”“鞑子”等带有蔑视边疆民族的词语逐步被“边民”“边众”取代。近代中国统一的多民族国家形成后，民众对传统“国家安全”的概念也转型为近代意义上的民族国家的国家安全。“国家安全”的内涵不断丰富，外延不断扩充，直到它契合现代政治学上的国家安全概念。近代以来，“国家安全”的概念转型，有几个方面特别明显：

一是维护国家安全的国家“边界线”越来越清晰。有学者认为，中国古代有四条边界线在维系国家安全，“长城边界、青藏边界、秦淮与长江边界、海洋边界”②。虽然这种“中原王朝史观”不免褊狭，但确实反映了在清代中叶之前国家的边界大多模糊不清；近代中国转变为统一多民族国家后，遇到与国外边界产生纠纷的情形，如此模糊的状态就有可能导致“国家安全”受

① 高金虎：《中西情报史》，江苏人民出版社2017年版，第88页。

② 赵丛苍、张朝：《固态的边界：中国古代边防设施与民族认同》，《边疆考古研究》2019年第1辑，科学出版社2019年版，第283页。

损。有清代学人形容，“中国幅员辽阔，向不识边疆区域之界线如何，平时则漠不关心，临事始仓皇失措。故我国近年因划界而自行损失之地（咸丰七年，因与俄划界失黑龙江以北五千余里之地。咸丰十年，重与俄划界失乌苏里河以东及沿海三千余里之地；光绪第一次与法划界，失江洪千余里之地，第二次与英划界，失野人山及沿边三千里之地），较之战败而割弃与人之地，奚翅十倍。今不丹、泥泊，俱已归英，自此三藏沿边六千余里，无处不与五印犬牙交错，纵彼不肆鲸吞”①。威斯特伐利亚体系的影响传到东亚后，中国开始猛然警醒，但往往又因对边界的科学测绘不足，而导致中外有关界务的不平等条约的部分内容较为含糊。直到清末，清朝才逐渐注重以科学的经纬度来测绘精确的边界地图。1903 年清朝设立练兵处测绘科，对舆图进行勘订修正。1906 年清朝设民政部疆理司，开始科学管理疆界，其中经界、图志两科具体核实边界地图。1911 年由武昌亚地新学社印制的中俄交界地图已较为精准。

二是中华民族的“总体安全观”越来越强烈。中国的安全观，由以汉民族为主的安全观，演绎为以整个中华民族为中心的“整体安全观”，清王朝在这个进程中起到了一定催化作用，例如雍正在“曾静案”中就强调，“九州四海之广，中华处百分之一，其东西南朔，同在天覆地载之中者，即是一理一气，岂中华与夷狄有两个天地乎？”② 他指出中国不再合适实行类似先秦时期的封建制度，“封建之变为郡县者，其势不得不然也。自是以后，遂为定制。岂有去三代二千余年，而可复行封建之理乎？如欲复行封建，则三代以来，

① 黄言：《论谘议局宜派员调查西藏以决存亡问题》，《蜀报》第 6 期，1910 年 11 月 2 日。

② 《〈大义觉迷〉谈》，上海书店出版社 1999 年版，第 180 页。

帝王苗裔，诸侯遗胄，皆湮失不可复知，而后世之勋臣，孰可以享茅土？后世之懿亲同姓，孰可以保万民？即分疆画界，置为万国，又何从得人而封建之乎？”[①] 所以，在清末民众视野中，国家安全的范围已经不仅仅指内地的安全，而且是包括蒙古、西藏、新疆等在内的国土“整体安全”。

三是从以皇权为核心的“国家安全观”转变为以“民族国家”为主的安全观。在鸦片战争之后，晚清国家已岌岌可危，文祥等人认为影响国家安危的原因在于中国“在内无深知洋务之大臣，在外无究心抚驭之疆吏”，主张“驭外之端”为保证国家安全的第一要务，对外不能仅仅设立一个总理事务衙门，而要“筹自强之计，为安危全局一大关键”，“师夷长技以自强”，对内既要“自强之要在武备”，又要“中学为体、西学为用”[②]。但比文祥视界更清晰的，则是梁启超、郑观应等人。在梁启超看来，中国古代国家是皇帝的私有财产，皇权的安全就是国家的安全，在一个国际竞争激烈的时代，中国要存在下去，必须形成一个现代民族国家。他最关心的不是“开明专制”，而是“国家理性”。他看重“开明专制”，把其看作解决“中国国家安全的生存问题的一个理想和有效的方法”。所以，在梁启超看来，国家安全与否，并非富国强兵而获得物质财富和先进技术，而在于“新民”，“新民为今日中国第一急务”[③]。1894年，郑观应在《易言》基础上，以“富强救国”为主题，写成体系完整、思想成熟的《盛世危言》，提出近现代“国家安全观”

---

① 《〈大义觉迷〉谈》，上海书店出版社1999年版，第186页。

② （清）赵尔巽等撰：《清史稿》卷386，中华书局1977年版，第11691页。

③ 张汝伦：《思想的踪迹》，山东友谊出版社2006年版，第20～25页。

及经济、军事、外交、文化等方面的改革方案[①]。但是，甲午战争之败与庚子事变，虽然逼出清末新政，但清朝主要政体并无改变。皇权无法彻底放弃专制而建立近现代国家安全体系，传统的“国家安全”已摇摇欲坠，1912年年初，清帝国“安全体系”彻底崩溃。

四是安全观从以“内防”“陆防”为主转向以“外防”“海防”为主。这种观念的转化是由于西方列强多通过海洋来侵略东方所导致。有学者指出，中国近代以来国家安全思想的转型和变革，多是在外力逼迫下形成，而非主动作为。例如，鸦片战争迫使清朝“强化海防”“以商制夷”。鸦片战争的失败、国家面临安危之时，清朝又提出“师夷长技以制夷”，而1860年开始的洋务运动引导的变法图强、君主立宪也是如此，且一直在保守派的掣肘中发展[②]。随着晚清在军事上节节失利，开明人士已经认识到，中国在近代形成多民族统一的国家以后，内部安全的重要性往往要弱于外部，这种安全观相较古代，是一种大的进步，以致清朝灭亡的第一年，有人就指出，“尝谓中国自南北统一之后，中国之大患，不在内讧，而在外侮。故中国之守备，不在腹地，而在边疆”[③]。同时，西方军事思想也开始影响东方国家“安全观”，18世纪以后西方国家在对外扩张的战争中，重视海战、铁舰、舰炮的海军建设思想，逐步压过东方原有的以争取陆权为主的安全谋略。

总之，中国古代王朝传统“国家安全观”的发展与中国社会形态的变迁

---

① 主要见于郑观应所作“海防”（上、中、下）、“边防”（1 ~ 9），参见夏东元编：《郑观应集·盛世危言》，上海人民出版社1988年版，第526 ~ 607页。

② 刘跃进：《为国家安全立学：国家安全学科的探索历程及若干问题研究》，吉林大学出版社2014年版，第39页。

③ 璋：《筹藏》，载《共和言论报》第1期，1912年4月，载卢秀璋主编：《清末民初藏事资料选编1877—1919》，中国藏学出版社2005年版，第110页。

息息相关，历朝历代均对“国家安全观”有相同或者相异的表达。近代以来，传统的“国家安全观”由于世界地缘政治的变化，强调重心由“塞防”转变为“海防”或者二者并重，安全观针对的主体逐渐由内转为“外”，这都促进了现代概念上的“国家安全观”形成。从历史发展来看，古代安全观中有很多闪光的思想，这些思想可以为当前建设“总体国家安全观”提供一定的借鉴作用。当然，古代国家“安全思想”也有很大的局限性，未来亟须进一步总结，以推进当前国家安全学学科建设向人民性、民本性、民主性、科学性的方向发展，从而进一步维护中华民族共同体内涵下的边疆安全、国家安全。

# 中国传统疆域观视角下中国南海疆域的演变与形成[①]

侯　毅[②]

当代中国版图的形成，经历了从古代疆域到近代边界的发展过程。在古代相当长的一个历史时期内，中国同周边国家之间没有当代国际法意义上国与国之间的边界线，而是以疆域变化为主要特征，形成独特的东方国家的疆界秩序观。

在海洋上同样如此，中国古人早已有了海界观，但未能形成真正意义上的海界，这固然与当时的科技水平与生产力水平有关，无法做到与周边国家明确海界，但也反映出中国传统疆域观对中国人认识海疆的重要影响。本文通过梳理中国南海疆域形成演变的历史过程，讨论了中国传统疆域观对中国南海疆域演变的历史影响，从而推动人们了解和确认中国在南海主权的合法性和合理性。

---

① 本文原载于邢广程主编:《中国边疆学（第七辑）》，社会科学文献出版社 2018 年版。

② 侯毅，中国社会科学院中国边疆研究所研究员。

## 一、中国古代疆域观的特质

所谓“疆域观”，其内涵非常广泛，不仅在不同的时期，人们对于当时国家疆域范围的认知呈现出不同的状态，而且对于疆域的实质、含义、理解及评价也存在差异。

在古代的中国，对于“领土”的认识受到“天下观”“华夷观”“四海观”等思想的影响，形成独特的“疆域观”，这种独特的“疆域观”随着内外环境的变化和时间的推移，其内涵与外延也在不断丰富、演化，在长期的演进过程中，逐步形成与西方世界不同的、具有“东方特色”的领土话语体系，构建出东亚特有的地区秩序。总的来看，中国传统的疆域观有以下几个特质。

首先，中国古代的疆域观是以“天下观”为基础，将世界作为一个整体来看待，中国是世界的中心，疆域不以国家的存在为前提，外部界线往往不明确。中国的“天下观”在周代就已形成，《尚书·大禹谟》中记载有大禹“皇天眷命，奄有四海，为天下君”。《诗·小雅·北山》中有：“溥天之下，莫非王土；率土之滨，莫非王臣”，意思是说凡是土地都归君主所有，土地上的人，都是君主的子民，君王拥有至高无上的权力。

随着时间的推移，历代统治者和文人根据不同时代的需要，不断建构“天下”，“天下”一词内涵与外延也在不断变化，但其实质要义并未发生根本性变化，即“天下”即为世界，“天下”都是统治者统治的领域，而“天下”究竟有多大，是怎样一个范围，并没有明确的回答，对于“天下”的外部界限也就没有明确的界定。

其次，中国古代的疆域观中的“疆域”具有统治和控制范围双重含义。

既可以指一个政权与王朝的疆界及国土范围，也可泛指任何区域的外在界限之内的辖域范围。“疆”的本意是“界”，“域”指的是“封境”，也可指代邦国、封邑，“疆域”一词在本意上与当代国际法上的“领土”在内涵和意义上有很大区别。伴随“天下观”的出现，历代王朝尤其是“大一统”王朝，形成以中原王朝为核心，以外围政权为附属关系的特殊的区域政治秩序，也就是通常所说的“藩属体系”，在藩属体系下，藩属国或藩属政权在政治上保有独立性，“中国之地位若君若父若兄，藩属之地位若臣若子若弟”[①]。随着中原王朝国家综合实力的变化，王朝国家对外围的附属政权的控制力也在不断变化，双方的界线也不断变化，因此，从本质上说，藩属政权于中原王朝属于政治隶属关系，双方在领土界线上没有十分明确而严格的规定，这是很正常的，这一点集中反映在古代中国人绘制的地图之上，很多官方出版的地图中没有绘制边界，有的地图只有“边”的绘制，毫无一点边界的绘制，如元代《混一疆理历代国都之图》、明代《大明混一图》等。

最后，随着中国民族的不断融合，中国疆域范围在不断地伸缩变化，古人的疆域观也随之呈现出动态变化。中国疆域的形成历经数千年时间，发展道路漫长而曲折。公元前221年，秦灭六国统一中国，建立中国历史上第一个中央集权皇朝帝国。秦朝的疆域空前辽阔，东北达到辽东半岛西北部，北部达到蒙古高原，西部达到今甘肃东部及四川、云南一带，南部达到大陆南端。汉代疆域范围在极盛时期，东北拓展到朝鲜半岛中部，西北拓展到河西走廊和西域地区，西南拓展到中南半岛沿海地区。隋唐时期，中国疆域在极盛时期不仅囊括了秦汉时期的疆域范围，而且东北推进到日本海西岸地区、

① 邵循正：《中法越南关系始末》，河北教育出版社2000年版，第50页。

库页岛和朝鲜半岛西南部，北方推进到贝加尔湖和叶尼塞河上游，南方拓展到南海诸岛。元代统治的时间不长，但其疆域空前广阔，北至西伯利亚，西抵欧洲。明代，中国版图有所收缩，在东北的鸭绿江一线接壤朝鲜，在北方与蒙古鞑靼、瓦剌各部相邻，至明后期，统治范围进一步缩小，东北退至山海关的长城一线，西北退至嘉峪关。到了清代，清政府用了176年的时间，拓展与巩固疆域，最终奠定了现代中国的疆域基础。疆域的伸缩变化必然会对古人的疆域观产生各种影响，古人对于“边”的认识也在不断变化。这一点在各个历史时期官方修订的史书中有着明确的体现。

值得注意的是，历史上中国与周边国家之间所建立的藩属体系，与西方威斯特伐利亚体系构建的主权国家体系是完全不同的。藩属体系强调的是等级制度，即以中国为核心，根据关系的亲疏程度，划分内藩、外藩，宗主国和藩属国构成一个整体，讲求“天下”的“大一统”，因此，中外一体，天下一家，在实践中强调的是通过宗主国的权威和藩属国的服从，维系体系内的稳定与和平，进而保障体系整体利益的实现。在政治诉求上，追求“中外相安”，在处理关系时，主张厚往薄来。而西方的威斯特伐利亚体系的行为主体是主权国家，主权国家间的关系通常由国际法加以界定和规范，有学者对此评论道，“威斯特伐利亚体系是由许多大小不一的国家相互之间横的关系所构成的。在那里并没有凌驾于其他国家之上的一个强大的中心，构成国际秩序的基本准则是至少在法律上平等的各国间的并列关系”①。

① ［日］信夫清三郎：《日本外交史》，天津社会科学院日本问题研究所译，商务印书馆1980年版，第17页。

由此可见，西方有民族国家观念，无天下观念，由此产生极强的竞争性和扩张性，以威斯特伐利亚体系为基础，西方列强建立起资本主义的世界体系。在西方国际秩序体系的冲击下，亚洲国家相继沦为殖民地、半殖民地，中国最终沦为半殖民地，以中国为核心所建立的宗藩体系也彻底瓦解，不复存在了。

尽管在相当长的历史时期内，中国同周边藩属国之间并未明确地标注领土界线，但并不能据此认为，中国在领土问题上完全没有疆域界线的意识。例如，清朝对与周边的外族和国家接壤的地方，都设立鄂博和卡伦，以之为“国界”。清朝康熙时期之后，清朝和藩属国也开始划定边界，1711 年、1712 年，清政府两次派员前往长白山区踏查边界，清朝基本上明确了中朝在长白山地区的边界走向，在西南地区，清政府也设置了汛、卡等，驻守兵力，明确与越南、缅甸的管辖区域范围。尽管如此，中国与周边藩属国家的领土界线依然沿袭着传统的疆域观，认为天下一家，周边国家都是藩属，因此，中国同周边国家之间仅仅是一种“边”的概念，而不是“界”，中国同周边国家之间“边界”只是地理边界或文化边界，中国同周边国家、政权之间不存在“界务”，因而并不具有现代意义上边界的意义。

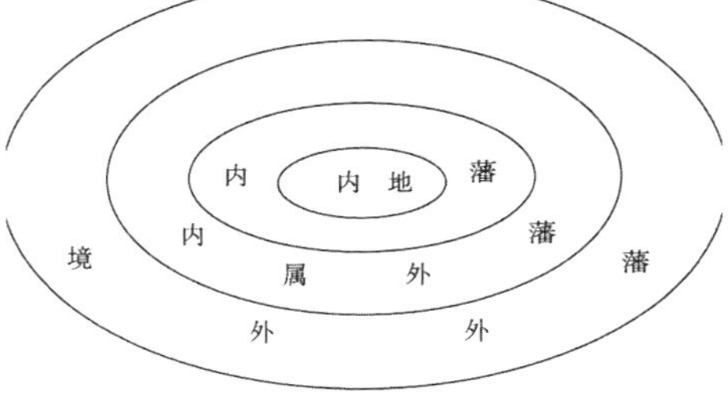


**清朝藩属体系示意图**

## 二、近代中国疆域历史演变与疆域观的嬗变

清代中叶，西方主要国家开始了工业革命，走上资本主义对外扩张的道路。明末，沙俄越过外兴安岭侵入中国。康熙多次遣使同俄国进行交涉，但未取得任何成果。1685 年，清政府动用武力，收复雅克萨，有效遏制了沙俄对中国领土的侵略。1689 年，中俄签订《尼布楚条约》，它是中国历史上首次与外国按照近代国际法签订的边界条约，确定了中俄东段、中段边界。按照条约规定，中俄以额尔古纳河、格尔必齐河为界，再由格尔必齐河源顺外兴安岭往东至海，岭南属中国，岭北属俄国；乌第河和外兴安岭之间为待议地区。1727 年，中俄签订《布连斯奇条约》，条约规定，中俄中段边界由唐努乌梁海沙宾达巴哈起至额尔古纳河西岸阿巴该图止，以南归中国，以北归俄国。1728 年，中俄再次签订了《恰克图条约》，重申了《尼布楚条约》和《布连斯奇条约》两个条约对中俄领土范围的规定。

从上述三个条约签订的过程来看，中国与俄国的协商谈判始终处于平等地位，在领土划分问题上，体现了近代国际法有关两国划界问题的一些基本原则。一是平等协商、互谅互让的原则。双方在谈判过程中，既坚持己方原则，摆出己方申索领土的依据，也做出不同程度的让步，付出艰苦努力，经过谈判协商，达成共识。二是明晰界务，明确权责管理的原则。《尼布楚条约》《布连斯奇条约》和《恰克图条约》中都写有划界后有关界务处理问题的条款及相关问题处理原则。如《尼布楚条约》第四条规定：“此约订定以前所有一切事情，永作罢论。自两国永好已定之日起，嗣后有逃亡者，各不收纳，并应械系遣还。”第五条规定：“自和约已定之日起，凡两国人民持有护照者，

俱得过界来往，并许其贸易互市。”三是人口属地归附原则。根据近代国际法的规定，一旦国家的领土范围确定，其土地上的人民、资源、财产等均归属于这个国家。根据《尼布楚条约》，俄国人从侵占的中国土地上撤出后，其跟随而来的人民要一并撤出中国领土。

从这几个条约签订的过程、内容及其影响来看，《尼布楚条约》《布连斯奇条约》和《恰克图条约》的签订开启了中国与外国通过谈判，签订条约，划界而治的历史，尽管在谈判的初期，清政府依然受到中国传统疆域观的影响，对于疆土还没有明确的边界意识，在谈判的过程中，对于西方划界理论及近代国际法划界规则完全处于无知状态，在谈判中处于被动，但随着谈判的深入，从客观的效果和影响来看，中国封建统治者们的疆域观出现了变化，现代的领土意识逐步显现，与西方近代国际法体系逐步接轨。

1840 年，英国发动鸦片战争，用坚船利炮叩开中国大门。1842 年，中英签订《南京条约》，中国割让香港岛给英国，中国由此开始沦为半殖民地国家。1858 年，中俄签订《瑷珲条约》，条约规定，“黑龙江、松花江左岸，由额尔古讷河至松花江海口，作为俄罗斯国所属之地；右岸顺江流至乌苏里河，作为大清国所属之地；由乌苏里河往彼至海所有之地，此地如同接连两国交界明定之间地方，作为两国共管之地。由黑龙江、松花江、乌苏里河，此后只准中国、俄国行船，各别外国船只不准由此江河行走”。1860 年，俄国又强迫清政府签订《北京条约》，迫使清政府承认了《瑷珲条约》中关于中俄东段边界的划分条款，中国由此丧失了 100 多万平方公里的领土。1864 年，沙俄又强迫清朝签署《勘分西北界约记》，原属清朝的北起阿穆哈山、南达葱岭，西自爱古斯河、巴尔喀什湖、塔拉斯河一线，东临伊犁九城、塔尔巴哈台绥靖城约 44 万平方公里的领土被划入俄境。这些不平等条约的签订，违反了国家主权平等的原则，是违背国际法的，但此时腐朽的清政府未能与列强抗争，只能任由列强宰割，传统的疆域观遭到彻底的颠覆。

在列强的压迫下，中国周边的藩属国也逐渐脱离中国藩属的轨道。清王朝与周边国家签订了一系列边界条约，中国与周边国家之间的领土界线逐渐建构起来，“界”的概念也随之明晰。1886—1897 年，中法按照《中法会订越南条约》划定中越陆地边界，并根据条约树立了 300 多块界碑。从此，中越之间陆地边界从弹性边界、模糊边界，逐渐演变为现代意义上的条约边界。

## 三、中国传统海界观

中国有着历史悠久的海洋文明。早在汉代，中国人就开辟了海上丝绸之路，明代郑和下西洋更是举世瞩目的伟大创举。李约瑟曾说过：“中国人被称为不善于航海的民族，那是大错特错了。”① 很多史料清晰地载明，中国历代政府在逐渐向海岛延伸领土的实践过程中，认识到在相关海域内的权利，并形成朴素的海界观，受到传统疆域观的影响，这种海界观与现代海洋主权概念有着很大的差异，呈现出有疆无界的状态。

北宋时期的徐兢在其《宣和奉使高丽图经》中就有与高丽海界的记载，书中记述道：“西南风作，未后激，正东望山如屏，即夹界山（今小黑山岛）也，高丽以此为界限”②。同时期的周去非在其著作《岭外代答》中记载了中国在南海的海界是交趾洋与昆仑洋（今越南昆化岛附近海域）一线，书中记载：“三佛

① 潘吉星主编，陈养正等译：《李约瑟文集——李约瑟博士有关中国科学技术史的论文和演讲集（1944—1984）》，辽宁科学技术出版社 1986 年版，第 258 页。

② （北宋）徐兢：《宣和奉使高丽图经》卷 35，文渊阁四库全书影印本。

齐之来也，正北舟行，历上下竺与交洋，乃至中国之境”，“阇婆之来也，稍西北行，舟过十二子石而与三佛齐海道合于竺屿之下”。南宋时，赵汝适所著《诸蕃志》序中有“所谓石床、石塘之险，交洋、竺屿之限”，上下竺、竺屿为纳吐纳群岛，这即指中外在南海的界线西是交趾洋、南到纳吐纳群岛。

在东海，中国与琉球之间也存在海界，自明初与琉球王国建立封贡关系后，双方往返之海道，以黑水沟为中外之界。中山王尚丰在其咨文中说：“照得琉球世守东隅，休戚相关，毗连福建，壤绵一脉，天造地设，界水分遥。”①1561年，明朝册封使郭汝霖在《使琉球录》中写道：“闰五月初一日过钓鱼屿，初三日至赤屿焉。赤屿者，界琉球地方山也。再一日之风，即可望见姑米山矣。……初六日午刻，得风乃行，见土纳已山。土纳已山，琉球之案山。六月二十九日，封王礼毕，守候风汛回国。……十月初九日登舟……至二十六日，许严等来报曰：‘渐有清水，中国山将望乎？’二十七日，果见宁波山。”②“赤屿者，界琉球地方山”意为赤屿（即今赤尾屿）乃是对着并连接琉球地方之界山。山，古意即界山，也就是说赤尾屿以东是琉球海域，以西是中国海域。上述“渐有清水，中国山将望乎”的说法反映了中琉海域的自然界线，表明中琉海域是以“黑水沟”为界，即中琉海沟为自然之分界，即今之冲绳海沟。

清代史籍中有大量有关中国琉球海域界线的记载。1663年，册封使张学礼在其札记中记述道：“舟子曰：过分水洋矣，此天之所以界中外者”③。1683年，清朝第二位册封使汪楫著《使琉球杂录》卷5中，记载了使节一行乘船从五虎

---

① 《历代宝案》，冲绳县教育委员会刊，1992年。

② （明）郭汝霖：《使琉球录》，《使琉球录三种》，第73～76页。

③ （清）张学礼：《使琉球记》，小方壶斋舆地丛抄（第十轶）。

门出发，经彭佳屿、钓鱼岛，第二天到达赤尾屿的航程。同时记录了途经钓鱼岛、赤尾屿后过沟祭海的情况。根据当时惯例，使节走出中国所辖属地时，在“黑水沟”一带要举行祭海仪式，以求保平安。其载：“二十四日天明，见山，则彭佳山也。不知诸山何时飞越，辰刻过彭佳山，酉刻遂过钓鱼屿……二十五日，见山，应先黄尾而后赤屿，不知何以遂至赤屿，未见黄尾屿也。薄暮过沟，风涛大作，投生猪羊各一，泼五升米粥，焚纸船，鸣钲击鼓，诸军皆甲，露刃俯舷作御敌状，久之始息。问‘沟’之义何取？曰：‘中外之界也’。界于何辩（辨）？曰：‘悬揣耳’。然顷者恰当其处，非臆度也。”①

汪楫所著《使琉球杂录》中有关中琉分界线的记载得到琉球学者的认同，琉球大学者、紫金大夫程顺则在其所撰《指南广义》中记载了“福州往琉球”的针路，该书附图中将钓鱼岛、黄尾屿、赤尾屿连为一体，与古米山之间成一明显的分界线，表明古米山是中琉分界线，钓鱼岛、黄尾屿、赤尾屿是中国岛屿。

1719年，清政府遣使前往琉球册封，副使徐葆光在其撰写的《流球三十六岛图歌》中提道：“琉球属岛三十六，画海为界如分疆。……琉球弹丸缀闽海，得此可补东南荒”②。

1756年，册封副使周煌编撰的《琉球国志略》是琉球使录中的集大成之作。该书记述琉球“环岛皆海也，海面西距黑水沟，与闽海界。福建开洋，至琉球，必经沧水过黑水，古称沧溟，溟与冥通，幽元之义。又曰：东溟，

---

① （清）周煌：《琉球国志略》卷16“志余”，台湾广文书局有限公司翻印本，1968年。

② （清）徐葆光：《琉球三十六岛图歌》，潘相：《琉球入学见闻录》，清乾隆刻本。

琉地”[①]。周煌还在其所作的《海上即事四首》中注：“舟过黑水沟，投牲以祭，相传中外分界处。”[②]这里十分清楚地指出，中国与琉球的海域分界线就在黑水沟。此外，嘉庆七年（1802）册封使李鼎元著《使琉球记》、嘉庆十三年（1808）册封使齐鲲著《续琉球国志》等，均无一例外地记载，琉球海沟是清朝与琉球之间的分界。

明清时期，中国人不仅已经有中外海界之分，对于国内海界管辖范围也有了划分。抗倭名将俞大猷在《正气堂集》中记载，1558年，“贼果由本处遁走……臣彼时仍欲自行穷追，但思臣职任浙直总兵，自有地方重寄。一则沈家门递向东南，即系福建海界，非奉军门号令，不敢擅离”[③]。万历年间，都督佥事万邦孚“晋参将，守温处。闽盗诈称商人，入浙地杀掠，扬帆而去，莫可诘。邦孚命分闽浙海界，商舶不得越境，闽商入浙则乘浙舟，浙商入闽亦如之，遂著为令”[④]。有清一代，自北而南皆有海界的相关记载。以山东洋面为例，水师有明确的管辖范围，“水师洋面，胶州南汛管辖一千六百八十里，成山东汛管辖三百九十里，登州北汛，管辖一千七百七十里”[⑤]。

以上史料说明，在古代，中国人已经对中外海域界线有了一定认识，意识到中国与周边国家的海域界线是存在的，但没有对海域进行管辖的实践和观念，其原因是多方面的。

首先，在很长的历史时期内，中国无论从造船技术，还是从海上力量上

① （清）周煌：《琉球国志略》卷5，台湾广文书局有限公司翻印本，1968年。

② （清）周煌：《海山存稿》卷11，《四库未收书辑刊》（九辑），二十九册。

③ （明）俞大猷：《正气堂全集》，福建人民出版社2005年版，第404页。

④ （清）嵇曾筠：《浙江通志》卷172“万邦孚”，文渊阁四库全书本。

⑤ （清）福祉：《户部漕运全书》卷91，海运事宜，清光绪刻本。

都是最强国，对中国而言，在亚洲北部、东部、东南部及南部的海域航行没有遇到过任何挑战，没有哪一个国家对这些海域行使过管辖权，不允许其他国家的船只通过。

其次，受到传统的疆域观的影响，从统治者的角度来看，区域内中国周边的国家大多是中国的属国，地位处于不平等状态，中国与藩属国之间只有“边”，而不需要有“界”。

最后，在当时的条件下，从技术上很难划定中国与周边国家之间海域的明确界线。总而言之，在古代，中国没有必要花费大量的人力、物力、财力去划定管辖海域范围，因而也没有形成近代海洋权利观念。

## 四、近代中国南海疆域形成的过程

近代以来，西方列强侵入南海诸岛。1907 年，日本商人西泽吉次非法侵入东沙岛，盗采我国矿产渔业资源。清政府闻知后，立即展开对日交涉，迫使日本人撤出东沙岛。1909 年，两广总督张人骏派广东水师提督李准及林国祥、吴敬荣等率队分乘伏波、琛航、广金三舰查勘西沙群岛。李准登临西沙岛礁，立碑升旗，宣示主权，随行的测绘人员对登临岛礁进行了详细测量，并绘制了地图，此次巡视，每到一处岛礁，“皆勒石命名、鸣炮升旗”[①]，重申中国主权，并对西沙岛屿 15 座岛礁进行了命名[②]。

---

① 参见郭渊：《晚清政府的海洋主张与对南海权益的维护》，《中国边疆史地研究》2007 年第 3 期。

② 根据陈天锡主编：《西沙岛东沙岛成案汇编·西沙群岛成案汇编》，商务印书馆 1928 年版。

| | | |
|---|---|---|
| 东七岛 | 西总名莺非土来特群岛 | |
| 树岛 | 西名托里埃伦 | 即今赵述岛 |
| 北岛 | 西名挪司埃伦 | |
| 中岛 | 西名密都而埃伦 | |
| 南岛 | 西名哨石埃伦 | |
| 林岛 | 西名晤地埃伦 | 即今永兴岛 |
| 石岛 | 西名乐忌埃伦 | |
| 东岛 | 西名林康埃伦 | |
| 西八岛 | 西总名库勒生特群岛 | |
| 珊瑚岛 | 西名八道罗埃伦 | |
| 甘泉岛 | 西名罗拔埃伦 | |
| 金银岛 | 西名莫泥埃伦 | |
| 南极岛 | 西名土莱堂埃伦 | 即今中建岛 |
| 琛航岛 | 西名登近埃伦 | |
| 广金岛 | 西名拔晤埃伦 | |
| 伏波岛 | 西名杜林门埃伦 | 即今晋卿岛 |
| 天文岛 | 西名阿卜苏未绳埃伦 | 即今银屿 |

李准巡视西沙是清政府第一次采用现代技术手段对南海诸岛进行国土测量，其对于西沙群岛岛礁的命名，标志着中国对南海诸岛命名的规范化、标准化正式发端。

1930—1933年，法国侵占我国南沙群岛部分岛礁，史称“九小岛事件”，民国政府与法国政府展开交涉，中国各地各界反应强烈，群起抗议，纷纷谴责法国的侵略行径，有效遏制了法国侵占南海诸岛的图谋。在对法维权斗争中，民国政府越来越认识到利用国际法维护主权的重要性。1933年6月，民国政府由内政部、外交部、参谋部、海军部、教育部、蒙藏委员会等官方机构组成的“全国水陆地图审查委员会”，负责审查全国各地出版的水陆地图。1934年12月和1935年3月，内政部水陆地图审查委员会先后召开第25次会议和第29次会议，研究南海岛礁名称和地图刊布问题。1935年1月，民国政府正式对外公布了“我国南海诸岛各岛屿中英文地名对照表”，共有132个岛、礁、滩、洲地名，这是中国政府对南海诸岛的第一次“标准化”命名。1935年4月，民国政府又对外发布了《中国南海各岛屿图》，这是中国政府首次出版具有官方性质的南海专项地图，图中将中国领土界线最南端标绘在大约北纬4度的曾母滩，即今曾母暗沙。

抗日战争爆发后，南海诸岛为日本所侵占。随着世界反法西斯战争和中国人民抗日战争形势逐渐明朗，1943年11月，中、美、英三国举行首脑会晤，会后发表《开罗宣言》，指出，日本须将所窃取的包括南海诸岛在内的中国领土归还中国。1945年7月，中、美、英三国发表了《波茨坦公告》，重申了《开罗宣言》精神。1945年8月，日本投降后，民国政府依据《开罗宣言》和《波茨坦公告》，收复南海诸岛。1946年9月，民国政府行政院发布收复西南沙群岛的训令，组织海军及有关部门负责人员乘坐军舰前往西沙群岛和南沙群岛执行接收任务。收复人员克服各种困难，光荣地完成了接收任务。在收复过程中，接收人员勘察岛礁情况，竖立主权碑。1947年2月28日国民政府发布完成西沙、中沙、南沙群岛接收的公报。1947年1月，民国政府由内政部和国防部牵头，组织召开会议，商讨西沙、南沙群岛行政隶属及开发建设问题，会议决定在西沙、南沙群岛设立管辖机构，筹划成立海南行政特别区，特别区成立后，划归海南行政特别区管辖，海南行政特别区成立前暂时由海军代为管理。为此，海军总司令部设立“西沙群岛管理处”和“南沙群岛管理处”，中国对南海诸岛的管辖由此进入一个新的阶段。

1947年，水陆地图审查委员会审定《南海诸岛新旧名称对照表》，绘制标有南海断续线的《南海诸岛位置图》。1948年2月，中国政府正式对外公布《中华民国行政区域图》，图中标绘了东沙群岛、西沙群岛、中沙群岛和南沙群岛四组群岛，并绘有11条断续线。1949年新中国成立后，继承了“11段线”来表示中国的权属范围。1953年去掉了北部湾内的两段，形成了目前南海9条断续线。至此，中国在南海的疆域界线底定。

由于近代恰恰处于中国古代疆域观向现代国际法视野中的领土观转型的过渡阶段，因此，中国在划定南海疆域的过程中，既保留了传统的疆域观，又有了国际法的一些概念，采用了陆地疆域线或国界线，向海洋延伸，或将界线的标绘应用到海洋区域的尝试，形成南海断续线。

## 五、结语

20世纪70年代之后，南海周边国家对中国在南海的主权提出了诸多异议，近年来，在美国等西方国家的推波助澜下，南海周边国家频频挑战中国在南海的主权权益，质疑我国断续线和历史性权利。说什么中国南海断续线含义不清，不符合《联合国海洋法公约》；说什么在南海的历史性权利也没有法理依据[①]，等等。

面对种种质疑，我们必须做出回应。中国在南海疆域是长期历史演进的结果，因此，必须回到历史语境中，了解中国南海疆域形成过程的全貌，考察南海问题的来龙去脉，才能更好地阐述中国在南海权利的合法性，探讨当代中国在南海权利的具体内容，从而更好地维护中国在南海的主权权益，因此，从某种意义上来说，历史研究是理解南海问题的一把钥匙，也有助于构建中国在南海权利的话语体系。

---

① 参见［法］达尼尔·沙飞（Daniel Schaeffer）：《东海：荒唐理论与“牛舌线”真相》；［越］武祥勋：《对中国在东海有关“历史主权”一些争论的分析》，芳栾：《对中国牛舌线批评的国际学术界》，越南新闻网2009年11月30日；Robert Beckman，*South China Sea：How China Could Clarify Its Claims*，*RSIS Commentaries*，Sptember 2010，等等。

# 新时代边疆与边疆治理

# 新时代中国边疆治理的新思路[①]

邢广程[②]

中国边疆治理问题历来是党和国家关注的重要问题。党的十八大以来，我国提出了一系列治理边疆的新理论和新战略。党的十九大为我国新时代背景下的边疆治理提出了一系列新思路、新理念和新方式，为我国边疆治理体系和治理能力现代化，以及边疆地区的安全、稳定和发展提供了政治遵循。

## 一、新时代的中国，新时代的中国边疆

党的十九大开启了中国的新时代和新征程。十九大特别强调“不忘初心”。那么，什么是中国共产党人的初心和使命呢？这就是为中国人民谋幸福，为中华民族谋复兴[③]。这是中国发展和前进的根本动力。我们不能忘记

① 本文原发表于《边界与海洋研究》2018年第2期。

② 邢广程，中国社会科学院学部委员，中国边疆研究所所长、研究员。

③《决胜全面建成小康社会夺取新时代中国特色社会主义伟大胜利——习近平在中国共产党第十九次全国代表大会上的报告（2017年10月18日）》，《人民日报》2017年10月28日第1～5版。以后正文中提到十九大报告中的引文，均出自这个注释，不再一一注明。

初心。为中国人民谋幸福当然毫不例外地包括为我国边疆地区在内的全部中国人民谋幸福；为中华民族谋复兴当然毫无例外地包括为我国 56 个民族谋复兴。

党的十八大以来，我国边疆治理成效显著。我国边疆地区经济建设努力更新发展理念，努力转变发展方式，努力提高发展质量，努力增强发展效益，取得了很大成绩。尤其这几年我国边疆地区在高铁、公路等基础设施建设领域取得了很大进展，边疆面貌有了很大的改变。这是有目共睹的。我国边疆地区与全国其他地区一样，在全面深化改革方面寻求突破，边疆治理体系和治理能力现代化水平也有了很大提高。我国边疆地区民族法治建设、思想文化建设和生态文明建设取得新进展，民族宗教工作创新推进，边疆地区人民生活水平不断提高。党的十九大报告指出，从十八大到十九大，我国有六千多万贫困人口脱贫，贫困发生率从 10.2% 下降到 4% 以下，城镇新增就业年均 1300 万人以上。这些成绩在我国边疆民族地区体现得比较突出，因为这里是脱贫攻坚的主战场。

党的十九大报告也充满了忧患意识，敏锐地感受到“国内外形势正在发生深刻复杂变化”，一方面强调“我国发展仍处于重要战略机遇期，前景十分光明”，另一方面强调“挑战也十分严峻”。习近平总书记在十九大报告中比较系统地点出了中国所面临的困难和挑战。这些困难和挑战具有普遍性特征，在我国边疆地区也同样存在，而且可以明确地说，有些困难和挑战在边疆地区更加突出和明显。例如，发展不平衡不充分的问题在边疆地区更加突出；边疆地区发展质量和效益不高的问题比内地更明显，创新能力比较薄弱；民生领域的短板问题更加凸显，脱贫攻坚任务比其他地区更艰巨；边疆地区的人民群众在就业、教育、医疗、居住、养老等方面所面临的难题比内地更加突出；边疆地区的文明水平总体上比内地低，需要下大力气加以提高；边疆地区的社会矛盾和问题交织叠加程度比内地严重，边疆治理体系和治理能力特别需要加强；边疆地区的意识形态领域斗争非常复杂；边境地区在非传统安全方面出现一系列新情况和新问题；一些边疆地区反分裂和反暴恐斗争处于关键阶段；我国海洋维权斗争任务非常艰巨；边疆地区的基层政权建设还需要进一步加强。总之，我国边疆地区在安全、稳定和发展等方面都面临一些问题和挑战，需要认真对待并予以解决。

党的十八大以来，党特别关注我国边疆治理问题，提出了一系列新思想和新战略。第一，提出了“治国必治边，治边先稳藏”的战略思想，将边疆治理放到非常重要的战略高度。第二，提出“建设海洋强国”的思想。党的十八大报告中明确指出：“提高海洋资源开发能力，发展海洋经济，保护海洋生态环境，坚决维护国家海洋权益，建设海洋强国。”[①] 这是党首次提出“建设海洋强国”的战略思想。第三，先后召开第二次新疆工作座谈会和第六次西藏工作座谈会，明确了安疆稳藏的新思路，将新疆治理的总目标调整为“社会稳定与长治久安”。第四，习近平总书记多次赴新疆、内蒙古、黑龙江、吉林和云南等边疆地区进行视察和调研，关注我国边疆地区的安全、稳定和发展问题。

在开启全面建设社会主义现代化国家征程中，党在十九大明确提出新的战略目标和任务，要把我国建成富强民主文明和谐美丽的社会主义现代化强国。这是全党和全国人民的战略目标和任务。全面贯彻落实党的十九大精

① 《中国共产党第十八次全国代表大会文件汇编》，人民出版社2012年版，第36～37页。

神是我国边疆治理最重要的任务，是维护边疆地区安全、稳定和发展的重要政治保障。全面学习和贯彻习近平新时代中国特色社会主义思想是边疆治理的指导思想。为实现这个战略目标和任务，边疆地区需要拿出更大的力气和智慧。

边疆治理问题是党的十九大关注的重要方面。在这次党的代表大会上明确提出了边疆治理的新思路和新方针。第一，“加快边疆发展，确保边疆巩固、边境安全”。这是从我国边疆治理的“发展”“巩固”（稳定）和“安全”三个维度加以论述的。第二，坚持陆海统筹，加快建设海洋强国。党的十八大对“建设海洋强国”有比较详细的论述，因此，党的十九大在谈到“建设海洋强国”时没有展开，但有两点值得注意，一是强调“陆海统筹”，这说明党中央关注我国陆疆和海疆建设中相互之间的联系性和统一性，强调国家陆海总体空间的战略布局和治理；二是习近平总书记在十九大报告中特别强调了“南海岛礁建设积极推进”，这点出了中国在海疆建设方面有了新的举措。第三,十九大报告专门列出“实施区域协调发展战略”，强调我国区域协调发展的必要性和战略性。这部分内容集中体现了党中央对边疆地区的支持和关注，一是明确表示要加大力度支持革命老区、民族地区、边疆地区、贫困地区的加快发展；二是强化举措推进西部大开发形成新格局；三是深化改革，加快东北等老工业基地振兴。第四，党的十九大报告明确表示要“优化区域开放布局，加大西部开放力度”。在我国全面开放新格局的构建布局中，边疆地区是极其重要的组成部分。我国边疆地区是“一带一路”建设的重点空间，是我国“引进来”和“走出去”的重要契合线，是我国与周边国家实施共商共建共享的重要合作区域，是我国增强创新能力开放合作的重要枢纽地区。我国开放格局呈“陆海内外联动、东西双向互济”的基本态势，而“陆海内外联动”和“东西双向互济”都离不开我国的陆疆与海疆。陆疆与海疆承载着我国实施“贸易和投资自由化便利化”政策的重要使命。第五，“更加自觉地维护我国主权、安全、发展利益，坚决反对一切分裂祖国、破坏民族团结和社会和谐稳定的行为”。第六，“全面贯彻党的民族政策，深化民族团结进步教育，铸牢中华民族共同体意识，加强各民族交往交流交融，促进各民族像石榴籽一样紧紧抱在一起，共同团结奋斗、共同繁荣发展”。第七，“全面贯彻党的宗教工作基本方针，坚持我国宗教的中国化方向，积极引导宗教与社会主义社会相适应”。第八，“严密防范和坚决打击各种渗透颠覆破坏活动、暴力恐怖活动、民族分裂活动、宗教极端活动”。第九，坚持“一国两制”，推进祖国统一，反对任何分裂国家的行为。第十，按照亲诚惠容理念和与邻为善、以邻为伴的周边外交方针，深化同周边国家关系，构建人类命运共同体。

## 二、如何理解新时代我国边疆的主要矛盾问题

我国进入新时代，我国的边疆治理和发展也进入新时代。在新时代环境下我国社会主要矛盾也发生了重大变化，我国边疆地区也与全国其他地区一样，其主要矛盾表现为人民日益增长的美好生活需要和不平衡不充分的发展之间的矛盾。在这个问题上我们要有清醒的认识，即边疆地区人民日益增长的美好生活需要与边疆地区不平衡不充分的发展之间形成矛盾，这是新时代我国边疆地区存在的主要矛盾。我们在治理和建设边疆进程中必须正视这个矛盾，抓紧并解决这个矛盾，而不是规避这个矛盾。

我们要全面建成小康社会，这是全国性的任务，我国边疆地区与全国其

他地区一起将全面建成小康社会，没有任何例外。解决温饱之后，边疆地区的人民不仅对物质文化生活有了新的更高标准的需要，而且在政治和精神生活等方面也有了新的更高标准的需求，希望在边疆地区的各方面，在民主建设、法治公平、边境安全、生态环境等领域都有新的发展和进步。发展不平衡不充分已经成为制约边疆地区发展和满足边疆地区人民日益增长的美好生活需要的主要障碍性因素。因此，我们在治理边疆时一定要抓住这个主要矛盾的变化，着力解决好边疆地区的发展不平衡不充分问题，在边疆地区的经济发展、政治体制、文化繁荣、社会稳定、生态环境等方面加强建设、加强治理，走综合性建设的路子。

在讨论我国边疆地区主要矛盾时，我们需要特别关注两个方面的问题，一方面，在治理边疆时，需要特别关注边疆地区人民对日益增长的美好生活的需要这个因素。边疆地区人民对美好生活的需要是一个综合性的需要，是复合型的概念，而不只是物质生活的需要，而且“美好生活”这个综合性的需要也呈动态递进状态，即呈“日益增长的”递进状态。另一方面，在治理边疆时，我们还要更加聚焦边疆地区发展不平衡不充分问题。这有四个方面的理解：一是我国边疆地区与内地发展存在比较明显的不平衡不充分的问题，“胡焕庸线”依然在起作用；二是我国边疆地区之间存在发展不平衡不充分问题，如我国东北边疆、北部边疆、西南边疆之间都存在发展不平衡不充分的问题；三是我国同一边疆地区内部也存在发展不平衡不充分问题，如新疆维吾尔自治区的南疆与北疆在发展方面就存在很大差别；四是我国陆疆与海疆之间存在发展不平衡不充分问题。我们在讨论边疆地区发展不平衡不充分问题时一定要特别注意这些方面。

实事求是地说，我国边疆地区总体经济发展水平落后于内地。其中，我国边境地区更是落后于内地。“由于特殊的历史、自然、地理和复杂的周边环境等多方面因素影响，同其他地区相比，边境地区经济社会发展仍然相对滞后，基本建设欠账多，发展投入总体不足，基础设施相对落后，新型工业化、信息化、城镇化、农业现代化发展水平较低，贫困问题依然突出，保障和改善民生任务艰巨，各类人才严重匮乏，对外开放层次和水平亟待提升，部分地区反分裂斗争和维稳形势复杂严峻。总体上看，边境地区作为全面建成小康社会的特殊短板和薄弱环节，面临的压力和挑战不容低估。”①

我们在解决边疆地区发展不平衡不充分问题时要补“特殊短板”，还要进一步夯实我国边疆地区经济发展的基础，进一步加强物质文化建设的厚度，尤其在精准脱贫方面要下大力气，下真功夫。

在新时代加强边疆治理进程中我们必须认识到，尽管我国社会主要矛盾发生了重大变化，但社会主义所处历史阶段并没有发生变化，我国仍处于并将长期处于社会主义初级阶段，这是我国最大的国情，我们要在坚持这个最大国情基础上治理边疆地区。与此同时，我们还需要清醒地认识到，尽管我国的国际影响力在不断增长，但我国依然是世界最大的发展中国家，中国在治理边疆进程中，在通过边疆地区与周边国家发展区域合作方面，一定要坚持这个基本国际定位，以世界上最大发展中国家的身份与周边国家发展关系，加强区域合作，不断增进共识。

简而言之，中国主要矛盾的变化、中国依然处于社会主义初级阶段和中

---

① 中国政府网：《国务院办公厅关于印发兴边富民行动“十三五”规划的通知》，2017年5月28日，http：//www.gov.cn/zhengce/content/2017-06/06/content_5200277.htm，登录时间：2018年1月10日。

国是世界最大发展中国家这三个具有极其重要性的要素是我国新时代治理边疆必须遵循和予以贯彻的，是中国边疆治理的基本出发点和基本的政治要求。

在边疆治理方面除了正确处理和解决主要矛盾之外，存在一些特殊的矛盾需要予以正视、处理和解决。党正在领导全国人民进行伟大斗争，建设伟大工程，推进伟大事业，实现伟大梦想。我们在进行伟大斗争的进程中不可避免地会遇到矛盾，在治理边疆进程中也同样不可避免地会遇到各种矛盾并进行斗争，因为社会是在矛盾运动中前进的。党的十九大报告明确提出，“更加自觉地维护我国主权、安全、发展利益，坚决反对一切分裂祖国、破坏民族团结和社会和谐稳定的行为”。这表明，中国边疆治理必须要与分裂祖国的行为作最坚决的斗争，不断增强民族团结、增强社会和谐稳定。这既是我国边疆治理的任务，也是其追求的目标。

## 三、新时代我国边疆治理体系和治理能力现代化问题

党的十九大报告重申，明确全面深化改革总目标是完善和发展中国特色社会主义制度、推进国家治理体系和治理能力现代化。具体谈到我国边疆地区全面深化改革，其总目标应该是完善和发展中国特色社会主义制度，推进边疆治理体系和治理能力现代化。

我国边疆地区全面深化改革的任务非常繁重，但无论任务有多繁重和艰巨，我们应该在完善和发展中国特色社会主义制度这个大原则和前提下进行，而不是在其他旗帜下进行。而推进边疆治理体系和治理能力现代化这个命题需要紧紧抓住三个关键词，即“体系”“能力”和“现代化”。

新中国成立以后，党和政府就在认真思考我国边疆治理体系和治理能力问题。“边疆治理关系一个国家的全局，因而是事关国家战略的重大问题。”[①]习近平强调：“改革开放以来，我们党开始以全新的角度思考国家治理体系问题，强调领导制度、组织制度问题更带有根本性、全局性、稳定性和长期性。今天，摆在我们面前的一项重大历史任务，就是推动中国特色社会主义制度更加成熟更加定型，为党和国家事业发展、为人民幸福安康、为社会和谐稳定、为国家长治久安提供一整套更完备、更稳定、更管用的制度体系。这项工程极为宏大，必须是全面的系统的改革和改进，是各领域改革和改进的联动和集成，在国家治理体系和治理能力现代化上形成总体效应、取得总体效果。”[②]

我国经过40年的改革开放，国家管理体制和机制都发生了非常大的变化。与此相适应，我国边疆治理体系和治理能力也在不断朝着现代化方面迈进。但因环境、条件等因素不断发生急剧变化，面对复杂多变的国际形势和周边国际环境，伴随着我国国内主要矛盾新变化，在实现边疆地区社会和谐稳定、快速发展和长治久安方面，我们在边疆地区治理体系和治理能力方面还需要进一步提高和改进，我国边疆治理体系和边疆治理能力需要现代化。如何在市场经济的条件下治理边疆？如何在高度开放的状态下治理边疆？如何在高度发达的信息时代治理边疆？如何在全面依法治国的新时代治理边疆？习近平指出：“国家治理体系和治理能力是一个国家的制度和制度执行能

① 孙勇：《维护西藏地区社会稳定对策研究》，西藏人民出版社2015年版，第14页。

② 张树军主编：《十八大以来全面深化改革纪事（2012—2017）》，河北人民出版社2017年版，第214～215页。

力的集中体现，两者相辅相成。我们的国家治理体系和治理能力总体上是好的，是有独特优势的，是适应我国国情和发展要求的。同时，我们在国家治理体系和治理能力方面还有许多亟待改进的地方，在提高国家治理能力上需要下更大气力。只有以提高党的执政能力为重点，尽快把我们各级干部、各方面管理者的思想政治素质、科学文化素质、工作本领都提高起来，尽快把党和国家机关、企事业单位、人民团体、社会组织等的工作能力都提高起来，国家治理体系才能更加有效运转。”①

我国边疆治理体系和治理能力是我国治理边疆的制度和制度执行能力的集中体现。我国边疆治理体系是在党领导下管理边疆的一系列制度体系，包括各领域体制机制和法律法规安排。我国的民族区域自治制度是非常重要的边疆治理的制度性安排。“民族区域自治，是中国这样一个统一的多民族国家解决民族问题、处理民族关系的正确选择。中国的民族区域自治，是在国家统一领导下的自治，各民族自治地方都是国家不可分割的部分，各民族自治地方的自治机关都必须服从中央的领导。”②“从西藏工作政策的内在结构角度看，西藏工作政策是一个体系，是党和政府在西藏各方面工作实践的指导方法和具体措施。”③边疆治理能力则是我国管理边疆地区各方面事务的能力。例如，我国边疆地区的全面脱贫问题就是对党和政府治理边疆能力的一个重要考验和检验。现在一个重要任务就是如何按时保质保量地完成我国边疆地区

---

① 张树军主编：《十八大以来全面深化改革纪事（2012—2017）》，河北人民出版社2017年版，第215页。

② 中华人民共和国国务院新闻办公室：《民族区域自治制度在西藏的成功实践》，人民出版社2015年版，第19页。

③ 王晓彬：《经略西藏——新中国西藏工作60年》，人民出版社2009年版，第1页。

的全面脱贫问题。习近平总书记指出：对人口较少民族要多倾注些心血，多投入些力量，在水电路等基础设施建设、在民贸民品培育壮大上多下功夫，确保不让一个兄弟民族掉队，不让一个民族地区落伍。[①] 从“边疆治理能力”视域看这个问题，就能够理解为什么党中央下了这么大的决心来部署和督促边疆地区全面脱贫任务。再如，我国政府划设东海防空识别区是我国边疆治理能力提高的重要体现[②]。

我们要正确理解我国边疆地区治理体系和治理能力现代化与国家治理体系和治理能力现代化之间的关系：第一，我国边疆治理体系和治理能力现代化是国家治理体系和治理能力现代化的重要组成部分之一；第二，实现我国边疆治理体系和治理能力现代化是国家治理体系和治理能力现代化的基本要求，是国家现代化总进程的基本要求；第三，这是党和政府提高治理边疆水平和能力的体现和要求；第四，这是党和政府不断提高边疆地区人民群众依法管理国家事务、边疆地区经济发展和文化事务以及自身事务的能力的要求和体现；第五，这是党和政府治理边疆制度化、规范化、程序化的要求和体现，不断提高有效治理边疆的能力。简而言之，实现我国边疆治理体系和治理能力现代化，是党和政府科学执政、民主执政、依法执政水平和能力在我国边疆地区的检验和标志。

一个国家选择什么样的边疆治理体系，是由该国历史与现实各方面综合

---

① 中国政府网：《习近平在云南考察工作时强调：坚决打好扶贫开发攻坚战》，2015年1月21日，http：//www.gov.cn/xinwen/2015-01-21/content_2807769.htm，登录时间：2018年1月10日。

② 国防部：《中华人民共和国政府关于划设东海防空识别区的声明》，2013年11月23日，载《十八大以来重要文献选编》（上），中央文献出版社2014年版，第576页。

性因素决定的，包括诸如历史传承、文化传统、经济社会发展水平、边疆地区的民族构成等因素。中国现行的边疆地区治理体系是在我国边疆地区特殊的历史条件和各种独特因素中逐渐形成的，符合当时边疆地区的社会文化需要和当时边疆地区人民群众的利益需求。但是，就像我国国家治理体系和治理能力需要改进和完善一样，随着时代的发展和情况的变化，我国边疆地区的治理体系和治理能力都需要改进和完善，需要实现现代化。问题在于，如何实现我国边疆地区治理体系和治理能力现代化，怎样实现其现代化？在这方面我们既要充分借鉴其他国家治理和边疆治理的经验和做法，更要深入总结我国国家治理和边疆治理的经验和做法，逐步形成更加有效的具有鲜明中国特色的边疆治理体系，充分显示党和政府高超的边疆治理能力和水平。新时代的中国只有通过全面深化改革，才能使中国特色社会主义制度更好更成熟；新时代的中国只有通过边疆治理体系和治理能力现代化，才能使我国的边疆长治久安。

我国少数民族多集中在边疆地区，其中有一些民族属于跨界民族。跨界民族在我国边疆安全、稳定和发展方面起着十分重要的作用，尤其在加强与周边国家的交流交往和交融方面起着独特的不可替代的作用。充分借助我国边疆地区跨界民族的独特优势，稳定边疆、发展边疆、扩大与周边国家的交流，营造良好的周边国际环境，所有这些都是我国边疆治理体系和治理能力现代化的内容和具体体现。

实现中国边疆治理体系和治理能力现代化，就必须充分发挥文化的作用。中华民族文化博大精深，蕴含着中华优秀传统文化，我们需要不断加以挖掘和阐发。在挖掘我国边疆地区传统文化的作用方面，应更加注重我国边疆少数民族传统文化的作用，注重少数民族传统文化与内地文化交融所生成的良性文化影响拓展的作用。在边疆治理方面我们特别需要将中华传统美德加以创造性转化和创新性发展，实现边疆地区各民族优秀文化的共融。

## 四、关于我国边疆地区发展问题

“加快边疆发展”是党的十九大的重要思想之一，是我党治理边疆的重要战略部署。党的十九大对我国发展问题作出一系列战略规划和部署，我国边疆地区的发展必须要在全国的总体战略部署和规划下进行。党的十九大要求贯彻新发展理念，建设现代经济体系，边疆地区的发展必须在新发展理念和建设现代经济体系方面下功夫。边疆地区在经济发展方面必须转变发展理念，必须改变单纯追求高速增长而忽视经济发展高质量的做法，必须转变发展方式，改变现有的不合理的经济结构，寻求优化合理的经济结构，寻求经济发展的新增长动力。边疆地区在发展方面正处于爬坡时期，需要恰当地运用“建设现代化经济体系”来实现其经济腾飞，跨越关口。

我国边疆地区必须学会在社会主义市场经济的环境、条件和机制下发展经济。边疆地区经济发展进程中一个最突出的问题是还不善于在社会主义市场经济的环境和条件下发展经济，不善于恰当运用市场经济的规则来配置各种生产要素，不能有效地自如地掌握市场经济规律来发展经济，非市场经济的因素严重干扰自身的经济发展。市场经济在我国边疆地区还没有起到真正意义上的决定性作用。这是边疆地区全面深化改革的重要关注方面。因此，边疆地区在深化改革进程中应该在“产权制度”和“要素市场化配置”这两个方面寻求突破，如果边疆地区的产权有效激励机制发挥了作用，如果市场要素能够自由流动，就会逐步形成机制上的改变，市场价格因素就会变得灵敏，其宏观、中观和微观的竞争环境就会逐步改善，在此基础上的企业优胜劣汰局面就会形成。因我国边疆地区宏观、中观和微观市场经济基础不够牢固，妨碍统一市场和公平竞争的各种“土”规定和各种限制性措施极大地限制了市场经济决定性作用的发挥，制约了各类民营企业的发展，各类市场主体活力没有能够释放出来。因此，在我国边疆地区深化商事制度改革势在必行，必须打破各种有形和无形的行政性垄断，更不能搞市场垄断。我国边疆地区只有完善了市场经济机制，真正实现了要素价格市场化，有效建立了市场监管体制，才能释放出经济发展的巨大能量。

我国边疆地区在经济格局中一个非常鲜明的特点，即国有企业所占比重较大，在有的边疆地区国有企业甚至占绝对的主导地位，而非国有制企业所占比重较少，且发展缓慢。一方面要继续做大做强国有企业，完善国有资产管理体制，保障国有资产保值增值，充分发挥国有企业在边疆安全、稳定和发展中的顶梁柱作用；另一方面，要深化国有企业改革，在促进混合所有制经济方面做文章，实行国有企业和非国有企业的融合，着力打造具有竞争力的一流企业。在这方面我国东北地区应该加大改革的力度。

深化供给侧结构性改革是我国总体改革的重要抓手，我国边疆地区也应该从供给侧改革方面入手积极推进改革的深化。我国边疆地区推进供给侧改革需要特别关注三个方面：一是发展实体经济，支持传统产业优化升级；二是将内地产业伸向国外的价值链延展到边疆地区，或者反过来将国外具有高附加值的产业价值链通过边疆地区延伸到内地；三是加强边疆地区的基础设施建设，在水利、交通、信息和物流等方面形成区域网络，将边疆地区与内地有效地链接起来，将周边国际区域与边疆地区的经济合作网络有效地对接起来。党的十九大特别强调“加快建设创新型国家”，我国边疆地区的发展也应该而且必须依靠创新，因为这是引领发展的第一动力。边疆地区建设现代化经济体系的必要条件就是在创新方面做文章，承接国家重大科技项目，强化自身的战略科技力量。边疆地区一个非常突出的短板是人才缺乏，这就需要边疆地区在吸引人才方面下功夫，必须有效地克服人才留不住、人才吸引不来的困境，深化科技体制改革，在人才创新和科技创新方面做实事。实施乡村振兴战略是党中央的重要战略举措。边疆地区更需要务实贯彻党中央的乡村振兴战略，逐步实现农业农村现代化。“三农”问题是关系国家安全稳定和发展的根本性问题，其重要性在我国边疆地区更加突出、更加重要。需要强调的是，我国边疆地区实施乡村振兴战略必须因地制宜，将其与我国各项治理边疆的战略和政策统筹起来，有效地衔接。比如，我国边疆地区乡村振兴战略完全可以与我国的兴边富民战略结合起来，因为“实施兴边富民行动是促进边疆少数民族地区发展、全面建设小康社会的好形式，是边疆少数民族地区贯彻落实西部大开发战略的重要载体，是顺民心、合民意的德政工程”①。

我国边疆地区决不能走内地经济发展先污染再治理的弯路，在生态环境保护方面一定要画红线禁区，只有这样才能保住边疆地区的绿水青山。

## 五、关于我国边疆地区安全和稳定问题

① 《国家民委、财政部关于继续推进兴边富民行动的意见（2004 年 1 月 18 日）》，《民族工作文件选编（2003—2009 年）》，中央文献出版社 2010 年版，第 7 页。

我国边疆地区有两个非常显著的特点：一是我国少数民族多居住在边疆地区；二是我国边疆地区与贫穷地区高度重叠。边疆地区的发展问题不仅事关区域发展问题，而且关系到居住在边疆地区的各民族能否享受到我国发展改革的益处问题，事关边疆地区的安全和稳定问题。因此，全面贯彻党的民族宗教政策是我国边疆治理的重要内容。党的十九大报告明确阐述了新时代背景下党的民族政策和宗教政策，强调新时代加强民族团结的重要性和必要性，以及贯彻党的宗教工作基本方针的重要性和必要性。在新时代，中国边疆地区的形势应该是安全而稳定，在维护边疆地区的稳定方面具有较强的抗震性，在边境地区的长治久安方面更具有可持续性。

“促进各民族像石榴籽一样紧紧抱在一起”，这是习近平总书记所追求的民族团结的理想状态和模式。“各民族要相互了解、相互尊重、相互包容、相互欣赏、相互学习、相互帮助，像石榴籽那样紧紧抱在一起。”[①] 这表明，中国民族关系的基本取向是民族团结。怎样达到民族团结呢？其基础就是相互了解、相互尊重、相互包容、相互欣赏、相互学习和相互帮助，只有坚持六个“相互”才能实现各民族之间的相互团结。中国各民族之间关系的基本模式是团结，而不是相互排斥和仇视。习近平总书记在党的十九大报告中再次明确表示：“全面贯彻党的民族政策，深化民族团结进步教育，铸牢中华民族共同体意识，加强各民族交往交流交融，促进各民族像石榴籽一样紧紧抱在一起，共同团结奋斗、共同繁荣发展。”“全面贯彻党的宗教工作基本方针，坚持我国宗教的中国化方向，积极引导宗教与社会主义社会相适应。”这表明，新时

---

① 《统一战线知识简明读本》编写组编：《统一战线知识简明读本》，华文出版社2018年版，第99页。

代中国的民族关系和谐状态的基本标志就是各民族之间的相互团结，而且是像石榴籽一样的紧密团结。

“铸牢中华民族共同体意识”是习近平总书记多次强调的关于民族政策的重要思想。2014 年在第二次新疆工作座谈会上习近平总书记就强调：“要高举各民族大团结的旗帜，在各民族中牢固树立国家意识、公民意识、中华民族共同体意识，最大限度团结依靠各族群众，使每个民族、每个公民都为实现中华民族伟大复兴的中国梦贡献力量，共享祖国繁荣发展的成果。”[①] 在党的十九大报告中，习近平总书记又一次强调了这一思想。“铸牢中华民族共同体意识”是新时代中国民族政策的重要指南和遵循。铸牢中华民族共同体意识，就是铸牢 56 个民族“你中有我，我中有你，谁也离不开谁”的命运共同体意识，就是铸牢维护国家统一、民族团结、社会和谐的意识，就是铸牢共同致力于中华民族伟大复兴的意识[②]。中华民族共同体意识的精髓就是凝聚中国 56 个民族的命运共同体意识向心力。这是新时代中国治理边疆的重要思想基础。

我党历来重视民族团结问题。1980 年党中央就强调：“巩固汉族同藏族、维吾尔族、蒙古族和其他边疆以及内地的各少数民族的团结，改善各少数民族的政治经济文化状况，是一个具有伟大历史意义和战略意义的重要任务。”“我们建国已经三十多年了，加以目前国际形势复杂，我们如再不抓紧时间迅速大力改善民族关系，就将犯极大的错误。全党对于这个问题的严重

---

① 《统一战线知识简明读本》编写组编：《统一战线知识简明读本》，华文出版社 2018 年版，第 98 ~ 99 页。

② 沈桂萍：《从六方面着力，铸牢中华民族共同体意识》，《中国民族报》2017 年 11 月 7 日。

性必须有一个统一的充分的认识。”①2007年国务院关于进一步促进新疆经济社会发展的若干意见中强调，“民族团结和社会稳定是新疆经济社会发展的前提和保障”，应“全面贯彻党的宗教政策，依法加强对宗教事务的管理”②。2014年5月，在第二次新疆工作座谈会上习近平总书记指出：“新疆的问题最长远的还是民族团结问题。民族分裂势力越是企图破坏民族团结，我们越要加强民族团结，筑牢各族人民共同维护祖国统一、维护民族团结、维护社会稳定的钢铁长城。要坚定不移坚持党的民族政策、坚持民族区域自治制度。民族团结是各族人民的生命线”③。可见，党中央将民族团结置于非常重要的党和国家治国理政的战略高度。

新时代搞好民族团结需要探寻新的符合新时代特点的形式和方式。在民族交往交流交融方面加大工作力度，开展多种多样的共建工作。第一，推进“双语”教育，打牢语言沟通的基础；第二，建立各民族相互嵌入式的社会结构和社区环境④，鼓励各民族实行双向式的、嵌入式的交流模式，在教育、就业、居住等方面相互交流。

有效维护国家安全是新时代中国边疆治理的重要方面，要坚决打击暴力恐怖活动、民族分裂活动和宗教极端活动。目前新疆反分裂反暴恐斗争正处

---

① 《中共中央关于转发〈西藏工作座谈会纪要〉的通知》，中共中央文献研究室、中共西藏自治区委员会编：《西藏工作文献选编（1949—2005年）》，中央文献出版社2005年版，第304页。

② 《国务院关于进一步促进新疆经济社会发展的若干意见》（2007年9月28日），《新疆工作文件选编（1949—2010年）》，中央文献出版社2010年版，第696页。

③ 《统一战线知识简明读本》编写组编：《统一战线知识简明读本》，华文出版社2018年版，第98页。

④ 《统一战线知识简明读本》编写组编：《统一战线知识简明读本》，华文出版社2018年版，第99页。

于“三期叠加”的特殊历史时期，我们需要从新疆的长治久安战略高度遏制民族分裂主义、宗教极端主义和暴力恐怖主义。“东突”势力是分裂中国的邪恶势力，它有着深层次的地缘文化背景[①]，其思想基础就是19世纪形成的“泛伊斯兰主义”和“泛突厥主义”[②]。宗教极端主义已成为危害国家统一和民族团结、破坏宗教和睦与社会和谐、影响新疆社会稳定和长治久安、危害各族人民生命财产安全的现实危险[③]。

## 六、中国边疆治理与周边国际环境

新时代中国不是在封闭的环境下治理边疆的，而是在全方位开放状态下治理边疆。中国开放的大门不会关上，“中国将在更大范围、更宽领域、更深层次上提高开放型经济水平”[④]。周边国际环境对中国边疆的安全、稳定和发展构成直接影响，因此，新时代中国必须关注周边国际环境对中国边疆直接和间接的各种影响。在如何处理周边国际环境方面，党中央已经确立了非常明确的战略思路。我国还专门召开了周边外交工作座谈会，集中阐述了中国周边外交战略、政策和措施。中国坚持亲诚惠容理念，实行与邻为善、以邻为伴周边外交方针。在与周边国家发展关系时秉持正确义利观。中国所奉行的外交政策有两个最基本的特点：一是独立自主；二是和平理念。中国强调外

① 潘志平著：《“东突”的历史与现状》，民族出版社2008年版，第1页。

② 马大正、许建英著：《“东突厥斯坦国”迷梦的幻灭》，新疆人民出版社2006年版，第1页。

③ 中华人民共和国国务院新闻办公室：《新疆各民族平等团结发展的历史见证》，人民出版社2015年版，第38～39页。

④ 《习近平谈治国理政》，外文出版社2014年版，第114页。

交政策中的和平要素，就是向全世界传递明确的信息，即中国无论强大到什么程度，发展到什么地步，都不会去谋求霸权，都不会去扩张，都不会重蹈西方殖民者的老路。中国的发展和崛起不对任何国家构成威胁，也不会妨碍其他国家的安全和发展。但中国强调和平外交政策并不等于我们可以放弃自己的国家利益和尊严。就像中国决不会以牺牲别国利益为代价来发展自己一样，中国也决不放弃自己的正当权益委曲求全。中国不会吞下损害自身利益的苦果，这是中国和平外交政策的基本底线。

党的十九大一个重要思想就是构建“人类命运共同体”。构建“人类命运共同体”是崛起中的中国给复杂多变的世界开出的药方。而构建“人类命运共同体”首先应从中国的周边开始。周边国际环境对中国非常重要，直接影响着中国的崛起和发展。在周边外交方面，中国有比较系统的思想和行为原则。

中国正在走对话而不对抗、结伴而不结盟的国与国交往新路。中国与周边国际环境的关系存在两面性，既有矛盾性又有合作性，既有历史纠纷又有历史友好交往积淀，既有利益竞争又有利益契合，周边国家既存在“中国威胁论”声调，又有“中国机遇论”呼声。因此，中国需要通过边疆地区充分与周边国家进行交流，通过对话解决分歧和矛盾，逐步缓和对抗。冷战结束后，中国外交政策的重大承诺就是不实行结盟政策，实施结伴而行的政策。“结伴”是中国外交政策的重要特点，而结盟不是中国外交政策的基本特征。中国在新时代边疆治理进程中应更多地赋予中国边疆在中国“结伴”外交的重要使命，通过中国边境地区的区域国际合作发挥重要的合作枢纽作用。在处理边界等问题上坚持以对话解决争端、以协商化解分歧。在边疆安全方面统筹应对传统和非传统安全威胁，更加旗帜鲜明地反对一切形式的恐怖主义。

在边疆地区与周边国家发展区域合作方面，着力推进贸易和投资自由化便利化。中国会积极参与“全球治理”，“在预期的新一轮全球化高潮中，中国应该也必将发挥更加重要的引领作用，同时成为推动者和规则制定者”[①]，在我国边疆地区与周边国家文化交流中尊重文明多样性，着力推进文明交流，消除文化隔阂。

---

① 蔡昉：《全球化的政治经济学及中国策略》，《世界经济与政治》2016 年第 11 期。

# "丝绸之路经济带"与中国边疆安定和发展[①]

## ——以我国东北和西部边疆为视角

邢广程[②]

2013年中国提出构建"丝绸之路经济带"和"21世纪海上丝绸之路"，这是中国在不断持续发展过程中面向不断变化的世界所提出的战略构想。中国提出上述战略构想，主要是准备通过合作和协作使中国与欧亚地区建立起更加紧密的交往空间，使欧亚空间的物质流动、人员往来、文化交流更加顺畅和便利，以满足此区域中的民众的综合性需求。中国与世界的经济合作越来越密切，2013年中国相继提出了两个贸易额"一万亿"的战略目标，即到2020年中国与欧盟的贸易额将达到一万亿美元，中国与东盟的贸易额也将达到一万亿美元。实现这个战略目标需要以"一带一路"为载体加以实现。但是，中国提出"一带一路"的倡议并不仅仅着眼于经济领域，习近平主席在阐述"丝绸之路经济带"时明确提出"五通"政策[③]。在这"五通"政策中，

---

① 本文原载于邢广程主编:《中国边疆学(第二辑)》，社会科学文献出版社2014年版。

② 邢广程，中国社会科学院学部委员，中国边疆研究所所长、研究员。

③ 2013年9月7日习近平主席在哈萨克斯坦哈扎尔巴耶夫大学讲演时提出建设"丝绸之路经济带"的战略构想，他所提出的"五通"政策是：加强政策沟通，加强道路联通，加强贸易畅通，加强货币流通，加强民心相通。这是构建"丝绸之路经济带"的指导思想。

欧亚空间的“民心相通”非常重要。而在“民心相通”中各国之间文化交流和交融非常重要。

## 一、挖掘丝绸之路的历史文化价值

“一带一路”的战略构想并不是凭空而来。事实上，几千年来，中国就与欧亚大陆各国和地区通过陆上丝绸之路和海上丝绸之路进行了频繁的交往。古代丝绸之路就像一条红线将中国与欧亚空间联系在一起。古代丝绸之路就是欧亚各民族文化交流之路，是东西方文明激荡之路。丝绸之路是古代东西方文明交流最重要的战略通道。丝绸之路不仅仅是一个道路体系，更是交流网络。它实际上是东西方物质和文化交往的网络系统。尽管在漫长的几个世纪中丝绸之路并不总是十分通畅，但它却是东西方交往的重要渠道和纽带，对东西方文明的交流产生了重要作用，为东西方物质和文化沟通做出了巨大贡献。中国是古代丝绸之路的起点，现在中国提出“丝绸之路经济带”和“21 世纪海上丝绸之路”的倡议具有历史的积淀性质和延续性质，并昭示了这样一个道理，即欧亚大陆空间应在历史深度交往的基础上着眼于未来进行更加紧密的合作与交流。

古代丝绸之路最直接的功能就是贸易。通过丝绸之路大量商品在地中海、中亚诸国和中国之间进行交换和流通。中国的丝绸、漆器、青铜器、镜子、纸张和瓷器等运至西方，许多商品不断地从地中海流向中国。萨珊伊朗帝国时期（224—651）丝绸之路十分繁荣。在阿黑门尼德王朝时期，伊朗就已经与中国通过丝绸之路进行贸易，萨珊伊朗帝国进口中国的主要商品是丝绸，此外还着力进口生丝，按照萨珊传统的纺织方式进行再加工，以获取更大利润。萨珊伊朗帝国丝绸图案比较精美，对西方的拜占庭和东方的中亚都产生了较大影响。从历史史料和考古发掘材料中可以看出，萨珊伊朗帝国的文化对欧洲和中亚乃至中国都有影响，对后来的穆斯林文化也产生了较大影响。萨珊伊朗帝国一般通过两条线路与中国进行贸易，除陆上丝绸之路外，另一条是海上丝绸之路，即绕道东南亚海岸的海路，但当时陆上丝绸之路更繁荣一些。由此可见，海陆丝绸之路在当时就已经成为东西方贸易的重要通道。萨珊伊朗帝国之所以繁荣，与其地处东西方贸易的中心地带有关，该国商人精心利用这个地缘优势进行过境贸易，善用“中间商”的地位，他们还能够铸造精美的货币。

索格底亚那商人的丝绸贸易。在 3 ～ 8 世纪，中亚的索格底亚那包括泽拉夫善河（Zerafshan）和卡什卡河（Kashiha）流域。在这个时期，索格底亚那人是典型的丝绸商人，善于控制丝绸之路贸易。索格底亚那人铸造钱币，多为方孔青铜铸币。从敦煌文书提供的材料表明，早在 4 世纪，中国长安等城市中就生活着来自索格底亚那的商人。根据喀喇昆仑山的岩石铭文记载，索格底亚那商人当时控制了南部商路（从中亚到印度河谷地）。在 6 ～ 8 世纪索格底亚那人还控制了中亚北部被称为“毛皮之路”的商路。应该说索格底亚那人在当时为丝绸之路的拓展和繁荣做出了很大贡献。

在 5 ～ 7 世纪来自地中海的商人、索格底亚那人、西突厥人、萨珊伊朗人和来自中国中原的商人频繁进行贸易往来，他们既从事贸易，又传播文化。“丝绸之路上的贸易使大量极其贵重的商品得以在中国、中亚诸国和地中海诸国特别是拜占庭之间流通和交换。不仅个别的商人和行会（如印度的情况），而且国家也参加这种贸易；统治者们对这种贸易的利润也很感兴趣。外交关系往往取决于商业和经济利益。索格底亚那人、西突厥人与萨珊伊朗人关于丝绸运输通过伊朗领土的冲突，以及一起使用穿过高加索北部道路的突厥和拜占庭建立军事和政治联盟（针对萨珊），都最好地说明了这一点。应该注意，丝绸之路不仅对商品的交换，而且对人员、文学著作、艺术品、思想和观念的交流都做出了贡献。”[①] 在 3 ~ 8 世纪中亚地区形成一些重要的艺术中心，有希腊和罗马文化与艺术影响的痕迹。萨珊伊朗帝国的城市建筑和要塞建筑也具有东西方文化兼容的特点，比如沙普尔一世（241—271）的城市建筑受到欧洲的影响很大，因为他邀请了希腊等国工匠从事建筑活动。在丝绸之路形成和发展过程中，东西方文化交流是其重要内容。从西域发现的书面材料中可以看到汉文、藏文、突厥文、波斯文、帕提亚文、索格底亚那文、和田塞文、巴克特里亚文和吐火罗文，这表明西域是一个民族大熔炉，各种文化、语言和民族、宗教在这里融合交融，生息繁衍。

宗教的传播。在丝绸之路所经过的区域宗教的作用越来越大，佛教、琐罗亚斯德教、基督教、摩尼教和道教都通过丝绸之路进行交融和影响。由此可见，丝绸之路不仅是货物流动的网络，也是宗教交流和传播的渠道。在丝绸之路上人员流动是非常重要的内容。来自中国和其他地区的朝圣者往来于印度，来自印度的佛教僧人也从印度前往中国和中亚等地传教。法显法师于 399 年从长安出发，经过西域鄯善等国，进入印度，习梵文，搜集佛教经典，后由海路经斯里兰卡（师子国），再经印度尼西亚（耶婆提）回国。

他途经陆海两个丝绸之路，为推动中国与西域、南亚和东南亚的人文交流做出了不可磨灭的贡献。他是环绕陆海各丝绸之路的著名僧人。玄奘西天取经在中国家喻户晓，成为中国唐朝与西域交流的典范。贵霜帝国时代以来，

---

① 《中亚文明史》第三卷《文明的交会：公元 250 年至 750 年》，中国对外翻译出版公司、联合国教科文组织，2010 年，第 416 页。

在东方佛教处于发展的高峰时期，具有明显的宗教扩张性，在西方基督教则在美索不达米亚发展开来，而犹太教则在巴比伦比较兴盛。在贵霜帝国时期，佛教对中亚地区的影响非常大，并与中亚当地的传统文化相融合。7世纪，在西域同时崛起了三个强国，即中国唐朝（618—907）、吐蕃和阿拉伯帝国。上述三个大国有竞争、有战争，也有交流和融合。唐朝为了管理西域地区，实行都护府制度，先后设立了安西都护府和北庭都护府。在唐朝时期于阗地区曾经是佛教的中心地区，来自中原的很多朝圣者向往于阗。于阗的僧侣们研究大乘教义，翻译印度诗歌，整理佛教文献。随着阿拉伯帝国的崛起，也随着怛逻斯之战中国唐朝军队的溃败，阿拉伯帝国逐渐在中亚得势，与阿拉伯帝国扩张的同时，伊斯兰教也逐步向东扩大影响。丝绸之路是伊斯兰教向西域地区乃至中国中原地区扩大影响的重要渠道。尽管中亚西部在8世纪被阿拉伯征服，但并没有立即接受伊斯兰教。佛教对早期苏菲主义有一定的影响。"毫无疑问，伊斯兰教传播的最初几个世纪中，人民的信仰继续受古老的、前伊斯兰观念所主导，这些观念只是部分地隐藏在一层薄薄的伊斯兰化文明之下。只有直接介入穆斯林崇拜活动的一小群人的情况有所不同。前伊斯兰和非穆斯林意识形态构成了中世纪人民意识形态的核心——这种意识形态直接地或它通过民间文学，也通过书面传说或回忆——对文学、哲学和科学，以及对社会的精神氛围具有深远影响。""因此，三至八世纪的中亚文明，或者说这个时代中亚文明结构的所有方面都是以后一些世纪伊斯兰文明许多主要因素的基础。"①

① 《中亚文明史》第三卷《文明的交会：公元250年至750年》，中国对外翻译出版公司、联合国教科文组织，2010年，第418～419页。

中原文化与西域文化的交融。西域的文化对唐代有很大的影响。龟兹的文化如音乐和舞蹈为中原地区所接受。著名的“霓裳羽衣”是从中亚地区通过龟兹传入唐朝长安的。当时唐朝流行西凉乐，它实际上就是龟兹音乐与传统中原音乐结合而成的。当时唐朝的很多著名的乐师和舞蹈家都来自西域地区[①]。751 年怛逻斯之战，唐朝大军大败，被俘唐兵中有造纸工匠，他们将造纸技术带到中亚并传播到欧洲，后来撒马尔罕成为中亚造纸中心。早在 2000 多年前的中国汉代，中国就与东南亚人民进行交流。15 世纪初，中国明代著名航海家郑和七次远洋航海，传播了中国文化，带回了东南亚、南亚和印度洋文化。通过海上丝绸之路中国与海外建立了密切关系。《红楼梦》对来自爪哇的奇珍异宝有比较详细的描述。

在 21 世纪人类进入全球化时代，在全球化的背景下，欧亚大陆更应该挖掘古代丝绸之路的历史文化价值，弘扬交流、融合、对话、合作和共赢的理念，让欧亚空间成为繁荣发展与和平安宁的地区。

## 二、“草原丝绸之路经济带”的战略定位

习近平总书记提出的“丝绸之路经济带”战略构想，以“五通”政策和创新模式打造区域大合作的新格局。“丝绸之路经济带”是我国在不断发展和崛起的背景下提出来的，具有战略意义，是中国在新的历史条件下结合国际、国内两个大局的新情况和新特点而提出的战略思路，旨在欧亚大陆空间形成

---

① 《中亚文明史》第三卷《文明的交会：公元 250 年至 750 年》，中国对外翻译出版公司、联合国教科文组织，2010 年，第 298 页。

一个新的经济发展区域，构建一个世界上最具有发展潜力的经济走廊和区域，通过基础设施现代化和贸易便利化将欧亚各国紧密联系起来，丰富欧亚大陆的合作内涵和形式。

应最大限度地挖掘古代丝绸之路的历史价值和历史意义。从历史上看，丝绸之路不止一条，主要有四条大的通道：一是“沙漠丝绸之路”，经河西走廊至西域通向欧洲；二是北疆的“草原丝绸之路”；三是东南沿海“海上丝绸之路”；四是通往印度的南方丝绸之路。其中北疆的“草原丝绸之路”在历史上也起到了重要的作用。

“草原丝绸之路经济带”是“一带一路”重要的组成部分，是中国通向欧亚大陆西端的重要环节。从区位上看，“草原丝绸之路经济带”位于“一带一路”的北端，承载着“一带一路”连接中国北疆与北部和西部周边国际环境的战略作用。其中俄罗斯和蒙古是“草原丝绸之路经济带”能够直接覆盖的地区，俄罗斯和蒙古是中国北部邻居，内蒙古可以通过满洲里和二连浩特两个铁路节点与俄罗斯和蒙古的铁路网进行对接，是连接中国内地和俄罗斯、蒙古及欧洲腹地的重要节点。因此，俄罗斯和蒙古是“草原丝绸之路经济带”重要的合作区域和通向欧洲、东北亚的重要通道。从辐射区域上看，“草原丝绸之路经济带”的东段可以延伸至朝鲜、韩国乃至日本和美国等国家和地区。“草原丝绸之路经济带”的东段是亚欧大通道的重要平台和通道，是“草原丝绸之路经济带”在新的历史条件下所容纳的重要内容。“草原丝绸之路经济带”的西段效应也很明显，它是“沙漠丝绸之路”的重要分支，它将宁夏、青海、甘肃与新疆丝绸之路连接起来，成为经典的丝绸之路的组成部分。

从南北的区位优势上看，“草原丝绸之路经济带”承载着我国南北战略通道的战略作用，我国东南沿海地区属于经济发达地区，其经济能量的输入和输出极为频繁。东南沿海地区将内蒙古视为我国经济对外发展的重要窗口。上海、广州、深圳和中部地区省份向俄罗斯乃至欧洲的陆路运输需要经过内蒙古。这种现象的形成不是现在才有的。从历史上看，“草原丝绸之路”实际上是呈网络分布，除东西向延伸之外，“草原丝绸之路”还呈南北向伸展，比如“茶叶之路”就是从福建武夷山起，经过中原地区，至内蒙古和蒙古，通往欧洲，该路被史学界称为“万里茶道”，这条茶道使中国南茶北运西销，不仅带动了茶叶贸易，更传播了茶叶文化。

俄罗斯和蒙古国的战略作用。构建“草原丝绸之路经济带”离不开俄罗斯，换句话说，“草原丝绸之路经济带”是否能够构建成功关键取决于如何与俄罗斯建立并保持长期的互利共赢的稳定的战略关系。俄罗斯对中国的“一带一路”倡议非常关注。正如俄罗斯外交家沃罗比约夫所说：“考虑到这一构想的严肃性和长期性，作为欧洲—太平洋地区强国、中国的多年战略伙伴的邻居，俄罗斯应密切关注北京如何阐释和具体落实该构想的内容。”[①] 到目前为止，俄罗斯官方的表态是非常清晰的，即支持中国的“一带一路”倡议并积极加以合作。2014 年 2 月，习近平主席与普京在索契会见时，习主席欢迎俄方参与丝绸之路经济带和海上丝绸之路建设，使之成为两国全面战略协作伙伴关系发展的新平台。普京总统积极回应，俄方积极响应中方建设丝绸之路经济带和海上丝绸之路的倡议，愿将俄方跨欧亚铁路与“一带一路”对接，创造出更大效益。这是中俄全面战略协作伙伴关系发展的重要合作方面。同时，普京总统在 2013 年 12 月发表国情咨文时提出，要把开发远东和东西伯

---

① 莫斯科国际关系学院国际研究所东亚与上海合作组织研究中心高级研究员维塔利·沃罗比约夫：《新丝绸之路》,《全球政治中的俄罗斯》双月刊 2014 年第 4 期（7 月 2 日出版）。

利亚作为绝对优先发展方向，重视西伯利亚和远东地区在俄罗斯崛起进程中的地位和作用。俄罗斯正在实施强国战略，谋求强势崛起。俄罗斯实现崛起的有利因素很多，同时阻碍其崛起的因素也很多。其中如何对待西伯利亚和远东地区的发展问题，是决定俄罗斯能否顺利崛起的最重要的因素之一。全部问题的关键在于，俄罗斯如何富有智慧和有效地将西伯利亚和远东地区逐步发展起来。大规模发展西伯利亚和远东地区是俄罗斯成为真正意义上的欧亚大国的必要条件和最重要的任务。西伯利亚和远东地区是俄罗斯各种战略资源的储备库，是俄罗斯实施亚太战略的直接平台。俄罗斯若崛起，离不开与亚太地区的深度经济合作，并以有效的方式融入亚太地区，在亚太地区的经济发展结构中扮演重要的角色。俄罗斯大规模开发西伯利亚和远东地区应在市场经济的框架内实施。在这个前提下俄罗斯应实现两个开放：一是对俄罗斯西部地区的全面开放；二是对周边国家的全面开放。俄罗斯若获得开发资金，首先要改善自身的投资环境，最大限度地吸引国际资本到西伯利亚和远东地区投资开发。如果俄罗斯有节奏地开发西伯利亚和远东地区，则俄罗斯就有可能将西伯利亚和远东地区的开发作为撬点来实现俄罗斯跨越式发展，实现俄罗斯欧亚大国的真正理想，这将意味着21世纪将有可能成为俄罗斯的世纪。普京总统有两个新的战略构想：一是欧亚经济联盟，二是大规模发展西伯利亚和远东地区。而这两个战略构想存在着内在联系的逻辑。成立远东地区发展部，制定专门针对该地区发展的战略纲要和规划，这表明俄罗斯不想空谈开发远东地区，而要加以落实，而欧亚经济联盟也在加紧推进，这表明俄罗斯政府已经选好了国家崛起的内外两个新的战略平台，呈现出俄罗斯崛起的崭新战略布局。组建欧亚经济联盟和大规模发展西伯利亚和远东地区是俄罗斯建立真正意义上的欧亚大国的两根最重要的地基之桩。

2014年对俄罗斯来说极其不寻常，乌克兰危机和内战使俄罗斯陷入与西方严重对立的状态，面对西方的经济制裁，俄罗斯的经济发展受到制约和阻碍，这个新因素极大地刺激了俄罗斯转向亚洲的态势。俄罗斯专家甚至提出建议，中俄设立“卢布—人民币”合作区联手取代美元。俄罗斯与中国的金融合作主要在油气和工业贸易上，这是人民币作为储备货币的前提条件。地理上最大规模的行动正在东西伯利亚—中国东北地区展开。以能源等价物为基础发行俄中结算单位的问题进入议事日程。所有其他国家将不得不在本国的授权交易所购买这种单位。这种结算单位的代号是“能源保障货币”。该计划的实施将使世界经济形势发生重大变化[①]。正如俄罗斯学者所说的，面对西方的强大压力，俄罗斯转向亚洲是明智之举[②]。中国正在谋求和平崛起，中国所提出的“一带一路”的倡议是中国实现和平崛起的重要途径，也是中国与外部世界谋求对接的重要载体。在“一带一路”这个大的倡议背景下，“草原丝绸之路经济带”是与俄罗斯对接的最直接的合作方式。从2014年普京总统访华两国签署非常重要的天然气合作协议中可以看出，中俄战略合作更加紧密、更加务实。中俄发展关系不是权宜之计，俄罗斯向东扩大经贸关系不是受到西方刺激而做出的政策反应，而是既定战略的延续，“在东方，俄罗斯需要解决另一个国内问题——发展东西伯利亚和远东”[③]。

蒙古国对参加“丝绸之路经济带”建设也十分积极。中方愿同蒙方加强

---

① 俄罗斯欧洲研究所能源政策中心教授阿列克谢·海通：《卢布与人民币联手取代美元》，俄罗斯《独立报》2014年6月10日。

② 莫斯科国立经济、统计和信息大学塔蒂亚娜·由茅：《俄罗斯明智转向亚洲》，西班牙《起义报》2014年6月17日。

③ 俄罗斯议会上院国际事务委员会主席米哈伊尔·马尔格洛夫：《俄罗斯—西方—东方》，俄罗斯《独立报》2014年6月30日。

在丝绸之路经济带倡议下合作，对蒙方提出的草原之路倡议持积极和开放态度。双方可以在亚洲基础设施投资银行等新的平台上加强合作，共同发展，共同受益。[①] 习近平主席这次访问期间，蒙方长期关心的过境运输、出海口等问题都得到妥善解决。两国签署了《中蒙经贸合作中期发展纲要》，确定了到2020年双边贸易额达到100亿美元的目标。两国还成立了矿能和互联互通合作委员会，双方同意研究在中国二连浩特—蒙古国扎门乌德等地建立跨境经济合作区。这表明中国与蒙古国的合作已经全面展开。内蒙古通过“草原丝绸之路经济带”可以与蒙古国的“草原之路”实行对接，建立非常密切的经济合作关系。中国内蒙古自治区与蒙古国进行区域经济合作具有很多得天独厚的便利条件，蒙古族是跨境民族，同根同源的蒙古文化和民族特性是该地区进行深度经济合作的重要人文条件和推动因素；辽阔的草原形态是“草原丝绸之路经济带”伸展的有利媒介。蒙古国是中国内蒙古自治区构建“草原丝绸之路经济带”最重要的外国合作伙伴之一。

纽带作用。从国内来看，中国沿海和内陆省区通过“草原之路经济带”，可以加快走向欧亚市场的进程。2014年满洲里率先发力，与江苏省苏州市合作组建了“苏满欧”运输模式。“苏满欧”铁路专线一经开通就显示出很大的优越性，与渝新欧、郑新欧和汉新欧相比更具有经济效益。到目前为止，广州、郑州等地希望与满洲里合作共建直达亚欧的铁路集装箱专线。内蒙古具有独特的向外伸展的物质环境和基础设施，应该充分发挥呼和浩特、满洲里、二连浩特的重要城市节点作用，其中满洲里和二连浩特的作用不可替代。通

① 国家主席习近平2014年8月22日在蒙古国国家大呼拉尔发表题为《守望相助，共创中蒙关系发展新时代》的重要演讲。http：//news.xinhuanet.com/politics/2014-08/22/c_1112195359.htm.

过满洲里和二连浩特，内蒙古将中国内地和沿海地区与俄罗斯的第一条欧亚大铁路有效地联系在一起，形成便捷的运输通道。在基础设施便利化方面，中俄、中蒙之间还有很多事情需要做。比如应该推动修建中蒙“两山”（中国阿尔山—蒙古国乔巴山）铁路，该倡议最早是由联合国计划署提出来的，这对蒙古国和中国都有好处。

构建“一带一路”，给内蒙古自治区带来前所未有的战略机遇期，内蒙古经济发展势头很好。在构建“草原丝绸之路经济带”的大背景下，内蒙古可以更好地发挥区位优势和资源优势，有步骤地统筹发展国际和国内两个市场，运用“看不见的手”优化市场资源配置，着力推进贸易投资便利化。但资源型经济结构制约着自身发展，内蒙古自治区应以构建“草原丝绸之路经济带”为契机，进一步加快对外开放的步伐，取得实质性、突破性的进展，在与周边相邻国家的经济合作中扮演重要角色，在与国内其他省区的经贸往来中起到纽带作用。

加强沟通和对话。当然，中国的“一带一路”倡议在国际上也有各种各样评论，这些都是很正常的。其中俄罗斯莫斯科国际关系学院国际研究所东亚与上海合作组织研究中心高级研究员维塔利·沃罗比约夫的观点值得我们思考和关注。他的观点如下：（1）推行丝绸之路经济带构想是否与北京已经实施的中亚政策，即强化中国与中亚已有关系的政策有关？（2）落实该构想是否意味着成立跨国机构，也就是说朝组建某种组织前进？或者中国是否盘算着构筑与自己捆绑在一起、拥有自由化贸易经济机制、类似欧亚经济联盟的灵活自治区架构？（3）丝绸之路经济带构想在实际落实过程中采取的具体措施，多边或双边活动的标准是什么？（4）对于北京提出将“互惠互利”原则应用至存在激烈竞争的贸易、经济关系中，该如何解读？应将其理解为数字意义上的利润均等，还是中国向别国经济提供“利他主义”的金融投资？（5）如果有人认为该构想必然包含文化、人道主义因素，那么中国在多大程度上做好了落实构想过程中需向参与者解释种种问题的准备？又在多大程度上做好了从东欧和西欧运来的不只是商品，还包括政治化价值观理念的准备？或者说，中国的重点不在商品、金钱关系或货物运输商，而是在建立某种世界观平台上？该平台或将成为中国将和平共处五项基本原则进一步向国际舞台推广的思想、哲学化应用框架？[①] 沃罗比约夫先生所提出的问题，最重要的是，希望中国学术界能够明确解释，中国构建“丝绸之路经济带”的战略意图是什么，中国如何处理经济合作因素与其他因素之间的关系等。因此，中国学术界应更多地与外部世界进行接触，多沟通，多解释，让利益共同体和命运共同体理念在周边国家落地生根。

## 三、绥芬河：东部陆海丝绸之路经济带的桥头堡

2013年中国提出构建“丝绸之路经济带”和“21世纪海上丝绸之路经济带”后，黑龙江省把握中俄深化全面战略协作伙伴关系的重大机遇，提出“加快打造连接欧亚的东部陆海丝绸之路经济带”的战略思路。黑龙江是边贸大省，是对俄经贸合作的桥头堡和枢纽站，应着力拓展东北亚区域合作宽度和深度，向俄罗斯方面拓展经济合作的战略空间，实现丝绸之路经济带的东拓，着力推动中俄经贸合作，使中俄经济合作实现转型升级，成为中俄区域

① 莫斯科国际关系学院国际研究所东亚与上海合作组织研究中心高级研究员维塔利·沃罗比约夫：《新丝绸之路》，《全球政治中的俄罗斯》双月刊2014年第4期（7月2日出版）。

合作的重要支撑点。

绥芬河在对俄贸易方面正在逐步发力，正在成为黑龙江省对俄经济合作的桥头堡和战略节点。第一，绥芬河是传统对俄贸易的通关口岸，也是对俄跨境电商通关服务平台的试点口岸，绥芬河跨境电商通关服务平台建立后，为中俄商品的小额贸易提供了便利条件。第二，绥芬河中俄跨境汽车自驾游线路已正式开通。绥芬河是目前中国通往远东地区的最大陆路口岸。2013 年年初，俄罗斯游客就被获准可以在绥芬河城市内自驾游，现在俄方批准中国游客入境自驾游，标志着中俄绥芬河两国边境旅游迈上新台阶。第三，2014 年绥芬河开始从俄罗斯进口石油液化气。第四，绥芬河每年进境的木材达 400 多万立方米，约占全国从俄罗斯进口木材的 1/3，是黑龙江唯一进口原木加工锯材出口试点口岸[①]。第五，绥芬河市商务局与俄罗斯滨海边疆区认证中心合作成立“绥芬河市中俄进出口商品认证中心”，从而简化了通关手续，推进了口岸通关便利化，在绥芬河就可以完成到俄罗斯的权威全程认证，大大方便了中国商人去俄罗斯经商。绥芬河市海关已确定将出口的果菜和进口的锯材列为中俄海关监管结果互认的试点商品。绥芬河海关与绥芬河检验检疫局已正式启动关检合作“一次申报、一次查验、一次放行”项目，绥芬河对外贸易额连续多年占黑龙江省的 1/4，口岸过货量占黑龙江省的 80% 以上[②]。第六，绥芬河还成立了中俄法律服务中心，为中俄企业界人士提供法律咨询和服务，

---

① 《“木业之都”的守护者——黑龙江绥芬河检验检疫局支持木业产业发展见闻》，中国质量新闻网，2014 年 2 月 7 日。http：//www.cqn.com.cn/news/zggmsb/dier/842886.html.

② 《扩大查验互认范围方便出口商品通关——绥芬河推行通关便利化》，《人民日报》（海外版）2014 年 7 月 19 日。

是中俄地区首家跨国法律服务平台[①]。

还要看到，在中俄关系处于全面发展的新时期，在黑龙江省打造连接欧亚的东部陆海丝绸之路经济带的战略构想中，绥芬河正在扮演着重要的中俄区域合作角色。党的十八大报告提出了“创新开放模式，促进沿海内陆沿边开放优势互补，形成引领国际经济合作和竞争的开放区域”的战略，旨在构建沿海、内陆、沿边多向度的开放格局。2013 年 8 月 9 日，国务院批复了《黑龙江和内蒙古东北部地区沿边开发开放规划》，将黑龙江和蒙东地区的沿边开放开发正式上升为国家战略。党的十八届三中全会上通过的《中共中央关于全面深化改革若干重大问题的决定》专门论述了“构建开放型经济体制”问题，提出要“加快沿边开放步伐，允许沿边重点口岸、边境城市、经济合作区在人员往来、加工物流、旅游等方面实行特殊方式和政策”。目前国家发改委、商务部牵头编制《沿边地区开放开发规划（2012—2020）》，旨在具体落实党中央提出的全面开放战略。在贯彻党中央和国务院战略布局中，绥芬河应获得更大的发展空间，必须在“实行特殊方式和政策”方面下功夫。

绥芬河是东北亚对俄开放的重点城市，目标是发展自由贸易区。早在 2013 年年中，绥芬河就已经向国家有关部门提交了《绥芬河边境自由贸易区设计方案》。绥芬河市是国务院批准设立的第六个综合保税区，也是中俄边境线上唯一一个综合保税区。绥芬河与俄罗斯远东运输网联通，是我国连接东北亚和走向亚太地区的便捷通道。绥芬河口岸联通两个战略交通方向，一是绥芬河向西连接俄罗斯西伯利亚大铁路，可以直达欧洲国家和地区。二是绥

① 《加强中俄法律交流合作，成立首家跨国法律服务中心》，《今日绥芬河》2014 年 3 月 17 日。

芬河向东连接俄罗斯符拉迪沃斯托克、纳霍德卡和东方港三个俄罗斯东方港口，通过这些港口，中国的货物可以达到韩、日、美等国家和地区。绥芬河申请自贸区已有一定基础和必要条件：第一，绥芬河综合保税区已运行3年，积累了一定的经验，其基础设施建设已初具规模；第二，公路和铁路口岸改造正在逐步推进，旨在提高通关能力；第三，绥芬河正在开工建设直线机场，2015年将开通牡丹江至绥芬河的高铁①。绥芬河正在打造现代化的“口岸+机场+高铁”的便捷国际化交通模式。绥芬河仅仅加强自身的建设还不够，更需要督促俄方加快公路、铁路口岸的改造，只有俄方的基础设施建设跟上来了，双方的合作才能进一步深入下去。2015年绥芬河到海参崴高等级公路将全部贯通，这将改善该区域的流通环境，届时绥芬河到符拉迪沃斯托克200公里的路程只需要两个小时，这属于快速交通模式。上海自贸区黑龙江分支运营中心正式落户哈尔滨。上海、哈尔滨、绥芬河联合打造对俄贸易大通道，构建一条以绥芬河为起点，中经哈尔滨，向南延伸至上海的对俄贸易走廊。上海自贸区介入黑龙江省会对中俄贸易产生巨大正面影响，也会促进绥芬河自贸区的形成。上海—哈尔滨—绥芬河合作模式具有很大的潜力：上海是我国经济中心城市，具有强大的辐射和带动作用；哈尔滨是黑龙江乃至我国东北地区中心城市，具有强大的区位优势；绥芬河是对外贸易的窗口，对俄出口作用不可替代。

另外，绥芬河是中俄本币互换和结算的示范区。在绥芬河可以使用卢布，是绥芬河发展自由贸易区的必要条件，而综合保税区也是自由贸易区的必要

---

① 《专访绥芬河市委书记赵连钧：自贸区申请已上报，正细化方案与政策设计》（2013年12月27日）。http：//www.nbd.com.cn/articles/2013 — 12 — 27/798327.html.

前提。截至 2013 年 11 月末，绥芬河本币结算量达 34103 万美元，同比增长 85.48%。其中，人民币结算量为 19.3 亿元，同比增长 85.52%，占本币结算量的 91.8%。同时，绥芬河还在推进对俄贸易投资结算中心试点，截至 2013 年 11 月末，完成结算量达 31.19 亿元，同比增长 39.18%[①]。使用卢布一方面方便了俄罗斯公民在绥芬河从事贸易活动，另一方面也降低了交易成本，减少了汇率上的损失。使用卢布还可以刺激俄罗斯公民购物的积极性，因为他们用卢布消费，既方便熟悉，又有安全感和亲切感。使用卢布必将进一步扩大绥芬河的对俄开放，特别是扩大双向开放。实现中俄区域货币的互通，也会促进人民币国际化进程，首先是人民币在俄罗斯区域范围内实现国际化。绥芬河的经济合作重点应放在商贸、旅游、金融、物流等方面，尤其是金融领域。绥芬河应打造成为中俄边境地区的金融重镇，应将银行、保险、证券、担保等金融企业的分支机构引入绥芬河，以引领和带动区域经济发展。

总之，绥芬河以其特有的地缘经济优势，正在中俄区域经济合作格局中发挥越来越大的作用，成为中俄经济合作的重要战略支点。

## 四、积极发挥新疆在“丝绸之路经济带”建设中的重要作用

习近平主席提出建立“丝绸之路经济带”，是我国针对欧亚大陆战略空间所提出的极其重要的区域合作倡议和主张，符合中国快速发展所形成的影响外溢的客观现实，体现了中国通过欧亚区域经济合作与其他周边国家共享区

① 《专访绥芬河市委书记赵连钧：自贸区申请已上报，正细化方案与政策设计》（2013 年 12 月 27 日）。http：//www.nbd.com.cn/articles/2013 — 12 — 27/798327.html.

域经济合作成果的共赢思想。而新疆地处祖国西部边陲，自然是实施“丝绸之路经济带”战略的前沿、桥头堡和核心地带，是推动该战略实现的主力军和排头兵，是其最重要的推动者、受益者，应该发挥独特的甚至是不可替代的作用。

### （一）新疆是我国“丝绸之路经济带”建设的最直接参与地区和前沿

按照习近平主席所提出的基本思路，“丝绸之路经济带”首先要开辟交通和物流大通道。具体地说，开通从波罗的海到太平洋、从中亚到印度洋和波斯湾的交通运输走廊。这实际上是在欧亚大陆腹地开通十字形的贯通东西南北的交通和物流大通道。而新疆正处于这个欧亚大陆腹地十字大通道的区域之内，我国新疆与俄、哈、吉和塔四个上合组织成员国直接为邻，与乌兹别克斯坦为近邻，与蒙、阿、印、巴四个上合组织观察员国直接为邻，其地理位置十分重要，在我国各省区中处于“丝绸之路经济带”建设的独一无二的特殊地理位置，这就决定了新疆是我国实施“丝绸之路经济带”最前沿地区，是我国与周边国家合作最直接的平台，是我国影响外溢的直接发力地区，是实现我国“丝绸之路经济带”战略最重要的载体。新疆165万平方公里的广袤土地完全可以在与周边八国以及中亚、中东乃至欧洲的交流中起到纽带、桥梁和支点作用。

### （二）新疆应首先实现与中亚地区的互联互通

在“丝绸之路经济带”建设中首先要将新疆由交通末端变为西联的枢纽，将新疆已经制定的“外引内联、东联西出、西来东去”的开放战略和统筹国际国内两种资源、两个市场的规划镶嵌在我国“丝绸之路经济带”大战略中去，推进与内地及周边国家的大通道建设，把新疆打造成我国对外开放的重要门户和基地。

（1）加快新疆交通网络的建设。根据新疆“十二五”规划，到2015年，新疆铁路营运里程将达到8200公里（五年新增4100公里），到2020年，新疆将形成四纵四横、五大对外通道、六个对外铁路口岸（红其拉甫、吐尔尕特、霍尔果斯、阿拉山口、吉木乃、塔克什肯）的铁路路网格局。到2015年，新疆公路通车总里程达17万公里，初步形成“四横两纵”高速公路骨架和“五横七纵”干线公路网络格局。到2015年，新疆干线机场数量达到22个，其中新建、迁建机场6个[①]。新疆应抓紧时间与内地交通网络相衔接，新疆交通网络的先行构建会为将来的“丝绸之路经济带”交通网络布局做出预先准备和安排，有助于将来我国与该经济带交通网络的顺利衔接。

（2）加强国际铁路通道建设，加快推进中吉乌、中巴等铁路建设，形成我国新疆与中亚和南亚区域铁路交通微循环的畅通，有助于推动中巴经济走廊建设，有助于推动中亚地区与新疆的经济区域合作。

（3）国家应对阿拉山口口岸铁路站区进行“二次”规划、扩能改造，满足不断增长的运能及贸易企业的发展需要。

### （三）加强喀什和霍尔果斯特别经济开发区的建设

在“丝绸之路经济带”大战略中，喀什和霍尔果斯特殊经济开发区应起

---

① 《新疆维吾尔自治区国民经济和社会发展十二五规划纲要（2009年7月6日）》，http：//www.china.com.cn/aboutchina/zhuanti/09dfgl/2009 — 07/06/content_18078718.htm.

到向西开放的窗口和沿边开发开放的重要示范区作用，一方面，两者应加强与中亚、南亚、西亚的经贸合作，另一方面应与新疆北部和祖国内地紧密联系。在建设“丝绸之路经济带”新的背景下，喀什、霍尔果斯特殊经济开发区的基础设施建设应加快推进，使其成为推动新疆跨越式发展新的经济增长极。在“丝绸之路经济带”框架下，应特别强化上述两者的外向功能，使之成为进出口商品集散地、进出口产品加工基地、面向中亚与欧洲的物流通道和国际商贸中心、绿色和有机食品出口生产基地，着力发展进口资源加工、高新技术、民族特色产品加工等产业，将喀什打造成连接亚欧的区域中心城市和中国西部“明珠”城市。① 处理好霍尔果斯特殊经济开发区与霍尔果斯国际边境合作中心的关系，形成优势互补、功能配套的经济合作区域。

（四）进一步实施新疆对外开放战略

加大能源和紧缺矿产资源进口力度，将新疆优质产品推出国门，着力发展面向中亚的外向型产业和企业，建设出口加工基地，提高边境贸易发展和边境小额贸易企业能力，推进口岸旅游购物和边民互市。

进一步利用好已有的新疆经济合作平台，将“中国—亚欧博览会”作为新疆在“丝绸之路经济带”框架内展示新疆乃至全国经济影响的重要平台和窗口，扩大博览会在欧亚乃至全世界的影响力。将中国新疆喀什—中亚南亚商品交易会、中国新疆伊宁—中亚国际进出口商品交易会、新疆塔城进出口商品交易会作为展示新疆发展的重要平台和窗口。

---

① 《新疆维吾尔自治区国民经济和社会发展十二五规划纲要（2009 年 7 月 6 日）》，http：//www.china.com.cn/aboutchina/zhuanti/09dfgl/2009 — 07/06/content_18078718.htm.

加强口岸通道功能建设。将阿拉山口口岸进一步做强做大，使之成为该经济带加快向西开放战略布局的重要节点和支撑点。该口岸目前已经具备比较扎实的向西联通的基础：第一，阿拉山口口岸位于新疆博州境内，是第二座亚欧大陆桥中国段西桥头堡，是目前我国唯一集铁路、公路、管道、航空四种运输方式于一体的国家重点建设和优先发展一类口岸。第二，该口岸是全国过货量最大、发展速度最快的第一大陆路口岸和我国从中亚、西亚国家进口能源及战略物资的安全大通道。第三，在该口岸设立了综合保税区。第四，成立了阿拉山口市。但总的来看，阿拉山口口岸在国家能源资源安全大通道和向西开放中发挥更大作为的潜能还未充分释放出来，特别是“西来东去”进口储备国家急需的能源资源方面还有很大的潜力和空间。在“丝绸之路经济带”建设中赋予该口岸更多的功能：第一，在阿拉山口市建立一个国家石油战略储备库，目前已具备这方面的基础条件；第二，国家对新疆边境贸易进口的国家紧缺的石油、有色金属和非金属矿产等能源资源产品，统一实行进口关税和进口环节增值税减半征收的优惠政策；第三，国家对凡在阿拉山口口岸注册经营的边贸企业恢复享受进口关税和进口环节增值税减半征收的优惠政策。

“丝绸之路经济带”将解决贸易和投资便利化问题，将与相关国家签署这方面的协定。未来新疆将充分利用这个协定，寻求在贸易和投资领域与周边国家广泛开展合作，实现优势互补。

新疆应充分利用已在运转的上海合作组织银行联合体这一机制，采取补偿贸易、贷款等多种方式，帮助周边国家加强连接口岸的境外铁路、公路建设。新疆应及早开展跨境人民币业务，推动在新疆开展跨境贸易和投资人民币结算，建立新疆与沿边国家的人民币跨境结算、清算渠道。在中哈霍尔果斯国际边境合作中心和中方配套区、喀什和霍尔果斯特殊经济开发区范围内使用人民币进行贸易和投资，着力扩大人民币使用范围，鼓励我国金融机构在上述区域内建立分支机构。

国家将支持喀什、霍尔果斯两个经济特区的优惠政策，特别是金融支持政策（支持阿拉山口综合保税区设立离岸人民币结算中心、成立地方性商业银行和金融租赁公司），并赋予阿拉山口综合保税区的地位，把阿拉山口综合保税区建设成为推动新疆跨越式发展新的增长点。

### （五）新疆要在“丝绸之路经济带”的大思路下实现经济跨越式发展

目前，新疆提出“五化同步”设想很有新意，即新型工业化、农牧业现代化、新型城镇化、信息化和基础设施现代化。新疆有实力的企业应该走出去，到周边国家投资办厂，从事能源资源开发、农林业合作。新疆要加大引进外资力度，“十二五”期间，外商直接投资年均增长 25% 以上，借用国外贷款五年累计达到 15 亿美元以上。新疆还要加强同内地的经济技术合作，支持内地企业以各种方式参与新疆开发建设，把新疆资源、市场、劳动力优势与东部地区资金、技术、人才优势结合起来，鼓励东部沿海地区产业特别是劳动密集型产业向新疆战略转移。积极引进大企业大集团投资新疆重点经济领域。新疆虽然地处“丝绸之路经济带”的前沿，但也必须以内地为后盾，与陕西、甘肃等西部省区密切合作，才能发挥出更大的作用。

### （六）新疆应充分挖掘古丝绸之路的历史价值和文化价值

汉代张骞两次出使西域，开辟出一条横贯欧亚的丝绸之路。而古代新疆正好处于丝绸之路要道上，丝绸之路在此分为南路、中路和北路。西域曾经是沟通东西方文明的桥梁，是促进不同民族、不同文化相互交流和合作的纽带。新疆应该充分挖掘古丝绸之路的灿烂文化价值和欧亚经济交流的历史价值，宣示在经济全球化条件下，欧亚不同种族、不同信仰、不同文化背景的国家完全可以寻求共同发展的途径，共享互利共赢的区域合作成果。新疆在让古老的丝绸之路焕发出新的生机活力方面更有独特的文化底色和传统优势，完全可以与我国西北地区的其他省份一起把古丝绸之路的文化底蕴和历史价值彰显出来，与中亚国家、俄罗斯和欧洲诸国共同将古丝绸之路作为欧亚纽带的历史价值，以新的形式塑造“丝绸之路经济带”。

### （七）新疆与中亚一些国家存在跨境民族

比如哈萨克族、乌孜别克族、塔吉克族、俄罗斯族、柯尔克孜族（吉尔吉斯族）等，这些跨境民族的存在易成为新疆与中亚地区进行紧密交流的民族纽带和沟通桥梁，成为促进区域合作的正能量。新疆很多居民信仰伊斯兰教，属于穆斯林，属于突厥语系，这些宗教相通和文化相近的因素有助于新疆与中亚地区的居民增强相互之间的文化认知和宗教认知，具有不可替代的文化和人文交流的便利条件和基础。这是新疆直接参与“丝绸之路经济带”建设的最有力的文化因素和人文因素。新疆应积极主动地充分运用好这些因素，寻求恰当利用这些因素的有效形式和途径。

### （八）新疆应在“丝绸之路经济带”的大战略下思考长治久安问题

实施进一步对外开放的战略是新疆必然的政治选择，在“丝绸之路经济带”的大战略下，新疆对外开放程度将会进一步提高。新疆在“放”的同时，还必须在“防”上做文章。新疆越实行对外开放战略，就必须越提高防范和遏制“三股势力”的能力和水平，两者是相辅相成的。从国际上看，我国新疆参与欧亚区域合作的程度越高，“三股势力”在欧亚活动的空间就会越受到压缩和变窄，我国通过“丝绸之路经济带”与欧亚国家逐步形成利益共同体就会使欧亚国家主动与我国合作，遏制“三股势力”在国际舞台上的活动，削弱“东突”势力的国际影响。在新疆我们要努力寻找有效的打击暴力恐怖主义和分裂主义的长效机制，树立底线思维，下好先手棋，在大开放的状态下形成强遏制，运用综合性措施和方式维护新疆的稳定大局。

## 五、要关注“丝绸之路经济带”构建中的新疆与中亚合作问题

“丝绸之路经济带”旨在建立一个新型欧亚区域合作框架和合作空间，这个对欧亚大陆各国都有重大意义的合作框架不可能一蹴而就，需要循序渐进。我国可以分阶段和分区域地推动“丝绸之路经济带”的建设，在推进这个战略时应本着逐步展开的原则，以点带面，从线到片，逐步形成区域大合作。中亚地区是我国推进该战略实施的最直接的契合地区，在我国“丝绸之路经济带”战略构建中的作用和地位十分重要和突出；新疆与中亚地区相毗邻，是我国实现“丝绸之路经济带”的前沿、桥头堡和核心地带，是我国推动“丝绸之路经济带”建设的主力军和排头兵。

（1）“丝绸之路经济带”应该从中亚地区先行推进。这是因为，第一，我国与中亚国家建立了战略伙伴关系，政治互信不断增强，这次习近平主席访问中亚明确表示，中国尊重中亚人民自主选择的发展道路和奉行的内外政策，

决不干涉中亚国家内政，不谋求地区事务主导权，不经营势力范围。这种立场赢得了中亚国家的高度认同，增强了中亚国家对我国的信任，起到了很好的政治效果。第二，我国与中亚五国的经贸合作增长迅速，1992 年我国与中亚五国建交之初，双方的贸易额仅为 4.6 亿美元，而 2012 年则达到 459.4 亿美元。第三，中哈石油管道和中土天然气管道的开通和运行，使中亚地区成为我国能源进口的稳定的战略来源地和供应国，这对我国经济保持持续发展具有战略意义。中土天然气管道经乌、哈两国成为当今世界最长的天然气管道。第四，第二座亚欧大陆桥正在发挥我国通向中亚乃至欧洲的重要铁路连接作用。第五，我国在上海合作组织框架内向中亚地区提供了 200 多亿美元的贷款，并帮助哈萨克斯坦等国度过金融危机。第六，我国与中亚国家在反对国际恐怖主义等非传统安全领域进行了密切的合作。第七，我国新疆与中亚地区已经建立了比较系统的口岸体系。上述情况表明，我国与中亚地区的区域经济合作框架已大致呈现出来，这是“丝绸之路经济带”得以在中亚地区先行推进的基础和前提。

（2）我国应善于将与中亚国家的政治关系优势、地缘毗邻优势和经济互补优势转化为务实合作优势和持续增长优势，与中亚国家共建互利共赢的利益共同体，而这个利益共同体的具体体现形式就是“丝绸之路经济带”，应与中亚国家加强政策沟通，加强道路联通，加强贸易畅通，加强货币流通，加强民心相通。第一，加快推进中吉乌铁路的建设，形成我国新疆与中亚邻国铁路网络的微循环，再以此促进欧亚铁路网络的大循环。第二，加大我国新疆与中亚国家的公路网络的并网，形成便捷的运输通道。第三，加快与中亚国家的信息网络的建设，形成稳定而安全的信息流。中亚国家都是内陆国家，如果不与周边国家开展合作就无法与外部世界发展联系。中国和中亚国家之间的铁路网和公路网一旦建立，将使中亚国家可以便利地通往世界上经济发展最活跃的亚太地区。

（3）我国应将哈萨克斯坦作为重点合作伙伴。经过 20 多年的发展，哈萨克斯坦已经成为中亚地区的龙头老大，对诸如吉尔吉斯斯坦等国的经济已经产生重大影响。我国抓住哈萨克斯坦这个中亚的龙头就会比较便捷地推进“丝绸之路经济带”在中亚地区的建设。中国应帮助哈萨克斯坦进行铁路、公路扩能改造，新建阿克斗卡至阿拉山口国际铁路复线和多斯特克口岸至乌恰拉尔高速公路，促进中哈双边贸易，完全符合我国与周边国家互联互通的战略要求。

（4）充分发挥新疆在与中亚国家相毗邻的地缘政治和地缘经济优势，将新疆塑造成为我国构建“丝绸之路经济带”战略中的桥头堡、前沿和核心地带，新疆应成为“丝绸之路经济带”建设的主力军和排头兵。

针对中亚地区和南亚地区的不同特点，考虑到新疆地缘政治的基本特点，新疆应在对外合作的区位功能方面做些适当的分工。

新疆北疆主要与哈萨克斯坦接壤，应该重点做好与哈萨克斯坦的经济合作工作。要特别重视霍尔果斯国际边境合作中心的建设，这是我国与哈萨克斯坦共同构建的两国一体式的跨国经济合作中心，体现了两国双边合作的创造性、探索性和示范性，哈萨克斯坦旨在通过该合作中心使其能够更加面向亚太地区，实际上哈方试图将该合作中心打造成一个结实的列车挂钩，与中国这部高速奔驰的快车相衔接，我们一定要从国家战略高度看待这个问题，通过该合作中心有意识、有步骤地将哈萨克斯坦引向东方，引向亚太地区。霍尔果斯国际边境合作中心面积虽小，仅 13.16 平方公里，但其所承载的任务却是独特的，其功能是巨大的，从目前的情况来看，我国从总体上对该合作中心的关注程度还不够高，对其“牵引”哈萨克斯坦的极端重要地位的认识还缺乏战略高度，还存在一些不够协调的地方，应将该合作中心视为推动中亚国家与我国靠近的战略支点和牵引点。我国应从国家、新疆维吾尔自治区和霍尔果斯特别经济开发区三个层面，集中力量、统筹协调，集千钧之力于一点，使其真正起到牵动哈萨克斯坦乃至整个中亚地区的“挂钩”作用，使其起到四两拨千斤的撬动作用。还要加大对阿拉山口市和阿拉山口口岸的建设，使之成为向哈萨克斯坦和其他中亚国家展示我国新疆发展魅力的示范城市，从而形成吸引哈萨克斯坦走向中国进而走向亚太地区的“磁石”效应。

而新疆南疆尤其是喀什市及其喀什特别经济开发区则主要承载与吉尔吉斯斯坦、塔吉克斯坦的经济合作任务。上述两国虽然国土不大，但战略位置十分重要。新疆南疆地区的经济影响还可以通过吉尔吉斯斯坦辐射到乌兹别克斯坦。南疆应加快交通基础设施建设，及早形成与中吉乌铁路建成相匹配的预设能力，充分发挥面向吉、塔的口岸功能，加强其基础设施的建设。2014 年 9 月习近平主席访问塔吉克斯坦进一步推动了两国关系的发展。该国总统拉赫蒙明确表示，塔吉克斯坦欢迎和支持这一非常明智的倡议，因为它回应了塔吉克斯坦的需要。中国在上合组织框架内做了很多工作，特别是在塔吉克斯坦、吉尔吉斯斯坦、乌兹别克斯坦等国实施了很多项目。建设丝绸之路经济带对塔吉克斯坦等国来说是很好的构想，它将为那些与中国接壤的国家提供发展机会。[①]

新疆南疆还要承担中国与巴基斯坦经济走廊的对接任务。目前中巴经济

① ［塔吉克］拉赫蒙：《习主席访问为塔中关系发展注入强大动力》，http：//www.gov.cn/xinwen/2014-09/14/content_2750151.htm.

走廊远景规划相关工作已启动，联合合作委员会已成立，合作领域主要集中在互联互通建设、经济技术合作、人文和地方交流。在远景规划合作框架下，近期合作重点为适时启动中巴跨境光缆项目，加快推进喀喇昆仑公路升级改造工程，探讨推动太阳能、生物质能合作，探讨开展沿线产业园区建设等，新疆应及早谋划自身在中巴经济走廊中所扮演的角色和所承载的任务。中巴经济走廊另一个重要的战略功能就是将我国所需要的重要能源等战略资源引入新疆南疆，从而从战略上摆脱我国经由马六甲海峡对海上能源通道的高度依赖。可见，新疆南疆的远景战略地位极其重要。我国应该将中巴经济走廊建设纳入“丝绸之路经济带”的总体框架中来。

南疆对邻居阿富汗应采取“防”和“放”相结合的政策，一方面持续防范来自阿富汗的“东突”恐怖主义的威胁，另一方面也要抓住机遇，在阿富汗经济重建过程中谋得经济合作先机。

（5）新疆应将全国援疆的优势切实转化为与中亚地区进行深度经济合作的开放优势，背靠内地面向中亚地区，最大限度地发挥好“丝绸之路经济带”核心地带的作用，与内地密切合作，形成区域经济优势，再将这种区域经济优势辐射到中亚地区，从而形成对中亚地区的区位优势。

（6）还要看到，在中亚地区也存在“中国威胁论”的论调，中亚国家一些精英对中国影响的逐步增大感到忧虑，他们既希望分享中国发展的好处，又不想让中国在中亚地区“做大”。在遏制中亚地区的“中国威胁论”方面，新疆有很多便利条件，完全可以多做一些增信释疑的工作，化解“中国威胁论”所带来的不良影响。要让中亚国家切实感到，通过加强上海合作组织同欧亚经济共同体合作，中亚国家和我国新疆会获得更大的发展空间，对各方都有益处。

（7）新疆在推动“丝绸之路经济带”建设中必然会遇到美国因素的干扰。事实上，美国在中亚地区下了很大功夫，从“大中亚”战略再到“新丝绸之路”战略无不反映出美国拉中亚国家远离中俄的战略意图。新疆是推进“丝绸之路经济带”战略的排头兵、主力军和桥头堡，自然会受到美国“新丝绸之路”战略的干扰，这就需要新疆在充分利用自身的地缘政治、地缘经济和地缘文化优势，不断化解来自美国的负面影响，将我国的总体战略意图贯彻到具体工作环节中去。

## 六、阿富汗局势对中国新疆的影响

最近几年来，阿富汗的局势越来越不稳定，出现了恐怖事件接连出现的趋势，其局势令人担忧。阿富汗局势呈现几个突出的特点：第一，自美国政府宣布其军队即将撤出阿富汗后，该国甚至该地区出现了不稳定的态势；第二，塔利班大有卷土重来之势，阿富汗各恐怖主义势力正在进行重新整合，旨在掌控美军撤走后的阿富汗局势；第三，阿富汗总统选举一波三折，出现复杂化局面，人们对未来阿富汗政权能否会有效地掌控局势表示担忧；第四，美军十年“反恐”不仅没有能够控制阿富汗局势，有效遏制阿富汗恐怖主义势力，而且导致了巴基斯坦局势动荡，最近几年巴基斯坦境内接连出现暴恐事件，其局势也在朝着复杂化方向发展；第五，中东局势日益恶化，尤其是叙利亚和最近的伊拉克所出现的新情况对阿富汗和巴基斯坦局势的更加复杂化起到了推波助澜的作用；第六，阿富汗和巴基斯坦局势的复杂化和中东局势的恶化都会对中亚地区的反恐局势产生消极影响，中亚地区反恐任务比较艰巨；第七，阿富汗、巴基斯坦和中东局势的恶化也给中国新疆的稳定带来挑战和冲击，最近几年中国新疆出现一系列大大小小的暴恐事件，都有深刻的国际背景。

1.“东伊运”的影响

体现西方价值观的“阿拉伯之春”、伊斯兰教复兴回潮、“世维会”等极端组织对新疆的暴力恐怖事件都有影响，但是，对新疆暴力恐怖活动影响最大的是“东突厥斯坦伊斯兰运动”（简称“东伊运”）。这个组织在阿富汗和巴基斯坦的边境地区设立恐怖活动训练营，专门培训针对中国新疆的暴力恐怖分子。这个国际公认的恐怖组织，在2012年5月本·拉登被击毙后，追随“基地”进行改组调整，改名“突厥伊斯兰党”，调整组织宗旨、机构和口号，组织向网络化、分散化方向转变，采取各地区自主行动的模式，在境外通过视频资料，以宣讲宗教对异教徒“圣战”的方式直接煽动恐怖犯罪，号召新疆当地人员自发地以“圣战”的方式实施恐怖犯罪。上述转变给新疆的社会稳定和长治久安带来冲击。新疆暴力恐怖事件新阶段性的特征，充分说明了“东伊运”这种改组调整的深刻影响。还要看到，“东伊运”与国际恐怖组织联系密切，深受国际恐怖组织所宣扬的恐怖主义理论和恐怖策略的影响，对新疆的安全和稳定构成很大的现实威胁。

实施暴行的暴力恐怖分子受到“三股势力”——暴力恐怖势力、民族分裂势力、宗教极端势力的蛊惑和煽动。受境内外敌对势力的影响，非法宗教活动、宗教极端思想近年来在新疆日渐突出。在宗教极端思想的蛊惑下，一些当地青年观看“圣战”视频，思想急剧发生裂变。此外，“三股势力”频繁通过网络造谣蛊惑，煽动民族对立和民族仇恨，加紧内外勾连，发展壮大组织。一些宗教极端组织和极端分子，通过互联网进行非法宗教活动，传播宗教极端思想，鼓吹“圣战”，发展成员，组织策划恐怖活动。“由于受国际和周边地区环境影响，境内外利用互联网和移动存储介质传播宗教极端思想和暴恐宣传品违法犯罪现象十分突出，这些音视频灌输宗教极端思想，传授暴恐技能和爆炸物制作方法，成为暴恐案件发生的主要诱因。”[①] 比如，在2013年鄯善暴力恐怖事件案发前，两个来自新疆南部库车县的煽动者对这个团伙进行了“圣战”鼓吹。在认为非法出境困难较大的情况下，他们决定就在自己世代生活生长的鲁克沁镇开展“圣战”，搞砍杀、偷袭等暴力恐怖活动。宗教极端势力的发展已经成为新疆安全稳定的最大威胁。伊斯兰世界的世俗化进程受阻，伊斯兰激进主义抬头，某些国家对宗教极端势力的默许和暗中支持等，都鼓舞了境内外“三股势力”。在最近一两年中，鄯善县宗教氛围异常浓厚，鲁克沁镇治安环境出现恶化势头。这些年有些人宣扬宗教极端思想，认为凡是不赞同他们观点的穆斯林就不是真正的穆斯林。在这种宗教氛围下，有一些不务正业的年轻人受了宗教极端思想的影响，铤而走险从事暴力恐怖活动。[②]

乌鲁木齐2009年“7·5”事件以来，受复杂的国际环境和周边局势的影响，境内外“三股势力”的分裂破坏活动呈升级态势，分裂组织规模化、反动宣传公开化、行为方式暴力化的特征十分明显，热比娅等人的分裂活动日益猖獗，意识形态领域日益成为“三股势力”渗透的重点。

2. 从目前和未来的大势看，中国持续快速的发展引起全世界的关注

---

① 《新疆宗教人士：境外音视频曲解古兰经煽动年轻人》，中国新闻网，2014年5月22日。http：//military.china.com/news/568/20140522/18517975.html.

② 有关鄯善暴力恐怖事件的情况，参见新华网《四问新疆鄯善“6·26”严重暴力恐怖袭击案件》，2013年7月5日，http：//news.xinhuanet.com/politics/2013 — 07/05/c_116426752.htm.

一些西方国家尤其是美国不希望中国崛起，更不希望中国成为世界级的强国。因此，美国就将中国陆疆、海疆作为遏制中国发展的基本跳板，在我国陆疆和海疆制造各种麻烦，其中新疆就是美国高度关注的重点地区，美国的“新疆工程”的出现绝不是偶然的学术研究项目，而是具有重要的地缘政治目的。美国竭力支持热比娅等在国外的新疆分裂势力是其重要的战略环节。还要看到，冷战结束后，世界范围的伊斯兰教呈复兴之势。在这个进程中伊斯兰极端势力也随之做大，宗教激进主义和极端势力不仅给美国、欧洲和俄罗斯增添了很多麻烦，同时也对我国形成战略威胁。随着中国越来越强大，伊斯兰极端势力也会加大对我国境内外新疆分裂势力的支持和资助。因此，在未来我国将面临来自西方和伊斯兰极端势力这两个重要外部势力的挑战。这是不以我们的意志为转移的。我们的任务就是要系统应对，富有智慧地开展治疆工作。

3. 新疆反分裂斗争是长期的过程

回顾20世纪新疆地区反分裂斗争的历史，就可以看出，新疆分裂与反分裂的斗争是非常激烈的，几乎贯穿20世纪新疆历史的始终。特别值得注意的是，在20世纪三四十年代新疆地区先后出现了两个短命的分裂政权，一个是1933年的“东突厥斯坦伊斯兰共和国”，另一个是1944年的“东突厥斯坦共和国”。新中国成立后，从20世纪50年代到80年代新疆地区分裂与反分裂斗争依然持续。从20世纪90年代至今，随着国内外形势的变化，新疆地区的分裂与反分裂斗争并没有停止。这是因为新疆地区滋生民族分裂主义和暴力恐怖活动的国内外环境还继续存在。这是新疆地区出现分裂主义和暴力恐怖活动的深层次根源。

4. 新疆是国际伊斯兰文明的边缘地带，是我国西边边疆的战略屏障

为了新疆的稳定，我们必须防止恐怖主义通过周边国家渗透到新疆境内。2014 年美军撤出阿富汗给该地区的国际地缘政治局势带来很大的影响，如何化解阿富汗复杂局势对新疆安全和稳定的影响，需要学术界深加研究。以美国为首的西方国家将新疆作为分裂中国的重点地区。美国出于遏制中国的战略目的，会采取各种措施，阻碍新疆发展，破坏新疆各民族之间的团结，支持和培植新疆分裂势力，而且中国越发展，美国对新疆就越关注。因此，应加大美国对华政策的研究力度，着重研究美国对新疆的战略图谋和美国"大中亚"和"新丝绸之路"战略。

5. 阿富汗是中国的邻居，也是中亚国家的邻居

现在阿富汗正面临着新的复杂局面，恐怖主义正在这个国家积聚力量。联想到伊拉克局势的极度复杂化趋势，我们有理由相信，阿富汗正处于历史的又一个关键点，需要阿富汗和国际社会共同行动起来，遏制极端主义在阿富汗蔓延，使阿富汗局势逐步稳定下来。阿富汗局势的稳定不仅有利于中国，也有利于中亚各国，有利于整个国际社会。

# 新时代西藏治理开启新征程①

孙宏年②

西藏地处我国西南边疆，具有重要的战略地位，西藏工作关系党和国家工作大局。党的十八大以来，以习近平同志为核心的党中央坚持“五位一体”总体布局和“四个全面”战略布局，统筹国内与国际两个大局，总结和继承中国边疆治理的历史经验，特别是总结当代中国60多年西藏治理实践和经验，创造性地发展、完善了中国共产党治藏方略和理论，形成了新时代西藏治理方略和理论体系，从战略高度对新时代的西藏治理做出全面部署。

本文拟在学习中央治藏精神，特别是党的十八大以来中央治藏方略、理论的基础上，结合当前西藏工作的实践，对西藏治理方略、理论体系等相关问题进行初步探讨，恳请方家指正。

## 一、新时代的中国共产党治藏方略

中国疆域辽阔，边疆治理在治国理政中具有突出的地位，中国历代王朝、

① 本文原发表于《中国边疆史地研究》2018年第2期。

② 孙宏年，中国社会科学院中国边疆研究所副所长、研究员。

政权逐步形成一系列治边思想、政策、措施。西藏治理是历代边疆治理的重要内容，无论唐代的唐蕃“和亲”、加强经济文化联系，还是元、明、清和中华民国时期的设官置守、建章立制、清查户口、设置驿站、征收赋税、驱逐外敌入侵、维护国家统一，都成为后世治藏的宝贵经验，同时也留下诸多值得重视的教训。[①]

新中国成立以来，中国共产党始终注重借鉴边疆治理的经验，重视西藏工作，结合各个时期的实际情况，做出一系列重要部署。习近平同志继承了党的优良传统，2011 年 9 月在中央党校秋季开学典礼上就要求“领导干部要读点历史”，强调“我们要学习和借鉴中国历史上治国理政的丰富经验”，指出“在中国的史籍书林之中，蕴涵着十分丰富的治国理政的历史经验”，学习历史“要结合我们正在干的事业和正在做的事情，善于借鉴历史上治理国家和社会的各种有益经验”[②]。2014 年 10 月 13 日，习近平在主持中共中央政治局集体学习时强调，“历史是最好的老师”，中华民族在漫长的历史进程中创造了独树一帜的灿烂文化，积累了丰富的治国理政经验，“我们要本着择其善者而从之、其不善者而去之的科学态度，牢记历史经验、牢记历史教训、牢记

---

① 我国学术界对历代西藏治理问题已有深入研究，可参见陈庆英、高淑芬主编：《西藏通史》，中州古籍出版社 2003 年版；恰白·次旦平措、诺章·吴坚、平措次仁著，陈庆英、格桑益西、何宗英、许德存译：《西藏通史——松石宝串》，西藏古籍出版社 2004 年版；谢铁群编著：《历代中央政府的治藏方略》，中国藏学出版社 2005 年版；拉巴平措、陈庆英总主编，张云执行总主编：《西藏通史》（共 8 卷，13 册），中国藏学出版社 2016 年版；苏发祥：《清代治藏政策研究》，民族出版社 2001 年版；祝启源、喜饶尼玛：《中华民国时期中央政府与西藏地方的关系》，中国藏学出版社 1991 年版，等等。

② 习近平：《领导干部要读点历史——在中央党校 2011 年秋季学期开学典礼上的讲话（2011 年 9 月 1 日）》，《学习时报》2011 年 9 月 5 日第 1 版。

历史警示，为推进国家治理体系和治理能力现代化提供有益借鉴”[①]。

2013年3月9日，习近平同志在参加十二届全国人大一次会议西藏代表团审议时，首次提出“治国必治边、治边先稳藏”的重要战略思想。这一战略思想借鉴了我国历代治理边疆的经验，结合当代中国治理边疆实践，以现代国家理论阐明治国、治边、治藏“三位一体”的治国理念，[②]形成从稳藏、治边到治国理政全局的新思想、新战略。这一战略思想对于促进西藏长治久安和经济社会长足发展具有重大指导意义，对维护边疆安全、稳定和加快边疆地区发展具有战略性影响[③]。

2015年8月24—25日，中央第六次西藏工作座谈会召开。在这次座谈会上，习近平对60多年党的西藏工作做了系统总结，指出党中央历来高度重视西藏工作，在实践过程中形成党的治藏方略，包括六个方面：“必须坚持中国共产党领导，坚持社会主义制度，坚持民族区域自治制度；必须坚持治国必治边、治边先稳藏的战略思想，坚持依法治藏、富民兴藏、长期建藏、凝聚人心、夯实基础的重要原则；必须牢牢把握西藏社会的主要矛盾和特殊矛

① 中共中央组织部党建研究所编：《党的建设大事记（十八大—十九大）》，党建读物出版社2018年版，第209页。

② 王春焕：《治边稳藏重要思想的战略地位》，《西藏日报》2015年5月9日第6版。

③ 这一战略思想被我国学术界称为“治边稳藏”战略思想，有关研究成果参见邢广程主编：《“治国必治边、治边先稳藏”重要战略思想研究》，社会科学文献出版社2016年版；续文辉、万金鹏、靳海波：《治边稳藏战略思想的理论意蕴》，《西藏日报》2013年8月17日第3版；郭克范：《在西藏话题中建立中国论述》，《西藏研究》2013年第4期；万金鹏：《“治国必治边，治边先稳藏”战略思想的精神旨趣》，《西藏研究》2013年第4期；牛治富、向龙飞：《中国共产党治国理政稳边兴藏战略的新概括新发展》，《西藏日报》2013年11月2日第3版；王春焕：《治边稳藏重要思想的战略地位》，《西藏日报》2015年5月9日第6版，等等。

盾，把改善民生、凝聚人心作为经济社会发展的出发点和落脚点，坚持对达赖集团斗争的方针政策不动摇；必须全面正确贯彻党的民族政策和宗教政策，加强民族团结，不断增进各族群众对伟大祖国、中华民族、中华文化、中国共产党、中国特色社会主义的认同；必须把中央关心、全国支援同西藏各族干部群众艰苦奋斗紧密结合起来，在统筹国内国际两个大局中做好西藏工作；必须加强各级党组织和干部人才队伍建设，巩固党在西藏的执政基础”①。党的治藏方略以“六个必须”为主要内容，既总结、借鉴60多年西藏治理实践的经验，又着眼长远，具有高度的政治性、全局性、战略性，为新时期的西藏治理确立了根本遵循。

## 二、新时代西藏治理的理论体系

党的十八大以来，中央第六次西藏工作座谈会对进一步推进西藏经济社会发展和长治久安工作做出战略部署，对口支援西藏工作20周年电视电话会议、中央民族工作会议、中央统战工作会议等相继召开，分别就对口支援西藏工作、民族工作、统一战线等全局性问题进行全方位部署。在全面建成小康社会决胜阶段、中国特色社会主义进入新时代的关键时期，党的十九大胜利召开，确立了习近平新时代中国特色社会主义思想的历史地位，对新时代推进中国特色社会主义伟大事业和党的建设新的伟大工程做出全面部署，就新时代的边疆治理包括西藏治理做出战略性规划。党的治藏方略内涵随之不

① 新华社电：《习近平在中央第六次西藏工作座谈会上强调依法治藏富民兴藏长期建藏加快西藏全面建成小康社会步伐》，《西藏日报》2015年8月26日第1版。

断深化，西藏治理的理论体系不断完善。

第一，坚持中国共产党领导，坚持社会主义制度，坚持民族区域自治制度，是西藏稳定、发展、繁荣的政治基础和制度保障。

“必须坚持中国共产党领导，坚持社会主义制度，坚持民族区域自治制度”，是中国共产党治藏方略的重要内容之一。2014 年 9 月 28 日，习近平在中央民族工作会议上强调：中国特色解决民族问题的正确道路就是“坚持在中国共产党领导下，坚持中国特色社会主义道路，坚持维护祖国统一，坚持各民族一律平等，坚持和完善民族区域自治制度，坚持各民族共同团结奋斗、共同繁荣发展，坚持铸牢中华民族共同体的思想基础，坚持依法治国”，加强各民族交往、交流、交融，共同实现中华民族伟大复兴。坚持和完善民族区域自治制度要做到“两个结合”，一是坚持统一和自治相结合，二是坚持民族因素和区域因素相结合[①]。

中国历史上就是多民族的国家，各民族长期交往、交流、交融，逐步形成休戚与共的中华民族命运共同体，共同缔造了中国辽阔的疆域。藏族、门巴族、珞巴族等各族人民开发了西藏地区，为我国边疆的开拓、发展做出重要贡献，他们的命运又始终与祖国内地的发展、整个中华民族的命运紧密相连。“西藏地方有文字记载的历史长达一千几百年”，西藏地方的发展经历“三个高潮”和“两个低谷”[②]。7 世纪初到 8 世纪中叶吐蕃王朝强盛时期处于第一个“高潮”，第二个“高潮”为 13 世纪中叶到 19 世纪中叶。这两个时期西藏地方都与唐朝、元朝、明朝、清朝中央政府紧密联系，西藏发展、进步

① 习近平：《习近平谈治国理政》（第二卷），外文出版社 2017 年版，第 299 ~ 302 页。

② 拉巴平措：《把握历史趋势、探寻发展规律——也谈西藏地方历史发展的三个高潮和两个低谷》，《中国藏学》2015 年第 3 期。

都与祖国内地密切相关。1840 年以后的百余年间，西藏地方人民遭受外国侵略和封建农奴主残酷统治，西藏地方历史处于第二个“低谷”时期，恰恰是在新中国成立以后，在中国共产党的领导下，西藏实现和平解放，摆脱了帝国主义的压迫、奴役，百万农奴翻身解放，成为国家、社会和自己命运的主人，西藏社会焕发出前所未有的活力。改革开放以来，中央专门召开六次西藏工作会议研究西藏的经济社会发展和稳定问题，中央关怀、全国支援和西藏各族人民的勤奋努力，西藏社会数十年间的变化超越以往数百年、上千年，西藏发展取得了举世瞩目的伟大成就。历史和现实都充分说明，只有在中国共产党领导下，60 多年来西藏才从黑暗走向光明、从专制走向民主、从落后走向进步、从贫穷走向富裕、从封闭走向开放。因此，西藏各族干部群众有深刻的感受，坚决拥护中国共产党的领导，拥护社会主义制度。而且，1965 年西藏自治区成立，此后民族区域自治制度在西藏得以全面实行、不断完善，各族人民在社会主义制度下真正享有宪法和法律规定的权利和自由，充分行使当家做主的权利，参与国家事务和西藏地方经济、社会、教育、文化等的管理。

第二，明确西藏治理的主要矛盾和特殊矛盾，坚决维护国家统一、民族团结，把“维护祖国统一、加强民族团结”确定为西藏工作的着眼点和着力点，把改善民生、凝聚人心作为经济社会发展的出发点和落脚点。

正确把握不同时期的社会主要矛盾，是新时期做好边疆治理和西藏工作的重要前提。作为边疆民族地区，西藏经济社会发展和区域治理面临着哪些矛盾？哪些是特殊矛盾？哪些是主要矛盾？

就特殊矛盾而论，近代以来帝国主义列强就侵略我国西藏等边疆地区，妄图把西藏从中国分裂出去，1959 年以后“藏独”势力从境外向西藏加紧渗透，一些国家仍企图利用“西藏牌”牵制中国。当前，境外“藏独”分裂活动在国际反华势力支持下依然猖獗，反分裂斗争形势依然严峻复杂。西藏正处于保持持续稳定和全面稳定、走向长治久安的关键阶段，正处于聚集改进作风、全面夯实基础的强化阶段，正处于“后达赖”向“达赖后”转变、分裂与反分裂斗争的尖锐复杂阶段[①]。当前西藏社会无疑面临特殊矛盾，即各族人民同以十四世达赖集团为代表的分裂势力之间的矛盾，同时各族人民日益增长的美好生活需要与不平衡不充分的发展之间的矛盾则是当前西藏发展的主要矛盾，是与内地省市具有共性的普遍性矛盾。

就主要矛盾而言，党的十九大报告指出，“中国特色社会主义进入新时代，我国社会主要矛盾已经转化为人民日益增长的美好生活需要和不平衡不充分的发展之间的矛盾”[②]。经过长期努力，我国已经稳定地解决了十几亿人的温饱问题，总体上实现小康，不久将全面建成小康社会，无论是在物质文化生活方面，还是在民主、法治、公平、正义、安全、环境等方面，人民对美好生活需要日益广泛，但是不平衡不充分更为突出，城乡差距、区域发展差距显著。西藏自治区在中央特殊关心和兄弟省市的援助下，经济保持快速发展势头，1994 年以来已经连续 20 多年保持两位数增长，人民生活得到显著改善。笔者从 2004 年起多次到西藏调研，亲身感受到西藏翻天覆地的变化，感受到人民对美好生活的需求日益增长，同时也注意到由于自然环境、资源禀

① 史云峰：《坚持问题导向是正确认识和处理好“十三对关系”的关键》，《西藏日报》2017 年 9 月 30 日第 5 版。

② 习近平：《决胜全面建成小康社会夺取新时代中国特色社会主义伟大胜利——在中国共产党第十九次全国代表大会上的报告（2017 年 10 月 18 日）》，人民出版社 2017 年版，第 11 页。

赋和经济发展基础等条件的限制，西藏不仅在经济总量上与东部发达省市存在明显差距，而且区内城乡之间、腹心地区与边境地区之间的发展差距突出。

在新时期，西藏社会的主要矛盾要求我们加快西藏发展、改善民生、凝聚人心，这有利于反对分裂、维护统一，可以促进特殊矛盾向有利的方向变化。在中央第六次西藏工作座谈会上，习近平总书记强调："必须牢牢把握西藏社会的主要矛盾和特殊矛盾，把改善民生、凝聚人心作为经济社会发展的出发点和落脚点，坚持对达赖集团斗争的方针政策不动摇"；西藏工作的着眼点和着力点必须放到维护祖国统一、加强民族团结上来，"把实现社会局势的持续稳定、长期稳定、全面稳定作为硬任务，各方面工作统筹谋划、综合发力，牢牢掌握反分裂斗争主动权"①。2015 年 9 月 8 日，西藏各族各界干部群众热烈庆祝西藏自治区成立 50 周年，俞正声同志向西藏自治区赠送了习近平总书记题词"加强民族团结建设美丽西藏"贺匾，突出了"民族团结"在西藏工作中的重要性。2018 年 3 月 20 日，习近平在第十三届全国人民代表大会第一次会议上强调，"维护国家主权和领土完整，实现祖国完全统一，是全体中华儿女共同愿望，是中华民族根本利益所在"，中国人民和中华民族有一个共同信念，这就是"我们伟大祖国的每一寸领土都绝对不能也绝对不可能从中国分割出去！"②这表达了全体中华儿女的共同心声，表明了中国人民坚决反对"藏独"、"台独"等任何分裂活动的坚定决心，为新时代西藏工作明确了方向。

---

① 新华社电：《习近平在中央第六次西藏工作座谈会上强调依法治藏富民兴藏长期建藏加快西藏全面建成小康社会步伐》，《西藏日报》2015 年 8 月 26 日第 1 版。

② 习近平：《在第十三届全国人民代表大会第一次会议上的讲话（2018 年 3 月 20 日）》，《西藏日报》2018 年 3 月 21 日第 2 版。

第三，实施区域协调发展战略，加快边疆发展，西藏等边疆地区与内地一起全面建成小康，并为21世纪中叶我国全面建成社会主义现代化强国夯实基础。

党的十八大以来，以习近平同志为核心的党中央关心西藏等边疆民族地区的发展，对于边疆民族地区各族群众脱贫给予特殊关怀，强调加大扶持力度，确保边疆省区与兄弟省市一道全面建成小康社会。2015年1月29日，习近平总书记在国家民委一份简报上批示："全面实现小康，少数民族一个都不能少，一个都不能掉队"，要加大扶持力度，因地制宜，精准发力，"确保各族群众如期实现全面小康"[①]。同年8月，习近平同志在中央第六次西藏工作座谈会上强调，"同全国其他地区一样，西藏和四省藏区已经进入全面建成小康社会决定性阶段"，"今后一个时期，要在西藏和四省藏区继续实施特殊的财政、税收、投资、金融等政策"，要大力推进基本公共服务，突出精准扶贫、精准脱贫，"扎实解决导致贫困发生的关键问题，尽快改善特困人群生活状况"[②]。

党的十九大对新时代推进中国特色社会主义伟大事业和党的建设新的伟大工程做出了全面部署，确定2017年到2020年是"全面建成小康社会决胜阶段"；2020年到2035年，我国在全面建成小康社会的基础上，再奋斗十五年，基本实现社会主义现代化；2035年到21世纪中叶，"在基本实现现代化的基础上，再奋斗十五年，把我国建成富强民主文明和谐美丽的社会主义现

---

① 内蒙古自治区中国特色社会主义理论体系研究中心：《全面小康：一个民族都不能少》，《内蒙古日报》2017年6月12日第5版。

② 新华社电：《习近平在中央第六次西藏工作座谈会上强调依法治藏富民兴藏长期建藏加快西藏全面建成小康社会步伐》，《西藏日报》2015年8月26日第1版。

代化强国”。2035年前，我国“城乡区域发展差距和居民生活水平差距显著缩小，基本公共服务均等化基本实现，全体人民共同富裕迈出坚实步伐”，21世纪中叶我国“全体人民共同富裕基本实现，我国人民将享有更加幸福安康的生活”[①]。革命老区、民族地区、边疆地区、贫困地区都是我国经济社会发展的“薄弱环节”、“特殊困难地区”，党的十九大报告明确提出实施区域协调发展战略，“建立更加有效的区域协调发展新机制”，“加大力度支持革命老区、民族地区、边疆地区、贫困地区加快发展，强化举措推进西部大开发形成新格局”，“加快边疆发展，确保边疆巩固、边境安全”，从而确保我国全面建成小康社会，并为全面建成社会主义现代化强国奠定政策、机制等多方面的基础。

第四，坚持依法治藏、富民兴藏、长期建藏、凝聚人心、夯实基础的重要原则，做好新时期西藏各项工作，推进西藏长足发展和长治久安，逐步实现区域治理体系和治理能力现代化。在新形势下，如何实现西藏长足发展和长治久安，如何逐步实现区域治理体系和治理能力现代化？党的十八大以后，以习近平同志为核心的党中央高度重视西藏工作，创造性地继承和完善了中国共产党治藏方略，强调“治国必治边、治边先稳藏”，进一步明确了西藏工作在党和国家全局中的重要地位，召开中央第六次西藏工作座谈会，对进一步推进西藏经济社会发展和长治久安工作做出战略部署。党的十九大对新时代推进中国特色社会主义伟大事业和党的建设新的伟大工程做出了全面部署，党的十九大报告描绘了决胜全面建成小康社会、夺取新时代中国特色社会主义伟大胜利的宏伟蓝图，对西藏、新疆等边疆省区逐步实现区域治理体系和

① 习近平：《决胜全面建成小康社会夺取新时代中国特色社会主义伟大胜利——在中国共产党第十九次全国代表大会上的报告（2017年10月18日）》，第27～29页。

治理能力现代化具有重大指导意义。就西藏而言，长治久安是西藏工作的总目标，西藏工作要坚持依法治藏、富民兴藏、长期建藏、凝聚人心、夯实基础的重要原则，从全面加强党的建设、维护社会稳定、加快经济社会发展三个方面着手。

“中国特色社会主义最本质的特征是中国共产党领导，中国特色社会主义制度的最大优势是中国共产党领导。”①2015 年 8 月，习近平同志在中央第六次西藏工作座谈会上指出，做好西藏工作，必须坚持党的领导，全面加强党的建设。他强调，要着力建设好各级领导班子、干部人才队伍、基层组织，不断提高党的创造力、凝聚力、战斗力；各级干部必须在思想上政治上行动上同党中央保持高度一致，做到忠诚于党和人民，坚定不移把党的各项方针政策落到实处；要搞好对口支援西藏工作，优化援藏干部人才结构，把优秀人才选派到条件艰苦和情况复杂地区去磨炼意志、增长才干。②2017 年 10 月，习近平在党的十九大报告中强调“坚定不移全面从严治党，不断提高党的执政能力和领导水平”，要“建设高素质专业化干部队伍”，“统筹做好培养选拔女干部、少数民族干部和党外干部工作”，“鼓励引导人才向边远贫困地区、边疆民族地区、革命老区和基层一线流动”③。

西藏稳定关系到国家安全、祖国统一、边疆稳定的大局，因此中央第六次西藏工作座谈会强调，实现社会局势的持续稳定、长期稳定、全面稳定是

---

① 习近平：《决胜全面建成小康社会夺取新时代中国特色社会主义伟大胜利——在中国共产党第十九次全国代表大会上的报告（2017 年 10 月 18 日）》，第 20 页。

② 参见新华社电：《习近平在中央第六次西藏工作座谈会上强调依法治藏富民兴藏长期建藏加快西藏全面建成小康社会步伐》，《西藏日报》2015 年 8 月 26 日第 1 版。

③ 习近平：《决胜全面建成小康社会夺取新时代中国特色社会主义伟大胜利——在中国共产党第十九次全国代表大会上的报告（2017 年 10 月 18 日）》，第 64 ~ 65 页。

西藏工作的硬任务，“必须常抓不懈、久久为功，谋长久之策，行固本之举”，要把基础性工作做深做实做细，紧紧依靠各族干部群众，坚持依法治理、主动治理、综合治理、源头治理相结合。具体政策、措施主要包括：（1）要大力加强民族团结，要大力培育中华民族共同体意识；（2）要大力做好藏传佛教工作，发扬藏传佛教界爱国爱教传统，推进寺庙管理长效机制建设，支持藏传佛教按照与社会主义社会相适应的要求进行教规教义阐释；（3）要坚持不懈开展马克思主义祖国观、民族观、宗教观、文化观等宣传教育活动，凝聚中国特色社会主义思想共识；（4）要落实依法治藏要求，对一切分裂祖国、破坏社会稳定的行为都要依法打击[①]。对于这些政策、措施，党的十九大报告从全局角度给予明确：“深化民族团结进步教育，铸牢中华民族共同体意识，加强各民族交往交流交融，促进各民族像石榴籽一样紧紧抱在一起，共同团结奋斗、共同繁荣发展。全面贯彻党的宗教工作基本方针，坚持我国宗教的中国化方向，积极引导宗教与社会主义社会相适应”。“严密防范和坚决打击各种渗透颠覆破坏活动、暴力恐怖活动、民族分裂活动、宗教极端活动。”[②]

社会稳定是西藏加快发展的重要基础，而经济发展、民生改善有利于实现社会局势的持续稳定、长期稳定、全面稳定。党的十九大报告明确提出“加快边疆发展，确保边疆巩固、边境安全”，把安全、稳定、发展有机结合起来，站在党和国家工作全局高度，为包括西藏在内的边疆省区工作提供政策倾斜。为加快西藏经济社会发展，中央第六次西藏工作座谈会确定，着力

① 新华社电：《习近平在中央第六次西藏工作座谈会上强调依法治藏富民兴藏长期建藏加快西藏全面建成小康社会步伐》，《西藏日报》2015 年 8 月 26 日第 1 版。

② 习近平：《决胜全面建成小康社会夺取新时代中国特色社会主义伟大胜利——在中国共产党第十九次全国代表大会上的报告（2017 年 10 月 18 日）》，第 40、49 ~ 50 页。

在保障和改善民生上下功夫，进一步加大中央对西藏发展的支持力度，确保西藏同全国其他地区一道实现全面小康。具体政策、措施主要包括：（1）在西藏继续实施特殊的财政、税收、投资、金融等政策，增加中央投资，强化金融支持，加强对口支援；（2）大力推进基本公共服务，下大力气打好扶贫攻坚战，多渠道扩大就业；（3）突出抓好特色产业、基础设施、生态环保三项重点，提升西藏自我发展能力；（4）加快西藏社会事业发展，加快补上教育这个“短板”，加快摘掉缺医少药的“帽子”，铸牢社会保障“安全网”；（5）在路、水、电、暖、通信等方面，加快基础设施建设，构建综合交通运输体系，支持重大水利工程建设，确保群众喝上“放心水”，增强能源保障能力，力争区内电网覆盖所有县（区），解决无电人口用电问题，支持高寒地区供暖工程，提升信息化水平；（6）着力发展特色农牧业及其加工业，建设好重要的世界旅游目的地，把西藏打造成为我国面向南亚开放的重要通道；（7）加强生态文明建设，严格生态安全底线、红线和高压线，筑牢国家生态安全屏障。

西藏是全国唯一的省级集中连片贫困地区，又是我国重要的生态安全屏障、战略资源储备基地，对于西藏等边疆地区的生态文明建设、加快发展和改善民生，以习近平同志为核心的党中央给予特殊关怀。2015年10月，习近平在中共十八届五中全会第二次全体会议上指出“十三五”时期“要重点加强基本公共服务，特别是要加大对革命老区、民族地区、边疆地区、贫困地区基本公共服务的支持力度”。他强调“全面小康，覆盖的区域要全面，是城乡区域共同的小康。努力缩小城乡区域发展的差距，是全面建成小康社会的一项重要任务”，对这个问题要辩证地看，城乡和乡村、不同区域承担的主体功能不同，“青海和西藏的主要区域是重点生态功能区，是世界第三极，生态产品和服务的价值极大。如果盲目开发造成破坏，今后花多少钱也补不回来”[①]。2017 年 8 月 19 日，青藏高原第二次综合性科学考察正式启动，习近平致信祝贺，强调“青藏高原是世界屋脊、亚洲水塔，是地球第三极，是我国重要的生态安全屏障、战略资源储备基地，是中华民族特色文化的重要保护地”，希望中国科学院青藏高原综合科学考察研究队“聚焦水、生态、人类活动，着力解决青藏高原资源环境承载力、灾害风险、绿色发展途径等方面的问题，为守护好世界上最后一方净土、建设美丽的青藏高原做出新贡献，让青藏高原各族群众生活更加幸福安康”[②]。2017 年 10 月，习近平在党的十九大报告中再次强调“让贫困人口和贫困地区同全国一道进入全面小康社会是我们党的庄严承诺”，并强调“加快生态文明体制改革，建设美丽中国”，加大生态系统保护力度。

第五，推进“一带一路”建设，促进西藏等边疆地区进一步扩大开放，在陆海内外联动、东西双向互济的开放格局中发挥应有作用。

“一带一路”倡议是我国扩大对外开放的重大举措，“一带一路”建设为西藏等边疆省区扩大开放、加快发展提供宝贵的机遇。就西藏而言，2015 年 3 月国家发展改革委、外交部、商务部发布《推动共建丝绸之路经济带和 21 世纪海上丝绸之路的愿景与行动》，提出“推进西藏与尼泊尔等国家边境贸易和旅游文化合作”[③]。8 月，中央第六次西藏工作座谈会又提出“建设好重要的

---

① 习近平：《习近平谈治国理政》（第二卷），外文出版社 2017 年版，第 81 页。

② 《习近平致中国科学院青藏高原综合科学考察研究队的贺信》，《西藏日报》2017 年 8 月 20 日第 1 版。

③ 《推动共建丝绸之路经济带和 21 世纪海上丝绸之路的愿景与行动》（2015 年 3 月），外交部网站（http：//www.fmprc.gov.cn/mfa_chn/zyxw_602251/t1249574.shtml），访问日期 2018 年 3 月 25 日。

世界旅游目的地，搞活商贸流通业，把西藏打造成为我国面向南亚开放的重要通道”①。党的十九大报告提出“推动形成全面开放新格局”，要以“一带一路”建设为重点，坚持引进来和走出去并重，遵循共商共建共享原则，加强创新能力开放合作，形成陆海内外联动、东西双向互济的开放格局②。

西藏自治区与缅甸、印度、不丹、尼泊尔等国以及克什米尔地区接壤，具有独特的区位优势和地缘优势。和平解放以来，特别是改革开放以后，西藏对外开放逐步扩大。由于独特的地理环境和反分裂斗争的现实需要，西藏对外开放呈现出对区外兄弟省市开放、对国外开放两条“主线”并行的特点。前者在1994年以后主要是通过对口援藏，引入内地的技术、资金、项目，使西藏各地的人才培训、经济发展、社会事业得到快速发展。对国外开放是在中央有关精神指导下，有序扩大对国外的开放，包括对外人员往来、经贸合作、人文交流。其中，在人员往来方面，据统计，2008年前的30年间西藏接待来自近100个国家的政要、新闻记者、友好人士和国际组织官员1万多人次；1981年至2008年，西藏共接待来自印度的香客3万多人次，加强了中印人民的友好往来和传统友谊，也促进了西藏旅游业发展③。

21世纪之初，青藏铁路及其延伸线拉萨—日喀则铁路通车，拉萨—林芝铁路已经开工修建，西藏对外开放区位优势进一步显现。2013年以来，“一带一路”倡议得到南亚、东南亚大多数国家的积极响应，孟中印缅经济走廊建

① 新华社电：《习近平在中央第六次西藏工作座谈会上强调依法治藏富民兴藏长期建藏加快西藏全面建成小康社会步伐》，《西藏日报》2015年8月26日第1版。

② 习近平：《决胜全面建成小康社会夺取新时代中国特色社会主义伟大胜利——在中国共产党第十九次全国代表大会上的报告（2017年10月18日）》，第34～35页。

③ 参见孙宏年：《新西藏，敞开大门迎宾朋》，《世界知识》2009年第7期。

设、中巴经济走廊、中缅经济走廊已经成为中缅、中巴关系中的新亮点。这些为中国西藏参与“我国面向南亚开放的重要通道”、建设环喜马拉雅经济带、加强与尼泊尔等国家边境贸易和旅游文化合作创造了良好的外部条件，有利于西藏地方加快边境地区开放开发步伐，在“陆海内外联动、东西双向互济的开放格局”中将发挥应有作用。

第六，确保边疆巩固、边境安全，坚决维护我国主权、安全、发展利益，实现中华民族伟大复兴的伟大梦想。

党的十九大报告中指出，当前“国内外形势发生深刻复杂变化，我国发展仍处于重要战略机遇期”①，但是国家安全、边疆稳定都面临着诸多挑战。一方面，世界经济复苏乏力，局部冲突和动荡频发，我国发展的外部环境时有恶化。另一方面，西方某些国家和国际上的一些反华势力不希望中国和平发展，不仅在国际社会炮制种种话题，丑化、抹黑中国，大肆炒作“中国威胁论”，而且利用“台独”、“藏独”、“东突”等分裂势力牵制中国，在东海、南海兴风作浪，美国竟然多次派全副武装的舰船飞机到南海炫耀武力，这些都直接影响到我国边疆稳定和发展。

面对诸多挑战，党的十九大报告中明确指出，要实现中华民族伟大复兴的伟大梦想，全党要“更加自觉地维护我国主权、安全、发展利益，坚决反对一切分裂祖国、破坏民族团结和社会和谐稳定的行为”，强调国家安全是安邦定国的重要基石，维护国家安全是全国各族人民根本利益所在，要完善国家安全战略和国家安全政策，健全国家安全体系，加强国家安全法治保障，

① 习近平：《决胜全面建成小康社会夺取新时代中国特色社会主义伟大胜利——在中国共产党第十九次全国代表大会上的报告（2017 年 10 月 18 日）》，第 2 页。

提高防范和抵御安全风险能力，“严密防范和坚决打击各种渗透颠覆破坏活动、暴力恐怖活动、民族分裂活动、宗教极端活动”[①]。这些部署着眼全局，无论是反对和抵御任何外部力量对我领土、海域的侵扰，维护领土主权完整，还是打击各种渗透颠覆破坏活动、暴力恐怖活动、民族分裂活动、宗教极端活动，对西藏等边疆省区巩固边防、维护稳定有重大的指导意义。

西藏是重要的国家安全屏障、反分裂斗争的主战场，西藏的安全、稳定关系到全国的安全与稳定，目前同样面临着多重的压力，特别是“藏独”分裂活动的干扰、中印边界问题的影响，二者往往紧密关联。2017 年 6 月 18 日，印度边防人员在多卡拉山口越过中印边界锡金段，非法进入中国境内的洞朗地区，8 月 28 日才撤回边界线印度一侧。此次“洞朗事件”使中印关系面临严重困难，9 月 5 日习近平主席在厦门会见印度总理莫迪，强调中印两国要坚持双方互为发展机遇、互不构成威胁的基本判断，和平相处、合作共赢是中印两国唯一正确的选择；希望印方能够正确、理性看待中国发展，双方应相互尊重、求同存异，维护好边境地区的和平安宁[②]。此后，中印双边关系在波折后趋于平稳，2018 年年初，中印关系势头良好，中印边境事务磋商和协调工作机制第 11 次会议、中印经贸联合小组第 11 次会议举行，双方在妥善管控涉边问题、贸易赤字上达成共识。但是，印度总理在 2018 年 2 月 15 日（中国农历除夕）到非法的“阿鲁纳恰尔邦”活动；“藏独”分子在印度举行

---

① 习近平：《决胜全面建成小康社会夺取新时代中国特色社会主义伟大胜利——在中国共产党第十九次全国代表大会上的报告（2017 年 10 月 18 日）》，第 15 ~ 16、49 ~ 50 页。

② 《习近平会见印度总理莫迪》，外交部网站（http://www.fmprc.gov.cn/web/ziliao_674904/zt_674979/dnzt_674981/xzxzt/jzgjldrdjchw_690534/zxxx_690536/t1490125.shtml），访问日期 2018 年 3 月 25 日。

“纪念”所谓的“逃亡60周年”活动，3月31日开启“感谢印度”活动，印度文化部部长马赫希·夏尔马等少数官员前往“站台”[①]。这些都表明，涉藏问题、领土争议仍是干扰中印关系健康发展的消极因素，并对我国西藏的稳定、发展有着不可忽视的影响。

2017年10月28日，习近平总书记给西藏隆子县玉麦乡牧民卓嘎、央宗姐妹回信：“在海拔3600多米、每年大雪封山半年多的边境高原上，你们父女两代人几十年如一日，默默守护着祖国的领土，这种精神令人钦佩”。他强调：“有国才能有家，没有国境的安宁，就没有万家的平安”，祖国疆域上的一草一木，我们都要看好守好，希望卓嘎、央宗姐妹“继续传承爱国守边的精神，带动更多牧民群众像格桑花一样扎根在雪域边陲，做神圣国土的守护者、幸福家园的建设者”，并相信在大家的共同努力下，玉麦这个曾经的“三人乡”，一定能建成幸福、美丽的小康乡，乡亲们的日子也一定会越过越红火！[②]

在党的十九大闭幕不久，习近平同志就给西藏边境地区的牧民群众回信，赞扬广大边民爱国守边奉献的精神，对西藏各族干部群众牢记使命、扎根边疆、奉献边疆给予充分肯定，希望广大边民和各族干部群众“做神圣国土的守护者、幸福家园的建设者”，西藏各族干部群众深受鼓舞。2017年12月8日，西藏自治区召开全区边境工作会议，贯彻落实“治国必治边、治边先稳藏”重要战略思想和习近平总书记给隆子县玉麦乡群众的回信精神，以加快

① 云天明、胡馨予：《达赖“感谢印度”活动降格开启》，《环球时报》2018年4月2日第3版。

② 《习近平总书记给西藏隆子县玉麦乡牧民卓嘎、央宗姐妹的回信》，《西藏日报》2017年10月30日第1版。

边疆发展、确保边疆巩固、边境安全为主线，出台了《关于加快边境地区发展的意见》，推进边境地区经济社会加快发展，维护边境地区和谐稳定、民族团结，确保边境地区与全区一道全面建成小康社会①。

## 三、新时代开启西藏治理的新征程

党的十八大以来，以习近平同志为主要代表的中国共产党人，深化对共产党执政规律、社会主义建设规律、人类社会发展规律的认识，顺应时代发展，创立了习近平新时代中国特色社会主义思想。在西藏治理方面，以习近平同志为核心的党中央创造性发展、完善了中国共产党治藏方略，形成新时代西藏治理理论体系。为促进西藏经济社会发展，中央在“十二五”期间在西藏的固定资产投资3305亿元，“十三五”期间的固定资产投资6576亿元，支持一大批重点建设项目，制定了惠及全区各族群众的一系列特殊优惠政策②。

近年来，在以习近平同志为核心的党中央的亲切关怀下，在中央和国家有关部门、中央企业、援藏省市大力帮助和支援下，西藏各族人民同心同德、共同奋斗，社会总体稳定，经济发展、民生改善取得历史性成就，生态文明建设成效显著，国家生态安全屏障不断筑牢。据统计，2017年，西藏的地区生产总值达到1310.6亿元，而且地区生产总值增速连续五年居全国前三，年

---

① 蒋翠莲、肖涛、冯骥、陈跃军：《全区边境工作会议强调，坚决贯彻习近平总书记治边稳藏重要战略思想和给玉麦乡群众的回信精神，加快边疆发展，确保边疆巩固边境安全》，《西藏日报》2017年12月9日第1、4版。

② 参见孙开远：《亲切的关怀巨大的鼓舞——党中央关心西藏发展稳定纪实》，《西藏日报》2018年3月28日第1、4版。

均增长10.8%。2012年以来，西藏基础设施得到改善，99%的建制村通了公路，主电网覆盖62个县（区），解决和改善199万人用电问题；乡镇邮政网点实现全覆盖，建制村移动信号全覆盖，宽带通达率85%。人民生活得到进一步改善，5年减少贫困人口53万人，脱贫攻坚取得重大进展，基本建成覆盖城乡的社会保障体系；高校毕业生累计实现就业7.7万人，城镇零就业家庭全部动态消零；基础教育普及水平不断提高，全区小学、初中入学率分别达到99.5%、99.3%。党的十八大以来的5年“是西藏经济社会发展最快的5年，是各族群众得到实惠最多的5年，是城乡面貌变化最大的5年”①。

今天，一个欣欣向荣、美丽幸福的社会主义新西藏屹立在“世界屋脊”，无论腹心城镇，还是边境乡村，都发生了翻天覆地的变化。与此同时，我们还要清醒地看到，西藏的稳定、发展面临诸多困难和挑战，一方面是境外“藏独”分子和西方反华势力的破坏、渗透、干扰长期存在，实现西藏社会局势的持续稳定、长期稳定、全面稳定将是一定时期内的“硬任务”。另一方面，西藏生态环境较为脆弱，自然灾害多发，基础设施建设薄弱、“欠账多”；与东部发达省市相比，经济社会发展整体水平较低，产业规模小，自我发展能力不足；作为全国唯一的省级集中连片贫困地区，西藏贫困发生率高，脱贫攻坚任务艰巨。

在新时代，西藏如何维护稳定、加快发展、扩大开放，如何逐步实现区域治理体系和治理能力的现代化？笔者认为，做好西藏工作，在中央关怀下，需要多方努力：第一，党的十九大报告指出要“更加自觉地维护我国主权、

① 齐扎拉：《政府工作报告——2018年1月24日在自治区十一届人大一次会议上》，《西藏日报》2018年2月10日第1、2、3版。

安全、发展利益，坚决反对一切分裂祖国、破坏民族团结和社会和谐稳定的行为”，做出了“加快边疆发展，确保边疆巩固、边境安全”的部署①。这为新时代边疆治理指明了方向，为西藏各项工作提供了政策支持和制度保障。今后中央在一定时期内仍需要继续加大支持力度，重点加大基础设施建设和扶贫工作力度，优先支持教育、文化、医疗卫生等基础设施建设项目，切实提高西藏的社会保障能力与基本公共服务水平。第二，西藏各族干部群众贯彻落实中央精神，团结拼搏，积极推进经济发展，着力保障改善民生，深入开展反分裂斗争，努力实现西藏持续稳定、长期稳定、全面稳定，确保 2020 年全面建成小康社会，并逐步实现西藏区域治理体系与能力的现代化。第三，我国学术界要加强西藏重大理论与现实问题的研究，推出更多创新性、前瞻性的研究成果，总结西藏发展的经验，促成稳定与发展的良性互动，推动西藏积极融入“一带一路”建设，加强“面向南亚开放的重要通道”建设，进一步扩大开放、加快发展。

---

① 习近平：《决胜全面建成小康社会夺取新时代中国特色社会主义伟大胜利——在中国共产党第十九次全国代表大会上的报告（2017 年 10 月 18 日）》，第 15 ~ 16、33 页。

# 新时代提升沿边城市治理能力现代化水平路径研究[1]

范恩实[2]

党的十八大以来，习近平总书记关于边疆治理有系列重要论述[3]，党中央、国务院出台系列推进沿边开发开放的重大战略思想和决策部署，2016 年国务院发布《关于支持沿边重点地区开发开放若干政策措施的意见》，为沿边地区，特别是沿边城市开放指明了方向，在政策层面夯实了基础。随着国家边疆治理体系的不断完善，如何深刻领会有关思想和决策部署，学习、实践有关指导意见，以政策为导向、实践为基础，探索全面提升治理能力现代化水平的有效路径，打造边疆开发开放的战略支点，解决“边防不稳、边疆衰弱、民族矛盾突出等一系列的矛盾和问题”[4]，实现边疆稳定繁荣，助力中华民族伟大复兴，成为边疆治理研究的重要课题。学界以往对边疆治理体系的研究相

① 本文原发表于《云南社会科学》2021 年第 1 期。

② 范恩实，中国社会科学院中国边疆研究所副所长、研究员。

③ 丁忠毅：《十八大以来习近平关于边疆治理的重要论述研究》，《社会主义研究》2019 年第 1 期。

④ 周平：《如何认识我国的边疆》，《理论与改革》2018 年第 1 期。

对较多[①]，但是从提升边疆治理能力视角对提升沿边城市治理能力现代化的研究并不充分，且缺乏系统性。实际上，好政策还需要落实好，这方面的探讨同样具有重要学术价值。

## 一、扩大和深化对外开放政策指引下的产业发展路径

沿边城市的发展得益于对外开放，30 年来取得的成绩有目共睹。但是，随着近年来国际贸易环境的变化，加上各口岸城市所面对的周边国家经济发展形势不同，沿边城市外贸进出口数据出现两极分化，有的仍然在逆势上涨，例如广西的崇左和凭祥、新疆的霍尔果斯等，但是更多的城市则增长缓慢，甚至一度出现停滞、倒退的局面。

实际上，近年来，中国对外开放政策不断出台，对外开放的力度不断加大，与周边国家间的贸易壁垒不断打破，为沿边城市扩大和深化对外开放创造了良好的发展机遇，如何结合自身实际、充分利用政策红利是各口岸城市提升自身治理能力的重要课题。

① 邢广程：《新时代中国边疆治理的新思路》，《边界与海洋研究》2018 年第 2 期；方盛举：《对我国陆地边疆治理的再认识》，《云南师范大学学报（哲学社会科学版）》2016 年第 4 期；周平：《国家崛起与边疆治理》，《广西民族大学学报（哲学社会科学版）》2017 年第 3 期；青觉、吴鹏：《新时代边疆治理现代化研究：内涵、价值与路向》，《中国边疆史地研究》2020 年第 1 期；罗静、冯建勇：《新时代中国边疆治理的新思路新实践》，《北京工业大学学报（社会科学版）》2018 年第 3 期。

### （一）深度融入“一带一路”建设，通过角色承担获取发展新助力

2019年4月26日，第二届“一带一路”国际合作高峰论坛在北京召开。习近平总书记在论坛开幕式的主旨演讲中指出：“面向未来，我们要聚焦重点、深耕细作，共同绘制精谨细腻的‘工笔画’，推动共建‘一带一路’沿着高质量发展方向不断前进。”[①]“聚焦重点、深耕细作”这一论述，为沿边城市指明了发展方向和路径。

“一带一路”建设为沿边城市建设提供了新的战略机遇期。在五通大格局建构中，沿边城市作为重要节点，应顺势而为，通过“进口抓落地、出口抓加工”，使经济、社会发展明显跃上新的台阶。但是从具体六条廊道的带动作用来看，存在较为明显的差距。

新疆霍尔果斯依托“丝绸之路经济带核心区”的发展规划，在将连云港、霍尔果斯串联起来的新亚欧陆海联运通道打造为“一带一路”倡议中的标杆和示范项目的政策指引下，获得了发展的重要战略机遇。在产业发展方面，霍尔果斯除与连云港紧密联动，推动物流业快速发展外，还加快吸引国内优质企业和东部产业转移，结合本地实际，在传统纺织品、农副产品出口加工的基础上，不断向高附加值、新兴产业拓展。通过加大创业引导基金及创业投资基金投入，霍尔果斯经济开发区利用区位、政策、开放三大优势，吸引了一批实力强、产业链长的龙头企业前来投资兴业，涉及新能源、半导体、装备制造、制药、影视等产业领域。2019年，该市工业增加值3.43亿元，增

① 习近平：《齐心开创共建“一带一路”美好未来——在第二届“一带一路”国际合作高峰论坛开幕式上的主旨演讲》，商务部国家贸易经济合作研究院、《中国一带一路年鉴》编辑委员会编：《中国一带一路年鉴2019》，中国商务出版社2019年版，第459页。

长85%；招商引资到位资金100.35亿元，增长96.6%。2020年1—10月霍尔果斯共执行招商引资项目57个，实现招商引资到位资金超180亿元，达到185.98亿元，同比增长104.69%。总体呈现大幅上升势头。

广西崇左利用中国—中南半岛经济廊道连通东盟国家的区位优势，重点发展东盟水果深加工、新能源、轻工制造等产业，同时积极培育新动能，加强特色产业园区建设，做大做强铜锰稀土新材料产业基地、广西·中国糖业产业园、龙赞东盟国际林业循环经济产业园、山圩产业园等园区，加快建设中国建材崇左产业园、海螺绿色建材产业园等，引导企业落户发展，着力构建铜锰稀土新材料、食品、泛家居、建材四大产业集群。2019年工业总产值593.21亿元，增长12.8%，规模以上工业增加值167.47亿元，增长15.2%。

云南瑞丽则立足"孟中印缅经济走廊"建设，打造中缅跨境工业园区，发挥"两个市场、两种资源"优势，加大培育产业集群，珠宝红木、机械制造、电力能源、电子产品、矿产遴选、肉牛加工等形成产业支柱。2019年实现规模以上工业总产值49.39亿元，同比增长24.2%。

与上述三地相比，一些沿边城市借势发展的势头相对较弱，"产业结构单一，产业发展层次不高，没有大的产业支撑，产业链短，产业发展基础薄弱"①。这是中国东北部与北部各沿边城市的一种普遍现象。客观地看，这种发展局面与"中蒙俄经济走廊"建设不如其他几条走廊进展顺利有直接关系，招商引资、产业发展受内外环境等客观条件影响较大，但是其中也有创新不足、营商环境欠佳、未能充分发挥区域资源优势等问题，应该通过"聚焦重

① 李燕、崔大为：《自贸试验区背景下绥芬河口岸经济发展问题与对策》，《商业经济》2020年第11期。

点、深耕细作”打造出优势特色产业集群。

### （二）沿边城市深化和扩大开放还有其他一些重要机遇需要牢牢把握

其一，自贸区建设。近年来，伴随着自由贸易试验区的建立和推广，一些沿边城市已陆续成为自贸区的片区，例如崇左、蒙自、瑞丽、黑河、绥芬河等。自贸区建设突出强调充分利用各地资源禀赋优势与区位优势，形成各有侧重、各具特色的试点格局，积极服务“一带一路”建设、京津冀协同发展、长江经济带发展、东北振兴、长三角区域一体化发展、海洋强国等国家战略[①]。未来，随着自贸区范围的扩大，各沿边城市将陆续成为自贸区片区，其发展必须要进一步着眼于特色定位，将自贸区发展与区位优势凝聚、城市功能升级相结合，通过各类产品要素聚合形成的比较优势，打造特色产业发展高地；同时充分发挥先行先试的政策优势，大力改善营商环境、提升服务水平，让沿边成为新的投资热土。

其二，中国开始构建双循环的新发展格局。随着中美贸易摩擦不断升级，加上疫情对国际经贸合作的影响，2020 年 5 月 14 日，中共中央政治局常委会会议首次提出“深化供给侧结构性改革，构建国内国际双循环相互促进的新发展格局”[②]。扩大内需，突出强调内循环的发展作用，必将带来资源型产品、农产品进口量的增加。从笔者 2020 年调研走访的情况看，沿边城市互市贸易方面受到较大影响，但是过货量，特别是进口货物量不降反增，恰恰说明了这一问题。充分利用这一新的发展趋势，将给沿边城市产业转型升级带来资

① 王珂：《我国自贸试验区建设布局逐步完善》，http：//finance.people.com.cn/n1/2019/0827/c1004-31318956.html.

② 《中共中央政治局常务委员会召开会议》，《人民日报》2020 年 5 月 15 日。

源优势。

其三，《区域全面经济伙伴关系协定》（RCEP）落地。2020 年 11 月 15 日，《区域全面经济伙伴关系协定》正式签署，涵盖全球约 29.7% 的人口，有超过 25 万亿美元的 GDP，形成新的自由贸易圈，其中包括东盟十国、日本、韩国等周边国家。此项自由贸易协定的签署，也必将加大进出口货物量，从而给沿边城市发展带来新的机遇。特别是东北地区各沿边城市，如何借势加强对日、韩的开放，需要抓紧研判，制定行动方案。

## 二、推进“兴边富民”战略提升沿边城市功能与品质

“兴边富民行动”是 1999 年由国家民委联合国家发改委、财政部等部门倡议发起的一项边境建设工程，宗旨就是振兴边境、富裕边民。国务院办公厅先后印发《兴边富民行动“十一五”规划》（2007）、《兴边富民行动规划（2011—2015）》（2011）、《兴边富民行动“十三五”规划》（2017），从最初“大力改善边民生产生活条件”为主，到“十三五”期间，强力推进沿边城镇建设。按照沿边集聚、合理布局、集约发展和适度超前的原则，以边境市为引领，构建以边境重要节点城市和小城镇为支撑、临边集镇为节点、抵边村寨为支点，沿边境线辐射延伸的城镇带。开展沿边重点城镇建设工程，选择具有一定产业基础、人口规模和发展潜力较大、区位优势较为突出的沿边境重点城镇，完善发展规划、拓展城镇功能、提高管理服务水平，增强人口集聚能力，打造边境地区统筹发展的重要节点。

《兴边富民行动“十三五”规划》强调沿边城镇，特别是州市一级的引领作用，顺应了中国经济社会发展中城镇化进程加快的现实状况。从近年来沿

边地区发展看，人口外流问题依然严峻。便捷的交通网络、大城市信息时代的生活环境、年轻人渴望更广阔天地的进取心，加上农业现代化对劳动力需求的下降，都决定了沿边地区乡村人口外流的必然趋势。从周边国家看，俄罗斯远东地区尽管地域辽阔、人口稀少，但是却形成了几个人口集聚的大城市，如远东首府哈巴罗夫斯克市（人口60余万）、符拉迪沃斯托克市（人口60余万）、布拉戈维申斯克市（人口20余万）。相较而言，中国沿边城市人口明显不足。

因此，应推动兴边富民行动在三个“五年规划”基础上，继续深化和提升，在“十四五”期间，着力加强沿边城市，特别是沿边口岸城市建设，打造若干50万人口以上的战略支点型中等城市。为实现这一宏伟目标，沿边城市应在以下方面着力提升治理能力。

其一，做大做强支柱产业。没有具备足够支撑力的产业基础，就不可能做到集聚人口、留住人口。

其二，进一步加强水利、铁路、公路、水运、航空、管道、电网、信息、物流等基础设施网络建设，推动沿边城市与区域中心城市之间的交通、信息联通便利化。当然，在这方面也应注意两者之间的相互依托、相辅相成关系。例如，根据2020年8月国铁集团出台的《新时代交通强国铁路先行规划纲要》，提出到2035年率先建成现代化铁路网，其中，20万人口以上城市实现铁路覆盖，50万人口以上城市实现高铁通达，并形成全国1小时、2小时、3小时高铁出行圈。实际上，只有人口数量大幅度提升，各项基础设施建设成本才会下降到合理区间。

其三，全面提升城市基本公共服务水平。系统提升教育、医疗、公共文化服务体系、社会保障制度等方面，改变沿边城市在东西部不平衡、中心与边缘不平衡两个不平衡中的不利地位，让沿边城市人口实现安居乐业。

其四，加大人才引进、扶持力度。目前，在人才争夺战中，高等院校、大型企业是主导力量。此外，依托中心城市、经济发达城市，部分科研院所、医疗卫生机构等也实现了人才“虹吸效应”。由于缺乏上述有利条件，沿边城市在人才竞争中处于弱势地位，特别是专业化人才外流严重、引进困难，直接影响到城市科技创新能力和公共服务水平的提升甚至保持。在这方面，国家和各级地方政府应该加大专项投入，以资金支持、政策扶持等手段为主，同时撬动社会资本加大投入，设置创业基金，建设众创空间和孵化基地，引导各类型人才向沿边城市流动，其中教育、医疗、法律、社区服务等人才需要采取政策兜底方式。

其五，创新边疆地区落户优惠政策，探索外来人口移居边疆地区的可能性。目前看，有关边民补贴政策基本是补贴行政村村民，由于执行户籍标准，农村户籍并不能随意迁入，因此只能发挥稳定现有户籍人口的作用，难以吸纳更多常住人口固边、稳边。“十四五”期间，应从中央和地方两个层面入手，推动“兴边富民”战略扩大惠及面，实施沿边城市人口落户优惠政策，推动人口向边疆地区回流。

## 三、落实“治边维稳”的基本措施

习近平总书记强调“治国必治边”，边疆的安全、稳定关系到国家的长治久安。在治边维稳工作中，沿边城市作用突出，城市人口集中，在外交、政治、经济、生态、人口、文化等多个领域，都发挥着区域中心作用，稳定城市，就能形成坚强支点。

在外交方面，沿边城市是对外开放的桥头堡，在与周边国家实现经贸往来的过程中，也会面临诸多的跨境问题，例如跨境人口非法流动、跨境违法犯罪、外来文化渗透，甚至是基于历史、现实等方面因素引发的边界争议，都会影响到两国间的外交关系。这是沿边城市治理所必须着力解决的问题。此外，突如其来的新冠疫情也给沿边城市治理带来前所未有的新难题，提升跨境突发事件的应对能力，是沿边城市治理能力现代化的一个重要方面。在政治领域，沿边城市往往存在一定的民族、宗教问题，而“宗教文化与民族心理紧密相连，极易唤起人们的社会群体感、认同感和归属感，进而形成跨文化的认同感”①。因此沿边城市在推进政治治理的时候，在关注一般民生问题的同时，还必须以高度的政治责任感，充分注意并妥善处理民族、宗教问题。

在经济领域，沿边地区经济发展相对落后是影响社会稳定的根本原因。一方面，这种差距是由方方面面原因造成的，特别是底子薄、起点低、自然条件制约大、国内发展不平衡等，因此加速发展经济、实现产业振兴是沿边城市稳定的一个重要抓手；另一方面，也应注意到，有些经济领域的不稳定问题是因为分配不公导致的，因此在加速发展经济的同时，必须注意效率与公平之间的关系，避免经济发展导致的社会贫富差距进一步拉大，部分民众产生新的抱怨和不满情绪。

在生态领域，边疆地区承担着保护国家生态安全的重要任务。“陆疆是中国生态过渡区和植被交错区，处于农牧、林牧、农林等复合交错带，具有特殊的生态禀赋、地理区位和民俗文化，也是中国目前生态问题突出、经济相

① 王霞：《民族地区中华文化认同与边疆文化安全》，《黑龙江民族丛刊》2012 年第 5 期。

对落后、人民生活贫困等多项社会问题重叠区域。”① 有学者指出，边疆生态是保障国家生态安全的基础，边疆生态关乎国家能源安全的实现，边疆生态是国家生态安全的危机源头，边疆生态治理是国家政治安全和社会安全的重要保障②。习近平总书记高度重视生态环境保护。党的十九大明确提出加快生态文明体制改革和建设美丽中国的目标、任务、举措。近年来，中国环保工作的主要政策和制度包括：生态省建设，国家生态文明建设示范区命名，生态文明建设试点工作；编制《全国生态文明建设目标体系》，积极推动生态示范建设提档升级；制定《国家生态文明建设示范区管理规程（试行）》和《国家生态文明建设示范县、市指标（试行）》；印发《全国生态功能区划（修编版）》；制定实施《生态保护红线划定技术指南》；制定《关于划定并严守生态保护红线的若干意见》；制定《全国自然保护区发展规划（2016—2025 年）》。

上述政策和文件多数涉及沿边城市，从落实情况看，总体实现了预期目标。但是，从前文叙述也不难看出，沿边城市还承担着重要的发展任务，发展经济难免要消耗自然资源，如土地、水体、林木、矿产、能源、生物等，作为能量交换，还可能会造成环境污染。面对“两难选择”，沿边城市唯有坚守生态保护红线，破除依靠资源粗放发展的惯性思维，科学、辩证地认识和实践“绿水青山也是金山银山”的发展理念，创造性地发展绿色生态经济、循环经济，拒绝高能耗、高污染企业，走创新驱动的发展路径。依靠国家生态补偿、美丽乡村建设等政策的支持，加强环保教育，在社会上形成环保意

① 冯琳等：《西部边疆地区生态文明建设的特点及其应对措施》，中国环境资源法学研究会：《2013 年全国环境资源法学研讨会（年会）论文集》，2013 年。

② 林丽梅、郑逸芳：《我国国家安全视阈中的边疆生态治理研究》，《探索》2016 年第 4 期。

识，推广绿色生活方式。充分利用沿边地区内外两种资源，特别是生态环境资源，大力发展绿色产业、新兴科技产业、旅游产业等，在绿色产业科技化、精品化的道路上加速前进。同时，积极争取中央财政加大对生态效益补偿转移支付力度，弥补沿边城市为生态保护牺牲的经济发展利益。此外，还可以考虑采用未来可能全面推广的国内碳交易市场机制。

在人口方面，近年来，中国总体生育率放缓，伴随着城镇化加速推进，边疆地区人口有大幅度减少的趋势，特别是常住人口方面，不但总量减少，而且减少的大多是青壮年，由此给边疆安全、稳定造成极为不利的影响，对边疆经济发展也是重要的制约因素。在吸纳人口方面，沿边城市承担着重要职责，只有通过发展经济，提升社会公共服务水平，加强交通、通信网络建设，创建宜居环境等系统工程，才能够从根本上解决人口外流的问题。同时，着重加强人口素质安全、结构安全建设是深层次解决人口问题的必由之路。

在文化安全方面，边疆区域因地缘政治特征而被赋予了国家文化安全与文化戍边的特殊使命[①]。总体来看，边疆地区在国家文化安全方面，承担着三个方面的任务：一是抵制境外敌对势力向中国边疆地区的文化渗透、宗教干预，防范由此造成的分裂活动与极端暴力事件；二是铸牢中华民族共同体意识；三是维护统一多民族国家疆域的完整性。沿边城市作为守卫边疆的战略支点，在上述方面均应发挥核心作用。

对于文化渗透和宗教干预，必须坚决予以抵制和清除，既要扎紧防范的篱笆，也要通过培育和树立正确的国家观、文化观、价值观，形成思维反馈，

① 刘永刚：《中国边疆治理中的文化建设论纲》，《云南行政学院学报》2018年第5期。

产生思想共鸣，从而从源头上自觉抵制各种错误观念和思潮。同时，还应看到，不同的沿边城市所面对的外来文化渗透不同，有的比较明显，对抗性强，易于引起重视，尽管破坏性较大，但是防范应对也相对易于操作；有的则具有较大隐蔽性，渗透性更强，带来的负面影响要经过一段时间累积才会彰显出来。这就要求沿边城市治理者对各种外来文化、思潮保持高度警惕，加强信息追踪、收集和研判，随时掌握最新动态，并做出恰当的反应。

在铸牢中华民族共同体意识方面，2019 年 9 月 27 日，习近平总书记出席全国民族团结进步表彰大会并发表重要讲话，为创新推进新时代民族工作提供了根本遵循。该讲话指出，坚定“四个自信”，把握“中华民族一家亲、同心共筑中国梦”这一新时代民族工作创新推进的鲜明特征；以“九个坚持”概括新中国 70 年民族工作经验；把握历史规律，增强铸牢中华民族共同体意识的自信自觉；直面机遇和挑战，把新时代民族团结进步事业作为基础性事业抓紧抓好；明确目标任务，推动中华民族走向包容性更强、凝聚力更大的命运共同体[①]。

沿边城市开展民族工作，应牢牢把握、深入领会习近平总书记上述讲话精神，提高政治站位，真正把做好民族团结工作作为头等大事来抓。既要落实国家统一制定的民族政策、民族历史教育方案，也要结合本地实际，编写与本地区民族问题直接相关的知识读本，列入公职人员培训、社区宣讲和学校公民教育课程体系。

在维护统一多民族国家疆域完整性方面，重点是加强国民教育和领土教育。沿边城市站在维护国家统一的第一线，负有为国戍边的重要职责，这就

---

① 《习近平：在全国民族团结进步表彰大会上的讲话》，http：//www.xinhuanet.com/politics/leaders/2019-09/27/c_1125049000.htm.

要求沿边城市民众深入了解中国统一多民族国家形成的历史，特别是了解本地区融入统一中国的历史进程，培养热爱家乡、守护家乡、建设家乡的情感；同时，还要坚决抵制各种错误认识。从具体操作层面看，除一般性的宣传教育外，向市民普及统一多民族国家认识的一个重要抓手是历史博物馆建设。

国家主席习近平在《致国际博物馆高级别论坛贺信》中指出："博物馆是保护和传承人类文明的重要殿堂，是连接过去、现在、未来的桥梁，在促进世界文明交流互鉴方面具有特殊作用。中国博物馆事业已有一百多年历史……中国各类博物馆不仅是中国历史的保存者和记录者，也是当代中国人民为实现中华民族伟大复兴的中国梦而奋斗的见证者和参与者。"①2017 年 4 月，习近平总书记在广西考察工作时，再次谈到博物馆的重要作用："中华民族历史悠久，中华文明源远流长，中华文化博大精深，一个博物馆就是一所大学校。博物馆建设要注重特色。向海之路是一个国家发展的重要途径，这里围绕古代海上丝绸之路陈列的文物都是历史、是文化。要让文物说话，让历史说话，让文化说话"②。

近年来，沿边各城市大多建立起自己的博物馆，并且形成一定的展出规模。但是，仍然存在博物馆未能普遍建立、馆舍建设滞后、展品数量不足、真品较少、内容解说不够严谨等问题。加强城市历史博物馆软硬件建设，是当前沿边各城市做好统一多民族国家历史叙述，承担起维护国家领土安全重任的关键性问题之一。

---

① 《习近平主席致国际博物馆高级别论坛贺信》,《中国博物馆通讯》2016 年第 11 期。

② 《习近平在广西考察工作时的讲话》，中共中央文献研究室编：《习近平关于社会主义文化建设论述摘编》，中央文献出版社 2017 年版，第 193 页。

## 四、从服务周边命运共同体构建的视角加强沿边城市建设与管理

2013 年 10 月，习近平总书记在周边外交工作座谈会上强调，要谋大势、讲战略、重运筹，把周边外交工作做得更好，为此提出了“命运共同体”等外交新理念。中共十九大报告明确提出，坚持和平发展道路，推动构建人类命运共同体。人类命运共同体理念是习近平新时代中国特色社会主义思想的重要组成部分。

沿边城市作为对外开放的窗口和桥梁，与周边国家连接密切，成为践行周边命运共同体理念的排头兵。为完成此项职责，应在以下方面提升治理能力。

### （一）加强人文城市建设

要在中外之间架设起开放的窗口和友谊的桥梁，必须加强沿边城市的“人文”建设。人文城市建设注重历史文化底蕴的生态性构建，以人文化、人性化、自然化、情调化、生活艺术化为城市显性形态，其基本特征包括：

其一，人文城市强调历史底蕴的挖掘和展示，包括历史遗迹保护，老建筑的修复和沿用，历史符号、象征在城市建设中的使用等，从而使城市历史文脉得以延续。有些沿边城市曾经只注重经济发展，对城市历史建筑、街区有过较为严重的破坏。在与周边国家抵边城市比较中不难发现，中方城市在现代化方面优势明显，但是历史底蕴明显不足。由于缺乏深邃历史带来的文化吸引力，难以让入境游客产生亲切感，进而妨碍跨文化认同的构建。

其二，人文城市要彰显人文关怀，革除现代化给城市带来的弊端。城市的发展，不应一味追求经济增长，造成环境污染、资源紧张、生活成本高企、

安全感缺失。紧张、失衡、无序的城市生活难以让人产生共鸣。

其三，人文城市要突出个性化。结合独特自然、人文优势打造个性化城市面貌，避免千城一面造成的平庸无趣。

其四，人文城市要有艺术性。从艺术展馆，到公共建筑、街区的艺术设计，在与城市的历史文脉、个性魅力交相辉映中，传递出一座城市独有的文化特质和精神风貌。

其五,一座城市的人文建设，还可以与大学相结合。由于沿边城市发展起步较晚，绝大部分并无高等学校，这也是造成城市人文气息缺乏的重要原因之一。随着沿边城市交通、通信基础设施的不断完善，对外联络的日益便捷，经济、社会发展进入一个新阶段，完全有能力建设大学城，承接中心城市大学新校区，或者采取联合办学等方式开展职业教育。当然，从目前一些沿边城市高等教育办学情况看，仍存在较多不尽如人意之处，特别是没有解决好办学特色、人才培养与社会需求关系等问题。这也是沿边城市治理能力现代化水平提升过程中需要重点解决的一个问题。

### （二）加强进出境人员服务与管理

人员流动是实现交流互鉴，促进民心相通，进而推动人类命运共同体构建的重要渠道。沿边城市是跨境人员流动的重要交换站和目的地，通过加强进出境人员服务与管理，消除隐患、厚植民意，巩固世代睦邻友好。

其一是人员短期出境，包括海外劳务商务活动、出境旅游等。在沿边城市，随着“一带一路”建设的推进，短期出境手续便利化，上述出境人员日益增多。此类出境人员构成较为复杂，层次各异，沿边城市应加强相关管理，避免出现非法出境情况；特别是对出境人员加强行前教育，遵守国外法律、法规，维护国人形象。

其二是国外人员短期入境，同样包括外国人来华劳务商务活动、入境旅游等。随着中国经济、社会发展，改革开放的不断深入，特别是在“一带一路”建设影响下，跨境商务、务工活动不断增加，沿边城市出现一定数量入境居住人口。由于这部分入境人员来华时间差异大、成分相对复杂、来华目的各异，因此对这部分人员的管理是一项重要的治理任务。

其三是跨境旅游。随着沿边城市深度开发，利用内外自然、人文两种资源，开发跨境旅游产品成为新的旅游产业增长点，有的沿边城市还开发了跨境自驾游产品。对跨境旅游带来的人员流动随意性增强的问题，沿边城市应制定更为合理的管控措施，通过积极引导，不断加强双边联系，形成良性交流、互动交融的局面。

其四是国外留学生。沿边城市通过发展高等教育，接收国外留学生在中国长期生活、学习，使其对中国文化传统、社会理念有深入的理解和认同，对中国经济、社会发展有全方位的接触和感受。未来国外留学生返回本国后，这种影响会潜移默化到其日常生活之中，使其成为两国友谊的使者。

### （三）跨境人文交流

由于历史原因，中国沿边地区往往与周边国家毗邻地区具有一定的历史、文化联系，如跨境民族、相同风俗以及一些长期延续的文化交流活动等。今天，随着中国沿边开放的深化，这些历史、文化基础以及由此衍生的联谊活动对于进一步加强双方友谊，推动跨境旅游和双边经贸合作都具有重要意义，需要沿边城市进一步推动。此外，还可以融入时代发展的新特色，创新交流方式，如人文论坛、跨境教育合作、艺术交流、体育赛事等。

### （四）跨境企业合作

随着沿边城市对内外两种资源的综合利用，企业引进来、走出去成为常态，尤其是中国企业的境外经营活动产生的经济、社会影响较大。沿边城市管理者应加强对这方面的形势研判，加快相关政策制定和管理制度出台。一方面要充分遵守两国间签署的各项合作协定，在此基础上，加快与对方的对等谈判，制定省、市层面的协定，为企业海外经营保驾护航；另一方面，也要充分遵守所在国的法律法规，在互利互惠、合作共赢的前提下，稳步推进走出去企业健康发展。

## 五、结语

沿边城市发展离不开党中央、国务院推进沿边开发开放的重大战略思想和决策部署的支持、带动，同时，沿边城市又承载着国家的多重需求，只有深入学习、准确把握各项战略思想和决策部署，全面落实各项方针政策、制度措施，并因地制宜，创造性地提出适合本地区实际的发展目标、实施路径，才能够不断取得发展成绩，并实现维护国家外交安全、领土安全、生态安全、文化安全的战略目标。

# “中国边疆”的内涵及其特征[①]

李大龙[②]

中国边疆研究在近代以来就是学界关注的焦点，近年来随着中国边疆问题的凸显，“中国边疆”日益得到社会各界的广泛关注，依据“中国知网”的统计[③]，自2000年始，题目中含有“边疆”二字的论文年度保持在3位数的水平，2015年突破千篇大关，为1045篇。2016年略有回落，为925篇，2017年为917篇，2018年已经有了145篇，从一个侧面显示边疆研究日益得到学界重视。而与此相伴，构建“中国边疆学”的呼声也由此日益高涨，但是随着民族学、政治学、法学、国际关系问题研究、社会学、哲学等诸多学科学者积极参与中国边疆研究，关于“中国边疆”的内涵及特征却成为分歧越来越大的问题。应该说，对“中国边疆”内涵及特征的认定，不仅是构建中国边疆学话语体系需要明确的基本问题，也是关系到解决我国边疆稳定和发展乃至“一带一路”倡议所带来的诸多国际关系问题首先要明确的关键性理论问题。因此，笔者从古籍中“边疆”一词的使用入手，试图梳理不同时期该词具有的内涵与特征，进而针对中国边疆学建构中的“中国边疆”含义的界

① 本文原发表于《中国边疆史地研究》2018年第3期。

② 李大龙，中国社会科学院中国边疆研究所《中国边疆史地研究》主编、编审。

③ 2018年3月30日的统计。

定提出自己粗浅的认识，以求正于有志于此的学界同人。

## 一

“边疆”一词，一般认为首见于《左传》，并多次出现，如“欲阙翦我公室，倾覆我社稷，帅我蟊贼，以来荡摇我边疆”[①]。尽管在《左传》中“边疆”一词的含义也是用于指称疆域的外围地区，和现代用法大体相同，但是在正史中该词的出现则相对较晚，首见于晋人修撰的《三国志·蜀书·诸葛亮传》中：“当此之时，亮之素志，进欲龙骧虎视，苞括四海，退欲跨陵边疆，震荡宇内”。继之在记录晋朝历史的《晋书》中“边疆”一词多次出现，如该书卷121《李寿载记》有：“代李玝屯涪，每应期朝觐，常自陈边疆寇警，不可旷镇，故得不朝。”其后延至清代，“边疆”一词频繁出现在所谓“正史”之中。

值得关注的是，秦汉虽然是开创中国历史上“大一统”的王朝，但在有关秦汉时期的史书中笔者没有查到使用“边疆”一词的例证。虽然没有“边疆”一词出现，但有“边境”、“边徼”、“边地”、“边郡”等含义相近的词汇。

《汉书·宣帝纪》有：“朕既不德，不能附远，是以边境屯戍未息。今复饬兵重屯，久劳百姓，非所以绥天下也。”

《汉书·匈奴传》有：“周秦以来，匈奴暴桀，寇侵边境，汉兴，尤被其害。”

《汉书·食货志》有：“明年，天子始出巡郡国……于是上北出萧关，从数万骑行猎新秦中，以勒边兵而归。新秦中或千里无亭徼，于是诛北地太守以下，而令民得畜边县，官假马母，三岁而归，及息什一，以除告缗，用充入新秦

① 《春秋左传注疏》卷27，四库全书本。

中。”其下引注：“晋灼曰：‘徼，塞也。’臣瓒曰：‘既无亭候，又不徼循，无御边之备，故诛北地太守。’”又有：“令命家田三辅公田，又教边郡及居延城。”

《汉书·晁错传》有：“臣闻汉兴以来，胡虏数入边地，小入则小利，大入则大利。”

从上述具体使用实例分析，所谓的“边疆”、“边境”乃至“边徼”、“边地”、“边郡”多是指王朝直接管辖区域，如郡县的外围地区，这应该是初期“边疆”一词的基本含义。这种情况一直沿用到明代，并没有太大变化。

至清代，从《清实录》检索到的对“边疆”一词的使用情况看，尽管在康熙二十八年（1689）清与俄罗斯签订了具有近现代主权国家意义的边界条约——《尼布楚条约》，清朝也由王朝国家转变为近现代主权国家，疆域具有了明确的“边界”，但“边疆”的内涵似乎依然不明确。“边疆之地，民夷杂处”[①]是乾隆皇帝对“边疆”给出的特征描述，“民夷杂处”是界定“边疆”的重要标准，而“云贵四川等处，俱系边疆，殊为紧要”[②]；“热河、察哈尔均属边疆要地”[③]；“巩边疆而固藩服”[④]等对“边疆”一词的使用似乎印证了这一用法。但是，“谕吏部、兵部，狭（陕）西幅员辽阔，边疆重地，防御宜周”[⑤]，则将传统被视为中原腹心之地的“狭（陕）西”也称之为“边疆”，似乎“民夷杂处”并不是清朝界定“边疆”的唯一标准。考虑到，“狭（陕）西”在康熙时期并非是清朝直接或尚未巩固统治的区域，其“边疆”一词的使用还是

① 《清高宗实录》卷83，乾隆三年十二月甲午。

② 《清圣祖实录》卷241，康熙四十九年二月丁亥。

③ 《清德宗实录》卷432，光绪二十四年十月丁酉。

④ 《清德宗实录》卷592，光绪三十四年五月丁未。

⑤ 《清圣祖实录》卷38，康熙十一年四月癸巳。

延续了传统的用法，也是指称王朝直接管辖区域的外沿。也就是说，清朝的“边疆”似乎具有两重含义：既强调“民夷杂处”的“藩部”区域是“边疆”，又强调处于直接统治区域的外围地区，也称为“边疆”，具有动态的特征。

民国时期，尽管中国和西方世界认识体系逐渐实现接轨，但“边疆”依然是一个含义有待明确却依然普遍使用的词汇。时任蒙藏委员会委员长的黄慕松对“边疆”的界定虽然较为明确，但同时具有不确定性。黄慕松认为“边疆”的基本含义是指接近邻国的地区，“普通多指四周接近邻国之地域”，即“远离中原，既接强邻，又与内地情形稍有差别之领土”，但“地带、气候、民族、语文、政俗诸端，均与中原同，则虽在极边而不视之为边疆，如闽粤诸省是。否则虽不在边徼，亦可视为边疆，如青康诸省是”。进而认为“我国之边疆，自当以蒙古、西藏、新疆、西康为主，察、绥、宁、青等省次之”，而“东三省、云南、两广及沿海诸省，虽处边疆、民情风俗，一如中原，法令规章，普遍使用，已无特殊行政区域之性质，故不能与边疆同视”①。黄慕松的认识既兼顾了“临近邻国”，同时也强调了“文化”的差异，“国界”并非其界定边疆的唯一标准，应该是延续了清朝的用法。但是，在民国相关政策条文中，对“边疆”的界定不仅没有明确，而且也是存在明显差别的。民国33年（1944）教育部颁布的《边疆学生待遇办法》有对“边疆学生的界定”：“本办法所称边疆学生，谓蒙古西藏及其他语言文化具有特殊性质地方而其家庭居住于原籍者之学生。”② 其“边疆”所指是蒙古、西藏及其他在“语

① 黄慕松：《我国边政问题——五月三四两日在本处电台之讲词》，《广播周报》1936年第86期。

② 《行政院关于待遇边疆学生规则指令》，中国第二历史档案馆藏，卷宗号：一四一·184。

言文化”方面与中原不同的区域。同年召开的“边疆教育委员会第三届大会”对“边疆教育”则做出明确规定：“所谓边疆教育，系指蒙藏及其他语文文化具有特殊性质之地方，即西藏、新疆、西康、青海、宁夏、绥远及甘肃、云南、广西等省一部分地方而言，其中情形复杂较难着手者，为西藏、新疆二地。”[①] 此“边疆”与“边疆学生的界定”相比存在着较大差异。由此可知，民国政府对“边疆”的含义也没有达到统一的程度。

中华人民共和国成立以来，“边疆”往往和“民族”连用，依然经常见诸各种政府报告和政策文件之中，但笔者没有查到正式的权威性解释，只是在下述两个政策文本中查到了对“边疆”的大致阐述。

《全国国土规划纲要（2016—2030年）》是对我国国土的规划，其中对我国的国土面积有如下阐述：“我国的国土包括陆地国土和海洋国土，其中陆地国土面积960万平方公里，根据《联合国海洋法公约》有关规定和我国主张，管辖海域面积约300万平方公里。”尽管没有明确“边疆”的范围，但其后却将革命老区、民族地区、边疆地区和贫困地区统称为“特殊地区”进行了阐述。“边疆地区”对应的表述是：“推进边境城市和重点开发开放试验区等建设，支持新疆建成向西开放的重要窗口、西藏建成面向南亚开放的重要通道、云南建成面向南亚东南亚的辐射中心、广西建成面向东盟的国际大通道；支持黑龙江、吉林、辽宁、内蒙古建成向北开放的重要窗口和东北亚区域合作的中心枢纽；加快建

① 《陈部长谓今后边教政策将视地方需要创设学校》，《时事新报》民国31年12月18日，中国第二历史档案馆藏，卷宗号：五·12469。

设面向东北亚的长吉图开发开放先导区。”[①] 据此，似乎新疆、西藏、云南、广西、黑龙江、吉林、辽宁、内蒙古是其划定的“边疆”范围。

国务院颁布的《兴边富民行动“十三五”规划》中虽然没有对“边疆”的认定，但有对“边境地区”的解释：“本规划实施范围为我国陆地边境地区，包括内蒙古、辽宁、吉林、黑龙江、广西、云南、西藏、甘肃、新疆等9个省区的140个陆地边境县（市、区、旗）和新疆生产建设兵团的58个边境团场（以下统称边境县）。参照‘十二五’期间做法，海南省6个民族自治县继续比照享受兴边富民行动相关政策”[②]。将其和《全国国土规划纲要（2016—2030年）》中的表述进行对比，差别是多了一个甘肃省，因此似乎其所谓的“边境地区”应该是等同于“边疆地区”。

如果上述分析准确，那么出现在国家正式公布的规划中的陆路“边疆地区”最大指称范围似乎是指有国界线的9省区，也就是说“边疆地区”是和“国界线”密切联系在一起的，有国界线的地区才能称为“边疆地区”。

综上，尽管“边疆”一词出现得很早，但从“边疆”一词的具体使用情况看，却是存在着一定差异，不过将直接管辖疆域的外缘地区视为“边疆”是大体一致的用法，清代“民夷杂处”界定“边疆”的标准应该是“文化差异”形成的直接源头，而这一认识受到民族国家理论的影响在民国时期被强化，则成为“边疆”认定的重要标准之一，即所谓的“文化边疆”。当今社会

---

① 《国务院关于印发全国国土规划纲要（2016—2030年）的通知》，中华人民共和国中央人民政府网站（http：//www.gov.cn/zhengce/content/2017 — 02/04/content_5165309.htm），访问时间2018年4月8日。

② 《国务院办公厅关于印发兴边富民行动“十三五”规划的通知》，中华人民共和国中央人民政府网站（http：//www.gov.cn/zhengce/content/2017 — 06/06/content_5200277.htm），访问时间2018年4月8日。

对“边疆”的界定有两个明显的特征，一是和“国界”密切联系在一起；一是在“边疆”之外又有了一个“民族地区”的概念。

## 二

应该说，“边疆”含义的含混乃至矛盾也并没有影响到官方和学者乃至国民对该词的使用，“边疆”一词频繁出现在史书和当今的话语之中即是很好的说明。不过，民国时期也曾经出现过对“边疆”的内涵和特征进行的讨论，希望做出明确界定，其原因即是民国时期“边政学”的出现。

民国时期，日本侵略中国所带来的边疆危机、国家存亡的危机，将国内学界对“边疆”的关注提到一个史无前例的高度，“边政学”就是在这种需要下出现的①。林恩显先生在《边政通论》中认为：“边政，或许可以说是边疆政治的简称，系指边疆地区之区域性的治理而言的。然则何谓边疆？其意义、范围均有待我们加以探讨。”②林先生的认识可谓一语中的，点出了“边疆”含义的明确需求与研究的不断深入，尤其是与学科发展的关系。

近代以来尤其是1931年日本侵占我国东三省，进而发动全面侵华战争之后，在国家危亡的背景下边疆研究得到社会各界的高度重视，诸多有关边疆研究的机构和刊物应运而生，而随着“边政学”的提出，黄奋生、吴文藻、杨成志、朱家骅、李安宅等也先后对“边疆”的含义给出自己的界定，其中吴文藻在《边政学发凡》中对“边疆”的界定具有一定代表性：“东南诸省，

---

① 有关民国时期的边政与“边政学”，参见汪洪亮：《民国时期的边政与边政学》，人民出版社2014年版。

② 林恩显：《边政通论》，台北华泰书局1988年版，第1页。

以海为界，本是国界，而并不被视为边疆，反之甘青川康，地居腹心，而反被称为边疆。这明明不是指国界上的边疆，而是指文化上的边疆”。“文化上的边疆，系指国内许多语言、风俗、信仰以及生活方式不同的民族言，所以亦是民族上的边疆。”“文化一词，本含有耕作的意思。中国传统文化是农业文化，所以凡生产技术尚未达到农耕阶段者，统称之为边疆。”[①] 吴文藻先生和前述民国政府官员的界定似乎并没有本质差别，也认识到时人心目中的“边疆”并非完全是依据“国界”界定的，而是按照“文化”差异进行界定的，一定意义上还是属于“文化边疆”。

因为民国政府缺乏对“边疆”含义的明确界定，所以学者和国人的认识出现差异也是正常的。但正如华西大学边疆研究所对这种状况给出的答案：“故国人之谈边疆者，多系指文化上之边疆，非指国界上之边疆。如东南各省以海为界，本即国界而吾人均不视为边疆；川甘康青地在腹心，反称之为边疆，诚以农耕牧畜之不同，乃正统文化与附从文化之所以分也。因此我国之西南西北在文化与国界双重意识之下，其可称为边疆之区域，殊为广大。”[②] 由此看，民国时期对“边疆”的界定受到清代的影响，虽然多数学者意识到有“国界”的地方才能视为“边疆”，但“文化”的差异依然是划分“边疆”的重要标志，由此也使得对“边疆”的界定具有“国界”与“文化”的双重标准。

民国时期由“边政学”引出的对“边疆”含义的讨论随着国民政府败退台湾而结束，但是这一问题却依然是目前困扰新中国边疆研究的基本问题，尤其是“一带一路”倡议提出及其具体实施以来，不同学科学者纷纷撰文对

① 吴文藻：《边政学发凡》，《边政公论》1942年第5～6期。

② 《华西大学边疆研究专页》，中国第二历史档案馆藏，卷宗号：五·12361。

“边疆”加以界定，导致分歧愈加明显。

综合目前已有的成果，“中国边疆”是一个地理概念或称之为“地理空间”，是历史发展而来的，靠近国界线的领土，这是众多学者相对一致的认识，但在对其范围做进一步的具体阐述上则存在一定差异，大体可以归纳为以下数种：

（1）中国边疆包括陆疆和海疆。或认为“陆疆是指沿国界内侧有一定宽度的地区，必须具备下述条件的地区才可称之为陆疆地区，即一要有与邻国相接的国界线，二要有自然、历史、文化诸多方面的自身特点”。“海疆可以包括两大部分：一是大陆海岸线至领海基线之间的海域，这是国家的内海，其法律地位与领土完全相同；二是领海基线以外的国家管辖海域与岛域。”① 或认为“边疆通常是指重要政权之腹心地区的外围区域。如中原王朝视华夏地区的外缘为边疆，认为华夏文明从腹地向外部辐射，因此边疆的外缘或向外部延伸。边疆王朝与边疆政权也有自己的边疆，其边疆观与中原王朝的不尽相同。古代边疆若划分较难确定，中原王朝的边疆经历了逐渐形成并趋稳定的演变过程。将疆域、边疆两者相比，‘疆域’主要是指王朝与政权管辖的区域范围，‘边疆’则是指统治地区之腹地的外缘部分，并看重由‘边疆’所衍生的复杂关系”②。而从持有这种观点的学者之学术背景看，持有这种认识的多数学者属于中国边疆史地研究领域，因此也可以视为中国边疆史地研究学者的一般看法。

（2）边疆是“国家疆土远离统治中心的边缘部分”，但进一步的阐释则认为“边疆概念是由多种因素、多层缘由所组成的概念，国家疆土由陆、海、

① 马大正：《“中国边疆通史”丛书总序》，《中国边疆经略史》，中州古籍出版社2000年版，第1、2页。

② 方铁：《论中国的历史疆域与边疆》，《玉溪师范学院学报》2016年第5期。

空、底土所组成，边疆概念的形成既包括了地理因素、行政因素、政治因素、国防因素在内，也包括了地缘政治学、社会学、民族学、历史学、军事学的学科理论交叉形成的综合概念”①。该说法是在陆疆、海疆基础上又增加了“空疆”、“底土边疆”两项内容。对此种观点进行系统阐述的学者是昆明陆军学院的郑汕先生，而其《中国边疆学概论》也有军事院校教师的贡献，因此可以视其为代表着军事学背景学者的看法。

（3）从“民族国家”视阈出发，认为“边疆”是“构建起来的”。“从字面上看，‘边疆’一词所指的是国家领土或版图上的边缘性的部分，是国家一个特殊的区域。然而实际上并不是任何一个国家都会把领土的边缘性部分认定为边疆的，即使有边疆的国家，其边疆范围的大小也各不相同。事实上的边疆及边疆概念的形成，固然以客观的地缘性因素为基础，还要受人们对国家的边缘性区域的认识所制约。从这个意义上说边疆是客观因素与主观因素相结合的产物，是构建起来的。真正意义上的边疆概念是在特定的社会历史文化环境中生成的，蕴涵着丰富的民族文化内涵。”② 持有这种观点的学者一般认同“边疆不仅是一种客观的地理空间，也是根据国家治理需要而被建构起来的产物”③，或认为“边疆是国家以及国家之间的多重力量建构的产物”，并认为“从建构论的路径解析边疆建构的过程和结果，不仅有助于深入理解边疆所存在的诸多矛盾的根源和制定有针对性的治理策略，而且有利于准确把握国际政治矛盾和区域性冲突的形成机理”④。目前来看，持有这种看法的学者

① 郑汕：《中国边疆学概论》，云南人民出版社 2012 年版，第 4 页。

② 周平：《我国边疆概念的历史演变》，《云南行政学院学报》2008 年第 4 期。

③ 孙保全：《中国民族国家构建与边疆形态的转型》，《思想战线》2016 年第 2 期。

④ 何明：《边疆特征论》，《广西民族大学学报（哲学社会科学版）》2016 年第 1 期。

多有政治学的学科背景。

（4）“边疆”是多种形态的。“边疆是多维的、立体的、多形态的，不仅指中国的边疆，也指古今中外所有的边疆；不仅包含陆疆、海疆、空疆等形态，也包含高边疆、底土边疆、利益边疆、战略边疆等形态。古今中外各种边疆的特征，都在对立统一关系中呈现出来。”“‘边疆’由‘边’和‘疆’二字组合而成，这两个字与西文词一样具有完整意义。其中，‘边’，指物体的外缘，及空间或时间的临界境况；‘疆’，表示用弓来标志步以丈量土地，可引申出止境、边界、疆域等意义。如果我们抛开各种边疆形态的差别，仅从‘边疆’这一概念的内涵和外延来看，不论是陆疆、海疆、空疆等‘硬边疆’，还是利益边疆、文化边疆、高边疆等‘软边疆’，在其本性上就蕴含着复杂的对立统一关系，包括中与边、内与外、远与近、静与动、刚与柔、强与弱、新与旧、我与他、主与客等对立统一关系。”[①] 这种观点似乎是将古今中外不同时期的“边疆”混杂在一起进行哲学分析而得出的结论，是笔者见到的最新发表的观点，既有对“中国边疆”内涵哲学的思辨，也有从国际关系视角的分析。

应该说，与民国时期“边政学”引出的对“中国边疆”做出界定的讨论比较，尽管有关“中国边疆”内涵的讨论似乎又回到“原点”，但讨论的广度和深度从上述概要介绍中可以看出不可同日而语了。主要表现在以下几个方面：

（1）讨论的焦点从关注“文化”转向关注“国界”。对“国界”给予充分关注是当代学者分析“中国边疆”内涵最大的共同点。尽管依然存在着从

---

① 罗中枢：《论边疆的特征》，《新疆师范大学学报（哲学社会科学版）》2018 年第 3 期。

“文化”视角讨论“边疆”的专论[①]，但其主旨是当代的“边疆治理”，并非严格意义上对“中国边疆”含义的讨论，且似乎也并没有像民国时期那样引起边疆研究学者的更多关注。

（2）由于学科背景的差异，学者观察“中国边疆”的视角不同，应用的理论各异，认识虽然存在一定差异，但总体上是围绕“国家主权”展开，且存在紧密的内在联系，“中国边疆”由“陆疆”和“海疆”构成似乎是诸多认识得以形成的基础。

（3）对“边疆”含义的界定有泛化的态势。如果说“文化上的边疆”之说是基于“边疆”与“内地”存在的“文化”差异所导致，而“海疆”、“空疆”、“底土边疆”的讨论和“国界”还有密切联系的话，那么“利益边疆”[②]、“战略边疆”及扩大化后的“文化边疆”的讨论则远远脱离了“国界”，似乎和我们传统的“边疆研究”出现了脱节。如此，“利益边疆”、“战略边疆”等，是否还是“中国边疆学”的构成要件，则是值得进一步探讨的重要问题。

## 三

仔细分析“边疆”一词的使用及学者们的讨论，笔者认为“边疆”含义的界定是“中国边疆学”学科建设的基础，参考“边疆”在其他话语体系之

---

① 参见关凯：《反思“边疆”概念：文化想象的政治意涵》，《学术月刊》2013年6月号。

② “利益边疆”最早出现在西方的边疆理论中，参见于沛：《从地理边疆到“利益边疆”——冷战结束以来西方边疆理论的演变》，《中国边疆史地研究》2005年第2期，而国内学者则由杨成最早提出，参见杨成：《利益边疆：国家主权的发展性内涵》，《现代国际关系》2003年第11期。

下尤其是西方国家的使用情况是必要的，但也要充分认识到我们探讨的“边疆”是“中国边疆”，有着不同于西方国家“边疆”的特征。一方面，“中国边疆”已经有数千年的发展历史，另一方面中国学界和源自西方的“民族国家”话语体系对接也才只有百余年，完全按照“民族国家”理论来界定“中国边疆”不仅是不科学的，似乎也难以准确阐述“中国边疆”形成和发展的历史。基于此，在“中国边疆”的内涵及其特征的探讨上，笔者认为以下几个方面是应该给予充分关注的：

（1）政治属性是“边疆”得以形成的第一要件，或称之为决定性因素。目前将“边疆”视为“地理概念”似乎是较普遍的认识，但笔者认为这种认识不利于准确认识“边疆”和阐述“边疆”。“边疆”作为一个区域范围自然具有“地理概念”的属性，但该属性并不是该区域构成“边疆”的要件或关键性因素，因为只有这一区域和某一政权发生从属关系，该区域成为其“疆域”的“边”之后，才能被称为“边疆”。也就是说，“边疆”作为一个纯粹的地理区域是一直存在的，但离开了所属政权的“疆域”，就不再属于该政权疆域的“边”，其作为“边疆”的属性应该是不存在了。因此，从理论上讲，任何政权，不管是传统王朝还是近现代主权国家，其疆域都是有“边”的，即存在“边疆”，只是其形态不同，或没有作为特殊区域给予区别对待而已。故而，说“并非所有的国家都会将其疆域的某个区域界定为边疆”[①]无疑是准确的，但认为“并不是所有的国家都有边疆”的说法则未必正确，值得进一步斟酌。

（2）“主权国家”理论较“民族国家”理论更适合阐述多民族中国尤其

---

① 周平：《如何认识我国的边疆》，《理论与改革》2018 年第 1 期。

是“中国边疆”的形成与发展。“主权国家”是当今世界的基本单位，但世界上的绝大多数国家和地区并不是“民族国家”理论主张的“民族国家”而是“多民族国家”。比1648年出现的《威斯特伐利亚和约》将欧洲带入主权国家状态稍晚，康熙二十八年（1689）的清朝也通过和俄罗斯签订《尼布楚条约》而由传统的王朝国家开始向主权国家转变。清朝末期的“宪政”改革及“清帝逊位”让位于中华民国也是以构建主权国家特色的“国民国家”为目标的：“由袁世凯以全权组织临时共和政府，与民军协商统一办法。总期人民安堵，海宇乂安，仍合满、汉、蒙、回、藏五族完全领土为一大中华民国。”[①] 而“民族国家”理论在近代传入中国之后，尽管以孙中山为首的政治家们试图以梁启超首倡的“中华民族”为号召来整合中华各民族，但时至今日我国依然是包括56个民族在内的多民族国家。而更有意思的是，主权国家理论强调的构成主权国家的三大要素领土、人民和政府，与中国传统的“天下观”中的“天下”（领土）、“华夷”（人民）和“皇权”（政府）形成对应，从而使“主权国家”理论不仅适合阐述当代“中国边疆”，而且也可以溯源中国由传统王朝国家向主权国家演变的整个历史轨迹[②]。

（3）“边疆”是动态的，会随着国家实力的强弱和国际环境的变化而改变，“中国边疆”的长期发展过程更体现了这一点。“边疆又是一个历史概念，它是随着统一多民族国家的形成和发展而逐渐形成和固定下来的。”[③] 这应该是

① 《清宣统政纪》卷70，宣统三年十二月戊午。

② 对中国从王朝国家向主权国家转变的阐述，参见李大龙：《从“天下”到“中国”：多民族国家疆域理论解构》，人民出版社2015年版。

③ 马大正：《“中国边疆通史”丛书·总序》，《中国边疆经略史》，中州古籍出版社2000年版，第2页。

国内学界的普遍认识，只是这一认识是针对当前我国的“边疆”而言的，并没有涵盖我国历史上的所有“边疆”形态。既然“边疆”是属于政权的，而中国历史上除“二十五史”所记载的王朝之外，还存在着众多政权。这些王朝或政权既然有自己的“疆域”，当然也有各自的“边疆”。一方面，当前我国的“边疆”是这些王朝或政权“疆域”融合之后形成的结果，既可以用“历史”来形容，同时也体现着“动态”性；另一方面王朝或政权的“疆域”并不是静止的，随着王朝或政权实力的消长而盈缩，甚至被其他王朝或政权兼并，其“边疆”也由之出现变动。因此，“中国边疆”既是“历史概念”也是“动态概念”，其中既需要关注统一王朝的“边疆”，也需要关注分裂王朝乃至割据政权的“边疆”，而更重要的是在“中国边疆”形成与发展的阐述中给予这些王朝或政权一个准确客观的评价。尤其需要指出的是，在长达数千年的历史发展中，受到传统“天下观”的影响，中国传统王朝的“疆域”在《尼布楚条约》签订后才有了明确的“国界线”，但之前的“疆域”多是由“直接管辖”和“藩属”两大区域构成[①]。对此，应该区别对待。

（4）“陆疆”和“海疆”是构成今天“中国边疆”的两大基本要素。领土主权是一个国家存在的基础，如前所述，“陆地国土面积960万平方公里”和“根据《联合国海洋法公约》有关规定和我国主张，管辖海域面积约300万平方公里”构成我国的疆域，尽管在界定“边疆”的范围上还存在不同的认识，但“中国边疆”包括了“陆地边疆”和“海疆”则基本是学界共识。对于“中国边疆”目前范围的界定，笔者倾向于认同上述第一种观点所说标准，

---

① 有关藩属的讨论，参见李大龙：《汉唐藩属体制研究》，中国社会科学出版社2006年版。

并认为前述《兴边富民行动“十三五”规划》中“边境地区”的范围基本上符合今日“中国边疆”中“陆疆”的划定。至于“空疆”、“底土边疆”则已经包含在其中了，似乎没有必要再单独列出进行特别阐述。

（5）“边疆”具有地缘优势，既是军事防御的前沿，也是连接两个乃至多个国家的纽带。具有“国界线”是今日“边疆”有别于其他地方的显著特点，由此决定了一方面“边疆”是国家为保障疆域完整而进行军事防御的重点地区，另一方面也是相邻国家间互通有无，进行政治经济文化交流的便利场所，当前我国众多沿边口岸的设置即是纽带作用的极好体现。“边疆”的军事防御功能在以往的研究中给予了充分关照，纽带作用不仅没有得到应有的重视，在古代反而是作为军事防御功能的补充来利用的，“边疆”作用在古今的差异更应该得到研究者的关注。

（6）“边疆”不能脱离“疆域”而存在，将其泛化也不利于对“中国边疆”的研究。“文化上的边疆”的提法是基于“中国边疆”特殊的人文特点而出现的，与“中国边疆”历史和现实特殊的人文分布特点密切相关。尽管“内诸夏而外夷狄”，“天子有道，守在四夷”①是中国历史上一种理想的边疆治理状态，但如前述，“中国边疆”特殊的人文特点还是吸引了民国时期希望构建“边政学”的诸多官员和学者的目光，并在“民族国家”理论影响下“边疆”和“民族”实现了对接，只是其关注的目的并不是划分“边疆”，而是希望实现“边疆”与“内地”的一体化，即“根据边地人民之特殊环境，切实谋边地人民知识之增高，生活之改善，国族意识之养成，生产技能之增进，及体育卫生之严格训练”，进而实现“国父民族平等之遗教，由教育力量力

① （唐）房玄龄等：《晋书》卷56《江统传》。

图大中华民族各部分，语言、文化及意志之融合与统一”[①]。如果说“文化上的边疆”的提法还是立足于“中国边疆”的人文特点，并没有脱离“中国边疆”，那么“利益边疆”、“高边疆”乃至“战略边疆”等提法虽然出发点和目的是有益的，但笔者认为这些提法在一定程度上脱离了“中国边疆”这一主体，更多是立足于“中国国家”的整体而言的。在经济全球化、科技高速发展的今天，尤其是“一带一路”倡议提出之后，中国的国家利益已经延伸到国家的疆域之外，需要得到有效保护，这是“利益边疆”、“高边疆”、“战略边疆”等一系列概念得以提出的现实背景。但是，“边疆”作为政权疆域的组成部分，是与“国家主权”紧密联系在一起的，具有强烈的“独占”性特点，而“利益边疆”、“高边疆”、“战略边疆”等尽管存在“边疆”二字，但严格讲与“国家疆域”已经出现了脱节。尤其是“利益边疆”、“战略边疆”，尽管词汇的构成存在着“边疆”二字，但“利益”、“战略”依附的主体准确说是“国家”而非我们讨论的“中国边疆”之“边疆”。同时，“利益边疆”所讨论之“利益”，着眼点延伸到国家疆域之外的“国家利益”，其具体情况往往是和其他国家的“利益”纠缠在一起的，一方面这种“利益”难以用一个明确的非我即彼的“界限”进行区分，另一方面用“利益边疆”来称呼不仅不利于“国家利益”的有效保护，反而更有可能激化矛盾，并给世人留下一个“肆意殖民”的恶劣印象，其最终结果很可能会适得其反，反而是对“国家利益”的极大伤害。因此，“边疆”含义如此泛化，无益于“中国边疆学”学科的建构，也不利于“中国边疆”的稳定和发展，这些可否作为中国边疆学构成的要件值得进一步斟酌。

① 《抗战以来之边疆教育》，中国第二历史档案馆藏，卷宗号：五·12414。

# 新时代中国边疆治理体系与治理能力现代化：意蕴、内涵与路径[①]

吕文利[②]

“推进国家治理体系与治理能力现代化”是中国共产党十八届三中全会首次提出的宏大命题，成为学术界研究的重要内容。党的十九届五中全会明确“十四五”时期经济社会发展指导思想和必须遵循的原则，是要推进国家治理体系和治理能力现代化，并提出到2035年的远景目标为基本实现国家治理体系和治理能力现代化[③]。边疆是中国的重要组成部分，面积广阔，资源丰富，边疆治理体系与治理能力现代化也是国家治理体系和治理能力现代化的题中应有之义，是重要的有机组成部分。

“治国必治边”，这是习近平总书记对边疆问题的重大论断和深刻阐述。强国先强边，国稳须边稳。邢广程认为：“党的十九大为中国新时代背景下的边疆治理提出了一系列新思路、新理念和新方式，为中国边疆治理体系和治

① 本文原发表于《云南社会科学》2021年第1期。

② 吕文利，中国社会科学院中国边疆研究所研究员。

③《中国共产党第十九届中央委员会第五次全体会议公报》，新华社，http：//www.xinhuanet.com/politics/2020-10/29/c_1126674147.htm.

理能力现代化，以及边疆地区的安全、稳定和发展提供了政治遵循。”[①] 何祖坤进一步阐释了以习近平总书记关于边疆治理的重要论述为根本遵循的问题[②]。云南大学周平、方盛举等学者从多个层面讨论了边疆治理等问题[③]。青觉、吴鹏对新时代边疆治理现代化进行了研究[④]。吕朝辉对中国陆地边疆治理体系和治理能力现代化进行了系统研究[⑤]。本文基于边疆治理的当代实践，在学者研究的基础上，对新时代中国边疆治理体系与治理能力现代化的意蕴、内涵与路径进行探讨，敬请方家指正。

## 一、新时代中国边疆治理体系与治理能力现代化的多重意蕴

中国的边疆治理历史悠久，内涵丰富。中国的边疆不仅具有边疆性、多元性特征，更具有基础性与战略性特征。边疆的多重样态决定了边疆治理具有多重任务，不仅要稳定边疆、富裕边疆，更要建设美丽边疆、强盛边疆。新时代中国边疆治理体系的建立与拓展在实现国家治理能力现代化，特别是在稳定、发展以及强盛边疆方面具有多重意蕴。

① 邢广程：《新时代中国边疆治理的新思路》，《边界与海洋研究》2018 年第 2 期。

② 何祖坤：《边疆治理的根本遵循——学习习近平总书记关于边疆治理的重要论述》，《云南社会科学》2020 年第 5 期。

③ 周平主编：《国家的疆域与边疆》，中央编译出版社 2017 年版；方盛举主编：《当代中国陆地边疆治理》，中央编译出版社 2017 年版，以及周平、方盛举等学者的系列论文。

④ 青觉、吴鹏：《新时代边疆治理现代化研究：内涵、价值与路向》，《中国边疆史地研究》2020 年第 1 期。

⑤ 吕朝辉：《中国陆地边疆治理体系和治理能力现代化研究》，人民出版社 2020 年版。

### （一）治国必治边：边疆稳定的必要性

稳定边疆是边疆政策实施的根本前提。2013 年 3 月，习近平总书记在参加十二届全国人大一次会议西藏代表团审议时，提出了“治国必治边”的重要战略思想，成为新时代边疆治理的根本遵循。边疆治理的内容十分丰富，政策执行者要有底线思维和战略思维，要分清主次，处理好稳定与发展的关系，把边疆稳定放在首要位置。

稳定边疆具有很大的挑战性。中国边疆地区多种文化荟萃、生态多样，具有多元化特征，不但是文化特色区，还是资源富集区、水系源头区、生态屏障区，更是与国外接壤区、民族地区和欠发达地区。中国陆地与俄罗斯、蒙古等 14 个国家接壤，陆地边境线长 2.2 万公里[①]。同时中国还拥有 1.8 万多公里的大陆海岸线，是世界上邻国最多、陆地边界最长的国家之一[②]。仅陆地边疆 9 省区的国土面积就有约 577 万平方公里，占国土面积的 60%。从生态治理的关联来看，边疆地区处在大江大河的源头和上游地区，是国家重要的生态屏障。中华民族的母亲河——黄河和长江，以及一些国际河流如澜沧江、怒江、雅鲁藏布江等均发源于或流经于边疆地区。2010 年国务院发布《全国主体功能区规划》，其中：特别部署了 18 个国家层面的优化开发区域，8 个都处于边疆地区；部署的 25 个国家重点生态功能区中，有 20 个位于或部分位于黑龙江、吉林、内蒙古、甘肃、新疆（含新疆生产建设兵团所属团场）、西藏、云南、广西、海南等边疆 9 省区。

---

① 国务院办公厅：《国务院办公厅关于印发兴边富民行动“十三五”规划的通知》，http：//www.gov.cn/zhengce/content/2017-06/06/content_5200277.htm.

② 国务院新闻办公室：《〈新时代的中国国防〉白皮书（2019 年 7 月）》，2019 年 7 月 29 日，http：//www.scio.gov.cn/zfbps/ndhf/39911/Document/1660529/1660529.htm.

推进民族交流交往交融与宗教中国化也是稳定边疆的核心内容。边疆地区民族众多、文化多元，大多数民众又是信教群众，边疆特性、民族特性与宗教特性叠加，治理难度很大。各民族都有自己的传统文化和悠久历史，非物质文化遗产丰富，是边疆治理实现现代化的重要资源。但同时我们也要看到，由于历史遗留问题不少，经济社会发展不平衡不充分，边疆地区城乡发展差距明显，在市场经济和现代化的大潮下，稳定边疆存在诸多挑战。具体说来，一是相比于内地，贫困发生率高，边疆地区的一些民众心态不平衡，容易发生群体性事件；二是部分边疆地区维稳压力较大，“三股势力”还有较大威胁；三是边疆农村“空心化”问题严峻，中青年大多常年外出务工，还有一些家庭更是拖家带口全部外出打工，人口流失严重，守边固边堪忧；四是一些周边国家近年来对中国边境地区加大意识形态渗透力度，与中国争夺基层群众和下一代，造成了安全隐患。

稳定边疆具有强烈的现实需求。习近平总书记强调：“安全是发展的前提，发展是安全的保障。”① 当前推进高质量发展，全面建设社会主义现代化国家，构建以国内大循环为主体、国内国际双循环相互促进的新发展格局，都需要以国家的稳定作为基本前提。边疆是国内与国际的联络带，是国内安全稳定的防护栏，是防止境外势力渗透的屏障区，稳定边疆可谓是国家治理的关键内容，牵一发而动全身，所以加强新时代中国边疆治理体系与治理能力现代化建设是非常必要的，我们要下好先手棋、打好主动仗，积极有为，有效化解边疆地区的各类风险和挑战，顺利推进社会主义现代化的各方面建设。

---

① 习近平：《关于〈中共中央关于制定国民经济和社会发展第十四个五年规划和二〇三五年远景目标的建议〉需要说明的几个重点问题》，《习近平谈治国理政》（第四卷），外文出版社 2022 年版，第 117 页。

### （二）富国须富边：拓展支撑国家发展的新空间

在中国经济发展的大格局中，促进边疆富裕是重头戏，绝非可有可无。习近平总书记在2014年召开的中央民族工作会议上，特别提到了司马迁所说的“夫作事者必于东南，收功实者常于西北”这一历史规律，并指出，“一带一路”建设“对民族地区特别是边疆地区是个大利好。要深入实施西部大开发战略，加快边疆开放开发步伐，拓展支撑国家发展的新空间”[①]。司马迁有关中国古代“西北”与“东南”的规律性认识，已经作为一种重要的思想资源，在实践中显现出新的意义。可以说，“一带一路”建设以及新西部大开发的新内涵，就是要着眼于边疆发展，拓展支撑国家发展的“新空间”。需要指出的是，这个“新空间”不是领土意义上的“新空间”，而是整体发展意义上的“新空间”，强调的不仅是边疆的快速发展问题，更是边疆发展在全国发展中的战略位置问题。在中国共产党十九大报告中，边疆治理的优先性得到更加详细的阐述：“加快边疆发展，确保边疆巩固、边境安全”。

实现边疆经济快速发展、优先发展是推动“一带一路”建设的新起点。从现实实践来说，中国边疆地区是“一带一路”建设的重点区域，“六大廊道”建设主要通过边疆地区；边疆地区也是中国与周边国家实施共商共建共享的重要合作区域。打铁还需自身硬，“一带一路”建设要实现良好发展，必须发展好边疆地区。但是，虽然最近几年中国边疆地区的经济发展稳中向好，但相对于发达地区，作为欠发达地区的边疆地区经济发展速度普遍不高，经济结构有待优化，经济发展质量有待提高，这从2019年边疆省区经济发展速

---

① 转引自郝时远：《文化多样性与“一带一路”》，《光明日报》2015年5月28日，第11版。

度比较中就可看出来。

如图所示，2019 年国内生产总值增长率为 6.4%，与这一数据相比，只有西藏、云南两个边疆省（区）的经济增速高于国家经济发展速度，增速达到 8.1%，发展最慢的省（区）是吉林省，增速仅为 3%，低于国家经济发展 3.4 个百分点。从整体上看，东北边疆省份经济增速普遍较慢，西南边疆地区经济发展较快。

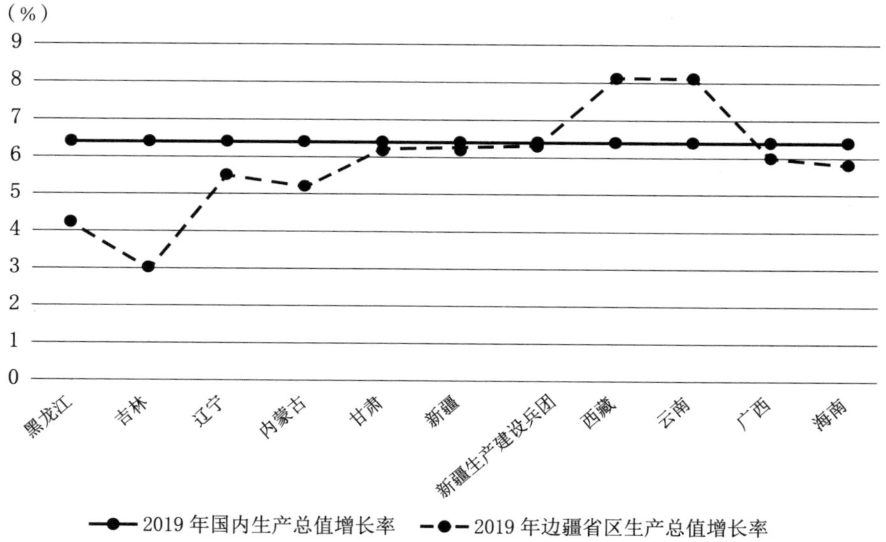


**2019 年边疆省区经济发展速度比较示意图**

数据来源：边疆各省区 2019 年国民经济和社会发展统计公报

总之，从整个边疆省区来看，富裕边疆仍是任重道远。毋庸置疑，发展是解决中国一切问题包括边疆安全稳定问题的钥匙。党的十九届五中全会提出 2035 年的远景目标为“全体人民共同富裕取得更为明显的实质性进展”，作为老少边穷地区，边疆发展的担子不轻，脚步尤其要稳。立足于国家治理的宏观视角，富国须富边，改革开放起于东南，必收功于西北，使边疆地区的民众富裕起来才算成功，所以必须加强新时代边疆地区治理体系与治理能力现代化建设，拓展支撑国家发展的“新空间”。

### （三）强国先强边：边疆强盛的全局性

世界正面临百年未有之大变局，唯有强大国家、强盛民族才能稳步向前、健康发展。乞讨换不来现代化，社会主义更不是从天上掉下来的馅饼。艰苦奋斗、自力更生，是百年来中国革命和建设的宝贵经验。边疆强大才能国家强大，这是边疆治理的核心内涵之一。

中华民族的发展进入从富起来到强起来的关键阶段，2017 年 7 月 26 日，习近平总书记在省部级主要领导干部专题研讨班上发表重要讲话指出，党的十八大以来，中国特色社会主义取得了重大成就，“意味着近代以来久经磨难的中华民族实现了从站起来、富起来到强起来的历史性飞跃”。“站起来”“富起来”“强起来”是习近平总书记对中华人民共和国成立以来中国经济社会发展的生动概括。2010 年，中国的经济发展总量超过日本，成为世界第二大经济体；2020 年，中国打赢了脱贫攻坚战，14 亿人口全部进入小康社会，实现 7000 多万农村贫困人口全部脱贫，成就巨大。但也应看到，中国经济社会发展不平衡不充分，尤其是边疆地区，经济、政治、文化、社会、生态等方面的建设还有待加强。以脱贫攻坚为例，边疆地区由于自然条件较差、贫困程度较深，再加上人才匮乏、群众内生动力不强等因素，脱贫就成了难啃的“硬骨头”，是短板中的短板。即便脱贫后，返贫和致贫的风险也较大。

强盛边疆是新时代中国边疆治理的核心内容，是边疆治理的优先选项。强国先强边，就是强调国家治理要重视边疆相对于全国的全局性和战略性，进而在加强新时代中国边疆治理体系与治理能力现代化建设中，优先发展边疆，实现边疆的强盛。

## 二、新时代中国边疆治理体系与治理能力现代化的内涵

推进新时代中国边疆治理体系与治理能力现代化研究，建设健全新时代中国边疆学的话语体系、学术体系和学科体系，首先要对中国边疆学的核心概念进行梳理。这些概念的梳理，是一项艰巨的学术任务，也是建设新时代中国边疆学的基石。

### （一）关于“边疆治理”的定义

近年来，“治理”的概念讨论受到学界的重视，产生了系列成果。虽然“治理”一词在政治学领域被讨论得如火如荼，但“边疆治理”一词至今仍缺乏一个较为清晰的界定。2008 年，周平教授首次对“边疆治理”概念进行了界定，即“国家必须运用政权的力量，动员其他社会力量，运用国家和社会的资源，去解决边疆问题，这就形成了边疆治理。从本质上看，边疆治理是一个运用国家权力并动员社会力量解决边疆问题的过程”①。这一定义具有开创之功，得到边疆研究学界一定的关注②。但方盛举认为，这个界定基本是以政

① 周平：《我国的边疆和边疆治理》，《政治学研究》2008 年第 2 期。

② 如马大正先生认为周平教授“率先提出了‘边疆治理’这一概念，并对我国边疆治理的概念、价值取向、战略等问题进行了系统性的论述，这对于我国边疆治理研究具有开创性意义”。参见马大正：《当代中国边疆研究：1949—2014》，中国社会科学出版社 2016 年版，第 484 页。关于“边疆治理”概念的形成与发展，请参见孙保全、赵健杉：《“边疆治理”概念的形成与发展》，《广西民族大学学报（哲学社会科学版）》2017 年第 3 期。

治学的学术视角展开的，有其不足之处：一是没有明确边疆治理的主体；二是没有指出边疆治理的目标；三是没有规定边疆治理的基本方式；四是把边疆治理的客体仅仅限于边疆问题，容易导致认识上的模糊性和治理实践上的事务主义。经过分析后，他给“边疆治理”重新下了定义：“边疆治理是以政府为核心的多元主体为实现边疆的安全、稳定和发展，依法对边疆区域内的公共事务进行管理和处置的活动及其过程。”① 这个概念也是从政治学的角度定义的，吸收了西方治理理论的观点。20 世纪 90 年代兴起于西方国家的治理理论，其主要观点就是“强调政府与社会通过合作、协商、建立伙伴关系、确立认同和共同的目标等方式实施对公共事务的管理”②。方盛举的定义显然受到西方治理理论的影响，认为边疆治理的主体应该是多元的，虽然他强调了“以政府为核心”。

笔者认为，概念总是在实践中修正和总结的，因而边疆治理的概念要根据中国的国情来拟定。边疆治理的前缀词是中国，也就是国家的治理。在中国，中国共产党是执政党，党的十九大报告指出：“中国特色社会主义最本质的特征是中国共产党领导，中国特色社会主义制度的最大优势是中国共产党的领导。”经过建党百年探索、中华人民共和国成立 70 年来的发展以及改革开放 40 年来的经验总结，党中央逐渐形成以治藏方略、治疆方略为代表的治理边疆的整体方略。尤其是党的十八大以来，在以习近平同志为核心的党中央领导下，中国边疆地区的各项事业蒸蒸日上，取得了历史性成就，中国特色社会主义在边疆地区进入新时代。所以边疆治理一定是党和国家运用权力

① 方盛举主编：《当代中国陆地边疆治理》，中央编译出版社 2017 年版，第 49 ~ 50 页。

② 刘武俊：《把国家治理纳入法治轨道》，《中国青年报》2013 年 12 月 9 日。

来科学高效的治理，而不是西方治理理论那样所理解的弱国家化、去中心化以及逆权威化的治理。

综上所述，笔者认为边疆治理是指在中国共产党的领导下，各级政府为实现边疆的安全、稳定和发展，依法对边疆区域内的公共事务进行管理和处置的活动及其过程。

### （二）关于“中国边疆治理体系”的定义

习近平总书记在《关于十四五规划〈建议〉说明》中特别强调，要坚持系统观念。国家治理体系就是运用系统观念提炼出来的概念。习近平总书记指出：“国家治理体系是在党领导下管理国家的制度体系，包括经济、政治、文化、社会、生态文明和党的建设等各领域体制机制、法律法规安排，也就是一整套紧密相连、相互协调的国家制度。”① 邢广程随即提出：“中国边疆治理体系是在党领导下管理边疆的一系列制度体系，包括各领域体制机制和法律法规安排。”② 这个概念抓住了治理边疆的主体是中国共产党领导；抓住了系统论的要义，强调管理边疆要依靠一系列的制度体系，包括民族区域自治制度、中国特色社会主义法律体系，治藏和治疆方略，以及经济、政治、文化、社会、生态五大建设体系。推进中国国家治理体系和治理能力现代化，就是要使边疆治理体系制度化、规范化、科学化，从而把中国特色社会主义的制度优势转化为边疆治理的效能。

① 《习近平谈治国理政》，外文出版社 2014 年版，第 91 页。

② 邢广程：《新时代中国边疆治理的新思路》，《边界与海洋研究》2018 年第 2 期。

### （三）关于“边疆治理能力现代化”的定义

再完美的边疆治理体系，没有治理能力的提升都是无效的，所有的制度体系都需要相应的治理能力来执行。孙保全认为，“陆疆治理能力现代化，是指治理体系发挥功能的能力得到提升”，陆地边疆治理能力包括“保障边疆安全的能力”“维持边疆稳定的能力”和“促进边疆发展的能力”①。邢广程认为：“边疆治理能力是中国管理边疆地区各方面事务的能力。”②吕朝辉认为，边疆治理能力是指“在边疆治理行动及过程中所展现出来的能耐或本领”。边疆治理能力现代化是“边疆治理主体在边疆地区现代化过程中，为了全面适应现代化要求，或者说为了避免落入‘现代化的陷阱’所展现出来的能耐或本领”③。这几个定义都有一定的见地，孙保全侧重于边疆治理能力的主要内容，并把“现代化”与能力的“提升”对应；邢广程侧重于对边疆治理能力的理解；吕朝辉注意到“现代化”意义，但较为宽泛。笔者认为，边疆治理能力现代化主要就是使边疆治理体系制度化、科学化、规范化、程序化，使边疆治理者善于运用法治思维和法律制度治理边疆，善于把制度优势转化为治理边疆的效能。

综上所述，笔者认为，所谓边疆治理能力现代化，是指中国共产党领导下的各级政府制度化、科学化、规范化、程序化管理边疆地区安全、稳定、发展等方面事务的能力。

---

① 方盛举主编：《当代中国陆地边疆治理》，中央编译出版社2017年版，第273～280页。

② 邢广程：《新时代中国边疆治理的新思路》，《边界与海洋研究》2018年第2期。

③ 吕朝辉：《中国陆地边疆治理体系和治理能力现代化研究》，人民出版社2020年版，第72～73页。

## 三、新时代中国边疆治理体系与治理能力现代化的路径

发展是解决中国一切问题的基础和关键，这也是中央对新时代中国边疆治理体系与治理能力现代化所开出来的“良方”。新时代边疆发展必须坚持新发展理念，全面推进以下举措。

### （一）加快推进经济治理现代化的“推动力”

经济发展是国家和社会发展的引擎，是重要的推动力，边疆地区推进经济治理现代化，是新时代中国边疆治理体系与治理能力现代化的重要内容。党的十九届五中全会特别提出“构建以国内大循环为主体、国内国际双循环相互促进的新发展格局”，这是中国共产党立足于国内国际形势，尤其是在当前新型冠状病毒肺炎全球肆虐以及逆全球化趋势加剧的形势下，所作出的科学决策，这是改革开放40多年来第一次提出“国内大循环为主体”的战略。对于边疆地区而言，因为特殊的区位优势，边疆地区经济治理现代化可分为内向性建设和外联性建设，分别对应国内大循环和国际大循环。

1. 内向性建设

中国有14亿人口，人均国内生产总值已经突破1万美元，是全球最大和最有潜力的消费市场，具有巨大增长空间。尤其对于陆地边疆9省区来说，在周边面对的大多是单一的经济欠发达国家，所以边疆地区融入国内的大循环在现阶段具有特别重要的现实意义。另外，党的十九大报告以及十九届五中全会都提出要优化国土空间布局、推进区域协调发展。

《中共中央关于制定国民经济和社会发展第十四个五年规划和二〇三五年

远景目标的建议》提出："推动西部大开发形成新格局，推动东北振兴取得新突破，促进中部地区加快崛起，鼓励东部地区加快推进现代化。支持革命老区、民族地区加快发展，加强边疆地区建设，推进兴边富民、稳边固边。推进京津冀协同发展、长江经济带发展、粤港澳大湾区建设、长三角一体化发展，打造创新平台和新增长极。推动黄河流域生态保护和高质量发展。高标准、高质量建设雄安新区。坚持陆海统筹，发展海洋经济，建设海洋强国。健全区域战略统筹、市场一体化发展、区域合作互助、区际利益补偿等机制，更好促进发达地区和欠发达地区、东中西部和东北地区共同发展。完善转移支付制度，加大对欠发达地区财力支持，逐步实现基本公共服务均等化。"中央要在人财物等方面给予边疆地区大力支持，以促进边疆地区经济治理现代化，达到共同富裕的目标。

在"新增长极"方面，2010年国务院发布的《全国主体功能区规划》部署了18个国家层面的优化开发区域，其中成渝双城经济圈已上升为国家战略。属于陆地边疆地区的规划有8个，即呼包鄂榆地区、哈长地区、北部湾地区、滇中地区、藏中南地区、关中—天水地区、兰州—西宁地区、天山北坡地区，属于海疆的规划有1个，即海峡西岸经济区。[①] 这个规划是第一个关于国土空间的规划，未来还会有进一步的优化设计，边疆地区应该持续发力，有条件的地区争取上升为国家战略的"新增长极"。

2. 外联性建设

边疆地区都与周边国家接壤，还要加强外联性建设，发挥比较优势，发

① 《国务院关于印发全国主体功能区规划的通知》，http：//www.gov.cn/zwgk/2011-06/08/content_1879180.htm.

挥国内国际连接线的区位优势，立足国内大循环吸引全球资源要素。中国很多边境地区在外联性建设方面取得了不错的成效。如云南德宏傣族景颇族自治州三面与缅甸交界，国境线长 503.8 公里，有 3 个国家一类口岸、2 个国家二类口岸、拥有瑞丽国家重点开发开放试验区、2 个国家级边境经济合作区等，区位优势明显。德宏充分利用这些区位优势，着力发展“民族 / 口岸文化 + 玉石 / 咖啡文化产业 + 旅游”的模式，形成了独特的经济发展路径。

### （二）加快政治治理现代化的“支撑力”建设

边疆经济社会发展，政治治理现代化是基础，是支撑力，其进一步完善，可以有效提升边疆治理效能。

政治治理现代化的关键是党的治理现代化，要在广大边疆地区提高党的执政能力和领导水平。边疆地区由于条件艰苦，进城务工人口众多，干部空心化、农村空心化问题严重，人才缺乏。在脱贫攻坚中，广大驻村工作队员、挂包干部因地制宜，带领当地群众脱贫致富，发展经济。笔者在边疆调研的过程中，发现很多村党支部充分发挥了“战斗堡垒”作用，发挥了“吸铁石”功能，以“党建 +”的模式来统领各领域建设，发挥了重要的作用。

边疆地区政治治理现代化要依据实践逐步转变观念，强化制度建设。中国传统社会对于边疆的治理，主要还是“民族治理”，也就是“族际主义”，但这一价值取向显然已不适合实践需要[①]。如影响广泛的少数民族高考加分政策，制定原因是少数民族大多处于教育欠发达区域，是对少数民族的优惠政

① 关于这个问题，周平有很好的研究，参见周平：《陆疆治理：从“族际主义”转向“区域主义”》，《国家行政学院学报》2015 年第 6 期。

策，但随着经济社会发展水平的提高，一些少数民族考生在发达地区、省会城市接受了比较好的教育；而相反，在一些欠发达地区，还有很多汉族考生，他们与当地的少数民族一样，接受不到特别好的教育资源，所以，这个时候若还按照民族政策简单加分，就造成了事实上的不公平。未来的边疆地区教育发展势必加以改革，建议以区域取向为主的多元设计代替单一的民族倾斜政策，实现边疆教育治理的多元化发展。

边疆地区政治现代化实现的关键是对边疆地区进行制度化的顶层设计。广大边疆地区尤其是陆地边疆 9 省区有很多共性问题。党和国家应该把边疆地区作为一个特殊板块，进行单独顶层设计，形成一整套的制度体系，全局一盘棋，实现边疆治理的大格局、大手笔和高水平发展，这在“促进全体人民共同富裕”的大背景下，更有重要意义。

### （三）优先文化治理现代化的“内驱力”建设

边疆治理关键是人心。在安全稳定方面，千百年来的历史经验证明：人心定，长治久安；人心乱，祸起萧墙。凝聚不住人心，一切都是空转。

在边疆地区民众实现脱贫进入小康社会后，若要实现更大程度的发展，关键在于边疆人才的培养，边疆民众内驱力的激发。从笔者的调研来看，文化的内驱力是未来边疆乡村发展的最大动力。当下在一些边疆地区，许多贫困户（包括已脱贫户）内生动力不足，很多人还有“等、靠、要”的想法，一些乡村还有“睡着、醉着、蹲着、玩着”的“风景线”。所以边疆文化治理现代化“内驱力”建设至为关键。

建设和激发边疆民众的文化内驱力，需要汲取边疆传统文化资源，融合发展，大胆创新。广大边疆地区历来就是多元文化荟萃、多种文化并存的地方，长期以来形成了很多脍炙人口的文化作品，形成了丰富的文化遗产。要引导传统文化作品和文化遗产与社会主义文化相适应，进而实现各种资源的创造性转化、创新性发展。要充分利用电视、广播、报纸、网络、文艺团体等资源，为群众提供丰富多彩的文化生活，大力传播现代文化观念和行为方式，通过创新开展群众喜闻乐见的文体活动，进行爱国主义、集体主义、社会主义教育。要重视重要文化和自然遗产、非物质文化遗产系统性保护，在项目和经费方面加大扶持力度。健全现代文化产业体系，在边疆地区探索“民族文化 +”模式。

### （四）加速推进社会治理现代化的“内聚力”

建设社会治理的“内聚力”，是指社会成员认可党和政府主导、社会成员共建共治共享的社会治理制度，并愿意在这些制度体系的指引和规范下生产与生活，从而缓解社会冲突与对抗，促进社会和谐。简单地说，要让边疆民众对中国共产党和社会主义制度产生强烈的认同感，对中华民族的伟大复兴产生高度的参与感，对美好生活产生巨大的获得感。社会治理关系到千家万户，涉及国计民生。要形成制度体系，促进民族团结，独木不成林，团结才是民族共同繁荣的基本保障；要促进宗教和谐，促进宗教中国化；要立足国情边情，增强民众的国家认同感、历史认同感，这些都考验着边疆社会治理的能力。

推进边疆社会治理现代化，需要提高社会治理社会化、法治化、智能化、专业化水平，提高预测预警预防各类风险的能力。要客观承认矛盾，在分析矛盾、解决矛盾中实现边疆社会的健康发展。当前，中国边疆地区还面临着各种风险挑战，暴恐活动还有发生的可能性，随着城乡差距进一步拉大，群体性事件也易发、多发。针对这些问题，应完善边疆社会治理体系，各级政府要提升社会治理能力，健全边疆城乡基层治理体系，提高预防各类风险的能力，促进政府治理同社会调节、居民自治良性互动。

### （五）切实加强生态治理现代化的“绿色力”

建设绿色力是笔者根据现实实践而提出来的概念，是指以生态治理现代化为核心，坚持“绿水青山就是金山银山”的新发展模式，对区域内资源进行合理有效配置，提高区域间协同发展能力，促进经济绿色、循环、可持续发展。

人地和谐、健康发展是新时代边疆治理的又一核心内容。党的十八大提出：“把生态文明建设放在突出地位，融入经济建设、政治建设、文化建设、社会建设各方面和全过程，努力建设美丽中国，实现中华民族永续发展。”党的十九大进一步指出：“建设生态文明是中华民族永续发展的千年大计。”把生态文明建设提升到“千年大计”的高度，这充分体现党和国家对建设生态国家、生态边疆的高度责任感。要把生态建设放在突出位置，协调生态建设与其他建设的关系，实现边疆长期发展与短期发展的协调，实现绿色发展与健康发展的共赢。

推进边疆生态治理，关键在于因地制宜。广大边疆地区既是生态屏障区，也是生态脆弱区。生态保护要因地施策、因类施策，制定区域性政策。要推进生态治理现代化“绿色力”建设，全面提高资源利用效率。边疆地区森林、海洋、草原、湿地、荒漠等生态系统密集分布，要注意生态保护与经济发展相互协调的问题，着力解决“守着青山绿水却喝着清汤寡水”的突出问题，建立生态产品价值实现机制，在边疆地区探索和完善市场化、多元化生态补偿，使民众有更强的获得感。